Александр СВИЯШ

Разумный мир

Как жить
без лишних переживаний

Москва
АСТ · Астрель

УДК 159.9
ББК 88.37
С24

Оформление обложки — дизайн-студии «Дикобраз», «Графит»
Художник В. Храмов

Свияш, А.
С24   Разумный мир : как жить без лишних переживаний
Александр Свияш. — М.: АСТ: Астрель, 2011. — 602, [6]с

ISBN 978-5-17-031704-2 (АСТ) (Перс.)
ISBN 978-5-271-12075-6 (Астрель)

ISBN 978-5-17-032019-6 (АСТ) (Нор.)
ISBN 978-5-271-12283-5 (Астрель)

ISBN 978-5-17-063969-4 (АСТ) (Перс. с фольгой)
ISBN 978-5-271-26237-1 (Астрель)

УДК 159.́
ББК 88.3́

Александр Свияш

Разумный мир
Как жить без лишних переживаний

Технический редактор *Т. Тимошина*
Корректор *И. Мокина*
Младший редактор *У. Фомина*
Компьютерная верстка *М. Поташкина*

Общероссийский классификатор продукции ОК-005-93, том 2;
953000 — книги, брошюры

Подписано в печать 25.02.2011
Формат 84x108/32. Усл. печ. л. 63,84
С.: (Перс.). Доп. тираж 7000 экз. Заказ № 2936
С.: (Нор.). Доп. тираж 3000 экз. Заказ № 2938
С.: (Перс. с фольгой). Доп тираж 1500 экз. Заказ № 2937

ООО «Издательство Астрель»
129085, г. Москва, пр-д Ольминского, д. 3а

ООО «Издательство АСТ»
141100, РФ, Московская обл., г. Щелково, ул. Заречная, д. 96

Отпечатано с готовых файлов заказчика в ОАО «ИПК
«Ульяновский Дом печати». 432980, г. Ульяновск, ул. Гончарова, 14

Оглавление

Введение

Пора чудес прошла, и нам
Отыскивать приходится причины
Всему, что совершается на свете.
У. Шекспир

Итак, уважаемый читатель, вы держите в руках эту книгу. Почему именно эту? Может быть, ваш выбор был неосознанным? Или вас привлекло название? А может, вы уже знакомы с другими моими работами и они оставили какой-то след в вашей душе?

В любом случае мы рады приветствовать вас на страницах этой книги и надеемся, что у вас хватит сил и терпения не только дочитать ее до конца, но и **применить на практике идеи и рекомендации, изложенные в ней**.

Мы уверены, что это принесет вам ощутимую пользу.

• О чем наша книга?

Давайте ответим на этот вопрос сразу, чтобы вы поняли, стоит ли читать такой объемный труд или это будет бесполезной тратой времени.

Человеку свойственно к чему-то стремиться. Удачная карьера, благосостояние, любовь, семья, дети, образование, отдых, творчество, здоровье — это далеко не полный перечень наших житейских потребностей. Хочется, чтобы все было хорошо.

К сожалению, большинство из нас живет в мире проблем и переживаний (в основном негативного характера). Почему все это происходит?

И можно ли сделать так, чтобы проблемы решались легко и быстро, нужные цели достигались, и жизнь доставляла вам только удовольствие? Как научиться жить спокойно и радостно, без лишних переживаний?

Если эти и подобные вопросы посещали вашу голову, то наша книга — для вас.

• Первый шаг в Разумный мир

Для начала поясним, что такое неразумный, или иррациональный, мир.

Это мир, в котором живет большинство из нас. Это мир, в котором люди недовольны жизнью и друг другом. Они постоянно куда-то стремятся, часто сами не осознавая куда. Они все время чего-то хотят, но большинство их целей так и остается несбыточными мечтаниями.

Наша книга даст вам шанс выйти из этого иррационального мира и сделать шаг в **Разумный мир. Мир, в котором вы сможете принимать осознанные решения, поскольку знаете причины и следствия тех или иных событий.**

Если у вас что-то не получается, вы будете знать почему. Если вам чего-то захочется, вы будете знать, как этого достичь.

ВЫ СТАНЕТЕ РЕАЛЬНЫМ ХОЗЯИНОМ СВОЕЙ ЖИЗНИ.

Неужели все это возможно? Мы утверждаем, что это доступно практически любому человеку. Во всяком случае, тому, кто не сочтет за труд дочитать нашу книгу до конца.

• Основные идеи

Все положения этой книги опираются на несколько базовых идей.

Можно сказать, что Разумный мир — это система взглядов, согласно которой:

— *любой человек рождается для радости и духовного развития;*

— *любой человек в потенциале обладает неограниченными возможностями для сотворения своей жизни. но в большинстве случаев использует их самым странным образом;*

— *та ситуация, в которой находится каждый из нас, является самой лучшей, которую мы сумели создать для себя сегодня. это результат только наших усилий, поэтому нужно уже сейчас начать радоваться этому. радоваться нужно именно сейчас, а не потом, когда случится что-то очень важное (появится муж, работа, деньги, жилье и т. д. и т. п.);*

— *нет никого, кроме нас, кто создает нам проблемы. мы сами отвечаем за все;*

— *каждый человек может изменить свою ситуацию к лучшему в любой момент времени. для этого ему нужно лишь осознать, каким образом он создал себе проблемы, и изменить свое отношение к этой ситуации;*

— *наше сознание и подсознание в виде явных и скрытых мыслей и установок определяет наши поступки, а наши поступки формируют то бытие, которым мы недовольны. значит, изменив мысли, мы изменим поступки и свою реальность.*

Вот, собственно, все. Хотя имеется множество практических рекомендаций, как это все реализовать.

• Эта книга — правила движения по жизни

Возможно, наша книга станет для вас чем-то вроде правил дорожного движения — только движения по жизни. В ней вы найдете те негласные законы и правила, которым подчиняется вся наша жизнь. Это те самые светофоры, знаки и указатели, которые люди часто не замечают или не желают замечать. Мы постараемся сделать их видимыми и понятными для вас.

Как вы распорядитесь полученной информацией, это ваше личное дело — человек обладает большой свободой выбора. Можно, конечно, мчаться и на красный свет. Можно заехать туда, где висит «кирпич». Рискуйте, если есть здоровье!

Но если вы хотите остаться целым и невредимым, то без соблюдения правил не обойтись. Более того, если вы не будете совершать типичных ошибок, то сможете рассчитывать на помощь Жизни в достижении своих целей. Звучит заманчиво, не так ли?

• Кому подходит

Технология Разумной жизни подходит далеко не всем. Для кого же она может быть эффективна?

— *Для того, кто устал бороться с Жизнью за свои идеалы или цели и хотел бы жить спокойнее и успешнее.*

— *Для того, кто готов взять ответственность за происходящие с ним события на себя.*

— *Для того, кто не хочет нарабатывать собственный опыт ошибок и готов учитывать чужие достижения.*

— *Для того, кто готов работать над собой. Не просто прочитать книжку и ждать чуда, а именно работать, т. е. совершать определенные усилия.*

— *Для того, кто обладает определенным интеллектом, поскольку предлагаемая система взглядов требует, чтобы человек сначала думал, а потом действовал. Большинство людей сначала действуют, а потом думают.*

— *Для того, кто способен рационально (логично) мыслить и действовать в соответствии с осознанно принятыми решениями.*

• Кому не подходит

Эту технологию не смогут использовать:

— *Те, кто ищет виновных везде и обвиняет в своих несчастьях всех кроме себя: «Я хороший, а в моих проблемах виновны муж (жена, родители, дети, правительство, карма, сглазы, недруги и т. д.). Позиция жертвы имеет определенные скрытые выгоды, поэтому множество людей неосознанно выбирают ее и не желают ничего менять;*

— Люди избыточно эмоциональные, которые сначала три часа плачут или ругаются, а потом начинают думать;

— Люди сверхинстинктивные (высокопримативные), которые руководствуются в своих действиях инстинктами, а не разумом;

— Люди, считающие себя ничтожными, никчемными, посредственными, ищущие кумирства и указаний от каких-то «просветленных» личностей. Это тоже удобная позиция, имеющая скрытые выгоды, и множество людей неосознанно выбирают ее;

— Люди, не обремененные интеллектом.

Как видите, осталось совсем немного тех, кто может использовать предлагаемую технологию Разумной жизни.

Но если уж вы держите эту книгу в руках, то, может быть, она вам подходит?

• Чем эта методика не является?

Методика Разумного пути — не божественные откровения, не контактная информация и не послание свыше. Это синтез наработанных в ходе развития человечества различных знаний и результаты анализа типовых ошибок, которые совершают множество людей в своей жизни.

Это не религиозно-мистическое учение. Здесь нет богов, ритуалов и прочих атрибутов религиозного учения.

Это не теория кармы, которая была создана много тысячелетий назад, чтобы под угрозой расплаты заставить довольно диких и малообразованных людей жить по законам социума.

Сегодня множество людей живут, не нарушая этих законов вполне добровольно и не испытывают желания делать другим людям пакости. Разумный путь нужен именно им.

Это не набор рекомендаций по типу «делай так, и все будет в масле». Это не менеджмент и не самоменеджмент в чистом виде, поскольку здесь рассказывается не только, **как делать**, но и объясняется, **почему нужно так делать**.

Это не психотерапия, хотя ее элементы здесь явно присутствуют.

Это не методика НЛП, которая является набором приемов для довольно жесткого программирования людей нужным вам образом, что активно используют политики и рекламисты.

Мы предлагаем вам самим найти мир в своей душе и повысить свою эффективность.

Это не чудотворная книга, которую нужно лишь приложить к больному месту или положить под подушку, и все чудесным образом исполнится.

Не исполнится, **нужно работать**.

Это не философское учение, поскольку имеет вполне прикладную направленность.

Что же тогда, что же такое Разумный путь?

Это **технология осознанной и успешной жизни, жизни в гармонии с самим собой и внешним миром.** Технология, требующая от человека пусть небольших, но постоянных усилий по самосовершенствованию и пониманию самого себя.

• Кому может быть нужна эта методика

Теоретически она может быть нужна всем, кто стремится чего-то достичь в этой жизни. Например:

— *взрослым людям, уставшим от переживаний, — чтобы успокоиться и начать радоваться жизни и себе;*

— *подросткам — чтобы перестать осуждать родителей, учителей, друзей;*

— *молодым — чтобы не совершать тех ошибок, которые уже совершили до них миллиарды людей;*

— *пожилым людям — чтобы снять претензии к молодежи и жизни в целом;*

— *служащим — чтобы достичь желанного повышения по службе или увеличения оплаты своего труда;*

— *бизнесменам — чтобы понять закономерности, управляющие нашим миром, и стать более успешными в деле, которым они занимаются;*

— *домохозяйкам — чтобы снять явные или скрытые претензии к мужьям;*

— *одиноким — чтобы понять, как они создали себе одиночество, и изменить ситуацию, если они признают, что это необходимо;*

— *женатым или замужним — чтобы перестать переделывать своих близких и понять, почему именно они появились возле вас;*

— *родителям — чтобы успокоиться и перестать бороться со своими детьми;*

— *политикам и общественным деятелям — чтобы понять, что люди разные и они никогда не станут такими, как им хочется,* и т. д.

• Из чего состоит

В книге пять частей.

В первой подробно рассматриваются ошибки, которые люди совершают на пути к своим целям, создавая непреодолимые барьеры между собой и желанным результатом. Даются подробные рекомендации, как убрать эти барьеры из своего сознания.

Вторая часть книги посвящена тому, как правильно строить свои мысли и действия на пути к заявленным целям.

Некорректно сформулированная цель может привести к самым неожиданным результатам. Кроме того, можно не иметь никаких внутренних барьеров, но если просто лежать на диване и ничего не делать, то ваши желания так и останутся нереализованными грезами.

Нужно действовать, но здесь существуют определенные правила, которые желательно не нарушать.

Третья часть книги посвящена практическому приложению идей из первых двух частей книги к сфере денег, работы, бизнеса.

Четвертая часть — приложению идей из первых двух частей к сфере личной и семейной жизни.

Пятая часть посвящена приложению идей к такой наиважнейшей сфере нашей жизни, как здоровье.

• Имеются более подробные приложения

В этой книге вы найдете все базовые идеи методики Разумной жизни. Однако технология Разумной жизни развивается уже много лет и «обросла» специальными приложениями по разным сферам нашей жизни. Это отдельные книги, посвященные конкретным темам.

В частности, в книге «Что вам мешает быть богатым» рассмотрены вопросы приложения этой методики к сфере работы, денег, бизнеса. Там эта тема раскрыта более широко, чем в четвертой части книги.

В книге «Советы брачующимся, забракованным и страстно желающим забраковаться» более широко рассмотрены идеи Разумной жизни применительно к теме любви и семейной жизни.

В книге «Хочешь быть здоровым? Будь им!» подробно рассказывается о том, как мы сами создаем себе заболевания и как от них можно избавиться.

При подготовке этой книги были частично использованы материалы указанных выше книг.

• Третья редакция

Вы держите в руках книгу в третьей редакции. Если вы читали предыдущие версии книги, то заметите, что здесь уменьшен элемент мистики, она стала более психологической, нежели эзотерической. Расширен перечень внутренних препятствий, которые стоят между человеком и его целями. Уменьшен аспект зависимости человека от внешних факторов (кармы, воспитательных процессов), и в большей мере показана роль человека как Хозяина своей Жизни. Хозяина, который не ведает, что творит.

Более полно рассмотрены вопросы достижения своих целей в сфере работы и бизнеса, введены элементы планирования своей деятельности по достижению поставленных целей. Это очень важные моменты для людей, стремящихся повысить свою эффективность.

• Придется потрудиться

Не ждите от этой книги метафизических чудес. Не нужно прикладывать ее к больным местам или класть под подушку — это вряд ли поможет. Разве что жесткий переплет книги под подушкой заставит вас почаще просыпаться ночью и даст возможность без суеты подумать о причинах ваших проблем.

Чудеса бывают, но они, к сожалению, не валятся просто так с неба. Вы можете создать в своей жизни все то, что сейчас воспринимается только как чудо. Но именно создать, а не получить случайно, по чьей-то непонятной воле.

Все в вашей жизни происходит только по вашей воле, хотя вы можете не догадываться об этом. Так что не ждите чуда, а работайте над тем, чтобы оно стало вашей реальностью.

Даже в сказках чудеса возникают в жизни героев не сразу, а в результате определенных усилий.

Золушка много и тяжело трудилась и обладала позитивным мышлением, пока в ее жизни произошло чудо. Старик много раз бросал в море сеть, прежде чем поймать золотую рыбку.

Так и вам не нужно ждать чуда, лежа на диване. Чудо появляется, когда вы совершаете определенные действия на пути к желанной цели. А как совершать эти действия правильно и убрать барьеры на пути к желанным целям, вы узнаете из этой книги.

В ней содержится много тренингов, упражнений, правил, примеров. Поэтому ее можно использовать и как занимательное чтиво, и как методическое пособие для повышения личной успешности и создания Разумной жизни, без избыточных тревог и переживаний.

Если вы будете применять изложенные в книге идеи, то ваша жизнь станет чуть менее эмоциональной, но значительно более спокойной и предсказуемой. Вы научитесь понимать причины происходящих с вами событий. И будете осознанно заказывать себе те события, которые вам действительно необходимы.

И они обязательно будут происходить — именно так работает предлагаемая методика формирования событий своей жизни.

А если что-то не будет получаться, то вы легко сумеете понять, почему это происходит. Поэтому у вас не будет оснований для излишних переживаний. А немножко попереживать совсем не вредно — иначе жизнь может потерять свой вкус и аромат.

• Благодарности

Автор выражает большую благодарность всем, кто оказал материальную (спонсорскую) помощь Центру Разумный путь. Эта помощь пошла на развитие Центра и реализацию его программ.

Наши спонсоры — это **Алексей Купцов, Председатель Совета директоров ООО «ТЭКОсервис», Борис Медведев (г. Рига) и Павел Лоскутов (г. Красноярск)**. Большое спасибо за вашу поддержку идей Разумного пути!

• Отзывы наших читателей

***

...Прочитала Ваши книги с чувством, близким к восторженному, так как многие понятия, нахватанные из других книг, стали простыми и ясными.

Паламарчук Виктория Владимировна, Ростов-на-Дону

***

...Спасибо Вам за Ваши книги. В них я нашла много полезной и необходимой мне на данный период информации. Как просто разумом понять и принять Ваши идеи изменения сознания. Конечно, для Вас это не просто идеи, не плод воображения, а реальный опыт, пропущенный через себя, — этим-то и ценны Ваши книги. Они учат правильно реагировать на удары судьбы, объяснять причину возникновения различных проблем и искать выход в себе, начинать с себя, а не с других. Я очень Вам благодарна.

Соловьева Людмила, Чебоксары

***

...Прочитав две Ваши книги, хотела бы продолжить познание жизни и самой себя. «На Востоке простота изложения считается высшим достижением, ибо простота свидетельствует о ясности понимания». Я считаю, что это высказывание подходит к Вашим принципам изложения, я очень рада этому! Хочется сказать Вам спасибо и пожелать не останавливаться на достигнутом!

Васильева Наталья Владимировна, Тула

***

...Прочитала Вашу книгу и пришла от нее в восторг, даже не от того, что в ней написано, а от того, какие вибрации она распространяет.

Надежда Масловская, Кишинев

...Такие книги, как Ваша, в отдельные периоды жизни человека могут стать целительными и успокаивающими душу!

Коннов Сергей, Пенза

***

...Когда я читал книгу «Как формировать события...», у меня возникло чувство, что я это знал, но не мог вспомнить. Вторая Ваша книга помогла обобщить и связать мои знания в этой области. Я очень благодарен Вам за это.

Зозулько Сергей, Ленинградская обл., пос. Бугры

***

Меня зовут Мария, я студентка МГПУ, мне 21 год. Пишу, чтобы выразить Вам огромную благодарность за то, что, поняв одну из величайших тайн жизни, стараетесь донести ее до сознания многих людей.

Я прочла Ваши книги. Не могу сказать, что открыла в них что-то принципиально новое для себя, но все мои выводы, догадки, знания как-то систематизировались, в моей голове как будто все разложилось по полочкам, встало на свои места.

Мария, Москва

Это не самореклама, это отзывы о предыдущих книгах. Мы искренне надеемся, что и этот труд вызовет не менее положительные отзывы у читателей. Если вы прочитаете эту книгу, то наверняка не пожалеете о затраченном времени!

Итак, желаем вам комфортной жизни в Разумном мире! А наша книга — это путеводитель в этот мир. Счастливого пути!

Часть 1

Убираем помехи на пути к желанной цели

Эта книга о том, как стать успешнее на пути к желанным целям.

Естественное состояние любого человека — стремиться к чему-то, ставить перед собой какие-то цели и достигать их. Нереализованность наших устремлений порождает недовольство и другие претензии к себе, к людям или ко всей Жизни в целом.

Между тем человек рождается для радости, развития, самопознания и духовной эволюции.

Понятно, что далеко не у всех получается испытать эти чувства в полной мере. Одни рождаются и всю жизнь живут в бедности, болезнях, условиях ограничения свободы и прочих лишений. Другие рождаются и живут в условиях высокой материальной обеспеченности и защищенности. Понятно, что у вторых больше возможностей исполнить свое высокое предназначение, поскольку им не нужно бороться за выживание. Или нужно, но в меньшей мере.

Но жизнь показывает, что наличие стабильного дохода, собственного жилья, автомобиля и других материальных благ часто не делает человека счастливее. Почему?

Обычно это происходит потому, что люди, невзирая на их текущее положение, **все время стремятся к чему-то другому**, желают чего-то достичь, изменить или улучшить как раз ту сферу жизни, где у них что-то не получается.

Как утверждает один из законов Паркинсона, «уровень потребностей человека растет опережающими темпами по сравнению с уровнем его доходов», т. е. человеку свойственно все время чего-то желать, сколько бы у него ни было. Это нормально.

Но далеко не у всех получается реализовать свои желания. В итоге вместо радости и самопознания люди погружаются в различного рода негативные переживания, которые отнюдь не украшают их жизнь. Можно ли как-то изменить эту ситуацию? Наш опыт показывает, что можно.

● *Все чего-то хотят*

Большинство желаний людей в нашем материалистическом мире направлены на улучшение материального благополучия, повышение безопасности, достижение успеха и устройство личной жизни. Люди живут желаниями. Желания делают нашу жизнь насыщенной и полноценной.

Если даже человек отошел от обычных мирских желаний и погрузился в духовную или религиозную деятельность, то все равно у него есть желания – например, побыстрее «просветлеть», поскорее пообщаться с Богом или кем-то еще – в рамках его системы верований. И даже если человек не знает, чего он хочет, то, скорее всего, он желает знать, что могло бы стать для него желанным.

Люди без желаний и целей бывают, но их мало, и мы не будем рассматривать этот способ жизни. Будем реалистичны, т. е. сосредоточимся на том, как бы получить от Жизни всего побольше и побыстрее, не затрачивая на это чрезмерных усилий. Т. е. как стать эффективнее в достижении желанных целей. Оказывается, это вполне возможно, только нужно убрать препятствия со своего пути.

Глава 1

Что мешает на пути к желанной цели

Большинство людей счастливы настолько, насколько они решили быть счастливыми.

А. Линкольн

Если человек рождается для радости и самопознания, то что может мешать ему достичь любой желанной цели, которая сделает его существование еще более радостным?

Теоретически – ничего, а практически – множество преград встают на пути любого человека.

Рассмотрим **только** основные **внутренние ограничивающие** факторы, которые блокируют достижение желанного результата, не касаясь экономики, политики, природных условий и других внешних обстоятельств жизни. Таких внутренних барьеров совсем не много, но они оказывают огромное влияние на жизнь подавляющего большинства людей.

Люди наступают на одни и те же грабли, передавая их друг другу по наследству, по дружбе и множеством других способов.

Разные стратегии достижения цели

Теоретически возможны две различные стратегии достижения любой желанной цели.

Первый — это путь силы, борьбы, преодоления трудностей.

В животном мире аналогом является поведение бизона или кабана, которые никого не боятся и сносят все препятствия на пути к своей цели. Некоторые люди так и действуют в жизни, упорно и с азартом преодолевая многочисленные препятствия. Можно сказать, что вся их жизнь посвящена борьбе. Им даже нравятся препятствия, поскольку они позволяют ощутить жизнь во всей ее полноте — пока здоровья хватает, конечно.

Понятно, что для достижения успеха на этом пути требуются немалое мужество, внутренняя уверенность в победе, большая энергичность, врожденные лидерские качества. Такой набор качеств имеется далеко не у каждого человека, поэтому людей-победителей совсем не много.

Второй вариант — это путь спокойного и уверенного достижения своей цели, практически исключающий участие в конфликтах, борьбе, преодолении больших трудностей.

Это путь мудреца, который не тратит свои силы на борьбу с людьми, не осознающими, что они творят.

Второй путь подходит значительно большему числу людей, не обладающих выдающимися лидерскими качествами. Мы будем рассматривать именно его.

Мы будем учиться идти к желанной цели, прислушиваясь к тем сигналам, которые постоянно посылает нам Жизнь, и пользуясь ее помощью и поддержкой.

Жизнь все время взаимодействует с нами, только мы не привыкли слушать ее подсказки и отдавать ей правильные распоряжения. Нас этому никто не научил, поэтому мы совершаем множество ошибок, которые и являются причиной того, что наши желания не сбываются.

Мы живем в мире изобилия

В принципе в нашем мире есть практически все, чтобы любой человек мог радоваться жизни и духовно развиваться. В нем есть множество материальных благ: денег, машин, жилья, одежды, еды и много чего еще.

В мире много красоты, счастья, любви, мужчин и женщин, детей, радости, работы, творчества и всего остального.

Другое дело, что все эти неисчислимые богатства распределяются совсем неравномерно, у одних что-то есть в явном избытке, у других, соответственно, в недостатке.

Почему так получается и можно ли это изменить, но не насильственным путем дележки всего на всех — этот путь мы уже проходили, — а как-то иначе? Скорее всего можно.

Так произойдет, если каждый человек не будет ждать милости от Бога, правительства или каких-то других внешних источников благ, а начнет использовать свои потенциально огромные возможности для создания той жизни, которую ему хочется иметь.

В принципе люди так и поступают, но при этом совершают множество ошибок, которые приводят к огорчительным результатам.

Поэтому первое, что необходимо сделать на пути к желанным целям, — **перестать совершать одни и те же ошибки**. Для начала просто перечислим их, а потом рассмотрим каждую более подробно.

• Неосознанно заказываем себе неприятности

Первая и наиболее распространенная ошибка состоит в том, что мы сами неосознанно заказываем себе неприятности. Мы не следим за своими мыслями, а ведь они являются источниками той реальности, в которой мы живем.

Мысль порождает поступки, поступки порождают результат. Наши бесконечные страхи и сомнения есть прямой заказ того, что мы чуть позже получаем и с чем потом долго и безуспешно боремся. Казалось бы, человек — существо разумное, зачем он так поступает? Может быть, мы — цивилизация мазохистов? Но ведь не все так делают, некоторые люди неплохо формируют себе вполне приличные вещи и события. Наверное, и остальным «мученикам» неплохо было бы научиться вести себя так же.

Во второй главе первой части книги мы рассмотрим, как люди неосознанно используют свой потенциал для создания себе разного рода неприятностей.

В третьей—пятой частях книги эти же вопросы мы будем рассматривать применительно к разным сферам нашей жизни — по отношению к личной жизни, богатству и здоровью.

• Отрабатываем чужие программы

Следующая массовая ошибка — бессознательная отработка тех программ и идей, которые вложили в нас родители, друзья, книги, общество, церковь, правительство, политики, средства массовой информации и т. д. Мы, как роботы, отрабатываем эти программы, а потом стонем: «Ну почему все так плохо, почему нет любви, денег, уважения и всего остального?»

А потому, что большинство людей даже не осознают, почему они делают тот или иной выбор. Их не научили задумываться над этим, они пользуются внушенными кем-то установками. А потом им приходится пожинать плоды своих неосознанных поступков.

Выход прост — нужно всего лишь понять, какие идеи или программы лежат в основе ваших поступков, где вы их подхватили и делают ли они вашу жизнь радостнее и успешнее. Если нет, то зачем вы ими заразились?

В третьей главе первой части книги мы подробно рассмотрим возможные источники появления неосознаваемых программ, способы выявления и прекращения их влияния.

В третьей—пятой частях книги эти же вопросы мы будем рассматривать применительно к разным сферам нашей жизни — по отношению к личной жизни, богатству и здоровью.

• Не позволяем Жизни быть иной

Еще одна очень типичная ошибка — борьба за свои идеалы в любой сфере жизни. Большинство из нас поглощены борьбой со своими ближними: мужем или женой, родителями, детьми, начальником или подчиненными, и другими людьми в ближнем окружении. Либо увлечены борьбой с самими собой.

Жизнь постоянно пытается вразумить этих борцов за свою личную «правду», но кто ж ее слышит? Всяк бьется за свои идеалы до конца, не жалея сил, здоровья, многих лет загубленной жизни и всего остального. Понятно, что тут не до радости или самопознания, когда не удается доказать, что прав только ты, а все остальные глубоко заблуждаются.

Выход здесь один — позволить другим людям иметь свое мнение и быть такими, какие они есть. Но кто же с этим согласится?

Четвертая и пятая глава первой части книги будут посвящены рассмотрению способов нашего «духовного перевоспитания» и путям ухода от этих не очень приятных процессов.

В третьей—пятой частях книги эти же вопросы мы будем рассматривать применительно к разным сферам нашей жизни — по отношению к личной жизни, богатству и здоровью.

• Невнятно бормочем о своих целях

Но даже если мы не заказываем себе неприятностей, не отрабатываем чужие программы типа «человек создан только для труда» и не боремся за свои идеалы, то все равно мы можем не получить то, чего желаем.

И не потому, что мы недостойны исполнения своих желаний, а всего лишь потому, что не знаем, чего хотим. Или знаем, но лишь на уровне «мычания», а не на уровне четкого формулирования того, к чему стремимся.

Если вы заявите «хочу иметь столько денег, чтобы мне было спокойно жить», то это не значит, что денег у вас станет больше, хотя ваше желание может исполниться в полной мере. Просто вы можете невзначай резко снизить свои материальные потребности, и существующих у вас денег станет хватать вам с избытком.

В общем, **важно очень четко знать и столь же четко формулировать**, к чему вы стремитесь. А иначе вы либо ничего не получите, либо получите совсем не то, к чему стремитесь. Если вы не понимаете, чего хотите получить, то вы не получите ничего.

Вторая часть книги будет посвящена рассмотрению вопросов, как нужно правильно выявлять и формулировать свою цель и что нужно делать для ее достижения.

• Четыре группы препятствий на пути к цели

Итак, все наши многочисленные сложности можно свести к четырем группам препятствий на пути к желанной цели. В образной форме это можно представить как ситуацию, где между человеком и желанным результатом имеются четыре больших

препятствия, которые ему нужно убрать. Конечно, существует еще множество более мелких препятствий, но глобально все наши сложности делятся на четыре большие группы.

И бороться с ними, прикладывая для этого все свои силы, или просто убрать их со своего пути — выбирать вам.

До сих пор вы предпочитали борьбу. Может быть, после ознакомления с этой книгой вы предпочтете другой путь? Все бывает. Во всяком случае, мы попробуем дать вам инструмент для того, чтобы убрать эти препятствия с пути к желанным целям. А станете ли вы его использовать или нет, зависит полностью от вас.

Таковы, на наш взгляд, основные препятствия к тому, чтобы любой человек жил такой жизнью, какую он захочет создать себе. Это именно **основные препятствия**, которые порождают необходимость борьбы, преодоления, огромного расхода жизненных сил и бесконечных переживаний. Если их убрать с пути, то достижение желанных целей станет естественным и интересным событием, а ваша жизнь — радостной и гармоничной. **Вы станете любимчиком Жизни и ее ближайшей подруги — Удачи! Все зависит только от вас.**

А сейчас вернемся к первой типичной ошибке — нашим неосознаваемым заказам. Заодно подведем итоги первой главы.

Итоги

- *Все люди имеют какие-то желания и цели, но не у всех получается их реализовать.*
- *Существуют разные стратегии достижения цели.*
Одна — путь борьбы, преодоления, максимального приложения сил.
Другая — путь осознания причин происходящих с вами событий и выбор оптимальной стратегии достижения цели.
Мы предлагаем вам выбрать второй путь.
- *Все имеющиеся внутренние барьеры на пути к поставленным целям можно разделить на четыре большие группы:*
— неосознаваемый заказ себе разного рода проблем;
— неосознаваемая отработка различных ограничивающих установок и негативных программ;
— духовные воспитательные процессы по разрушению ваших избыточно значимых идей;
— некорректная формулировка ваших целей.
- *Каждый из этих барьеров может стать непреодолимым препятствием на пути к любым вашим целям, поэтому необходимо убрать все.*

Глава 2

Перестаем заказывать себе неприятности

Как мало надо человеку, чтобы почувствовать себя счастливым, и как много, чтобы не чувствовать себя несчастным!

Владимир Туровский

В этой главе мы рассмотрим те сложности на пути к желанной цели, которые человек создает себе сам. Поговорим о наших несознаваемых заказах.

Каким же образом вроде бы разумный человек может создать себе то, с чем потом он будет героически бороться? Оказывается, таких путей существует немало. Рассмотрим их более подробно.

Страхи, сомнения

Один из самых распространенных способов заказа себе неприятностей — бесконечное прокручивание в голове различных страхов и сомнений. Как известно, Жизнь всегда стремится исполнить наши пожелания, какими бы странными они ни были, — этот механизм мы будем подробно рассматривать во второй части книги. Здесь лишь констатируем, что если бесконечно думать о каких-то неприятностях, то рано или поздно они обязательно у вас произойдут.

С помощью страхов и сомнений вы как бы «заказываете» себе и получаете то самое, от чего старательно пытаетесь уйти. А чего люди обычно боятся? В основном остаться без работы или без денег, заболеть, попасть в катастрофу, остаться в одиночестве. Именно это большинство из них рано или поздно и получает. Просили — получите... И даже спасибо не говорите.

Есть еще один вид страстных обращений к Жизни — чтобы подобная неприятность произошла с вашим ребенком или любимым человеком, но, к счастью, **заказы по отношению к другим людям обычно не реализуются** (а иначе большинство младенцев просто не выживали бы — столько страхов относительно них испытывают суетливые родители и бабушки с дедушками).

Но вот по отношению к самому себе заказы обычно сбываются. Если долго и страстно мечтать (т. е. трястись от страха) о том, что вас уволят с работы, то у вас на лице буквально будет написано ожидание этого события. И естественно, ваша мольба будет принята окружающими людьми, которые постараются сделать так, чтобы вы больше не мучились. Мечтали — получите и порадуйтесь своим способностям формировать себе события. К сожалению, ненужные.

То же самое можно сказать о страхах по поводу здоровья — рано или поздно ваш организм вас услышит и придет на помощь: вы хотели заболеть — получите. Вы не хотели заболеть, а вовсе даже наоборот?

А зачем тогда вы так страстно представляли себе процесс заболевания, ощущали все последствия этого события, и так много-много раз? Разве это не было прямое указание организму, чего вы желаете получить?

В общем, первым и весьма распространенным способом заказа себе разного рода неприятностей является постоянное и высокоэмоциональное прокручивание в голове различного рода страхов и сомнений.

Так что следите за тем, что происходит у вас голове, т. е. давайте «фильтровать базар» в голове, как говорят представители неформальных организаций.

Как можно научиться избавляться от страхов, мы расскажем чуть позже.

• Неосознаваемая выгода

Прежде чем рассматривать следующий способ заказа себе неприятностей, давайте выполним одно упражнение.

Упражнение «Скрытые выгоды»

1. Выберите из множества ваших проблем, целей или задач одну, которая требует для своего решения наибольшего количества усилий. Или ту, которую вы долго и мучительно пытаетесь решить, и у вас ничего не получается. Это может быть проблема из любой сферы жизни: «Я не могу заработать много денег», «Я не могу найти достойную меня работу», «Я не могу выйти замуж (или родить ребенка)», «Я не понимаю себя», «Я не могу открыть свой бизнес», «Я не могу поправить свое здоровье» и т. д.

Запишите вашу проблему прямо здесь:

_____

2. Теперь запишите свою проблему следующим образом: «Я выбираю быть тем, кто не может

_____

_____,

потому что я извлекаю из этого положения следующие выгоды».

В пустые строки перепишите свою проблему из пункта 1, только слегка измените падежи. Т. е. ваша фраза теперь будет иметь вид: «Я выбираю быть тем, кто не может заработать много денег» или «Я выбираю быть тем, кто не может выйти замуж (родить ребенка)» и т. д. А потом найдите не менее 5 скрытых выгод, которые вы извлекаете из этого положения. Запишите эти выгоды прямо здесь.

1. _____

2. _____

3. _____

4. _____

5. _____

Какого рода это могут быть выгоды? Самые разные. Вы можете получать свободу от каких-то обязательств или время для отдыха, иметь возможность заниматься саморазвитием, плакаться всем о своей несчастной судьбе или просто не меняться, поскольку это требует усилий, можете тешить свой страх или лень, и т. д.

Выгод бывает огромное количество, поэтому можете не ограничиваться только пятью.

Если вы правильно выполните это упражнение, без лукавства перед собой и приделывания себе ангельских крылышек, то вы поймете, как вам выгодно, что ваша проблемка не решается! Вам это в кайф! Вы **извлекаете из текущей ситуации с нерешенной проблемой массу выгод**, не задумываясь об этом!

И Жизнь не спешит выполнять декларируемую вами цель (хочу найти работу, хочу выйти замуж...), поскольку видит, что на самом деле вам это совершенно не нужно. Вам и без этого хорошо, вы приспособились к нынешнему положению и ничего не хотите менять!

Приведем примеры таких скрытых и неосознаваемых выгод.

— Мужчина сетует, что не получает достойного повышения по службе, а на самом деле он старательно отказывается даже от намеков на повышение, поскольку не уверен, что сможет справиться с новой должностью и будет принят коллективом в новом качестве. Он неосознанно выбирает спокойствие (выгода!), но при этом не получает вроде бы желанное повышение.

— Женщина работает в сетевом маркетинге и желает резко увеличить свои доходы. При выполнении упражнения она понимает, что увеличение доходов потребует от нее больших затрат времени, в итоге могут ухудшиться отношения с мужем и детьми. Ей понадобится повышать свое мастерство, общаться с большим количеством людей, ездить в командировки, вести большие финансовые расчеты, заботиться о своих подопечных, меньше спать и ограничить чтение любимых романов. Т. е. она потеряет ту привычную и более или менее комфортную, хотя и безденежную жизнь, к которой она привыкла (скрытая выгода!). Скорее всего скрытые выгоды превысят ее желание увеличить свои доходы.

— Молодая женщина борется с лишним весом, но у нее ничего не получается. При выполнении упражнения она понимает, что лишний вес позволяет ей не ходить на свидания, поскольку она уверена, что ничего хорошего из этого не выйдет, ведь она недостойна любви. Лишний вес дает ей основание для отказа от всех поступающих от мужчин предложений, поскольку она уверена, что это все равно бесполезно.

— У женщины много лет болит спина, никакие лечебные процедуры не дают долговременного эффекта. При выполнении упражнения она понимает, что больная спина позволяет ей прилечь на диван без угрызений совести. У нее имеется жесткое внутреннее убеждение, что «человек создан для труда», которое не позволяет ей просто отдыхать. А с больной спиной совесть молчит.

— Мужчина жалуется, что у него деспотичная жена, которая устраивает скандалы по любому поводу: не там поставил ботинки, не помыл тарелку и т. д. При выполнении упражнения он неожиданно понимает, что ему требуются признание и внимание, и он получает его от жены в полной мере, бессознательно не выполняя ее несложные требования. Если он начнет ставить на место ботинки и мыть тарелки, то не исключено, что она перестанет обращать на него внимание, а ему этого совсем не хочется.

— Девушка жалуется, что никак не может выучить английский язык, ничего не помогает, она тут же забывает все, что учит. При выполнении упражнения она понимает, что подсознательно не хочет хорошо знать иностранный язык, поскольку потом ей придется менять место работы. А она не хочет уходить со своей работы, так как там есть мужчина, который ей нравится (вариант — она не знает, куда потом пойдет работать, и неизвестность пугает ее). Поэтому она бессознательно тормозит изучение языка, трактуя это как свою проблему.

Мы декларируем, что хотим получить какой-то результат. А на самом деле мы не желаем ничего менять, поскольку существующее положение вещей привычно, предсказуемо и даже дает какие-то выгоды.

Можно ли с этим что-то сделать?

• Что делать с выявленными скрытыми выгодами

А действительно, что делать с теми скрытыми выгодами, которые вы раньше старательно заталкивали в глубину своего подсознания и вдруг неожиданно вытащили на свет? И теперь вы понимаете, что именно они блокируют вам путь к желанным целям?

Ответ простой — **сделайте вполне осознанный выбор**: что вам дороже? Ваша свобода или замужество с возможным ее ограничением? Ваше душевное спокойствие при нынешней зарплате или несколько бо́льшие деньги, сопровождающиеся необходимостью вживаться в новый коллектив и доказывать там свою состоятельность? Ваше здоровье или желание наставить окружающих «на путь истинный» любой ценой, в том числе путем болезни?

Сделайте осознанный выбор и успокойтесь. Хорош любой выбор, если он даст вам душевное спокойствие. Вы можете выбрать душевное спокойствие при маленькой зарплате — это будет отличный выбор, потому что стоит ли ради денег расходовать свою нервную энергию? Или вы можете выбрать новую работу с бо́льшей зарплатой, а сопутствующие этому волнения будете рассматривать как возвра́т в юность с ее неуемными желаниями, а что может быть лучше этого?

В случае с замужеством девушка должна осознанно решить, что ей дороже. Она может выбрать свободу, но при этом должна найти себе занятие на все последующие вечера и ночи и не переживать, если порой рядом с ней никого не окажется. Либо она может выбрать замужество, заранее согласившись, что ей придется пожертвовать частью своей независимости и даже получать от этого удовольствие (а иначе семейная жизнь превратится в битву за независимость, но это будет поведение человека, не осознающего последствий своих поступков). И т. д.

Сделайте выбор и успокойтесь — Жизнь любит улыбающихся, она помогает им достигать их истинных целей.

И не превращайте свою жизнь в постоянные переживания по поводу того, правильный ли вы сделали выбор, — это приведет к самым огорчительным последствиям! Примите то , что все ваши решения изначально правильны!

Вы не можете ошибиться, любое ваше решение — самое правильное из всех возможных, что бы ни говорили по этому поводу окружающие люди и какие бы сомнения вам ни подбрасывал ваш внутренний критик.

Вас ждет только успех!

• Низкий ранг в системе ценностей

Следующая ситуация заказа себе неприятностей состоит в том, что вы неосознанно привлекаете к себе то, что цените высоко.

И неосознанно отказываетесь от того, что вам не очень важно, но к чему вы можете вполне искренне стремиться внешне, под влиянием обязательств перед семьей, давлением общественного мнения и других внешних факторов. Чтобы понять, о чем идет речь, выполните прямо сейчас следующее упражнение.

Упражнение «Моя система ценностей»

Подумайте, что для вас в жизни очень важно, какие ценности вы считаете очень значимыми. Выбор потенциальных ценностей может быть очень велик: деньги, семья, любовь, работа, дети, самореализация, здоровье, борьба, адреналин, творчество, созидание, развитие, власть, красота, секс, спорт, свой дом, безопасность, увлечения, духовность и многое другое.

Найдите пять самых важных для вас ценностей. Запишите их ниже.

Не спешите, подумайте хорошенько. Припомните, что является-
ся для вас важным, чему вы уделяете основное время и внимание.

1. _____
2. _____
3. _____
4. _____
5. _____

Посмотрите, имеются ли среди выбранных вами ценностей те, которые совпадают с целями, стоящими перед вами? Если совпадают, то это хорошо — ваша цель является истинной, и вы искренне стремитесь к ее реализации.

А если нет? Если ваши истинные цели лежат в сфере творчества, духовности и саморазвития, а вы ставите перед собой цель заработать много денег — чтобы родные перестали вас попрекать или чтобы помочь брошенным животным. Исполнится ли эта ваша цель? Очень сомнительно, поскольку деньги в вашей системе ценностей занимают далеко не первые места. Выражаясь проще, они вам на самом деле не нужны. Так вы их и не получите, невзирая на всю вашу суету и попытки заработать большие суммы.

Точно так же и с другими неистинными ценностями. Вы можете стараться выучить английский язык или вылечиться от какого-то заболевания, но если на самом деле вам это не важно (или даже не нужно), то результаты будут достаточно огорчительными. И так будет продолжаться до тех пор, пока вы **сознательно не переместите эту ценность на более высокое место** в списке ваших ценностей.

И не просто перепишите ее туда, а искренне проникнитесь важностью для вас этой цели — и начнете уделять ей больше внимания и времени.

Если же этого не будет, то Жизнь станет исполнять другие ваши желания, истинные. А эти, вроде бы декларируемые, исполняться не будут — они вам не нужны.

Вы на самом деле просите у Жизни другого, и она выполняет эти истинные заказы.

● *Некорректный заказ*

Но даже истинный заказ порой может очень долго не исполняться из-за того, что вы **неправильно сформулировали, чего же вам нужно на самом деле.**

Во второй части книги мы будем очень подробно рассматривать, как нужно правильно формулировать свои цели. Здесь лишь отметим, что на страстный призыв «Хочу любви!» вы можете получить страстную любовь пролетающей мимо мухи или дополнительную порцию любви к вам подруги, которая и без того достала вас своей заботой и контролем. Заказ вроде бы исполнен, а вам кажется, что ничего не произошло.

Произошло, просто вы некорректно заказали и получили совсем не то, что ожидали.

• Заниженная самооценка

Следующий распространенный способ создания себе неприятностей состоит в том, что вы заявляете одно, а в душе уверены в другом. В том, что вы **недостойны получить то, к чему вроде бы стремитесь.**

Например, человек заявляет, что хочет иметь много денег, а в душе уверен, что он их недостоин. Естественно, что Жизнь не будет погружать его в стресс путем выдачи большой порции денег. Он с ними просто не справится. Можно, конечно, очень напрячься и продавить ситуацию, т. е. получить желанные суммы. Но если они неадекватны вашей самооценке, то вы очень быстро их потеряете, так бывало уже много раз.

Это очень часто встречающаяся ситуация, когда заниженная самооценка является мощной преградой на пути к желанному результату. Жизнь как бы считывает вашу внутреннюю уверенность: «я не достоин больших денег (власти, должности, любви и пр.), это не для меня, это для каких-то других людей. Чтобы иметь это, нужно было родиться в другом месте, в другой семье и т. д.» — и реализует ее. А ваши внешние призывы и слабые шевеления по поводу получения заявленного результата не воспринимаются Жизнью всерьез. Она отрабатывает вашу главную внутреннюю программу: «я не достоин того, к чему стремлюсь» — и исправно реализует ее.

Мы еще не раз будем возвращаться к рассмотрению такой ситуации, когда Жизнь исполняет то, в чем мы убеждены скрытно, неявно, и что противоречит нашим внешним усилиям и декларациям.

Каков же выход из этой ситуации? Он очень прост. Нужно понять, что то, что вы имеете сейчас, очень точно соответствует вашей самооценке. Вы стоите ровно столько, сколько получаете сейчас! Вы имеете такую жизнь, какой вы неосознанно считаете себя достойным! Вы создали все это сами!

И чтобы изменить реальность, нужно для начала повысить свою самооценку. Это не очень просто, но возможно. И мы будем возвращаться в книге к этой теме еще много раз.

• Неконтролируемые обороты речи

Как обнаружить свои скрытые убеждения, блокирующие достижения поставленной цели?

Один из способов — **обратить внимание на свою речь**, поскольку наши скрытые программы проявляются именно в ней.

Вы обращали когда-нибудь внимание на то, какие обороты речи из всего богатого русского (или какого другого) языка вы выбираете? Часто ли в вашей речи встречаются слова: «проблема», «тупик», «головная боль», «сплошной геморрой», «один страх», «все бесполезно» и т. п.?

Так вот, какие слова преобладают в вашем лексиконе, то вы и будете иметь в своей реальности. У вас много проблем на языке — значит, вы ждете их в жизни, и они обязательно появятся.

Каков выход из этой ситуации? Мы уже называли его: «фильтровать базар» не только в голове, но и на языке.

В жизни практически нет проблем, есть лишь ситуации, которые мы можем воспринять как трагические и квалифицировать как «проблему».

А можем просто принять как ситуацию, из которой все равно нужно искать выход, как бы вы ее ни называли и какими причитаниями бы ни сопровождали.

Так что будут в вашей жизни проблемы или нет, зависит только от вас. Зависит от того, как вы будете воспринимать происходящие с вами события и как будете их оценивать. И ни от чего более.

Поэтому мы рекомендуем убрать из вашего лексикона слова «проблема», «беда», «горе» и подобные им. И в вашей реальности их станет значительно меньше.

• Что выбираете в жизни

Другой, очень близкий к рассмотренному способ привлечения в свою жизнь разного рода неприятностей состоит в том, что вы **из всего многообразия происходящих в мире событий выбираете только плохие** и сосредотачиваетесь именно на них.

Как мать выделяет голос своего ребенка из голосов десятков других детей? Легко и не прилагая к этому особых усилий. Она сосредоточена на голосе ребенка и всегда услышит и найдет его.

Но этот же эффект относится и к другим сферам нашей жизни!!! На чем мы сосредоточены, то и вылавливаем из огромного информационного и событийного шума, в котором живем!

А на чем сосредоточены вы? Какие передачи по телевизору вы смотрите? Какие газеты читаете? Какими новостями обмениваетесь при встречах со знакомыми?

Это хорошие новости или очередной пересказ о том, как кого-то обворовали, посадили, уволили с работы и т. д.? Вы сосредоточены только на этих событиях?

Значит, они вам нужны, и Жизнь услужливо будет вам их подсовывать. Сначала просто информацию о разных неприятностях, а потом и сами события — чтобы подтвердить вашу внутреннюю уверенность, что «жизнь — дерьмо, все плохо и будет еще хуже». Хотели, искали, ждали — получите!

Закономерность здесь совсем простая: на чем вы сосредоточены, что ищете в многообразии жизни, то и получаете.

Каждый из нас формирует свою личную реальность, и только от вас зависит, какой будет ваша жизнь.

Если она вас не устраивает, то сделайте первый шаг к ее изменению: **перестаньте концентрироваться на негативе**. Попробуйте насильно, с зубовным скрежетом и явным отвращением поискать в жизни что-то хорошее. Сначала вас будет подташнивать от этого, а потом ничего, полегчает.

И вы увидите, что жизнь не так уж ужасна, как вам казалось раньше. Что в ней есть много замечательного, что проходило раньше мимо вас. А теперь это хорошее будет «застревать» рядом с вами, и ваша жизнь автоматически изменится в лучшую сторону. И это зависит не от правительства, законов, сглазов, плохой кармы и прочих внешних факторов. А только от того, **что именно** из всего многообразия жизни вы будете привлекать к себе.

Начните искать в жизни хорошее, и она будет предлагать вам его все больше и больше.

Особенно сложно эти процессы могут идти у людей, которые в силу своей профессии вынуждены постоянно общаться с нерадостной стороной нашей реальности. Это работники правоохранительных органов, судов, тюрем и лагерей, социальных служб, часть медицинских работников, целители и даже психологи. Им постоянно приходится сталкиваться с разного рода несчастьями, и создается впечатление, что в мире ничего другого нет.

Если эти люди не научатся отвлекаться от суровых реалий своей работы, а полностью сосредоточатся на них, то в их мире будет мало хорошего. Они сконцентрированы на негативе, и Жизнь вынуждена будет обеспечивать их этим негативом. К сожалению, не только на работе, но и в личной жизни тоже.

Чтобы этого не происходило, нужно научиться видеть в жизни не только плохое и ждать от будущего не только неприятностей. **И тогда у вас все будет замечательно.**

На этом мы заканчиваем рассказ о том, как люди используют свои безгранично большие возможности для создания себе разного рода неприятностей и блокирования желанных результатов. И переходим к подведению итогов.

ИТОГИ ～～～～～～～～～～～～

1. Люди, не задумываясь над своими мыслями и желаниями, сами создают себе множество сложностей, которые потом им нужно будет героически преодолевать.

2. Первый и самый распространенный способ «заказа» себе разного рода неприятностей — это постоянное смакование разного рода страхов и сомнений.

3. Следующий способ привлечения в свою жизнь неприятностей — получение неосознаваемой выгоды от того, что вы якобы желаете изменить. А раз вы получаете выгоду от текущей ситуации, то менять вам ничего не нужно.

4. Еще одна причина, по которой ваша цель не будет исполняться, невзирая на все усилия, — эта цель вам на самом деле не важна, она имеет низкий ранг в вашей системе ценностей.

5. Следующий способ неосознаваемой блокировки желанного вроде бы результата — глубокая внутренняя убежденность, что вы его недостойны, ваша заниженная самооценка.

6. Еще один способ привлечения в свою жизнь разного рода сложностей — это неосознаваемая концентрация на негативных событиях в жизни и частое использование в своей речи слов, обозначающих негативные ситуации.

7. Любой из рассмотренных способов может создать непреодолимые сложности на пути к желанной цели и тем самым еще раз подтвердить ваше убеждение о том, что «все плохо и будет еще хуже».

8. Понимание механизмов неосознаваемого заказа себе неприятностей позволяет изменить свой способ мышления и столь же успешно привлекать к себе светлые и радостные события.

Глава 3
Убираем неосознаваемые программы

*Всадник без головы сам по себе не страшен,
страшно, когда он скачет во главе эскадрона.*
Владимир Туровский

В этой главе мы рассмотрим еще один способ создания барьеров на пути к желанной цели, заключающийся в том, что мы, как роботы, бессознательно отрабатываем некоторые программы из своего подсознания.

• Мы отрабатываем программы из подсознания

Наше подсознание — это своеобразный «склад» разного рода убеждений, установок, стереотипов, страхов и прочих программ, которыми мы бессознательно руководствуемся при принятии решений. Часть этих программ вполне позитивна и делает нашу жизнь более простой и предсказуемой. Например, внутренние убеждения типа «о детях и родителях нужно заботиться», «людям нужно помогать», «старших нужно уважать», «нельзя брать чужое имущество», «при встрече со знакомым человеком нужно здороваться» и т. п. делают нашу жизнь более спокойной и безопасной.

Но есть странные установки, которые мы бессознательно отрабатываем, не осознавая, почему так делаем.

Например, большинство людей, не задумываясь, дают чаевые официанту и таксисту, но требуют сдачу до копейки у кассира в магазине. А чем кассир хуже официанта? Другое распространенное убеждение: «свадьба должна быть роскошной, нужно собрать и напоить как можно больше людей». Зачем? Почему нужно тратить огромные деньги именно на свадьбу? Отработка этого убеждения порой приводит к тому, что молодые уже разошлись, а родители все отдают долги за их свадьбу.

К сожалению, некоторые наши внутренние убеждения создают зону серьезного дискомфорта. Например, в целом неплохая неосознаваемая программа «человек создан для труда» порою не дает вам возможности отдохнуть. Стоит вам прилечь на диван, как тут же в душе возникает дискомфорт: «чего это я лежу, когда все работают, нужно вставать и делать то-то и то-то», и вы лишаете себя возможности спокойно отдыхать, а это уже совсем не хорошо.

Подобных неосознаваемых внутренних установок у любого человека имеется множество, и пока вы не осознаете их, будете слепо руководствоваться ими. А они могут легко блокировать вам путь к желанной цели.

Например, разумом вы хотите стать богатым, но внутри у вас хранится жесткое убеждение, что «все зло от денег» или «нищим родился, нищим и помрешь», которое будет блокировать вам все усилия по улучшению вашего материального положения. Бессознательно руководствуясь им, вы просто не будете ничего делать для изменения уровня своих доходов.

Внутреннее убеждение типа «я обречена на одиночество» или «мужчин мало, всем не хватает» может породить полную пассивность в деле устройства личной жизни, невзирая на вроде бы декларируемое желание выйти замуж. И т. д.

• Подсознание заботится о нас

Нужно отметить, что подсознание хранит все эти убеждения и извлекает их в нужный момент (с нашей точки зрения — в ненужный!) только для того, чтобы у нас все было хорошо и мы не попали в очередной раз в стрессовую ситуацию. Ведь что такое, например, страх одиночества? Это скрытая программа, которая заботится, чтобы вы не остались одна и не испытывали от этого страданий.

Внутреннее убеждение «за все нужно платить» заставляет вас отдавать больше, чем получать. Но оно же защищает вас от переживаний в случае, когда кто-то захочет вас назвать халявщиком или эгоистом, поскольку эти образы для вас являются резко отрицательными.

Подсознание постоянно обобщает наш опыт и поступающую к нам информацию, обрабатывает ее, делает выводы и сохраняет их в виде внутренних программ с тем, чтобы у нас в будущем все было хорошо. К сожалению, последствия этой заботы не всегда бывают такими, как нам хотелось бы. Как сказал один политик, «хотелось как лучше, а получилось как всегда».

Известный борец со стереотипами поведения Сальвадор Дали даже сделал несколько скульптур, в которых из тела человека (почему-то женщин) выступают наружу ящички бюро. Скорее всего он хотел этим сказать, что люди — своего рода ходячие бюро, и они бессознательно отрабатывают те убеждения, которые заложили в них родители, общество и они сами.

Откуда берутся в человеке различные внутренние убеждения? Таких источников множество.

• Первые годы жизни

Прежде всего это младенчество. Ребенок родился, лежит в кроватке и не понимает, что происходит вокруг него. Он слышит звуки и, хотя не понимает их смысла, активно реагирует на них. Так собака, которая тоже не понимает слов, прекрасно различает интонации в голосе хозяев. Точно так же ребенок реагирует на те звуки, которые произносят люди, находящиеся вокруг него.

Если у ребенка в семье все в порядке, родители хорошо относятся друг к другу, то у него возникает неосознаваемое внутреннее убеждение, что он пребывает в безопасном месте, т. е. «мир — безопасное место».

Если родители (жена, муж, дедушки, бабушки, другие дети) сильно конфликтуют между собой, то ребенок воспринимает их раздраженные голоса как угрозу, и у него возникает желание защититься от нее. В итоге у ребенка вырабатывается скрытое убеждение типа: «мир взрослых — это опасное место, здесь все время нужно защищаться». В результате вырастает замкнутый, внутренне агрессивный человек, всегда готовый к отражению нападения, и это остается на всю жизнь.

Понятно, что такие качества личности мало способствуют преуспеванию в социуме, ведь все время и силы приходится тратить на защиту. Поэтому в неблагополучных семьях редко вырастают спокойные и уверенные в себе дети.

Если ребенок был нелюбимый и постоянно слышал раздражение и претензии в голосе матери, то у него возникает ощущение полной беспомощности, незащищенности, ненужности, которые трансформируются во внутреннюю программу типа: «Я никому не нужен. Любовь и внимание нужно заслужить. Я недостоин любви». Понятно, что человек с такой внутренней программой всегда неуверен в себе и будет постоянно нуждаться в одобрении со стороны.

Но даже если семья благополучная, но мама или бабушка все время пребывают в страхах типа: «Ой, не простудился ли ребеночек! Хорошо ли он покушал! Как бы с ним чего не случилось!» и т. д., то такая суета тоже порой имеет не очень хорошие последствия.

Каждый человек есть своего рода ходячая банка с электролитом (кровь, лимфа), и из него в окружающую среду поступают электромагнитные и прочие излучения. Понятно, что от спокойного и любящего родителя идут одни волны, от вечно раздраженных родителей — другие, от постоянно суетящихся и всего опасающихся родителей – третьи. Ребенок воспринимает эти излучения и поневоле подстраивается под них, пропитывается ими. Так, например, человек, не являющийся поклонником футбола и случайно попавший на стадион, во время гола поневоле попадает в очень мощный энергетический всплеск, созданный болельщиками, и явно ощущает его. А ребеночек? Он вынужден первые пять-шесть лет постоянно находиться в поле родителей. Как ему увернуться от этих вибраций? Никак.

У него поневоле вырабатывается такое же суетное и неуверенное отношение к жизни, которое можно выразить словами: «мир ненадежен», «как бы чего не случилось» или «все ли я сделал правильно?». В итоге из него вырастает постоянно сомневающийся и неуверенный в себе взрослый, который неосознанно руководствуется в жизни внутренними установками типа, что «я должен все делать только правильно, но для этого мне не хватает знаний (квалификации, возраста, навыков, знакомств, способностей и т. д.), поэтому я никогда не добьюсь успеха». Представляете, как сладко жить с такой внутренней установкой?

В общем, за первые годы жизни только за счет реакции на звуки и излучения родителей ребеночек получает свои первые и самые долговременные установки, которые затем оказывают влияние на черты его характера: замкнутость или открытость, агрессивность или миролюбие, уверенность или хроническую неуверенность и т. д.

Можно ли изменить эти установки? Т. е. можно ли изменить свой характер, стать более спокойным, уверенным в себе, самостоятельным человеком?

Можно, но для этого потребуются определенные усилия.

• *Жизненный опыт и убеждения родителей*

Следующий источник внутренних программ — это тот опыт и убеждения, которые **родители передают своим детям**. Они могут делать это сознательно, постоянно повторяя какие-то фразы типа: «Не высовывайся! Будь как все! Это не для тебя! Довольствуйся тем, что есть. Знай свой шесток!»

Эти фразы воспринимаются ребенком как будущая жизненная позиция, и результаты ее реализации будут, как понимаете, не очень радостные.

Родители могут просто в повседневных беседах между собой передавать ребенку свой жизненный опыт, который может быть заключен в словах типа: «Чтобы выжить, нужно много и тяжело трудиться», «Человек создан для труда, как птица для полета», «Много денег — много неприятностей, мы и малым обойдемся, нам многого не нужно». Понятно, что они передают этот свой жизненный опыт ребенку из самых лучших побуждений. Но времена могли резко измениться, и если принцип «Будь как все, не высовывайся» помог им выжить в суровые времена сталинских репрессий, то этот же опыт не позволит преуспевать в новых условиях современности. И родителям, и ребенку, который принял для себя систему их ценностей. Поэтому дети из успешных семей изначально имеют лучшие «стартовые» условия — они более уверены в себе, и у них нет внутренних установок типа «довольствуйся малым, все остальное не для тебя» и «будь как все, не высовывайся».

Кроме того, родители часто используют не очень корректные, мягко говоря, выражения для управления своим ребенком. Вспомните, что говорили вам родители, когда хотели призвать вас к порядку и обуздать ваш неуемный темперамент. Не было ли в их лексиконе выражений типа: «Тупица! Бестолочь! Ничего не можешь! Тебе ничего нельзя доверить! Вечно ты все испортишь! И в кого ты такой уродился?! У тебя всегда все портится, тебе ничего доверить нельзя, ты все сломаешь!»

Эти слова, многократно и эмоционально повторенные родителями, записываются в подсознании ребенка и потом проявляются в его поведении в виде неуверенности, боязни сделать ошибку, проблем с принятием решений и т. д. Хотели как лучше, а получилось...

• Влияние окружения, социума

Часть программ родителей передается ребенку практически без слов, по умолчанию, как выражаются программисты. Какие это могут быть программы? Самые разные.

Ребенок подрос, слегка научился разговаривать и спрашивает: «А почему мой дедушка такой седой и в морщинках?» На что доброжелательные родители охотно поясняют: «А он старенький, ему много лет. Вот погоди, ты подрастешь и к его годам тоже станешь седым и скрюченным». Ребенок слушает эти слова и образно представляет свою старость. Все, программа старения в организме запущена, хотя никто никому зла не желал.

Родители, благодаря ожиданиям по отношению к своим детям, создают сильные программы, воздействующие на последующую жизнь детей. В сельской местности родители ждут, что подрастают новые руки для тяжелой работы по хозяйству, — ребенок поневоле воспринимает это как руководство к действию.

Мать, посвятившая всю свою жизнь детям, поневоле передает своей дочери скрытое убеждение «женщина должна жить ради детей», которое дочь затем бессознательно отрабатывает уже в своей семейной жизни.

В семье рабочих, занятых тяжелым и однообразным трудом, ребенок поневоле воспринимает их внутренний настрой: «Жизнь — тяжелая вещь, нужно бороться за выживание, отдыхать будем на том свете», — и готовится много и тяжело работать. А чего ждешь, то и получаешь.

В семье ученых ждут, что их ребенок будет интеллектуально развитым и займется наукой, — ребенок часто пытается оправдать эти надежды, и т. д.

Социум определяет, например, как нужно реагировать на события. На юге (страны, планеты) принято реагировать бурно и эмоционально, на севере — сдержанно и более обдуманно. Причиной такого поведения являются не только проявления темперамента, на который принято списывать подобные особенности, но и стереотипы поведения. Те же южане, переселившись на север, через некоторое время перенимают новые правила общения и ведут себя вполне сдержанно (если, конечно, не замыкаются в своей этнической общине, которая консервирует их прежние стереотипы поведения).

Сложность выявления этих внутренних установок состоит в том, что они не выражаются конкретными словами или фразами, а существуют в человеке в виде понимания, что жить нужно только так и никак иначе. На вопрос: «А почему именно так?» обычно следует недоуменный ответ: «А как же иначе?»

• Негативные программы от авторитетных лиц

С неменьшим успехом можно получить негативную программу не только в детстве, но и уже во вполне сознательном возрасте — от любых лиц, мнение которых произведет на вас хоть какое-то впечатление. Это могут быть учителя в школе, родственники, взрослые друзья и другие значимые для вас люди.

Например, если какое-то авторитетное для вас лицо выскажет нелестное мнение о вас, о ваших способностях или сделает нерадостное предположение о вашем будущем, то в подсознании может отложиться программа типа: «я неудачник, у меня ничего не получится», которая затем будет блокировать все усилия на пути к желанным целям.

Или ваши друзья могут осмеять ваши попытки сделать что-то противоречащее их мнению — не отсюда ли у многих юношей появляется программа типа «стыдно ухаживать за девчонками, это признак слабости, им нужно грубить».

Нередко возникают ситуации, когда известные врачи, целители, ясновидящие, астрологи и любые другие специалисты по будущему практически «закладывают» в подсознание своих пациентов негативные программы. Например, такие как «я вижу, что вы разойдетесь с вашей женой (или мужем)», «у вас короткая линия жизни на руке, поэтому вам осталось жить совсем немного лет», «в вашем роду все умирают от рака (спиваются, разводятся, одиноки, бездетны, безденежны и т. д.)», «в этом виде бизнеса у вас не будет успеха» и подобные.

Чем более авторитетен человек, высказавший подобное мнение, тем глубже оно проникает в подсознание и начинает практически руководить вашей жизнью.

• Средства массовой информации, книги, кино

Очень большое количество программ закладывают в нас книги, особенно романтические и сентиментальные. Телевидение с его пропагандой насилия, денег и красивой жизни навязывает программы типа «настоящий человек должен иметь много денег, любовниц (или любовников), кулаками защищать свои интересы».

Все это закладывает в наше подсознание стереотипы поведения в разных ситуациях, и мы затем бессознательно отрабатываем их.

• Личный опыт

Еще один мощный источник внутренних установок — это личный опыт.

Позитивный опыт повышает самооценку и укрепляет уверенность в своих силах.

Но вот наш личный негативный опыт воздействует гораздо сильнее, снижая самооценку и блокируя достижение желанного результата.

Например, вы заработали большую сумму денег, и после этого у вас возникли большие неприятности с коллегами (все рассорились), налоговыми органами или «неформальными структурами». Деньги ушли, но ваше подсознание четко зафиксировало, что «большие деньги — это большие неприятности», и теперь оно всячески удерживает вас от возможности их получить.

После этого события прошло несколько лет, событие забылось, и вы снова пытаетесь зарабатывать. Вы прилагаете большие усилия, но ваш бизнес никак не растет. Он достиг некоторого уровня, но никакими стараниями вам не удается его перешагнуть и расширить свое дело. И такая ситуация длится не один год. Вы никак не поймете, в чем проблема. Вроде бы есть опыт, связи, хорошее дело, но оно не растет. И никакие усилия не приносят успеха.

А причина подобной ситуации находится в вашем прошлом. Ваш давний испуг по поводу больших денег может неосознанно для вас контролировать ситуацию.

Ваше подсознание боится больших денег, потому что это связано с опасностью для вашей жизни. И оно защищает вашу жизнь, не пуская в нее большие деньги.

Другой вариант. Вы были сильно влюблены, но ваш любимый сделал что-то не так, как вы считали нужным (разлюбил, изменил, предал и пр.), в итоге вы испытали сильный стресс, возможно, даже сопровождаемый заболеванием. В подсознании четко записалась установка: «влюбляться — вредно для здоровья», и теперь вы напрасно ищете себе любимого и тот же накал чувств — подсознание ограждает вас от новых разочарований. Конечно, этот фокус у него проходит не всегда, но часто.

Еще вариант — у вас произошло подряд несколько неприятностей, и вы, вместо того чтобы искать причины их появления, **сделали долгосрочные негативные** (практически философские) **выводы:** «Мне всегда не везет», «Я обречен быть бедным», «Я всегда страдаю за других» или что-то подобное. И теперь эта программа, независимо от вашей воли и прилагаемых усилий, определяет события вашей жизни, и вы все время будете искать и находить ее подтверждения.

Можно ли со всем этим что-то поделать? Не хочется ведь ощущать себя марионеткой, бессознательно отрабатывающей вложенные неведомо кем и неведомо когда программы. Оказывается, можно все изменить.

• Первый шаг — осознать свои убеждения

Первым шагом на пути к осознанности является **выяснение того, какими программами, установками или стереотипами поведения вы руководствуетесь в жизни.**

Сделать это нелегко, поскольку только часть программ можно выявить прямо сейчас. А часть может проявиться, только когда для этого появятся соответствующие условия.

Как это может быть? Очень просто. Например, вы живете в семье, где принято заботиться друг о друге, быть внимательными, не повышать друг на друга голос. Вы считаете такой способ жизни естественным и не можете себе представить, что люди могут жить по-иному. И вдруг вас посылают в длительную командировку в другой город (идете в армию, едете на заработки), и там вы оказываетесь в компании людей озлобленных, агрессивных, эгоистичных.

Вы пытаетесь отстаивать свою модель поведения, но они смеются над вами и принимают вашу воспитанность за слабость. Вы не можете отступить от своих внутренних убеждений, и в итоге проигрываете этим людям (так после революции дворяне проиграли менее развитым, но и менее обремененным разными условностями рабочим и крестьянам). Ваши убеждения привели к проигрышу, вы не сумели подстроиться под новую ситуацию. А ведь пока вы жили в прежних условиях, ваши установки создавали вам зону комфорта.

Познание самого себя — процесс бесконечный, поэтому важно понимать, что достичь полной осознанности можно, но не сразу. Не за день, не за неделю, не за месяц и даже не за год. **Познание себя, своих установок и убеждений, их анализ, отказ от негативных установок и формирование позитивных — это и есть процесс жизни.**

Помните, в начале книги мы говорили, что человек рождается для радости и самопознания. Самопознание и корректировка своих внутренних установок — это занятие на всю жизнь.

И чтобы делать это более успешно, нужно владеть соответствующими инструментами. А их не так уж много — особенно по сравнению с количеством наших убеждений и страхов.

Итак, **первый шаг состоит в том, чтобы выявить те внутренние программы, установки и страхи, которыми вы руководствуетесь в жизни**. Это делается просто — вы **заводите список своих внутренних убеждений**. Можете даже назвать его: «Что хранится в моем подсознании». Во второй части книги мы дадим технику прямого разговора с подсознанием, а пока вам это не нужно.

Сейчас вам нужно взять лист бумаги (открыть файл в компьютере) и записать туда все, что вы думаете по поводу своего возраста, внешности, здоровья, способностей, удачливости, предназначения, денег, работы, отдыха, любви, секса, детей и родителей, друзей, увлечений и всего остального.

Не убирайте далеко этот список — вы будете дополнять его еще многие годы!

Затем **разделите эти убеждения на те, которые помогают вам в жизни или вдохновляют вас**, дают надежду на успех.

И те, **которые как-то ограничивают вас**, мешают вам, порождают переживания, неуверенность, блокируют ваши усилия или могут блокировать.

Первый список выпишите отдельно и периодически перечитывайте его — он будет прибавлять вам сил на пути к желанным целям. Это могут быть фразы типа:

У меня прекрасное здоровье!

Я полон сил!

Мне всегда везет!

Я всегда молод и красив!

Я рожден для богатства!

Я достоин всего самого лучшего!

Я способен зарабатывать любые деньги!

Я счастливчик!.

Дополняйте его по мере обнаружения у себя новых достоинств и позитивных убеждений.

Со вторым списком дело обстоит сложнее — от записанных в нем установок нужно избавляться, заменять их на другие. Это реально, хотя и требует определенных усилий.

Существует несколько способов изменения выявленных вами негативных установок.

• Отмена негатива методом визуализации

Первый способ применяется в случае, **если вы четко помните, кто, как, когда и где внушил вам мысль о том, что у вас что-то не получится** или что вы — неудачник.

Способ этот называется **«визуализация»**. Он состоит в том, что **вы мысленно представляете себе ситуацию, в которой нежелательное внушение не произошло.**

А произошло внушение вам идеи, которая вас вдохновляет и радует.

Для этого необходимо как можно ярче восстановить в памяти исходную ситуацию, в которой произошло внушение вам негативной установки, со всеми подробностями. А затем нужно мысленно изменить ее ход, т. е. представить, что этот человек говорит совсем другие слова.

Тем самым вы **отмените внесенную им негативную программу и замените ее на положительную,** которая не будет отравлять вашу жизнь. Но представлять нужно очень ярко, образно, насыщено, не меньше двадцати раз.

Например, если вы помните, как цыганка сказала вам, что вы будете замужем три раза, а вы находитесь в первом браке и все время испытываете дискомфорт от ее предсказания (Раз-

водиться? Вроде нет оснований, все хорошо. Но не зря же она сказала про три брака? Может, муж изменяет?), то перекодирование методом визуализации заключается в следующем.

Вы как можно ярче и подробнее вспоминаете эпизод с цыганкой: время, место, ее и свою одежду, запахи, звуки, выражение лица и прочие подробности.

Затем вы как бы отматываете пленку с воспоминаниями слегка назад и вновь просматриваете этот же «фильм», но уже с другим сценарием — теперь цыганка говорит вам, что у вас будет один брак на всю жизнь, все у вас будет замечательно, вы проживете все годы с мужем в любви и взаимопонимании. И этот новый сценарий нужно прокрутить в своем воображении раз двадцать, каждый раз дополняя его новыми подробностями.

В итоге старая программа сотрется в вашем подсознании, на ее место (в этот же ящичек бюро) ляжет новая программа: «У меня будет один брак с любимым мужчиной на долгие годы». Источник дискомфорта исчезнет.

Другой вариант использования этого же способа.

Если вы помните, как ваш авторитетный родственник в минуту раздражения говорил вам: «Ты неудачник, тебе остается только прозябать на задворках жизни», то представьте, что вместо этих слов он сказал что-то вроде: «Я горжусь тобой! У тебя все замечательно! Ты талантлив! Удача просто преследует тебя! Я буду счастлив, если ты поделишься своей удачей со мной!»

Прокрутите эту картинку раз двадцать во всех подробностях, и ваш комплекс неполноценности, посеянный некорректным родственником, исчезнет навсегда.

Если с визуализацией таких картинок у вас имеются проблемы, то для исправления ситуации можно использовать другой прием.

• Составляем позитивное утверждение

Суть этого приема заключается в том, что вы должны составить позитивное утверждение, противоположное по смыслу негативной установке, создающей преграды на пути к вашим желанным целям. А затем это новое утверждение нужно поместить на то место, где сейчас хранится ваша негативная установка.

Эта технология отмены негативных программ очень подробно рассмотрена в книге «Улыбнись, пока не поздно» [4] и в работах других авторов. В переводных книгах этот способ называется составлением аффирмаций.

Существуют определенные правила составления позитивного утверждения (аффирмации).

• Рекомендации по составлению позитивных утверждений

Соблюдая несложные правила составления аффирмаций, вы резко повышаете эффективность самопрограммирования на успех. В самом общем виде эти правила можно свести к следующему.

1. Позитивное утверждение должно быть по **смыслу полностью противоположно той негативной программе**, от которой вы хотите избавиться. Например, если негативная установка имела вид «Любовь и внимание людей нужно заслужить», то позитивная программа типа «Все люди — божественные создания, и я одно из них» хоть и говорит о ваших достоинствах, но не отменяет необходимость постоянно заслуживать признание у людей. Более правильным будет утверждение: «Я достоин любви и внимания людей просто фактом своего существования, я легко дарю и получаю любовь и внимание».

2. Позитивное утверждение **не должно быть излишне длинным**. Вам нужно составить одно или два предложения из понятных и приятных вам слов.

3. Позитивные утверждения **не должны содержать отрицаний**, поскольку в них вы **говорите о том, чего вы хотите**. А не о том, чего вы не хотите. (Хотя иногда можно и отступить от этого требования.)

4. Позитивное утверждение **всегда составляется по отношению к себе**, т. е. всегда используются местоимения: «я», «мне», «меня» и т. д.
   Если позитивное утверждение строится из общих фраз («Этот мир прекрасен, и он дает всем людям то, что им хочется»), то оно может не иметь к вам отношения и вряд ли приведет к решению вашей внутренней проблемы.

5. Позитивное утверждение должно быть «вашим», т. е. **оно должно быть вам приятным**, и его повторение должно вызывать у вас в душе хорошие чувства. Механическое повторение даже самой правильной, но непонятной или неприятной вам фразы не даст положительного эффекта.

Конечно, существует множество особенностей применения этих правил [4], но в целом их вполне достаточно для эффективного программирования себя на успех.

При составлении позитивного утверждения можно исходить из двух способов, ведущих к достижению одной цели — внутреннему спокойствию и уверенности в своей правоте.

Первый — вы изменяете себя так, чтобы дискомфорта больше не возникало.

Второй способ — не меняя себя, вы пересматриваете свое отношение к проблемной ситуации и перестаете испытывать дискомфорт по ее поводу.

Рассмотрим эти два подхода более подробно.

• Первый способ — вы изменяете себя

При этом способе вы сначала **формулируете свою негативную установку** в виде одного предложения, например: «Я никогда не добьюсь успеха!», «Я недостаточно образован и никогда не смогу получить интересную работу», «Я некрасивая и никогда не выйду замуж» и т. д.

А затем **составляете утверждение, полностью противоположное по смыслу вашей негативной программе**: «Я легко и быстро добиваюсь успеха в интересном для меня виде деятельности!», «Моего образования более чем достаточно для получения интересующей меня работы», «Я замечательна и интересна, и множество мужчин считают за честь сделать мне предложение!

Как видите, составленное подобным образом позитивное утверждение позволяет **полностью изменить ваше отношение к себе, изменить вас** так, чтобы прежние сомнения и проблемы перестали вас задевать. При правильном его использовании вместо робкого и вечно сомневающегося неудачника вы станете уверенным в себе и энергичным человеком.

Например, в случае со страхами по поводу недостаточности вашего образования после работы с позитивным утверждением вы просто плюнете на прежние переживания по этому поводу и смело станете заниматься тем, к чему лежит ваша душа. Ведь множество выдающихся людей в детстве не закончили даже школы, и это никак не повлияло на их последующий успех.

Ну, а на уверенную в своей неотразимости женщину постоянно будут обращать внимание множество мужчин, какими бы реальными внешними данными она ни обладала.

Что дальше делать с позитивными утверждениями, как заставить их «работать» и получать такие замечательные результаты, мы расскажем чуть позже.

• Второй способ — изменение своего отношения к действительности

Иногда бывает так, что источником ваших переживаний является то, что нельзя изменить никакими утверждениями, поскольку это часть объективной реальности.

Например, у вас от рождения слишком большой нос или очень большая грудь, вы слишком высоки или чересчур толсты и т. д. Ни с ростом, ни с носом, ни с другими особенностями вашего тела ничего сделать нельзя (за исключением, в некоторых случаях, пластической операции, но она вам не по карману), и это — постоянный источник ваших негативных переживаний.

В таких случаях можно использовать позитивные утверждения, но они **должны изменить ваше отношение к реальности, сделать эту реальность привлекательной и приятной для вас**.

Здесь уже сложно утверждать, что «у меня очень маленький и красивый нос», поскольку позитивное утверждение не изменит размера носа, а каждый подход к зеркалу будет опровергать это утверждение.

Поэтому лучше построить утверждение так, чтобы вы нашли в своем носе что-то, что делает его необычным и привлекательным для вас. Например: «Мой необычный нос придает мне исключительность и неординарность, таких, как я, нужно долго искать. Я горжусь своей исключительностью».

Для второго примера (с фигурой) позитивное утверждение может иметь вид: «Моя фигура придает мне сексапильность и заманчивость в глазах мужчин, понимающих толк в настоящих женщинах», и т. д.

В общем, **вы должны начать гордиться тем, чего раньше стыдились**, поскольку «это» придает вам какие-то исключительные качества, которых нет у других людей. И тогда окажется, что жизнь замечательна, и все прежние переживания покажутся вам просто смешными.

На эту тему даже есть известный анекдот.

Анекдот в тему

Через пятнадцать лет после окончания школы встречаются два одноклассника. Один выглядит бодрым и преуспевающим, второй — понурым неудачником.

Первый спрашивает, как дела, на что второй отвечает, что хуже некуда, все плохо. А хуже всего то, что он до сих пор писает по ночам в постель.

— А ты к врачам обращался?

— Да у всех уже побывал, и у терапевта, и у уролога, никто не помог.

— А ты у психолога был?

— Нет.

— Так сходи обязательно.

Через пару недель они встречаются снова, но теперь уже и второй выглядит бодро и уверенно.

— Ну что, сходил к психологу?

— Сходил.

— Помог он тебе?

— Да, помог, сам видишь.

— И что, писаться по ночам совсем перестал?

— Нет, не перестал, но теперь я этим так горжусь!

Вывод: если ситуацию изменить нельзя, то можно изменить свое отношение к ней. Суть второго подхода сводится именно к этому, только психологом вы выступаете для себя сами.

• Выбирайте вид аффирмации сами

Какой вид позитивного утверждения нужно использовать в вашем конкретном случае — решать вам. Главное, чтобы вы понимали, чего вы хотите — измениться сами или просто изменить свое отношение к какому-то факту действительности. А затем построили позитивное утверждение соответствующим образом.

Например, вы немного ленивы, и это не сильно мешает вам жить, но постоянно провоцирует на самоосуждение. Вы хотели бы избавиться от этого дискомфорта.

Соответственно, в зависимости от вашего выбора вы можете составить себе **позитивное утверждение по первому типу**: «Я решительная и деловая женщина, каждая минута моей жизни наполнена делами. Я очень активна и результативна в достижении своих целей».

В итоге вместо слегка ленивой и спокойной (но недовольной собой) женщины вы становитесь этакой «электрометлой», не знающей ни минуты покоя и вечно занятой какими-то заботами.

Если вы делаете другой выбор, то **составляете позитивное утверждение по второму типу**: «Что бы я ни делала, я всегда и везде успеваю. Все мои вопросы решаются сами собой, не требуя моего активного участия. Я радуюсь жизни, и она радует меня, предоставляя мне столько возможностей для отдыха, сколько мне нужно! Я оптимальна в своих действиях!» В результате вы не меняете своего образа жизни, но перестаете осуждать себя за лень — поскольку вы благодарны Жизни за то, что она сама решает все ваши вопросы и не заставляет вас избыточно суетиться. Может быть, вы не достигнете того, чего может достичь суперделовая женщина, но ваша жизнь от этого не станет хуже, особенно если оценивать по уровню душевного комфорта.

Как видите, два разных подхода к одной и той же ситуации дают совсем разные позитивные утверждения. Но результат у них один — вы перестаете испытывать внутренний дискомфорт и убираете внутренние барьеры на пути к своим целям, какими бы они ни были.

В итоге вы становитесь более успешными в любых своих действиях.

Рассмотрим, как работает этот способ для отмены негативных программ из детства.

Упражнение «Стираем детские переживания»

Возьмите чистый лист бумаги. Разделите его вертикальной линией пополам. Напишите в левой части листа «Что обо мне говорили. Мои прозвища. Мои недостатки», а в правой части — «Позитивные утверждения».

Теперь вспомните, какие прозвища или негативные утверждения использовали ваши родители в детстве, пытаясь обуздать вашу энергию и сделать вас послушным и дисциплинированным ребенком (возможно, они и сегодня обращаются к вам так же, тогда особых проблем с вспоминанием у вас не будет). Имеются в виду обращения типа: «Неумеха!», «У тебя руки не оттуда растут», «Бездарность», «Мерзавка!», «Ты ничего не умеешь», «Погляди на себя», «Ни рыба ни мясо» и т. д.

Запишите все эти выражения в левый столбец. Возможно, вы не сразу вспомните все прозвища и обидные слова, которые вы слышали от родителей, других родственников или знакомых в детстве. Ничего страшного. Если новые воспоминания будут постепенно всплывать в вашей памяти, дополняйте ими левый столбец.

Затем в правом столбце напишите позитивные утверждения, противоположные по смыслу негативным выражениям из левого столбца. Каждому выражению из левого столбца должно быть подобрано противоположное позитивное утверждение (аффирмация).

Например, напротив записи «Неумеха!» пишите что-то вроде: «Я умелый и талантливый человек, я легко делаю все, что захочу!» Напротив «У тебя руки не оттуда растут» записываете: «У меня прекрасно получаются любые дела», напротив «Мерзавка!» — «Я прекрасный человек, люди меня любят и доверяют мне, я горжусь собой», напротив «Ни рыба ни мясо» — «Я энергичен, я хозяин своей жизни, я всегда достигаю поставленных целей» и т. д.

Формулировки позитивных утверждений могут быть любыми. Важно только, чтобы они не содержали частицу «не» и были противоположны по смыслу негативным утверждениям.

Для отмены негативных программ, внушенных другими значимыми для вас людьми, можно использовать еще одно упражнение.

Упражнение «Отменяем негативную программу»

Возьмите чистый лист бумаги. Вспомните, как звучала фраза авторитетного для вас человека, которая запала вам в память и теперь отравляет вашу жизнь (например: «В вашем роду все женщины одиноки»).

Составьте фразу, противоположную по содержанию высказанному утверждению, например: «В нашем роду любая женщина может иметь полную семью и много детей».

Запишите ее на листе бумаги. Перепишите эту фразу не менее 300 раз.

Тем самым вы сможете вытеснить из своего подсознания негативную программу, внесенную по неосторожности (или даже сознательно) авторитетным для вас человеком, и заменить ее на положительную, которая сделает вашу жизнь более полной и комфортной.

Если ваша негативная установка возникла в результате личного опыта, то способ работы с ней примерно такой же. Сначала нужно восстановить свой негативный опыт и попробовать **сформулировать, какая программа могла возникнуть в результате**, т. е. сформулировать ее в виде фразы из 3–5 слов. Например: «Никогда нельзя доверять мужчинам», «Иметь большие деньги опасно», «Близкие подруги всегда предают».

А затем нужно составить противоположное по смыслу утверждение и поработать с ним, чтобы оно заместило ваше прежнее, негативное убеждение.

• Примеры негативных и позитивных программ

Приведем примеры подобных негативных программ и варианты позитивных установок, направленных на вытеснение негативных программ. Приведенные негативные программы сформулированы уже в виде внутренних установок — как результат аналогичных утверждений других людей или собственного опыта.

Позитивные программы представлены как первого, так и второго типа. Тип позитивного утверждения указан в конце предложения цифрой.

Негативные программы	Позитивные утверждения
Я не общительный человек, мне тяжело знакомиться с людьми.	Я легкий и общительный человек. Люди всегда тянутся ко мне, и мне всегда есть что сказать им (**1**).
Я плохо разбираюсь в людях.	Я источник внимательности и радушия, и ко мне притягиваются только хорошие люди, настроенные благожелательно и желающие мне добра (**1**).
Радость нужно заслужить.	Радость — это часть моей жизни, я всегда и везде ощущаю ее присутствие (**1**)!
Я никому не нужен!	Мне всегда найдется полезное дело, люди тянутся ко мне, и я легко решаю их вопросы. Я всегда востребован! (**1**)
С таким характером я никогда не выйду замуж!	У меня неординарный характер, который сделает мою семейную жизнь оживленной и полной событий (**2**)!
Я не могу никому отказать! (Я не могу сказать нет. Я не имею права отказывать людям!)	Каждый человек заслуживает того, что он имеет. Я не вмешиваюсь в чужие дела и позволяю каждому получать уроки, которые дает ему Жизнь (**1**).
Я обязана отвечать (платить) за все, что происходит в моей жизни!	За все давно отвечено, я живу легко и с удовольствием получаю то, что дает мне Жизнь (**2**)!
Я – безответственный человек, ничего не могу довести до конца	Я всегда хорошо предчувствую исход дела, поэтому лучше других знаю, когда нужно остановиться и подождать (**2**).
Я должна делать все и вовремя!	Я никому ничего не должна! Я живу с удовольствием и делаю только то, что у меня получается легко и быстро (**1**)!
Я не чувствую себя женщиной!	Я вижу в себе Женщину и позволяю ей развиваться (**1**)!
Я не могу позволить людям плохо думать обо мне!	Я не вмешиваюсь в жизнь моих знакомых и не навязываю им свое мнение обо мне. И мне безразлично, что они думают обо мне (**2**).

В таблице приведены лишь варианты позитивных утверждений, которые позволяют избавиться от негативных программ. Вы можете составить себе иные позитивные утверждения, лишь бы они были вам близки, понятны и вызывали у вас приятные ощущения.

Множество других позитивных утверждений, касающихся сфер личной жизни, материальной обеспеченности и здоровья, вы найдете в третьей—пятой частях книги.

• Что делать с позитивным утверждением

После того как вы сформулировали позитивное утверждение, нужно сделать так, чтобы оно заместило прежнюю негативную программу в вашем подсознании. Понятно, что прежняя программа совершенно не собирается покидать свое место — ведь она появилась там с самыми благими намерениями, чтобы уберечь вас от разного рода неприятностей, в которые вы по глупости можете попасть. Она всячески будет сопротивляться попыткам убрать или заместить ее другой, позитивной (на ваш взгляд) программой.

Поэтому потребуется приложить немало усилий, чтобы произвести этот процесс замещения. И чем дольше находилась негативная установка в вашем подсознании, тем сложнее будет ее оттуда удалить. Можно представить, что она пустила там корни, как взрослое дерево, и вам придется ее буквально выкорчевать, чтобы посадить на этом месте новую программу.

Работа с позитивными утверждениями не даст эффекта, если свести все только к написанию нового, пусть очень красивого и приятного утверждения. Нужно приложить усилия, чтобы оно освоилось в вашем подсознании и заняло там место своей предшественницы.

Конечным результатом этой работы должно быть **такое внутреннее состояние, при котором вы твердо уверены в том, что новое позитивное утверждение — часть вашей жизни**, и именно оно лежит в основе ваших действий. Это не очень легко, но возможно.

Существует несколько вариантов работы с позитивными утверждениями.

• Переписываем много раз

Первый способ — перепишите от руки не менее 3000 раз все ваши позитивные утверждения (из правого столбца таблички). Переписывать можно не более ста раз в сутки, так что эта работа займет почти месяц.

Вы должны быть максимально сосредоточены на содержании той фразы, которую будете переписывать, нельзя во время этого процесса отвлекаться и думать о чем-то другом.

Поскольку наш ум очень изворотлив и может свести переписывание к простому механическому действию, то иногда рекомендуется переписывать позитивные утверждения левой рукой (для правшей). Здесь уже сложно будет отвлечься от текста и думать о чем-то другом.

• Мысленное повторение

Второй способ — заучить позитивные утверждения (или переписать их на маленький листок и носить с собой) и мысленно повторять их — как мантру или молитву. Общее время повторений — от 3 до 10 часов суммарно.

• Сделайте напоминалку

Чтобы вы не забывали о своих позитивных установках, сделайте для себя разного рода напоминалки. Например, напишите (или напечатайте на принтере) позитивные утверждения и повесьте их на своем рабочем месте — чтобы они постоянно попадались вам на глаза. Введите их в заставку компьютера — там есть такая функция, и они постоянно будут появляться перед вами.

А вы не игнорируйте их, а повторяйте про себя снова и снова.

• Сделайте запись

Еще один вариант работы с позитивными утверждениями состоит в том, что вы **надиктовываете их на аудиокассету** — максимально бодрым, энергичным и уверенным голосом. А потом слушаете эту запись в любое удобное время — когда едете в автомобиле, занимаетесь бытовыми делами дома и т. д.

Подобные записи имеются в составе аудио- и видеокассет в нашей Энциклопедии идеализаций (подробнее о них можно узнать на сайте **www.sviyash.ru**).

Таким образом, через некоторое время, а для каждого оно свое, вам удастся вытеснить из подсознания те негативные программы, которые заложили в вас родители или другие люди в далеком детстве или в более взрослом возрасте.

И они перестанут оказывать негативное влияние на вашу жизнь.

• Заливаем пятно белой краской

Если попробовать поискать образный аналог того, как работает позитивное утверждение, то можно привести следующее сравнение.

Представьте себе, что ваше негативное убеждение — это грязное пятно на чистом листе бумаги. Это пятно мешает вам жить, поскольку заставляет совершать поступки, препятствующие достижению желанных целей. Чтобы успешно функционировать, от пятна нужно избавиться. Здесь возможны варианты.

Можно, например, взять ножницы и вырезать часть листа вместе с пятном. Тогда лист бумаги будет чистым, но в нем останется дыра — это похоже на выпадение из вашей памяти какого-то события (или множества событий), вызвавшего появление этого пятна. Примерно так работают техники гипноза, когда пациенту в состоянии глубокого гипнотического сна дается команда, чтобы он навсегда забыл какого-то человека и все связанные с ним события жизни.

Затем пациент возвращается в нормальное сознание, но он уже совершенно не помнит о негативном событии. В его памяти специально сделана «дыра», связанная с неким событием. К сожалению (или к счастью), далеко не все люди подвержены гипнозу, поэтому подобные техники используются довольно редко.

Если для вытеснения ошибочного убеждения мы используем позитивные утверждения, то более точной будет следующая аналогия.

Позитивное утверждение похоже на белую краску, которая сверху покрывает грязное пятно. Если вы закроете все пятно толстым слоем, то грязи не будет — она исчезнет, и лист опять будет чистым.

В итоге в вашей жизни не будет проблем, вызванных этим ошибочным убеждением.

Чем толще слой краски, тем надежнее вы защищены от проявлений наших ошибочных убеждений. Если слой краски тонкий, то пятно может проступить сквозь нее и опять испортить вам жизнь. Именно поэтому **позитивные утверждения нужно повторять достаточно долго и максимально эмоционально.**

Вложенные в них время и энергетика пропорциональны тому количеству краски, которая покроет грязное пятно.

Надеемся, что это сравнение позволит вам лучше понять механизм действия позитивных утверждений. Мы еще не раз будем возвращаться к этому инструменту на страницах книги.

А пока можно перейти к выводам по этой главе.

ИТОГИ

- *Наше подсознание является своеобразным складом, где хранятся все наши внутренние программы, идеи, установки, убеждения, стереотипы, обиды и страхи.*
- *Подсознание хранит и реализует в нашем поведении все эти установки с единственной целью — уберечь нас от ошибок и неприятностей, которые мы можем совершить в будущем.*
- *Часть этих программ являются положительными, они облегчают нам жизнь и повышают успешность в социуме.*
- *Другую часть внутренних установок можно назвать негативными, поскольку они (из лучших побуждений) блокируют нам возможность добиться желанных целей.*
- *Источником негативных программ могут быть высказывания родителей и близких людей в детстве, высказывания авторитетных людей и личный негативный опыт.*
- *Для вытеснения негативных программ необходимо выявить и сформулировать их, а затем составить позитивные утверждения, противоположные им по смыслу.*
- *Затем необходимо произвести замещение прежней негативной программы на новую, позитивную. Это можно делать путем многократного повторения позитивных программ с максимальной эмоциональностью.*
- *В результате многократных повторений позитивных утверждений прежние негативные программы вытесняются и заменяются на новые. В результате жизнь человека изменяется в лучшую сторону.*

Глава 4

Понимаем уроки Жизни

Наконец-то временные трудности закончились.
Наступили трудные времена.

Владимир Туровский

Теперь мы знаем уже два типичных барьера на пути к желанным целям. Это непроизвольный заказ себе нерадостных событий и неосознаваемая отработка негативных установок из подсознания. Что с ними нужно делать, чтобы они не мешали нам, мы тоже уже знаем.

К сожалению, это не все. Есть еще один процесс, который можно назвать процессом нашего «духовного воспитания». Что это такое?

Большинство людей так или иначе знакомы с Библией, этой главной книгой нескольких религий. В ней есть заповедь, которая в переводе на бытовой язык имеет вид: «не суди, и не судим будешь».

Оказывается, это не просто слова. В нашей жизни постоянно и незаметно для нас происходят процессы, на которые мы не обращаем внимания. Это процессы нашего духовного воспитания, научение нас «не судить».

Этим процессам подвержены все люди, независимо от их возраста, образования, вероисповедания, занимаемой должности, способностей и любых других факторов. Об этом говорят священники в своих проповедях, но кто же их слушает! Некогда, нужно быстрее-быстрее устраивать личную жизнь, растить детей, накапливать материальные блага, поправлять здоровье и заниматься другими важными текущими делами.

Но есть вещи более серьезные, о которых мы мало что знаем. Например, процессы нашего научения «не судить», увернуться от которых практически невозможно. Соответственно, если сталкиваются наши осознанные интересы в достижении какой-то цели и воспитательный процесс, требующий заблокировать эту цель, то последний всегда побеждает (преобладает, наступает, реализуется).

Духовное воспитание всегда выше наших бытовых устремлений, которые к тому же постоянно меняются. Это похоже на мистику, но это так. И вы легко можете найти следы такого воспитания в своей жизни, если будете знать, как оно проявляется в повседневной жизни. Именно о духовном воспитании пойдет речь в этой главе книги.

Глава 5
Жизнь постоянно дает нам уроки

Чтобы объяснить суть происходящих с нами процессов духовного воспитания, придется сделать экскурс в некоторые системы верований и принять небольшие допущения. Это не окажет никакого влияния на все последующие рекомендации, но поможет лучше понять, откуда они взялись и почему нужно думать и поступать так, а не иначе.

Практически во всех религиях встречается указание о том, что человек не должен сам заботиться о своем существовании, а должен поручить это Богу или другим Высшим силам. В христианском Новом Завете мы встречаем заповедь: «Не собирайте себе сокровищ на земле, где моль и ржа истребляют и где воры подкапывают и крадут...»

В даосизме прямо говорится, что наш мир — это майя, иллюзия, и нет необходимости делать какие-то усилия по достижению успеха в нем — вы будете тратить время и энергию на погоню за миражом. Подобные утверждения можно найти и в любой другой религии.

Но совершенно понятно, что эти указания прямо противоречат всем нашим убеждениям и жизненному опыту. Мы все прекрасно знаем, что если ничего не делать, то возникнут большие сложности, то есть можно оказаться без жилья, без работы, без здоровья, а кого это может устроить? Может быть, древние высказывали свои рекомендации по отношению к каким-то особым людям, например монахам?

Оказывается, нет. Все это относится к любому человеку. Но чтобы осознать это, нужно понять, зачем человек рождается в этом мире. Для того чтобы лучше понять ход дальнейших рассуждений, примем одно допущение.

Мы будем исходить из неатеистических позиций, предполагающих **возможность многократного рождения души человека в различных телах**. Это явление в восточных религиозных учениях называется «реинкарнация», и оно означает, что некоторая часть человека — а именно его бессмертная душа — после смерти может переселиться в другое тело. И так многократно, пока у души в этом будет потребность или желание. А вот чем это может быть вызвано, давайте рассмотрим чуть подробнее.

В принципе, как нам представляется, человек в своей высшей субстанции — бессмертной душе — мог бы не воплощаться на Земле, а оставаться бесконечное время в том мире, который можно назвать «непроявленным» (в Раю или Аду по христианству). Но многие предпочитают прийти на Землю, где их ждет далеко не сладкая жизнь.

• Многоэтажность непроявленного мира

Это вызвано тем, что в непроявленном (далее по тексту — Тонком) мире большинство душ обитает совсем не в комфортных условиях. Из многих источников, в том числе религиозных, мы знаем о том, что **Тонкие миры многоэтажны**. Причем нижние этажи напоминают места обитания самых бедных жителей стран Африки или Азии. Самые нижние этажи Тонкого мира в христианстве называются «адом».

А жизнь на верхних этажах Тонкого мира можно соотнести с жизнью очень обеспеченного человека в собственной вилле на отдельном острове. Поэтому, без сомнения, каждой душе хотелось бы занять там этаж повыше. Но номер занимаемого этажа определяется тем, сколько «грехов» имела душа человека в момент покидания земного тела, т. е. в момент смерти. А это уже напрямую связано с широко известным на Востоке понятием «карма». Поэтому рассмотрим это понятие более подробно.

• Древние учения Востока

Термин «карма» очень древний. В переводе с санскрита он означает «действие». Еще в далеком прошлом люди понимали, что именно собственные поступки (действия) людей определяют их настоящее и будущее.

По проблемам кармы написано множество книг, начиная с теософов и мистиков прошлого и заканчивая многочисленными изданиями современных авторов, причем подходы к этому вопросу самые разные. Кто-то рассматривает карму с позиций йоги, и даже появилась ее новая разновидность — карма-йога.

Другие рассматривают карму сквозь призму религии, биоэнергетики, физиогномики и любых других областей эзотерических и иных знаний.

При этом в качестве кармы рассматривается преимущественно тот **груз проблем или болезней, с которым душа человека приходит в наш мир**. У эзотериков это называется «зрелой» или «родовой» кармой. Соответственно, у читателя подобных теорий может создаться впечатление полной предопределенности и безысходности всей нашей жизни. К счастью, дело обстоит далеко не так.

Наш опыт показывает, что большинство проблем в жизни людей возникает из-за тех ошибок, которые **они сами совершают уже в сознательном возрасте**. Люди нарушают некоторые простые требования, которые они должны соблюдать в этой жизни, и в итоге у них возникают самые разные неприятности, проблемы, болезни и даже досрочная смерть. Но все это не следствие каких-то событий, произошедших в прошлых жизнях, вовсе нет! Человек сам создает себе проблемы и болезни, когда он неправильно относится к нашему миру, когда он придает избыточное значение каким-то одним сторонам жизни и считает недопустимыми другие ее варианты.

Жизнь многообразна, но человек не принимает ее многообразия. У него есть какие-то идеалы, ожидания от реальности, и он считает недопустимым, когда эти ожидания разрушаются.

В нашей методике такие избыточно значимые идеи получили название «идеализации».

• Понятие идеализации

Идеализировать — значит придавать избыточное, преувеличенное, чрезмерное значение какому-то важному для вас аспекту жизни. Избыточность проявляется в том, что вы испытываете **длительные негативные переживания**, когда реальная жизнь не совпадает с вашими ожиданиями.

Например, идеализация возникает тогда, когда у вас в голове существует некоторая **идеальная модель** того, как должен вести себя муж (или жена), ребенок, знакомый, начальник, подчиненный, представитель власти и т. д. Вы знаете, как он должен себя вести. А он ведет себя немного (или совсем) не так, т. е. **он не соответствует тому идеалу, который существует в вашем воображении**.

Его поведение или поступки не соответствуют вашим ожиданиям. Поэтому вы становитесь агрессивны и пытаетесь заставить его поступать так, как вы считаете нужным. Либо вы впадаете в грусть или отчаяние от того, что он ведет себя неправильно. В обоих случаях **вы не принимаете этого человека** (а через него и весь мир) **таким, каков он есть в реальности**, поскольку этот человек не соответствует идеалу, существующему в вашем воображении.

Идеализировать можно не только отдельных людей, но и ситуации окружающего мира в целом. Например, политики думают только о себе и не заботятся о народе. Религиозные экстремисты сошли с ума и не жалеют жизни в борьбе за свои абсурдные идеи. Жизнь несправедлива, множество невинных людей страдают в войнах или катастрофах и т. д.

Объектом идеализации можете стать и вы сами — если будете долгое время недовольны своей внешностью, способностями, поступками или чем-то еще. Вы знаете, какими вы должны быть, но реальность не совпадает с этими ожиданиями — чем не повод для страданий!

И подобных идеализаций, которые отравляют нашу жизнь, существует огромное количество. Дальше мы рассмотрим их более подробно.

• Идеализации явные и скрытые

Но перед этим предлагаем выделить две разновидности идеализаций: проявленную и скрытую.

Проявленная идеализация имеет место тогда, когда **что-то в этой жизни вызывает ваше длительное раздражение** (или другое негативное чувство). Это может быть все, что угодно: работа, квартира, телепередача, правительство, начальник или сотрудник на работе, теща, жена или муж, ребенок, любимый человек, чья-то внешность или поведение, вы сами.

Если у вас есть объект, вызывающий постоянное раздражение, то это означает, что вы идеализируете этот объект, придаете ему избыточное значение, т. е. вы знаете, каким он должен быть. А он не такой, поэтому вы им недовольны.

Вы можете открыто демонстрировать свои переживания, а можете тщательно скрывать их от окружающих людей, это не имеет значения. Важно то, что у вас возник длительный внутренний протест и вы не можете ничего с этим поделать.

Вторая **форма идеализации — скрытая**. Она имеет место в том случае, когда у вас нет постоянного недовольства по отношению к какой-то ценности. Иногда вы даже не подозреваете о том, что для вас очень значима какая-то идея относительно себя или других людей.

Но вот **если эту идею как-то нарушить, то у вас в душе обязательно возникнет вспышка недовольства, агрессивности или вы ощутите полную бессмысленность своего существования**. Например, вы можете выяснить, что не представляете себе жизни без любимой работы или семьи. Раньше, когда у вас это было, вы даже не задумывались, как для вас важна эта ценность. А вот когда вы это потеряли, то ощутили в полной мере, как для вас они были важны. Оказывается, вы их скрыто идеализировали.

Например, вы жили себе спокойно и не имели никаких претензий к людям. И вот к вам на две недели приезжает в гости дальний родственник. И тут вы обнаруживаете, что он громко чавкает за едой (постоянно ест чеснок, не моется, разговаривает с использованием ненормативной лексики и т. д.). Для него это естественный способ поведения, а для вас — затяжной стресс. Оказывается, у вас была скрытая, но очень важная идея о том, как должны вести себя люди за столом (что есть, как часто мыться и т. д.). Поскольку выгнать родственника вы не можете, вы попадаете в затяжную стрессовую ситуацию, особенно если он решает задержаться у вас еще на пару-тройку недель. Ситуация изменилась, и ваша прежде скрытая идеализация вышла наружу, т. е. перешла из скрытой формы в проявленную.

Чтобы выявить скрытую идеализацию, **можно представлять себе жизнь, последовательно убирая из нее различные ценности** — какие конкретно, мы подробно будем рассматривать чуть позже. Если отсутствие этой ценности не вызовет никакой эмоциональной реакции, то вы ее не идеализируете, т. е. не придаете ей избыточного (с точки зрения Жизни) значения.

Если вы не можете представить себе жизнь без этой ценности (работы, денег, честного имени, семьи, детей, секса, власти и т. д.), то вы наверняка цените ее **избыточно** высоко. Вы можете даже не подозревать о наличии скрытой идеализации до тех пор, пока не попадете в ситуацию, где значимая для вас идея будет как-то нарушена (например, вы привыкли к чистоте и вдруг надолго оказываетесь в обстановке неопрятности и грязи, что вызывает ваше затяжное раздражение).

• Вы не позволяете миру быть иным

Термин **«избыточно»** означает то, что **вы цените свою модель устройства мира чересчур высоко** (например, что люди должны быть только честными, дети должны заботиться о родителях, люди не должны оскорблять друг друга и т. п.) и считаете, что Жизнь не может быть устроена по-другому. Вы знаете, каким должен быть мир, и не представляете себе, что он может быть иным.

Идеализируя, т. е. преувеличивая значимость своих ожиданий, человек **не может допустить**, чтобы что-то развивалось не так, как ему хочется. И испытывает **избыточные** негативные эмоции.

Именно **избыточные**, потому что небольшие переживания вполне допускаются. Например, если что-то происходит не так, как вы считаете нужным, то вы спокойно можете позволить себе **немного и недолго поворчать**. Или даже ругнуться (желательно в пределах нормативной лексики) и даже стукнуть кулаком (по столу, разумеется).

Но вот **впадать в длительные и чрезмерные страсти по поводу несовершенства** (на ваш взгляд) **какого-то элемента окружающего мира — нехорошо**. Такие избыточные эмоции означают, что вам очень дорога эта ценность и вы не допускаете ее нарушения.

С религиозной точки зрения любая негативная эмоция есть результат **осуждения реальности**, т. е. грех. Следовательно, придавая избыточное значение каким-то своим ожиданиям или ценностям, мы создаем почву для накопления грехов.

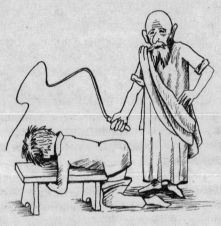

Значит, рано или поздно эта **ценность должна быть разрушена или отобрана у вас**, чтобы вы не забывали, что все дает и все забирает у нас только Бог. А заберет он у вас эту ценность потому, что вы недовольны чем-то в этом мире. А ведь этот мир создал Бог. Значит, вы им недовольны, т. е. впадаете в грех, и **он указывает вам на ваши ошибки**.

Не наказывает, как рабов, слуг или непослушных детей. А именно подсказывает, воспитывает, обращаясь к вам как к разумному существу, которое пока не понимает каких-то очевидных истин. И как только вы поймете его подсказки, его воздействия на вас в тот же момент прекратятся.

• Жизнь учит нас не судить

Итак, если человек что-то идеализирует, то он попадает под процессы своего рода духовного «**воспитания**». Это «воспитание» срабатывает **путем принудительного разрушения идеализируемой им земной ценности**. Тем самым Жизнь как бы показывает ему: «Смотри, твой идеал разрушен, а ничего страшного не произошло! Ты сам и жизнь вокруг тебя течет по-прежнему, ничего не изменилось! Так стоит ли тратить столько нервов в борьбе за свои иллюзии?»

Например, если вы чересчур страстно влюблены и идеализируете своего партнера, скорее всего он вскоре бросит вас (или полюбит другую). И что, жизнь после этого остановится? Только для вас и только на то время, пока вы не избавитесь от своих переживаний — почти все люди проходят через это, и обычно не один раз.

Если вы идеализируете какие-то аспекты семейной жизни, то наверняка ваш супруг (супруга, дети, родители) не будет разделять именно эти ваши взгляды на семейную жизнь. И так по любому другому вопросу.

Чтобы более полно объяснить, почему все это происходит, мы предлагаем рассмотреть следующую модель.

• Модель «накопителя переживаний»

Представим, что **все наши негативные эмоции**, которые мы испытываем, когда жизнь не совпадает с нашими ожиданиями, **в виде некой жидкости собираются в специальную емкость — «накопитель переживаний»**.

Через специальную трубу эта жидкость втекает в «накопитель переживаний» сверху и собирается в нем, характеризуя **количество накопленного** недовольства жизнью, проявленного в форме негативных переживаний.

Одновременно эта же жидкость через другие трубы потихоньку вытекает снизу — пропорционально нашим заслугам перед Жизнью.

Когда накопитель заполняется до некоторого уровня (накапливается определенное количество «грехов»), то срабатывает механизм принудительного духовного «воспитания», и человеку тем или иным путем доказывается, что он зря придавал избыточное значение своим идеалам. Существует шесть способов, с помощью которых Жизнь доказывает нам ошибочность наших чрезмерных ожиданий, и мы еще будем рассматривать их более подробно.

• Наш мир — чистилище

Как мы уже говорили, в принципе человеческая душа может все время находиться в Тонком мире, не заселяясь в человеческое тело. И естественно, каждой душе хочется переселиться на этаж повыше. Но души занимают этажи в соответствии с заполненностью их «накопителя переживаний» на момент смерти.

Уменьшить наполнение своего накопителя, находясь в Тонком мире, наверное, можно, но для этого нужен слишком большой промежуток времени. Возможность совершения там каких-то поступков, в результате которых уровень жидкости в «накопителе переживаний» уменьшится, очень мала.

Значительно быстрее это можно сделать, находясь в человеческом теле.

Наша планета является тем самым местом, где **можно достаточно быстро уменьшить заполнение своего** «накопителя переживаний». По-иному, наша планета — это своего рода «чистилище», где можно довольно быстро очиститься от прежних грехов. Именно поэтому обитатели **нижних этажей Тонкого мира** особенно часто стремятся попасть в наш мир, чтобы избавиться от последствий прежних ошибок. Но возможности выбора у них сильно ограничены, поэтому здесь они, в соответствии со своими прежними ошибками, попадают в страны и семьи, обремененные бедностью, болезнями, войнами, насилием и т. д.

Подобная среда обитания обычно не располагает к благости и всепрощению, поэтому душе достаточно сложно реализовать свое намерение и тем самым вырваться из круга закоренелых «грешников». Но если человек и в таких условиях сумеет не озлобиться и не обидеться на мир, то уровень заполнения его «накопителя переживаний» резко уменьшается.

Для чистых душ, обитающих на **верхних этажах Тонкого мира**, наша Земля является тем местом, куда можно прийти и **прочувствовать реальные ощущения,** реальную жизнь, помочь людям осознать свои заблуждения. Поэтому многие просветленные души приходят на Землю, хотя могли бы этого не делать. Они выбирают себе тело для новой инкарнации и направляются в наш мир с самыми лучшими намерениями. Причем многие наверняка берут на себя обязательства **нести добро и благость людям, просвещать и исцелять их,** помогая им учиться правильно относиться к Жизни.

А некоторые обитатели верхних этажей могут просто **попроситься на экскурсию в наш мир,** чтобы испытать те ощущения, которые можно получить только в реальном мире и только в человеческом теле: любви, секса, наслаждения пищей, человеческими взаимоотношениями, материальным достатком, властью, созиданием, творчеством и т. д. Именно они, скорее всего, рождаются в очень обеспеченных семьях, становятся богачами сразу после рождения и живут, наслаждаясь жизнью и не зная никаких материальных проблем — если, конечно, они не нарушают правил поведения на экскурсии.

Но, к сожалению, попав в наше «чистилище», далеко не все помнят о своих обещаниях и светлых намерениях. Земные страсти захватывают человека, он забывает о том, что **в этом мире находится всего лишь на краткой экскурсии**. Краткой потому, что наши 70—90 лет — это всего лишь мгновение по сравнению с миллионами лет существования нашей бессмертной души.

• Наша жизнь — экскурсия

Когда души направляются в очередное воплощение на Землю, им дается напутствие типа: «Не забывайте, что вы идете на экскурсию, почти как в музей. Ведите себя соответствующим образом».

Поэтому **наша жизнь — это экскурсия**. Но экскурсия не в обычный исторический музей, где все экспонаты лежат за стеклянными витринами, и на них можно только смотреть и нельзя трогать. Это современный музей, такой, как **музеи техники** в развитых странах, где каждый посетитель может потрогать и поиграть практически с любым экспонатом. Стоящие там приборы демонстрируют различные физические эффекты: эхо, интерференцию, дифракцию, магнетизм, лазерное излучение и т. д. Посетитель может крутить любые ручки и рычаги, нажимать кнопки и приводить в действие любой экспонат.

Таким образом, купив входной билет в такой музей, человек имеет право играть с любым экспонатом неограниченное время (в пределах рабочего дня, конечно). Но он не может унести эти экспонаты с собой, он не считает их своими. Он пришел, попользовался и ушел.

Точно так же обстоит дело и с душой человека. Когда она отправляется на Землю, ей говорят: «Мы даем тебе возможность стать человеком. Сходи, посмотри, **попробуй все, что там есть**. Если сможешь, исправь свои грехи. Но не забывай, что тебя пустили туда на время. И это все не твое, это не твой собственный мир. Пользуйся всем, что там есть. Но не нарушай правила поведения посетителей музея и будь благодарен тому, кто тебя туда пустил». **Таковы правила, и каждый человек обязан их соблюдать.**

К сожалению, наша душа обычно забывает об этом напутствии. И попав в реальный мир, она **считает его единственным**. Именно этому учат атеизм и вся наша система воспитания. Между тем любая религия напоминает нам, что это все не наше, это все принадлежит Богу. Но это напоминание мало кто слышит.

Люди почему-то этому не верят. И начинают полностью погружаться в материальный мир, «зацепляться» за него. Любовь — значит, со всей страстью погружаются в любовь, считая, они не смогут жить без нее. Или со всей страстью привязываются к деньгам. Или к власти. А как только появляется избыточная привязанность, человек забывает о том, кто создал этот мир и управляет им. Причем от человека даже **не требуется особой любви к Создателю.** Нужно только не забывать, что все в этом мире принадлежит Богу, и вести себя соответствующим образом. **Взял, поиграл и положил на место.**

Именно так обстоит дело с любыми избыточными привязанностями — к материальному миру, духовным качествам, способностям, творчеству и всему прочему. Но в реальной жизни обычно получается не по правилам. Например, если человек при рождении получил способности и хорошо рисует картины, то он переполняется гордыней: я исключительный, я творец, я выше всех.

Это типичное ошибочное убеждение, и человек вместо того, чтобы очищаться от прежних грехов, начинает добавлять новые. Он начинает придавать избыточное значение своим способностям и испытывает в связи с этим массу негативных переживаний. В результате этого открывается соответствующий клапан и его «накопитель переживаний» начинает заполняться. Человек пришел уменьшить уровень в «накопителе», а вместо этого начинает его увеличивать.

Понятно, что если он пользуется своими способностями с радостью и не впадает в переживания при любом развитии текущих событий, то никаких особых проблем у него не возникает — его не нужно «воспитывать». Но так бывает, к сожалению, очень редко. Практически все люди так или иначе нарушают правила проживания в нашем мире, и Жизни приходится их поправлять.

• Нас контролирует «смотритель»

У самого Творца, скорее всего, достаточно своих дел и нет времени постоянно следить за мыслями, эмоциями и поступками миллиардов людей. Поэтому мудрая природа **прямо в душе человека** предусмотрела некий механизм, который **постоянно следит за его мыслями и поступками** и в соответствии с ними регулирует уровень поступления «жидкости» в «накопитель переживаний». Как функционирует этот механизм и кто ведет учет наших грехов, мы рассмотрим несколько позже, а сейчас обозначим его словом **«смотритель».**

Как раз он **следит за мыслями и поступками человека**, подсчитывает уровень заполнения «накопителя переживаний» и принимает решения, что делать с человеком, какие уроки ему следует преподнести.

• Воздействия при заполнении «накопителя переживаний»

Пока «накопитель переживаний» **заполнен не более, чем до половины**, то «смотритель» не имеет к человеку больших претензий. Человек живет комфортно, жизнь его радует, и все его желания легко сбываются. Это **уровень удачи**, когда Жизнь с удовольствием помогает человеку жить и быстро исполняет его пожелания. Он — ее любимец.

Но как только человек начинает идеализировать что-то, он погружается в длительные переживания, которые наполняют сосуд. Когда сосуд **заполняется на две трети**, «смотритель» начинает принимать свои «воспитательные» меры. Он начинает высылать человеку напоминания типа: «Гражданин, вы забыли, что вы только посетитель в этом мире. Если вы купили билет и пришли сюда, то почему вы думаете, что все это ваше. Положите, что взяли, обратно». Таким образом человеку начинают посылать уже довольно **сильные сигналы**, и если он их не понимает, то ситуация резко ухудшается.

В принципе «воспитательные» сигналы по мелочам посылались человеку и раньше, но теперь они возрастают и становятся постоянными. В зависимости от того, по отношению к чему возникла идеализация, у человека эпизодически появляются крупные неприятности на работе, возникают проблемы во взаимоотношениях с близким человеком, сложности с возвратом долгов или кредитов, конфликты в семье, у него крадут деньги или вещи, он попадает в аварию (пока еще с легким исходом) и т. д.

Если человек не воспринимает такой персональный сигнал, а считает эти события случайностью и продолжает вести себя по-прежнему, то ему посылается более строгое предупреждение. **Никаких случайностей в нашем мире нет — в этом отношении он строго детерминирован.** Все неприятное, что с вами происходит, организовано вашим собственным «смотрителем» и является напоминанием вам о неправильном отношении к миру.

В принципе вы можете отвергнуть эти рассуждения и отнести происходящие с вами неприятности к случайностям. Но тогда вы уподобитесь дикарям, которые не хотят осваивать уже известные человеку знания, а относят молнию и пролетающий самолет к чудесам одного порядка.

Если с вами происходит неприятность, то вы можете быть уверены, что это ваш собственный «смотритель» договорился, например, со «смотрителем» жулика о том, что он украдет именно ваши деньги. Или договорился со «смотрителями» угонщиков о том, что они украдут именно вашу машину. Тем самым

вам посылается напоминание о том, что вы что-то неправильно делаете в этой жизни, нарушаете какие-то законы и правила.

Но обычно человек не понимает этого и продолжает жить по-прежнему. Украли машину — купил другую. Купил другую машину — попал в аварию, разбился. Тут вроде бы самое время задуматься о жизни, но удобнее списать все на случайность или на действия другого человека. Подумаешь, попал в аварию — мало ли что бывает, виноват обычно другой.

Мы продолжаем упорствовать в своих заблуждениях, и тогда Жизни приходится давать нам более жесткие уроки.

Когда «накопитель переживаний» **заполняется более чем на 80%**, то «смотритель» начинает посылать довольно сильные сигналы. Как мы уже говорили, с человеком происходят несчастные случаи, разрушается семья, возникают крупные неприятности по работе — его увольняют либо расстраивается его бизнес.

В первую очередь **у него разваливается то, к чему он избыточно привязывается в нашем мире.** У бизнесмена наступает полный крах во всех его делах, пропадают клиенты, появляются долги, и никакие усилия по исправлению ситуации не дают результата. У домохозяйки может разрушиться личная жизнь, возникнуть огромные проблемы с детьми или другими родственниками и прочее.

Если человек не понимает смысла этих сигналов, то возникают тяжелые болезни. Хотя сигналы в виде болезней идут практически все время — из-за ошибочного образа мыслей практически здоровых людей найти почти невозможно. Поэтому к болезням добавляются несчастные случаи.

Поскольку с недугами физического тела довольно эффективно борется медицина, то «смотрителю» иногда сложно навязать болезнь какому-нибудь человеку, например спортсмену. Но у «смотрителя» много других возможностей послать предупреждение. Если с болезнью не получается, то у человека **разваливается судьба** — возникают проблемы по многим вопросам.

Например, тот же спортсмен, будучи на вершине успеха, часто начинает придавать избыточное значение своей славе и известности. Он поглядывает на остальных людей как бы сверху, с презрением — это явление даже получило название «звездная болезнь». Как вы наверняка догадались, это очевидное **нарушение правил поведения туриста на экскурсии**.

В итоге открывается соответствующий клапан, «накопитель переживаний» наполняется, и у преуспевающего спортсмена начинает разваливаться судьба. Он слетает с пьедестала успеха, его никто не берет на работу, люди от него отворачиваются. Он считает, что жизнь потеряна.

А на самом деле идет процесс духовного очищения души путем унижения его же собственной гордыни, его презрения к остальным людям. Его ставят в ситуацию тех людей, которых он раньше презирал. Если он осознает это и попросит прощения за свои ошибки, то ситуация быстро исправится.

Но обычно человек не понимает этого. Он не понимает, что это именно Жизнь позволила ему поучаствовать в земной игре под названием «спорт» и занять в ней пьедестал почета. И именно она чуть позже опустила его на дно жизни с тем, чтобы он понял, что он такой же путешественник в этой жизни, как и те люди, которых он раньше презирал.

Когда душа приходит на Землю, **ей разрешается играть в любые человеческие игры**. Ей можно играть в бизнес, любовь, войну, власть, духовность, искусство и т. д. Но она не должна забывать, что пришла на Землю как в музей, или, скорее, как **в большой природный заповедник** (или национальный парк).

• Наша жизнь — путешествие в национальный парк

Всем известно, что, купив путевку, в национальном парке можно поставить палатку, пожить, иногда можно даже пострелять дичь — при наличии соответствующего разрешения, конечно. Но там нужно всегда помнить, что **тебя постоянно контролируют**. И что как только вы нарушите правила пребывания в заповеднике, то тут же придет местный смотритель (лесничий) и возьмет с вас штраф. А если нарушение грубое, то выставит вас из заповедника или даже отправит в тюрьму.

Пример с национальным заповедником хорош тем, что на нем можно показать, **как человек должен относиться к окружающему миру**. Человеку может что-то не нравиться в окружающем мире, но это не должно вызывать у него агрессивности или обиды. Например, в том же заповеднике человеку может не понравиться, что у жирафа слишком длинная шея или что лев слишком громко рычит. Или что на ваших глазах лев поймает и загрызет антилопу или, может быть, даже не станет ее есть.

Вам это может сильно не нравиться, но вы будете прекрасно понимать, что **изменить ничего нельзя**. Поэтому вам поневоле **придется принимать мир заповедника таким, каков он есть**. Не будешь же, в самом деле, раздражаться или обижаться на жирафа из-за его длинной шеи. Или на кровожадность льва. А вот в нашей реальной жизни люди почему-то раздражаются или обижаются на политический строй, депутатов, бизнесменов, родственников, знакомых и т. д. Сделать все равно ничего нельзя, можно только добавить себе эмоционального негатива за счет неправильного восприятия того, что создано не нами и не от нас зависит.

Поэтому правильная позиция в нашей жизни — это позиция экскурсанта, который прибыл в этот мир на некоторое время.

Мир создан не нами, и нужно принимать его таким, каков он есть. Он принадлежит вовсе не нам, и за нами постоянно наблюдают, чтобы мы не нарушали правил поведения, установленных владельцами этого парка.

Но, придя в эту жизнь, человек не знает или почему-то забывает, что есть «смотритель», который все время следит за нами. И нарушает правила поведения в заповеднике, получая соответствующие напоминания.

В рамках этой модели можно очень хорошо объяснить, почему в случае возникновения критических ситуаций можно страстно обращаться к Богу, и это помогает.

Что такое критическая ситуация? Это случай, когда вы долго нарушали правила поведения туристов в заповеднике, лесничий вас застукал на этом и тащит в тюрьму. Кто может спасти вас в такой ситуации? Лесничий — вряд ли, он исполняет свой долг, да вы и не знаете, как с ним можно договориться. Остается уповать только на милость «хозяина» заповедника, т. е. на Бога.

А лучший способ обратить его внимание на ваши неприятности — долго и убедительно распространяться о ваших искренних и светлых чувствах к хозяину заповедника. Возможно, он поверит и простит на этот раз. Как известно, Бог милостив.

Он, конечно, понимает **некоторую неискренность вашей любви**. Да и с чего бы ей быть искренней, ведь до попадания в критическую ситуацию вы, скорее всего, очень редко вспоминали о нем. Но когда ситуация поджимает, то человек может полюбить кого угодно. Важно только потом не забывать о своих обещаниях.

Потому что Бог хоть и милостив, но у него не всегда хватит времени и возможности прощать вам очередные прегрешения. А вот ваш собственный «смотритель» всегда начеку. И, зная вашу повышенную изворотливость, в следующий раз может придумать такой «воспитательный» процесс, что вы не успеете в очередной раз обратиться за помилованием. И получите все сполна.

Именно поэтому в критических ситуациях пересмотр своего отношения к земным ценностям и страстные молитвы о любви к Богу срабатывают достаточно эффективно.

• Представьте, что вы — внутри сосуда

Чтобы более ясно понимать, почему возрастает количество проблем одновременно с увеличением уровня «жидкости» в «накопителе переживаний», представьте себе, что вы находитесь внутри него. Вы стоите внутри сосуда, и его высота как раз равна вашему росту.

Когда сосуд залит на 40—50%, то вы свободно можете идти по жизни к своим целям, испытывая лишь небольшие затруднения.

Когда уровень «жидкости» достигает середины груди (80%), то вам трудно быстро передвигаться — приходится расталкивать «жидкость» всем телом. А это, как вы понимаете, совсем непросто. Поэтому достижение любой цели требует времени и огромных усилий.

Когда уровень доходит вам до подбородка (90%), то тут уже не до достижения целей: не захлебнуться бы.

Уровень заполнения сосуда на 93—95% означает, что вы стоите на цыпочках и судорожно хватаете воздух ртом. О каких земных целях тут можно думать? Выжить бы.

Но если вы не понимаете, что вам остались только последние глотки воздуха, и продолжаете наполнять сосуд новыми переживаниями, то уровень еще чуть-чуть увеличивается и вам становится нечем дышать. Человек захлебывается и покидает этот мир, который вызывал у него столько негативных переживаний.

• Воздействия при полном «накопителе переживаний»

Продолжим разговор о духовных «воспитательных» воздействиях. Когда «накопитель переживаний» наполняется **почти доверху** (90—95%), у человека появляются смертельные болезни или очень серьезные неприятности типа попадания в тюрьму.

Если человек опять не понимает, что он нарушает правила поведения туриста в заповеднике, и начинает надеяться на врачей, целителей или собственную службу безопасности, то к нему применяют крайние (с нашей точки зрения) меры.

На этом этапе «накопитель переживаний» **переполняется** и терпение у «смотрителя» заканчивается. Если человек успевает осознать, что он неправильно ведет себя в этом мире, и резко изменит свой образ мыслей и поведение, то соответствующий клапан перекроется и уровень в «накопителе переживаний» несколько понизится.

Тогда болезнь уходит — случаев самопроизвольного излечения рака или СПИДа известно немало. Случаи неожиданного пересмотра уголовных дел и досрочного выхода из тюрьмы после прощения всех мнимых обидчиков тоже имеются.

Если же психология человека и его поведение в мире не меняются, то у него отнимается жизнь — он умирает ранее естественного срока. Таких случаев не много, но они бывают (остальные люди умирают от более естественных причин — старости или нежелания жить).

Итак, человек умирает с переполненным «накопителем переживаний». Полный сосуд тяжел, поэтому **душа человека застревает на нижних этажах Тонкого мира** — практически в аду. Соответственно, там она получает полный комплекс удовольствий. Если человек что-то идеализировал в этой жизни и за это у него забрали жизнь, то там он попадает в общество точно таких же людей (душ). Если он в этой жизни презирал людей, то там он попадает в общество тех, кто будет презирать его. Можете представить себе, как сладко жить в мире, где все презирают друг друга.

Если человек придавал избыточное значение сексу, то он попадет в общество сексуально озабоченных людей и будет постоянно терпеть унижения на этом поприще.

Таким образом, после смерти каждый попадает на такой этаж в Тонком мире, который соответствует уровню заполнения его «накопителя переживаний» на момент ухода из этого мира. Каждый сам создает себе свой Ад или Рай.

Чтобы наполнение «накопителя переживаний» было поменьше к моменту переселения в иной мир, у пожилых людей отбирается способность к сексу, чувствительность к пище и другим плотским удовольствиям. Тем самым к старости уменьшается число «зацепок» за материальный мир, и человек, даже не подозревая об этом, успевает немного осушить свой «накопитель переживаний».

Итак, мы рассмотрели ситуацию с человеком, который **не осознает, что он временный путник на нашей планете**, и ведет себя соответствующим образом.

Теперь рассмотрим случай, когда человек осознал, что он гость на этой планете, что он попросился на экскурсию и его пустили сюда.

• Осознанная экскурсия на Землю

Направляясь на Землю, он, скорее всего, купил входной билет. Ценой, вероятно, было **обещание нести свет и помощь людям**, просвещать и поддерживать заблудших. И тем самым немного почистить свой «накопитель переживаний», если там еще что-то было. Естественно, что душа с высокого этажа Тонкого мира имеет широкий выбор, где и как ей воплотиться на Земле. Чтобы не испытывать дополнительных страданий и не бороться за выживание в детстве, эти души обычно рождаются в хорошо обеспеченных семьях — об этом говорят биографии большинства известных духовных лидеров.

Кроме того, ей часто даются способности, например к спорту, рисованию, музыке, сочинению стихов, целительству, управлению финансами, торговле и т. д. Эти способности призваны облегчить человеку существование в нашем мире, поскольку при их использовании он будет более успешен, нежели другие люди, не обладающие этим талантом.

Но, с другой стороны, можно сказать, что способности одновременно являются своего рода **испытанием.** Это именно испытание, потому что **при наличии таланта гораздо легче начать идеализировать свои способности, славу, известность, материальные блага** и т. п.

И если человек сумеет реализовать свои способности и не впасть при этом в гордыню, презрение к людям и другие «звездные» амбиции, то он может достаточно сильно осушить свой «накопитель переживаний» и подняться на этаж выше в Тонком мире.

К сожалению, известные нам биографии жизни знаменитых художников, поэтов, писателей, ученых и других известных личностей показывают, что большинство из них жили, обуреваемые страстями и земными привязанностями. Скорее всего, в итоге они попали на пару-тройку этажей ниже, чем тот, с которого пришли к нам.

• Человеку доступно все земное

Все вышесказанное вовсе не означает, что мы придумали еще один способ запугать вас и предлагаем бояться всего. Совсем нет.

Человек приходит на Землю, чтобы попробовать все, что здесь есть. Поэтому **каждый может заниматься бизнесом и политикой, любовью и сексом, повышать свое благосостояние и самовыражаться в творчестве**. Можно и нужно делать все это с азартом и удовольствием.

Важно только не переступать ту тонкую грань, когда человек перестает относиться ко всему как к игре и начинает всерьез презирать, обижаться или ненавидеть. Это уже ошибка, которая приводит к «воспитательным» процессам.

Но как же вычислить эту самую тонкую грань, за которой наступает «воспитательный» процесс?

Как нам представляется, каждый человек должен ощутить ее самостоятельно, хотя и мы дадим дальше некоторые рекомендации. Например, если на рыбалке у вас в последний момент сорвалась крупная рыба, вы наверняка будете очень остро и эмоционально переживать этот промах. Но чуть позже **вы примете эту ситуацию** и простите себя, рыбу и весь мир.

Точно так же нужно относиться и к остальным неудачам — в личной жизни, работе, бизнесе, творчестве и т. д. Произошло, так произошло, что тут поделаешь. Тогда вы легко будете идти по потокам жизни, и все ваши замыслы будут исполняться просто и быстро.

• Первые выводы

А мы пока коротко сформулируем выводы из предыдущих рассуждений.

Приведенная модель устройства мира (и цели появления человека в нем) объясняет причины возникновения многих (но не всех) болезней, неприятностей и несчастных случаев. Она объясняет, почему иной, совсем нерелигиозный человек может быть более угоден Богу, чем человек, усердно исполняющий обряды своей религии и на основании этого с презрением поглядывающий на остальных людей.

Предлагаемая модель **согласуется с идеей любой религии о том, что все в этом мире принадлежит не нам**, поэтому нужно научиться не впадать в длительные переживания, если что-то или кто-то не соответствует вашим ожиданиям. С другой стороны, если человек понимает правила поведения в этом мире и принимает этот мир таким, каков он есть, то он вполне может попросить у Жизни все, что ему нужно. И он наверняка это получит, поскольку на нашей планете все блага имеются в изобилии, и только мы сами не пускаем их в свою жизнь.

Жизнь любит улыбающихся и позитивно настроенных людей и всегда рада исполнить их просьбы.

А теперь пора подвести первые

ИТОГИ

■ *Человек приходит в этот мир и может делать в нем все, что хочет (естественно, не нанося при этом вреда другим людям и не совершая насилия по отношению к ним), но при этом он не должен что-либо в этом мире считать «своим» и идеализировать какие-либо земные ценности. Он находится здесь всего лишь на краткой экскурсии и должен относиться к своим успехам и неудачам как к игре.*

■ *Если человек станет придавать избыточное значение каким-то материальным или духовным ценностям, т. е. идеализировать их, то его «накопитель переживаний» переполнится и Жизнь начнет заниматься его духовным «воспитанием». Она разрушит ценности, которым он придает избыточное значение, доказывая ему иллюзорность его убеждений.*

■ *Если человек не понимает этих сигналов и продолжает нарушать правила проживания в нашем мире, у него досрочно забирается жизнь.*

■ *Если человек пересматривает свое отношение к жизни и людям, перестает придавать избыточное значение своим ожиданиям или идеям, то Жизни больше не нужно давать ему уроки — он уже усвоил их. В результате человек может избавиться от заболевания любой степени сложности, от неприятностей, несчастных случаев и всего остального, что мешает ему жить.*

Глава 6

Такие важные иллюзии

*Многие вещи нам непонятны не потому,
что наши понятия слабы;
но потому, что сии вещи не входят
в круг наших понятий.*

Козьма Прутков

Продолжим рассмотрение вопроса о том, что происходит с людьми, которые имеют какие-то избыточно значимые идеи и не могут принять ситуации, когда их ожидания не оправдываются.

Напомним, что под термином «накопитель переживаний» мы понимаем некоторый условный сосуд, в котором собираются любые негативные эмоции, возникшие в результате недовольства реальностью.

Как в действительности выглядит «накопитель переживаний», мы не знаем. Скорее всего, в реальности он не существует, это просто удобный образ для описания процессов, происходящих в нашей жизни. Поэтому ничего не мешает представить нам в виде емкости, в которую сверху поступают наши претензии к Жизни в виде условной «жидкости». Именно такая схема «накопителя переживаний» показана на рисунке .

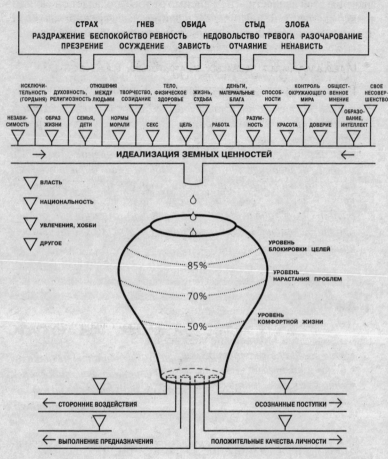

Накопитель переживаний

Над «накопителем» мы видим трубу с расположенными над ней клапанами-треугольниками. Каждый клапан соответствует какой-то определенной **материальной** или **духовной идеализации**.

Сверху над трубой находится условное облако с негативными эмоциями, которые могут попасть в сосуд, только если открыт соответствующий клапан.

Если идеализация у человека имеется, то клапан открывается и через него «жидкость» попадает в сосуд. Если такой идеализации нет, то соответствующий клапан закрыт.

Напоминаем, что **идеализация** какой-то материальной или духовной ценности возникает, когда **человек придает чрезмерное**

значение этой ценности — независимо от того, обладает он ею или только мечтает о ней. И впадает в **длительные переживания**, если что-то в реальном мире не соответствует его ожиданиям.

• Идеализация земных и духовных ценностей

Рассмотрим идеализации земных и духовных ценностей, попадающих в «накопитель переживаний», чуть подробнее, с указанием характерных мыслей и убеждений, указывающих на ее наличие.

Идеализация денег и материальных благ — это очень значимая для человека идея о том, сколько денег и иных материальных ценностей он должен иметь, приводящая к длительным негативным переживаниям, когда его доходы не соответствуют этим ожиданиям.

Из этого следует, что желать денег, даже очень много денег — это еще не идеализация. А вот долго переживать по поводу того, что на имеющиеся деньги жить нельзя (и при этом ничего не делать для их увеличения), — это как раз и является идеализацией.

Проявляется: в виде бесконечных переживаний и жалоб, что денег мало и на них прожить нельзя, либо в форме затяжного недовольства своим уровнем доходов.

На наличие идеализации денег указывают следующие характерные мысли и внутренние убеждения.

• *Мне всегда не хватает денег!*

• *С моими деньгами — это не жизнь.*

• *Это ужасно — жить с такими доходами, как у меня.*

• *Мои доходы (зарплата) — это смешно. Это не деньги.*

• *Разве это деньги? Вот когда заработаю, тогда жизнь начнется...*

• *Все бесполезно, я обречен на вечное безденежье, ничего изменить нельзя.*

Идеализация доверия означает наличие у человека очень значимой идеи о том, что знакомым людям обязательно нужно доверять, и возникновение длительных переживаний в случае, когда эти люди не выполняют своих обязательств.

Проявляется: в виде сильных переживаний по поводу того, что хорошо знакомые люди в очередной раз подводят вас — не возвращают долги или не выполняют какие-то обещания. Вы снова даете им в долг, они опять не отдают вам деньги, вы опять переживаете, и так повторяется постоянно.

Другая форма проявления этой идеализации — ожидание верности и преданности от близких людей (мужа, жены) только на основании того, что вы верны им.

На наличие идеализации доверия указывают следующие характерные мысли и внутренние убеждения.

• *Почему же он не возвращает мне долг? Ведь я так доверяла ему, это ведь мой сват (брат, одноклассник, сосед)! Разве люди могут так поступать! И это ведь не в первый раз!*

• *Как моя подруга могла так поступить (отбить любимого, переспать с ним, рассказать о вас какие-то интимные подробности)! Ведь я доверяла только ей!*

• *Как он мог мне изменить? Я отдала ему все, я была предана ему, а он поступил так подло!*

Идеализация духовности (или религиозности) — это значимая для человека модель устройства мира, согласно которой окружающие должны быть высокодуховными (религиозными, верующими). При столкновении с реальностью у такого человека возникают длительные переживания по поводу того, что он сам или окружающие слишком озабочены мирскими (земными) делами и не занимаются развитием своей души либо развивают ее неправильно (молятся не тем богам).

Идеализация духовности довольно часто встречается среди представителей и приверженцев любых религиозных, эзотерических или мистических организаций, несмотря на то что почти все они формально проповедуют равенство людей перед Богом и не одобряют осуждение других людей.

Проявляется: в виде резкого осуждения безбожников, иноверцев, духовных искателей.

На наличие идеализации духовности указывают следующие характерные мысли и внутренние убеждения.

• *К Богу ведет только один (его собственный) путь!*

• *Люди погрязли в материальных потребностях! Куда катится наш мир?*

• *Как можно жить таким безбожником?*

• *Все эзотерики и мистики — слуги Дьявола! Рано или поздно Бог их накажет!*

• *Главная цель человека — духовный рост. Материальный мир — это порождение грубой и низкой энергии, я презираю земные интересы.*

• *Я великий грешник! Я совершил столько ошибок! Гореть мне в Аду!*

Идеализация жизни, судьбы — это очень значимая идея о том, как должна складываться жизнь самого человека и жизнь и близких ему людей. Если эти ожидания нарушаются, человек погружается в длительные переживания и предъявляет претензии к жизни.

Проявляется: в виде длительных переживаний по поводу болезни или гибели близких людей (горе), в виде состояния полной обреченности и уверенности, что Жизнь несправедливо поступила с этим человеком, он страдает незаслуженно.

На наличие идеализации жизни указывают следующие характерные мысли и внутренние убеждения.

• *Жизнь не удалась, все бесполезно, я обречен на муки.*

• *Судьба несправедлива ко мне, моя жизнь — это сплошные страдания.*

• *Мир жесток и несправедлив, если позволяет болеть (умереть) близкому мне человеку, он не заслуживает этого!*

• *Как я могу жить дальше, когда случилось такое!*

• *Жизнь несправедлива к хорошим людям.*

• *Я в горе, и ничто не может помочь мне!*

• *За что мне такие мучения, жизнь так несправедлива ко мне!*

Идеализация контроля окружающего мира — это наличие значимой для человека идеи, согласно которой он должен контролировать жизнь вокруг себя в соответствии со своими представлениями о том, как должны поступать окружающие его люди и как должны происходить события. Если что-то происходит не так, как представляется нужным человеку, и при этом он не может проконтролировать и исправить ситуацию, у него возникают негативные переживания.

Проявляется:

   • в виде авторитарного навязывания окружающим своего мнения, тотальном контроле и недоверии людям;

   • в виде постоянных страхов за жизнь и здоровье своих детей или близких родственников, страхов перед будущим, страхов по поводу возможных изменений (к худшему) и т. д.;

   • в виде мягкой, но тотальной опеки над своими близкими (мужем, детьми), которая порождает у них желание вырваться и сделать хоть что-то самостоятельно;

   • в виде ревности, беспочвенной или имеющей внешние обоснования.

На наличие идеализации контроля указывают следующие характерные мысли и внутренние убеждения.

• *Я не могу быть спокойной, если не знаю, где мой ребенок (муж, мама, брат и т. д.), что он делает, все ли с ним в порядке.*

• *Почему они не сделали так, как я велела? Никому ничего нельзя доверить, все приходится делать самой!*

• *Я не могу позволить себе отдохнуть, потому что все дела сразу рухнут!*

• *Без моего участия это дело непременно провалится!*

• *Я знаю, как должны поступать окружающие меня люди, и я любой ценой добьюсь, чтобы они вели себя правильно!*

• *Я очень боюсь будущего и постоянно переживаю по этому поводу!*

Идеализация красоты и внешнего вида проявляется в наличии очень значимой идеи о том, как именно должен выглядеть человек, какими должны быть его кожа, волосы, фигура, вес, прическа, одежда и т. д., причем нередко все это должно быть не хуже (как минимум), чем у окружающих людей. Понятно, что в некоторых аспектах реальность иногда расходится с ожиданиями, что является источником бесконечных переживаний.

Проявляется: в виде постоянных переживаний по поводу своей внешности, самоосуждения за какие-то недостатки (во внешности), хронической борьбы с лишним весом и т. д. Кроме того, иногда бывает сильное осуждение других людей за то, что они не придают значения этому аспекту жизни.

На наличие идеализации красоты указывают следующие характерные мысли и внутренние убеждения.

• *Моя фигура (кожа, ноги, грудь) — источник моих бесконечных переживаний!*

• *Я выгляжу ужасно! И зачем только я родилась на свет!*

• *Я всегда тревожусь, достаточно хорошо ли я одета?*

• *У меня ужасная фигура! Любой ценой мне нужно сбросить 10 килограммов!*

• *Я просто ужасно себя чувствую, если рядом есть кто-то привлекательнее меня.*

• *Что за люди! Одеваются как попало и совсем не думают о том, какое ужасное впечатление они производят на окружающих!*

Идеализация национальности (расы, цвета кожи) означает наличие у человека бессознательной и очень значимой для него идеи о том, что люди одной национальности имеют превосходство (или ущербность) перед людьми другой национальности, с вытекающими отсюда осуждением, презрением, ненавистью и другими нерадостными мыслями или даже поступками.

Проявляется:

• в виде длительного осуждения людей другой национальности или проживающих в другой местности (москалей, жидов, хохлов, «черных» и т. д.);

• в виде сильного самоосуждения за свою принадлежность к какой-либо нации или народу;

• в виде бессознательного чувства превосходства по отношению к людям другой национальности;

• в виде бессознательного стремления жить и работать в среде только людей своей национальности, приводящего к вытеснению инородцев, даже если от них могла бы быть явная польза;

• в виде расовой или национальной ненависти как способа поиска внешнего врага, являющегося якобы источником неприятностей.

На наличие идеализации национальности указывают следующие характерные мысли и внутренние убеждения:

• *Я ненавижу евреев (русских, чеченцев, азербайджанцев и т. д.) за то, что они захватили все теплые места (не дают работы, занимаются только торговлей, не работают и т. д.)!*

• *Как ужасно, что я родился узбеком (русским, евреем...)! Какие счастливчики те, кто родился русским (американцем, канадцем...)! Я не знаю, за что мне это наказание...*

• *Я презираю «черных»! Катились бы они в свой Азербайджан!*

• *Я презираю русских! Это низкоразвитые людишки, нужные только для того, чтобы обеспечить мою жизнь!*

• *Казахстан для казахов, нечего здесь делать людям других национальностей!*

• *Все москвичи сволочи и снобы, и как только появляется возможность, я делаю им пакости!*

Идеализация независимости — это очень значимая для человека модель жизни и поведения, согласно которой он может принимать все решения только самостоятельно и жить так, как он сам считает нужным, независимо от влияния людей и обстоятельств. Любая форма контроля, внешних ограничений или зависимости (в том числе от долгов или кредитов) вызывает сильный внутренний протест.

Проявляется: в виде конфликтов с руководителями или родственниками, которые пытаются указать, что нужно делать. Либо в форме бессознательного ухода от ситуаций, где свобода может быть ограничена (одиночество, самостоятельная работа).

На наличие идеализации независимости указывают следующие характерные мысли и внутренние убеждения.

• *Меня раздражает необходимость работать только по инструкции, согласовывать свои действия с кем-то. Я сам знаю, что мне делать!*

• *Ничто не может заставить меня делать что-то против моей воли!*

• *Я не терплю, когда со мной говорят авторитарно, тоном приказаний и наставлений.*

• *Я не терплю, когда оказываюсь в зависимости от обстоятельств.*

• *В отношениях с людьми для меня главное, чтобы никто не посягал на мою свободу.*

• *Я никогда не беру деньги в долг, чтобы не чувствовать свою зависимость от кредитора!*

Идеализация норм морали (нравственности) означает наличие у человека очень четких идей о том, что является нравственным и безнравственным, и сильное осуждение тех, кто нарушает нормы морали. Подобная идеализация характерна преимущественно для пожилых людей, получивших воспитание в соответствии с нормами своего времени. У них вызывает большое раздражение аморальное или безнравственное (с их точки зрения) поведение молодежи, изменение системы жизненных ценностей и многие другие перемены, происходящие в реальной жизни.

Проявляется: в виде сильного осуждения людей, ведущих разгульную жизнь, вступающих во внебрачные половые отношения или допускающие измены, однополую любовь или другие половые излишества, одевающихся чересчур открыто или небрежно, с демонстрирующих вызывающее поведение и т. д., либо осуждении себя за совершенный аморальный поступок (измену, воровство, ложь и т. д.).

На наличие идеализации норм морали указывают следующие характерные мысли и внутренние убеждения.

• *Разве можно допускать такое! Куда мы катимся! В наши годы такого не было!*

• *Посмотрите на них! Ни стыда, ни совести! Что творится в мире, я не знаю! Куда мы катимся!*

• *Ну зачем я это сделала, это грех, нехорошо, меня за это накажут!*

• *Я не могу этого сделать, так нельзя, не положено (хотя без этого не представляю себе жизни)!*

Идеализация образа жизни означает наличие у человека очень значимых для него идей о том, как должны жить люди, и вытекающие из этого длительные переживания по поводу того, что он живет в недостаточно большом доме, ездит на непрестижной машине или работает на непрестижной работе, учится в непрестижном учебном заведении и т. д.

Проявляется:

• в виде затяжного недовольства тем, что жизнь не соответствует некоторым стандартам потребления;

• в виде чванства по отношению к «простым» людям и страстной тяги к общению (приближению, прикосновению) с известными людьми, в виде кумирства;

• в стремлении любой ценой дать своим детям престижное образование;

• в стремлении любой ценой создать себе такие условия жизни, которые соответствуют внутреннему пониманию, как живут «настоящие люди».

На наличие идеализации образа жизни указывают следующие характерные мысли и внутренние убеждения.

• *Я никогда не смогу жить так, как должны жить люди! Вот другие люди живут, а я прозябаю...*

• *Это не жизнь — жить так, как живу я!*

• *Разве можно жить в таком доме, как у меня! Это ужасно!*

• *Пусть не я, но мои дети любой ценой будут жить как положено!*

• *Эти люди непонятно о чем думают! Как можно так жить!*

Идеализация общественного мнения означает наличие у человека очень сильного желания вести себя так, чтобы не стать источником осуждения со стороны окружающих людей, даже незнакомых. Часто эта идея заставляет человека совершать поступки вопреки своему желанию и интересам, в результате чего возникают длительные претензии к себе и окружающим людям.

Проявляется: в виде постоянного отслеживания ситуации и совершения только таких поступков, которые не могут стать предметом осуждения (или обсуждения) окружающих. В итоге человек вынужден одеваться «как все», вести себя «как все», не проявлять личных интересов и желаний, противоречащих интересам окружающих. Он подстраивается под них, желая ничем не отличаться и быть «как все». С другой стороны, эта идеализация порождает сильное осуждение тех людей, которые ведут независимый образ жизни и игнорируют общественное мнение.

Эта идеализация оказывает очень сильное влияние на поведение жителей малых населенных пунктов, чиновников, военных, т. е. тех, кто пребывает в замкнутых коллективах.

На наличие идеализации общественного мнения указывают следующие характерные мысли и внутренние убеждения.

• *Я не могу так поступить, что люди скажут!*

• *Я не могу ни в чем отказать моим друзьям (или родственникам), даже если их просьбы делают мою жизнь невыносимой!*

• *Я люблю этого человека, но никогда не смогу быть с ним, потому что этого не одобрят мои родители и друзья!*

• *Я не могу одеваться в то, что мне очень нравится, поскольку люди осудят меня!*

• *Посмотрите на этих уродов! Они ведут себя, как хотят! Разве так можно распускаться и думать только о себе! Это ужасно!*

Идеализация отношений – это значимая модель того, как должны быть построены человеческие отношения (общение, поведение, поступки и т. д.) и вытекающие из нее длительные негативные переживания, когда реальные отношения или поведение людей не соответствуют этой модели.

Проявляется: в виде постоянных переживаний по поводу того, что кто-то врет, хамит, не выполняет своих обещаний, необязателен, неблагодарен, предает или ведет себе еще как-то неподобающе. Возможна борьба за свои идеалы путем обид, конфликтов, высказывания претензий либо ухода в депрессию.

На наличие идеализации отношений между людьми указывают следующие характерные мысли и внутренние убеждения.

- *Как он мог забыть, что у меня вчера был день рождения (годовщина свадьбы, встречи, рождения ребенка, помолвки и т. д.)!*
- *Она предала меня! Она все рассказала соседу (другу, любимому, маме и т. д.)!*
- *Он бесчувственный чурбан! Он мог бы догадаться, что я ждала от него внимания и помощи!*
- *Я не могу отказать родственникам в помощи, даже если у меня самой большие проблемы!*
- *Я так стремлюсь установить теплые отношения в коллективе, почему же они только и знают, что хамят и врут мне!*
- *Я не могу уволить этого человека, ведь у него больная жена и трое детей! Как быть, ведь он совсем ничего не делает!*

Идеализация работы — очень значимая идея о том, что люди созданы для труда и жить без работы невозможно. Идея в принципе очень хорошая, но порой приводящая к длительным негативным переживаниям, когда человек в силу обстоятельств не имеет возможности трудиться, занимается нелюбимым делом или просто постоянно осуждает людей, не работающих столько, сколько он считает необходимым.

Проявляется: в виде работоголизма или скрытого осуждения людей, не тратящих все свое время на работу, в виде хронического недовольства той работой, которой человек занимается.

На наличие идеализации работы указывают следующие характерные мысли и внутренние убеждения.

- *Не работать — стыдно!*
- *Я не представляю себе, как люди могут жить без работы! Это не жизнь, я так не смог бы просуществовать и одного дня!*
- *Моя жизнь пуста и бессмысленна, когда у меня нет любимого дела, которому я мог бы отдаться без остатка!*
- *Я презираю бездельников, бесцельно прожигающих годы своей жизни!*
- *Настоящим человеком может считаться только тот, кто постоянно трудится.*
- *Моя работа меня раздражает, и я ничего не могу с этим поделать!*
- *Я презираю эгоистов, живущих только личными интересами! Человек должен производить что-то полезное и для других людей!*

Идеализация разумности — очень значимая идея о том, что в своих поступках люди должны руководствоваться логикой, понятной тому, кто имеет такую идеализацию. А когда они поступают так, как он сам никогда не поступил бы в подобной ситуации, то у человека возникают сильные переживания по поводу глупости или странности поведения других людей.

Проявляется: в виде сильных переживаний при глупых или бессмысленных (с вашей точки зрения) поступках других людей, в постоянном стремлении договориться с ними и последующем ожидании, что договоренности будут исполняться, в постоянном обращении к разуму (часто отсутствующему) человека, которому вы хотите помочь.

На наличие идеализации разумности указывают следующие характерные мысли и внутренние убеждения.

• *Ну почему они все делают по-своему? Ведь я столько раз предлагал сесть и обсудить все вопросы!*

• *Ну почему вы так поступили? Неужели нельзя было позвонить и спросить совета у знающего человека?*

• *Ну почему он не понимает очевидных истин? Ведь все так просто, но я не могу до него докричаться, он меня не слышит!*

• *Мои сотрудники совершают одни и те же ошибки! И это постоянно! Даже обезьяна уже все поняла бы, только не они!*

• *Разве можно столько времени посвящать ерунде (компьютерным играм, Интернету, рыбалке, сексу и т. д.)! Ты ведь потеряешь работу (учебу, здоровье и т. д.)! Опомнись!*

Идеализация своих способностей — это, когда человек явно преувеличивает свои способности или профессионализм, в результате чего возникают осуждение окружающих людей и повышенная обидчивость, когда его в чем-то не оценят или покритикуют. Обычно это реально способные и талантливые профессионалы, которые не могут позволить себе хоть в чем-то не преуспевать.

У человека с идеализацией способностей часто возникает стремление добиться всего и быстро, он не позволяет себе двигаться к своим целям постепенно. Если у него что-то не получается, то он изо всех сил пытается доказать окружающим, что он — не неудачник.

Проявляется: в виде сильных амбиций, цинизма, насмешек, внутреннего презрения к менее талантливым или грамотным (в его области) людям, даже если они занимают вышестоящую должность, в виде повышенной обидчивости и стремлении обвинить окружающих людей в своих бедах. Человек с идеализацией способностей никогда не признает, что он чего-то не может сделать, он всегда найдет того, кто виноват.

На наличие идеализации способностей указывают следующие характерные мысли и внутренние убеждения.

• *Кто ты такой, чтобы учить меня? Я сам научу тебя всему, чему хочешь!*

• *Никто лучше меня не сделает этого!*

• *И как такая бездарность может руководить? Я бы его в дворники не взял!*

• *Мне не нужно малых результатов. Или все, или ничего!*

- *Боже, как трудно жить, когда вокруг одни ослы и идиоты!*
- *Я профессионал в своем деле и не терплю никаких советчиков!*
- *Маленькие деньги — не для меня! Мне нужно много — и сразу!*
- *Я не терплю подсказок и поучений!*
- *Они думают, что все им так обойдется! Как бы не так, они меня еще попомнят! Я им покажу!*

Идеализация своего несовершенства — наличие очень значимой идеи о том, каким должен быть «совершенный человек», и постоянной констатации своего несовершенства по сравнению с этим эталоном.

Проявляется: в виде постоянного самоосуждения и принижения своих достоинств, в стремлении быть для всех хорошим и не доставлять никому огорчений (обычно во вред своим интересам), в нелюбви к себе, в бесконечных колебаниях при необходимости принять решение, в невозможности назвать цену за свой труд или потребовать что-то для себя, в виде перфекционизма, т. е. в стремлении сделать дело в совершенстве (что затягивает его до бесконечности).

На наличие идеализации своего несовершенства указывают следующие характерные мысли и внутренние убеждения.

- *Все время боюсь, что сделаю что-то не так!*
- *Я не имею права тратить время или силы на себя, я недостоин этого!*
- *Это ужасно, если из-за меня кто-то страдает!*
- *Я не могу позволить себе не вернуть долг! Я сделаю это любой ценой!*
- *Я виновата в том, что не смогла вовремя помочь этому человеку! Я никогда не прощу себе этого!*
- *Я лучше потерплю или сделаю все сама, чем буду обременять людей своими просьбами.*
- *Мне не стоит даже пытаться, все равно ничего не получится!*

Идеализация семьи означает наличие у человека очень значимой идеи (или идей) о том, как должна складываться его семейная жизнь, и вытекающие из этого длительные переживания, если реальная семейная жизнь не соответствует этой модели.

Проявляется: в виде длительных переживаний по поводу того, что семьи нет или она есть, но что-то в ней не соответствует ожиданиям, поскольку партнер по семейной жизни не такой, каким он должен быть: недостаточно внимателен или успешен, не занимается домашним хозяйством или не хочет содержать семью, не дает денег, неправильно воспитывает детей, выпивает, недостаточно занимается сексом и т. д.

На наличие идеализации семьи указывают следующие характерные мысли и внутренние убеждения.

• *Жизнь без семьи — это не жизнь. Настоящая жизнь начнется только тогда, когда я выйду замуж (женюсь)!*

• *Семья без ребенка неполноценна. Настоящая жизнь начнется только с появлением ребенка.*

• *За что, за какие грехи мне достался такой муж (жена)?*

• *В нормальной семье муж должен зарабатывать больше жены (муж должен содержать семью, быть кормильцем).*

• *Супруги обязаны хранить верность друг другу. Никто не должен изменять.*

• *Дети обязаны_____ (подставьте сами).*

• *Жена должна _____ (подставьте сами).*

• *Муж обязан _____ (подставьте сами).*

Идеализация секса означает наличие у человека очень значимой идеи о том, как именно должен проходить процесс сексуального общения, и вытекающие из этого длительные переживания, если партнер по сексу не разделяет этих идей, а имеет свои собственные.

Проявляется: в виде длительных переживаний человека по поводу того, что секса нет или он есть, но не такой, как ему хочется, т. е. он происходит недостаточно часто или не так долго, не в той последовательности, слишком мягко или слишком грубо и т. д. В форме затяжного осуждения людей, озабоченных сексом.

На наличие идеализации секса указывают следующие характерные мысли и внутренние убеждения.

• *Жизнь без секса — это не жизнь. Настоящая жизнь начнется только тогда, когда я буду иметь возможность заниматься сексом!*

• *Ну почему он так груб (тороплив, застенчив, пассивен, бесчувственный...)! Разве так можно вести себя!*

• *Почему она так равнодушна к сексу? Разве это женщина?*

• *Эти приматы живут только тем, что у них между ног. Разве это люди? Животные!*

• *Я не смогу вести себя достойно в постели, это ужасно, я этого не переживу!*

• *Я отдала ему ВСЕ, а он не ценит этого, бездушная тварь!*

• *Секс — это только как в порнофильмах! А у нас что? Я не переживу такого унижения!*

Идеализация собственной исключительности (гордыня) означает наличие у человека чувства собственного превосходства над окружающими людьми, своей исключительности, избранности и соответсвенно презрения и высокомерия по отношению к «толпе, стаду, быдлу».

Проявляется:

- в виде внутреннего презрения и старания не соприкасаться с людьми, которых человек считает ниже себя в силу происхождения (дворянство, принадлежность к элите), реальных достижений («звездная болезнь») или просто чувства внутреннего превосходства;
- в разделении всех событий на допустимые и унизительные для себя;
- в использовании в речи выражений, указывающих на чувство превосходства по отношению к другим людям;
- в виде стиля мышления — человек считает себя источником всех происходящих вокруг него событий (из-за меня заболел мой папа, из-за меня вас обокрали и т. д.).

На наличие идеализации гордыни указывают следующие характерные мысли и внутренние убеждения.

- *Этим людям нужно очень много стараться, чтобы я обратила на них внимание!*
- *Вы специально все делаете назло мне, я уверена в этом!*
- *Все вы не стоите моего мизинца!*
- *Я никогда не буду унижаться и просить прощения, какие бы последствия это ни имело! Я никогда не извиняюсь!*
- *Для меня унизительно просить помощи!*
- *Вокруг одно чмо! Я не буду унижаться до общения с ними!*
- *Да как они смеют требовать у меня документы! Я ведь в прошлом защитник Родины (герой труда, народный депутат и т. п.)!*

Идеализация увлечений (хобби, устремлений) означает наличие у человека очень значимой идеи о том, что он достиг больших успехов или является экспертом в каком-то виде увлечений (в том числе в спорте или политике), и появление сильного раздражения, когда кто-то высказывает сомнения в его достижениях. Предметом переживаний может стать все, что угодно. Например, сомнения в вашем умении водить машину, ловить рыбу, готовить пищу, стричь, кататься на роликовых коньках и т. п. Либо это ваши претензии к самому себе из-за того, что вы не можете делать что-то так хорошо, как желаете.

Проявляется: в виде сильных переживаний по поводу того, что кто-то не соглашается с вашим мнением, не ценит ваших достижений или вообще не интересуется тем, что для вас очень важно. Является разновидностью идеализации способностей, проявленной в сфере интересов, не касающихся работы.

На наличие идеализации увлечений указывают следующие характерные мысли и внутренние убеждения.

- *Как можно жить, как растение, не имея никакого хобби!*
- *У нас ужасная политическая система! Когда же это кончится!*

• *Моя любимая команда обязательно должна выиграть, я не переживу ее проигрыша!*

• *Жизнь не имеет смысла, если я не могу разводить рыбок (ездить на рыбалку, охоту, играть в шахматы и т. д.)!*

• *Я самый выдающийся футбольный фанат (рыболов, охотник, шахматист и т. п.) и сделаю все, чтобы доказать вам это! Кто вы такие и что вы понимаете в футболе! Мало каши ели, вам еще сто лет учиться надо.*

Идеализация уровня развития (образования, интеллекта) означает наличие у человека очень значимой идеи о том, что все люди должны быть интеллектуально развиты, образованы, иметь научные степени или другие признаки общественного признания, и вытекающего из этого убеждения внутреннего презрения к людям малообразованным и интеллектуально неразвитым.

Проявляется: в виде внутреннего презрения и старания не соприкасаться с людьми малоразвитыми или с примитивными устремлениями и интересами. В виде стремления любой ценой получить престижное образование для себя или для своих детей. Идеализация этих качеств характерна для научных работников, людей искусства, интеллигенции.

Другая форма этой идеализации — длительное самоосуждение из-за отсутствия у себя высшего образования или ученой степени.

На наличие идеализации уровня развития указывают следующие характерные мысли и внутренние убеждения.

• *Мой ребенок должен хорошо учиться и получить высшее образование во что бы то ни стало!*

• *Если я не защищу диссертацию, мне стыдно будет смотреть людям в глаза!*

• *Малоразвитые и необразованные люди не стоят того, чтобы я обращал на них свое внимание!*

• *О чем можно говорить с человеком, который не знает значение слова «интерфукация»!*

Идеализация цели — это очень значимая идея о том, что поставленная цель должна быть достигнута любой ценой, и если это не произойдет, то жизнь остановится. Естественно, что на пути к любой цели встречаются препятствия, что вызывает огромные переживания у человека с этой идеализацией. Он обвиняет либо себя в неумелости, либо окружающих в стремлении ему помешать.

Проявляется: в виде постоянного планирования своих действий и результатов, стремления подчинить всю свою жизнь достижению желанной цели, игнорирования других аспектов жизни или презрения людей, не имеющих явной цели.

На наличие идеализации цели указывают следующие характерные мысли и внутренние убеждения.

• *Жизнь есть непрерывная борьба за достижение своих целей. И я все равно добьюсь своего, как бы мне ни мешали окружающие!*

• *Я всегда четко планирую свое будущее и любой ценой добиваюсь исполнения своих планов.*

• *Моя жизнь теряет всякий смысл, когда у меня нет цели, к которой можно было бы стремиться.*

• *Я готов пожертвовать многим ради достижения поставленных целей!*

• *Меня раздражают препятствия на пути к моим целям. Но я все равно добьюсь своего, чего бы мне это ни стоило!*

Идеализация физического здоровья означает наличие у человека очень значимой для него идеи о том, что он должен быть абсолютно здоров, с вытекающими из нее бесконечными страхами и тревогами по поводу своего здоровья.

Проявляется:

• в виде постоянных страхов по поводу состояния своего здоровья;

• в виде скрытого убеждения, что все люди должны заботиться о своем здоровье, и вытекающего из этого осуждения людей за их глупость или беспечность;

• в виде презрения к людям, имеющим слабую физическую подготовку.

На наличие идеализации физического здоровья указывают следующие характерные мысли и внутренние убеждения.

• *У меня опять появилось это пятнышко на коже (боль в боку, почесывание в носу), нужно скорее идти к врачу!*

• *Ужасно, я опять забыл выпить свои препараты и тем самым нанес непоправимый вред своему здоровью!*

• *Ну почему у меня такое слабое здоровье (плохое телосложение), это ужасно!*

• *И зачем только таких слабаков рождают на свет, им бы лучше не рождаться, уродам!*

Кроме вышеперечисленных, возможна идеализация любых других человеческих ценностей, включая власть, место рождения и любой другой показатель, которому человек придает избыточное значение.

Более подробное описание наиболее распространенных идеализаций с указанием большего количества характерных мыслей и способов разрушения идеализаций в процессе нашего духовного воспитания вы можете найти в книге «Улыбнись, пока не поздно».

Как мы уже указывали, в предложенной выше схеме «накопителя переживаний» каждая из рассмотренных идеализаций имеет свой **личный клапан** на трубе, и как только человек погружается в длительные переживания по поводу нарушения какой-то значимой для него идеи, клапан тут же открывается, и «жидкость» через него начинает поступать в «накопитель переживаний».

Пока человек идеализирует хотя бы одну земную ценность, соответствующий клапан открыт и через него жидкость поступает в трубу, а затем в «накопитель переживаний».

Но как только человек осознает ошибочность своего отношения к идеализируемой им ценности и перестает переживать, клапан тут же закрывается и «жидкость» перестает поступать по этому каналу в накопитель. Если все другие клапаны тоже закрыты (у человека нет других идеализаций), то уровень заполнения «накопителя» начинает понижаться, Жизнь прекращает заниматься его духовным «воспитанием» и ситуация резко меняется к лучшему.

• Очищение «накопителя переживаний»

Снизу у «накопителя переживаний» имеется несколько труб, по которым «жидкость» из сосуда сливается (или «очищается»), т. е. человек своею жизнью и мыслями накопленные грехи искупает.

Скорее всего, **нижние трубы все время приоткрыты**, и «жидкость» из сосуда все время понемногу через них вытекает. Как только перекрывается поступление «жидкости» сверху, то сосуд начинает потихоньку опустошаться, т. е. накопленные переживания постепенно уменьшаются. Видимо, наша не очень легкая жизнь способствует этому.

Очищение «накопителя переживаний» производится по четырем трубам.

• Осознанные положительные поступки

Одна из нижних труб — **осознанные положительные поступки**. Человек может идеализировать что-то земное, но своими положительными поступками и хорошим отношением к людям он может открыть клапан на этой трубе и откачивать «жидкость» из «накопителя переживаний», не доводя ее уровень до тяжелых последствий.

К осознанным положительным поступкам относятся проявления сочувствия, сопереживания, милосердия, бескорыстного служения светлым целям, благотворительность, жертвенность и подобные дела, направленные на благо других людей. Например, если вы бескорыстно подарите эту книгу знакомому, испытывающему какие-то трудности, это будет относиться к осознанному положительному поступку.

Сюда же смело можно отнести **распространение известных вам знаний, которые могут облегчить жизнь других людей и сделать ее более радостной и спокойной**. Например, идей, которые вы прочитаете в этой книге, поскольку с их помощью жизнь человека может стать менее проблемной, и соответственно уменьшится его недовольство жизнью.

И сюда же относятся специальные техники по очистке своего тела от накопленного эмоционального негатива — мы будем рассматривать их чуть позже.

• Положительные качества личности

Вторая труба для отвода «жидкости» из «накопителя переживаний» — это **положительные качества личности**, такие как доброта, добродушие, веселость, оптимизм и т. п. Человек может быть очень привязан к чему-то земному, т. е. иметь множество идеализаций, но вследствие природного добродушия и оптимизма его накопитель никогда не переполняется. В таком равновесии часто находятся полные (любящие поесть) и добродушные люди.

• Сторонние воздействия

Третья труба снизу — **воздействие других людей (или сторонние воздействия)**. Любой человек может пойти к хорошему целителю, экстрасенсу или психологу, тот произведет какие-то манипуляции и тем самым откачает часть «жидкости» из «накопителя переживаний». Но это **воздействие будет, скорее всего, кратковременным**, поскольку без перекрытия труб сверху, т. е. без радикального изменения вашего отношения к идеализируемой ценности, «накопитель переживаний» довольно скоро вновь наполнится — через неделю, месяц или год. Поэтому действие большинства целителей напоминает действие таблеток: пока пьешь — помогает, перестал пить — все возобновилось.

То же самое можно сказать о религиозных ритуалах очищения. Например, в христианстве это пост и исповедь. Для верующих людей они довольно эффективны, но человек должен делать их достаточно часто, поскольку при выполнении этих ритуалов система его ценностей остается прежней, т. е. верхние клапаны остаются открытыми, и сосуд скоро вновь наполняется переживаниями. Служители церкви достаточно хорошо понимают это и призывают прихожан очищаться каждую неделю.

• Выполнение предназначения

И четвертая труба — **выполнение той задачи, с которой человек пришел в наш мир**.

Согласно восточным учениям, у каждого человека есть ряд специальных задач в цепи его реинкарнаций: создать семью, дать жизнь ребенку, побыть воином, ученым, сельским и городским жителем, создать что-нибудь новое, накопить определенный объем знаний и т. д.

Похоже, что в цепи реинкарнаций **каждый человек должен попробовать все, что есть в этой жизни**: любовь, семью, власть, политику, педагогику, спорт, войну, работу руками и головой и т. д. Причем **некоторые люди за одну жизнь решают сразу несколько подобных задач**.

Явным признаком такого отношения к жизни является **резкая смена вида деятельности**. Например, человек работал поваром или учителем, был хорошим специалистом и достигал отличных успехов в своей работе. Затем он без видимых причин бросает эту работу и начинает заниматься чем-то совсем другим, например становится фермером или артистом. Достигнув успеха и удовлетворения в одном деле (т. е. решив одну задачу), человек хочет достичь успеха в совсем другом виде деятельности (т. е. решить другую задачу). В последние годы таких людей становится все больше.

Ориентировочно свое предназначение можно оценить с помощью гороскопа, в котором перечисляются основные сферы возможного успешного приложения ваших сил. Логика здесь простая. Если вашей душе нужно попробовать себя в руководстве коллективом, то ей целесообразно было родиться под знаком Льва. Если ей не хватало чувственности и любви, то она должна была родиться под знаком Скорпиона и т. д. Но это только ориентировочные оценки, т. е. человек имеет полное право сделать и любой другой выбор, лишь бы он его устраивал и не приводил к переживаниям.

Направляясь в очередное воплощение, душа человека может выбрать себе определенные способности и какую-то задачу, которой она будет заниматься в этой жизни. Например, это может быть задача принести людям новое произведение искусства или новые научные знания, создать образцовую семью или организовать работу людей на новом предприятии. В результате душа наработает новый опыт, сделает очередной шаг на пути своего развития.

К сожалению, что это за задача, люди обычно не помнят. Хотя не все так безнадежно. Люди часто ощущают **тягу к какому-то виду деятельности**: общественной или политической деятельности, бизнесу, педагогике, медицине, технике, творчеству и т. д. Если человек занимается тем, к чему его тянет и к чему есть способности, то **у него все получается и он доволен своей судьбой,** получает удовольствие от жизни. Такое восприятие мира и есть индикатор исполнения человеком своего предназначения. К сожалению, люди обычно мало ценят то, что дано им от рождения.

Если же он под влиянием родственников или друзей, воспитания или придуманных им самим идеалов человек идет против того, к чему тянется его душа, то начинается накопление недовольства жизнью через клапан «идеализация работы». Человек чувствует неудовлетворенность жизнью, у него появляются повышенная обидчивость, необоснованная раздражительность или злоба и т. д. Так бывает, например, когда человек при внутренней тяге работать с детьми (педагогом, воспитателем и т. п.) поступает на работу в банк или инофирму из-за желания получать большую заплату. В результате у него есть деньги, но нет удовлетворенности жизнью. А раз нет удовлетворенности, то неизбежно появятся проблемы в личной жизни, со здоровьем и т. д.

Если человек исполняет свое предназначение и получает удовольствие от того, чем занимается, то нижняя труба открывается и «жидкость» постепенно сливается из его «накопителя переживаний».

Но, по нашим наблюдениям, **далеко не у каждого человека есть предназначение в профессиональной сфере**, далеко не каждый человек должен испытывать тягу к какому-то определенному виду деятельности. Многие люди могут заниматься всем, чем могут или захотят, и никаких проблем при этом не возникает.

Более того, достаточно распространены случаи, когда **у человека нет ни одного предназначения,** за исключением разве что одного и уже известного вам требования — принимать жизнь во всем ее разнообразии и не иметь к ней претензий.

Похоже, что душа такого человека просто пришла в наш мир на экскурсию, а не в командировку, и человек может выбирать себе профессию и вид деятельности, исходя из любых соображений (больше плата, свободный режим работы, ближе к дому, возможность путешествовать и т. п.).

• Способности использовать не обязательно

Поскольку мы затронули тему способностей, которые зачем-то даются человеку от рождения, то часто возникает вопрос: обязан ли человек использовать эти способности, или он может проигнорировать их? По нашим наблюдениям, не обязан.

Если человек использует полученные от рождения (или проявившиеся позже) способности в своей профессиональной деятельности, то они позволяют ему легче достичь высот профессионального мастерства и работа приносит полное удовлетворение.

Но далеко не все способности можно хоть как-то использовать в профессиональной деятельности (имеются в виду массовые профессии) и тем самым сделать свою жизнь более полной и обеспеченной. Например, как можно применить на практике способности петь, танцевать, рисовать или сочинять стихи, если вас не прельщает профессиональная карьера певца или художника?

Мы встречали много людей, которые не используют в своей деятельности те способности, которые были у них от рождения или проявились позже. Тем не менее имеющаяся у них работа, в которой врожденные способности не находят почти никакого применения, вполне их устраивает, они довольны жизнью и их «накопитель переживаний» имеет небольшое заполнение. А свои изначальные способности они либо совсем не используют, либо пользуются ими в сфере своих увлечений и в свободное время.

Похоже, что Жизнь **дает некоторым людям способности, но не требует, чтобы человек ими обязательно пользовался**. Поскольку способности обычно даются людям, пришедшим с высоких этажей Тонкого мира, то, видимо, **они должны помочь им более комфортно существовать в земной жизни,** помочь лучше обеспечивать себя (в том числе материально) в этом мире. Но человек вправе сделать иной выбор и ими не пользоваться, и никто к нему за это претензий предъявлять не будет.

• Пустой «накопитель переживаний»

Если человек научился не судить окружающих людей и себя и нижние трубы его «накопителя переживаний» открыты, то в какой-то момент времени его «накопитель» может стать **совсем пустым**. У такого человека совсем нет накопленного эмоционального негатива. Он не привязан ни к чему земному, поскольку никакое событие не может погрузить его в негативные переживания. Он принимает мир таким, каков он есть.

Обычно он имеет правильные убеждения и помогает людям: целительством, просвещением, советами, своим образом жизни.

На него никто не насылает негативных воздействий, а в случае таких воздействий к нему ничего не прилипает. Практически такого человека ничего не держит на нашей планете, **он находится здесь только по своему желанию и может уйти в любой момент**.

Подобных людей совсем немного в нашем мире. Таковы, например, йоги высокого посвящения или адепты любой религии. По своему желанию они могут уходить в Тонкие миры и возвращаться назад в человеческое тело. Когда они считают, что полностью выполнили свое предназначение, то уходят из нашего мира, невзирая на свой возраст.

Один из путей осознанного перехода в такое состояние — это сознательный отказ от земных ценностей, или аскеза. Но этот путь мало приемлем для людей, живущих обычной жизнью, — реальный мир всегда провоцирует нас на заботу о ближних, поиск средств для оплаты счетов и т. д.

Занимаясь обычными земными делами, очень сложно удержаться от негативных переживаний, поэтому «накопители переживаний» подавляющего большинства людей далеко не пустые.

Таковы вкратце примерные источники заполнения «накопителя переживаний» и пути его очищения. Каждый из нас должен **примерить к себе, какой клапан у него «подтекает»** и не было ли у него в жизни событий, которые можно отнести к «воспитательным» процессам именно за это неправильное убеждение или идеализацию. Наверняка каждый сможет найти в своей жизни не один случай, попадающий под это объяснение.

Мы предлагаем вам еще раз вполне осознанно проанализировать свою жизнь и определить, какие конкретно идеалы по поводу устройства этого мира у вас имеются и насколько примерно заполнен ваш «накопитель переживаний». В следующем параграфе мы поможем с этой оценкой.

А пока пора подвести очередные

ИТОГИ

- *«Накопитель переживаний» заполняется через трубу, которая называется «идеализация земных и духовных ценностей». По этой трубе может поступать условная «жидкость», характеризующая ваше неправильное отношение к этому миру.*
- *Жидкость из «накопителя переживаний» может сливаться по четырем трубам, которые называются **«осознанные поступки», «положительные качества личности», «сторонние воздействия»** и **«выполнение предназначения»**.*
- *Зная механизмы заполнения и опустошения «накопителя переживаний», человек может осознанно регулировать его заполнение и тем самым управлять своей судьбой и своим здоровьем.*

Глава 7
Откуда берутся идеализации

*Все давно уже сказано, но так как
никто не слушает, приходится постоянно
возвращаться назад и повторять все сначала.*

Жид Андре

Какие бывают идеализации, мы уже знаем. Но вот откуда они берутся в нашем сознании и подсознании? Если знать источники, то, может быть, можно как-то влиять на их появление у нас и тем самым избежать неприятных процессов духовного воспитания, которые блокируют пути к желанным целям.

Источников возникновения идеализаций существует множество. Прежде всего это те же источники, которые приводят к появлению у нас неосознаваемых программ, рассмотренных в третьей главе. Вкратце перечислим их.

• Первые годы жизни

Все начинается с младенчества, с первых лет жизни. Кроха слышит звуки окружающей жизни и делает соответствующие выводы, часть из которых затем может превратиться в идеализацию.

Например, отсутствие внимания и любви к ребенку со стороны родителей может привести к появлению идеализации своего несовершенства. Ребенок, не получивший с детства достаточного количества любви и внимания, ощущает себя обойденным, неполноценным, ущербным и может идти с этим неосознаваемым ощущением всю жизнь. Ему все время будет требоваться внешнее подтверждение его полноценности, постоянное одобрение окружающих людей. А с этим, понятное дело, могут быть сложности, из которых вытекает длительное недовольство собой, часто не имеющее никаких реальных оснований.

Несколько иной вариант – любящие, но избыточно строгие и жесткие родители-контролеры, стремящиеся с самого раннего детства воспитать послушного ребенка. Скорее всего, их ребенок будет избыточно послушен и пассивен, т. е. будет иметь все ту же идеализацию своего несовершенства.

Иногда ребенок воспринимает от родителей-контролеров их модель взаимодействия с миром (пропитывается их вибрациями), и из него вырастает деспот-контролер. Самый тяжелый вариант получается, когда в одном человеке соединяются идеализация контроля и идеализация своего несовершенства. Получается вариант: «я ничего не знаю и не умею, но учу всех жить».

Так бывает, но представьте, как тяжело человеку жить с такой гремучей смесью неосознаваемых внутренних установок.

В общем, первые годы жизни дают очень долгосрочные внутренние установки, которые порождают затем бесконечные переживания, т. е. идеализации.

• Жизненный опыт и убеждения родителей

Следующий источник появления идеализаций — это тот опыт и убеждения, которые **родители передают своим детям указаниями и высказываемыми вслух мыслями**.

Многие родители, руководствуясь своими представлениями о воспитании, активно награждают детей обращениями типа: «тупица, неумеха, лентяй, лодырь» и другими подобными эпитетами. Поскольку мнение родителей очень значимо для детей, эти оценки легко записываются в подсознании и оказывают влияние на всю дальнейшую жизнь. В итоге из самого энергичного ребенка может вырасти вечно сомневающийся и неумелый взрослый с идеализацией своего несовершенства.

Фактически таким образом **идет психическое нападение на детей со стороны родителей**.

Они могут делать это сознательно, постоянно повторяя какие-то фразы типа: «Не высовывайся! Будь как все! Это не для тебя! Знай свой шесток!» Эти фразы воспринимаются ребенком как будущая жизненная позиция, и результаты ее реализации получаются, как понимаете, не очень радостные.

Поскольку нападение на ребенка идет на ментальном уровне, его очень сложно перепрограммировать во взрослом возрасте. Нам приходится встречать со многими людьми, чья жизнь была испорчена такими неосознаваемыми убеждениями. Обычно это люди избыточно мнительные, замкнутые, скрытные. Понятно, что все эти качества личности сопровождаются соответствующими мыслями и переживаниями, т. е. идеализациями.

Но даже без слов, простым наблюдением за семейной жизнью родителей, можно создать множество идеализаций.

Например, ребенок воспитывался в очень благополучной семье, где родители искренне уважали друг друга и никогда не повышали голос, были внимательны и доброжелательны. Ребенку очень понравились такие отношения, и он для себя решает: «У меня все будет точно так, и никак иначе». А если «никак иначе», то это уже идеализация, и Жизни придется свести его с партнером из семьи с совсем другими, противоположными отношениями. Немного жестоко, но эффективно.

Может быть, отношения в семье были не очень хорошие, но папа был кормильцем и реальным главой семьи. В итоге дочка решает: «У меня будет только такой муж — самостоятельный, кормилец, на кого можно опереться в трудную минуту. И никакой другой». А раз «никакой другой», то это уже идеализация семьи, и Жизнь будет все время сводить ее с мужчинами слабыми и не умеющими зарабатывать деньги. Во всяком случае, они будут слабыми и безденежными в то время, пока будут рядом с женщиной с подобными внутренними убеждениями.

Другой вариант — ребенок воспитывается в семье, которая по уровню материального благополучия (занимаемому положению в обществе, известности) резко отличается от окружающих. Ребенок чувствует, что ему доступно то, чего нет у других, и это порождает у него чувство превосходства, т. е. гордыню. Признания или успеха добились родители своими усилиями, а чувство исключительности и превосходства возникло у ребенка, который не имеет для этого никаких оснований.

А если и родители имеют сильное чувство превосходства над толпой (например, из-за денег или принадлежности к элите), то ребенок поневоле воспринимает их модель жизни, которая у него быстро переходит в идеализацию своей исключительности. Поэтому богатые или занимающие высокие посты в обществе родители часто испытывают большие проблемы со своими детьми, которым Жизнь дает довольно жесткие уроки по обузданию их гордыни.

• Влияние среды общества

Следующим источником идеализаций можно считать те идеи, которые ребенок получает от других людей в виде четких указаний или просто в виде общественного мнения.

Например, идеализация семьи в виде очень жестких внутренних убеждений типа «женщина должна иметь семью и детей», «быть не замужем стыдно» может быть получена как от родителей, так и от друзей, родственников, просто знакомых, которые смотрят на одинокую женщину с сочувствием, как на ущербную или убогую. Понятно, что тем самым они порождают у нее чувство неполноценности и страстное желание любой ценой выйти замуж.

Идеализация секса нередко возникает в результате обсуждения этого вопроса между сверстниками. Кто-то имеет секс, а вы его не имеете — чем не повод для сильнейших переживаний? Или он у вас есть, но не такой, как показывают в порнофильмах или каким хвастаются друзья (или подруги), — тоже неплохой повод для переживаний.

Наличие у вашего знакомого престижного автомобиля (мотоцикла, дома, квартиры, катера) и его снисходительное обращение к вам, безмашинному, порождает страстное желание доказать ему, что и вы не хуже, т. е. идеализацию своих способностей. В целом желание доказать что-то является мощным инструментом достижения цели, но когда оно сопровождается сильными переживаниями, то это уже идеализация.

Религиозные и политические деятели навязывают нам свои идеалы, в итоге которых множество людей погружаются в сильное осуждение иноверцев (идеализация религиозности) или сторонников других политических идей (идеализация разумности или контроля).

В общем, общество навешивает на нас свои программы, которые мы затем бессознательно пробуем отработать. А если нам не удается достичь то, что мы приняли как свою личную цель, то возникают сильные переживания.

Выбранная цель становится идеализацией со всеми вытекающими из этого последствиями.

• Влияние литературы и средств массовой информации

Очень большое влияние на нашу жизнь оказывают различные источники массовой информации.

Например, кино постоянно навязывает нам идею о том, как должен жить «настоящий человек» — иметь свой дом, автомобиль, семью и прочие атрибуты красивой жизни. В итоге у зрителей вырабатывается сильное недовольство своей реальностью, т. е. идеализация образа жизни.

Модельеры и кутюрье, обычно имеющие специфическую сексуальную ориентацию, навязали обществу идеал женской красоты в виде женщины тощей, высокой и с большой грудью. Природа таких практически не создает, поэтому миллионы женщин погрузились в переживания по поводу своей внешности, т. е. законодатели моды породили массовую идеализацию внешности. Женщины кинулись подгонять себя под этот идеал, в итоге чего выиграли только продавцы средств для похудания и пластические хирурги.

Анекдот в тему

— *Как называется мужчина, явно презирающий женщин и делающий все возможное, чтобы выставить их посмешищем?*
— *Великий кутюрье.*

Книги тоже навязывают нам различные идеалы поведения. Романтические книги порождают желание высоких и романтических отношений. Это в целом неплохо, но при встрече с реальностью порой возникает сильное осуждение людей, т. е. идеализацию отношений. И т. д.

В общем, люди постоянно готовы получать какие-то внешние инструкции и указания, которые они воспринимают как единственно верные. А потом, при встрече с реальностью, возникают претензии к этой реальности.

- ### Личный опыт

Следующим источником избыточно значимых для нас идей, т. е. идеализаций, является наш личный опыт.

Например, у вас в жизни как-то был случай, когда вы взяли деньги в кредит для развития своего бизнеса, но бизнес не пошел, и вы с трудом вышли из этой ситуации. От неприятностей вы избавились, но после сильных переживаний у вас в подсознании осталась программа типа «открывать свой бизнес — опасно» или «я не способен заниматься бизнесом». Теперь эта программа будет работать независимо от вашего желания или отношения к жизни.

Вы можете сознательно стремиться к открытию своего дела, но ситуация будет складываться так, что все будет препятствовать этому намерению. Вы можете негодовать или прикладывать огромные усилия для достижения успеха, но ничего не будет получаться. Ваша же собственная подсознательная программа станет формировать события таким образом, чтобы не доставить вам новых неприятностей, — до тех пор, пока вы не осознаете эту программу и не измените ее на более позитивную.

Возможно, эти рассуждения покажутся вам излишне сложными. Но это совсем не так. Если вы знакомы с современными системами программирования на успех в бизнесе, то вы знаете, что одним из самых важных условий успеха является **ход ваших мыслей**. Вы должны ощутить себя преуспевающим бизнесменом, ощутить радость от своего будущего успеха. Понятно, что эти ощущения довольно сложно получить, если у вас существуют страхи на подсознательном уровне.

Мы привели пример со своим бизнесом, но подобная программа может находиться в нашем подсознании по любому поводу. Вы страстно полюбили в юности, а любимый вас неожиданно бросил, и вы испытали по этому поводу страшные переживания. В итоге у вас в подсознании записалась программа: «сильно влюбляться — опасно», и вы теперь никого не можете полюбить столь же искренне, как раньше, и это является источником постоянных переживаний (преимущественно претензий к себе).

Другой распространенный случай — когда личные успехи порождают идеализацию своих способностей, порой переходящую в идеализацию своей исключительности (гордыню). Речь идет все о той же «звездной болезни». Пока человек карабкался к вершине успеха, он признавал наличие вокруг себя примерно равных или даже в чем-то превосходящих его людей.

Но вот он достиг желанного успеха (стал чемпионом, получил популярность или признание, заработал много денег) и загордился. «Я талант, я профессионал, я супер!» Мысли в принципе неплохие и даже очень полезные на пути к успеху. Но если наряду с ними возникает внутреннее презрение к другим, менее талантливым и менее успешным людям (толпа, бездарность, быдло и пр.), то это уже идеализация, со всеми вытекающими из нее жесткими воспитательными процессами. В результате человек с идеализацией способностей оказывается хуже тех, на кого он совсем недавно смотрел свысока.

• Врожденные инстинкты

Еще один источник появления идеализаций лежит в нашем первобытном прошлом. Невзирая на неимоверно сложное устройство объекта под названием «человек», нужно отметить что он произошел от каких-то животных. И это происхождение проявляется в его поведении, осознанном или неосознаваемом.

Речь идет о том, что часть поступков люди осуществляют под действием инстинктов: инстинкта продолжения рода, стадного инстинкта, инстинкта выживания и др.

Инстинкт продолжения рода заставляет женщин бессознательно выбирать себе в мужья мужчину, демонстрирующего внешние признаки высокорангового самца, а потом возникают переживания, что он не оправдал их ожиданий, т. е. появляется идеализация семьи.

Этот же инстинкт гонит мужчин вступать в связь со множеством женщин, и в итоге возникают взаимные претензии, т. е. идеализация.

Стадный инстинкт заставляет людей изо всех сил помогать своим родственникам, даже если они об этом не просят, и это тоже нередко приводит к длительным переживаниям.

Инстинкт выживания заставляет мужчин неосознанно карабкаться все выше и выше по лестнице социального успеха, зарабатывать все больше и больше денег, хотя потратить их они уже не в состоянии. Понятно, что на этом пути несложно получить идеализацию денег, своих способностей и любые другие идеализации.

По степени проявленности врожденных инстинктов люди делятся на высокопримативных (инстинктивных) и низкопримативных (рассудочных). Высокопримативные люди живут в местах повышенной опасности — инстинкты помогают им там выживать. В спокойных и безопасных странах люди больше руководствуются разумом (рассудком), т. е. они менее примативны.

В целом, чем больше в человеке восточной крови, тем более ярко в нем будет проявлено инстинктивное начало. Соответственно, у него будет больше возможностей для возникновения идеализаций — семьи, отношений, способностей, национальности и др.

Это нужно понимать и учиться обуздывать проявления своего инстинктивного (животного) начала.

Более подробно о способах проявления врожденных инстинктов рассказано в книге «Советы брачующимся, уже забракованным и страстно желающим забраковаться», здесь мы лишь констатируем, что для некоторых людей инстинкты являются основным источником возникновения идеализаций.

• Тяга к удовольствиям

Существует еще один источник появления идеализаций — это бессознательная тяга людей к острым переживаниям, внутренним энергетическим всплескам, проявляющимся в виде выброса адреналина в кровь.

Врачи называют эту бессознательную тягу к энергетическим всплескам «зависимостью». Есть социально приемлемые зависимости, которые общество одобряет и активно использует. Это бессознательная тяга к получению возбуждения через спорт. Причем вы можете либо сами участвовать в достижении победы, либо вы можете просто сопереживать участникам соревнований, т. е. «болеть».

Вы никогда не задумывались, почему созерцание соревнований называется таким словом? Видимо, оно отражает простую идею о том, что болельщик — это больной, но не телом, а головой. Но «болеть», т. е. испытывать непреодолимую потребность получить очередную порцию адреналина, можно не только по вопросам спорта. Люди «болеют» непреодолимой тягой ощутить очередную порцию возбуждения от любви или секса, от обладания деньгами или властью, от создания нового художественного произведения или научного открытия, от религиозного экстаза или медитативного транса и т. д.

А если вы очень хотите что-то получить и не представляете себе жизнь без этого удовольствия, то по общему принципу духовного воспитания вы должны этого лишиться. Жизнь лишает вас желанного эмоционального наркотика, и вы погружаетесь в длительные переживания: «Я не могу жить без любви (секса, власти, денег, спорта, просветления...)»

Можете, и Жизнь легко вам это докажет.

Скорее всего конфликты являются тоже своего рода «удовольствием», поскольку позволяют людям испытывать сильные эмоциональные переживания. Поэтому даже вполне благополучные люди порой могут ввязываться в конфликты, сами не осознавая, зачем они это сделали. А это их организм спровоцировал их на сильную эмоциональную встряску, которую они не могут создать себе, поскольку ведут спокойную и контролируемую разумом жизнь.

На этом мы заканчиваем рассмотрение возможных источников появления идеализаций.

Скорее всего существуют и другие источников появления избыточно значимых идей в нашем подсознании. Важно научиться отслеживать эти идеи и переводить в разряд просто важных для вас, но без идеализации, т. е. без преувеличения их значимости.

• Различия идеализации и негативного убеждения

Внесем некоторую ясность в вопрос о том, чем отличается идеализация от внутренней установки или программы.

По большому счету это почти одно и то же. Но все же существуют небольшие различия, и это нужно понимать.

Внутренняя программа (стереотип поведения, негативное убеждение и т. д.) — это та бессознательная программа, которой человек руководствуется в своем поведении. Человек ею руководствуется, и все.

Сама по себе она не является источником переживаний, т. е. идеализацией. Например, внутренняя программа «женщина должна быть замужем» приводит к тому, что женщина начинает искать себе любимого для создания семьи. Это нормально.

Но вот если на пути к созданию семьи она погружается в страхи или претензии к себе, то ее потребность в создании семьи становится идеализацией.

Идеализация является преувеличением, В данном случае преувеличением значения замужества, т. е. внутренняя программа может перерасти в идеализацию, если вы погрузитесь в переживания по поводу задержки в ее исполнении. А может не стать идеализацией, если она говорит себе, что-то типа «я выйду замуж только тогда, когда найду суженого, а сейчас мне и так хорошо». При таком отношении программа не переросла в идеализацию.

Вот еще пример. Родители внушили вам, что «деньги нужно зарабатывать тяжелым трудом», и вы в соответствии с этой программой выбрали себе работу, где нужно много и тяжело трудиться. Это не идеализация, а просто бессознательный выбор, сделанный под действием внутренней программы.

Но вот если вы, занимаясь тяжелым трудом, погрузились в длительные претензии к себе или другим людям, которые не трудятся так много и тяжело, как вы, то это уже говорит о возникновении идеализации. Идеализации своего несовершенства, идеализации Жизни или контроля — у разных людей одна и та же ситуация может породить разные идеализации.

В общем, если есть бессознательный выбор и нет длительных переживаний — это программа. Если есть длительные переживания — это идеализация.

Общее у них то, что и программа, и идеализация выражаются какой-то характерной фразой. Поэтому один из способов отказа от идеализаций подобен уже рассмотренному способу внутреннего перекодирования на позитив. Но об этом чуть позже.

А сейчас пришла пора подвести

ИТОГИ

■ *Поскольку идеализация — это некоторая идея, которой человек бессознательно придает чрезмерно большое значение, то существует множество источников появления этих идей.*

■ *Буквально с первых дней жизни у младенца начинает вырабатываться собственная система ценностей и убеждений, которой он потом руководствуется всю жизнь. Часть из них при встрече с реальностью перерастает в идеализации.*

■ *Множество идеалов мы получаем в детстве от родителей и значимых для нас людей, из книг и кинофильмов, из личного негативного опыта. Это все приобретенные в ходе жизни идеализации.*

■ *Кроме того, многие решения люди принимают неосознанно, под действием врожденных инстинктов, а потом погружаются в переживания, когда их идеи не реализуются или реализуются не так, как они ожидали; т. е. источником идеализации могут выступать и врожденные инстинкты.*

■ *Еще одним источником идеализаций может явиться неосознаваемая тяга людей к удовольствиям в виде сильных эмоциональных переживаний.*

■ *Идеализации и внутренние программы выражаются стандартными фразами, в этом они похожи. Различие состоит в том, что на основании внутренней программы мы принимаем решения, считая их единственно правильными. Эти решения могут нас устраивать, тогда программа не становится идеализацией.*

Если же принятое решение приводит к возникновению длительных переживаний, то появляется идеализация, по форме часто совпадающая с внутренней программой.

Глава 8
Как выявить свои идеализации

*Детей занимает вопрос — откуда все берется,
взрослых — куда все девается.*

Владимир Туровский

Как следует из материала предыдущей главы, человеку трудно избежать появления у него избыточно значимых идей, практически невозможно. Поэтому все люди обладают тем или иным набором очень важных для них иллюзий, ради которых они готовы пожертвовать всем, включая отношения с любимыми людьми, и порой даже жизнью.

Поэтому очень важно знать свой набор избыточно значимых идей — чтобы вовремя перевести их в разряд просто значимых и избежать тем самым не очень приятных уроков духовного воспитания со стороны Жизни.

Какие же существуют способы выявления своих идеализаций? Нужно сказать, что их совсем не много. По большому счету их два — это размышления над своей системой ценностей и наблюдения за источниками своих переживаний.

Размышляем над своими ценностями

Первый способ более простой и безболезненный. Сложность его использования состоит в том, что он требует умения размышлять над своими скрытыми и явными убеждениями. И главное, делать выводы из своих размышлений — с этим у большинства людей имеются трудности. Большинство предпочитает выполнять чужие указания или довольствуется эмоциональными реакциями по типу: тронули — ругнулся. Разум в полной мере у большинства людей не востребован, поэтому способ размышлений годится явно не для всех. Тем не менее расскажем о нем — вдруг кому пригодится.

Суть его довольно проста. Нужно вспомнить, что вы считаете в жизни очень важным и от чего вы никогда не сможете отказаться. Пройдитесь по всем сферам своей жизни: отношениям, семье, детям, родителям, материальному благополучию, духовному развитию, увлечениям, своей внешности, работе и прочим ценностям.

При этом вовсе необязательно отказываться от этих ценностей. Нужно лишь представить себе, что кто-то возле вас не разделяет эти ценности или даже имеет на них противоположную точку зрения — допустимо ли это для вас на долгое время?

Если ценность касается вас (внешность, способности), то допустимо ли для вас, чтобы они не соответствовали вашим ожиданиям?

Если вопрос касается близких людей — допустимо ли для вас, чтобы родители вмешивались в вашу жизнь, дети плохо учились, муж не зарабатывал достаточного количества денег (или жена не высказывала признаков уважения к вам)?

Позволите ли вы вашей подруге предать вас или вашему любимому поглядывать на других женщин? Позволите ли вы своим сотрудникам быть не такими толковыми, как вам хочется?

Как вы будете жить, если лишитесь любимой работы? Что произойдет, если вам в вашей деятельности будет недоставать борьбы или преодоления?

Есть ли среди ваших убеждений те, которые неминуемо приведут к борьбе за них? Либо борьбы не будет, зато появится множество переживаний?

Как вы понимаете, речь идет преимущественно о скрытых идеализациях, о которых вы еще не подозреваете. Но если они появятся, то неминуемо возникнут длительные переживания, которые и укажут на наличие скрытой идеализации.

Но некоторые идеализации уже могли стать явными и вызвать ваши длительные переживания в вашем прошлом или сегодня. Они обнаруживаются значительно легче — вторым способом — путем наблюдения за своими источниками негативных переживаний.

• Ведем Дневник самонаблюдений

Как следует из названия этого способа выявления своих идеализаций, он заключается в наблюдении за собой и своими длительными переживаниями.

Причем нужно не просто наблюдать и переживать по поводу, что «я опять переживаю, а это нехорошо». Нужно записывать свои переживания в особый дневник, который называется «Дневник самонаблюдений».

Само по себе ведение дневника, в котором вы описываете текущие события и мысли, является хорошим психотерапевтическим приемом. Психотерапевты рекомендуют своим избыточно нервным пациентам вести дневник и записывать в него все, что с ними происходит. Тем самым они как бы выводят из себя эмоции, не позволяя им скапливаться внутри и порождать новые переживания.

Дневник, о котором идет речь сейчас, имеет несколько иное предназначение и форму. Мы предлагаем записывать в дневник только те события, которые вызвали ваши переживания, и никакие иные. Записывать нужно по определенной форме и затем анализировать свои переживания по специальным правилам.

Понятно, что это труд, требующий пусть небольших, но все же усилий, на которые могут не решиться многие люди, найдя множество обоснований для своего выбора.

Человек часто готов отдать за решение своих проблем время и деньги. Но не свои собственные усилия! Это очень напоминает ситуацию, когда страдающий перееданием человек вместо того, чтобы правильно питаться, ест таблетки, облегчающие усвоение пищи.

Мы предлагаем не откупаться от Жизни — ей не нужны ваши деньги. Чтобы выявить свои избыточно значимые идеи, нужно приложить немного усилий и проанализировать свои текущие переживания. Работая с Дневником самонаблюдений, вы уже через месяц-два в явном виде получите набор своих основных идеализаций и ошибочных убеждений, которые отравляют вам жизнь и делают ее дискомфортной уже многие годы.

В Дневнике следует отражать любые негативные переживания (внутренние, подавленные и внешние, ярко выраженные, сильные и едва заметные). Не прячьте от себя ничего. Если вы не хотите, чтобы ваш Дневник кто-нибудь прочитал, позаботьтесь об этом заранее.

Не стоит заносить в Дневник общие впечатления от какого-либо случая в прошлом или от длительных отношений с определенным человеком, поскольку вам трудно будет в этом разобраться.

Ведите Дневник по принципу.

1. **Сегодня произошел конкретный случай.**
2. **Я испытал(а) негативные переживания.**
3. **Я записал(а) этот случай в Дневник и проанализировал(а) свое состояние.**

Заполнять Дневник рекомендуется вечером, в конце дня. А днем всего лишь запоминайте, что вызвало ваши переживания, и как развивались события — чтобы были материалы для вечерней работы с Дневником.

Для ведения Дневника возьмите толстую тетрадь или делайте записи на отдельных листах бумаги, которые затем подшивайте в папку. Если у вас есть компьютер, то вы можете завести отдельный файл или директорию и вести Дневник там. Очень удобно использовать для ведения Дневника Систему самодиагностики и самопрограммирования на успех «Эффект», информацию о которой вы можете прочитать на последних страницах книги.

Перечитывая много раз свои прошлые записи, вы заметите, что воспоминания о произошедших неприятных событиях постепенно станут эмоционально нейтральными (и, может быть, забавными). И, главное, вы перестанете переживать при повторении этих ситуаций в будущем! И ваша избыточно значимая идея станет просто идеей, а не идеализацией.

Правила ведения Дневника с большим количеством примеров приведены в книге «Улыбнись, пока не поздно». Здесь мы приведем лишь краткие рекомендации по его заполнению.

Дневник может иметь две формы — табличную и развернутую.

• Табличная форма Дневника самонаблюдений

Событие моей жизни, вызвавшее негативные переживания	Выявленные идеализации	Отработка идеализаций

В первую колонку каждый день нужно записывать текущие жизненные эпизоды, которые вызвали у вас отрицательные эмоции.

В течение дня вы наблюдаете за собой, а затем коротко записываете, какие конкретные события вызвали у вас те или иные переживания. Кроме того, желательно коротко перечислить, какими эмоциями сопровождалось переживание этого эпизода вашей жизни.

Во второй колонке нужно записывать, какие ваши идеализации «воспитывает» Жизнь этим эпизодом. Поскольку за любым переживанием стоит значимая для вас идея о том, каким должен быть этот мир (или конкретный человек), а реальность не совпала с вашими ожиданиями, то вы запишете туда свои ожидания.

Обычно источниками переживаний выступают другие люди, которые ведут себя как-то не так, как вам хочется. Поэтому сначала вы представляете себе, каким образом должен был вести себя этот человек, чтобы вы остались им довольны. Каким он должен был быть? Честным, деликатным, внимательным, разумным, ответственным, сексуальным или каким-то еще? Или как вы должны были вести себя, чтобы не возникло переживаний? Какая ваша идеализация стоит за этим ожиданием? Выявите ее и запишите во втором столбце Дневника.

В **третьей колонке** вы в письменной форме (а заодно и мысленно) отрабатываете свою идеализацию, т. е. отказываетесь в дальнейшем от нее. Точнее вы берете на себя обязательство больше не испытывать эмоционального негатива, если эта же ситуация повторится еще раз.

Делается это в такой форме:

«Я прошу прощения у Жизни и у себя самого (самой) за мои негативные эмоции. Я знаю, что придаю избыточное значение своим идеям (указать, каким именно).

Впредь я отказываюсь от своих переживаний по этим вопросам и теперь буду относиться к ним значительно легче. Я полностью беру на себя ответственность за этот эпизод и за все мои эмоции.

Я благодарю Жизнь за этот урок и внимательность ко мне! Я обязуюсь впредь не впадать в длительные переживания, оказавшись в подобной ситуации».

Эту формулу вы **каждый раз должны записывать своей рукой в третью колонку и одновременно проговаривать ее про себя.**

По вашему желанию вы можете добавить в третью колонку еще что-нибудь, но основную формулу желательно сохранять.

Приведем несколько примеров заполнения Дневника самонаблюдений.

Событие моей жизни, вызвавшее негативные переживания	Выявленные идеализации	Отработка идеализаций
Сегодня на работу приезжал хозяин фирмы. Его приезд вызвал очень неприятное чувство, какой-то комок внутри. Страх. Хотя никаких конфликтов у меня с ним не было. На работе происходит смена руководства, идет инвентаризация, проверка бумаг и т. п. За результаты не волнуюсь, но еду на работу с неприятным чувством холодка в душе. Нет былой радости.	Неужели я боюсь хозяина? А вдруг уволят, что тогда? Страх завтрашнего дня! Получается, что это – идеализация **контроля окружающего мира.** Я должен знать, что будет со мной в будущем. Я знаю, каким должен быть хозяин фирмы. Я знаю, как должна происходить смена руководства и увольнения. Это должен быть лег-	Я принимаю жизнь такой, какая она есть в реальности. Я позволяю всем событиям происходить так, как они происходят. Я позволяю хозяину быть таким, какой он есть! Я принимаю себя боязливым (трусом). Я разрешаю себе бояться. Я такой, каким меня создал Бог! Я полностью беру на себя ответственность за этот эпизод и за все мои эмоции.

	кий, радостный процесс, приносящий взаимное удовольствие обеим сторонам с выражением глубокой благодарности за проделанную работу. А жизнь такая, какая есть. И события развиваются так, как развиваются.	Я благодарю Жизнь за этот урок и внимательность ко мне! Я обязуюсь впредь не впадать в длительные переживания, оказавшись в подобной ситуации.
Уже несколько дней ловлю себя на мысли, что меня раздражает один человек — друг моего мужа. Вот и сегодня, когда он пришел и сел у нас на кухне, я попросту ушла. Причем я не могу сказать конкретно, что меня в нем так достает. Не нравится, и все тут. Но главное не это. Я чувствую, что при его появлении у меня даже выражение лица меняется — оно «кирпича просит». Считаю это для себя абсолютно недопустимым, постоянно пытаюсь вогнать себя в рамки приличия, улыбнуться, поддержать разговор. Но от этого получается только хуже. Сегодня он спросил, нравится ли мне погода на улице, я ответила весьма резко: «Откуда я знаю? Я там не была!» Какая же я дура! Да к тому же невоспитанная. Могла бы ответить повежливее. Ведь он мне ничего не сделал, наоборот, очень расположен ко мне. Он не виноват, что не нравится мне. После сегодняшнего эпизода мне стало его жалко, появилось чувство вины. Наверное, я выгляжу полной стервой в его глазах. А я не такая!	Главное в этой ситуации — это не то, что меня раздражает товарищ мужа. В конце концов, он такой, какой есть, и ради меня не обязан меняться. Больше всего меня беспокоит мое внутреннее состояние. Я постоянно грызу себя за то, как я обращаюсь с другом мужа, и от этого выходит только еще хуже. Идеализации здесь могут быть следующие. **Собственное несовершенство:** я со всеми без исключения должна вести себя идеально, чтобы никто не мог ко мне придраться. Я не могу никого обидеть и быть причиной чьих-то переживаний. Я должна быть хорошей и удобной для всех! **Отношения между людьми:** я человек воспитанный и вести должна себя соответствующим образом. Ведь если кто-то другой ведет себя некорректно, я это сразу замечаю и в душе осуждаю. А тут я сама, как «пастушка», брякаю что в голову взбредет, да еще каким тоном! Люди не должны так общаться!	Я прошу прощения у Жизни и у себя самой за мои негативные эмоции. Я знаю, что придаю избыточное значение своим идеям о том, как я должна «выглядеть» со стороны и как должна относиться к другим людям. Впредь я отказываюсь от своих переживаний по этим вопросам и теперь буду к этому относиться значительно легче. Я полностью беру на себя ответственность за этот эпизод и за все мои эмоции. Я благодарю Жизнь за этот урок и внимательность ко мне! Я обязуюсь впредь не впадать в длительные переживания, оказавшись в подобной ситуации.

Как видите, в Дневник записываются любые текущие переживания, которые вы сможете припомнить. В ходе записей вы обязательно выявляете свои избыточно значимые идеи, т. е. идеализации. Скорее всего через некоторое время вы увидите, что все время совершаете одни и те же ошибки, т. е. наступаете на одни и те же грабли. Может, пора остановиться?

Если вы будете добросовестно вести Дневник, то через пару месяцев перестанете испытывать переживания по прежним поводам, и Жизни не нужно будет давать вам свои жесткие уроки.

Внимание! Не пытайтесь вести Дневник мысленно — это не работает!

Если вы не переносите переживания на бумагу и не берете обязательства полностью, то эффекта не будет. При мысленной работе вы скомкаете весь процесс, и полноценной отработки не получится. Поэтому не ленитесь и поведите Дневник хотя бы пару месяцев. Не исключено, что потом вам просто нечего будет туда записывать.

• Развернутая форма Дневника самонаблюдений

Этот вид самодиагностики применяется к более или менее крупным и значимым случаям вашей жизни (не бытовые неурядицы), которые спровоцировали вас на переживания как минимум на несколько дней. Самоанализ проводится по следующей схеме.

1. ЧТО СЛУЧИЛОСЬ?

В этой рубрике вы описываете сам случай и вашу реакцию на него.

2. ЗА ЧТО «ВОСПИТЫВАЮТ»?

Здесь вы подробно указываете, какие ваши идеализации подверглись разрушению в ходе духовного воспитания.

3. ЗАЧЕМ МНЕ ЭТО НУЖНО?

В этой рубрике вы проводите анализ того, как вы сами могли спровоцировать этот случай, какие ваши возможные желания или мысленные программы инициировали его появление. Какую выгоду вы могли извлечь из этого случая?

4. СПАСИБО ЗА УРОК!

Здесь указываете, какой урок, по вашему мнению, дает вам Жизнь этим эпизодом. Что вам нужно изменить в себе? Какие положительные моменты вошли в вашу жизнь с этим эпизодом? Если бы этого эпизода не было, какие возможности вы бы упустили?

Разумеется, такой самоанализ несколько сложнее предыдущего, но именно он позволяет увидеть проблемную ситуацию с разных сторон и осознать не только ее воспитательный момент, но и позитивное влияние на вашу жизнь (как это ни странно звучит).

Приведем пример такого ведения Дневника самонаблюдений, присланный одним из читателей.

• **Что случилось?**

Речь пойдет о моей любимой и нелегкой работе. А работаю я в отделении связи, то есть на почте, в отделе по доставке телеграмм.

В октябре 2000 г. у нас произошло сокращение штатов. Раньше в отделе доставки работали четыре человека, а теперь нас осталось только двое. Это сильно потрясло меня и моего напарника: чтобы иметь один выходной в неделю, его нужно заработать, т. е. перед выходным или после него надо отработать две смены. В общем, нагрузка увеличилась, а зарплата осталась прежней.

Но это еще полбеды. В феврале мой напарник слег в больницу почти на два месяца, и я осталась одна. С этого дня для меня начался кошмар. Я почувствовала, что не могу работать в две смены, без выходных. В замене моего напарника мне отказали, оставили работать одну без всяких доплат. Я проработала в этом аду три недели. Сколько же я выслушала от населения жалоб и недовольства! Мне было стыдно за нашу связь, за то, что такая богатая организация не может обеспечить качественную и своевременную доставку телеграмм, причем не по моей вине!

При очередных обращениях моего бригадира в вышестоящие инстанции был получен такой ответ: «Не нравится, пусть уходит, доставку вообще уберем, эту функцию будет выполнять почта». Но ведь у почтальонов два выходных, да и в праздники они не работают, а телеграммы поступают постоянно.

А тут еще февраль, дожди идут проливные, с таким ветром, что зонтик ломается. Каждый день я приходила домой мокрая и обиженная на проклятую жизнь, на эту ненавистную работу, которую я в то же время знаю и люблю. Я кляла начальство за то, что оно предало меня, свою подчиненную, брошенную один на один с большим поселком в таких нереальных условиях труда. И тут моему мужу пришла в голову блестящая идея: он предложил мне пойти на больничный.

Это меня несколько возмутило. Чтобы я пошла на больничный при отсутствии болезни! Ни за что! Никогда моя совесть такого не позволит! Но идея крепко запала в голову, потому что это помогло бы решить проблему. Во-первых, сразу кого-нибудь приняли бы на работу. Во-вторых, я мечтала хотя бы о двух-трех днях отдыха, ведь у меня была хроническая усталость и, судя по всему, близился нервный срыв. В общем, я решила заболеть.

Но как это сделать? Прежде всего я посетила нескольких своих подруг и знакомых, которые в данный момент повально болели гриппом. Я даже просила их поплевать в кружечку с чаем, после чего этот чай выпивала. (Простите за подробности, но цель оправдывает средства.) Я очень надеялась, что вирус гриппа перейдет ко мне, так в нем нуждающейся. Не помогло. После работы я возвращалась домой в дождь и холод через речку вброд, шла с мокрыми ногами. И опять бесполезно.

Одна моя родственница сочувственно посоветовала выпить ледяного молока, мол, только в молоке образуются такие микробы, которые точно вызывают ангину. И хотя я с детства не переношу молоко, выпила аж две кружки! Горло свело от холода, но ангина приходить не собиралась! Я не узнавала свой организм, потому что болела исправно каждую зиму и лечилась на ходу, продолжая работать.

Своего я, конечно, добилась. Однажды с утра шел ливень, дул сильный ветер, я вымокла и ходила по холоду весь день, не переодеваясь. Ноги оледенели, появилась температура (наконец-то!). Я провела на больничном целых четыре дня! В доставку взяли еще одного человека на время болезни моего напарника.

И вот наступило лето. Вся ирония в том, что летом мне болеть вообще нельзя, потому что в курортном поселке в летний сезон слишком много телеграмм даже для троих доставщиков (на лето приняли на работу еще одного). И в самый разгар лета я простываю, да еще как! Давно я так не болела. Теперь у меня началась паника от того, что я не могу пойти на больничный, замену мне не дадут, так как останутся работать двое. Не хочу бросать их. Они ни в чем не виноваты!

Работала я три недели больная. Принимала таблетки, сбивала температуру каждый день. У меня кружилась и болела голова. Я долго и нудно лечила насморк, который едва не перешел в хронический! Как я выжила тогда? Не знаю. Ну где же ты была, болезнь, когда я тебя так искала? И почему я заболела, когда не хотела и не ждала? Почему в жизни все происходит не так, как хочется? Конечно, я подумала об этом, и вот что вышло.

• За что воспитывают?

1. Идеализация ответственности, т. е. контроль окружающего мира. Я, как пионер, чувствую себя в ответе за все и за всех. И даже тогда, когда силы мои на пределе и работа явно идет в ущерб здоровью. Я переживаю, когда не могу справиться со своими обязанностями, даже непосильными. *Наверное, я думаю, что без меня все остановится и рухнет, будет катастрофа. Но вот заболела я — и ничего ужасного не произошло.*

*2. **Идеализация своих способностей** в форме осуждения руководства. Вот если бы я была начальником, я бы справлялась со своими обязанностями, все бы держала под контролем и не допустила бы создавшейся ситуации. Я бы знала, как все лучше устроить. Данную ситуацию я считала бы недоработкой и равнодушием со стороны своего начальства. Как я мечтала о том, чтобы хоть кто-то из вышестоящих чинов побывал в моей шкуре, взял бы кучку телеграмм и пошел в доставку.*

*3. Явное пренебрежение своим здоровьем — тоже одна из форм **идеализации** (т. е. преувеличения) **своих способностей** выдерживать любые нагрузки. Мало того, что я жертвовала здоровьем ради работы, так я еще догадалась сознательно угробить его, чтобы передохнуть!*

● **Зачем мне это нужно?**

Ну, здесь вообще все ясно. Фактически я призвала к себе болезнь. Я использовала для этого все возможности, лишь бы достичь поставленной цели. Но ведь были сигналы, что этого делать не нужно, ведь заболела я не сразу, а после нескольких попыток. Все говорило о том, что нельзя умышленно наносить вред своему организму, физическому телу. Его дал нам Бог, и такое пренебрежение к нему является грехом, неуважением к Создателю. Поэтому болезнь и пришла ко мне, когда болеть совсем не хотелось, вернулась бумерангом. К тому же я «вбила» своему организму четкую программу действий: если хочешь передохнуть — болей. А не хочешь болеть — мы тебя заставим. Поэтому, когда в очередной раз мой организм устал, он заболел. Уже без моего согласия, и сильно.

Болезнь мне нужна была на подсознательном уровне. Основное желание — это уход от проблемы. Я больна, лежу, за мной ухаживают, какая может быть работа, какое мне дело до людей, которые ждут телеграмм, я тоже живой человек со своими естественными желаниями. Я упивалась этими мыслями. Для меня важно было то, что я хочу отдохнуть, ни о чем не думать и не переживать. А за это время заодно и порядок на работе наведется.

● **Спасибо за урок!** Я благодарна Жизни за уроки.

1. Прежде всего, хлебнув «фунт лиха», я осознала, как же хорошо работать не только втроем, а даже вдвоем. (Хотя когда-

то нас было четверо, и то мне было мало.) Спасибо, что я все же не одна!!! Я научилась ценить своего напарника, когда бы это еще было!

2. Я поняла, что нельзя быть такой сверхответственной, если это вредит твоим нервам и здоровью. Ответственность в ущерб здоровью — вредна.

3. Болезнь — это не лучший способ уйти от нагрузки, которую я тащить не обязана. Я ведь могла просто сказать «нет», не истязая себя. Нужно бережно и заботливо относиться к своему физическому телу, а не заставлять его болеть, когда это нужно душе. Все в этом мире должно быть гармонично: и душа, и тело. Спасибо тебе, Жизнь, за то, что ты дала мне все это.

Я желаю здоровья всем людям на Земле и хочу сказать, что на самом деле болеть невыгодно!

Как видим, в такой форме можно более подробно рассмотреть и обосновать свои идеализации, но она требует времени и хоть каких-то литературных способностей. Если у вас это есть, то можно вести Дневник в такой форме. Если лишнего времени нет, то проще вести табличную форму Дневника самонаблюдений.

На этом мы заканчиваем рассмотрение способов выявления своих идеализаций и переходим к рассмотрению того, как самому оценить, сколько претензий к жизни собралось в вашем «накопителе переживаний».

ИТОГИ

- Чтобы избежать уроков духовного «воспитания», вам нужно знать свои идеализации, а затем как-то перевести их из избыточно важных в разряд просто важных для вас идей.
- Существует два несложных способа выявления своих идеализаций.
- Первый способ состоит в целенаправленных размышлениях над своей системой ценностей и выявлении тех ценностей, нарушение которых вызовет у вас длительные переживания. Эти ценности и будут вашими идеализациями.
- Второй способ состоит в записи в специальный Дневник самонаблюдений тех ситуаций, которые явились источниками переживаний, и последующем анализе этих ситуаций.
- Записи в Дневнике самонаблюдений могут проводиться либо в табличной форме, либо в развернутом виде. Последний вид обычно используется для серьезных ситуаций, которые привели к длительным переживаниям.

Глава 9
Самодиагностика накопленного эмоционального негатива

*Если вы указываете на человека указательным пальцем,
то другие три пальца указывают на вас.*

Китайская пословица

Рассмотрим пути, по которым каждый человек может самостоятельно определить, насколько заполнен его «накопитель переживаний» и принять соответствующее решение о своем дальнейшем поведении и отношении к жизни.

Сделать это можно следующим образом.

• Первый этап самодиагностики

Для начала нужно **оценить, с каким грузом вы пришли в этот мир**. Или, по-иному, с какого этажа Тонкого мира пришла на Землю ваша душа, т. е. **насколько был заполнен ваш «накопитель переживаний» на момент рождения** — а у большинства людей он уже с рождения не совсем пустой.

В теософии этот груз, принесенный душой из прошлого, называется «зрелая карма». Именно она определяет наши будущие условия рождения, черты характера, привычки и прочее. Чем более радостно жил человек в прошлой жизни, чем меньше был заполнен его «накопитель переживаний» на момент смерти, тем больше у него возможность выбора при очередном приходе в наш мир.

Для удобства и единообразия рассуждений примем, что **Тонкий мир делится на десять этажей**, отличающихся условиями существования душ на них. Первый этаж, соответственно, это Ад, а десятый этаж — это Рай. В действительности все обстоит, видимо, значительно сложнее.

Заполненность сосуда удобно оценивать каким-то **количественным показателем**, например процентами. Поэтому будем считать, что сосуд, заполненный переживаниями на 100%, — это сосуд крупного грешника, долго и упорно нарушающего правила поведения в нашем мире. Пустой сосуд (заполнен на 0%) — это сосуд святого, решившего прийти в наш мир для выполнения каких-то своих задач и не имеющего суждений относительно нашего мира (практически — блаженного).

Каждый человек имеет начальное заполнение своего «накопителя переживаний» на момент рождения в диапазоне

5—6%. Уровень заполнения можно примерно оценить по следующим показателям.

1. В какой стране вы родились. Рождение в стране со стабильной экономикой и устойчивой политической системой (Европа, Америка) говорит о том, что у вашей души были большие возможности выбора, которую имеют только обитатели верхних этажей Тонкого мира.

2. В какой семье вы родились. Как вы понимаете, выбор здесь достаточно велик. Кто-то рождается в семье Ротшильдов или арабских миллиардеров, а кто-то в семье малограмотных, нищих, пьющих или принимающих наркотики родителей. Первым, соответственно, обеспечена сытая и благоустроенная жизнь, вторым — масса острых, но не совсем приятных ощущений. Чем лучше вела себя ваша душа в прошлом, тем больше у нее было возможностей выбрать себе благополучную семью.

3. Уровень образования и культуры ваших родителей. Души с верхних этажей Тонких мира, скорее всего, выберут себе родителей с максимально высоким уровнем образования, занятых администрированием, наукой или творчеством.

4. Ваше здоровье сразу после рождения. Нормальное здоровье при рождении говорит о том, что ваш «накопитель переживаний» на момент смерти в прошлой жизни не был переполнен. Наличие врожденных заболеваний сразу относит вашу душу к нижним этажам Тонкого мира.

5. Есть ли у вас явно выраженные способности или деструктивные черты характера. Мы уже указывали, что душа с низким заполнением сосуда, скорее всего, имела возможность выбрать себе не только место рождения, но и способности. Наличие явно выраженных способностей говорит о низком изначальном заполнении сосуда.

Относительно черт характера дело обстоит наоборот. Человека без характера не бывает. Но у кого-то характер уравновешенный, а кто-то излишне горяч, обидчив, склонен к жестокости или, наоборот, к излишней мягкости или унынию. Часть этих качеств мы можем получить в младенчестве при попадании в неблагоприятную обстановку — об этом мы уже рассказывали. Но само по себе рождение в неблагополучной семье явно указывает на то, что у вашей души не было большого выбора при рождении.

А часть проблемных качеств душа могла принести с собой из прошлых жизней, и они показывают, что в прошлом вас обуревали сильные страсти. Особенно если эти черты соответствуют знакам Зодиака и другим астрологическим прогнозам.

Все рассмотренные показатели так или иначе указывают, какой была ваша прежняя жизнь и с каким грузом пришла ваша душа в этот мир. На их основе вы можете предварительно оценить заполненность «накопителя переживаний» на момент рождения.

• Ориентировочные оценки

Как нам представляется, здоровый и талантливый ребенок, родившейся в очень обеспеченной и благополучной семье, имеет стартовое заполнение своего накопителя порядка 5—6%.

Здоровый младенец, родившийся в стране со стабильной экономикой у родителей с высшим образованием, имеющих собственное жилье и среднюю для своей страны обеспеченность, имеет «накопитель переживаний» с заполнением примерно 10—12%.

У младенца, родившегося в бедной семье, родители которого не имеют образования и стабильной работы, «накопитель переживаний» заполнен на 15—18%.

Ребенок с условно легким врожденным заболеванием (близорукость, дерматит и т. п.) имеет стартовое заполнение «накопителя» порядка 20%.

Если ребенок имеет тяжелое врожденное заболевание, то его душа имела в сосуде 20—25% на момент рождения. Исходя из этих цифр, вы можете примерно определить этот параметр для себя.

Однако, оценивая заполненность «накопителя переживаний» на момент рождения, **не стоит преувеличивать его значение во взрослом, сознательном возрасте**. Ситуация к этому времени могла значительно измениться — в соответствии с вашим образом жизни и мыслей. И то, что было при рождении, во взрослом возрасте может уже не иметь особого значения. Все будет определяться вашими «взрослыми» мыслями и поступками.

• Со «святых» спрос строже

Рассмотренный параметр определяет лишь «стартовые условия», с которыми человек пришел в этот мир. Причем **чем лучше он начинал (с меньшим грузом из прошлых жизней), тем сложнее ему идти по этой жизни**.

Человек, пришедший сюда с приличным заполнением сосуда, может делать в этой жизни все, что захочет, — хуже все равно не станет, поскольку он с детства живет такой жизнью, которая для других людей может быть только наказанием.

А вот если вы пришли с верхних этажей Тонкого мира, то вам нужно смотреть в оба, поскольку «загреметь» вниз значительно легче, чем подняться наверх. У людей с верхних этажей

лучше стартовые условия, они легче достигают успеха и благосостояния в нашем мире — если не нарушают правил поведения в нем. Но и **спрос с них строже**, и при появлении идеализаций их сосуд наполняется значительно быстрее, чем у других людей. Частично поэтому так быстро уходят из жизни талантливые люди, живущие яркой, полной страстей и эмоций жизнью: музыканты, артисты, поэты. А люди, живущие бесцветной, малоэмоциональной жизнью в условиях материальной ограниченности, могут существовать в нашем мире значительно дольше.

Итак, вы оценили свои стартовые условия. Теперь основное — **оценить, как выглядит ваш «накопитель переживаний» сегодня**. Причем оценить самим, не обращаясь к гадалкам, ясновидящим и другим специалистам по чужим проблемам.

• Второй этап самодиагностики

Итак, определяем заполнение вашего сосуда в настоящий момент времени. Один из путей достижения этой цели мы уже подсказывали, когда рассматривали устройство «накопителя переживаний». Поскольку переживания накапливаются через клапаны-идеализации, вам **нужно «примерить» их к себе каждый отдельно**. Тем самым вы сможете вычислить, какие идеализации у вас имеются. Сделать это несложно.

• Оценка наличия идеализаций

Если помните, идеализация характеризуется длительными переживаниями по какому-то вопросу (муж недостаточно успешен, жена недостаточно сексуальна, ребенок не слушается, работа не устраивает, кто-то болеет или умер и т. д.).

Вспомните, какие именно проблемы или ситуации вызывают у вас наибольшие переживания, и определите, не является ли их причиной идеализация одной из земных ценностей. Если да, то у вас открыт соответствующий клапан и по нему происходит заполнение сосуда. (Примерно таким способом размышлений мы рекомендовали вам выявлять свои идеализации.) Только сейчас вам нужно не только выявить идеализацию, но и примерно определить, насколько сильно она могла заполнить ваш накопитель переживаний.

Если длительных переживаний у вас пока нет, то неплохо провериться на наличие скрытых идеализаций. Для этого вам нужно поочередно представить свою жизнь без любви, семьи, денег, достатка, здоровья, работы, взаимопонимания, славы и т. д. В общем, без всего того, чему человек может придавать избыточное значение.

Если вы сможете представить себе существование без каждой из этих земных ценностей (или нескольких в совокупности) и существование без них не сделает вашу жизнь пустой и бесцельной, то у вас нет идеализаций. Вы святой, и вам нечего делать в этом мире.

• Жизнь-игра

Все остальные обязательно найдут одну-две, а то и побольше ценностей, без которых жизнь не имеет смысла (семья, дети, любовь, работа, бизнес, мораль и т. п.). Скорее всего именно по этим параметрам клапаны приоткрыты и негативные переживания «капают» в ваш сосуд. Именно они дают вам имеющиеся болезни, неприятности, конфликты и т. д.

Мы не призываем вас полностью отказаться от этих ценностей — жизнь без них может потерять всякий смысл. Мы предлагаем вам **пересмотреть отношение к ним**.

Попробуйте отнестись к ним как к **выигрышу в игре под названием «Жизнь»**. А если что-то не получается или возникают проблемы, то считайте это временным проигрышем, а не концом жизни. Играйте дальше и выигрывайте на здоровье. Более подробно эта позиция будет рассматриваться во второй части книги.

• Косвенные признаки «воспитания»

Просто заглянуть в сосуд и оценить уровень его заполнения мы не можем. Но ничего не мешает нам оценить степень его заполнения по **косвенным признакам**. Это можно сделать, исходя из того знания, что наш «смотритель» **принимает к нам меры воздействия пропорционально уровню нашего недовольства и претензий к Жизни**. И он, в отличие от врачей или экстрасенсов, никогда не ошибается.

Поскольку перечень возможных «воспитательных» воздействий известен, то, рассматривая их, можно оценить количество накопленных нами недовольств. И, может быть, даже понять, из каких клапанов у нас подтекает.

Итак, наш «смотритель» может воздействовать на нас, применяя следующие «воспитательные» воздействия: мелкие неприятности, разрушение планов, проблемы на работе, проблемы в семье или с детьми, затяжные конфликты, блокировка личной жизни, болезни.

Определенного порядка или жесткой последовательности применяемых способов, скорее всего, нет. «Воспитательные» процессы подбираются индивидуально, в соответствии с вашими идеализациями или неправильными убеждениями. Хотя мелкие неприятности и болезни разной степени тяжести посещают практически всех.

Поэтому мы предлагаем вам пройтись по последним негативным событиям в вашей жизни и **по степени их сложности (или тяжести) оценить уровень заполнения вашего «накопителя переживаний»**.

Рассмотрим несколько вариантов, начиная с самых сложных.

● **Примерные оценки**

Если у вас смертельная болезнь типа рака или СПИДа, или вы сидите в тюрьме, то похоже, что ваш «накопитель переживаний» заполнен на 92—96%.

Если есть серьезные заболевания, но не смертельные, то заполнение несколько меньше— до 90%.

Если есть серьезные несчастные случаи типа автомобильной катастрофы с тяжелыми последствиями, пожара, ограбления, длительных судебных исков, невозврата долгов или банкротства, если все ваши планы рушатся и вы находитесь в затяжной полосе неудач, то ваш сосуд заполнен на 80—90% и это почти «последний звонок» от Жизни о необходимости пересмотреть отношение к ней.

В случаях, когда вас преследуют проблемы с деньгами (а у кого их нет?), часты «разборки» в семье или не все получается с интимной жизнью, все значимые для вас дела продвигаются вперед с огромными усилиями, отнимая все время и силы, то ваш сосуд заполнен процентов на 60—75. Это, конечно, не смертельно, но достаточно сильно отравляет жизнь.

И, наконец, если у вас все хорошо, но могло бы быть и получше, то ваш сосуд заполнен процентов на 60. Это очень хорошо, но не нужно загружать его больше.

Если жизнь вас радует, все ваши желания сбываются быстро и нужным для вас образом, то в вашем сосуде не более 50%.

Заполнение «накопителя переживаний» на 15—30% имеют самые просветленные люди, занимающиеся духовной, просветительской или милосердной деятельностью и обычно не обремененные заботами о своем материальном благополучии (хотя это им совсем не возбраняется).

● **Используйте самооценку**

Уровень заполнения «накопителя переживаний» наиболее точно определяется путем самооценки. Вы просто размышляете о степени своей успешности и понимаете, каков примерно уровень заполнения вашего сосуда.

Конечно, избыточно самокритичные люди (имеющие идеализацию своего несовершенства) несколько превысят свои недостатки и укажут избыточное заполнение, а люди с идеализацией способностей явно отнесут себя к святым, но в целом самооценка дает достаточно точные значения заполнения «накопителя переживаний».

Никаких других, «объективных» способов оценки заполнения «накопителя переживаний» не существует. Как не существует и самого «накопителя» — это всего лишь удобный и понятный образ для описания степени нашей борьбы с реальностью.

Поэтому нет никакого смысла искать какого-то эксперта (ясновидящего, экстрасенса и т. д.), который измерит заполнение вашего сосуда — это будет всего лишь его частное мнение (его или его подсознания) о вашей степени принятия или непринятия мира. Но его мнение будет ничуть не объективнее вашего, поэтому рекомендуем пользоваться своей самооценкой. Это и дешевле, и быстрее, и спокойнее.

Такой, на наш взгляд, может быть последовательность ваших рассуждений, если вы хотите оценить свою реальность с точки зрения технологии Разумной жизни. Или с точки зрения вашего соответствия тем правилам, которые должен соблюдать человек, желающий хорошо и успешно проживать в этом мире.

• Посоветуйтесь с подсознанием

Мы рассмотрели способы оценки заполнения «накопителя переживаний» с помощью нашего логического, рассудочного мышления. Они понятны всем и неплохо работают. Но существует и другой путь — получение сведений непосредственно от подсознания, минуя наш рациональный и критический разум.

Использовать такой путь вполне по силам любому человеку. Во второй части книги мы приводим несколько упражнений по получению информации от подсознания с помощью метода «автоматического письма» или с помощью сигналов тела. Наш опыт проведения учебных семинаров показывает, что при серьезном отношении почти любой человек (за исключением явных скептиков) может получить любую интересующую его информацию (о себе) непосредственно от подсознания, с помощью управляемой интуиции. Попробуйте и этот путь.

• Милосердие: хорошо или плохо

Из всех предыдущих рассуждений возникает вопрос — хорошо ли быть милосердным к нищим, больным, обиженным жизнью людям? Согласно всем христианским доктринам, это хорошо. Но хорошо для кого?

Давайте порассуждаем на эту тему, исходя из требований, которые предъявляет к нам Жизнь.

Тот, кто бескорыстно подает нищим или сочувствует больным и убогим, совершает добрый поступок. Тем самым он приоткрывает клапан «Осознанные положительные поступки» и выпускает часть «жидкости» из своего «накопителя переживаний». Поэтому совершать добрые поступки вроде бы хорошо.

Теперь давайте посмотрим с другой стороны. Что такое больной или нищий человек? Как вы уже понимаете, это человек, находящийся под активным «воспитательным» воздействием своего «смотрителя». **Он «воспитывается» за свои ошибочные убеждения** или неправильные поступки. Его **нынешнее состояние — это его добровольный выбор**, хотя он может и не осознавать этого. Его состояние — результат его борьбы с Жизнью за какие-то идеалы, и Жизнь дает ему уроки по разрушению его идеализаций. А вы, подавая деньги или высказывая сочувствие (т. е. передавая ему часть своих жизненных сил), уменьшаете «воспитательный» эффект. А значит, мешаете его «смотрителю» исправлять ошибочные взгляды человека и тем самым отдаляете момент пересмотра его отношения к жизни. Поэтому получается, что наши добрые поступки только затягивают «воспитательный» процесс. Хорошо это или плохо — решать вам.

Конечно, несложно отвлеченно рассуждать о процессах духовного воспитания. Но трудно руководствоваться только разумом, когда видишь пожилую женщину, протягивающую руку за подаянием. Наверняка у нее множество обид на жизнь и людей, она полна идеализаций, и Жизнь указывает ей на это через ее положение. Если ей сегодня не подадут люди, она может просто умереть от голода.

Если рассматривать нашу жизнь отвлеченно, как кратковременную экскурсию, то, возможно, это неплохой способ поскорее начать новую жизнь. Но чисто по-человечески не подать ей — это нехорошо. Здесь эмоции вступают в явное противоречие с логикой. Так что делайте выводы.

А мы пока подведем

Итоги

- *Каждый человек может самостоятельно определить, сколько «грехов» он накопил в прошлой жизни и насколько заполнен его «накопитель переживаний» сегодня.*

- *Уровень заполнения «накопителя переживаний», с которым человек приходит в этот мир, можно оценить по следующим показателям: страна и место рождения, семья, состояние здоровья младенца, наличие явно выраженных черт характера.*

- *Уровень текущего заполнения вашего «накопителя переживаний» можно оценить по тем «воспитательным» процессам, которые вы получаете от Жизни в последнее время.*

Глава 10
Способы духовного воспитания

Если сильно торопиться,
попадешь не вовремя и не туда.

Какие же способы использует Жизнь (или наш «смотритель»), чтобы вразумить наши заблудшие души, погрязшие в претензиях к окружающему миру или к себе.

На сегодня нам известны шесть способов, которые Жизнь применяет для нашего «воспитания».

• Первый способ духовного воспитания

Первый способ — вам не дается то, без чего вы не представляете себе жизнь. Примеров подобных «воспитательных» воздействий существует уже множество. Вы не представляете себе жизнь без семьи — с этим у вас наверняка будут большие проблемы. Вы не представляете себе семью без ребенка — очень даже вероятно, что его рождение отодвинется на неопределенный срок. Вы не позволяете своим планам нарушаться, без них вы не представляете свою жизнь — скорее всего, они не реализуются никогда и т. д.

Собственно, это даже не отдельный способ, а общий принцип нашего духовного воспитания: **нам не дается то, без чего мы не представляем себе жизнь. И мы все время получаем то, что явно или косвенно осуждаем.**

Но этот общий принцип можно разделить еще на пять отдельных способов нашего духовного воспитания.

• Второй способ духовного воспитания

Второй способ реализуется путем прямого столкновения с другим человеком, имеющим противоположную (или просто иную) систему ценностей.

Подобная процедура духовного «воспитания» достаточно активно ведется в семье, где супруги обычно имеют противоположные системы ценностей и поэтому являются «духовными воспитателями» друг для друга (хотя и не догадываются об этом). Если у родителей имеются идеализации в отношении детей, то последние будут просто вынуждены разрушать эти убеждения. Друзья и деловые партнеры разрушают системы ценностей друг друга и тем самым осуществляют «воспитательный» процесс. Начальники «воспитывают» подчиненных, подчиненные — начальников и т. д.

Казалось бы, зачем Жизни сводить вместе людей, которые придерживаются разных систем ценностей? Чтобы они пребывали в постоянном недовольстве и претензиях друг к другу? Конечно нет. Это делается для того, чтобы показать, что ни одна из ценностей не имеет особых преимуществ перед другой, все имеют равные права на существование (мы не берем в расчет крайние случаи, связанные с насилием над другими людьми, это не допускается). Речь идет о бытовых конфликтах, в которых люди несут значительно большие потери, чем в войнах и катастрофах.

Например, жена может считать, что муж должен быть добытчиком или хотя бы очень сексуальным, и никак иначе. В итоге она выходит замуж за мужчину, который твердо уверен, что мужчина создан для рыбалки (карт, песен под гитару) или науки, а все остальное должна делать женщина. Соответственно, деньги или секс (в варианте с наукой) ему будут «до фонаря», он будет жить своими увлечениями, искренне недоумевая, почему его жена бесится и все время попрекает его чем-то.

Чья жизнь будет счастливее по большому счету? Мужа, который все время думает о рыбалке или науке, или жены, которая все время тратит на мысли о том, какой урод ей достался?

Оказывается, Жизнь дала ей в любимые вовсе не урода и не просто так, а чтобы доказать ей, что ее система ценностей, в целом неплохих, не имеет никаких преимуществ перед его увлечениями. И пока она это не поймет, ее жизнь будет становиться все хуже и хуже, а его при позитивном настрое — лучше и лучше.

Все то же происходит в парах честный — нечестный, обязательный — необязательный, воспитанный — хам или истерик, добрый — злой, чистоплотный — грязнуля и т. д.

Жизнь сталкивает вместе людей с разными системами ценностей для того, чтобы они стали духовнее и перестали осуждать тех, кто не разделяет их убеждения. Ведь вы же не разделяете убеждения своего оппонента, почему же он должен разделять ваши?

Причем речь вовсе не идет о том, что вы должны становиться тем, кого вы осуждаете, вовсе нет. Нужно просто научиться не осуждать того, кто ведет себя не так, как вы хотите, и все.

Оставайтесь тем, кем вы хотите быть (честным, ответственным, чистюлей и пр.), с этим нет никаких проблем. Но допустите, что могут существовать люди, которые думают и живут по-иному, и это не повод для их переделки, особенно через осуждение. Не нравится — отойди, но не осуждай.

К сожалению, большинство усилий Жизни идет прахом, поскольку люди без конца погружаются в претензии к тому, что от них не зависит. Поэтому Жизнь снова и снова сводит их с людьми, которые доказывают ошибочность их убеждений.

• Третий способ духовного воспитания

Этот способ «воспитания» **реализуется путем постановки человека в ситуацию, в которой разрушаются очень значимые для него идеалы.**

Здесь уже трудно выявить, какой именно человек осуществляет «воспитательный» процесс. Скорее всего, их множество, и все вместе они неосознанно создают ситуацию, в которой разрушается ваша система ценностей. Например, идеализирующий деньги человек остается без них, и часто невозможно определить, по чьей вине возникла подобная ситуация. Он может стать частью коллектива разорившейся фирмы, или его личный бизнес рухнет под бременем налогов или колебаний рынка. Что-то произойдет, но конкретного виновника нет.

Зачем же нужно отбирать деньги у человека, их идеализирующего? В чем состоит суть такого «воспитательного» процесса? Как нам представляется, в том, что человеку на примере доказывается, что **в любой момент времени он живет в Раю**, а его недовольство своим положением является типичным ошибочным убеждением. Не верите? Давайте посмотрим, каким образом Жизнь доказывает нам это.

Допустим, вы зарабатываете две тысячи рублей в месяц, и вы недовольны своей жизнью. Да и чем быть довольным — другие-то зарабатывают по три, пять, а то и по сто тысяч. А почему вам нельзя?

В принципе, конечно, можно. Но для этого нужно не обижаться на свою жизнь, а искать реальные пути к увеличению доходов. Но вот если вы предпочли путь обид и осуждения других людей, то Жизнь в порядке «воспитания» сделает так, что вы станете получать только триста рублей (пособие).

Получая триста рублей, вы все равно будете жить, но прежние две тысячи уже могут представляться очень даже заманчивым доходом. Если вы не примете новой ситуации как урока и не попросите Жизнь простить вас за осуждения и обиды, то «воспитательный» процесс может продолжиться.

У вас отберут и эти триста рублей, а взамен вы получите полную нищету и легкий паралич, и вместо прежней позиции «добытчика» станете обузой для родственников. И вот теперь, лежа на «утке», вы будете вспоминать свою прежнюю жизнь, когда вы получали целых две тысячи рублей, были здоровы и при желании могли найти работу с большой зарплатой. Это был практически Рай по сравнению с нынешней ситуацией, не так ли? Ну а если вы жили в Раю, то почему вы обижались на свою жизнь?

Если в этом новом, совсем тяжелом положении человек сумеет осознать ошибочность своих убеждений и попросит прощения за свои обиды и осуждения, то ему будет позволено вернуться в прежнее состояние (с парой тысяч рублей в месяц). Если человек будет благодарен за это, то он сможет получить значительно больше — практически столько, сколько он сумеет принять без возникновения новых идеализаций.

Именно так происходит духовное «воспитание» при наличии идеализации денег (точнее, за недовольство количеством получаемых денег). Воспитание проходит очень огорчительно и больно, на взгляд «воспитуемого». И очень правильно, на взгляд «воспитателей».

Примерно так же происходит «воспитание» людей, идеализирующих власть, цели, карьеру, способности, контроль окружающего мира и т. д. «Воспитание» происходит через создание таких ситуаций в окружающем мире, когда ваши ценности оказываются разрушенными и вам на деле доказывается, что ваше отношение к жизни было ошибочным.

• Четвертый способ духовного воспитания

Способ «воспитания» человека **путем постановки его в ситуацию, в которой он сам вынужден совершать те поступки, за которые ранее осуждал или презирал других людей** (или даже самого себя).

Так бывает, когда вы осуждаете какого-то человека за глупость, неделовитость, недисциплинированность и другие нарушения норм морали, правил поведения в обществе или иных правил поведения, значимых для вас.

Вспомните, не было ли в вашей жизни случая, когда вы были недовольны и критиковали поведение другого человека. Например, за его опоздание на важную встречу или за несоответствующую случаю одежду. И не было ли несколько позже ситуации, когда вы по независящим от вас обстоятельствам сами опаздывали на важную встречу или не могли одеться соответственно ситуации?

Наверняка так бывало, но вы не связывали эти случаи между собой. Тем более что они могли быть разделены сроком от нескольких дней до нескольких месяцев (или даже лет). И обстоятельства, при которых вы нарушили свои же принципы, не зависели от вас. Так вам это кажется.

Но мы хотели бы вас уверить, что такие обстоятельства **были созданы именно для того, чтобы вы оказались в ситуации того человека, которого осуждали**, т. е. вы сами сформировали это событие, не подозревая об этом.

Приведем пример подобной невыдуманной ситуации.

Галина, 32 года, служащая московского банка, незамужем.

Однажды в субботу вечером на проспекте Калинина к ней обратился иностранец с просьбой помочь позвонить по телефону-автомату. Галина, хорошо знающая английский, разговорилась с ним и выяснила, что у него большие проблемы — его пластиковую карточку системы «VISA» почему-то заклинило в банкомате. Ситуация с карточкой прояснится только в следующий рабочий день — в понедельник, а ему нужно срочно оплатить какой-то контракт.

В итоге их разговора Галина привезла иностранца (бельгийца) к себе домой и отдала ему в долг имевшиеся у нее полторы тысячи долларов — до понедельника, когда решатся проблемы с его пластиковой карточкой. С тех пор прошел месяц, но ее новый знакомый не спешит отдавать деньги, хотя никаких накоплений у нее больше нет. Он не скрылся, с ним можно поговорить по мобильному телефону. Но у него постоянно находятся причины, по которым он не может отдать долг.

Галина уже много раз пожалела о своей отзывчивости. Ей трудно было понять, как могло случиться так, что она, вполне рациональный работник банка, привыкший проверять и просчитывать все свои шаги, совершила такой необдуманный поступок.

И лишь в ходе беседы она вспомнила, что за две недели до этого события она была в гостях у своей подруги. А ее подруга тоже пожалела малознакомого человека, попавшего в беду, и отдала ему в долг целых пятнадцать тысяч долларов — все сбережения ее родителей. И с возвратом долга возникли огромные проблемы.

Галина тогда долго и энергично критиковала свою подругу, совершившую необдуманный поступок. А теперь сама оказалась в этой же ситуации!

Этот пример похож на фантастику по своей иррациональности. Но это жизнь, и в случае необходимости она полностью выключает критику и заставляет людей совершать те же самые поступки, за которые они ранее осуждали других. Или осуждали самих себя.

Характерными проявлениями этого способа духовного «воспитания» является бесконечная борьба женщин со своим телом за уменьшение веса. Пока они осуждают свое тело за лишний вес, этот вес будет возвращаться вновь и вновь, невзирая на любые прилагаемые усилия.

Или другой распространенный вариант проявления этого процесса — бесконечные опоздания на работу с постоянными клятвами себе, что «с завтрашнего дня буду приходить только вовремя». Не можете принять себя, не вовремя пришедшего на работу, — получите себя с опозданиями снова и снова. И так будет продолжаться до тех пор, пока вы не устанете бороться с собой. Или просто решите, что это не вы опаздываете, а другие приходят не вовремя, раньше нужного срока. А раз вы не опаздываете, то и переживать незачем. С таким настроем вы легко сможете приходить и раньше обычного времени, т. е. как все.

Из всего сказанного следует простой вывод. Если вы оказались в ситуации, доставляющей вам большой дискомфорт из-за нарушения вами ваших же принципов и норм поведения, то **попробуйте понять, зачем вам дана эта ситуация**.

Вспомните, когда и кого вы осуждали за подобное поведение. Если вы это вспомните и мысленно попросите прощения за свое осуждение, то Жизни больше не нужно будет ставить вас в эту ситуацию.

А если вы не вспомните и посчитаете все случайностью (т. е. не снимете осуждения), то она может регулярно повторяться долгие годы. Вы будете все время опаздывать на важные встречи и негодовать на себя за это. Или будете постоянно одеты неподходящим образом в ответственных ситуациях. Или будете постоянно опаздывать на работу и ругать себя за это. Или будете иметь лишний вес, и все попытки избавиться от него будут бесплодными. Или будете иметь что-то еще, что будет доставлять вам дискомфорт и основания для осуждения самого себя.

Но это мы рассмотрели самый легкий вариант применения четвертого способа нашего духовного воспитания. В реальности он используется довольно часто и иногда в очень **неприятной форме конфликтных взаимоотношений детей и родителей**. Как это бывает?

Допустим, ваше детство было отравлено не очень благостным поведением родителей — они часто скандалили (и изредка даже дрались между собой). В результате у вас в душе затаилась обида на родителей. Для себя вы решаете, что в вашей семье такого **никогда не будет!** Вы их осуждаете. Значит, когда вы станете взрослым и создадите свою семью, **Жизнь заставит вас занять позицию ваших родителей**.

Вы можете стать беспричинно раздражительным и устраивать скандалы по поводу или без него. А если вы будете пытаться сохранить в силе данное себе в детстве обещание и не будете скандалить, то все окружающие люди будут провоцировать вас на это. Муж (или жена) будет закатывать истерики, дети, родственники или соседи будут вести самым гнусным образом, провоцируя вас немного поскандалить и занять ту позицию, которую вы в душе осуждаете.

И так будет продолжаться до тех пор, пока вы не снимете осуждение родителей и у ваших «воспитателей» не исчезнет необходимость применять к вам такие неприятные меры.

• Пятый способ духовного «воспитания»

Осуществляется путем создания ситуации, в которой реализуются те ошибочные убеждения, существующие в вас на подсознательном уровне.

Казалось бы, какое духовное «воспитание» возникает при реализации наших страхов или неосознаваемых негативных установок? Если подумать, то очень даже неплохое. Любой из рассматриваемых способов духовного «воспитания» преследует всего одну цель — **заставить нас думать и понять, что проблемы себе мы создаем сами**, придавая избыточное значение каким-то своим иллюзиям.

Понятно, что любая негативная программа или стереотип поведения тоже являются такой же иллюзией, которую мы бессознательно принимаем как руководство к действию.

В итоге, руководствуясь своими неосознаваемыми внутренними установками, мы сами загоняем себя в тупик, ведущий к необходимости задуматься о том, как мы оказались в такой сложной или нелепой ситуации. И эти размышления должны

5*

дать толчок к более осмысленному отношению к жизни, т. е. к тому, чего добивается наш «смотритель».

Понятно, что большинство людей даже в самых проблемных ситуациях все равно так и не начинают думать. Они либо бьются с Жизнью (правильнее — сами с собой) до последнего вздоха, либо погружаются в депрессию. Жизни остается лишь удивляться такому странному поведению существ, которые сами называют себя «разумными». Конечно, люди имеют полное право на любой, даже самый странный выбор, и Жизни приходится давать им свои несладкие уроки вновь и вновь.

Откуда берутся наши ошибочные внутренние установки и что с ними можно сделать, чтобы не стать объектом духовного воспитания, мы уже подробно рассматривали, поэтому не будем возвращаться к этой теме.

• Шестой способ духовного воспитания

Последний из выявленных на сегодня способов нашего духовного воспитания состоит в том, что **Жизнь принудительно вырывает человека из потока событий, которые привели к переполнению его «накопителя переживаний», и предоставляет ему время для размышлений на тему о том, правильно ли он относится к ней.** Обычно это делается путем инициации тяжелых болезней, разрушающих ошибочные убеждения, либо путем помещения в тюрьму.

Этот способ духовного воспитания используется, когда «смотрителю» не удается использовать предыдущие способы (например, когда вы осуждаете самого себя) или когда вы не реагируете на разрушение ваших ошибочных убеждений во внешнем (относительно вас) мире.

Такие заболевания носят «воспитательный» характер, и наличием признака подобного заболевания является **усиление ваших переживаний** при их возникновении.

Например, вы идеализируете свою способность контролировать близких (идеализация контроля) и постоянно опекаете их, испытывая беспокойство, когда они находятся вне зоны вашего контроля. И вдруг вы получаете заболевание, ограничивающее вашу подвижность, — теперь ваши возможности опекать близких сильно уменьшились, зато душевные страдания резко увеличились.

Этим ходом Жизнь доказывает вам, что ваши близкие могут прекрасно существовать и без вашей опеки, но вы не хотите понимать этот урок, а упираетесь в своих страхах и попытках все же осуществить свою контролирующую функцию.

Подобные заболевания носят явно «воспитательный» аспект, и бороться с ними средствами обычной медицины очень сложно – Жизнь не позволит вам выздороветь, пока вы не усвоили ее уроков.

На этом мы заканчиваем рассмотрение способов духовного «воспитания». В цедом они сводятся к одной простой формуле.

Ты получаешь то, что не принимаешь, и не получаешь того, без чего не представляешь себе жизнь.

• Скорость предъявления «воспитательных» процедур

Но остается еще один вопрос: как скоро наш «смотритель» предъявляет нам «воспитательную» процедуру после возникновения идеализации?

Как нам представляется, это зависит от уровня заполнения вашего «накопителя переживаний». Если в нем процентов 25—35, то «воспитание» начнется через день-два после проявления вашей идеализации.

Другое дело, если ваш сосуд заполнен процентов на 70 или больше. Вас уже давно и безуспешно «воспитывают», а вы не обращаете на это внимания. Значит, особой необходимости спешить с очередным «воспитательным» мероприятием нет.

Вы еще не поняли предыдущего урока, значит, не поймете и следующего. Зачем спешить, если вы так бестолковы? Мероприятие не отменяется, но откладывается на месяц—год—десятилетие.

Так что будьте уверены, на вашем счету все записано и рано или поздно будет предъявлено к оплате – пока вы не поумнеете. А когда это произойдет, зависит от вас же, от вашей способности усваивать преподанные уроки Жизни.

А теперь нам пора подвести

ИТОГИ

■ *Жизнь использует шесть способов разрушения наших избыточно значимых идей и убеждений.*

■ *Каждый из способов (или их совокупность) применяется Жизнью в зависимости от имеющегося набора идеализаций и иных обстоятельств.*

■ *Скорость предъявления «воспитательных» воздействий зависит от вашей способности реагировать на них, т. е. от заполнения вашего «накопителя переживаний».*

Глава 11
Волевой отказ от переживаний

Тот, кто не воспитывает себя сам,
подобен ослу, который идет туда, куда его гонят.
Скилеф

Теперь, когда мы поняли, что Жизнь применяет достаточно жесткие меры по разрушению наших идеализаций, то хотелось бы еще узнать, как можно от них избавиться. Поскольку эти самые процессы могут явиться непреодолимой преградой на пути к желанным целям. Ответ здесь прост: духовные «воспитательные» процессы возникают только при наличии идеализаций. Нет идеализаций — нет и процессов их разрушения. Это хорошая новость.

Но есть и еще одна новость, не столь радостная: людей без идеализаций практически не существует. Точнее, они, видимо, бывают. В горах, в диком лесу, в монастырях. В обычной жизни — очень редко. Мы все вырастаем в семьях, учимся в школе, общаемся со сверстниками и поневоле впитываем в себя различные идеи. Часть из них становятся для нас избыточно важными, и нам очень трудно от них отказаться, если не заниматься этим специально.

• Избавиться почти нельзя

Есть и еще одна не очень радостная новость: избавиться от идеализаций почти невозможно.

Как же быть, зачем вам нужно было читать так много предыдущих рассуждений, чтобы узнать, что избавиться от идеализаций нельзя? Значит, все напрасно, и мы обречены в этой жизни постоянно переживать и «воспитываться»?

К счастью, все обстоит не так плохо.

Действительно, избавиться от очень значимых для вас идей практически невозможно. Но **можно** сознательно **избавиться от негативных эмоций, когда значимая для вас идея как-то разрушается**. Тем самым эта очень значимая для вас **идея перестает быть идеализацией** и просто остается вашим идеалом, который вы позволяете нарушать, поскольку мир многообразен и не обязан быть таким, как вы его себе представляете.

• Не переживайте!

Из этого сложного рассуждения следует первый способ отказа от идеализаций. Он опирается на совсем простую идею:

заставьте себя не переживать, если что-то происходит не так, как вам бы хотелось!

Позвольте миру быть таким, каков он есть в реальности, а не в ваших иллюзиях! Вы не Творец этого мира, и не требуйте, чтобы все здесь происходило только по-вашему.

Например, вы сами очень честны и всегда переживаете, когда встречаете нечестность со стороны других людей. Мы предлагаем вам, оставаясь честным человеком, допустить, что мир многообразен и в нем зачем-то нужны нечестные люди. Например, чтобы дать урок духовного «воспитания» блюстителям честности.

Если вы приняли такое допущение, то теперь **вы не осуждаете нечестных людей**, а просто пытаетесь понять, почему они появляются в вашей жизни и какой урок хочет дать вам Жизнь этим событием. Тем самым честность из идеализации превратится просто в норму вашего поведения, и вы выйдете из-под духовных «воспитательных» процессов.

Это не очень просто, но если несложная мысль типа: «Если это имеет место, значит, это зачем-то нужно, и не мне судить, что и как должно происходить» — устойчиво поселится в вашей голове и вы попробуете ею руководствоваться, то она очень скоро даст положительные результаты.

• Откажитесь от идеализации

Первый и самый простой способ, с помощью которого можно выйти из-под процессов духовного «воспитания», заключается в **мысленном волевом отказе от переживаний при нарушении избыточно значимой для вас идеи.**

Осознав наличие у себя идеализации, вы мысленно говорите самому себе примерно следующие слова:

«Прости, Жизнь, что я придавал избыточное значение этому своему идеалу. Теперь я понимаю, что ты создала такой многообразный мир для того, чтобы доказать мне ошибочность моих убеждений.

Впредь я допускаю, что люди будут нарушать мои идеалы, но это — не повод для переживаний, а всего лишь повод для размышлений. Я буду с интересом наблюдать за этими людьми и пытаться понять, какой урок они дают мне. Видимо, во мне чего-то не хватает, и они являются моими учителями.

Я не буду вести себя так, как они, но и испытывать какие-то негативные эмоции по отношению к ним я тоже не буду, мне это незачем. Мир прекрасен своим разнообразием, и я рад этому!»

Чуть-чуть длинно, но полно. Вы можете как-то модернизировать эту мысль — главное, чтобы осталась ее суть: **вы не меняетесь сами, но позволяете другим людям не соответствовать вашим ожиданиям**.

Например, вы остаетесь честным во всем, но не впадаете в переживания, если кто-то обманул (или только пытается надуть) вас. Вы понимаете, что мир многообразен и не может состоять только из честных людей. Зачем-то в нем нужны и нечестные люди — например, кто-то же должен разрушать вашу идеализацию честности!

Подобный мысленный отказ от переживаний вы должны **проводить постоянно, не менее двух-трех месяцев**. Если вы будете делать это вполне искренне после каждого переживания, то **длительные негативные эмоции** навсегда могут уйти из вашей жизни. Останутся короткие переживания — ну и пусть, они будут разнообразить вашу жизнь.

Лучше, если вы будете проводить эту процедуру при заполнении Дневника самонаблюдений, который мы уже подробно рассматривали в главе «Как узнать свои идеализации». Если помните, там после каждого анализа предлагалось записать, что вы берете на себя обязательство впредь больше не переживать при возникновении подобной ситуации (в табличной форме Дневника).

Если вы перепишите в Дневнике такое обязательство раз сто, а то и больше (вместе с остальными позициями), то будете ловить себя на том, что вы начали испытывать эмоциональный негатив, уже через 5—10 секунд после его возникновения. А не через три часа (или трое суток), как обычно. А раз спохватитесь, то негатива не будет — вы просто не пустите его на волю!

Ваш разум укротит ненужные эмоции, и Жизни не придется давать вам свои нерадостные уроки. И ваш путь к желанным целям будет открыт!

Это только один способ отказа от длительных переживаний. Существует еще несколько. Так что если с волей у вас напряженка, постарайтесь подобрать себе что-то другое, более вам подходящее.

А мы пока подведем очередные

ИТОГИ

- *Избавиться от значимых для человека идей, с которыми он прожил всю свою сознательную жизнь, почти невозможно — это требует очень больших усилий.*
- *Но возможно сознательно отказаться от негативных переживаний, когда значимые для вас идеи кем-то нарушаются. Тем самым эта идея переходит из разряда идеализаций в раз-*

ряд обычных ценностей, которые Жизни не нужно исправлять с помощью «воспитательных» процессов.

■ *Отказ от идеализаций совсем не означает, что вы должны поступать так, как поступают осуждаемые вами люди. Вы продолжаете вести себя в соответствии со своей системой ценностей, но не испытываете сильных переживаний, когда другие люди руководствуются совсем иной системой ценностей.*

■ *Первым способом отказа от идеализаций является волевое подавление негативной эмоции в случае, когда значимая для вас идея как-то разрушается.*

Глава 12

Самопрограммируемся на позитив

Парадокс, но обмануть самого себя гораздо легче, чем самому себе поверить.

Вадим Зверев

Рассмотрим еще один прием отказа от идеализаций. Суть его состоит в следующем. Большинство наших переживаний сопровождаются характерными мыслями (обычно довольно гадкими). Когда мы рассматривали, какие бывают идеализации, то каждая из них комментировалась набором характерных мыслей и внутренних убеждений. Например, если ваше переживание сопровождается мыслями типа: «Никто не может заставить меня делать что-то против моей воли!», то мы говорим, что у вас имеется идеализация независимости. Если ваши переживания сопровождаются мыслями типа: «Я все время боюсь, что сделаю что-то не так!», то можно говорить о наличии у вас идеализации своего несовершенства, и т. д.

Идеализации проявляются как в длительных переживаниях, так и в характерных мыслях. Поэтому можно работать как с эмоциями, так и с характерными мыслями. Теперь давайте посмотрим, что же можно делать с характерными мыслями.

• Выявляем характерные мысли

Для начала, конечно, эту самую характерную негативную мысль нужно выявить и записать. Выявляется она путем самонаблюдения. Вы просто обращаете внимание на то, что вы обычно говорите (вслух или про себя) в моменты раздражения, гнева, уныния и прочих нерадостных переживаний. Обычно такие характерные мысли повторяются в голове независимо от нашего желания, вы просто не обращали раньше на них внимания. А теперь вам нужно уловить их и записать на бумагу, чтобы работать с ними.

Если таких характерных мыслей нет, а есть просто некоторое состояние, которое вам совсем не нравится, то попробуйте напрячь свой ум (смотрите, чтоб не перегрелся ненароком), и сформулируйте фразу, которая описывает ваше состояние. Может получиться что-то типа: «Все плохо. Меня все раздражает. Все ужасно. Я так больше не могу. За что мне все это?» и т. д.

Запишите для начала фразу, характеризующую ваше текущее состояние. Обычно за ней стоит недовольство какой-то ситуацией или конкретным человеком, и вы уже отчаялись что-то изменить.

Подумайте, что вы хотели изменить и у вас не получилось — отсюда следует уже следующая характерная мысль типа: «Я столько сил приложила, а все бесполезно. У меня ничего не получится». А она уже явно указывает на идеализацию контроля (или своего несовершенства).

Значит, есть с чем работать. Есть некоторая характерная фраза, выражающая ваше отношение к ситуации, и вы должны с ней что-то сделать, чтобы она больше не отравляла вашу жизнь.

Собственно, что можно и нужно делать с характерными мыслями, понятно из главы о работе с негативными программами. Характерные негативные мысли (а хороших мыслей при идеализациях обычно нет) есть своего рода внутренняя негативная установка, которую нужно заменить на противоположную, позитивную. Как это нужно делать, мы уже знаем. На всякий случай повторим правила работы при составлении и использовании позитивного утверждения.

• Рекомендации по составлению позитивных утверждений

Правила составления позитивных утверждений несложны, но, соблюдая их, вы максимально повышаете эффективность этого инструмента отказа от идеализаций.

1. Позитивное утверждение должно быть по **смыслу полностью противоположно негативной установке**, характерной для вашей идеализации.

2. Позитивное утверждение **не должно быть излишне длинным**. Составьте одно или два предложения из понятных и приятных вам слов.

3. Позитивные утверждения не должны содержать отрицаний.

4. Позитивное утверждение **всегда составляется по отношению к себе**, т. е. всегда используются местоимения: «я»,

«мне», «меня» и т. д. Меняетесь вы, а не окружающие люди или обстоятельства! Не пытайтесь программировать изменение других людей — они этого не желают, и у вас ничего не получится.

5. Позитивное утверждение должно быть «вашим», т. е. **оно должно быть вам приятно,** и его повторение должно вызывать у вас в душе хорошие чувства. Механическое повторение даже самой правильной, но непонятной или неприятной вам фразы не даст положительного эффекта.

Приведем примеры позитивных утверждений для тех характерных мыслей, которые указывают на наличие идеализации денег и идеализации своего несовершенства.

Идеализация денег

Характерные мысли	Позитивное утверждение
У меня всегда не хватает денег!	Я прекрасно распоряжаюсь своими деньгами, мне всегда хватает их. И с каждым днем становится все больше и больше!
Я обречен жить в нищете, ничто не может мне помочь!	Я сам хозяин своей жизни и легко получаю столько денег, сколько мне нужно!
Это ужасно — жить с такими доходами, как у меня.	Я хозяин своей жизни! Я сам создаю свою реальность! Я сумел создать себе бедность, теперь я играючи создаю себе богатство!
Мои доходы (зарплата) — это смешно. Это не деньги.	Я легко создаю себе тот уровень материального благополучия, который желаю. Я достоин богатства, я иду к нему уверенно и неумолимо.
Разве это деньги? Вот когда заработаю, тогда жизнь начнется...	Я наслаждаюсь каждой минутой своей реальности, я постоянно нахожу в ней новые возможности и легко использую их на пути к богатству.

Идеализация своего несовершенства

Характерные мысли	Позитивное утверждение
Я все время боюсь, что сделаю что-то не так!	Я — божественное создание, и все, что делаю, всегда правильно!
Я не имею права тратить время или силы на себя, я недостоин этого!	Я достоин любви и уважения уже фактом своего существования! Я люблю и ценю себя все больше и больше!

Продолжение таблицы

Характерные мысли	Позитивное утверждение
Это ужасно, если из-за меня кто-то страдает!	Каждый человек живет той жизнью, которую он создает себе сам. Я отвечаю только за себя!
Я не могу позволить себе не вернуть долг! Я сделаю это любой ценой!	Я позволяю себе быть несовершенным и легко принимаю реальность, в которой я не могу отдать долг в ближайшее время. Я живу для себя! Я иду по жизни легко и с удовольствием!
Я виновата в том, что не смогла вовремя помочь этому человеку! Я никогда не прощу себе этого!	Я позволяю жизни происходить и окружающим меня людям получать свои уроки. Я делаю, что могу, остальное люди творят себе сами. Я отвечаю только за свою жизнь и делаю это с удовольствием!
Мне не стоит даже пытаться, все равно ничего не получится!	Любые мои усилия дают прекрасный эффект! У меня все получается играючи! Я на волне удачи!
Я лучше потерплю или сделаю все сама, чем буду обременять людей своими просьбами.	Я имею полное право думать и заботиться о себе, поэтому я с удовольствием позволяю окружающим принять участие в решении моих вопросов.
Я боюсь показать результаты моего труда, вдруг меня будут ругать (не одобрят, покритикуют)!	Я знаю, что у меня все получается прекрасно! Я самодостаточен в своей любви к себе! Я с удовольствием делюсь с окружающими результатами своего труда!

Образцы позитивных утверждений для всех остальных идеализаций приведены в **Приложении 1**. Рекомендуем пользоваться ими каждый раз, когда вы обнаружите у себя очередную идеализацию, либо составить собственные, более близкие вам позитивные утверждения.

• Что делать с позитивным утверждением

После того как вы сформулировали позитивное утверждение, нужно сделать так, чтобы оно заместило прежнюю негативную программу в вашем подсознании. Тем самым у вас уменьшится значимость прежней ценности, она из разряда идеализаций перейдет в разряд просто важных для вас идей. Или заменится на совсем противоположную идею, т. е., например, вместо идеи о ваших недостатках появится идея о вашей самодостаточности для всего, что вы себе пожелаете.

Чтобы сделать такую замену в своем подсознании, потребуется приложить немало усилий. И чем дольше прежняя негативная установка находилась в вашем подсознании, тем сложнее будет ее оттуда удалить. Вам придется ее буквально выкорчевать оттуда, чтобы посадить на этом месте новое позитивное убеждение.

Конечным результатом такой работы должно быть **такое внутреннее состояние, при котором вы больше не впадаете в характерные для вас переживания.** Это значит, ваша идеализация покинула вас.

Если помните, возможны несколько вариантов работы с позитивными утверждениями.

• Переписываем много раз

Первый способ — перепишите от руки не менее 3000 раз все ваши позитивные утверждения (из правого столбца таблички). Переписывать можно не более ста раз в сутки, так что эта работа займет почти месяц. Вы должны быть максимально сосредоточены на содержании той фразы, которую будете переписывать, нельзя во время этого процесса отвлекаться и думать о чем-то другом.

• Мысленное повторение

Второй способ — заучить позитивные утверждения (или переписать их на маленький листок и носить с собой) и мысленно повторять их — как мантру или молитву. Общее время повторений — от 3 до 10 часов суммарно.

Чтобы не забыть свое позитивное утверждение, сделайте себе какую-нибудь «напоминалку» о вашем намерении не впадать в переживания.

Это может быть запись в вашем органайзере или в ежедневнике — переписывайте ее на каждую неделю заново. Это может быть надпись на вашем кошельке или на приборной доске вашего автомобиля. Это может быть надпись на заставке компьютера. Годится любой способ, который без напряжения будет напоминать вам о вашем решении, что «Любые мои усилия дают прекрасный эффект! У меня все получается играючи! Я на волне удачи!». Или о чем-то подобном, но столь же жизнерадостном и полезном для вас.

Этот способ достаточно эффективен, но требует некоторого времени и определенных усилий. Если он вам совсем не подойдет, попробуйте что-то другое.

А нам уже пора перейти к выводам.

ИТОГИ

■ *Для отказа от идеализаций можно работать не только с негативными эмоциями, но с теми характерными мыслями, которые сопровождают ваши переживания.*

■ *Для отказа от идеализации достаточно заменить характерную негативную мысль на противоположное ей позитивное утверждение.*

■ *Правила составления позитивного утверждения довольно просты — оно должно быть противоположно по смыслу вашей характерной негативной мысли. В нем должно говориться о вас, оно должно быть позитивным и приятным для вас по форме.*

■ *Для замены характерной негативной мысли нужно приложить усилия для замещения в своем подсознании характерной негативной мысли на новое позитивное утверждение.*

Глава 13
Наступаем на идеализацию

Не страшно, если вас оставили в дураках,
хуже, если вам там понравилось.
Владимир Туровский

Следующий прием, позволяющий отказаться от идеализации, — это не только позволить другим людям нарушать ваши идеалы, но и **самому сделать что-то, что вы раньше считали недопустимым**. Это, конечно, сложно, но если вы примените волю и сознательно нарушите свои идеалы, то идеализация очень быстро перестанет пополнять ваш «сосуд» новыми переживаниями.

Что конкретно нужно сделать? **То, за что вы осуждали других людей, считая это недопустимым.**

Например, вы идеализируете общественное мнение и очень боитесь сделать что-то, за что люди могут вас осудить. Для отказа от идеализации вы должны с удовольствием сделать что-то, что наверняка явится предметом пересудов. Причем сделать не с внутренним содроганием и самоосуждением, а легко, с удовольствием. Одеться неподобающим образом, высказать свое личное мнение, противоречащее другим, совершить экстравагантный поступок и т. п.

Конечно, люди станут осуждать или просто обсуждать вас. Ну и пусть, позвольте им говорить все, что угодно! «На чужой роток не накинешь платок» — говорит нам народная мудрость.

Надо же им о чем-то говорить, доставьте им такое удовольствие! Вы много лет пытались строить свою жизнь так, чтобы они не смогли сказать что-то про вас. А теперь вы хотите жить не для них, а для себя! И начинаете это достаточно резко, сразу став центром внимания. Один, два, три резких поступка, и они примут вас в новом облике, т. е. перестанут говорить о вас и станут искать новые темы. А если и не перестанут, так вы позволяете им быть несовершенными! Мир многообразен, и в нем должно быть место сплетням и пересудам.

Вы это понимаете и не испытываете переживаний, когда предметом пересудов являетесь именно вы. И чем более резкое движение вы сделаете, тем нелепее вам будут казаться ваши прежние переживания: стоило ли так переживать по пустякам?

Человеком с идеализацией общественного мнения очень легко манипулировать, т. е. заставлять его делать то, что требуется манипулятору. Сделать это просто. Нужно всего лишь сказать: «Как тебе не стыдно! Что о тебе люди скажут!» — и он тут же побежит делать то, что вы ему укажете, лишь бы не допустить, чтобы какие-то мифические люди о нем подумали плохо.

Припомните, пользуетесь ли вы сами этим приемом манипуляции окружающими людьми? Или сами являетесь предметом управления против своей воли, опасаясь каких-то пересудов? Может быть, стоит начать жить более осознанно и перестать быть объектом манипуляций. И для начала сделать то самое, чем вас все время пугали, — наступить на свою неосознаваемую ценность?

Если вы патологически честны и осуждали нечестных людей, то попробуйте с удовольствием соврать разочек-другой. Или даже украдите что-то простенькое (авторучку, скрепку и т. п.) у своего знакомого. Но только легко, с удовольствием, без самоосуждения! Потом вам не нужно будет это делать — ведь вы честный человек и им останетесь. Но у вас не будет оснований осуждать нечестных — ведь вы сами когда-то совершили что-то подобное.

Надеемся, вы понимаете, что **мы не призываем изменить вашу систему ценностей на противоположную и вместо честного человека стать лжецом или вором, вовсе нет!**

Просто мы предлагаем вам разочек-другой попробовать то, что вы считаете недопустимым. Тогда вам значительно легче будет допускать, что другие люди могут мыслить и поступать как-то иначе.

Приведем пример использования этого приема для отказа от идеализации. За консультацией обратилась женщина с идеализацией своей красоты и общественного мнения. Идеализации выражались в том, что она не могла выйти из квартиры (даже чтобы вынести мусорное ведро до мусоропровода на лестничной площадке), не проведя один-два часа перед зеркалом, приводя в порядок свой наряд и прическу. Такое вынужденное внимание к своей внешности доставляло ей немало хлопот и переживаний.

Мы порекомендовали ей одеться как можно проще, растрепать прическу, испачкать лицо сажей и в таком виде сходить в магазин. Первая ее реакция: «Это невозможно, я умру от переживаний!», — но потом она успокоилась и усилием воли заставила себя провести эту процедуру (естественно, без удовольствия). Оказалось, что никто из людей даже не обратил на нее внимания, а ведь она так этого боялась! Но зато потом выносить мусорное ведро или ходить в магазин стало значительно легче и не требовало таких больших затрат времени на приведение себя в порядок.

Конечно, не все идеализации можно разрушить так легко и быстро, для некоторых трудно подобрать соответствующие поступки (например, при идеализации жизни, вызванной переживаниями по поводу умершего родственника, непонятно, что можно сделать — не умирать же самому!). Но если вы знаете, что какой-то поступок для вас категорически недопустим, и вы вовсю осуждаете за него других людей, то попробуйте сделать что-то из недопустимого! Немного ругнитесь — при идеализации отношений. Опоздайте на ответственную встречу — при избыточной ответственности. Купите себе очень дорогую безделушку — при идеализации денег. Сделайте очевидную глупость — при идеализации разумности. Если вы испытываете огромные стрессы при каждом выступлении (идеализация своего несовершенства в форме желания делать все только лучшим образом, и никак иначе), то специально сделайте что-то, что сейчас воспринимается вами как катастрофа (например, опрокиньте стул или стакан с водой), и потом само выступление пройдет гладко и с большим интересом со стороны публики. И т. д.

И вы увидите, что, скорее всего, острота ваших нынешних переживаний померкнет, а ваш «сосуд» станет пополняться переживаниями значительно медленнее.

Если же совершение подобных поступков для вас абсолютно недопустимо, можем порекомендовать еще один способ — обсмеять свои переживания.

ИТОГИ〰〰〰〰〰〰〰〰〰〰〰〰〰

■ *Еще один прием отказа от идеализаций предлагает вам самому сделать что-то, что вы раньше считали недопустимым и за что вы осуждали других людей.*

■ *При этом вам не нужно менять свою систему ценностей и становиться таким же как тот, кого вы осуждали. Вы остаетесь при своей системе ценностей, но перестаете осуждать других людей, поскольку вы как бы влились в их ряды, и теперь у вас нет оснований делить их на «правильных» и «неправильных».*

Глава 14
Обсмеем свои переживания

Мир уцелел, потому что смеялся над теми, кто не уцелел, потому что посмеивался!

Владимир Туровский

Следующий способ отказа от идеализации очень прост. Надо всего лишь посмеяться над собой и той ролью, которую вы играете в цирке жизни. Такой подход позволит вам с юмором отнестись к любой ситуации, которую раньше вы могли воспринимать как ужасную или безвыходную. А раз вы начнете улыбаться, то ваша идеализация тут же перестанет существовать.

Все вместе это называется: занять жизненную позицию «Жизнь есть цирк». О других жизненных позициях мы поговорим во второй части книги, а сейчас рассмотрим только эту.

Занять ее несложно. Вам нужно представить, что все люди есть своего рода клоуны в цирке жизни. И чем больше вы нервничаете и переживаете, тем более искренне вы играете свою роль в этом цирке. Не надоело ли быть клоуном?

Название этой позиции напоминает нам известное изречение: «Жизнь есть театр». Можно было бы сказать и так, но мы намеренно **усилили критический аспект** этой жизненной позиции. Стать артистом в театре для многих может показаться привлекательным. А вот как насчет клоуна в цирке? А ведь наша жизнь – это далеко не театр. Это сплошной **цирк, и мы в роли главных клоунов**. Многие люди, не понимая этого, обижаются то на одно, то на другое.

Жизнь есть представление на арене

Для того чтобы перестать испытывать сильный эмоциональный негатив, нужно внутренне принять, что **все происходящее в жизни есть клоунада на арене цирка**. Люди — клоуны, и каждый кривляется в ней по-своему. Причем чем больше эмоций и азарта человек проявляет в повседневной жизни, негодуя или поучая окружающих, обижаясь или ввязываясь в конфликты, тем выше его профессиональный уровень как клоуна. Хотя на арене есть не только клоуны, но и иллюзионисты — у них все исчезает неизвестно куда и возникает неизвестно откуда.

Здесь можно встретить силовиков, которые идут напролом и добиваются всего силой — пока им не встретится кто-то покруче. Есть жонглеры, укротители, борцы, спортсмены и т. д. А вы самый заметный участник представления — клоун!

• Позиция зрителя

Вся полноценная и эмоциональная жизнь протекает на арене. До сих пор вы были активным участником этого представления.

А теперь мы предлагаем вам **уйти с арены на зрительские трибуны и со стороны наблюдать за происходящим, не включаясь в представление**.

Вы можете смеяться или сочувствовать происходящему, но вы **отстранены от действия**, это все — не ваше.

Такая позиция позволяет не «зацепляться» ни за какие прежде очень значимые для вас ценности — вы всего лишь наблюдатель. Но находиться среди зрителей на трибуне — это ваш сознательный выбор.

Если сочтете нужным поучаствовать в каком-то «представлении» (любовь, должностной рост, большая зарплата и т. п.), вы можете смело спуститься на арену и принять активное участие в текущих делах, добиваясь своей цели.

Поиграйте в «Жизнь есть игра» (об этой позиции мы расскажем позже). Когда цель будет достигнута, возвращайтесь на трибуны. **И не позволяйте никому принудительно стаскивать вас на арену** и включать в какое-то представление.

• Примерьте свой (!!!) колпак

Очень важно понимать, что **если вы чем-то недовольны, с кем-то ругаетесь или кого-то осуждаете, то вы — уже клоун, находитесь на арене** и участвуете в общем представлении. У вас на голове колпак с колокольцами и с яркой надписью, где указана роль, которую вы исполняете в цирке жизни. А роли бывают самые разные, например следующие.

«Жертва негодяя», **«Жена козла»** — это колпаки для жен, с упоением рассказывающих окружающим о том, какой монстр или негодяй их муж.

«Учу всех жить», **«Домашний террорист»**, **«Суперконтролер»**, **«Дышать по моей команде»** — для людей, любящих «строить» своих близких и без конца вмешиваться в их жизнь со своими поучениями или замечаниями.

«Великий мученик», **«Самодвижущееся несчастье»** — для человека, который избрал своей профессией мученичество и с упоением рассказывает всем, как ему плохо.

«Один умный в стране дураков», **«Дебилы кругом»** — для человека с идеализацией способностей, которого раздражают окружающие его «тупые» люди».

«Мученик перестройки», **«Неоцененный бездарностями талант»**, **«Интеллектуал в стране дебилов»** — для обиженного на жизнь ученого или инженера.

«Себя — взад!», **«Не дрыгайся, все равно обслужу»** — колпаки для людей, которые все делают для других, на себя времени у них обычно не остается.

«Халява, плиз!», **«Все я делаю за так, потому что я му...ак»** — для лиц с идеализацией своего несовершенства, которые не могут назначить достойную цену за свой труд и потом переживают по этому поводу.

«Жилетка для всеобщего плача» — понятно без комментариев.

«Инвалид семейного фронта» — для лиц, несущих серьезные потери в борьбе с партнером по семейной жизни.

«Тотально озабоченная», **«Хочу секса»** — для лиц, переживающих по поводу ограничений с сексом.

«Жертва нерадивого подчиненного» — колпак для руководителя, который постоянно переживает, что его подчиненные не выполняют его заданий.

«Жертва бешеной мамаши», **«Помогите сбежать замуж»** — колпаки для девушек, страдающих от контроля своих матерей.

«Климакс в полете», «Никак не кончу» —для людей, берущихся за множество дел, но не доводящих эти дела до конца.

«Живу в промежности» — для человека, который никак не может определиться, где или с кем ему жить, на какой из работ остановиться и т. д.

«Пролежень с амбициями» — для ленивых людей, любящих поваляться в кровати, но осуждающих себя за это и внутренне претендующих на большое признание.

Это только некоторые из колпаков, которые уже придумали для себя другие люди. Вам нужно придумать себе свой собственный колпак, чтобы обсмеять свои переживания.

Чем более смешным и циничным будет название той роли, которую вы играете в цирке жизни, тем быстрее и легче вам будет расстаться с нею.

Придумывая себе клоунскую роль, нужно как бы отстраниться от своих переживаний, взглянуть на них со стороны. Стать как бы посторонним человеком, которому смешны все ваши эмоциональные судороги, поскольку он не включен в процесс и может судить обо всем только по внешним формам его проявления.

Если вы сумеете так посмотреть на себя и придумать смешное название вашей роли, то ваши переживания резко обесценятся. Вам станет смешным то, что прежде казалось ужасным или неразрешимым.

А раз вы начнете улыбаться, то Жизнь тут же придет вам на помощь и ваша ситуация разрешится как бы сама собой. Жизнь любит улыбающихся и всегда готова помочь им.

И наоборот, пока у вас на лице будет написано «у меня огромная проблема», Жизнь вынуждена будет исполнять это ваше пожелание. А вам это надо?

И, кстати, не забывайте, что колпаки нужно придумывать **только для себя**, а не для других людей!

Самое интересное во всем этом то, что подавляющее большинство людей с упоением играет свою роль в цирке жизни, **не имея перед собой никакой реальной цели!** Собственно, само участие в этом клоунском процессе для многих и есть их жизнь. И люди даже не могут себе представить, что можно жить как-то иначе, не вступая ежеминутно в бессмысленную борьбу за несуществующие цели. Попробуйте сделать это!

• Что значит быть на трибуне

Находиться на зрительской трибуне совсем **не означает, что вы должны только созерцать и ничего не делать**. Вовсе нет. Вы выполняете все положенные правила поведения — ходите на службу, составляете планы работы и исполняете их, готовите бумаги, проводите переговоры, ругаетесь с поставщиками или партнерами, объясняетесь в любви и т. д.

Но **все это вы делаете отстраненно, не включаясь избыточно эмоционально в происходящие события**, как бы наблюдая со стороны за происходящим. Такая позиция позволит вам не «зацепляться» ни за какие события и не добавлять в ваш «накопитель» новых переживаний.

Приведем пример такого поведения. Пусть вы — руководитель маленького отдела, и вам нужно закупить определенный товар к некоторому сроку (например, специальную мастику для ремонта помещения заказчика). Но неожиданно выясняется, что в силу не зависящих от вас обстоятельств в нужный срок это задание выполнено быть не может. Например, мастику нужного сорта поставщик запустит в производство только через месяц, а все предыдущие запасы распроданы.

В такой ситуации как раз и можно определить, где вы пребываете — на арене или на зрительской трибуне. Если вы переживаете, ругаетесь или плачетесь окружающим о своих проблемах, то вы — на арене. Ведь реально ни переживаниями, ни плачем ситуацию изменить нельзя.

В любом случае нужно ждать, и вы можете либо воспринять это как данную вам объективную реальность и спокойно ожидать реализации нужного события, наблюдая за окружающей жизнью. Либо вы будете ждать этого же события, но при этом станете переживать, конфликтовать или даже пить успокоительные таблетки, т. е. активно участвовать в представлении на арене. С колпаком типа: «Нет счастья без мастики» или «Жертва мастичного заговора».

• Иногда нужно подыграть окружающим

Что интересно, иногда человеку приходится помимо своего желания все же участвовать в цирковом представлении, иначе у него могут возникнуть нежелательные сложности.

Приведем пример такой ситуации. Наталья работает в небольшой организации, в которой все сотрудники — женщины, а руководит ею мужчина. Руководит он не очень хорошо, допуская ряд ошибок, но более высокое руководство предпочитает не замечать этого — они тоже мужчины и им приятнее общаться с ним. Поэтому основной темой неформальных бесед женского коллектива является обсуждение (точнее — осуждение) поступков своего начальника. Наталья тоже принимала активное участие в этом представлении, накапливая переживания с вытекающими из этого последствиями в виде «воспитательных» процессов со стороны Жизни.

После прочтения книг и прохождения наших тренингов ей стало неинтересно это занятие, и она перестала участвовать в общем представлении. Но тем самым она выпала из коллектива, коллеги стали сторониться ее и даже начали выживать с работы. Клоунам не понравилось, что кто-то выпал из их дружной компании, и они почти нашли себе нового врага.

А работа Наталье очень нравилась, и она не хотела уходить оттуда. В итоге ей пришлось снова влиться в компанию клоунов, т. е. начать ругать своего начальника вместе с другими. Правда, теперь она стала только играть роль «клоуна», не осуждая своего начальника в душе и не накапливая новых переживаний, а как бы посмеиваясь над своей новой ролью.

Она внешне вернулась в коллектив, и коллеги престали выживать ее с работы.

• Выход из позиции «глухой» защиты

Мы хотели бы особо подчеркнуть, что **позиция «Жизнь есть цирк» сильно отличается от позиции «глухой» защиты** от нападок другого человека, которую рекомендуют принимать психологи в сложных жизненных ситуациях.

В принципе уйти в «глухую» защиту, т. е. перестать реагировать на любые претензии, нападки или оскорбления, человек может и без всяких психологов. Так бывает в семьях, когда один из супругов обладает повышенной властностью и постоянно поучает другого супруга, что ему делать и как жить (колпак «Учу всех жить»). Если эти поучения высказываются в высокоэмоциональной или оскорбительной форме, то реакция на них может быть разная. Типичная — дать ответ в том же духе, но это не всегда заканчивается миром.

А иногда второй супруг запивает или **уходит в «глухую» эмоциональную и ментальную защиту**, т. е. перестает реагировать на все претензии, нападки или оскорбления. Это очень похоже на предложенную нами позицию «Жизнь есть цирк», но здесь имеются свои особенности.

В такой защитной позиции **очень важно, что реально происходит у человека на душе**. Если он действительно **сумел полностью закрыться** и, не реагируя внешне на все претензии и нападки, внутри себя мысленно посмеивается со словами: «Мели Емеля, твоя неделя», то все замечательно. Обиды на жизнь нет, «накопитель переживаний» не пополняется.

Но чаще бывает не так. В одних случаях нападающему периодически удается находить все новые тонкие места (идеализации) и пробивать защиту. В итоге — вспышка эмоций, претензии, крики и т. д. Как вы понимаете, «накопитель переживаний» при этом не остается на прежнем уровне.

Другой вариант — человек закрылся и не реагирует ни на какие словесные нападки. Внешне он даже может выглядеть как совершенно бесчувственное бревно. Но при этом **внутри у него кипит буря эмоций**, его ум напряженно строит множество моделей, как бы он ответил на все претензии — если бы захотел, конечно. Этот вариант защиты, к сожалению, говорит о явном **наличии идеализаций** — отношений, разумности или каких-то еще. Поэтому, невзирая на все внешние проблемы, его собственный «смотритель» в порядке «воспитания» будет добавлять еще проблем внутренних.

С большой долей вероятности такая защита приведет к появлению перепадов давления, сердечно-сосудистым заболеваниям, а то и к чему похуже. Человек оказывается в полном капкане — и снаружи одни скандалы, и внутри куча заболеваний. Похоже, что это прямой путь к досрочному прекращению экскурсии на Землю.

Как же быть, есть ли выход из такого положения? Как нам представляется, человеку, умеющему уходить в «глухую» защиту, очень хорошо может подойти позиция «Жизнь есть цирк». Его место — на зрительских трибунах. Но нужно обязательно понять, что, когда вы даже не внешне, а только **внутри себя даете волю эмоциям, то вы — на арене цирка**, где кривляетесь вместе со всеми остальными клоунами.

Поэтому постарайтесь оставаться все время в зрительном зале, наблюдая издалека, что происходит на арене цирка, где ваш властный партнер играет роль тотального контролера или доморощенного императора.

Конечно, он будет всячески стараться затащить вас на арену, чтобы и вы приняли участие в представлении. Ему так одиноко без вас. Он будет искать все новые способы, чтобы вы не остались скучать на зрительских трибунах в одиночестве.

Ваша задача — не позволить затащить вас на арену. Вы можете даже представить себе, что **этот человек постоянно держит в руках аркан**. Стоит вам чуть-чуть зазеваться, как он тут же набросит аркан на вас и стащит к себе на арену. Вы можете брыкаться, как необъезженная кобылица, но от аркана никуда не денешься. Если уж вас зацепили, то обязательно стащат на арену и заставят кривляться вместе со всеми.

Поэтому ваша задача при встрече (или даже разговоре с этим человеком по телефону) – **не забывать об аркане** и не позволить набросить его на вас. Это не так уж сложно.

Например, представьте себе, что ваш оппонент все время носит на шее свернутый аркан (или лассо). И как только он вас видит (или хотя бы слышит), то сейчас же берет аркан в руку и начинает им размахивать, стараясь накинуть вам на шею, как одичавшей, отбившейся от стада лошади. Ваша задача при этом – **не дать вас заарканить**. Если вы мысленно свяжете такую картинку с вашим оппонентом, то у него ничего не выйдет – вы будете оставаться спокойным и внутренне насмешливым в любой ситуации.

Эффект от такого приема будет замечательный – вы все время будете оставаться зрителем, и ваш «накопитель переживаний» не будет пополняться.

А мы пока подведем

ИТОГИ

- *Еще один прием отказа от идеализации заключается в том, что вы сами обсмеиваете самого себя со всеми вашими переживаниями.*
- *Для этого вам нужно занять жизненную позицию «Жизнь есть цирк», т. е. внутренне принять, что все происходящее в жизни есть клоунада на арене цирка, а вы в роли главного клоуна.*
- *Затем вам нужно придумать смешное название той роли, которую вы играете в этом цирке. Чем смешнее и циничнее будет название вашей роли, тем быстрее вы перестанете испытывать эмоциональный негатив и заполнять свой «накопитель переживаний».*
- *В рамках предлагаемой жизненной позиции это будет означать, что окружающие вас люди с азартом участвуют в цирковом представлении, а вы сидите на зрительских трибунах и наблюдаете за ними.*
- *Эта позиция отличается от применяемой интуитивно позиции «глухой» защиты тем, что человек даже внутренне не переживает и не реагирует на внешние воздействия.*
- *Позиция обсмеивания позволяет изменить отношение к ситуации, которая прежде казалась вам ужасной и неразрешимой. Если вы сумели посмотреть на нее со стороны и придумать смешное название своей дурацкой роли, то ситуация разрешится как бы сама собой.*

Глава 15

Поменяем стандарты

В повседневной жизни люди друг на друга влияют беспорядочно, бесцельно и бессмысленно и плодами своего влияния почти не пользуются.

Следующий прием отказа от идеализаций предлагает нам пересмотреть стандарты, порождающие наши претензии к окружающим людям. Этот прием рекомендуется применять только в тех случаях, когда люди не учитывают происходящие с ними естественные изменения, зависая на прежних воспоминаниях и не принимая жизнь в ее новой реальности. Что здесь имеется в виду? То, что со временем люди меняются и внутренне, и внешне. А готовы ли вы принять практически нового человека, который оказался возле вас после 5—10—20 лет совместного проживания? К сожалению, это получается далеко не у всех.

Многие не готовы оставаться спокойными, когда отец из уверенного в себе и энергичного мужчины превращается в вечно раздраженного пенсионера. Муж не готов вместо веселой жены-хохотушки видеть постоянно раздраженную заботами и болезнями жену. Жена не готова вместо бравого молодца принять мужа с его бесконечным пивом и друзьями. Родители не готовы вместо послушных детей принять самостоятельно мыслящих мужчин или женщин и т. д.

Мы судорожно цепляемся за прежние образы и не готовы принять реальность во всей ее красе. Прежние образы заслоняют новую реальность и порождают претензии к ней, поскольку она не совпадает с тем, что мы привыкли видеть ранее. Можно ли с этим что-то сделать?

Понятно, что с объективной реальностью — с весом жены или любовью мужа к компьютеру — сделать ничего нельзя. Остается только научиться принимать это как не зависящие от нас «обстоятельства непреодолимой силы» — вроде урагана, сильных морозов и других явлений природы, с которыми мы даже не пытаемся бороться, хотя и они порой не устраивают нас.

Как научиться спокойно относиться к партнеру по браку, если в нем происходят не устраивающие вас изменения? Попробуйте использовать следующий подход [5].

• Примите новый стандарт

Для начала нужно принять, что то видение окружающих людей, из которого вы исходите, было нормальным (стандартным) некоторое время назад — когда вы только встретились, когда вы были молоды или при иных обстоятельствах, но много лет назад!

Прошли годы, и многое изменилось. А вы по-прежнему исходите из прошлого видения ситуации, из прошлого стандарта. У всех нас имеется множество устаревших стандартов, при нарушении которых мы впадаем в переживания,

Вместо того, чтобы принять реальность как новый стандарт и начать жить в новых условиях.

Например, у большинства женщин есть стандарт, вынесенный из ранней юности: мужчина — это стройный, сильный, заботливый, преуспевающий субъект, ставящий интересы любимой превыше всего. Такой стандарт вполне годится на стадии поиска любимого — это своего рода идеал, который девушка заявляет Жизни, и она помогает ей найти что-то похожее.

Но уже лет через 10—15 его явно нужно менять на новый: **мужчина — это лысое морщинистое** (вариант — заросшее волосами) **существо с большим животом, постоянно озабоченное тем, где бы ему выпить и с кем бы переспать**.

Это стандарт, т. е. подавляющее большинство мужчин после 40 лет попадают под это определение. Если ваш муж такой — примите это как неизбежность и перестаньте расстраиваться по этому поводу. Смените стандарт. А если он чуть лучше стандарта, т. е. не очень лыс или толст, то вам остается только тихо радоваться и благодарить Жизнь за то, что она послала вам такое совершенное создание.

Подобные изменения в стандартах можно порекомендовать и мужчинам. Например, у большинства мужчин в голове закрепился стандарт, что женщина — это стройное, изящное и миролюбивое существо, которое смотрит на мужчину восторженными глазами и всегда хочет секса. И это независимо от возраста женщины.

Где мужчины видят этот стандарт? Возможно, у своей любимой в ранней юности, а потом только в художественных фильмах, глянцевых журналах и рекламных роликах. Именно кинофильмы навевают те самые грезы, которые не дают потом мужчинам покоя. После двадцати лет стройными остаются только киноартистки, фотомодели и редкие женщины, имеющие возможность и желание следить за своим телом.

Все остальные женщины не такие. В большинстве случаев **женщина — это округлое существо, постоянно усталое, больное и требующее денег**. Именно такой стандарт рекомендуется принять мужчинам после 5—10 лет семейной жизни, и тогда у них не будет никаких проблем со своей любимой. Они перестанут предъявлять женам свои дурацкие претензии, поскольку годы и семейные хлопоты (от которых мужчины не смогли уберечь своих любимых) наложили на них свой отпечаток. А если любимая чуть лучше приведенного выше стандарта, так тут остается опять же тихо радоваться и благодарить Жизнь за ее подарок!

Вы думаете, все эти рассуждения шутка? Вовсе нет. В новых стандартах мы указали типичные черты большинства **реальных мужчин и женщин**, особенно в возрасте после 40 лет. Конечно, в каждом конкретном случае возможна корректировка стандарта с учетом особенностей конкретного человека, но идея остается та же.

Если вы не собираетесь разводиться, то вместо претензий к любимому смените свои ожидания. Примите новую реальность как новый стандарт и живите, исходя из него. А не из своих устаревших представлений о том, как должен выглядеть или вести себя ваш партнер по браку.

● **Меняйте стандарты в других ситуациях**

Этот прием смены стандартов можно использовать не только для того, чтобы снять претензии к мужу или жене из-за произошедших в них изменений. Возможности этого приема значительно шире.

Например, несколько лет назад вы вместе с партнером (друзьями, коллегами) начинали какое-то дело, горели энтузиазмом и проводили за работой дни и ночи. Прошли годы, и многое изменилось. Возможно, вы так и остались живчиком, готовым круглые сутки носиться по разным делам. А ваш партнер обрюзг, обзавелся семьей и гастритом и не готов тратить на дела столько сил и времени, как вы. Вы испытываете по этому поводу немалое раздражение, предъявляя партнеру претензии по поводу его лени и эгоизма. Чтобы не накапливать эмоционального негатива, смените стандарт.

Исходите из того, что нормальный партнер — это ленивый, бестолковый и озабоченный только личными делами человек. Ваш партнер такой — это нормально, все такие. Он немного лучше — радуйтесь, вам крупно повезло, вы нашли что-то исключительное!

Другой случай. В студенческие годы вы проходили стажировку на неком предприятии, и вам очень понравилась атмосфера в том коллективе. Между начальником и подчиненными существовали дружеские отношения, все важные вопросы обсуждались, никто никогда не повышал голоса и т. д.

Теперь вы взрослый человек и работаете на другом предприятии, где существуют совсем другие отношения. Например, нынешний руководитель довольно раздражителен и амбициозен, не доверяет сотрудникам и имеет о них невысокое мнение. Понятно, что такие отношения между руководителем и подчиненными довольно сильно раздражают вас и являются основаниями для идеализации отношений. Как отказаться от этой идеализации?

Смените стандарт. Примите, что стандартный руководитель — это малограмотный, амбициозный, недалекий, истеричный и сексуально озабоченный человек. Ваш руководитель именно такой — это нормально, все такие. Он чуть-чуть лучше стандарта — считайте, что вам крупно повезло, есть все основания горячо поблагодарить Жизнь за такой подарок!

Этот же прием можно применить, если вас не устраивают отношения между сотрудникам в коллективе. Вы считаете, что отношения должны быть только теплыми и доверительными? Вы о таких читали в книжке или видели по телевизору? Смените стандарт!

Нормальные отношения в коллективе — это когда сотрудники все время «стучат» руководству, подсиживают, делают мелкие пакости или крупные неприятности друг другу. В вашем коллективе все обстоит именно так — успокойтесь, это стандарт. А если у вас в коллективе не «стучат» или не делают друг другу крупные пакости (довольствуются мелкими), то порадуйтесь — вам крупно повезло! Что уж тут переживать, радоваться нужно! И т. д.

• Понизьте планку претензий

Общая идея принятия нового стандарта очень проста: **нужно резко понизить планку ваших претензий к окружающим людям (или к себе), и тогда окажется, что все обстоит не так плохо, как вам казалось ранее**.

Просто у вас были завышенные требования, которые порождали неприятие реальности. Теперь вы снизили уровень ваших претензий (сменили стандарт), и основания для переживаний исчезли. Хотя реальность осталась такой, как и была, просто вы перестали переживать. А это и есть отказ от идеализации.

Этот прием можно использовать всегда, когда у вас есть какое-то ожидание от мира, навязанное обществом или прошлым опытом, которое является источником длительных страданий.

Так бывает, когда реальность уже изменилась, а мы пытаемся видеть мир таким, каким он был когда-то. Примерами таких стандартных убеждений являются: «Женщина должна иметь семью», «Мужчина должен быть сильным» или «Мужчина должен быть кормильцем», «Ребенок не может жить без отца», «Семья должна быть одна и на всю жизнь» и некоторые другие.

Наш мир сильно изменился с тех пор, когда эти убеждения действительно отражали реальность. Лет сто назад мужчины действительно обычно были сильными и добытчиками, все они жили в семьях и воспитывали детей.

С тех пор мир радикально трансформировался (в основном благодаря тому, что женщины изменили свое позиционирование, стали более свободными и самостоятельными). Сегодня трудно встретить действительно сильного мужчину — в нашем цивилизованном мире им нет места.

Миллионы женщин являются инициаторами разводов и живут без семей. Соответственно, миллионы детей живут без отцов (точнее, отцы-то у них есть, но принято считать, что нет). Это наша реальность, которую мы не хотим принимать. В итоге жизнь кажется нам ужасной, хотя она такая, какая она есть. Но мы хотим видеть ее другой.

Это, конечно, возможно, но первым шагом на пути к изменениям есть принятие реального настоящего. И в этом как раз могут помочь новые стандарты, которые вы сами выберете для себя.

Важно только, чтобы новые стандарты отражали реальность, а не были очередным плодом ваших фантазий.

• Стандарт — не идеализация

Собственно, понятие стандарта очень близко к понятию идеализации, но оно более узко и является ее частью. Стандарт отражает только те изменения, которые происходят в окружающей жизни. Изменения нужно уметь отслеживать и принимать как данность, а не цепляться за прежние идеалы.

Рекомендация по изменению стандарта не является аффирмацией (по способу использования). **Новый стандарт принимается один раз и навсегда** (до нового изменения). При этом не нужно себя долго уговаривать, достаточно один раз согласиться с тем, что реальность изменилась, и дальше исходить из нее.

Если помните, порядок работы с аффирмациями несколько иной, поскольку там может быть большое внутреннее сопротивление внедрению новой позитивной программы.

Еще раз о главном: **не цепляйтесь за свои иллюзии или воспоминания, живите в реальном мире и принимайте его таким, каков он есть в действительности.** И тогда Жизни не придется давать вам свои грустные уроки.

А теперь

ИТОГИ ～～～～～～～～～～～～～～～～～～～～～～～

- *Людям свойственно зависать на воспоминаниях о тех ситуациях, когда им было хорошо. Реальность могла сильно измениться, но человек продолжает сравнивать ее с тем, что имеется у него в памяти, и отвергает изменения.*

- *Чтобы воспоминания не стали источником длительных переживаний, рекомендуется принять как новый стандарт то, что окружает вас сегодня, и перестать сравнивать реальность с прошлыми событиями.*

- *Чтобы не испытывать длительных претензий к партнеру по браку из-за произошедших в нем изменений рекомендуется принять его новый облик в качестве нового стандарта, которому он должен соответствовать. А если он соответствует стандарту, то у вас нет оснований иметь к нему какие-либо претензии.*

- *Если прежние ожидания (прежние стандарты) для вас слишком важны и вы не можете их пересмотреть, то займитесь развитием своих способностей гибко реагировать на изменения в окружающей жизни. Станьте сами гибче, и тогда окажется, что в жизни все прекрасно и нет никаких оснований осуждать объективную реальность.*

Глава 16

«Ежик событий». Сработаем на опережение

Человеческая жизнь похожа на коробку спичек.
Обращаться с ней серьезно — смешно.
Обращаться несерьезно — опасно.
Акутагава Рюноскэ

Следующий прием отказа от идеализаций предлагает радикально пересмотреть отношение к ситуации, которая кажется вам ужасной или безвыходной. Суть его довольно проста. Вам нужно понять, что в любой момент ваша ситуация является просто прекрасной и у вас нет никаких оснований для переживаний. А если вы будете переживать и дальше, то Жизнь легко докажет вам, как вы заблуждаетесь.

- ## Поймите — вы живете в Раю

В основе предлагаемого подхода лежит одна общая идея, которую нужно понять и возвращаться к ней при возникновении очередной порции переживаний. Она достаточно проста внешне, хотя далеко не всем ее легко понять и принять. **Вы должны признать, что в каждый момент времени вы живете в Раю!** В любой момент вашей жизни, каким бы ужасным он вам ни казался!

Несложно понять, что достичь такого отношения к жизни нелегко, особенно находясь в стрессовой ситуации. Скорее всего, Жизнь давно и безуспешно «воспитывает» вас, а вы упираетесь и не хотите понимать ее намеков. Какой уж тут Рай, хуже не бывает. А вот действительно, может ли быть хуже? Вы наверняка не задумывались об этом. Да и зачем, ведь все методики (в том числе и наша) призывают вас думать только о хорошем. Вот мы и стараемся думать о хорошем, а жизнь все ухудшается и ухудшается.

Почему ухудшается — понятно. Вы недовольны какими-то обстоятельствами, ваш «накопитель переживаний» пополняется, и Жизнь применяет к вам все более строгие «воспитательные» меры. Обращаем ваше внимание, что это **не наказание**, не месть, а именно текущее исправление ваших ошибочных убеждений!

Поскольку вы мечтаете о лучшей жизни и продолжаете быть недовольными своим нынешним состоянием, то, скорее всего, **ситуация будет ухудшаться и дальше**. Поэтому мы предлагаем вам не прятать голову в песок, как это делают страусы в случае опасности, а смело **заглянуть в свое возможное несветлое будущее**, где наверняка **все будет хуже, чем сейчас**.

Как будет хуже, понять несложно. Это **зависит только от того, какой стороной жизни вы недовольны**. Если вы недовольны семейной или личной жизнью, то ситуация будет ухудшаться именно здесь. Но если при этом работа для вас незначима, то там все может оставаться в порядке и вы можете неплохо зарабатывать. И наоборот, соответственно.

Как же быть, как избежать ухудшения будущей ситуации, если вы вычислили свои основные идеализации? Как отказаться от них, если они такие родные и близкие вам?

Очень просто — нужно понять, что **именно сейчас вы живете в Раю**. Потому что, если вы это не признаете, то рано или поздно наступит Ад. И тогда вам станет значительно хуже, чем сегодня. Конечно, понятия Рая и Ада условные. Что за Рай в коммуналке со скандальными соседями? Можно ли вообще придумать Ад по отношению к этой ситуации? Оказывается, если немного подумать, то легко. Вам могут подселить таких соседей, что нынешние пьяницы или скандалисты покажутся просто святыми. Или ваша коммуналка может сгореть вместе с вашими вещами, а власти не будут спешить с выдачей вам нового жилья.

Оказавшись в этой ситуации, вы будете с теплотой и нежностью вспоминать свою жизнь в отдельной комнате, пусть даже со скандальными соседями. Именно так Жизнь может доказать вам ошибочность ваших нынешних взглядов. Коммуналка по сравнению с жизнью на улице — настоящий Рай, и вам нужно смело признать это.

Конечно, это очень слабый Рай по сравнению с особняком за городом. Но никто не запрещает вам иметь особняк — если, конечно, вы **в любой момент** времени будете признавать, что уже сегодня живете в Раю (просто не на той улице Рая).

Не осуждайте Жизнь, а попросите у нее для себя особняк (или хотя бы отдельную квартиру). В этом мире есть все, и если вы хорошо и правильно попросите, то обязательно получите.

А если не получите, то у вас появится повод задуматься о том, какая другая ваша внутренняя установка мешает вам достичь этой цели, которой уже достигли миллионы других людей.

Именно такой подход — **признание, что в любой момент вы живете в Раю**, — поможет вам отказаться от длительных переживаний и тем самым избавиться от идеализаций и их последствий — «воспитательных» процессов.

Идея вроде бы несложная, но, как показывает опыт, ее непросто воплотить в жизнь, даже если вам понятны ваши ошибочные убеждения.

Нужен какой-то вполне **реальный прием** типа техники интенсивного дыхания, стояния на одной ноге или очистки себя пламенем свечи. Эти **действия** понятны и доступны всем, но, к сожалению, они не годятся для пересмотра нашей системы ценностей. Почему?

Да потому, что ошибочные убеждения — порождения нашего сознания и подсознания. А подсознание стоянием на одной ноге, сожалению, не изменишь (слишком долго стоять придется).

Поэтому мы используем прием работы со своим сознанием.

• Не будем ждать плохого будущего

Он очень прост и исходит из несложной мысли: давайте не будем ждать, пока Жизнь применит к нам все свои «воспитательные» средства. Давайте **опередим ее — сами допустим в свою жизнь то, что она нам может предъявить в качестве мер воспитания.**

Допустим не в реальности, а только мысленно. Как можно это сделать? Да очень просто! С помощью несложного упражнения, которое мы назвали «Ежик событий».

Рассмотрим, как оно работает, если вы зациклены на одном варианте развития событий и не допускаете, что жизнь может складываться по-иному. Например, в мыслях вы видите своего отца чутким, деликатным, воспитанным человеком. Возможно, он когда-то таким и был, и теперь вы не допускаете что он может быть иным (у вас имеется идеализация взаимоотношений между людьми). Поэтому сейчас, например, в пожилом возрасте, он может предъявлять вам негативные черты своего характера, такие как грубость или скандальность.

И чем больше вы будете осуждать его за такое поведение, тем хуже он будет становиться — по отношению именно к вам. Его взаимоотношения с другими людьми могут быть как плохими, так и хорошими. Но по отношению к вам уровень его негативности будет постоянно возрастать, пока вы не измените свое отношение к нему. А сделать это совсем несложно.

Вы считаете, что ваш отец — самый худший в мире? Если вы задумаетесь над этим вопросом, то наверняка признаете, что это не так. На самого плохого человека всегда можно найти еще более худшего.

Так вот, чтобы ваш отец не становился хуже, вы **должны мысленно допустить его в свою жизнь в еще более худшем виде**. Заранее, не дожидаясь, пока он таким станет. Тогда то, что он предъявляет вам в реальности, будет лишь слабой частицей того, **что он мог бы вам предъявить,** т. е. он мог бы быть и хуже, а вот не становится таким. Смотрите, какой благородный! А вы его осуждали!

Но он таким наверняка станет, если вы не измените свое отношение к нему. Так что сегодня вы находитесь с ним в Раю, а через некоторое время можете оказаться в Аду.

Именно такая логика может примирить вас с любой существующей ситуацией, какой бы плохой на первый взгляд она ни казалась.

И именно на этом принципе работает предлагаемое нами упражнение.

Упражнение «Ежик событий»

Создайте такую обстановку, чтобы вас ничего не беспокоило в течение 15—20 минут.

Займите удобное положение, закройте глаза, расслабьте мышцы тела, остановите бег мыслей.

Представьте вашу жизнь в виде множества вариантов развития событий. Например, в виде набора иголок, исходящих из одной точки. Получится нечто похожее на свернувшегося в клубок «ежика событий», показанного на рисунке.

Из всех вариантов возможного развития событий вы хотели бы видеть только один, вас устраивающий (первая иголка). В ре-

альности, в порядке разрушения ваших идеализаций, Жизнь после-
довательно предъявляет вам серию ухудшающихся вариантов раз-
вития событий (вторая и последующие иголки).

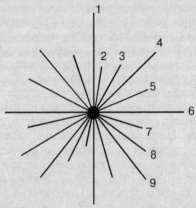

Представьте себе, как будет складываться ваша жизнь, если
«воспитательные» процессы будут продолжаться, т. е. будут ре-
ализованы варианты ухудшения развития событий (последующие
иголки «ежика событий»).

Проживите мысленно каждый из вариантов ухудшения собы-
тий в течение 5—10 минут. Представьте, что вы будете делать,
как будут складываться ваши взаимоотношения с людьми и ми-
ром, какие мысли будут вас одолевать.

В конце каждого варианта мысленно скажите: «Жизнь! Если
тебе будет угодно сделать мою жизнь такой, то я приму ее без
ропота и обиды. Видимо, за что-то я должен получить этот урок.
Если он мне нужен, то я приму его с благодарностью.

Но если можно, то я прошу сделать так, чтобы _____
_____(и указываете ваш
самый первый и желательный вариант развития событий)».

Таким же образом мысленно проживите еще несколько вари-
антов ухудшения ситуации по мере нарастания «воспитательных»
воздействий (остальные иголки «ежика событий»). В конце каж-
дого варианта подтвердите, что вы примете его как урок, без гнева
и осуждения, но просите не применять его по отношению к вам.

В конце еще раз мысленно подтвердите, что вы не осуждаете
нынешнюю ситуацию, а воспринимаете ее как урок, который вы
заслужили своими мыслями или поступками. И что нынешняя си-
туация есть самая лучшая из тех, что вы можете иметь сегодня.
Вы благодарны за преподанный вам урок, принимаете нынешнюю
ситуацию как очень хорошую и просите, если возможно, улучшить
ее желательным для вас образом.

Выполняя это упражнение, вы избежите «заказа» негативного будущего — тем, что в конце каждого варианта вы просите **не применять его** к вам. И одновременно подтверждаете Жизни, что вы принимаете происходящее с вами не как наказание или месть, а как урок за какие-то ошибки в мыслях или поведении.

Применительно к нашему примеру с пожилым отцом можно представить, что первой и желательной для вас иголкой «ежика событий» являются ровные и спокойные взаимоотношения. Второй иголкой может быть существующая ситуация, когда он демонстрирует вам грубость и конфликтность.

Третьей иголкой **может стать** ситуация, когда он заболеет, и вам придется ухаживать за ним. Причем характер его не изменится в лучшую сторону даже при болезни. Четвертая иголка — он стал пить и приводить в дом собутыльников. Пятая иголка — он привел в дом нескольких женщин. Шестая иголка — он стал издеваться даже над своими внуками. Седьмая — он устроил пожар. Восьмая — он вынес и раздал все вещи из дома. Девятая — и т. д.

Иголок может быть множество, и **все их нужно прожить, не обижаясь на Жизнь**. Прожить не наяву (к счастью), а мысленно, представив, как сложится ваша жизнь при реализации третьей и последующих иголок.

Представьте эту жизнь полностью, со всеми вариантами взаимоотношений, распределения денег, времени, жилплощади и т. д.

И в конце мысленно скажите: «Жизнь, если я это заслуживаю, то приму такую ситуацию и не буду роптать, поскольку я осознаю, что она явилась результатом моих претензий к отцу. Но если можно, то пусть мой отец перестанет ругаться и отравлять нам жизнь».

Именно такое мысленное проживание позволит вам **опередить «воспитательные» воздействия** Жизни и доказать ей, что вы знаете обо всех ее возможных будущих санкциях и **готовы принять их**. И что нынешнюю ситуацию вы воспринимаете как очень хорошую, которая из-за вашего же недовольства может сильно ухудшиться. Но вы уже отказались от недовольства текущей ситуацией, так что Жизни нет необходимости применять по отношению к вам эти самые более худшие варианты. Если все хорошо, то дальше может быть только лучше.

Подобные рассуждения мы рекомендуем применять для разрушения любых идеализаций и вытекающего из них недовольства жизнью.

Осознавая, что у Жизни в запасе всегда есть более худшие варианты, чем ваш нынешний, можно всегда радоваться настоящему.

• Не станет ли хуже?

Предваряя неизбежные вопросы, сразу скажем, что упражнение **не является заказом негативного будущего**. Не является потому, что в конце каждого мысленного проживания возможного будущего вы обязательно говорите: «Жизнь, если это произойдет, я приму это без ропота и гнева. Но если это возможно, пусть все произойдет так, как я хочу (и далее приводится ваш вариант развития событий)».

Тем самым вы даете понять Жизни, что **вам не нужен этот негативный вариант развития событий**. Вы готовы к нему, но он вам не нужен. А нужен другой, тот, который пока никак не получается, но вы уже перестали переживать по этому поводу, поскольку поняли, как хорошо вам сейчас.

Так вы переводите свою суперцель из разряда жестких требований в разряд просьбы, чем разрушаете свою гордыню. А «негордынистых» Жизнь любит и помогает им. Если, они, конечно, о чем-то попросят.

• Не превращайте свою жизнь в «ежик событий»

И еще одна рекомендация. Работа по «ежику событий» — это **разовая операция**, направленная на обесценивание вашей проблемы, изменение вашего отношения к тому, что сейчас кажется самым ужасным. Вы **один раз** в течение 10—20 минут проводите прием по отношению к той ситуации, которая кажется вам ужасной, и понимаете, как все у вас хорошо. А потом забываете о «ежике» и начинаете радоваться жизни.

Если же вы с утра до вечера будете представлять себе разные страсти, то это будет уже не «ежик событий». Это будет говорить о том, что ваша «словомешалка» вышла из-под контроля и активно заказывает вам все те неприятности, о которых вы со смаком размышляете. Так и до депрессии недалеко.

Так что побыстрее остановите неконтролируемый бег мыслей одним из известных вам приемов и радуйтесь жизни! А «ежиком» можете пользовать не чаще одного раза в неделю и не более, чем на десять минут.

Успехов вам на этом пути!

• Когда можно использовать

Когда рекомендуется использовать этот прием? Всегда, когда вам кажется, что текущая ситуация ужасна и ничего ужаснее быть не может. Это прием для быстрого изменения своего отношения к текущей ситуации, **прием обесценивания своих переживаний**.

Ваш ребенок проводит слишком много времени за компьютером и вы без конца переживаете по этому поводу? Сделайте «ежик событий», и вы поймете, как замечательно, что он сидит дома и не водит дружбы с нехорошими подростками. Ваш муж выпивает каждый день кружку пива и вы страшно переживаете, что он болен алкоголизмом? Проведите ежик событий и поймите, как замечательно, что он выпивает всего одну кружку и всего лишь пива. Ваша жена много разговаривает по телефону и вас это страшно раздражает? Проведите ежик событий, и вы поймете, как хорошо, что вы знаете все ее интересы и она всегда у вас под контролем. И т. д.

Не знаем, удалось ли убедить вас в эффективности этого приема отказа от идеализаций. Попробуйте. Если он вас устроит, замечательно. Если не устроит, поищите что-то еще.

А мы пока перейдем к подведению очередных итогов.

ИТОГИ

- *Для исправления вашего недовольства жизнью необходимо признать, что в любой момент времени вы живете в Раю.*
- *Для того чтобы избежать ухудшения ситуации в процессе разрушения идеализаций, сработайте на опережение: мысленно проживите варианты возможного ухудшения вашего нынешнего положения. И в конце так же мысленно сообщите, что вы готовы принять все эти ситуации без недовольства и осуждения. Но если можно, то вы просите Жизнь улучшить вашу нынешнюю ситуацию.*
- *Упражнение по мысленному проживанию более худших событий называется «ежик событий» Каждая иголка «ежика» означает ситуацию; часть «иголок»-событий уже реализовалась, а часть из них может происходить по мере заполнения вашего «накопителя переживаний».*

Глава 17

Подружимся со своими переживаниями

Чем глубже пропасть, в которую падаешь, тем больше шансов научиться летать.

Владимир Туровский

Следующий прием отказа от идеализаций несколько неожиданный. Он предлагает нам перестать бороться со своими негативными эмоциями.

Оказывается, что эмоциональный негатив можно не уничтожать и не обсмеивать. Наоборот, его нужно поблагодарить за заботу о вас или других людях, послать ему вашу любовь и благодарность. И помочь ему из негатива стать позитивом, продолжая исполнять свое хорошее намерение.

Это потребует немного усилий и некоторого воображения, но если вы хотите избавиться от душевных страданий, то легко найдете в себе эти ресурсы.

Прием этот называется «Подружимся со своими переживаниями» [5].

• Визуализируем негативную эмоцию

Попробуйте представить на своем внутреннем экране, как выглядит ваш страх, гнев, раздражение, вина или другая не радующая вас эмоция. Это должен быть негативный образ, который вам не понравится. Например, страх можно представить как головастика на длинной-длинной шее. Его шея очень уязвима, поэтому он всего боится. Или ваш страх примет образ противной жабы, темного угрожающего пятна, неприятного вам человека.

Представьте, что этот образ — самостоятельная сущность, обитающая в вашей ауре. Вы сами когда-то породили ее, и теперь она живет за счет ваших переживаний. Ей хорошо и удобно в вас, она привыкла выполнять какую-то полезную для вас функцию. И если вы захотите избавиться от нее, она, конечно, будет возражать — ведь она хочет для вас самого лучшего, а вы пробуете ее уничтожить.

Поэтому для начала нужно понять, **какую же полезную функцию выполняет эта негативная эмоция.** Если немного подумать, то можно легко обнаружить, что за любой негативной эмоцией стоит какое-то позитивное устремление, намерение.

Например, страх искренне намерен защитить вас от какой-то грядущей опасности, т. е. он заботится о вашей безопасности или о безопасности близких вам людей. Гнев обычно вызывается тем, что ваши прекрасные побуждения грубо нарушаются каким-то человеком. Вы хотите, чтобы он поступал хорошо, а он нарушает ваше намерение, и вы впадаете в гнев, поскольку бессильны что-либо изменить. Раздражение тоже является следствием того, что кто-то нарушает понятные вам и обоснованные правила поведения. Вы хотите, чтобы человек вел себя хорошо, правильно (позитивное намерение), а он ведет себя по-иному, и вы не можете это исправить. В итоге возникает раздражение.

Чувство вины возникает тогда, когда вы искренне хотите, чтобы у окружающих вас людей все было замечательно, и пробуете обеспечить им это. А если ваше намерение не реализуется, т. е. происходит нежеланное событие, то вы начинаете винить себя в этом. И т. д.

Посылаем любовь и благодарность

Найдя позитивное намерение, стоящее за вашей негативной эмоцией, мысленно поблагодарите ее (свою негативную эмоцию) за позитивный настрой и искреннее желание сделать так, чтобы всем было хорошо. Пошлите ей свою любовь и благодарность за заботу и позитивные устремления — ведь она так старается, чтобы все было хорошо. Может быть, вам даже удастся поцеловать образ своей эмоции (если там есть что целовать). Вы увидите, как ваша эмоция будет благодарна вам за такое внимание. Ведь раньше вы только ругали себя за переживания, не задумываясь, что на самом деле они возникают только из лучших побуждений. Возможно, поначалу она будет брыкаться и возражать, что, мол, не до поцелуев сейчас, желанный результат еще не достигнут.

Не оставляйте своих усилий, и вскоре вы подружитесь.

Это **первый этап** работы — установление дружеского контакта со своей эмоцией. Вы не переживаете ее вновь, не вдаетесь в обоснование ее появления — вы просто отстраненно разглядываете ее и общаетесь с ней. Вы — равноправные партнеры.

Есть вы, и есть ваша эмоция (страх, гнев, вина и т. д.), существующая в вас и желающая вам самого лучшего. Раньше вы враждовали или просто не понимали друг друга, а теперь подружились.

Напоминаем, что одновременно вы работаете только с одной эмоцией. Если у вас их много (разных), то оставьте удовольствие общения с остальными на следующий раз.

• Найдите, к чему стремиться

Затем наступает **второй этап** работы, на котором вы хотите помочь вашему новому другу перейти на следующий, высший уровень его развития. Вы вместе с нею (с эмоцией) ищете то, чего она хочет добиться в результате своих действий. **Вам нужно понять, какой наилучший позитивный результат**, касающийся состояния вашей души, **может быть получен** в итоге этих усилий.

В качестве результата рассматривается то состояние, которого вы могли бы достичь, если бы позитивное намерение вашей эмоции было реализовано. Например, в результате достижения полной защищенности (позитивное намерение страха) вы могли бы перейти в состояние спокойствия, комфорта или полной внутренней уверенности.

Ваш гнев, если бы окружающие вас люди вели себя правильно, перешел бы в свою высшую стадию — в умиротворенность или в благодушие.

Ваше раздражение, если бы люди вели себя хорошо и правильно, переросло бы в спокойствие или в ту же умиротворенность.

Ваше чувство вины, если бы все были полностью защищены и вам не о чем было бы тревожиться, переросло бы в беззаботность, легкость или в отрешенность, и т. д.

• Найдите образ позитивного результата

Вы сами должны выбрать, во что может перерасти ваша негативная эмоция, если ее позитивное намерение будет исполнено. А затем представляете себе, **как выглядит это новое состояние**. Понятно, что это будет совсем другой образ — спокойный, сильный, радостный, уверенный. Это может быть человек, приятное вам животное, солнце, водный поток, море и т. д.

Далее мысленно **производите трансформацию образа вашей негативной эмоции в новый позитивный образ**, причем не насильно, а в полном согласии со своей эмоцией. Например, ваш страх (головка на тонкой шее) под влиянием потока вашей любви и благодарности трансформируется в уверенность (образ — огромный слон). Слону нечего бояться, он уверен в себе и всегда добродушен, он защитит вас от любых неприятностей. Ваш гнев (образ — злая собака) трансформируется в благодушие (образ — разноцветные мыльные пузыри). Ваше раздражение (образ — морской еж) трансформируется в спокойствие (образ — гранитный шар). Ваше чувство вины (образ — комок грязной ваты) трансформируется в беззаботность (образ — золотистый искрящийся шар). И т. д.

У вас могут быть совсем другие образы, более близкие и понятные вам. Если такая трансформация произошла и вы почувствовали искомую уверенность (спокойствие, беззаботность и пр.), то все замечательно. Вам остается лишь запомнить полученный приятный образ и проводить подобную процедуру трансформации каждый раз, когда вы будете ловить себя на том, что ваша негативная эмоция опять вернулась и управляет вашим поведением. Поначалу придется выполнять это упражнение по нескольку раз в день, а затем все реже и реже, поскольку произойдет полное замещение негативной эмоции на позитивную. В результате вы перестанете испытывать свои характерные негативные эмоции, т. е. ваши идеализации покинут вас. А это и есть результат, к которому мы стремимся.

А сейчас пришла пора подвести

ИТОГИ

■ *Следующий прием отказа от идеализаций предлагает нам поработать со своими переживаниями с помощью визуализации (представления образов).*

■ *При этом нужно исходить из того, что за каждой негативной эмоцией лежит какое-то очень хорошее намерение, которое человек не может реализовать и поэтому испытывает страх, раздражение или любой другой эмоциональный негатив.*

■ *В ходе визуализации нужно послать вашей негативной эмоции поток любви и благодарности за заботу о вас. Под действием этого потока эмоция трансформируется в свою противоположность — спокойное и радостное состояние вашей души.*

■ *Многократная трансформация характерной негативной эмоции в позитив со временем становится автоматическим процессом, т. е. вместо переживаний вы начинаете испытывать только хорошие и светлые чувства, независимо от внешних (или внутренних) обстоятельств. В результате ваша идеализация исчезает.*

Глава 18
Заменим стандартные реакции

Каждая лошадь думает, что ее поклажа самая тяжелая.
Томас Фуллер

Следующий способ отказа от идеализаций снова предлагает нам поработать со своими эмоциями. Точнее, не с самими эмоциями, а с той стандартной эмоциональной реакцией, которую вы выдаете в ответ на внешний раздражитель в виде нарушения вашей идеализации. А какие бывают стандартные реакции? Ругнуться, впасть в раздражение или гнев, обидеться, ощутить чувство вины или неполноценности. Неплохой наборчик, не так ли?

Причем мы не зря назвали реакцию стандартной, поскольку она повторяется раз от разу. Но обязательно ли она должна быть такой? Ведь существуют реакции безусловные, рефлексивные. Например, если в амебу ткнуть иголкой, она обязательно дернется — больно ведь. Если ткнуть иголкой в человека, то большинство отреагирует так же. Но не все.

Если человек занимался йогой или какими-то приемами развития сверхспособностей, то он может усилием воли отключать болевые рецепторы и никак не реагировать на повреждение тканей тела. Таких людей периодически показывают по телевизору в передачах про Индию и другие страны Востока.

О чем это говорит? О том, что человек — более совершенное создание, чем амеба. И что он может выдавать разные реакции на один и тот же раздражитель. И его реакция зависит от того, какие мысли и установки существуют в его голове. В одной и той же ситуации разные люди могут выдавать совершенно разные реакции.

Например, ваш руководитель вызывает вас к себе и устраивает разнос за выполненную вами работу. Причем вы уверены, что все сделано правильно, просто он не разобрался в результатах. Какие реакции возможны на такой необоснованный наезд:

• *броситься в спор и горячо доказывать, что вы все сделали правильно, особо не стесняясь в выражениях;*

• *вяло оправдываться, а потом обидеться и начать думать о поиске другого места работы, где будет более разумное руководство;*

• *промолчать, сильно обидеться и потом долго переживать случившееся;*

• *промолчать и потом долго ругать себя за то, что не сумели подать выполненную работу должным образом;*

• *слегка поспорить с начальником, а потом долго обсуждать с коллегами шефа: «Наш-то совсем выжил из ума, ничего не понимает»;*

• *промолчать, внутренне сочувствуя некомпетентности того, кто занимает место руководителя и вроде бы должен разбираться в работе;*

• *промолчать и пропустить все выпады мимо ушей, понимая, что у начальника, видимо, опять неприятности дома и ему нужен кто-то для разрядки накопившегося раздражения, а сегодня как раз ваша очередь принять на себя ушат его эмоциональных помоев;*

• *промолчать, внутренне немного досадуя из-за того, что пустая болтовня начальника мешает вам продолжать слушать трансляцию спортивного матча;*

• *вы просто не обратите внимания на эту нелепость, поскольку полностью погружены в следующее дело и вам некогда отвлекаться на ерунду.*

Как видите, реакции на одну и ту же ситуацию разные. Как реагируете вы в подобной ситуации явной несправедливости? Бросаетесь в бой за справедливость и несете большие эмоциональные (а то и финансовые) потери? Обижаетесь и замыкаетесь в себе (меня не оценили!)? Начинаете ругать себя за какие-то недостатки? Позволяете человеку самовыразиться, не принимая близко его нелепые выпады?

Большинство людей непроизвольно реагирует на несправедливость именно негативно, тем самым пополняя свой «накопитель переживаний». Но так ли обязательна эта реакция? Ведь у кого-то получается реагировать и по-другому, спокойно, без эмоциональных потерь. Почему они делают такой выбор, а вы —другой?

Скорее всего, причиной этого являются стереотипы поведения (неосознаваемые программы), которые вы получили от окружающих людей. Если в вашем детстве у окружающих людей было нормой реагировать на неприятную ситуацию через обиду или конфликт, то и вы выбираете такой же тип реакции, не задумываясь о последствиях своего выбора. Если родители по каждому поводу устраивали громкие разборки, то и ребенок, скорее всего, изберет такой же тип реагирования. «Яблоки от яблони недалеко падают», если помните.

Если же родители были вежливы друг с другом и никогда не повышали голоса, то и ребенок, скорее всего, не будет склонен к публичному выяснению отношений.

Вы бессознательно повторяете стереотип поведения кого-то из значимых для вас людей. А потом много и «смачно» нервничаете и читаете разные книжки (вроде этой) в надежде найти способ изменить привычную реакцию на то, что не совпадает с вашими ожиданиями. Но этот способ не в книжках, а в вашей голове, только ею нужно пользоваться осознанно (а не только для еды и поцелуев).

Между внешним раздражителем и вашей реакцией на него есть некоторый неуловимо маленький промежуток времени, в течение которого ваше подсознание выбирает ту стандартную реакцию, которая наиболее подходит к тому моменту времени и тем обстоятельствам, в которых вы находитесь.

Например, если у человека сильно болен какой-то близкий человек (ребенок, любимый), то несправедливый выпад начальства он, скорее всего, просто пропустит мимо ушей. Стоит ли обращать внимания на такую ерунду, когда есть куда более серьезные заботы? Его подсознание выберет другой способ реагирования, понимая, что не стоит тратить жизненные силы на переживания по поводу несправедливости начальства, поскольку их и так не хватает для помощи близкому человеку.

Получается, что нашей реакцией на внешние раздражители руководим не мы, а какие-то неосознаваемые установки или другие внутренние механизмы. А где же человек разумный, осознанный? Даже неудобно писать где.

В общем, вы имеете право выбирать любую реакцию. Можете привычно скандалить, обижаться или заниматься самоедством, не имея сил или воли изменить такой способ реагирования. Вы имеете право на такой выбор, только не забудьте надеть на себя колпак с надписью «Амеба» — именно такую роль вы играете в цирке жизни.

Если же вы хотите стать существом осознанным, то начинайте учиться выбирать тот способ реагирования на ситуации, в которых разрушаются ваши ожидания. Выбирайте такую реакцию, которая вас устроит и не приведет к пополнению «накопителя переживаний» с вытекающими из этого нерадостными последствиями.

Как это сделать? Прежде всего надо осознанно принять решение изменить способ реагирования. Это очень похоже на способ отказа от идеализаций, который мы уже рассматривали, — способ волевого отказа от переживаний.

Итак на первом этапе вы принимаете для себя решение типа: «Если Иван Иванович в следующий раз будет хамить или нести чушь, то я спокойно отнесусь к его выпадам».

А затем вы **учитесь концентрироваться на том моменте, который соединяет поступившую информацию и вашу эмоциональную реакцию**. И не просто концентрироваться, а **удлинять эти моменты**. Учитесь быть «тормозом», особенно если вы относитесь к «шустрикам» и сначала реагируете, а потом думаете.

В этой рекомендации нет ничего нового, вы наверняка читали или слышали, как это можно делать, только не придавали значения, наслаждаясь своей обидой или гневом. Напомним эти нехитрые советы:

• *прежде чем ответить, сосчитай про себя до пяти;*
• *сделай глубокий вдох и выдох, а потом отвечай;*
• *мысленно поблагодари человека за его слова, а потом отвечай.*

Если вы научитесь пользоваться этими несложным правилами (или одним из них), то количество ваших негативных эмоций резко уменьшится — вы успеете подумать о том, стоит ли вступать в конфликт или обижаться. И не исключено, что примете решение не тратить свои нервы и здоровье на такие реакции — если они вам не нужны просто для удовольствия, но об этом — в следующей главе.

У этих рекомендаций есть одна особенность — нельзя ждать негативных событий, чтобы их применять (если только вы не конфликтуете каждые пять минут). Нужно учиться тормозить ответную реакцию в любых случаях, даже при совершенно нейтральных ситуациях типа обращения к вам продавца в магазине с вопросом, сколько граммов колбасы вам отрезать.

Вдохните, выдохните и отвечайте ему, даже если сзади вас стоит очередь. Ведь никто не знает, что вы — горячая натура, а не тормоз. Может быть, вы из Скандинавии, и ваша вроде бы замедленная реакция является нормальной для вас.

Тренируйтесь увеличивать паузу между обращением (или поступлением информации) и вашей реакцией во всех ситуациях (исключая разве что вождение автомобиля). И тогда в момент поступления негативной информации вы будете готовы реагировать с задержкой, которая, скорее всего, сделает ваш ответ более разумным и менее негативным.

Вы измените стандартную реакцию, и ваша идеализация перестанет управлять вами.

Когда вы научитесь контролировать свои реакции, то, возможно, будете столь же осознанно уменьшать время реакции, доводя его до очень короткого момента. Но это в будущем, а пока вас ждет тренинг по торможению своих ответов, особенно если вас достали переживания и вы хотели бы резко уменьшить их количество.

Если этот способ не для вас, то ищите что-то еще.

А мы пока подведем

ИТОГИ

- *Люди реагируют на неприятные для них ситуации одним и тем же способом из раза в раз, не задумываясь, почему они так делают.*

- *Выбор способа реагирования определяется, скорее всего, воспитанием и стереотипами поведения родителей и других людей в окружении ребенка в детстве.*

- *Человек волен выбрать любой способ реагирования на любую информацию или обстоятельства, только он должен осознанно делать такой выбор.*

- *Чтобы научиться реагировать осознанно, нужно увеличить паузу между поступлением информации и реакцией.*

- *Учитесь реагировать с задержкой и осознанно, тогда количество негативных эмоций может резко уменьшиться.*

Глава 19
Получим кайф от переживаний

Голова — это задняя часть носа.
Аркадий Арканов

Еще один способ избавления от длительных переживаний состоит в том, чтобы **научиться получать удовольствие от той негативной эмоции, которую вы в данный момент испытываете**. Как говорится в известном анекдоте, если уж не можешь избежать неприятного события, то попробуй расслабиться и получить от него удовольствие.

Известно, что большинство людей не может совладать со своими эмоциями, это сильнее их. Или, точнее, они сами когда-то сделали неосознаваемый выбор: «Я не могу управлять своими эмоциями», и теперь эмоции управляют ими. Как быть, если вы принадлежите к такому типу людей, которые сначала несколько часов (дней, месяцев) находятся в запале, кричат, ругаются и всякими другими способами выражают свое отношение к какой-то ситуации. А потом спохватываются и начинают ругать уже себя за то, что опять не сдержались и дали волю эмоциям.

Если у вас все происходит именно так, то попробуйте научиться **смотреть на себя как бы со стороны в то время, когда испытываете сильную негативную эмоцию**. И попробуйте **искренне получить удовольствие от того высокоэмоционального (и высокоэнергетического) состояния, в котором вы в этот момент времени находитесь.**

Конфликт есть высокоэнергетическое состояние, подобное сексуальному оргазму, только вызванное другими причинами. Многие люди испытывают высокую потребность (практически зависимость) в сильных эмоциональных всплесках. И если их не удается получить через секс или экстремальные виды спорта, то конфликт всегда «под рукой». С его помощью можно испытать почти оргазмические ощущения, но без партнера и без угрозы для жизни. (В «цирке жизни» такие люди носят колпак типа: «Самодвижущийся оргазм» или «Кончаю на тех, кто не увернется».)

Что делать, если вам надоело «получать оргазм» таким нестандартным путем?

Уйти от такой зависимости несложно. Прежде всего перестаньте себя осуждать за свои эмоциональные всплески — они нужны вашему организму для оздоровления, и он провоцирует вас на то, чтобы вы испытывали их вновь и вновь. Пообещайте организму, что вы поищете другие пути получения острых ощущений (не забудьте потом выполнить свое обещание!).

А затем начните восторгаться тем, как классно вы нервничаете, кричите или скандалите! Примерный ход ваших мыслей в этот момент может иметь вид: «Ух, как здорово я злюсь! Как классно дрожат мои руки, как бурлит энергия в моей груди! Какой высокий и пронзительный (убедительный) у меня голос, меня, наверное, слышно на сто метров вокруг! Какая выразительная гримаса на моем лице! А сейчас я скажу ему, что о нем думаю, пусть не зазнаётся! Как я себе нравлюсь в этом состоянии!»

Если ваше переживание слабое и не доставляет полноценного удовольствия, то усильте его! Поковыряйтесь в вашей душевной ранке острым гвоздиком! Припомните все предыдущие случаи, когда этот человек обижал или раздражал вас, накачайте себя эмоциями! Это придаст вашему переживанию новое качество, и тогда кайф будет значительно сильнее.

Если вы сумеете направить свои мысли на этот путь, то **ситуация обесценится и ваши переживания вместо негативных станут позитивными**. Вместо осуждения других (или себя) вы начнете получать удовольствие от ситуации, а это уже совсем другие эмоции.

Понятно, что поначалу мысли о возможности получить удовольствие от гнева или раздражения будут приходить только в конце конфликта — это нормально, лишь бы вы вспоминали о своих намерениях. Потом вы будете вспоминать о своем намерении получить кайф от переживаний все раньше и раньше. Через пару-тройку месяцев работы над собой вы начнете переключаться на внутренние процессы сразу же после того, как энергия забурлит внутри вас. А это будет означать, что вы не испытываете длительных переживаний, т. е. у вас нет идеализаций. А слегка вскипеть, ругнуться и потом забыть о предмете переживаний совсем не возбраняется.

На этом мы заканчиваем рассмотрение приемов отказа от идеализаций. Все они преследуют одну цель — помочь вам не погружаться в длительные переживания, если что-то в жизни происходит не так, как вам бы этого хотелось. Вместо длительного негатива вы должны научиться переживать неприятности недолго либо не переживать вовсе. И тогда Жизни не придется давать вам урок духовного воспитания, поскольку вы научились принимать мир во всем его многообразии.

ИТОГИ

- *Еще один способ избавления от идеализаций состоит в том, чтобы научиться получать удовольствие от той негативной эмоции, которую вы в данный момент испытываете.*
- *Практически все люди испытывают потребность в сильных эмоциональных (энергетических) всплесках. Традиционные спо-*

собы получения этих состояний — любовь, секс, спорт, различные формы экстрима, участие в боевых действиях и т. д.

■ *Если нет возможности или не хочется получать энергетические всплески указанными выше способами, для этой цели используются конфликты, в ходе которых человек испытывает сильные негативные эмоции. Но эти эмоции накапливаются и приводят к появлению «воспитательных» процессов со стороны Жизни.*

■ *Если ситуация именно такова, то нужно найти способы получения эмоциональных всплесков более гуманным путем. А пока это не произошло, нужно попробовать получать удовольствие от того высокоэмоционального (и высокоэнергетического) состояния, в котором вы находитесь в момент сильной негативной эмоции. В итоге ваши переживания вместо негативных станут позитивными.*

Глава 20
Долой негативные эмоции!

Странно! Человек возмущается злом, исходящим извне, от других, — тем, чего устранить не может, а не борется со своим собственным злом, хотя это в его власти.

М. Аврелий

В предыдущих главах мы рассмотрели девять способов, с помощью которых вы можете перевести свои избыточно значимые идеи, т. е. идеализации, в разряд просто важных для вас идей. Что при этом происходит?

Если вернуться к схеме «накопителя переживаний», то отказ от идеализаций означает, что вы перекрыли клапаны-воронки, через которые негативные переживания сверху попадали в ваш «сосуд», т. е. новые эмоции практически перестали пополнять ваш «накопитель», и вам можно не ждать от Жизни новых серьезных уроков.

Но достаточно ли этого, чтобы стать любимчиком Жизни и идти к своим целям легко и радостно? Если вам лет 15 и вы провели свое детство в любви и радости, т. е. ваш «накопитель переживаний» почти пуст, то достаточно.

Если же годков вам побольше и вы немало попортили нервов себе и окружающим, то ваш «накопитель» совсем не пуст, и Жизнь явно начала давать вам свои несладкие уроки.

Если вы поняли ее намеки и перекрыли свои клапаны-идеализации, то это очень хороший и правильный ход. Ваш сосуд перестал пополняться новыми переживаниями, но ведь он далеко не пуст! Он наполнен, и если его уровень заполнения превышает 70%, то вам будет очень сложно удержаться от новых переживаний даже при всех ваших светлых намерениях. Как же быть?

Выход прост — нужно побыстрее очистить «сосуд» от накопленных ранее переживаний. Для этого у «накопителя» снизу имеется специальная труба под названием «Осознанные поступки». Нужно совершить какие-то поступки, в результате которых прежние негативные переживания (негативные мыслеформы) сольются из накопителя, т. е. сотрутся из клеточной памяти тела навсегда.

• Мы не просто «кусок мяса»

В дальнейших рассуждениях мы будем использовать традиционную восточную модель «устройства» человека, которая предполагает, что человек является не только чисто материальным объектом (физическим телом, «мясом»), но и обладателем бесплотной (энергоинформационной, тонкоматериальной) составляющей, которая называется либо аурой, либо душой (в христианстве). Согласно этой модели, человек состоит из физического и шести тонких, нематериальных тел.

Будем исходить из того, что человек является очень сложной структурой и у него, кроме физического тела, имеются еще и другие, нематериальные тела. А именно: эфирное (энергетическое), эмоциональное (астральное), ментальное и еще несколько более тонких тел, которые все вместе составляют то, что называется «бессмертная душа», т. е. то, что переходит из тела в тело в процессе реинкарнации души. (Материалисты, не признающие никаких тонких тел, могут считать, что речь здесь пойдет о разных составляющих нашей психики, т. е. о сфере здоровья (энергетики), сфере эмоций, сфере наших мыслей (ментальное тело) и сфере нашего Высшего Я.)

• Эмоции хранятся в виде мыслеформ

Каждое наше переживание сопровождается определенным набором мыслей. В итоге каждая сильная эмоция образует соответствующую **мыслеформу** (некий сгусток энергии и информации), которая в виде пятна грязно-серого или коричневого цвета (в случае негативной эмоции) хранится в нашей эмоциональной памяти (в тонком теле эмоций, в клеточной памяти нашего организма). Чем сильнее была обида или осуждение, тем больше и плотнее соответствующая мыслеформа.

Таким образом, все наши переживания, к сожалению, никуда не исчезают и являются инициаторами вспышки очередных переживаний нашего неконтролируемого ума («словомешалки»). Поэтому стоит вам только увидеть на улице (или в любом другом месте) человека, чуть похожего на вашего обидчика, как тут же память услужливо подтаскивает соответствующую мыслеформу, и механизм переработки ваших жизненных сил запускается в очередной цикл. Вы вспоминаете нанесенные вам обиды, вновь переживаете их и тем самым усиливаете уже имеющуюся мыслеформу обиды на этого человека. Она становится более плотной и массивной. Несложно понять, что одновременно заполняется ваш «накопитель переживаний» с вытекающими из этого воспитательными процессами.

• Все обиды носим с собой

Соответственно, годам к сорока вы можете носить на себе множество больших негативных мыслеформ, каждая из которых связана с определенным человеком: любимым (любимой), отцом, матерью, детьми, мужем (или женой), начальником. Или любыми другими людьми, с которыми вы сталкивались в жизни и по отношению к которым у вас возникали сильные негативные переживания.

Со временем острота переживаний стирается, обиды и осуждения вроде бы проходят. Во всяком случае, нам так представляется, поскольку эти события и связанные с ними переживания выпадают из нашей памяти. Но на деле это, к сожалению, не так.

Негативное переживание детства может выпасть из нашей памяти, но из тела эмоций без специальных процедур, к сожалению, практически не исчезает.

Точнее, негативная мыслеформа потихоньку рассасывается, но очень медленно. Особенно если она создавалась в течение многих лет, когда вы обижались или осуждали какого-то человека. За многие годы такая негативная мыслеформа стала большой и плотной, и **простым забвением вашего обидчика она не стирается.**

Не стирается она и тем, что вы сознательно простили своих обидчиков. Через одномоментное прощение на время перекрывается соответствующий клапан накопителя переживаний, но уровень его заполнения почти не изменяется. И даже если вы как-то отработали свою идеализацию и больше не испытываете никаких эмоций по отношению к вашему обидчику, то мыслеформа от этого тоже не исчезает.

А поскольку обида или осуждение хранится в вашем эмоциональном теле, то Жизнь в соответствии с третьим способом разрушения идеализаций **должна поставить вас в ту же позицию, в которой находился человек, которого вы когда-то осуждали.**

Например, ребенок в детстве и юности сильно осуждал родителей за их негармоничные взаимоотношения. Соответственно, в его теле эмоций записывается большая мыслеформа осуждения родителей. Когда ребенок вырастает, он может сознательно простить родителей и изменить к ним отношение (особенно если они разошлись или кто-то из них умер). Но мыслеформа обиды или осуждения «неправильного» поведения родителей никуда при этом не исчезает.

Она просто задвигается подальше новыми, более свежими переживаниями, но вы по-прежнему носите ее с собой. И ваш духовный «воспитатель» знает об этом. А раз знает, то он должен применить воспитательные меры по отношению к вам — создать для вас ту же ситуацию, которая так раздражала вас у ваших родителей. И вы поневоле повторяете в своей жизни то, за что осуждали родителей.

• Стираем негативные мыслеформы

Значит, чтобы избежать подобных воспитательных процессов, нужно каким-то способом **стереть эту мыслеформу в вашем теле эмоций**. И лучше всего это может сделать кто?

Конечно, вы сами, поскольку голова и все остальные проблемные части ваши. Только вам для такой чистки нужен какой-то специальный инструмент. Обычная щетка или скребок тут вряд ли сгодятся, нужно что-то такое, что сможет взаимодействовать с тонкой материей вашего тела эмоций.

Подобных инструментов существует множество — в принципе любая психологическая работа (или религиозное покаяние) является такой чисткой. Однако психологи обычно работают **с одной, самой сильной и отравляющей вашу жизнь эмоцией**, которая заставила вас обратиться за помощью (обида на бросившую вас любимую, ушедшего к другой женщине мужа и т. п.), а духовное воспитание может проводиться **за любую из ранее накопленных вами негативных мыслеформ**.

• Чистим тело эмоций тотально

Поэтому мы предлагаем вам чистить тело эмоций тотально, т. е. очищаться от любых **негативных мыслеформ**, которые когда-то возникли в отношениях с разными людьми. А поскольку за жизнь вы сталкивались с множеством людей, то и чистить тело эмоций нужно по отношению **ко всем этим людям**.

Если годов у вас набралось немало и в жизни вы не отличались избыточной деликатностью, то вы можете носить с собой сотни негативных мыслеформ — по числу тех людей, по отношению к которым у вас когда-то были негативные переживания.

Представляете, как выглядит ваше тело эмоций? Это сплошной грязно-серый клубок негативных переживаний. Чтобы очистить его, придется немало попотеть.

• Вспомните всех ваших знакомых

Поэтому мы рекомендуем **составить список всех людей**, с которыми вы так или иначе сталкивались в раннем детстве, школе, колледже, на работе, в семейном кругу и т. д. В список заносите всех, кого сможете вспомнить.

Конечно, первыми в списке должны быть люди, по отношению к которым вы испытывали **самые острые негативные эмоции**. А потом все остальные. И чистить тело эмоций придется по отношению **к каждому из этих людей отдельно**. Дело это непростое и потребует месяца или двух самостоятельной работы.

Для самостоятельной чистки «накопителя переживаний» мы рекомендуем использовать несложную технику, которая называется «Медитация прощения».

Это достаточно известное упражнение, используемое в различных психологических и духовных школах в том или ином варианте. Это же упражнение одновременно будет **помогать вам остановить вашу «словомешалку»**. Оно основано на известном **принципе вытеснения** неконтролируемых мыслей другими, положительными мыслями.

Упражнение выполняется в любое время, когда ваша голова не загружена выполнением работы или контролируемыми размышлениями. Например, когда вы идете по улице, едете в автобусе, сидите на совещании, ожидаете кого-то и т. д. Как раз тогда, когда ваша воля ослабевает, осознанной загрузки для головы нет и «словомешалка» стремится запуститься на полную мощь.

Упражнение «Медитация прощения»

Выберите человека, по отношению к которому вы будете стирать мыслеформу вашей обиды (или любой другой негативной эмоции) на него. Например, пусть это будет ваш муж.

Начинайте мысленно многократно подряд повторять формулу прощения: «С любовью и благодарностью я прощаю моего мужа и принимаю его таким, каким его создал Бог (или: таким, какой он есть). Я прошу прощения у моего мужа за мои мысли и эмоции по отношению к нему».

Эту фразу нужно повторять до тех пор, пока у вас в груди не появится чувство тепла, исходящего из области сердца. Такое ощущение покажет вам, что вы полностью стерли мыслеформу обиды на этого человека.

Правда, у некоторых впечатлительных людей теплое чувство появляется уже через пять минут, поэтому им не нужно ориентироваться на этот показатель. У других теплое чувство не появляется никогда, и это тоже не страшно. Главным условием успешной работы является общее время медитации.

Общее время мысленного повторения формулы прощения по отношению к одному человеку, с которым у вас в течение многих лет имелись очень напряженные отношения, может составлять 3—5 часов. Эти часы складываются из эпизодических медитаций по 5—10 минут в любое свободное время.

Если конфликтов было меньше, то общее время медитации может составлять 30—50 минут.

*После очистки от мыслеформы своей обиды на мужа начинайте мысленно повторять следующую фразу: «**С любовью и благодарностью мой муж прощает меня**». Тем самым вы сотрете в своем теле эмоций ту негативную мыслеформу, **которую «навесил» на вас муж во время ваших конфликтов** (вы наверняка иногда доставляли ему огорчения, и он испытывал раздражение, гнев или обиду по отношению к вам). Но учтите, что эта фраза не направлена на изменение вашего мужа, он вовсе не обязан меняться только от того, что вы повторяете эту фразу. Она чистит только вас и никого более!*

Эта фраза повторяется до тех пор, пока у вас в груди опять не появится ощущение тепла. Или если вы закроете глаза и увидите образ мужа. Если процедура стирания его негативной мыслеформы успешно завершена, то ваш муж может повернуться к вам лицом (на мысленном экране, естественно), улыбнуться и даже помахать вам рукой. Это говорит о том, что ваше тело эмоций очищено от навешенных им на вас обид и других негативных эмоций.

На внешнем плане, если вы продолжаете встречаться с ним, вы перестанете остро реагировать на его слова и поступки.

Но подобные картинки или ощущения появляются далеко не у всех людей, поэтому не нужно переживать, если они не возникают. Конечным итогом работы с формулой прощения должно стать такое изменение отношения к человеку, когда **никакой его поступок не сможет вызвать у вас негативное переживание**. Те его поступки или слова, которые раньше вызывали у вас негативную реакцию, теперь совершенно не волнуют вас, и вы имеете возможность поступать так, как вы захотите.

• Это — не аффирмация

Обращаем ваше внимание на то, что приведенная формула прощения не является аффирмацией (позитивным утверждением) и не работает на замену одного утверждения другим. Эта техника только чистит ваше тело эмоций от накопленных негативных переживаний, не помещая взамен что-то другое.

Это похоже на большой напильник, которым вы стачиваете до основания имеющийся у вас булыжник переживаний. В итоге чистки вы ничего не оставляете на его месте — только пустоту и чистоту.

Но не спешите заполнить ее новыми переживаниями — насладитесь хотя бы недолго состоянием внутреннего покоя и всепрощения!

Это довольно комфортное состояние, когда вы не имеете претензий к миру. И он не имеет к вам ничего плохого.

• Нельзя механически повторять фразы и отвлекаться

Рассмотренная техника — это именно медитация, и она **требует полной сосредоточенности и погруженности** в процесс многократного повторения формулы прощения. Совершенно недопустимо чисто механическое повторение формулы, когда в одной половинке головы повторяется фраза о прощении, а в другой спокойно работает «словомешалка», оценивая события прошедшего дня. Эффект от такого механического повторения формулы будет нулевой.

Также не рекомендуется соединять медитацию прощения с какими-то специальными движениями, мысленными картинками и т. п. Любые «добавки» к медитации потребуют сознательных усилий, и в итоге она может превратиться в механическое повторение фраз с нулевым результатом.

Медитация требует полного сосредоточения и погружения в процесс прощения!

Для усиления эффекта от медитации можно попробовать **вспоминать картинки из вашего прошлого, когда вы конфликтовали с человеком**, по отношению к которому проводите медитацию. Такое воспоминание слегка потревожит ваш эмоциональный план, и прощение может пойти быстрее.

Иногда на начальных стадиях медитации **возникают физиологические явления** вроде перехватывания дыхания, спазмов, слез, кашля или головной боли. Такие симптомы говорят о том, что вы нащупали свою самую большую мыслеформу и пробуете ее стереть. А ей это не нравится! Поэтому она блокирует вашу работу, вызывая неприятные ощущения.

Не поддавайтесь ей! Пересильте себя хотя бы на пять минут, и дальше все пойдет хорошо. Болевые и другие неприятные ощущения исчезнут, зато эффект от медитации будет огромным!

Вы сразу почувствуете облегчение, и мир заиграет перед вами новыми красками.

Медитируйте на всех своих знакомых

Мы рассмотрели технологию прощения по отношению к мужу. Как вы понимаете, это только первый шаг к чистке вашего тела эмоций. Далее нужно выполнить это упражнение по отношению к **отцу, матери, братьям или сестрам, бывшим мужьям или женам** (сколько бы их у вас ни было), если у вас были с ними натянутые или конфликтные отношения. Далее поработайте с прощением **всех родственников**, которые хоть как-то вмешивались в вашу жизнь и доставляли вам неприятности (с каждым отдельно).

Проведите прощение ваших **знакомых** по работе или увлечениям, несправедливых начальников или неблагодарных подчиненных. Поработайте с формулой прощения на **ваших любимых**, с которыми вы расстались не самым лучшим образом. На **саму** (или **самого себя**), если у вас были когда-то претензии к себе. Фраза для медитации здесь почти та же: «С любовью и благодарностью я прощаю сама себя и принимаю себя такой, какая я есть. Я прошу прощения у себя за свои мысли и эмоции по отношению к себе. С любовью и благодарностью я прощаю сама себя».

Людям свойственно осуждать или обижаться на самих себя (почему я такой неудачливый, некрасивый, застенчивый, глупый) или погружаться в чувство вины. Но **осуждение себя — это такое же неприятие реальности, как и осуждение других людей**. Поэтому обязательно нужно простить себя.

Затем желательно так же очиститься от ваших претензий к **Жизни**. Скорее всего, вы иногда обижались на Жизнь — например, за то, что она забрала у вас любимого или родственника, почему у вас все так плохо и т. д.

Фраза для прощения Жизни будет иметь следующий вид: «С любовью и благодарностью я прощаю Жизнь и принимаю ее такой, какая она есть. Я прошу прощения у Жизни за все мысли и эмоции по отношению к ней. С любовью и благодарностью Жизнь прощает меня».

Общее время работы с формулой прощения зависит от того, сколько обид и других претензий вы накопили за свои годы. Медитация на людей, с которыми у вас были самые конфликтные отношения, потребует **несколько часов повторения формулы прощения суммарно**. Для старых знакомых или родственников, о которых вы вспомнили с трудом, суммарное время повторения формулы прощения может составлять 10—30 минут на каждого.

Прикиньте свои затраты на выполнение этого упражнения. Например, для полной очистки от всех обид человеку в возрасте за 40 лет потребуется не менее месяца работы над собой около часа в день в любое свободное время. Общее время медитации должно составить не менее 30 часов.

При прочтении этих строк может возникнуть вопрос: почему нужно так долго повторять медитацию прощения? Ведь вы уже не помните обид на одних людей, простили других и даже сочувствуете проблемам третьих. Свежих эмоциональных претензий к ним нет, так зачем столько усилий?

• Грехи как грязное пятно на бумаге

Чтобы ответить на этот вопрос, попробуем воспользоваться простым сравнением. Представьте себе, что ваша негативная мыслеформа — это грязное пятно на листе бумаги. Чем больше и плотнее мыслеформа, тем больше размер пятна на бумаге.

Вам нужно очистить бумагу, и у вас для этого есть небольшой ластик. Каждое движение ластика очищает маленькую площадь загрязненной поверхности. Для того чтобы очистить весь лист, вам нужно сделать множество движений. И чем больше пятно, тем большее количество движений вам придется сделать.

Именно поэтому мы предлагаем многократно повторять в уме медитацию прощения. Каждое повторение стирает только маленькую часть вашей мыслеформы, поэтому для полной очистки медитацию нужно повторять много-много раз. А осознание ошибочности своих прежних убеждений и прощение ваших недругов — это сильный и большой ход, который позволяет стереть наиболее выступающую часть вашей негативной мыслеформы. Хотя и большую, но все-таки часть.

Поэтому наряду с прощением и принятием всех проявлений этого мира **не оставляйте в покое ваши прежние обиды и негодования**. Поработайте с ними отдельно, и вашему «смотрителю» не придется применять к вам «воспитательные» меры.

• Эффективность медитации

Какова эффективность предлагаемой эмоциональной чистки? Опыт показывает, что можно очистить «накопитель» примерно на 15% за две недели, если посвятить повторению формулы прощения на разных людей около часа в день.

Наверное, можно достичь и больших результатов, но тогда возникает опасность, что ваша голова перегреется и «крышечка» с нее съедет. И тогда вместо положительного эффекта вы рискуете попасть на прием к психиатру, о чем вряд ли мечтаете. Так что торопитесь не спеша.

Иногда медитация дает совершенно удивительные результаты уже через 15—30 минут работы с формулой прощения. Мы неоднократно набюдали случаи, когда участник нашего семинара начинает «чиститься» на своего родственника, с которым он уже 2—3 года не разговаривал из-за какого-то давнего конфликта. И вдруг этот родственник сам звонит ему и предлагает встретиться. Или муж неожиданно идет и покупает своей жене цветы, хотя до медитации он не делал этого уже много лет. И т. д. Ожидать каких-то изменений со стороны лиц, по отношению к которым вы будете чистить свои переживания, не нужно. Но будьте готовы к тому, что они могут произойти.

• А нельзя ли поскорее?

Нередко возникает вопрос: а можно ли поскорее очисть свое тело эмоций от накопленных переживаний? Не каждый человек согласен медитировать 10—20 часов, даже в удобное для себя время.

Ответ на этот вопрос очевиден: конечно, можно. Нужно пройти ту же процедуру прощения, но только не в уме, а наяву, т. е. подойти к каждому из своих бывших недругов и вслух попросить у них прощения за каждый свой поступок, мысль или эмоцию. Причем это должно быть не формально произнесенные слова (которые часто говорятся в Прощеное воскресенье), а истинное, эмоциональное прощение, со слезами раскаяния и облегчения. За одну такую процедуру ваш сосуд может очиститься на 5—7%.

Но нужно признать, что для большинства людей это практически невозможно. Поэтому мы и предлагаем пусть чуть более длинный, но достаточно эффективный путь самостоятельной мысленной медитации.

Для облегчения процедуры очистки от эмоционального негатива вы можете многократно прослушивать **специальные аудиозаписи** медитаций прощения других людей, прощения самого себя (мужской и женский вариант) и прощения своего тела, разработанные в Центре «Разумный путь». Записи можно приобрести наложенным платежом или в региональных отделениях Центра. Более подробную информацию можно получить на сайте www.sviyash.ru. Эти же записи входят в состав Системы самодиагностики и самопрограммирования на успех «Эффект» — информация о ней приведена в конце книги.

• Если формула прощения не помогает

Есть люди, которым рассмотренная техника прощения не подходит, — они постоянно отвлекаются, не могут припомнить конфликтные ситуации или просто не способны к систематической работе над собой. Как им очищать свой «накопитель переживаний»?

Однозначного ответа здесь нет, нужно искать подходящий вам способ чистки. Можно воспользоваться помощью традиционных психологов или обратиться к специалистам по альтернативным методам типа холодинамики, дианетики и т. д. Довольно эффективно можно почистить эмоциональное тело с помощью методов интенсивного дыхания типа холотропного дыхания или ребефинга.

Если вы религиозны, можно пройти процедуры прощения вашей религии и т. д. В общем, если поставить перед собой цель очиститься от прежних переживаний, то Жизнь обязательно придет вам на помощь и подскажет, как это можно сделать. Если, конечно, вы не будете переживать на пути к этой цели.

На этом мы заканчиваем рассмотрение техники чистки и переходим к подведению очередных итогов.

ИТОГИ

■ *Все испытываемые нами в жизни негативные переживания «откладываются» в нашем теле эмоций в виде мыслеформ (сгустков мыслей и эмоций) темного цвета.*

■ *Негативные мыслеформы не стираются сразу при изменении нашего отношения к миру и однократном прощении ваших прежних недругов.*

■ *Для ускорения очистки тела эмоций предлагается проводить медитацию прощения, в ходе которой в результате многократного повторения определенной формулы негативная мыслеформа стирается.*

■ *Медитацию прощения необходимо проводить по отношению ко всем людям, с которыми у вас в жизни были какие-то напряженные взаимоотношения, включая всех родственников и знакомых, себя и жизнь.*

Глава 21
Поясним самое непонятное

Всякая разумная мысль уже приходила кому-нибудь в голову,
нужно только постараться еще раз к ней прийти.

И.Гете

Ответим на некоторые характерные вопросы, возникающие при прочтении предыдущих глав.

• Чем отличается идеализация от цели?

Первый типичный вопрос: «*Чем отличается идеализация от цели? Ведь к желанной цели нужно стремиться изо всех сил. Не станет ли она идеализацией? Можно ли чего-то страстно желать?*»

Ответ на этот вопрос следует из определения идеализации. Идеализация — это такая избыточно значимая ценность, при нарушении которой человек начинает испытывать **длительные негативные переживания**. Вы можете иметь любые ценности и стремиться к их достижению любыми доступными вам способами — это не идеализация. Будьте позитивны, азартны, уверены в правильности своего выбора — и рано или поздно вы получите то, к чему стремитесь.

Но вот если на пути к желанной цели, будь то деньги, любовь, власть, отношения или любая другая ценность, вы встретите препятствия и начнете испытывать длительный эмоциональный негатив — тут-то ваша цель станет идеализацией. Со всеми вытекающими из этого духовными «воспитательными» процессами со стороны Жизни.

Если же вы спокойно отнесетесь к препятствиям, воспримите их как сигналы Жизни и скорректируете свои действия в достижении желанного результата, то никаких проблем не возникнет. У вас нет длительных переживаний, значит, нет и идеализации. И рано или поздно вы получите желанный результат — если, конечно, он вам еще будет нужен.

• Можно ли вообще чего-то желать?

«*Если все так сложно и запутано, то можно ли вообще иметь какие-то желания? Может быть, нужно ограничить свои потребности до минимума и довольствоваться тем, что подает нам Жизнь (Бог, Высшие силы)?*»

Ответ довольно прост. Той же Жизни (Богу, Высшим силам) совершенно все равно, будете ли вы жить в отдельном особняке или ютиться в лачуге, питаться дома или в хорошем ресторане. Вы можете с удовольствием жить в лачуге и тем самым радовать Жизнь и себя. И можете ходить по своему трехэтажному особняку с перекошенным от зависти лицом, и все потому, что у ваших соседей лучше вид из окон, чем у вас. Или наоборот, вы можете радоваться своему большому дому и благодарить Жизнь за то, что она так прекрасна, и т. д.

Наличие или отсутствие каких-то материальных благ не делает человека счастливее и радостнее. Но при удовлетворении его потребностей в еде, жилье и безопасности оснований для радостной жизни у него все же становится больше. И Жизнь рада помочь человеку получить любые материальные и прочие ценности, лишь бы он жил и получал удовольствие от своего бытия.

Поэтому желать и стремиться к удовлетворению любых своих желаний можно. Нужно только не забывать порадоваться достигнутому и поблагодарить Жизнь за заботу о вас.

• Нужно ли всегда смиряться?

«Основное требование, которое предъявляет к нам Жизнь, состоит в том, чтобы принимать ее такой, какая она есть. Значит ли это, что когда мне хамят, бьют, отбирают у меня деньги или унижают любым другим способом, то мне нужно тихо терпеть и принимать все таким, какое оно есть? Или можно как-то защищаться, давать отпор?»

Вы можете выбрать любую стратегию поведения, лишь бы она не приводила к большому накоплению эмоционального негатива в вашей душе, т. е. вы можете принять унижения, если считаете, что заслужили их, и не будете потом мучиться от обиды или желания отомстить. Например, в годы Гражданской войны большевики закрывали монастыри и расстреливали монахов. И монахи, вполне взрослые и сильные мужчины, предпочитали принять смерть, чем «губить душу», вступая в борьбу за свою жизнь и испытывая при этом неминуемые негативные эмоции.

Но ведь читатели этой книги — не монахи, и делать такой выбор им совсем не обязательно. **Вы имеете полное право защищать себя**, свое достоинство или имущество любыми доступными вам средствами. Важно только делать это не со злобой или ненавистью, а с более позитивными эмоциями. Например, с внутренним сочувствием к тем людям, которые творят зло по отношению к вам. Они творят то, чего не ведают.

Например, если вы видите, что ваш деловой партнер очень любит деньги и хочет забрать себе вашу долю, то вы имеете право защищать свои интересы любым способом: через конфликт, суд, привлечение третьих лиц и т. д. Важно только делать это не с гневом или желанием отомстить, а с внутренним сочувствием к вашему партнеру за то, что он оценил деньги выше человеческих отношений. И даже с благодарностью ему за то, что он указал вам на одну из ваших идеализаций.

Точно так же можно иногда наказывать ребенка (или сотрудника), не выполняющих установленных правил поведения. Но делать это нужно не с гневом или раздражением, а с любовью и благодарностью. Раз человек не хочет понимать других способов обращения, то вы вынуждены перейти на доступный ему язык.

Понятно, что на начальной стадии конфликта вы неминуемо будете испытывать эмоциональный негатив, вы не святой. Это допустимо. Важно только, чтобы ваши переживания не затягивались на недели, месяцы или годы — это будет свидетельствовать о наличии у вас явной идеализации отношений между людьми или какой-то еще.

Так что защищать свои права и интересы можно. Нельзя испытывать длительный эмоциональный негатив.

• Должны ли меняться окружающие люди?

«Я долгое время обижался на своих родителей (вариант — начальника, делового партнера, друга) за их поведение. Теперь я понял, что они дают мне уроки, простил их и перестал их осуждать. Значит ли это, что они теперь должны измениться и перестать вести себя по-прежнему?»

Ответ на этот вопрос очевиден: никто никому в этом мире ничего не должен. И никто не обязан меняться только от того, что вы кого-то простили и перестали обижаться. С какой стати должны меняться ваши родители, если вы все время обижались на их тотальный контроль и попытки указать вам, как вам вести себя? Ведь они явно делали это не со злобы или желания сделать вам хуже, а наоборот, старались защитить вас от ошибок и помочь принять правильное решение.

Понятно, что при этом они исходили из своего воспитания, образования, личного опыта и других собственных убеждений. Возможно, времена изменились и их советы устарели, а вы хотите совершать свои собственные ошибки (не довольствуясь чужими). Так почему они должны перестать заботиться о вас только от того, что вы наконец-то перестали на них обижаться? Вовсе не обязаны. Они по прежнему будут пытаться контролировать вас и давать вам советы, они просто не умеют жить по иному! А вот обижаться на это или быть благодарным им за их заботу, выбирать вам. До сих пор вы выбирали обиду, теперь выбрали прощение, и что из этого? Никто не обязан меняться только от того, что вы изменили некоторые свои внутренние установки.

Правда, иногда бывает, например, и так. Вы осуждали мужа за выпивку, и он в порядке борьбы за права личности выпивал все больше и больше. Теперь вы сняли все претензии к нему, внутренне (да и внешне) позволили ему пить столько, сколько он хочет. В итоге ему некому и нечего будет доказывать и, не исключено, что он прекратит или уменьшит свое питие.

Так может быть. Но не нужно ждать, что он обязан бросить пить только из-за того, что вы перестали его осуждать! Не обязан. Его могут осуждать и другие люди (мать, отец, дети), и он может продолжать бороться с ними, но вас это уже не должно волновать. Другое дело, что после принятия и прощения вам нужно задуматься, стоит ли вам дальше оставаться с этим человеком? Ведь он наверняка останется таким до конца своих дней и будет продолжать вносить дискомфорт в вашу жизнь. А вам это нужно?

Наша методика предназначена для самосовершенствования и повышения личной успешности, а не для изменения окружающих людей, не забывайте об этом.

• Не жертвы ли мы?

Не делает ли человека вся эта теория очередной жертвой Жизни, которая насильно занимается нашим духовным «воспитанием»? Получается, что человек не обладает свободой воли, а должен подчиняться каким-то неизвестным ему правилам?

Действительно, на первый взгляд может возникнуть такое впечатление. Позиция жертвы тяжелых обстоятельств очень близка многим людям, она позволяет им ничего не менять в своей реальности, а только упиваться страданиями. На самом деле все обстоит не так.

Приведенное описание процесса духовных «воспитательных процессов» — это, скорее всего, лишь удобная модель описания тех событий, которые происходят в жизни людей. Точно так же с помощью модели «накопителя переживаний» удобно описывать процессы снижения эффективности человека по мере накопления им претензий к Жизни, но на самом деле никакого «накопителя» в нашем теле нет.

В реальности, видимо, **все процессы своего духовного «воспитания» порождаем мы сами — своими страхами, неуверенностью в**

себе, избыточными амбициями, неосознаваемой концентрацией на том, что нас не устраивает. Некоторые процессы действительно выглядят как независимые от нашей воли, например влюбленность в того, кто относится к жизни по-иному, чем вы, и некоторые другие. Но и эти процессы порождаем мы сами! И механизм их довольно прост.

Он состоит в том, что человек бессознательно выбирает своей **самой значимой ценностью желание всегда быть правым!** У него есть какая-то идея, и он должен доказать окружающим, что прав только он! Это главная его ценность, а Жизнь, как известно, готова помочь нам получить то, что для нас очень важно, т. е. она (точнее, мы сами!) начинает искать способ, как бы нам отстоять эту ценность, самоутвердиться в своей правоте. Для этого нужен кто? Нужен другой человек, который не понимает, как вы правы. И вы можете «размяться» на нем, доказывая ему ошибочность его убеждений по значимому для вас вопросу.

Поэтому люди бессознательно сами (!!!) выбирают того, с кем потом им предстоит побороться, доказывая свою правоту. Противоположности притягиваются.

Женщина, которая уверена, что пить нехорошо, бессознательно из множества мужчин выбирает себе в мужья пьющего и потом много лет борется с ним, доказывая свою правоту. Быть правым — серьезная ценность, за нее можно многое отдать. Многие годы жизни, здоровье и все остальное.

Мужчина, идеализирующий секс, бессознательно выбирает себе в жены женщину, которой секс не важен, и потом многие годы борется с ней или просто страдает (тоже форма борьбы!), отстаивая свою правоту в вопросах секса.

Человек, идеализирующий отношения (честность, доверие), бессознательно ищет среди множества людей нечестного и затем начинает бороться с ним, отстаивая правильность своих взглядов.

Соответственно, если у человека нет идеализаций, то ему не нужно отстаивать свою правоту любой ценой. Поэтому он из множества людей выберет себе в супруги (друзья, партнеры, сотрудники) того, с кем ему не нужно будет бороться. А можно будет просто жить и получать удовольствие от этого процесса. Но так бывает редко.

Поэтому, как видите, все события нашей жизни порождаем мы сами. Мы не жертвы, мы хозяева своей ситуации, ее родители. Мы имеем возможность загубить свою жизнь, но никто не мешает нам же сделать ее более радостной и успешной. А чтобы понять, как этого достичь, применяется предлагаемая модель духовных «воспитательных» процессов, с помощью которой можно легко и понятно объяснить, какие ошибки мы совершаем. Это не более чем модель. И мы не жертвы, а хозяева и Творцы той реальности, которую имеем в каждый момент времени.

На этом мы заканчиваем рассказ о том, что может блокировать достижение желанных целей и сделать человека несчастным. А чтобы вы не забыли об этом, повторим основные идеи первой части книги.

Глава 22
Как мы блокируем свои усилия — основные идеи

Почему есть ошибки, которые нельзя исправить,
и нет ошибок, которые нельзя было бы совершить?
Владимир Туровский

Напомним основные идеи первой части книги. Она вся была посвящена только одной теме — рассмотрению сложностей, которые мы себе создаем сами на пути к заявленным целям.

Человек рождается для радостной и счастливой жизни, духовного развития и самопознания. Он имеет право ставить перед собой любые цели и достигать их. Но на пути к желанным целям всегда возникают препятствия, большую часть которых порождаем мы сами, не догадываясь об этом. В общем виде все внутренние препятствия могут быть разделены на **четыре большие группы**.

1. Мы неосознанно заказываем себе неприятности или отсутствие заявляемого результата.

2. Мы неосознанно руководствуемся внутренними программами и стереотипами поведения, которые блокируют наши усилия.

3. Мы приобретаем некоторый набор избыточно значимых идей и не позволяем Жизни быть иной, в результате не получаем того, без чего не мыслим себе жизнь, и без конца получаем то, что скрыто или явно осуждаем.

4. Мы не знаем, к чему стремимся, либо нечетко формулируем свои цели, в итоге получаем совсем не то, к чему стремимся.

• Первая группа препятствий

Каким же образом люди заказывают себе неприятности Таких способов существует несколько.

- Постоянное и высокоэмоциональное прокручивание в голове различного рода страхов и сомнений является прямым указанием Жизни о том, что вы желаете получить, т. е. страхи и сомнения имеют свойство сбываться.

- Все мы извлекаем множество неосознаваемых выгод из текущей ситуации либо не желаем тех изменений, которые придут вместе с заявленной целью, поэтому подсознательно не хотим ничего менять, хотя и декларируем желание получить какой-то результат.

- Если та цель, к который вы стремитесь, занимает низкий ранг в вашей системе ценностей, то вы будете бессознательно отказываться от нее, поскольку она вам не важна и не является истинной ценностью.

- Некорректная формулировка цели может привести к тому, что ваше желание будет исполнено так, что вы этого даже не заметите или будете недовольны результатами своих усилий.

- Жизнь заботится о нас и помогает достичь только того, чего мы достойными. Значит, если вы имеете низкую самооценку и в глубине души уверены, что недостойны заявленного результата, то вы его не получите.

- Если в вашем лексиконе часто встречаются слова типа «проблема», «головная боль», «несчастье» и подобные, то это означает, что в вашей личной реальности много проблем и несчастий и Жизнь будет вынуждена выполнять этот ваш неосознаваемый заказ.

- Если из всего многообразия происходящих в мире событий концентрироваться только на разного рода бедах и неприятностях, то тем самым вы будете неосознанно заявлять Жизни, что вы ждете от нее именно таких событий. И она будет обеспечивать вас этими **нерадостными** событиями в полной мере.

Значит, первым шагом на пути к повышению личной эффективности должен стать пересмотр своих мыслей, истинных желаний и своей системы ценностей и приведение их в соответствие с теми целями, к которым вы стремитесь.

- ## Вторая группа препятствий

Следующая группа препятствий на пути к желанным целям заключается в том, что мы, как роботы, бессознательно отрабатываем некоторые программы из своего подсознания.

Наше подсознание является своеобразным складом, где хранятся все наши внутренние программы, идеи, установки, убеждения, стереотипы поведения и страхи. Подсознание хранит и реализует через наше поведение все эти установки с единственной благородной целью — уберечь нас от ошибок и неприятностей, которые мы можем совершить в будущем.

Часть этих программ являются положительными. Они облегчают нам жизнь, поскольку позволяют не совершать больших усилий в однотипных ситуациях и повышают успешность в социуме.

Другую часть внутренних установок можно назвать негативными, поскольку они (из лучших побуждений) блокируют нам возможность добиться желанных целей.

Источником внутренних негативных программ могут быть высказывания родителей и близких людей в детстве, высказывания авторитетных людей, давление средств массовой информации, неосознаваемое влияние социума и личный негативный опыт.

Для вытеснения негативных программ необходимо сначала выявить и четко сформулировать их. Это длительный процесс, поскольку в подсознании каждого взрослого человека хранятся тысячи различных установок, часть из которых требует корректировки.

После формулировки негативной установки необходимо составить новую, позитивную программу. При ее составлении желательно использовать следующие рекомендации.

1. Позитивное утверждение должно быть по смыслу полностью противоположно той негативной программе, от которой вы хотите избавиться.

2. Позитивное утверждение не должно быть излишне длинным.

3. Позитивные утверждения не должны содержать отрицаний, поскольку в них вы говорите о том, чего вы хотите, а не о том, чего не хотите.

4. Позитивное утверждение всегда составляется по отношению к себе, т. е. всегда используются местоимения: «я», «мне», «меня» и т. д.

5. Позитивное утверждение должно быть «вашим», т. е. оно должно быть вам приятным, и его повторение должно вызывать у вас в душе хорошие чувства.

При составлении позитивного утверждения можно исходить из двух подходов. Первый способ — вы **изменяете себя** так, чтобы дискомфорта больше не возникало. Второй способ — **не меняя себя, вы пересматриваете свое отношение к проблемной ситуации** и перестаете испытывать дискомфорт по ее поводу.

Затем необходимо произвести замещение у себя в подсознании прежней негативной программы на новую, позитивную. Это можно делать с помощью визуализации, путем многократного повторения или переписывания позитивных программ с максимальной эмоциональностью и путем планирования шагов, которые могут привести к желанным целям.

• Третья группа препятствий

Третья группа препятствий — это процессы принудительного духовного «воспитания» людей, процессы научения их принимать мир таким, каков он есть в реальности.

У каждого человека имеется некоторый набор избыточно значимых ожиданий, которые называются идеализациями.

Идеализировать — значит придавать избыточное, преувеличенное значение какому-то важному для вас аспекту жизни. Избыточность проявляется в том, что вы испытываете **длительные негативные переживания**, когда реальная жизнь не совпадает с вашими ожиданиями.

Если человек начинает придавать избыточное значение каким-то материальным или духовным ценностям, т. е. идеализировать их, то Жизнь начинает заниматься его духовным «воспитанием». Она разрушает ценности, которым он придает избыточное значение, доказывая ему иллюзорность его убеждений.

Существует шесть способов, с помощью которых Жизнь разрушает наши избыточно значимые ожидания.

1. **Вы никак не можете получить то, без чего не представляете себе жизнь.**

2. **Жизнь постоянно сталкивает вас с людьми, имеющими противоположную (или просто иную) систему ценностей.**

3. **Вы попадаете в ситуацию, в которой разрушаются очень значимые для вас ожидания, и ничего изменить не можете.**

4. **Вы сами вынуждены совершать поступки, за которые ранее осуждали или презирали других людей (или даже самого себя).**

5. **Вы создаете ситуации, в которых реализуются те ошибочные убеждения, существующие в вас на подсознательном уровне.**

6. **Жизнь принудительно вырывает вас из потока событий, которые привели к переполнению «накопителя переживаний», и предоставляет вам время для размышлений о правильности вашего отношения к ней.**

Все эти меры применяются для того, чтобы человек понял иллюзорность ценностей, из-за которых он испытывал сильный эмоциональный дискомфорт. Как только человек осознает ошибочность своих претензий к другим людям, себе или Жизни в целом, все «воспитательные» процессы тут же прекращаются.

Все негативные переживания, которые испытывает человек с первых минут жизни, записываются в его теле эмоций и оказывают влияние на всю его жизнь.

Для удобства описания происходящих в жизни человека процессов предложено представить, что все негативные переживания собираются в условном «сосуде», который называется «накопитель переживаний».

Степень успешности человека определяется уровнем заполнения его «накопителя переживаний». При заполнении сосуда до 50% человек очень успешен и получает помощь и поддержку Жизни во всех своих делах.

При заполнении накопителя свыше 80% у человека появляется полоса тотального невезения, все его усилия блокируются.

При заполнении накопителя свыше 90% у человека возникают смертельные заболевания или он попадает в тюрьму.

Очищение «накопителя» приводит к процессам повышения личной успешности. Очищение можно проводить с помощью формулы прощения: «С любовью и благодарностью я прощаю (имя человека) и принимаю его таким, какой он есть. Я прощу прощения у (имя человека) за мои мысли, эмоции и поступки по отношению к нему», или любым другим способом работы над собой.

Негативные эмоции попадают в «накопитель» сверху через трубу «Идеализация земных ценностей». В трубе находится 23 клапана-идеализации. Если у человека имеется идеализация, то соответствующий клапан открыт и «накопитель» пополняется переживаниями через него.

Чтобы выявить, какие именно идеализации имеются у человека, рекомендуется в течение нескольких месяцев вести Дневник самонаблюдений, в который нужно записывать и затем анализировать все свои негативные переживания.

Отказ от идеализаций означает, что вы перестаете придавать своим ценностям избыточное значение, т. е. перестаете долго переживать, если что-то происходит не так, как вы считаете возможным.

Можно использовать девять способов для отказа от идеализаций.

1. Волевым усилием вы заставляете себя прекратить переживать в повторяющейся ситуации.

2. Вы составляете позитивное утверждение, которое противоположно вашей характерной негативной мысли, указывающей на идеализацию, и затем используете приемы самопрограммирования на позитив.

3. Вы сознательно совершаете то, за что ранее осуждали других людей, — в итоге у вас исчезают основания для их осуждения, вы сам такой.

4. Вы обсмеиваете свои характерные переживания, представляя себя клоуном в «цирке жизни», постоянно играющим одну смешную роль.

5. Вы осознанно понижаете стандарты требований к себе или другим людям, в результате исчезают основания для осуждения.

6. Вы сами просматриваете те варианты духовных «воспитательных» процессов, которые может применить к вам Жизнь, если вы не перестанете осуждать реальность, и в итоге осознаете, что вы уже сейчас живете в Раю.

7. Вы посылаете любовь и благодарность своим страхам и другим негативным эмоциям, в итоге образ негативной эмоции трансформируется в позитивную эмоцию.

8. Вы осознанно учитесь увеличивать временной промежуток между поступившей к вам информацией и вашей реакцией на него и в этот промежуток осознанно выбираете, каким образом будете реагировать.

9. Вы учитесь получать удовольствие от того высокоэнергетического состояния, которым является любая эмоция. В итоге вместо борьбы за свои идеалы вы сосредоточиваетесь на удовольствиях от процессов, происходящих внутри вашего тела.

Если вы отказываетесь от идеализаций, т. е. не испытываете длительных негативных эмоций, то Жизни не нужно будет давать вам уроки, и тем самым вы уберете очередной барьер на пути к своим целям.

• Четвертая группа препятствий

Четвертая группа препятствий заключается либо в отсутствии явно выраженных ближних и дальних целей (что само по себе является неосознаваемым «заказом» сохранить нынешнюю ситуацию), либо в нечеткой их формулировке. В итоге вы получаете совсем не то, к чему вроде бы стремитесь.

Правила работы со своими целями рассматриваются во второй части книги.

Часть 2

Формируем желанное событие

Умный человек найдет выход из любого сложного положения.
Мудрый в этом положении не окажется.

Ж. Рихтер

Вторая часть книги посвящена рассмотрению вопросов о том, как правильно идти к своей цели, если вы убрали со своего пути все препятствия, которые мы рассматривали в первой части книги.

Понятно, что если вы все еще не избавились от страхов, неосознаваемых выгод, внутренних негативных убеждений или идеализаций, то вам трудно будет рассчитывать на легкое и быстрое исполнение своих желаний. Эти внутренние барьеры будут блокировать ваши осознанные усилия, поэтому сначала нужно избавиться от них.

Если же вы уже избавились от этих блокирующих факторов и улыбка не сходит с вашего лица, то и это еще, к сожалению, не означает, что теперь все ваши желания начнут исполняться самым чудесным и наилучшим для вас образом. Сбываться-то они действительно будут, но чаще всего вовсе не так, как вам хотелось бы.

Вы, конечно, можете намекнуть Жизни, что вам чего-то не хватает для полного счастья. Чего не хватает – решать вам, у Жизни есть все. Это могут быть деньги, способности, любимый, хорошие отношения, желанная работа и т. д. Теоретически вы можете получить все, что вам нужно. Но на практике так получается редко, поскольку и на этом пути люди совершают множество ошибок. Просить (заказывать, формировать, творить) нужно правильно.

Неправильное использование своего огромного потенциала и потенциала Жизни может привести к самым разным и непредсказуемым последствиям. Посадите 5-летнего малыша за руль шестисотого «Меседеса», включите двигатель и оставьте его наедине с этой мощью. Что произойдет?

Примерно то же самое происходит с миллионами людей, которые используют огромную мощь Жизни, совершенно не догадываясь о правилах взаимодействия с нею. Они не соблюдают правил и поэтому постоянно попадают в «аварии».

Поэтому в этой части книги **мы изучим общие правила**, которые желательно соблюдать на пути к желанным целям.

• Два условия успеха

Но сначала давайте рассмотрим несколько общих условий достижения успеха. Если в качестве аналогии взять правила дорожного движения, то там есть как конкретные правила движения, так и общие требования к потенциальным водителям.

Водитель должен быть совершеннолетним — тогда его физическое развитие позволит ему справиться с управлением автомобилем. Он должен быть психически здоров — тогда можно предполагать, что он будет соблюдать общепринятые правила движения и не будет ездить по своим собственным. Он должен быть грамотным — чтобы читать дорожные знаки и надписи. Он должен иметь нормальное зрение — чтобы видеть, куда едет, и т. д.

Вывод: еще до соблюдения конкретных правил дорожного движения его участники должны отвечать некоторым условиям, иначе их неминуемо ждет авария.

Точно так же и на пути к личным целям участники процесса формирования желанных событий должны соблюдать некоторые общепринятые условия или требования. В самом общем виде их можно свести к двум условиям достижения желанного результата. Они не сложны.

1. **Нужно устранить противоречия с окружающим миром, стать осознанной личностью и понимать, в каком направлении и зачем вы «идете».**

2. **При достижении своих целей нужно организовать правильное взаимодействие с Жизнью.**

С одной стороны, все эти «нужно» навевают тоску, и хочется послать их подальше, предавшись полной свободе и произвольному течению жизни. «Пусть все будет, как будет!» — такую позицию занимает множество людей, не обременяя себя избыточной осознанностью и усилиями по достижению желанных результатов.

Можно жить и так, просто тогда вам не стоит надеяться на то, что вы будете иметь такие же успехи, как и люди, целенаправленно идущие к своим целям. Они получают удовольствие от результатов, а вы — от непредсказуемости Жизни.

Собственно, такие «спонтанные» люди не столь уж оригинальны в своем выборе. В нашей методике подобная жизненная позиция учтена и называется «Жизнь есть большой механизм». Она тоже имеет свои особенности, и если их не учитывать, то можно набить много шишек (на голове, разумеется).

В общем, если вы не против того, чтобы использовать по назначению данные вам от рождения способность мыслить, то рекомендуется выполнять приведенные выше условия при движении к своим целям.

• Нужно ли соблюдать сразу все условия?

Все это, конечно, здорово, но остаются некоторые вопросы. Допустим, **в каких сферах жизни и деятельности** необходимо выполнять все изложенные выше условия? Например, нужно ли соблюдать оба условия при достижении своих целей в бизнесе? Может быть, достаточно только правильно попросить денег у Жизни, не отказываясь от идеализаций или не меняя внутренние негативные программы? А сколько условий нужно выполнять при поиске семейного счастья или увлекательной работы, да еще с высокой зарплатой?

Как нам представляется, **необходимо выполнять все условия вместе** в любой ситуации. Невыполнение одного из условий может привести к началу активного «воспитательного» процесса по отношению к вам. А когда вас активно воспитывают по двум-трем позициям, то какие тут новые цели! От проблем бы избавиться.

Поэтому изложенные выше условия **являются обязательными** при **достижении любых целей**, будь то экспедиция к Северному полюсу на велосипедах или покупка тапочек за минимальную цену. Меняются масштаб целей, смета затрат, сроки исполнения — но не отношение к жизни участвующих лиц.

• Стратегия и тактика достижения цели

Мы уже подробно рассматривали, как нужно выполнить первое условие достижения желанной цели. Теперь переходим ко второму условию.

Все рекомендации по повышению личной успешности на пути к желанным целям можно разделить на **стратегию и тактику их достижения**.

Даже по звучанию этих слов можно понять, что стратегия — это что-то большое, серьезное и очень важное.

Наша стратегия достижения цели включает себя серьезные и долговременные решения, определяющие ход ваших мыслей, отношение ко всем происходящим событиям и стиль вашего поведения на пути к желанным целям.

Стратегические решения не зависят от внешних факторов и выбранной цели, они выбираются один раз и надолго. К стратегии достижения цели мы отнесем те жизненные позиции, которые рекомендуется занимать человеку на пути к своим целям, чтобы избежать появления новых внутренних блокировок. Сюда же относятся принципы Методики формирования событий, которые помогают нам правильно строить свои мысли и шаги на пути к намеченным целям.

Слово «тактика» звучит более мягко, хотя она не менее важна на пути к желанным целям. Мы под **тактикой будем понимать практические рекомендации по формулировке желанной цели, анализ промежуточных результатов и выполнение определенных действий, приближающих вас к цели**. К тактике относим вполне практические и прикладные шаги, которые могут зависеть от выбранной цели, имеющихся ресурсов и множества других факторов.

Понятно, что начинать движение нужно с выработки общей стратегии, и первым шагом здесь станет выбор жизненной позиции.

Глава 1
Выбираем жизненную позицию

На этом этапе предлагаем все возможные стратегии поведения людей разделить на несколько характерных жизненных позиций. Соответственно, часть таких позиций может гарантировать вам множество проблем и неудач. Например, жизненная позиция типа «Жизнь есть несправедливость (страдание, случайность)» будет порождать у вас полную пассивность и зависимость от окружающих обстоятельств, сколь бы лет вам ни было. Зачем суетиться, все равно справедливости не добьешься. Подобных «жертв несправедливости», беспомощно или агрессивно ожидающих очередной подачки от начальства или правительства, встречается довольно много среди малообеспеченного населения.

Жизненную позицию «Жизнь есть борьба» занимают люди, хронически недовольные своей реальностью и героически борющиеся с существующими порядками. Они постоянно ходят на митинги или демонстрации, читают злобные газеты и упиваются далеко не радостными эмоциями. В «цирке жизни» они являются почетными клоунами. Понятно, что эти и подобные позиции гарантируют их обладателям множество хлопот и переживаний, а об их личной успешности вспоминать не имеет смысла.

Но существуют и другие позиции, которые позволяют человеку быть осознанным и успешным на пути к своим целям. Именно такие позиции мы и рассмотрим.

Глава 2

Жизнь есть игра

Первая жизненная позиция, которую мы предлагаем вам «примерить» к себе, чтобы избежать возникновения различных идеализаций и вытекающих из них «воспитательных» процессов, называется «Жизнь есть игра».

• Игра в достижение цели

Эта позиция означает, что у вас **есть конкретные цели** и вы прилагаете усилия к их достижению, но **относитесь к процессу реализации ваших целей как к игре**. Какие это цели — совершенно все равно. Это может быть личное счастье или новая шуба, заключение крупного контракта или поездка за границу, научное открытие или строительство загородного дома и т. д.

У вас есть цель, и вы к ней стремитесь. Вы прикладываете все возможные усилия по ее достижению, а она пока не достигается. Вот тут-то и идет проверка вас Жизнью на наличие **идеализации своих способностей** по достижению цели или **идеализации цели**. И позиция игрока в такой ситуации вам может очень даже пригодиться.

Что может дать такая позиция? Она даст вам возможность **не придавать избыточного значения результатам ваших усилий** по достижению цели (т. е. не идеализировать цель и планы по ее достижению).

Получается — отлично! Не получается — нехорошо, но это не повод для переживаний! В игре всегда есть выигрыш, но возможен и проигрыш. Будьте к нему готовы заранее! Попробуйте все ваши удачи воспринимать как временные выигрыши, а неудачи — как временные проигрыши! Причем **играть надо азартно, с желанием, во всю мочь**! Но — без долгих переживаний, если что-то не получается.

Так, если вам не удалось занять желанную должность на службе — значит, ваш соперник в этот раз переиграл вас. Но в следующий раз ему это не удастся, либо вы попробуете переиграть его на другом поле, например вы попробуете занять должность повыше, но уже в другой организации. Или у вас не идет проект и вы попали в долги — значит, вы играете не в свою игру и нужно либо быстро **менять правила игры** (отказаться от скрытых выгод, идеализаций или негативных внутренних программ, начать действовать по-иному), либо **признать свой проигрыш и попытаться выиграть в другой игре** (в другом проекте), где Жизни не нужно будет разрушать вашу систему избыточных ценностей. И так по любым проигрышам. О выигрышах беспокоиться, скорее всего, не нужно.

• Отношение к неудачам

Благодаря такому отношению к жизни резко уменьшится количество ваших негативных эмоций (по отношению к себе, миру, партнерам и т. д.), за которые можно попасть под процессы духовного «воспитания».

Так, игрок может активно и с азартом участвовать во всех действиях по достижению цели, но он **не принимает слишком близко к сердцу свой проигрыш**. Проиграл так проиграл, в следующий раз отыграюсь.

Это удобная и эффективная жизненная позиция, которой придерживаются многие чиновники и предприниматели. Посмотрите на преуспевающих членов правительства — они занимают свои посты, заранее зная, что недолго усидят на них. И тем не менее с азартом «играют» в управление страной или отраслью, часто с большой выгодой для себя. Скорее всего, Жизни совершенно безразлично, каким путем вы будете получать свой доход — в виде зарплаты в кассе, в виде взятки или доходов от занятия каким-то видом бизнеса.

Значение имеет только то, какие эмоции вы будете при этом испытывать и что будете идеализировать. Если будете радоваться и благодарить Жизнь за помощь в исполнении ваших пожеланий — все будет отлично. Если зазнаетесь или обидитесь — у вас начнутся проблемы. Игроки, как понимаете, не могут надолго впадать в переживания — иначе играть будет некогда.

Подобная позиция «Жизнь есть игра» очень распространена в развитых странах. Западные бизнесмены хотя и относятся к своим делам серьезно, но всегда понимают, что могут и проиграть. Внутренне они готовы к своему возможному проигрышу, потому живут легко и с полной отдачей. Банкротство — не конец жизни, а всего лишь очередной этап на пути к вершине, дающий новый опыт и новое видение ситуации.

Поэтому, если ваша **главная и единственная цель — деньги**, то выбирайте любую игру, которая позволит добиться их побыстрее. И очень неплохо, если вы не будете нарушать законы своей страны при достижении этой цели. Но попробуйте забыть на

время о творчестве, служении людям, самовыражении, гуманиз-
ме и других светлых материях, понизьте на время их ранг в своей системе ценностей. Когда получите деньги, то тогда можете
вернуться к этому списку и выбрать из него что-то менее доход-
ное, но более приятное вашей тонкой душе.

Если же ваша цель — самореализация в творчестве, то вам
сразу нужна другая игра, где вы сможете создать что-то новое,
хотя, скорее всего, без больших доходов. Сочетать деньги и самореализацию — это игра высшего класса, доступная далеко не
всем игрокам.

В общем, позиция игрока настраивает вас на победу, позволяет **постоянно совершенствовать свое мастерство и искать новые
ходы достижения ваших целей**. Вы испробовали все варианты и
не достигли своих целей? Отлично, у вас открылось поле для
поиска новых возможностей, начинайте их искать! Если вы будете позитивны и целеустремленны, то Жизнь обязательно от-
кроет перед вами новые возможности. И тогда ваша цель обязательно реализуется.

• Признаки игры

Но игра — это не все, что вы делаете в жизни. Игра имеет
свои специфические признаки, и главный из них — это **наличие
вполне конкретной цели, к которой вы стремитесь**. Если вы просто совершаете какие-то поступки — автоматически, по привыч-
ке или в силу необходимости, то это — не игра. Не игра, когда
мы ходим на работу и выполняем там повседневные рабочие
действия, ссоримся с соседкой или мужем, ходим по магази-
нам, ездим в гости или на дачу и пр. Это все может стать игрой,
если вы, совершая все эти действия, будете преследовать какую-
то определенную цель.

Например, у вас есть очень важная цель — получить повышение по службе. И вы предпринимаете определенные действия, чтобы достичь этой цели. Скажем, изыскиваете возможность встретиться с руководством вашей фирмы где-то в гостях
и там уже, в ходе личного контакта, стараетесь произвести желаемое вам впечатление. Конечно, мы не имеем в виду разборки по поводу маленькой зарплаты или злобную критику способов управления.

А если вы просто ожидаете повышения и лишь обсуждаете
с сотрудниками его перспективы, то это — не игра, а цирк. Вам
хочется быть клоуном в «цирке жизни» — будьте им. Но не ждите,
что это автоматически приведет к повышению ваших доходов.

Позицию «Жизнь есть игра» можно занимать только тогда, когда вы совершаете какие-то действия на пути к поставленной цели, и все. В остальное время рекомендуется занять жизненную позицию «Жизнь есть цирк» (рассмотрена в первой части книги) и оставаться зрителем, с интересом наблюдая за тем, какие фортели выкидывают окружающие вас клоуны.

• Общепринятые игры

В цивилизованных странах выработан целый ряд общепринятых правил поведения людей в разных ситуациях. Есть общие правила «игры в бизнес», есть набор «джентльменских» качеств поведения человека в обществе, есть общепринятые правила семейной жизни или пути достижения женской (или мужской) любви и т. д. Если вы хотите включиться в одну из таких игр, то вам нужно соблюдать соответствующие общепринятые в этой среде правила.

Например, если это игра в «Чистый бизнес», то к правилам относится сохранение честного имени и престижа фирмы, своевременная уплата всех налогов, высокое качество товара или услуг и т. д. Если же ведется бизнес-игра «Деньги любой ценой», то можно «кинуть» партнера или государство, оставить без средств законного наследника или прихватить чужие деньги путем подделки бумаг или электронных карточек. Следующим этапом этой игры будет попытка уйти от правосудия и т. п.

Каждый человек сам выбирает устраивающую его игру, основываясь на результатах воспитания, положении в обществе, личных целях, убеждениях и т. д.

• Личная игра

Игра может быть коллективной (типа «Чистого бизнеса»), и тогда вам нужно придерживаться общепринятых правил. Если вам это не нравится, вы можете придумать свою **личную игру с известными только вам правилами**. Люди могут не понимать или даже обижаться на ваши поступки, но это их проблемы. Они думают, что вы играете в общую с ними игру по согласованным правилам. А у вас совсем другие правила, тем более что вы можете изменить их в любой момент.

• Ограничения

Затевая личную игру, нужно помнить одно ограничение: в ходе игры вы должны принимать реальность такой, какой она окажется, независимо от ваших ожиданий. А иначе могут возникнуть процессы духовного воспитания.

Как это может быть? Очень просто.

Например, вы решили сыграть в игру «Любовь» и стали предаваться этому чувству со всей возможной для вас страстью. Если вы придаете результатам игры избыточное значение, то для разрушения идеализации ваш «смотритель» должен будет организовать дело так, чтобы второй участник игры не разделил вашей страсти.

По правилам игры, в такой ситуации вы должны либо признать поражение на этом этапе и перейти к следующему, либо сменить игру.

Рассмотрим **первый вариант** развития событий.

Осознав свое поражение, вы решаете, как поступать дальше, исходя из сложившихся обстоятельств. Например, вас не любят потому, что сердце вашего избранника (или избранницы) занято другой (или другим). В этом случае вы можете подождать, пока его сердце освободится от пут текущей любви, и тогда приступить к его (ее) завоеванию.

Но нужно понимать, что такое ожидание может затянуться надолго (вплоть до следующей жизни), и за время ожидания нужно постараться не допустить переполнения своего «накопителя переживаний».

Очень большое значение имеет, какую внутреннюю позицию вы займете в период ожидания. Если вы будете просто ждать и находиться как бы в засаде, выжидая удобный момент для нападения, то все будет отлично. У вас будет хорошее настроение, постоянные спутники игрока — бодрость и азарт — не покинут вас. И выигрыш вам почти гарантирован.

Но вот если вы станете горевать и убиваться по поводу неразделенной любви, то это будет уже другая игра под названием «Несчастная любовь». В рамках этой новой игры вы будете считать себя самым несчастным и обиженным человеком, т. е. будете обижаться на жизнь. Это явная идеализация Жизни, и она будет исправляться типовым способом — например, все станет еще хуже (вариант — неизлечимое заболевание), чтобы вы поняли, что неразделенная любовь — далеко не самое плохое дело в нашем мире.

Аналогичную игру с неправильным отношением к жизни можно построить очень легко. Не попали по конкурсу в институт — начали горевать, почему «я такой несчастный (или бесталанный)». Не сумели запустить свой бизнес-проект и наделали долгов — вот вам и игра «Нет в жизни счастья» и т. д.

Все это **варианты игры «Я самый несчастный** (неудачливый, нелюбимый, бесталанный)»**, в основе которой лежат разные ошибочные убеждения и идеализация своего несовершенства (в данном случае — в форме отсутствия у вас каких-то своих качеств). За подобные игры вас будут «воспитывать», и довольно жестко.

Поэтому **нельзя строить личные игры, в которых вы будете ощущать себя обиженным, несчастным, бедным** и испытывать другие подобные негативные чувства и мысли. Итогом игры всегда должны быть победа и положительные эмоции, а неудачи в игре являются всего лишь временным отступлением, при котором азарт и положительные эмоции вас не покидают.

• Общепринятые правила

Изменять по ходу личной игры ее правила — удобная для вас позиция, но с ней не все так просто. Есть общепринятые правила, которых должен придерживаться любой человек. Например, есть Уголовный кодекс, который ограничивает возможности вашей собственной игры — она не должна выходить за эти установленные обществом правила более высокого уровня.

Хотя, как показывает реальность, многие люди не признают правил Уголовного кодекса. Вы тоже можете попробовать так делать. Но нужно четко осознавать, что тем самым вы вступите в игру «Кто кого хитрее» и противоположной стороной в игре будут органы МВД, налоговой инспекции или полиции и т. п.

Если вы уверены, что победите, то флаг вам в руки. Если проиграете, то не обижайтесь ни на кого, это был ваш личный выбор.

• Фирменные правила

Внутренние правила игры есть в любой фирме или компании. Для крупных и давно существующих организаций это называется «корпоративной культурой». Если вы пришли работать в фирму, то вам нужно придерживаться принятых там правил.

Вы можете строить свои собственные игры, но они не должны нарушать принятых правил поведения и взаимоотношений в этой фирме, иначе она вас отторгнет.

В маленькой фирме руководитель или владелец часто ведет игру «Я — хозяин, ты — чудак», а сотрудники играют в «Попробуй, докажи» (например, куда делись деньги).

• Сфера применения

В позиции игрока **можно ставить перед собой любые цели и со всей своей энергией стремиться к их достижению**. Для этого годятся почти любые средства, лишь бы вы не стали осуждать себя за их применение (и не столкнулись с ограничительными правилами более высокого порядка).

Эта позиция больше подходит людям решительным, азартным, уверенным в своих силах и готовым пойти на риск ради достижения своих целей. Она больше подходит предпринимателям, чем домохозяйкам или служащим, хотя и у них бывают свои цели, при достижении которых рекомендуется использовать эту жизненную позицию.

Надеемся, вы уже определили, есть ли у вас в жизни конкретные цели и стоит ли вам хотя бы на время становиться игроком. Если да, то вперед!

А мы пока подведем первые (в этой части книги) итоги.

Итоги

■ *Первым стратегическим шагом на пути к своим целям является выбор такой жизненной позиции, которая позволит не накапливать лишних переживаний и не блокировать тем самым свои усилия.*

■ *Первая жизненная позиция, позволяющая человеку не идеализировать результаты своих усилий и тем самым избегать неприятных уроков, называется «Жизнь есть игра».*

■ *Эта позиция предполагает, что при достижении своих целей человек внутренне готов к проигрышу и не станет обижаться на Жизнь, если такой проигрыш наступит. Он просто постарается выиграть в следующем раунде (тайме, этапе и пр.).*

■ *Эту позицию нужно занимать только при наличии конкретной цели. Во все остальное время, когда вы не совершаете действий на пути к своим целям, рекомендуется занимать позицию «Жизнь есть цирк», т. е. оставаться зрителем в «цирке жизни».*

■ *Достоинством этой позиции является то, что ее могут использовать люди азартные, энергичные, напористые в достижении своих целей, т. е. предрасположенные к появлению идеализаций и вытекающих из них процессов блокировки их страстно желанных результатов.*

Глава 3
Жизнь есть большой механизм

Следующая жизненная позиция называется: **«Жизнь есть большой механизм**. А я, соответственно, маленький винтик этого механизма».

Это неплохая позиция, гарантирующая отсутствие «воспитательных» процессов со стороны Жизни. Но ее можно занимать только в определенных местах и при соответствующих качествах личности. Поясним это утверждение.

• Место применения

Позицию «Жизнь есть большой механизм» целесообразно занимать людям, работающим в большой и сильной организации, обеспечивающей им все необходимое для жизни и гарантирующей их будущее. Наиболее яркий вариант такой организации — это японские фирмы с пожизненным наймом служащих. Или монастырь для монахов.

В России подобных устойчивых фирм практически нет. Разве что сюда можно отнести государственные организации, такие как армия, МВД и другие органы исполнительной власти, в которых люди обычно стараются работать всю жизнь.

В личной жизни такая позиция означает, что вы руководствуетесь принципом «Что бы Господь ни делал, все к лучшему», и совершенно безропотно принимаете все происходящее с вами. Вас не ругают — хорошо, ругают — значит, есть за что. Деньги платят — отлично, не платят — значит, так надо. Вас любят — спасибо, Господи. Не любят — значит, не за что. Вы с покорностью принимаете любое развитие событий, не высказывая претензий или осуждения в самых разных ситуациях.

В общем, что бы ни происходило, все равно жизнь есть лепота, а вы — блаженны и не имеете претензий ни к кому. Ваш ум не строит никаких моделей жизни, а принимает все как оно есть. При этом вы выполняете все требуемые от вас обязанности: на работе делаете все в соответствии с должностными обязанностями, дома приносите зарплату, заботитесь о семье и т. д. Но делаете все это спокойно, без переживаний. Вы делаете это потому, что так нужно (или так принято).

• Требования к участнику

Нужно сразу сказать, что людей с подобным отношением к жизни в естественном виде встречается очень мало. Разве что в церкви или монастыре.

Наша система воспитания, особенно с недавними массовыми политическими организациями (октябрята, пионерия, комсомол, партия), готовила из нас бойцов за жизнь, неуклонно добивающихся поставленных нашим умом целей.

А где ум берет свои идеалы, которые мы потом должны достигать? Сегодня — это телевидение с его пропагандой насилия, секса и материальных благ. Миллионы людей с наслаждением смотрят сериалы про сладкую, но полную непонятных забот и страстей жизнь заморских миллионеров. При этом подсознательно идет программирование того, как должны жить люди: непрерывно в кого-то влюбляться, изменять, покупать дома или красивые машины, ходить на приемы, летать на самолетах или сидеть в красивых офисах и т. д.

Мы не говорим, что это плохо. Если у вас есть деньги, сколько угодно стройте дома и участвуйте в банкетах. Человек пришел на Землю, чтобы попробовать все, что здесь есть.

Но жизнь состоит не только из развлечений, даже у очень богатых людей. У них тоже есть устремления, и если они совершают ошибки на пути к своим целям, то духовное «воспитание» их не минует. От «смотрителя» не откупишься.

Поэтому занять позицию «винтика» может только человек, который не принимает всерьез все то, что он видит по телевидению или в красивых журналах. Это какая-то фантастика, сюрреализм, не имеющий к реальной жизни никакого отношения. Он живет своей жизнью и довольствуется тем, что имеет.

Предельный вариант такой позиции — считать себя «винтиком» большого механизма под названием «Жизнь». И принимать хорошие и плохие события с одинаковыми чувствами. Если у вас это получится, то отрицательных событий быть просто не должно — вас не за что будет воспитывать.

• Требования к «винтику»

Позицию «маленького винтика» можно занять, если вы собираетесь идти работать (или уже работаете) в большой и долгоживущей организации.

От сотрудника подобной организации требуются полная лояльность, преданность и выполнение установленных в организации правил поведения. Такая организация дает чувство защищенности и уверенности в будущем, поэтому даже при средней зарплате она устраивает многих людей, не имеющих склонности к риску. Они ощущают себя «винтиками» большого механизма, и от них требуется только выполнять свои обязанности и не нарушать отлаженную работу большой структуры.

Такие организации очень консервативны и не терпят резких новшеств и инициатив, особенно со стороны своих служащих. Если в большой организации будет много избыточно инициативных служащих, они могут просто заблокировать всю ее работу. Поэтому большие организации часто отторгают служащих, пробующих перепрыгнуть через ступени должностного роста или думающих больше о себе, чем о своей фирме. Ей нужна полная преданность, и только в этом случае человек получит деньги, продвижение по службе, вплоть до максимально возможной исполнительной должности. Потолок такой жизненной позиции — председатель правления (исполнительный директор) компании.

Если вы идете работать в такую организацию, то вам нужно примерить к себе жизненную позицию «винтика в большом механизме». Если вы не чувствуете дискомфорта и уверены, что никогда не начнете обижаться на то, что вас недооценивают или вам недостаточно много платят, то это ваша позиция. У вас явно не должно быть идеализаций способностей, независимости, контроля окружающего мира, гордыни.

Если вы о себе более высокого мнения и не прочь попробовать себя в должности председателя совета директоров или президента компании, то такая позиция вам не подходит. Присмотритесь получше к позиции игрока — она тоже позволит вам не идеализировать земные ценности, но вы сумеете реализовать ваши внутренние притязания на лидерство или желание стать миллионером не больше, чем за год (а миллиардером, соответственно, за три года).

• Сфера применения

Предложенную позицию можно занять, если вы не очень уверены в своих силах и рассчитываете, что Жизнь и так даст вам то, что нужно. Такое отношение к жизни применимо в любых сферах: в любви, семейной жизни, работе, увлечениях и т. д. Но это позиция наемного служащего, а не хозяина ситуации. Она не подходит предпринимателям, стремящимся реализовать свой проект, и побыстрее.

Ее легко может принять чиновник, работающий в большом государственном органе управления. Он может иметь свои идеи, но должен продвигать их в установленном в организации порядке, не перепрыгивая через головы начальства и не обижаясь, когда идею не поймут или не примут. Если достаточно долго и настойчиво ее продвигать, то рано или поздно ситуация изменится и ваша идея будет реализована.

Важно только, чтобы до этого момента вы не обиделись на жизнь и ваш «накопитель переживаний» не переполнился. Поскольку, если придавать вашей идее избыточное значение, то ваш же собственный «смотритель» в порядке духовного «воспитания» будет препятствовать ее реализации.

• Сходство и отличия от других позиций

Внешне позиция «маленького винтика» похожа на позицию «Жизнь есть цирк», рассмотренную в первой части книги. Но есть и принципиальные отличия. «Маленький винтик» не может периодически спускаться на арену и активно принимать участие в достижении своих целей. **У него просто не может быть своих целей**, которые он активно стремится реализовать! Ему все дает мир, и активно желать ему ничего не нужно. А если есть неудовлетворенные желания, да вы еще и активно за них боретесь, то какой же вы «винтик»! Вы — игрок, и вам больше подходит позиция «Жизнь есть игра».

Таковы отличия «цирка» от «винтика». Зритель в цирке вполне может спуститься на арену и стать игроком. А потом вернуться в зрительный зал. «Винтик» этого не может. Он — часть большого механизма, и если он станет вертеться чуть быстрее или медленнее, чем требуется механизму, то придет ремонтник и выкинет его вон! Он не имеет права на самостоятельность, он должен «крутиться» согласованно с остальными частями большого механизма. Никакая самостоятельность не допускается! Если вас это устраивает, то вперед, без страха и сомнений. На арену цирка вы всегда успеете.

А нам пора подвести очередные

ИТОГИ

■ *Следующая жизненная позиция состоит в том, чтобы принять, что жизнь есть большой механизм, а вы являетесь «маленьким винтиком» этого механизма.*

■ *Подобную позицию могут принять люди, не имеющие претензий к жизни и принимающие ее полностью во всех проявлениях.*

■ *В позиции «маленького винтика» можно ставить перед собой цели и стремиться к их достижению. Но делать это можно только в рамках принятых в вашей модели жизни правил, без резких и самостоятельных действий.*

Глава 4

Жизнь есть урок

Теперь рассмотрим еще одну жизненную позицию, которая называется «Жизнь есть урок». Это совсем простая позиция. Принимая ее, рекомендуется **обращать внимание на все происходящие**

с вами в жизни события. И не просто обращать, а стараться понять, почему они произошли (или только могут произойти). Речь идет, естественно, о негативных событиях. Докапываться до причин возникновения хороших событий обычно не принято — зачем отравлять размышлениями нечаянную радость.

• *Неприятности разного уровня*

Неприятности, на которые можно обращать внимание, могут быть любой величины. Это могут быть крупные неприятности, такие как кражи, аварии, пожар и т. п. Могут быть небольшие неприятности, вроде опоздания на ответственную встречу, потери какой-то важной бумаги или упущенной возможности купить нужную вещь или поехать в желанное путешествие.

И могут быть совсем малозаметные события, если на них не концентрироваться специально: в кармане куртки образовалась дырка и ключи провалились за подкладку, или в авторучке вытекли чернила и оставили небольшое пятнышко на одежде.

Мы рекомендуем **обращать внимание только на крупные и небольшие неприятности** и игнорировать все мелочи. А иначе жизнь может превратиться в сплошное переживание по поводу того, что вы нечаянно наступили на червяка на улице или что на ботинке оборвался шнурок. Если пытаться понять смысл абсолютно всех происходящих с вами событий, то можно быстро очутиться на приеме у психиатра.

Зачем вообще нужно заниматься подобным анализом? Чуть позже мы будем рассказывать о взаимодействиях людей и разного рода непроявленных сил. Как раз там рекомендуется обращать внимание на подсказки со стороны Жизни. А эти подсказки как раз могут приходить в виде некоторых не очень приятных событий.

Кроме того, крупные неприятности могут происходить с вами, когда ваш «накопитель переживаний» наполнится до 80—90%.

Не обращать на них внимания — значит искать дополнительных приключений.

• *Кому нужна эта позиция*

Позиция «Жизнь есть урок» необходима в первую очередь людям, стоящим на пути духовного развития. Эта позиция позволяет им постоянно обращать внимание на сигналы со стороны Жизни и учитывать их в своей деятельности.

В меньшей мере эта позиция рекомендуется всем остальным людям, даже если они занимают какую-либо из рассмотренных ранее позиций. Например, «игроку» совсем не грех обращать внимание на то, какие препятствия встречаются на его пути, и пытаться понять, почему возникли именно они и что хочет подсказать ему Жизнь через эти препятствия.

«Зритель на трибуне» тоже может периодически встречаться с проблемами, которые будут подсказывать ему, что в его системе ценностей имеются какие-то дефекты. Или, скорее всего, эти события будут подсказывать ему, что у него завелись некоторые избыточные идеи об устройстве окружающего мира.

Неблагоприятные события могут проверять «винтик большого механизма» на прочность занимаемой им позиции. Если при появлении этих событий он впадает в негативные переживания, то, скорее всего, он уже выпал из «винтиков», но еще не стал «игроком», т. е. он стал клоуном на арене цирка.

• Как понять тему «урока»

Мы не сказали главного — как же «расшифровывать» происходящие с вами события. Как понять, какой именно урок дает Жизнь, если с вами произошла очередная неприятность?

К сожалению, однозначного ответа на этот вопрос не существует. Одно и то же негативное событие может быть использовано Жизнью для разрушения ошибочных убеждений, для предупреждения о предстоящих более серьезных проблемах или, например, для блокировки намеченной вами цели (в случае, если Жизнь посчитает, что вы приняли неправильное решение и при его исполнении получите большое разочарование).

В общем, исходите из того, что любое событие так или иначе вызвано вами же. Поэтому включайте свои память и логический аппарат, вспоминайте ваши мысли и поступки накануне неприятного события и делайте выводы.

Как раз здесь мы не рекомендуем обращаться к различным ясновидящим и другим предсказателям будущего, информация которых основана на их сверхспособностях. Они, скорее всего, выдадут такую версию, по которой вы выступите жертвой внешних обстоятельств (например, это будет сглаз, порча, прошлая жизнь и т. д.). Тем самым вы не сможете самостоятельно исправить ситуацию, поскольку изменить не зависящие от вас обстоятельства почти невозможно.

В итоге вы попадаете в полную зависимость от человека, который сам нашел причину ваших проблем и сам же обещает избавить вас от этих страстей. Единственный урок, который можно извлечь из такого обращения, — это явное наличие у вас внутренней программы типа: «От меня ничего не зависит, я жертва случайного стечения ужасных обстоятельств». Поработайте с этой негативной программой, и все «ужасные стечения» будут обтекать вас стороной.

Поэтому мы рекомендуем не валить все свои проблемы на проклятия бабушек в прошлых жизнях, а **настойчиво искать, какие ваши собственные мысли и поступки могли привести к появлению этого события**. И чему вас учит (предупреждает, напоминает, воспитывает) Жизнь этим негативным событием. Что это, еще только легкий звоночек или уже громкий бой колокола, предупреждающий о грядущих серьезных воспитательных процессах?

Примерно такие рекомендации мы можем дать по поиску причин появления в вашей жизни негативных событий. Надеемся, они вас устроят.

А когда вы **найдете в себе** причину произошедшего события и устраните ее, то ваш «накопитель переживаний» больше не станет пополняться, и вы по-прежнему будете мощным формирователем нужных вам событий.

А мы пока перейдем к очередным итогам.

ИТОГИ

- *Все происходящие с вами негативные события можно рассматривать как сигналы со стороны Жизни.*
- *Получив такой сигнал, необходимо вспомнить свои мысли и поступки накануне негативного события (за час, день, неделю, месяц) и попробовать понять, какой урок дает вам Жизнь этим событием.*
- *Поняв, каким образом вы сформировали себе негативное событие, нужно мысленно поблагодарить Жизнь за внимание и заботу о вашей душе. В любом случае вы сами являетесь причиной происшедшего с вами события, и не нужно перекладывать ответственность за его появление на других.*

Глава 5
Жизнь есть то, что я хочу

Название это выглядит очень привлекательно. Действительно, как хорошо жить, когда жизнь – это то, что ты хочешь. Тут уж и желания какие-то выбирать не нужно – зачем? Выбирай сразу такую жизнь, какую хочешь. Жизнь артиста, художника, миллионера, Дон Жуана или что там еще бывает!

• Выбор уже сделан

А действительно, бывает ли так? Можно ли выбрать себе жизнь по вкусу?

Ответ на этот вопрос несложен. Если вы уже живете, то как раз той жизнью, которую **выбрала несколько раньше ваша собственная душа**. А поскольку вы недовольны своей жизнью, то, видимо, выбор у нее был небольшой. Почему? Догадаться нетрудно.

Если вспомнить десятиэтажную конструкцию Тонкого мира, то становится ясно, что максимальный выбор имеют души с верхних этажей. Они могут на момент рождения выбрать в нашем мире все, что захотят.

У душ с этажей пониже выбор не так разнообразен. Чем больше грехов прихватила с собой душа, уходя в мир иной, тем меньше у нее был выбор при очередном рождении. Она была «обременена кармой», как иногда выражаются специалисты по восточным религиозным учениям. Соответственно, в этот раз ей нужно решить немало различных задач по своему духовному очищению.

Как вы понимаете, тут уж не до удовольствий, успевай только за прошлые грехи расплачиваться. А если еще и вы сами несколько идеализаций приобрели и переполнили свой «накопитель», так вообще небо с копеечку покажется. Сбежать бы куда подальше.

Нужно отметить, некоторые так и пытаются делать. Голову в петлю или камень на шею, и вроде как все проблемы решены. Но, к сожалению, это полная иллюзия.

Не успеет бренное тело такого торопыги остыть, как душа его прямиком попадает на самый нижний этаж Тонкого мира на «перевоспитание». А потом в очередную ссылку на Землю, да в обстановочку похуже. Но об этом мы в разделе про самодиагностику рассказывали.

Так что отмывать все наши грехи нужно именно здесь, на Земле. А вот если вы все свои грехи отмыли, все задачи решили и узлы развязали, вот тогда можно попробовать жить той жизнью, которой захотите.

Жизнь может быть тем, чем хочется, только для тех людей, чей «накопитель переживаний» практически пуст и которые при этом умеют испытывать радость и другие положительные эмоции.

Но и для них есть ограничения. Поскольку они живут в нашем мире, все свои преобразования они могут начать только с тех стартовых позиций, в которых находятся.

• Стартовые позиции

Что такое «стартовые позиции», наверное, понятно. Это ваше нынешнее место жительства, семья, работа, обязательства перед людьми и т. д. Все это есть, и даже при самой хорошей поддержке со стороны Жизни резко изменить ситуацию не удастся. Если вы имеете семью в Костроме (или любом другом городе России), то вам трудно стать членом семьи Рокфеллеров. В принципе, конечно, это возможно. Развестись, уехать в Америку, встретить дочку из этого банкирского семейства и жениться на ней — чем не путь для профессионального формирователя событий, не обремененного духовными «воспитательными» процессами?

Но так может быть только в мыльном сериале. В жизни, если у человека почти пустой «накопитель переживаний», то это означает, что его мало волнуют земные ценности. Поэтому женитьба на дочери одного из Рокфеллеров и последующая сладкая жизнь его столь же прельщают, как ограбление банка или участие в секс-шоу.

Имея принципиальную возможность сделать свою жизнь такой, как хочется, человек с мало заполненным «накопителем переживаний» выберет совсем другое. Скорее всего, это будет что-то связанное с творчеством, со служением людям или духовно-просветительской деятельностью. Причем без особых претензий на высокий уровень материальной обеспеченности.

Значит ли это, что последняя, такая привлекательная позиция, совсем недоступна людям, не имеющим пустого «накопителя переживаний»?

• Путь для несвятых

Как нам представляется, нет. Конечно, от «стартовых» ограничений избавиться не удастся никому. Но вот ускорить процесс достижения нужных целей и не накапливать при этом новых переживаний вполне возможно.

Пути перехода к новой жизни ясны: нужно понять, чего же вы в действительности хотите, наметить цели и этапы их достижения и двигаться к ним, используя помощь Жизни и предпринимая для этого вполне реальные, земные действия. Какой бы ни была эта цель, она достижима.

Для Жизни совершенно безразлично, сколько у вас денег — 200 долларов или 200 миллионов долларов. Из общего числа денег, вращающихся на нашей планете, это совершенно ничтожные суммы, почти не отличающиеся одна от другой. Сколько сможете переварить без ущерба для вашей души, столько и получите — если будете отвечать всем изложенным выше условиям и правильно идти к своей цели. Как это следует делать, мы расскажем чуть дальше.

У каждого из вас, кто сейчас читает эти строки, имеется полная возможность сделать свою жизнь такой, как вам хочется. Не с помощью чуда, которое от вас якобы не зависит. А с помощью вполне реальных и целенаправленных усилий, которые со стороны окружающих людей будут восприниматься как чудо. И если чуда не произойдет, это будет всего лишь означать, что **вы сами не пустили его в свою жизнь**. Поэтому вам стоит еще раз вернуться и плотно поработать с материалами первой части книги.

• Ищите свой вариант жизненной позиции

Мы рассмотрели четыре варианта жизненных позиций, позволяющих не придавать избыточного значения любым земным ценностям и не накапливать лишних переживаний. Но, похоже, таких позиций может быть значительно больше.

Каждый человек может подобрать свой собственный модернизированный вариант жизненной позиции, учитывающий его интересы и потребности. Важно только, чтобы эта позиция позволяла вам не идеализировать земные ценности и не попадать под духовные «воспитательные» процессы.

Таким образом, **любой человек может сделать свою жизнь такой, как он хочет**. Важно только знать, чего же вам нужно в действительности, и суметь получить помощь Жизни при достижении этой цели. А она всегда рада помочь осознанному и улыбающемуся человеку.

Как ни огорчительно, но пора подводить

ИТОГИ

■ *Сделать свою жизнь такой, как хочется, легче всего человеку с пустым «накопителем переживаний». Но ему обычно мало что хочется.*

■ *Остальные люди могут сделать свою жизнь такой, как им хочется, не имея претензий к текущей действительности и грамотно взаимодействуя с Жизнью при достижении своих целей.*

■ *Каждый человек может выработать свою собственную жизненную позицию, позволяющую не загружать «накопитель переживаний» и учитывающую его интересы и потребности.*

Глава 6
Осваиваем принципы Методики формирования событий

Только про того можно сказать, что он добился успеха,
кто сумел воспользоваться его плодами.

Л. Вовенарг

Итак, первым стратегическим шагом для повышения личной успешности является выбор подходящей для вас жизненной позиции. Собственно, на пути к своим целям рекомендуется занимать только одну жизненную позицию — «Жизнь есть игра».

Все остальные позиции помогают нам не накапливать лишних переживаний в то время, когда мы не занимаемся формированием нужных нам событий.

Вторым стратегическим шагом является **принятие для себя рекомендаций Методики формирования событий** (далее — МФС) в качестве тех базовых принципов, которыми вы будете постоянно руководствоваться на пути к своим целям.

Методика формирования событий (МФС) была задумана и исполнена как вполне прикладная **технология непротиворечивого взаимодействия человека с окружающим миром при достижении личных целей**.

Термин «непротиворечивое взаимодействие» означает, что вы не должны двигаться к своей цели, как бульдозер, и сносить все возникающие на пути препятствия.

Почему — несложно понять. Мы уже знаем, что вся окружающая нас действительность — очень тонкий и сложный механизм, не терпящий грубых вмешательств и нарушений человеком установленных правил поведения. Идти напролом означает, что вы не слушаете подсказок Жизни, которая заботится о вас и пытается уберечь от будущих проблем или разочарований.

Поэтому, чтобы идти к своим целям с максимальной эффективностью, предлагаем вам взять за основу несколько принципов. Если вы знакомы с правилами достижения целей, разработаными Дейлом Карнеги или любым другим автором, то мы предлагаем вам попробовать **соединить предлагаемые ими подходы с нашими принципами**.

Эффект должен быть замечательный!

В основе предлагаемой нами методики формирования событий с использованием помощи Жизни лежат **семь Основных**

принципов организации мыслей и поступков человека [1]. Рассмотрим каждый из них более подробно.

ПЕРВЫЙ ПРИНЦИП
Вы сами формируете все события своей жизни!

Утверждение вроде бы несложное, но на первый взгляд сомнительное. Разве мы сами формируем свои болезни, неприятности в семье или на работе, невыплату зарплаты, рост цен и многое другое, что постоянно отравляет нам жизнь?

• *Вспомните свой опыт*

С одной стороны, все это происходит вроде бы не без нашего участия. Почти каждый человек может припомнить в своей жизни один или несколько случаев, когда **вам чего-то очень хотелось и это событие происходило, хотя чуть раньше не было никаких объективных предпосылок для такого развития ситуации.**

Например, вы получили в подарок вещь, которую втайне давно желали. Или неожиданно нашлась интересная работа, о которой можно было только мечтать. Или удалось поехать в путешествие, на которое вроде бы не было ни средств, ни возможностей. Или встретили девушку (юношу) своей мечты.

Почти каждый человек, с которым нам приходилось разговаривать на эту тему, мог припомнить хотя бы один такой случай в своей жизни. Попробуйте сделать это и вы.

Пока мы говорили о хороших событиях, произошедших вроде бы по воле случая. Но не менее часто, к сожалению, **мы «притягиваем» к себе и негативные события**.

Например, вы очень боялись, что у вас украдут машину, и, невзирая на отличную сигнализацию, ее все-таки увели. Или вы очень опасаетесь простудиться, и, как ни кутаетесь в теплые одежды, болезнь рано или поздно настигает вас. Собираясь сделать какое-то важное дело, вы продумываете десяток возможных путей негативного развития событий и заранее находите варианты защиты, но в действительности реализуется одиннадцатый вариант, который вы не предусмотрели, и дело все равно проваливается.

Если вы хорошо усвоили идеи предыдущих глав, то понимаете, что эта неприятность **явилась либо прямым и неосознаваемым заказом того, чего вы опасались, либо результатом «воспитательного» процесса по разрушению какой-то вашей идеализации** (обычно — контроля окружающего мира).

Вы придавали своим планам слишком большое значение, и вашему «смотрителю» пришлось принять меры, чтобы разрушить вашу идеализацию.

Поэтому, если вы будете вполне искренни с собой, то вам придется принять очевидную мысль: **все, что происходит с вами в этой жизни, происходит не без вашего участия**. Все это так или иначе **было мысленно допущено или даже спланировано вами же**.

Вот простейший пример. Молодая женщина жалуется, что ей не хватает денег на жизнь. На простой вопрос: «А сколько ты хочешь получать?» — она отвечает: «Я не верю, что могу столько зарабатывать». Ну, если она сама не верит, что она может получать столько, сколько ей нужно, тогда кто же поверит? А если никто не поверит, тогда кто будет платить? Круг замкнулся, человек сам программирует себе недостаток средств и соответствующую жизнь. И пока он сам не захочет выйти из этого состояния, никто ему не сможет помочь.

И подобных примеров, когда люди видят себя бедными, больными, обиженными и т. д., множество. Соответственно, и в реальной жизни они получают то, на чем зациклены, что постоянно крутится в их голове. И не получают того, чего бы им осознанно хотелось.

• Первое правило

Отсюда следует первое и вполне прикладное **правило построения наших мыслей**:

МЫСЛИТЕ ВСЕГДА ПОЗИТИВНО!

Вы должны видеть себя в мыслях такими, какими вам бы хотелось быть: здоровыми, красивыми, богатыми, счастливыми и т. д.

Если вам предстоит ответственная встреча и вы боитесь получить отрицательный результат — рассмотрите мысленно множество вариантов развития событий, но это **должны быть разные варианты положительного (для вас) развития события**.

Причем внешне встреча может проходить в далеко не дружественной обстановке — может быть, даже на повышенных тонах, с претензиями, угрозами и т. д., но все должно заканчиваться нужным вам результатом.

**Внимание**: **прогнозируйте только положительные варианты завершения событий**, а не отрицательные, чтобы все они имели HAPPY END — счастливый конец, как в продукции Голливуда.

Если вы заранее спрогнозируете положительное развитие нужного вам события, то вероятность его проявления именно в нужном вам направлении резко повысится.

• Не идеализируйте наши рекомендации

Запомните, что наши правила — это не догма, а инструмент для практической работы. А инструменты бывают разные. Поэтому, если вы пробуете пользоваться нашими рекомендациями и обнаруживаете, что в вашем случае они работают как-то не так, не переживайте. Точнее, используйте с выгодой для себя замеченные особенности вашего взаимодействия с Жизнью.

Это отступление мы приводим для тех немногочисленных людей, у кого события развиваются по обратному сценарию. Такие люди встречаются. Если они планируют положительные варианты — у них все разваливается. А если они рассматривают отрицательные варианты — у них все получается.

Как быть таким людям? Слепо следовать нашим правилам и наблюдать, как у них все рушится? Или использовать личные особенности и добиваться положительных результатов своим нестандартным путем? Ответ, как вы понимаете, очевиден.

Вам нужен положительный результат — **идите к нему тем путем, который обеспечивает этот результат**. Если какие-то из наших правил мешают вам — отбросьте их. Это хотя и полезный, но все же вспомогательный инструмент. Если не подходит наш, возьмите другой. Нет проблем. Важен результат, а не процесс.

Предлагаемые вам правила — это некий усредненный массовый инструмент взаимодействия людей и Жизни, но всегда бывают исключения.

Так что не переживайте по поводу вашей необычности, если она имеется в действительности, разумеется.

А сейчас не сочтем зазорным еще раз повторить одно из базовых утверждений о том, что **все события нашей жизни развиваются именно так, как мы их себе представляем**. Это утверждение напрямую следует из первого принципа: «Вы сами формируете все события своей жизни!»

Если ваша голова полна страхов и переживаний — можете не сомневаться, то, чего вы так опасаетесь, почти наверняка произойдет. Причем если вы предусмотрели десять вариантов негативного развития событий и постарались от них как-то защититься, то наверняка реализуется одиннадцатый вариант, которого вы совсем не ждали.

А иначе быть и не могло, ведь это **именно вы своими страхами и сомнениями «притянули» к себе неудачное стечение обстоятельств**. Или, выражаясь языком Методики формирования событий, своими мыслями вы сами сформировали негативное событие!

Поэтому **всегда думайте только о положительном развитии предстоящих событий!**

Вы можете перебрать в уме хоть сотню возможных вариантов, но все они должны предусматривать положительное развитие и успешный исход. Жизни все равно, что вы у нее попросите, у нее всего в избытке. А ваша просьба — это ваши мысли.

Если у вас преобладают мысли типа «Все равно ничего не получится», «Это не для меня», «Я прозевал свой шанс, мое время ушло», то все будет именно так.

Не направляйте потенциал творца своей реальности на создание себе неприятностей. Мыслите позитивно!

• *Примеры применения первого правила*

Как же все-таки можно применять первое правило методики формирования событий для достижения своих целей?

Например, вас не устраивает ваша работа, и вы хотите зарабатывать побольше. Для достижения этой несложной цели **не нужно** многократно прокручивать в голове варианты обличительных речей по отношению к вашему начальству или подолгу обсуждать его (начальства) эгоизм или непорядочность в беседах с коллегами. Это очень энергоемкий и совершенно бесперспективный путь, указывающий лишь на наличие у вас идеализации денег.

Вместо него попробуйте столь же усердно и эмоционально представить себе, как вы выступаете с хорошим предложением, вас замечают и вам дают новую должность с хорошей оплатой. Если на вашем предприятии это принципиально невозможно, то вы можете представлять, что получили отличное предложение с другого предприятия и перешли работать туда. Чем интенсивнее будут ваши размышления и чем многообразнее будут варианты возможного развития устраивающего вас события, тем быстрее это произойдет в реальности.

Это же самое относится и к множеству других стандартных проблем. Если вы одиноки, то не нужно мысленно упиваться жалостью к своей несчастной судьбе (ошибочное убеждение — «Жизнь несправедлива ко мне»). Попробуйте мысленно представлять себе различные варианты встречи с вашим будущим супругом (супругой). Как подобная встреча может произойти, как вы познакомитесь, что будет происходить дальше. Через несколько недель или месяцев подобных целенаправленных размышлений вы сформируете нужное вам событие, и ваш суженый появится — ему просто некуда будет деться.

Одна из наших читательниц много лет не могла забеременеть, ничто не помогало, медики были бессильны. Тогда она изменила свою внутреннюю установку и решила, что она уже беременна, только беременность у нее длится дольше, чем обычно. Она стала ходить как беременная, стала поглаживать свой живот, как будто там уже есть ребенок, стала разговаривать с ним. И через четыре месяца такого самопрограммирования она действительно забеременела (от мужа) и у нее родился замечательный сын! Позитивный настрой оказался сильнее врачебных процедур.

Мы не будем рассматривать причины появления в вашей жизни негативных событий типа пожара, кражи, попадания в катастрофу и т. п. Совершенно очевидно, что вы не держали их в своей голове, а они появились в процессе применения к вам «воспитательных» мер со стороны вашего «смотрителя». Поэтому не забывайте про необходимость позитивного отношения к реальности и держите в голове только хорошие мысли!

• Все идет как надо

Если событие произойдет совсем не по намеченному вами варианту, даже при выполнении всех правил методики формирования событий, — не переживайте! Примите жизнь такой, как она есть. Если желаемое вами событие не происходит, значит, так нужно. Мы уже рассматривали причины, по которым желанные события могут блокироваться, и еще не раз будем возвращаться к этому вопросу.

Любая не устраивающая вас ситуация — это не повод для переживаний, а всего лишь повод для размышлений о причинах происходящих событий. Не забывайте народную мудрость: «Что бы Господь ни делал — все к лучшему».

Перед тем как перейти к следующему принципу, мы хотим рассказать о том, какие именно обитатели Тонкого мира помогают нам в достижении наших целей. Поскольку, если нужные нам события происходят самым чудесным образом, то, скорее всего, мы просто не видим тех, кто занимается организацией этих событий — они обитают в невидимом для нас параллельном пространстве.

• Кто помогает нам при формировании событий

Никто точно не знает, как устроен Тонкий мир и какие именно существа там обитают. На этот счет есть множество религиозных и эзотерических версий, но все они одинаково недоказуемы — с точки зрения современной науки. Но если наука чего-то не может доказать или опровергнуть, это не значит, что этого не существует — просто наука еще не познала этот аспект нашего бытия.

Интересно то, что все версии устройства Тонкого мира одинаково эффективны, т. е. при обращении к своим богам (святым, Вознесенным учителям, Небесным Владыкам, Богу, Аллаху, Иегове, Будде) каждый верующий получает от них поддержку и помощь в той мере, в какой верует в них. Естественно не испытывая при этом претензий к реальности, иначе с помощью возникают проблемы.

Следовательно, и мы имеем полное право выбрать такую модель устройства Тонкого мира, которая лучшим образом будет объяснять процессы, о которых мы рассказываем. Если она вас устроит и вы примете ее как возможную, она будет вполне эффективно работать для вас.

Мы не будем придумывать ничего нового, а воспользуемся одной из известных эзотерических моделей, согласно которой люди постоянно взаимодействуют с обитателями Тонкого мира — эгрегорами.

• Эгрегоры

Эгрегор — это своего рода коллективный гид, помощник, деловой партнер, исполнитель наших желаний. Эгрегор возникает, когда некая группа людей начинает мыслить одинаково. А из многих источников мы знаем, что любая мысль — материальна. Только материя мысли очень тонка и обычно не воспринимается нашими грубыми органами чувств (за исключением случаев спонтанной телепатии или ясновидения).

Когда большие группы людей думают о чем-то одном, то **выделяемые ими мысленные материи (эманации) объединяются,** и, когда объем этой материи достигает определенных размеров, она образует эгрегор этой группы людей или идеи.

Можно представить себе эгрегор в виде небольшого светлого облачка (маленький эгрегор) или в виде огромной темной, поражающей своими размерами и мощью тучи (сильный эгрегор).

• Виды эгрегоров

Как вы уже наверняка догадались, наиболее мощными являются религиозные эгрегоры — христианства, мусульманства, буддизма, иудаизма, — поскольку создание и подпитка соответствующего эгрегора является составной частью любого религиозного обряда. А религиозные обряды регулярно и в соответствии со строгими правилами постоянно выполняют миллионы людей. Кроме них, есть эгрегоры семьи, науки, коммунизма и капитализма, секса, войны, национализма и т. д.

Причем, скорее всего, многие из эгрегоров существуют не в виде отдельной, изолированной от других «тучи», а в виде некоторого «тучевого слоя» соответствующей направленности: религии, бизнеса, взаимоотношений людей в повседневной жизни и т. д.

Достигнув определенной мощности, эгрегоры иногда начинают заниматься «саморекламой», т. е. стараются привлечь к себе внимание и мысли все большего количества людей. Они наделяют огромной мощностью преданных им людей, организуют массовые и индивидуальные чудеса.

Например, эгрегоры науки время от времени «подкидывают» решения сложных проблем преданным науке ученым. В психологии подобные моменты получения долгожданного решения называются «озарением» или «инсайтом». Скорее всего в этот самый момент покровительствующий ученому эгрегор «подключает» человека к соответствующей области знаний и позволяет считать оттуда небольшой кусочек информации.

В бизнесе эгрегоры также покровительствуют некоторым преданным им людям — в итоге возникают преуспевающие бизнесмены, получающие огромные доходы в качестве награды за свою преданность. В то время как множество других предпринимателей, не осененных удачей (в рамках нашей методики — покровительством эгрегора), предпринимают огромные и часто безуспешные усилия достичь финансового благополучия.

Многие люди неоднократно ощущали себя самыми несчастными людьми в мире и немало времени уделяли «смакованию» этой мысли. В итоге вырос огромный эгрегор «несчастной жизни», от которого к людям тянутся щупальца типа «меня никто не любит», «я самый несчастный», «я неудачник», «я некрасивый», «жизнь не удалась» и т. д. Многократное пережевывание подобных мыслей доставляет огромное удовольствие этому эгрегору, и он прикладывает немалые усилия, чтобы подобные мысли не покидали вас как можно дольше, ведь он «кормится» этими мыслями.

Очень силен в мире **эгрегор политики**, особенно в странах с нестабильной экономикой или нестабильной политической структурой. В этих странах миллионы людей имеют активную политическую позицию, которая выражается в их активном эмоциональном отношении к происходящим в стране событиям (просим не путать с активной политической деятельностью, которой занимаются всего несколько тысяч человек).

Каждое происходящее в стране событие вызывает всплеск положительных или отрицательных эмоций, которые подпитывают эгрегор политики. А этот эгрегор, в свою очередь, помогает и защищает преданных ему политических деятелей.

В итоге политики, к которым иногда питают ненависть миллионы людей, часто ощущают себя прекрасно и не получают даже насморка. И это в то время, когда обычный человек может почувствовать себя плохо или заболеть в результате негативного отношения к нему другого человека.

Кроме того, электронные средства массовой информации (телевидение, кино) показывают очень много сцен ужасов и насилия, что вызывает у зрителей эмоциональную реакцию. Понятно, что не радостную. В результате миллионы зрителей выбрасывают в окружающую среду огромное количество энергий страха, боли, сожаления и прочих нерадостных эмоций, которые подпитывают соответствующий низкий «эгрегор страданий и ужасной жизни».

А уже он, став мощным и самостоятельным, теперь не позволяет людям вернуться к спокойной жизни, беря под свое покровительство разного рода террористов, убийц и прочих экстремистов. Да и телевидение вновь получает материал для запугивания своих зрителей, и так по кругу.

Кроме политических эгрегоров, в последние годы сильно окрепли **эгрегоры, связанные с предпринимательской деятельностью**. Самый мощный из них, как нам представляется, это эгрегор зрелищных массовых мероприятий (шоу-бизнеса), на которых собираются тысячи людей, думающих и ощущающих себя одинаково во время эстрадных представлений, просмотра кинофильмов или телепередач. Этот эгрегор покровительствует преданным ему артистам, помогая им зарабатывать славу и материальное благополучие и получая свою порцию энергии от участников их представлений.

• Аналогия с банками

Работу эгрегоров с некоторой долей условности можно сравнить с работой банков. Что делают банки? Они собирают деньги частных и корпоративных клиентов, хранят их и оказывают клиентам за плату разного рода услуги. Банки в разных странах работают с разной валютой: в Англии они работают с фунтами, в Европе — с евро, в Америке — с долларами и т. д. Банки заинтересованы, чтобы у них было как можно больше клиентов, и всеми силами привлекают их. Если все клиенты перестают пользоваться услугами банка, то, каким бы мощным он ни был раньше, он неминуемо обанкротится через некоторое время.

Очень похожие действия совершают эгрегоры. Они работают с разными энергиями: одни собирают религиозные энергии, другие — энергии творчества, третьи — энергии бизнеса и денег, четвертые — энергии секса, пятые — энергии насилия и т. д. Эгрегоры заинтересованы, чтобы у них было как можно больше «клиентов», и привлекают их всеми своими возможностями. Постоянные клиенты (адепты) получают от них хорошие бонусы.

В отличие от банков, которые оказывают только финансовые услуги, эгрегоры берут на себя множество сервисных функций. Они обеспечивают своим клиентам услуги службы знакомств (знакомят мужчин и женщин), консалтинговые услуги (подбрасывают идеи, как можно заработать), услуги службы трудоустройства (помогают найти желанную работу), охранные услуги и множество других. Понятно, что за все это нам приходится платить, но не деньгами, а своими энергиями желаний.

Если люди перестают пользоваться услугами эгрегора, то он исчезает. Это хорошо видно на примере эгрегора языческой религии. Несколько тысяч лет назад люди поклонялись множеству богов, и эгрегор этой религии был очень силен, помогал своим адептам (шаманам) являть чудеса, исцелять больных и т. д.

Затем язычество было вытеснено христианством и исламом, религиями единобожия. Люди перестали молиться языческим богам. Эгрегор язычества обанкротился, выражаясь языком современности.

Эти процессы постоянно происходят на Земле и в Тонком мире, они мало зависят от каждого из нас. Но, понимая этот механизм, мы можем пользоваться им для достижения своих личных целей.

• Наши покровители

Почти в каждый момент времени любой из нас находится в связи с одним или несколькими эгрегорами — подобно кукле, управляемой за несколько ниточек.

Мы можем сами **осознанно или под влиянием других людей** выбрать, с каким эгрегором будем дружить. Так бывает, когда человек выбирает себе профессию, место работы, увлечения и т. д. — ведь каждый из этих видов деятельности курирует свой эгрегор.

Другой случай — это когда **наш «смотритель» подключает нас к тому или иному эгрегору**, в зависимости от того, какие события он для нас планирует в целях духовного «воспитательного» процесса.

Наши практические действия во многом определяются энергией, которую мы получаем от того или иного эгрегора. Эгрегоры зла помогают создавать ситуации, в которых люди испытывают ненависть, проявляют жестокость, скандальность, зависть, и тем самым подпитывают их. Эгрегоры добра помогают нам строить успешную и радостную жизнь.

Почти каждого человека ведет по жизни один или несколько «высоких» эгрегоров, которые заботятся о нас, помогают нам разрешать различные жизненные ситуации и жить радостно.

Но не менее редко людьми руководят «низкие» эгрегоры. Сначала человек сам привлекает внимание этих эгрегоров, частенько испытывая негативные эмоции или имея плохие намерения. А потом, когда низкий эгрегор берет человека под свое покровительство, человеку сложно бывает уйти из-под влияния эгрегора — он не хочет терять своего «кормильца».

Энергия «низких» эгрегоров обычно очень сильна — многим из нас трудно избавиться или даже просто управлять нашими привычками к пьянству, курению, сквернословию, неконтролируемому сексу, агрессивности и т. п. «Низкие» эгрегоры стараются соединиться с человеком мощными каналами, по которым ему постоянно подбрасывают энергию, провоцирующую вредные привычки и пристрастия. Оборвать эти каналы можно, но для этого нужны большие сознательные собственные усилия и поддержка «высоких» эгрегоров.

Энергия высоких и чистых эгрегоров обычно очень слаба, их подсказки и действия еле слышны. Хорошо слышать эти подсказки могут только позитивно настроенные люди, эмоциональное тело которых очищено от прежних негативных переживаний. У вас есть все возможности войти в их число — если вы практически используете идеи и рекомендации предыдущих разделов книги.

А сейчас попробуйте проанализировать и понять, **под влиянием каких эгрегоров находитесь вы**. Какой эгрегор взаимодействует с вами, когда вы читаете эту книгу? А какой перехватит управление вами через пять минут и заставит заниматься другими делами?

В течение завтрашнего дня постарайтесь постоянно контролировать, с какими эгрегорами вы будете находиться во взаимодействии, какую информацию, мысли, эмоции они будут вам подбрасывать? Устраивают ли вас эти взаимодействия, есть ли у вас контакт с высокими эгрегорами?

Надеемся, полученные ответы устроят вас и позволят с оптимизмом смотреть в будущее.

ВТОРОЙ ПРИНЦИП
Карабкайся на одну вершину!

Второй принцип методики формирования событий гласит: **«Карабкайся на одну вершину!»** или **«Беги в одну сторону!»**

Означает это следующее. Каждого человека посещает множество желаний, которые меняются буквально в течение одного дня. Поэтому покровительствующие нам эгрегоры чаще всего не успевают исполнить одно наше распоряжение, как мы тут же даем им другое, и так всю жизнь.

• Проблема множества желаний

Если вы попробуете проанализировать ваши мысли и желания за некий промежуток времени, то наверняка обнаружите, что хотите сразу всего: славы, денег, красивый автомобиль, дачу в Калифорнии, секса, красивую сумочку, отремонтировать телевизор, сделать гадость начальнику, повышения зарплаты, сходить в ресторан, на свидание и т. д. и т. п.

Все эти желания возникают по мере поступления новой информации, чуть позже вытесняются другими и т. д. Они не ранжированы, т. е. не выстроены по степени значимости, среди них не выделены главные и второстепенные и т. д. Образно выражаясь, ваши желания сильно напоминают одновременный бег сразу во все стороны.

А сейчас попробуйте припомнить и записать, какие желания были у вас в течение дня сегодня, вчера, в течение последней недели, месяца.

Есть ли среди них устойчивые и повторяющиеся пожелания?

В позитивной или негативной (отрицательной) форме вы привыкли их излагать?

Выполнив это несложное задание, вы поймете, в каком затруднении находятся наши высокие покровители, даже если они хотят вам помочь. Покровительствующий вам эгрегор не может бежать сразу во все стороны и исполнять сразу все ваши пожелания — мощи не хватает. Точнее, он-то может, но тогда ему придется «размазаться» тонким слоем сразу во все стороны, и отдача от него будет соответствующая.

Поэтому второй принцип методики формирования событий гласит:

«КАРАБКАЙСЯ НА ОДНУ ВЕРШИНУ!»,
ИЛИ
«БЕГИ В ОДНУ СТОРОНУ!»

Это означает, что из множества желаний **нужно выбрать минимальное количество** и озаботить ваши эгрегоры именно этими, самыми важными и желанными для вас результатами. А чтобы не сбивать эгрегор с толку и не мешать достижению самой важной цели, остальные текущие пожелания нужно сознательно ограничить.

Если обратиться к образам, то мы рекомендуем вам **выбрать из множества только одну вершину** и карабкаться только на нее, оставив остальные вершины на будущее. Не исключено, что потом они вам и не понадобятся.

• Сколько целей можно иметь

Рекомендация иметь одну-две цели и стремиться только к ним вряд ли приемлема для большинства людей — сама жизнь постоянно заставляет нас эмоционально реагировать на происходящие вокруг события. То ребенок заболел — мы страстно желаем его выздоровления, то у мужа проблемы на работе — мы желаем ему успеха, то ботинки износились — и мы ищем, где и на что купить новые, и т. д.

В общем, **сама жизнь постоянно провоцирует нас на устремленность к достижению множества мелких текущих целей, за которыми забываются главные цели.** А наш принцип как раз и рекомендует **не забывать о главном в повседневной суете.** Как это можно сделать, мы еще расскажем. Но сколько же целей в реальности может ставить перед собой человек?

Ответ непрост. Если человек ставит перед собой только одну цель и неумолимо идет к ней, не интересуясь ничем больше, то такого человека люди называют фанатиком. Фанатик — это человек, выпадающий из социума, поскольку у него нет общих тем и общих интересов с большинством людей. Он говорит только о своей цели, а людям это неинтересно, у них свои идеи и желания. Так что карабкаться только на одну вершину в реальности вряд ли удастся.

Поэтому можно выбрать по одной цели в разных, непересекающихся сферах жизни. **На работе** — вы хотите занять какую-то должность и предпринимаете шаги к достижению ее. **В личной жизни** — вы хотите устроить свою личную жизнь и ищете себе партнера всеми доступными вам способами (включая нашу методику). **В семейной жизни** — вы можете планировать совместную поездку или приобретение автомобиля, поэтому постоянно стараетесь накопить нужную сумму. **В сфере развития способностей** — вы стремитесь изучить английский язык и ходите для этого на курсы по вечерам. **В сфере увлечений** — вы хотите пойти весной в поход на байдарке и уже с осени обсуждаете с друзьями будущий маршрут и т. д.

Мы еще вернемся к возможному перечню сфер жизни, в которых можно иметь свои цели, и к рекомендациям по ограничению числа своих вершин.

• Примеры вершин

Что выбрать в качестве вершин — решать вам. Это могут быть вполне материальные объекты: машина, квартира, дача, норковая шубка и т. п. Это может быть какая-то деятельность: новая работа, поездка, путешествие или что-то другое. Это может быть яркое событие в вашей жизни: встреча любимого человека, получение наследства, выигрыш в лотерею, выступление по телевидению и т. п. Это может быть изменение образа жизни или достижение нового уровня жизни: славы, известности, появление последователей и т. п. Наконец, это может быть интеллектуальное прозрение: открытие новой теории, решение сложной проблемы, написание новых стихов, песен, литературного произведения, картины, программы для ЭВМ и т. д.

Последняя позиция, кстати, наиболее легка для эгрегоров высокого уровня, поскольку от них требуется только информация, и не нужно организовывать события на материальном плане, что для них как раз сложнее. Все это может иметь каждый человек, если он будет правильно строить свои отношения с соответствующими эгрегорами.

• Не ложитесь сразу на диван!

В добавление к сказанному необходимо заметить, что даже после выбора одной, самой главной цели вам не следует ложиться на диван и ждать, когда же ваш эгрегор все это исполнит. Точнее говоря, так можно сделать, но тогда ваше желание может исполниться в обозримом будущем только в том случае, если вы обладаете очень мощной энергетикой и страстно желаете того, что попросили у эгрегора.

Остальным людям, не обладающим столь выдающимися способностями, мы рекомендуем строить свою жизнь и деятельность так, чтобы вы с эгрегором шли к выбранной цели «рука об руку». А чтобы это получалось хорошо, рекомендуем руководствоваться третьим принципом методики формирования событий.

ТРЕТИЙ ПРИНЦИП
Плыви по течению!

Третий принцип предлагает нам выбрать из множества желаний то, которое нам легче всего осуществить в настоящий момент времени. В результате вы будете достигать своей цели с минимальными усилиями и конфликтами.

Этот принцип следует из рассмотренной ранее жизненной позиции «Жизнь есть игра», которой мы рекомендовали руководствоваться при достижении целей. Любой конфликт означает, что вы придаете избыточное значение своей цели и испытываете негативные эмоции, если что-то не получается.

А игрок, заранее допускающий возможность проигрыша на любом промежуточном этапе, не будет избыточно переживать по любому поводу. И, соответственно, не будет вступать в конфликт. Или будет играть в конфликт — если это нужно для достижения его цели. Но именно играть, в душе оставаясь спокойным и сочувствующим своему противнику.

• *Мы не одни в этом мире*

Третий принцип возник из понимания того, что мы не одни живем в этом мире. Отсюда следует, что если вам загорелось получить новый автомобиль и вы даже в соответствии со всеми правилами нашей методики попробуете заставить эгрегор быстренько притащить откуда-нибудь вам этот автомобиль, это не всегда может получиться.

Такая ситуация возникает из-за того, что мы живем в одном мире вместе с **миллионами других людей, которые одновременно с нами тоже чего-то страстно желают, добиваются, действуют** и т. д. Причем поскольку большинство из них еще не изучило нашу методику, делают они свои дела хаотично, бессистемно или, наоборот, все вместе, но совсем в ненужном вам направлении. В соответствии с миллионами их пожеланий их собственные эгрегоры все время куда-то бегут, затрудняя, а то и делая практически невозможной успешную деятельность вашего собственного эгрегора.

• Потоки Тонких энергий

Тем не менее мы не беремся точно утверждать, что на Тонких планах все делается так уж хаотично и бессистемно, как сказали выше. В действительности, когда большие группы людей увлечены одной идеей или планом конкретных действий, то **создаются целенаправленные потоки энергий самых разных эгрегоров**, в результате чего рушатся и возникают партии, проводятся рыночные реформы, дробятся государства, возводятся плотины и т. д.

На Тонких планах существуют определенные **мощные потоки энергий**, с которыми лучше не сталкиваться при реализации своих желаний. Правильнее будет попытаться подстроиться под эти невидимые потоки и использовать их с максимальной пользой для себя.

Именно отсюда возник третий принцип, который имеет вид:
ПЛЫВИ ПО ТЕЧЕНИЮ!

Идея вроде ясна и не вызывает особых возражений, но как ее реализовать на практике? Потоки Тонких энергий нам невидимы, куда они направлены сегодня и куда потекут завтра, нам совсем неизвестно, как же быть?

• Как вписаться в поток

На этот вроде бы каверзный вопрос в Методике формирования событий есть простой ответ: **слушай сигналы Жизни** и **делай то, что получается сегодня легче всего.**

В любом случае перед нами стоит множество дел, и в любой момент нужно выбирать, что делать сегодня или сейчас, а что — несколько позже. Мы **рекомендуем вам делать то, что легче всего в данный момент получается,** — конечно, если это не противоречит плановой дисциплине, взятым обязательствам или еще каким-то объективным обстоятельствам.

К примеру, вам нужно встретиться с каким-то человеком и добиться от него нужного результата, а вы никак не можете его застать: то он в командировке, то на совещании, то болеет и т. д. Вам идет явная информация, что взаимодействие нежелательно и оно не даст нужного результата. Можно, конечно, напрячься, положить спальник у дверей кабинета этого человека и наперекор всему дождаться его появления, но результат таких усилий наверняка будет отрицательный.

В рамках Методики формирования событий мы рекомендуем в таких тупиковых ситуациях **подождать до нового развития ситуации или попробовать пойти обходным путем** — через другого человека, другую организацию и т. п.

• Что будет, если идти против потока

Если же это невозможно и вы все же добиваетесь нужного вам результата, снося по дороге массу препятствий, — скорее всего, это добром не кончится. Дело в том, что через препятствия и трудности Жизнь указывает нам на то, что мы чего-то не предусмотрели, не учли, не додумали. И что результат, к которому мы стремимся, будет вовсе не таким, каким он представляется нам сейчас. И через трудности Жизнь указывает нам на это.

Конечно, человек имеет полное право ставить перед собой любые цели и достигать их, даже если на пути встречаются огромные препятствия. Такое поведение будет означать, что вы не желаете слушать подсказок Жизни и хотите действовать только по своему усмотрению. Что ж, вы имеете на это право, но тогда вам придется достигать цели самому, не используя помощь Жизни в виде элементов везения или удачи.

Поэтому мы не рекомендуем действовать в этой жизни по принципу «тарана» — последствия такого поведения непредсказуемы. Если вы в силу не зависящих от вас обстоятельств должны идти против течения и чувствуете, что поступаете именно так, то попробуйте **выбрать модель поведения лосося, когда он поднимается вверх по течению горной реки**.

Эта мощная рыба идет против течения, но при этом она не встает на пути потока, а старается вписаться во все его извилины, ответвления и завихрения и все использовать на пользу себе.

• Слушайте слабые сигналы

Определить, что вы идете против потока, совсем несложно, **Нужно научиться обращать внимание на все события, связанные с вашим делом или пожеланием.**

Вы звоните куда-то, а там все время занято — это плохой сигнал от Жизни. Вы дозвонились, но оказалось, что вам нужно совсем не туда, — тоже сигнал не из лучших. В конце концов вы дозвонились куда нужно, но вас там совсем не ждут — тоже информация к размышлению.

Приведенные примеры — обычные события в нашей жизни, и мы вовсе не рекомендуем вам прекращать дозваниваться после первого сигнала «занято». Достижение любых целей связано с приложением усилий и преодолением препятствий, на что расходуется жизненная энергия. Мы только рекомендуем учитывать и анализировать всю информацию о ходе развития события и по мере возможности принимать решения в соответствии с третьим принципом.

Информация от Жизни идет нам не только в связи с исполнением каких-то желаний. Она идет к нам непрерывно, но **мы не привыкли ее считывать и принимать решения в соответствии с ней**.

К примеру, вам захотелось съездить в какой-то магазин и купить там нужную вещь. Вы выходите на остановку, а трамвай (троллейбус, автобус) нужного вам маршрута никак не приходит. Вы мысленно (а то и вслух) ругаете городские власти за плохую организацию движения транспорта, совсем не придавая значения происходящему событию как сигналу от вашего эгрегора.

На самом деле он таким образом пытается довести до вас информацию, что вам вовсе незачем ехать в этот магазин — нужного вам товара там нет. А если и есть, то после его покупки у вас возникнут различные проблемы, поскольку вы чего-то не учли.

Подобные сигналы постоянно окружают нас в этой жизни. Нужно только уметь видеть их в событиях окружающей нас жизни.

• На какого уровня сигналы реагировать

После прочтения приведенных выше рекомендаций нередко возникает вопрос: на сигналы какого уровня нужно реагировать?

Вы вышли из дома, а на улице начался дождь — это сигнал или нет? Вы сделали один шаг и случайно наступили на червячка, который выполз на дорожку, — это сигнал или нет? Ведь если все время искать сигналы Жизни, то недолго и до психлечебницы доискаться.

Ответ здесь такой: **обращать внимание нужно только на сильные и явные сигналы**, которые вызывают ваш внутренний протест или раздражение и на которые вы поневоле обращаете свое внимание.

Например, если пятый светофор на вашем пути в пятый раз загорается прямо перед вами красным цветом — это раздражает, т. е. можно трактовать как сигнал Жизни. Если вы звоните нужному человеку, ваши десять вызовов не прошли, и вы начинаете нервничать по этому поводу — это тоже сигнал и т. д.

Критерием истинности сигнала можно считать ощущение вашего внутреннего протеста и недовольства. А все остальное можете смело игнорировать и идти к своей цели, преодолевая естественное сопротивление окружающей среды. Хотя и явные сигналы Жизни вы тоже имеете полное право игнорировать, просто тогда на пути к целям у вас прибавится внутреннего эмоционального негатива со всеми вытекающими из этого последствиями.

• Нужно ли пускать все на самотек?

Часто только по внешнему виду этого принципа люди делают вывод о том, что мы рекомендуем не бороться за достижение нужных им целей, а просто сидеть и ждать, когда все само придет. Поэтому мы вынуждены специально отметить, что **третий принцип совершенно не отвергает усилия за достижение цели**. Вовсе нет!

Если жизнь — игра и у вас есть достойная цель, то на пути к ее реализации вас ждет много трудностей. И, следовательно, их преодоление.

Это неизбежно, и нужно быть готовым к борьбе с внешними обстоятельствами (а часто и с внутренними сомнениями). Третий принцип всего лишь рекомендует не превращать вашу жизнь в сплошную борьбу, а идти к достижению своих целей с минимальными усилиями.

А это как раз легче всего сделать, если уметь видеть, какую ситуацию на сегодня создали вам ваши эгрегоры, и полноценно пользоваться ею, т. е. из многообразия необходимых дел стараться выбрать то, которое сегодня легче всего получается. Это и означает «плыть по течению» при стремлении к нужной вам цели.

Таким образом, если при достижении целей вы станете руководствоваться третьим принципом Методики формирования событий, то Жизни (или, точнее, эгрегорам) будет легче помогать вам идти к желанным результатам на волне удачи, **с минимальными конфликтами и их последствиями**.

ЧЕТВЕРТЫЙ ПРИНЦИП
Дружи со своим эгрегором!

Четвертый принцип рекомендует нам никогда не забывать о наших незримых покровителях, независимо от того, обращались мы к ним за помощью или нет.

• Помогайте эгрегорам

Как мы уже указывали, каждый человек связан со множеством эгрегоров. Эти связи были наработаны в ходе вашего воспитания, образования, выбора профессии или увлечений, создания семьи и т. д.

Каждый из них помогает вам достигать успеха в рамках своих возможностей и интересов. Но и вы должны помогать эгрегору быть большим и сильным! Он питается именно вашими мыслями, и если вы будете целенаправленно (мысленно) благодарить его за помощь, канал связи между вами прочистится, ваш покровительствующий эгрегор будет расти и заботиться о вас.

Поэтому мы призываем всех читателей этой книги: **дружите со своим эгрегором!**

Почаще вспоминайте его, советуйтесь с ним, пытайтесь считывать его информацию и отыскивать в окружающей жизни результаты его деятельности.

Не стесняйтесь **задавать ему любые вопросы** — с информацией на Тонких планах все обстоит отлично, там известно все о нашем прошлом, настоящем и будущем во всех вариантах развития событий.

Ответы могут приходить в виде отдельных слабо проявленных мыслей, в виде нескольких строк в газете или кадров на экране телевизора, в виде обрывка разговора незнакомых людей и т. д. и т. п.

• Форма помощи от Эгрегора

Эгрегор, не обладая материальным телом, не может прислать вам подробный письменный отчет по поставленному вами вопросу.

Если бы вы обладали высокой чувствительностью и ваш ум был спокоен и молчалив, то он **мог бы сбрасывать нужные вам сведения прямо к вам в голову**. Ученым и писателям известно это состояние, называемое озарением.

Но люди употребляют много мяса и алкоголя, предаются страстям и в итоге не слышат свой внутренний голос. Поэтому эгрегоры вынуждены использовать более сложные способы доведения до нас нужных сведений.

Получив запрос, ваш высокий покровитель может, просмотрев события в вашей ближайшей жизни, выбрать среди них наиболее подходящий вам в качестве ответа элемент события (строка в газете, обрывок разговора и т. п.) и **попытаться обратить ваше внимание именно на этот элемент**.

Если вы хоть немного чувствительны и подготовлены к такому получению информации — у вас может установиться прочное и взаимовыгодное взаимодействие.

Кроме чисто информационной помощи эгрегоры занимаются реализацией нужных нам событий. Получив от человека запрос, они начинают искать способы исполнения этого пожелания. О том, как именно они стараются сделать это, мы поговорим позже. Здесь лишь отметим, что для исполнения наших заказов эгрегоры используют других людей, которым внушают мысли, в результате те совершают нужные для достижения вашей цели поступки.

Если вы заказали себе работу офис-менеджера (водителя, брокера и т. д.), то эгрегоры первым делом смотрят, где есть в ближайшем окружении подобная вакансия. Если она имеется, то они организуют события так, чтобы вы узнали об этой вакансии и поступили на это место работы (если вы сами сделаете какие-то шаги, разумеется).

Если вакансии нет, то либо они могут организовать передвижку кадров, в результате которой нужное вам рабочее место освободится, либо они могут внушить идею какому-либо руководителю ввести у себя такую должность, и в результате вы все равно получите свою работу.

Но это уже более сложный путь, требующий значительно большей энергетической оплаты с вашей стороны, т. е. потребуется больше времени и усилий для формирования этого события.

• Все просьбы — высокому покровителю

Плотное взаимодействие с покровительствующим вам эгрегором может принести успокоение в вашу личную жизнь. Для этого лишь **нужно научиться передавать решение своих вопросов эгрегору и ожидать, когда он их осуществит**.

Главное при этом — оставаться совершенно спокойным и уверенным, что вопрос будет решен и цель — достигнута.

Собственно, этот механизм исполнения своих желаний используют верующие, когда обращаются к Богу с просьбой помочь им в достижении какой-то цели. Как известно, Бог всемогущ, и если хорошенько попросить его позаботиться о вас, то можно успокоиться и не переживать дальше — если уж у Бога не получится, то, значит, не получится ни у кого. Человек успокаивается, страхи покидают его (т. е. он перестает заказывать себе противоположное событие), и он ожидает исполнения своей просьбы. Если он будет думать о своей цели позитивно, то в итоге он сам (с помощью эгрегоров) сформирует нужное ему событие.

Конечно, количество просьб, которые вы будете сбрасывать на свой эгрегор, в соответствии со вторым принципом **не долж-**

но быть чересчур большим, иначе ему придется бежать сразу во все стороны с соответствующей эффективностью. Точнее, вы просто не сможете произвести энергетическую оплату всех своих желаний, а за «просто так» эгрегоры не работают. Поэтому рекомендуется строить свою жизнь в соответствии со вторым принципом и **не создавать каждые пять минут по новой просьбе,** тогда нечастые и серьезные вопросы, которые вы ему передадите, могут быть решены в срок и наилучшим для вас образом.

Но при этом мы вовсе не гарантируем, что события будут развиваться именно так, как вы просили, — эгрегору «сверху» виднее, что для вас лучше.

Если вам удастся построить свою жизнь в соответствии со вторым и третьим принципами, то немногочисленные остающиеся задачи (зарплата, жилье, создание семьи и т. п.) вы можете спокойно передать своему покровителю и перестать беспокоиться о том, как это будет решено.

Это не значит, что мы рекомендуем вам залечь на диван и ждать, когда ваш эгрегор все устроит. Вы по-прежнему должны прилагать усилия по решению ваших вопросов, но уже вместе с эгрегором, прислушиваясь к его подсказкам и используя те возможности, которые он будет вам предоставлять.

• Господи, благослови!

В приведенных рекомендациях, собственно, нет ничего нового. Верующие люди давно используют этот способ получения помощи от своих святых. Каким образом? Да очень простым. Большинству из нас, выросших в условиях социализма, не приходит в голову попросить благословения у высших сил на любые свои дела. А ведь еще 70—100 лет назад ни одно дело не начиналось без внутренней просьбы: «Господи, благослови!» Тем самым человек просил у самых Высших сил содействия в любых своих делах и рассчитывал на получение поддержки от них.

Поэтому и мы рекомендуем почаще использовать это очень полезное обращение к своим незримым покровителям.

Как именно вы при этом будете их называть, особого значения не имеет (точнее, это может быть значимо только для вас, поскольку у вас явно имеются по этому вопросу какие-то сильные внутренние установки). Опыт показывает, что наши незримые помощники одинаково хорошо реагируют на обращения: Жизнь, Высокие покровители, Господь, эгрегор, просто Вася или любые другие. Наши незримые помощники одинаково хорошо реагируют на любое обращение, лишь бы оно было. Затраты на внутреннюю просьбу или благодарность при этом минимальны, а помощь может оказаться очень существенной.

• Удачные дни

У вас наверняка бывали в жизни «удачные» дни, когда все получалось, отложенные когда-то дела решались сами собой и т. п. В эти дни **вы находились в плотном контакте со своим эгрегором**. На жаргоне оккультных кругов это иногда называется «сидеть на потоке», т. е. в эти дни вы находитесь в потоке мощного эгрегора, который буквально «расталкивает» все остальные потоки жизни и формирует события нужным вам образом.

К сожалению, подобных «удачных» дней в жизни обычного человека бывает 1—2 два в году. Если вы научитесь взаимодействовать со своим эгрегором и усилите свою энергетику, то количество «удачных» дней может резко увеличиться, и вы сможете специально откладывать решение трудных дел до очередного такого «удачного» дня.

• Не отказывайтесь от вариантов

Из вышесказанного следует еще один вывод, который мы хотели бы сформулировать в виде отдельного правила:

СТАРАЙТЕСЬ НЕ УПУСКАТЬ ВЫПАДАЮЩИЕ ВАМ ВОЗМОЖНОСТИ!

Это правило говорит о следующем.

Если вам предоставилась какая-то возможность — приглашают на новое место работы или на встречу с новым человеком, предлагают неизвестную поездку, книгу, вещь, — **не спешите отказываться**. Мы привыкли сразу после поступления новой информации запускать на полную мощность свой мыслительный аппарат и пытаться логическим путем определить, стоит принимать предложение или лучше отказаться. Часто вы отказываетесь от предложения, не предприняв никаких практических шагов хотя бы к проверке того, полезно ли вам это дело. И не менее часто вы спустя некоторое время начинаете почесывать в затылке — ну почему я тогда не согласился, был бы сейчас богатым и красивым.

Сформулированное выше правило как раз и говорит — **не спешите отказываться только на основе логических суждений**. Возможно, это ваш эгрегор, выполняя давно высказанное (и давно забытое) вами задание, дает вам возможность получить запрошенное ранее. А вы, не проверив практически эту возможность, отказываетесь и тем самым в очередной раз обижаете своего эгрегора. Он, бедняга, полгода или целый год старался, организовывал вам исполнение вашего же желания, а вы мимоходом отвергли все его усилия.

Поэтому, согласно последнему правилу, в случае появления любой новой для вас информации **нужно сделать хотя бы маленькие шаги к реализации этого события и посмотреть, как события будут развиваться дальше**.

Если сразу пойдут сбои, отказы, ошибки — значит, это не ваш путь, и эгрегор подсказывает вам, чтобы вы не ходили в эту сторону. Может быть, это была не его инициатива, а совсем другого эгрегора, и вам было предложено сыграть роль «винтика» в реализации чужой идеи.

А может быть, эта информация была инициирована как раз вашим эгрегором, но в силу не зависящих от него обстоятельств события стали развиваться совсем не так, как им планировалось, и он начинает подавать вам сигнал «отбоя».

Все последние рассуждения имеют смысл только в том случае, когда вы **предприняли хоть небольшие шаги по реализации полученного предложения**. Если вы ничего для этого не сделали, а сразу отказались от предложения только на основании своих суждений, то пеняйте только на себя. Очень может быть, что вы упустили реальную возможность исполнить одно из своих желаний.

• Достоинства дружбы с эгрегором

Опыт показывает, что когда человек находится во взаимодействии с эгрегором и полностью доверяет ему, то у него в **душе наступает полное спокойствие**, он перестает переживать по поводу развития политических событий, инфляции, невыплаты зарплаты и т. п. Тем более что эти проблемы касаются только тех людей, которые думают, что они все сами решают в этой жизни.

У тех, кто взаимодействует со своими эгрегорами, обычно этих проблем не возникает. Им вовремя выплатят зарплату или неожиданно вернут долг, о котором они забыли несколько лет назад. Их проведут дорогой, на которой никогда не встретятся хулиганы. Они никогда не купят билет на самолет, который попадет в катастрофу, и т. д. У них не возникает проблем, которые волнуют большинство людей. А если они возникают, то нужно смотреть — почему, что вы сделали не так и за что вас «воспитывают».

ПЯТЫЙ ПРИНЦИП
Будь сильным!

Пятый принцип Методики формирования событий рекомендует быть сильными на пути к желанным целям. Причем сильными не физически (что тоже неплохо, но не обязательно), а внутренне, энергетически.

Под понятием «сила» или «внутренняя энергия» в данном случае надо понимать некоторую очень тонкую субстанцию, которую мы получаем из пищи, воздуха, от других людей, из природы, от эгрегоров разного уровня, из Космоса и любых других источников, о которых вы знаете или что-то слышали. В различных системах верований она называется терминами «биоэнергия», «прана», энергия «ци» и т. д. Мы не будем использовать ни один из этих терминов, а постараемся обойтись словом «энергия».

Эту энергию невозможно оценить ни одним из существующих механических или электронных приборов ввиду того, что, скорее всего, материальные носители этой энергии на много порядков меньше, чем электроны и другие частицы, используемые в современных измерительных приборах. Любые самые чувствительные современные измерительные приборы слишком грубы для того, чтобы оценить эту энергию.

• Человек — самый совершенный прибор

Между тем действие этой энергии можно ощущать и ее даже можно, наверное, измерять, если использовать самые совершенные инструменты, созданные не человеком, а Природой, а именно — живые существа. Например, хорошо известно, что животные предчувствуют наступление землетрясений или других катастроф, а люди в своей основной массе не имеют такой чувствительности. Хотя считается, что человек является венцом творения Природы. Он же является самым совершенным измерительным инструментом для любых видов сверхтонких энергий. Но это в теории.

На практике же человек в силу своего развития в технократической цивилизации совершенно разучился пользоваться данными ему Природой возможностями. Память ему заменяют компьютер и записная книжка, способность левитировать — автомобиль и самолет, телепатические способности — телефон, Интернет и т. д. В итоге человек становится придатком к технике, а заложенные в нем Природой способности постепенно исчезают.

Между тем создавался человек как существо весьма совершенное, но затем в силу неясных обстоятельств человечество свернуло на путь технического прогресса. Этому противодействовали церковь и святая инквизиция, которая совершенно правильно, на наш взгляд, выявляла и затем принимала самые решительные санкции к различного рода лицам с исследовательскими и научными склонностями. Если бы инквизиция работала поактивнее и просуществовала подольше, то мы, скорее всего, сейчас ездили бы не в таких удобных автомобилях и вряд ли летали бы на самолетах. Но зато мы наверняка дышали бы чистым воздухом, ели здоровую пищу и жили раза в два подольше.

С другой стороны, та же святая инквизиция сделала очень много, чтобы мы с вами не могли никогда левитировать, телепатировать и т. д.

Она вела беспощадную борьбу с людьми, которые имели какие-то отличающиеся способности, — известную всем борьбу с «ведьмами». Согласно только сохранившимся протоколам, на кострах святой инквизиции было сожжено свыше девяти с половиной миллионов человек. Такая целенаправленная селекционная работа по выведению «среднего» человека привела к тому, что мы плохо видим и слышим, мало живем и используем только около 4% возможностей нашего мозга.

Мало кто занимается хоть какими-то упражнениями или системами оздоровления. Поэтому энергетические возможности современного человека, не занимающегося специальными техниками типа йоги или цигуна, чаще всего очень ограничены.

Между тем **уровень нашей энергетики определяет исполнителей «заказов» и скорость их выполнения**.

• Кто выполняет наши «заказы»

Если вы находитесь в связи с «низкими» эгрегорами насилия, секса или наркомании, то именно они будут исполнителями ваших «заказов». И они исполнят ваше пожелание так, чтобы вы снова и снова испытали эти же ощущения. Например, каким образом может организовать вам путешествие «низкий» эгрегор? Если вы сильно захотите прокатиться за границу, «низкие» эгрегоры в рамках доступных им возможностей могут организовать вам выезд за рубеж в качестве киллера, перевозчика наркотиков или еще что-нибудь из этой серии.

Организовать вам командировку на научный симпозиум или выезд в составе какой-нибудь престижной делегации им просто «не по зубам» — этими делами заведуют эгрегоры более высоких уровней.

Люди, не отличающиеся в жизни особыми пороками, — а именно таково большинство людей — **взаимодействуют в основном с эгрегорами среднего уровня**. Эти эгрегоры обеспечивают нам нормальные условия жизни (квартира, недорогая машина, мебель, бытовая техника и т. п.), учебы, увлечений (рыбалка, дача, спорт), семейное благополучие и т. д.

Люди, живущие в неосознаваемом взаимодействии с эгрегорами этого уровня, не отличаются особенной любовью к ближним и не стремятся создавать в этой жизни что-то новое. Их вполне устраивают благоустроенный быт, стабильная работа с четко определенными обязанностями и гарантированная зарплата. В эту категорию, повторяем, попадает подавляющее большинство населения нашей страны.

Если же человека не устраивает подобное потребительское существование (за исключением случаев недовольства уровнем своего потребления: зарплатой, квартирой, машиной и т. д.) и он пытается создавать что-то новое в любом виде деятельности либо отличается повышенной любовью к людям, животным или природе, то **такие люди находятся уже под особым покровительством высоких эгрегоров** творчества, науки, милосердия, любви к ближнему и т. д.

И наконец, люди, являющиеся служителями какого-нибудь религиозного культа (почти любого, за исключением сатанистов и других культов, использующих человеческие жертвоприношения или специальные психотехники для зомбирования своих последователей), взаимодействуют с самыми высокими и мощными религиозными эгрегорами. Люди, находящиеся под покровительством этих эгрегоров, способны творить реальные чудеса и называются Пророками. Как вы понимаете, это люди с почти пустым «накопителем переживаний».

Люди, взаимодействующие с высокими эгрегорами, являются самыми мощными формирователями событий. Другое дело, что, когда они выходят на взаимодействие с высокими эгрегорами, их перестает волновать то, что тревожит обычного человека: деньги, политика, бытовые условия, взаимоотношения между людьми и т. д. Есть возможность получить все, что «душа желает», — а душа как раз и не желает ничего из того, о чем мечтает большинство людей. Но мы об этом уже рассказывали.

• Важность энергетического выброса

Однако хотим немного утешить тех читателей, кто уже понял, как далек он от состояния Пророка. Для того чтобы стать мощным формирователем событий, совсем не обязательно все время обладать мощной энергетикой. **Достаточно обладать ею в те моменты времени, когда вы определились с выбранной целью и заказываете ее своему высокому покровителю.**

Обычные люди тоже иногда обладают энергией, близкой к энергетике Пророка. Но, к счастью или к сожалению, только иногда, **в моменты очень сильных энергетических или эмоциональных всплесков.**

Самые сильные эмоциональные всплески дает страх — в те моменты, когда возникает реальная угроза вашей жизни. К сожалению, если вы падаете с обрыва или карабкаетесь на забор от злобной собаки, то вам очень сложно будет в этот момент вспомнить, что именно сейчас у вас самая высокая энергетика и что сейчас самое подходящее время для посылки заказа. По крайней мере нам неизвестны люди, сумевшие с выгодой для себя использовать эти высокоэмоциональные моменты.

Но это не означает, что в состоянии страха нельзя формировать события. Люди придумали достаточно много различных способов испытать смертельную опасность при относительной безопасности. Прыжки с парашютом или с «тарзанки» вниз головой, спуск по горной реке или гонки на мотоцикле, коррида или «бои без правил» — существует множество способов испытать очень острые переживания. Самый доступный способ — катание на «американских горках» или других подобных аттракционах. Они тоже дают достаточно острые переживания. И если на эти переживания «наложить» ваш мысленный заказ, то его наверняка услышат. Другое дело, какие силы Непроявленного мира «скушают» ваш запрос и как они его сумеют исполнить — это предсказать нелегко.

Чуть более слабые энергетические всплески бывают в моменты **очень большой радости**, гнева или любви. К сожалению, и в эти моменты люди **обычно забывают о своих целях и пожеланиях и полностью отдаются во власть эмоций**. А если человек все время будет держать в голове свою цель, то у него не возникнут никакие сильные эмоции и, соответственно, не появится возможность ускоренно сформировать нужное событие. В этом состоит противоречие и одновременно ключ к решению вопроса накопления личной силы для формирования событий.

В частности, некоторые авторы предлагают для передачи «заказов» использовать энергетические выбросы, создающиеся во время сексуального контакта мужчины и женщины. Один из партнеров (менее эмоциональный) должен держать в голове «заказ», особенно в самые напряженные моменты близости. Тем самым выбрасываемая сексуальная энергия модулируется, т. е. становится носителем информации — вашего «заказа».

Этот «заказ» принимает кто? Конечно, эгрегор любви и секса, и приступает к выполнению либо своими силами, либо с помощью близких ему по уровню эгрегоров. Каким будет исполнение «заказа», особенно если вы не очень корректно его сформулируете, можно представить себе без особого труда.

Еще большую мощность имеют энергетические всплески у влюбленных, сексуальная энергетика которых соединяется с энергетикой духовной близости (сердечная чакра). Не зря же говорят, что влюбленным море по колено. Эта пословица отражает подмеченную народом особенность, что **для влюбленных не существует преград и для них достижима любая цель**.

Сверхвысокая энергетика любви позволяет им обращаться напрямую к самым мощным эгрегорам и получать от них почти любую помощь. Но это происходит, конечно, только при правильной формулировке заказа и совместном выборе желанной единой цели.

• Накапливайте энергию

Современный городской человек, озабоченный массой текущих и долговременных дел, слегка больной и ведущий малоподвижный образ жизни, не имеет особых энергетических запасов.

Соответственно, посылаемый им мысленный сигнал эгрегору будет слабым и может затеряться в потоке таких же вялых «заказов». Значит, нужно сделать так, чтобы вас услышали. А для этого нужно **крикнуть громче всех**!

Сделать это можно, если вам удастся остановить ваши внутренние переживания и размышления, забирающие у вас массу жизненных сил. Нужно подкопить эти самые силы и выложить их разом, в момент посылки вашего обращения к эгрегору. Если ваш «заказ» будет достаточно мощным, то эгрегор бросит все остальные дела и бросится выполнять ваше требование. Это сделать можно, но не очень просто. Поэтому мы и выбрали в качестве пятого основного принципа правило:

БУДЬ СИЛЬНЫМ!

Или, раскрывая его шире:

НАКАПЛИВАЙТЕ ЭНЕРГИЮ И РАСХОДУЙТЕ ЕЕ ЦЕЛЕНАПРАВЛЕННО И В СООТВЕТСТВИИ С ПОСТАВЛЕННЫМИ ЦЕЛЯМИ!

Как накапливать энергию, не нарушая нормального ритма жизни и не создавая искусственно ситуаций с «острыми ощущениями», мы расскажем чуть позже. А пока сделайте следующее задание.

Упражнение «Измеряем свою энергетику»

Предлагаем вам самим измерить уровень вашей энергетики или, что практически то же самое, обобщенный коэффициент вашего здоровья. Для этого мы будем использовать методику, которая была специально разработана для сравнения уровня здоровья абсолютно здоровых людей — космонавтов.

Для выполнения задания вам понадобятся часы с указателем секунд и небольшая веревка или палочка длиной 40—50 см. Встаньте прямо, ноги на ширине плеч, руки опущены вниз. Засеките время.

Вытяните руки вперед, зажмите в двух сжатых кулаках концы веревки (палочки) и изо всех сил начинайте тянуть веревку в стороны, стараясь разорвать ее. Тянуть нужно ровно в течение 60 с, постоянно увеличивая силу натяжения, вплоть до дрожи в мышцах рук и плеч.

На 60-й секунде резко разожмите кулаки и расслабьте все мышцы (веревка при этом упадет на пол). Ваши руки под действием запасенной во время мышечного напряжения энергии сами поднимутся через стороны вертикально вверх. Не мешайте их самопроизвольному движению — просто наблюдайте за ними.

Через некоторое время они также самопроизвольно медленно опустятся вниз. Засеките по часам, сколько времени ваши руки находились в поднятом вверх состоянии. Для сравнения приводим некоторые нормативы. У человека с нормальным здоровьем и энергетикой руки будут находиться вверху свыше 40 секунд. У абсолютно здоровых людей с высокой энергетикой руки могут находиться вверху до 7—10 минут.

Определите свою энергетику утром, после подъема, и вечером, после рабочего дня. Определите ее в «удачные» дни и в дни, когда все валится из рук. Вы наверняка получите интересные результаты.

Все приведенные выше рассуждения означают, что, выбрав единую цель и наметив пути ее решения, вы должны обратиться за помощью к Жизни с максимальной энергичностью.

Сделать так вы сможете, если будете повышать энергетику вашего организма в целом, используя специальные тренинги или упражнения. Либо вы можете копить свои силы и разом использовать их, обратившись за помощью к вашему высокому покровителю с максимально возможной для вас энергичностью или эмоциональностью. Чем мощнее будет ваша внутренняя энергетика, тем быстрее реализуются ваши желания и цели.

ШЕСТОЙ ПРИНЦИП
Не суетись!

Шестой принцип гласит **«Не суетись и не делай резких движений!»**, иначе можно нарушить планы множества людей и покровительствующих им эгрегоров.

• Неудачи – это способ воспитания

Следование этому принципу означает: **если у вас что-то в жизни не получается – не суетитесь!** Вам может казаться, что несчастья или неудачи постоянно преследуют вас, а на самом деле все может обстоять иначе.

Возможно, обстоятельства складываются сегодня так плохо только для того, **чтобы вы научились находить из них выход**, и это умение в дальнейшем поможет вам достичь успеха. Делайте выводы из сложившейся ситуации и не наступайте повторно на одни и те же грабли!

Возможно, что ваши желания превышают ваш реальный потенциал, поэтому вам не удастся их реализовать в обозримом будущем. К примеру, вы хотите стать президентом компании, но при этом вы очень стеснительны и не любите власть и ответственность. Подобные желания чаще всего неосуществимы без использования специальных тренингов, и именно подсознание может помочь вам реально оценить себя и выбрать достижимые на сегодня цели.

Поэтому постарайтесь просто **довериться своей судьбе и принимайте с благодарностью все, что произойдет с вами**, ни в коем случае не затаивая в душе обиду в случае неблагоприятного (на ваш взгляд) отношения к вам Жизни. Тем самым вы будете выполнять основное требование: «Прими мир таким, каков он есть в реальности», и на следующем этапе удача улыбнется вам!

• Неудача – способ вашего спасения

Часто судьба спасает нас от большого несчастья, устраивая несколько мелких неприятностей – по мере наполнения нашего «накопителя переживаний». А мы со свойственным нам эгоизмом думаем, что самые несчастные на свете.

Поясним эту мысль. Например, у вас угнали автомашину, и надежд купить новую при нынешних ценах нет никаких. Вы воспринимаете это как крайнюю степень несчастья в вашей жизни.

А на самом деле этим событием вам, например, спасают жизнь или здоровье в недалеком будущем. Не исключено, что вам вскоре грозило попасть в автокатастрофу в этом автомобиле и погибнуть. Теперь, когда автомобиля у вас не стало, вашей жизни не угрожает скорая гибель на дороге.

Это только один и самый поверхностный пример. На самом деле взаимосвязи событий в нашей жизни настолько сложны, что часто нам не дано их познать. Остается только одно — полностью довериться тому, что с нами происходит, и в любом событии постараться увидеть знак благожелательного отношения к вам судьбы и быть к ней благодарным в любой жизненной ситуации, т. е. жить по пословице: «Что бы Господь ни делал — все к лучшему».

• Не делайте резких шагов

Вторая часть шестого принципа означает следующее. Мы настоятельно рекомендуем вам **не делать неожиданные и резкие шаги по отношению к другим людям**.

Если вы руководитель, то прежде чем увольнять не справляющегося с работой сотрудника, объясните ему его ошибки и подготовьте к мысли о необходимости смены работы. Тем самым вы поставите в известность о своих намерениях не только самого человека, но и покровительствующие ему силы.

Точно так же, если вы дружите с девушкой (парнем), то резкий разрыв отношений не только вызовет стресс у этого человека, но и, с большой степенью вероятности, обратный «прилет» негативных событий по отношению к вам. Это очень просто делается даже на уровне энергий — брошенный человек наверняка станет испытывать по отношению к вам далеко не радостные эмоции. Скорее всего, он будет посылать вам волны отрицательной эмоциональной энергии, а это и есть то, что в народе называется «сглаз».

И хорошо, если у вас достаточно мощная собственная энергетика (т. е. вы не переживаете по поводу происшедшего) и этот негативный поток к вам не пристанет. Так бывает далеко не всегда, поэтому лучше заранее как-то проинформировать вторую сторону о ваших намерениях. А то и разрушить ваш «светлый» образ в глазах прежде любимого человека (продемонстрируйте какие-нибудь негативные свои качества — алчность, цинизм — или наешьтесь чеснока и т. п.). Тогда разрыв произойдет естественным образом без негативных последствий для обеих сторон.

• Все взаимосвязано

Шестой принцип возник из следующих соображений. Когда вы предпринимаете резкие и неожиданные действия по отношению к кому бы то ни было, то происходит вот что. Вы, со свойственной вам самонадеянностью, рассматриваете этого человека как **отдельную личность** с руками, ногами, головой — и все. Эта личность совершает неправильные с вашей точки зрения поступки, и вы предпринимаете кажущиеся вам необходимыми меры.

На самом деле **каждый**, даже самый плохой (по вашему мнению) **человек связан незримыми нитями со многими эгрегорами** — религии, семьи, работы, увлечений (пьянства, секса и т. д.). Все его поступки являются результатом согласованных (или не очень) действий этой совокупности эгрегоров. Соответственно, каждый из эгрегоров строит свой собственный план, как он будет управлять этим человеком в будущем.

Когда вы неожиданно предпринимаете свои действия, то **вмешиваетесь в эти связи**, натягиваете или совсем обрываете одни, заставляете «провисать» другие и т. д. Таким образом, **вы вызываете раздражение всех эгрегоров**, которые взаимодействовали с этим человеком, поскольку неожиданно вторглись и нарушили их планы. Большинство эгрегоров, особенно те, которые потеряли связь с этим человеком, с нескрываемым неудовольствием начнут вас разыскивать, как бы им угомонить беспокойного нарушителя их планов — т. е. вас. А возможности сделать это, как мы уже говорили, у них довольно большие.

Большинство из вас легко смогут припомнить случаи такого резкого разрыва отношений с другим человеком. И наверняка **несколько позже у вас в жизни возникали какие-то проблемы**, которые вы вовсе не связывали с произошедшим разрывом. Теперь у вас есть возможность вернуться в памяти к таким событиям и попробовать осмыслить их с точки зрения изложенного подхода. Скорее всего, вы найдете подобные связи.

Поэтому убедительно просим вас не забывать шестой принцип при организации ваших отношений с другими людьми, независимо от того, какие это отношения — личные, должностные, случайные и т. д.

Понятно, что все эти рассуждения относятся и к вам самим. **Не рекомендуется делать резких движений и по отношению к самому себе,** поскольку тем самым вы будете нарушать планы эгрегоров в отношении вас.

СЕДЬМОЙ ПРИНЦИП
У Бога нет других рук, кроме твоих!

Этот принцип означает следующее. Работа мысли очень важна, тем более правильно организованная работа по формированию нужных вам событий. Но если наряду с работой мысли вы не будете предпринимать реальных шагов в соответствии с подсказками или командами ваших незримых помощников, то им будет очень сложно помочь вам в достижении вашей цели.

• Люди — «руки» эгрегоров

Объясняется это просто. Эгрегоры состоят из вещества, выделяемого нами в процессе размышлений и эмоциональных переживаний. А как вы наверняка заметили, это вещество — **субстанция довольно разреженная**. Соответственно, каким бы мощным ни был эгрегор, состоящий из этого вещества, он не сможет самостоятельно удержать даже пушинку. Его «руки» — это люди, живущие в реальном мире. А его инструменты — это мысли, которые он вкладывает в головы людей.

Для формирования какого-либо события эгрегор должен сначала спланировать свои шаги, затем **найти подходящих исполнителей и внушить им такие мысли, которые заставят их совершить нужные ему (эгрегору) действия**.

Как вы понимаете, это совсем не просто. Люди упрямы и в действиях стараются руководствоваться только своими идеями и планами. Поэтому реализация события иногда затягивается надолго, особенно если вы не будете помогать эгрегору своими поступками на физическом плане, т. е. в реальном мире.

Именно к этому призывает вас наш седьмой принцип. Эгрегорам будет легче помочь вам, если вы сделаете что-то, что они могли бы обернуть в вашу пользу.

• Приведем примеры реальных шагов

Например, вам нужен муж (жена), вы в соответствии с правилами нашей методики составили его образ и ждете исполнения заказа. Если вы желаете этого очень страстно, то заказ может исполниться достаточно быстро. Но вы должны оказывать реальную помощь вашему покровителю в исполнении заказа. Эгрегор может присмотреть подходящего вам кавалера и попробовать организовать вашу встречу, но и вы должны искать этой встречи, расширяя возможности для исполнения пожелания.

Сделав подобный заказ, вы должны увеличить круг своих знакомых, более активно посещать выставки, концерты, вечера, дни рождения и другие места, где вашему эгрегору легко будет организовать нужное вам знакомство.

Если же вы будете все время сидеть дома и шарахаться от всех мужчин, обращающих на вас внимание, то как эгрегор организует ваше знакомство?

То же самое можно сказать и в отношении любых других заказов. Попросив у эгрегора денег, вряд ли стоит сидеть дома и ждать, когда вам принесут чемоданчик с валютой. Такое возможно, но либо через очень большой промежуток времени, либо вы должны своим энергетическим всплеском так встряхнуть «небеса», чтобы эгрегоры побросали все свои дела и побежали выполнять ваш заказ. Но обладаете ли вы подобной мощью? Скорее всего нет.

Поэтому, заказав деньги, вам нужно предпринять шаги к их реальному зарабатыванию или хотя бы созданию условий, при которых эгрегору будет легче выполнить ваше пожелание. Например, запросив большую сумму денег, вы можете значительно облегчить жизнь своему эгрегору, если хотя бы иногда станете покупать лотерейные билеты или принимать участие в мероприятиях, где возможен большой выигрыш.

Но не возлагайте особых надежд на лотерею! Ожидание большого выигрыша, т. е. чуда, явно указывает на заниженную самооценку (идеализацию своего несовершенства) и наличие негативной установки типа: «Я не могу сам заработать нужные мне деньги, я не способен управлять своею жизнью, меня спасет только чудо».

Не спасет, поскольку вы заявляете Жизни, что вы не достойны больших денег и не являетесь хозяином своей жизни. Сначала повысьте свою самооценку, и тогда чудеса станут появляться в вашей жизни сами собой.

Кроме того, не думайте, что эгрегор азартных игр поспешит выдать большой приз любому желающему получить огромный выигрыш! Большие выигрыши, как показывает статистика, обычно получают люди, долго и увлеченно играющие в лотереи. Они за многие годы стали адептами эгрегора азартных игр (выделили огромное количество энергий желания выигрыша), и он вознаградил их за усилия. Если же вы далеки от состояния адепта азартных игр, то выигрыш тоже возможен, но только при условии, что ваше краткосрочное желание выиграть будет по энергетическим расходам равно многолетним усилиям людей, постоянно мечтающим о крупном выигрыше. Так тоже бывает, но редко.

Что касается маленьких выигрышей, которые часто получают новички, то здесь действует совсем другой энергетический механизм, который мы еще будем рассматривать.

Таковы основные **стратегические принципы организации мышления** человека при достижении целей. Они рекомендуют нам идти к своим целям на волне удачи путем **непротиворечивого взаимодействия с окружающим миром**.

А теперь пора подвести

ИТОГИ

- *Вторым стратегическим шагом на пути к своим целям является принятие для себя базовых принципов Методики формирования событий, рекомендующих непротиворечиво взаимодействовать с окружающим миром, пользуясь поддержкой Жизни.*

- *Из всех обитателей Тонкого мира реальную помощь людям оказывают так называемые эгрегоры. Они создаются мысленной энергией людей, думающих о чем-то общем.*

- *При достижении целей вы должны строить свои мысли и поступки таким образом, чтобы не загружать чрезмерно покровительствующих вам эгрегоров и позволить им сосредоточиться на решении одной, наиболее важной для вас задачи.*

- *Помощь эгрегоров делает жизнь человека легкой и успешной, если между ними установлено осознанное и взаимовыгодное сотрудничество.*

Глава 7
Определяемся с желаниями

> **Мешок желания не имеет дна.**
> Японская поговорка

Теперь, когда мы определились со **стратегией движения** к желанному результату, выбрали себе подходящую жизненную позицию и освоили принципы МФС, неплохо было бы перейти к практическим действиям — к **тактике достижения желанных целей**.

Что для этого нужно? Совсем немного: понять, чего же вы хотите получить, четко сформулировать это и двигаться к желанному результату с улыбкой и уверенностью, что результат будет достигнут с неизбежностью смены времен года.

• Выбираем минимум целей

На первом этапе этой работы нужно четко определиться, чего же вы хотите попросить у Жизни, или точнее, что вы желаете сформировать.

Если помните, второй принцип методики формирования событий учит нас: **«Карабкайся на одну вершину!»**, выбери одну цель из множества и сосредоточься только на ней.

Это был бы отличный вариант, но люди не могут жить одной целью, одним желанием, так не бывает. Человек, живущий только одной целью, говорящий только о ней, думающий только о ней, — фанатик. Он выпадает из общества людей, которые живут множеством интересов, и может находиться только в обществе себе подобных. Так ведут себя религиозные фанатики — они говорят и думают только о Боге, все остальное их не волнует. Так ведут себя фанатики азартных игр — они думают только об игре и ищут любую возможность погрузиться в игру. Так ведут себя наркоманы (фанатики трансовых состояний) — их мало что волнует, кроме наркотиков. Так ведут себя фанатики бизнеса — они думают и говорят только о деньгах, все остальное им чуждо. Так ведут себя фанатики спорта — спорт и есть их жизнь, и т. д. Всем этим людям хорошо только в компании себе подобных, и они выпадают из общества других людей.

Фанатики есть, но их немного, и мы не будем рассматривать их проблемы. Мы ориентируемся на жизнь обычных людей, имеющих множество обычных желаний: иметь интересную и престижную работу, большой доход, собственный дом, хорошую семью, возможность дать детям хорошее образование, быть здоровыми, обеспечить себе старость, иметь возможность хорошо отдохнуть и т. д. На какую вершину обычному человеку карабкаться в первую очередь?

Выбирайте то, что волнует вас сегодня больше всего, и ставьте эту вершину первой. А все остальные вершинки подстраивайте к ней, иначе они будут подстраиваться хаотично, без учета вашего желания или контроля.

Если вы не можете определить, на какую вершину карабкаться первой, то не спешите. Для начала **составьте список ваших целей и желаний**, записав туда все, что придет вам в голову. Дополняйте этот список по мере появления новых мыслей или устремлений.

Не стесняйтесь, пишите о совсем ближних целях вроде покупки понравившегося предмета одежды и о совсем дальних целях вроде получения огромного дохода или постройки собственной виллы (если, конечно, она вам зачем-то нужна). Все равно потом этот список будет много раз уточняться и корректироваться.

У самых несдержанных, неудовлетворенных людей такой список может включать 50—100 желаний и целей, у более сдержанных — десяток-полтора.

• Разделите желания на группы

Далее разделите все ваши желания на несколько групп согласно сферам жизни. Таких сфер немного, для большинства людей все их желания укладываются в 5—6 групп, и вы можете иметь какие-то цели в каждой из них.

В основном интересы и устремления людей сосредотачиваются в следующих сферах.

1. Поиск новой работы или путей увеличения своих доходов.
2. Получение конкретных материальных объектов.
3. Поиск спутника жизни, устройство личной жизни.
4. Налаживание отношений с окружающими.
5. Понимание самого себя, самореализация, увлечения.
6. Поиск своей цели в жизни или духовное развитие.
7. Помощь другим людям.
8. Достижение славы, известности, власти.
9. Улучшение своего здоровья.
10. Получение знаний и развитие способностей.
11. Что-то еще.

Рассмотрим эти сферы чуть подробнее.

• Поиск новой работы или путей увеличения своих доходов

Треть, а то и половина жизни большинства взрослых людей посвящена работе. Поэтому очень важно, чтобы эту треть жизни вы прожили с радостью, получая вместе с деньгами удовольствие от работы. А для этого нужно заниматься тем, что у вас получается лучше всего, к чему тянется ваша душа.

Понятно, что есть виды деятельности, которые в наше время могут приносить максимальное душевное удовлетворение, но минимум доходов. Например, написание стихов. А поэты, как это ни странно, тоже хотят есть и жить прилично, им тоже нужны деньги и другие материальные блага, которые в наше время за поэзию получить довольно сложно. Поэтому поэтам и другим людям с тягой к лирическим, абстрактным или мистическим видам деятельности можно порекомендовать снизить уровень своих потребностей и быть довольными тем, что посылает им Жизнь. Или найти постоянного спонсора (мужа, жену), который будет обеспечивать более высокий уровень их потребления. Либо найти себе такой вид деятельности, который не будет мешать их увлечениям, но станет приносить реальный доход. Или просто правильно построить свое творчество, чтобы оно вместе с удовольствием принесло желанные доходы — как, например, современным писателям Пауло Коэльо, Харуки Мураками или Джоан Ролинг (автор цикла книг о Гарри Поттере). Любой из этих путей может стать вашей целью, только нужно определиться, что именно вы выбираете.

Более подробные рекомендации о способах поиска устраивающей вас работы будут приведены в четвертой части книги.

Если вы не знаете, что именно вас может устроить, то в качестве цели на этом начальном этапе **можно заявлять не получение работы, а всего лишь понимание того, какая работа может вас полностью устроить**. Ваша цель на этом, самом первом этапе может быть сформулирована примерно так: «Я осознаю, какой вид деятельности (какая работа) может дать мне полное удовлетворение и желанный доход». А затем, после исполнения этого заказа, вы уже формируете себе желанную работу.

Если же вы знаете, чего хотите, то так и пишете: «Я получаю работу секретаря-референта по моей специальности с окладом 15 000 рублей». Или: «Я получаю работу инженера-строителя по строительству коттеджей с достойным меня доходом и перспективой должностного роста». Или просто: «Я получаю интересную работу с доходом в 5000 (10 000, 20 000) рублей (или долларов). Жизни все равно — выбирайте тот доход, который реально вам нужен, вы считаете себя достойным его и готовы приложить усилия к его достижению.

Бывают ситуации, когда деньги человека просто не интересуют (они заработаны ранее, или их в достаточной мере зарабатывает муж или жена), но ему скучно бездельничать, и он ищет, чем бы ему заняться. В таком случае в качестве цели можно заявить что-то типа: «Я нахожу такой вид деятельности, который будет мне очень интересен и полностью займет мое время и внимание». В итоге вы найдете то, что позволит вам чувствовать себя востребованной личностью.

Мы рассмотрели интересы и устремления людей, которые умеют только продавать свой труд за деньги (за зарплату) и не имеют других источников дохода. Такие люди составляют подавляющее большинство.

Кроме рабочих и служащих, есть еще одна категория работающих людей — это предприниматели, люди, организующие труд других людей и получающие за это какой-то доход.

В принципе каждый человек способен быть предпринимателем и иметь зависящий только от своих усилий источник дохода — свое дело, свой бизнес. Но мало кто решается отказаться от продажи своего труда и стать хозяином своего дела. Мешают здесь все те же страхи и неверие в свои силы, которые мы подробно рассматривали в первой части книги.

Если вы убрали эти внутренние барьеры и готовы заняться своим делом, но не знаете, с чего начать, то вы можете на первом этапе попросить поддержки у Жизни. Тогда ваш внутренний заказ может иметь вид: «Я ищу и легко нахожу такое дело, которое дает мне возможность стать независимым предпринимателем и получать доход в размере 1000 долларов в месяц».

Если вы сформулируете Жизни такой заказ, то она начнет подбрасывать вам разные идеи, и вам останется только что-то выбрать и начать этим заниматься. Но здесь не рекомендуется шарахаться в страхе от всех вариантов или кидаться сразу на первый попавшийся вариант — выбирайте, думайте, советуйтесь. Получив заявленный доход в 1000 долларов в месяц, ставьте новую цель — увеличить свои доходы в два-три раза, и т. д.

Собственное дело требует полного погружения. Если вас такой вариант не устраивает и вы хотели бы остаться на службе, но при этом создать себе независимый источник дохода, то можно поработать и с этим вариантом. В качестве цели здесь можно заявить: «Я нахожу понятную и доступную мне идею получения пассивного дохода в размере 1000 долларов в месяц».

Под термином «пассивный доход» мы понимаем доход, который вы получаете, не прикладывая для этого больших текущих усилий. Это могут быть дивиденды по акциям, проценты от банковского вклада, доход от сдачи квартиры или нежилого помещения в аренду, участие в бизнесе, не требующем вашего постоянного присутствия, и др.

Попросив у Жизни такую идею, вы начнете получать от нее подсказки и варианты ее реализации. А дальше уже все будет зависеть от вас — сможете ли вы сделать практические шаги к реализации полученной идеи, либо ваша идеализация (преувеличение) своего несовершенства или страх перед неизвестным будущим (идеализация контроля) блокирует вам все практические действия на этом пути. Именно так происходит у большинства людей, не рискующих пускаться в независимое плавание по волнам жизни.

Если у вас есть конкретный вариант того, что вы хотите достичь, то вы пишете об этом. Например, вы можете в качестве цели заявить: «Я легко нахожу прекрасные и легкие варианты (или пути) реализации моей идеи». И для начала просто разрабатываете бизнес-план внедрения вашей идеи и только потом принимаетесь за ее реализацию.

• Получение конкретных материальных объектов

Следующая сфера человеческих устремлений — это получение каких-либо материальных благ. Это может быть что угодно: квартира, дом, автомобиль, одежда, телевизор, туристическая поездка, т. е. то, за что нужно платить деньги.

Мы специально использовали термин «получение», а не приобретение, чтобы не сужать возможные способы получения этих благ. Понятно, что в большинстве случаев это будет покупка, на которую вам понадобятся деньги. Но, если заявлять Жизни именно процесс получения желанной вещи или объекта, то она может поискать и другие способы предоставления вам того, к чему вы стремитесь.

Спрашивать у Жизни, чего же вам хочется, вряд ли стоит. Жизни абсолютно все равно, что вы выберете себе, лишь бы вам это было действительно нужно и вы получили удовольствие от обладания им.

Если вы чего-то не хотите, то вам это явно не нужно. Если вы не хотите ничего из материальных благ, то вам ничего и не нужно, можно не останавливаться на этом пункте. Но так бывает редко.

Для большинства людей этот пункт является очень важным, поскольку основные их желания находятся как раз в сфере получения материальных благ. Поэтому выберите то, что вам нужнее всего сегодня, и занимайтесь формированием этого события. Формулировки здесь могут быть любыми: «Я получаю новый автомобиль марки «Пассат», «Я покупаю шубу из норки» или «Мы въезжаем в новую собственную квартиру». Более подробные рекомендации по формулировке цели будут приведены позже.

• Поиск спутника жизни, устройство личной жизни

К этой группе целей относятся все желания, связанные с устройством личной жизни в том варианте, который вас устраивает. Это может быть дружба, брак, виртуальная любовь, секс-партнерство или что-то еще.

Если у вас есть здесь какие-то цели, то постарайтесь четко записать, чего именно вы хотите. Например: «Я выхожу замуж за любящего меня и любимого мной обеспеченного мужчину». Или: «Я встречаю юношу (девушку) моей мечты, и мы вместе едем отдыхать на море». И т. д.

Если вы не знаете, нужна ли вам вся эта суета, то просто просите Жизнь помочь вам определиться с тем, что же вам нужно на самом деле. Тогда ваш заказ может иметь вид: «Я легко осознаю, какой тип отношений с любимым человеком меня полностью устроит на долгие годы». А потом уже начинаете искать любимого человека, который будет иметь такую же точку зрения на личную жизнь.

Более подробные рекомендации на эту тему вы можете почитать в третьей части книги.

• Налаживание отношений с окружающими

Следующая группа желаний может быть посвящена вопросам налаживания отношений с окружающими вас людьми, будь это муж, жена, дети, родители, друзья, родственники, начальник, подчиненные и т. д.

Понятно, что заказывать нужно изменение себя, а не другого человека. Если вы это еще не поняли и желаете с помощью методики формирования событий заставить вашего сына хорошо учиться или вашего мужа меньше гулять, то вас ждут большие огорчения. Методика не рассчитана на изменение других людей, особенно если они сами вовсе не желают меняться в нужную вам сторону. Вам нужно меняться самому, а если вы это еще не поняли, рекомендуется вернуться и перечитать первую часть книги.

Тем не менее себе можно заказывать улучшение отношений с окружающими. Что-то типа: «Я легко налаживаю отношения с мужем и снимаю свои претензии к его увлечению компьютером». Или: «Я меняю свое отношение к учебе ребенка и впредь сохраняю спокойное состояние души при любом его выборе и поведении. Я живу играючи».

• Понимание самого себя

Еще одна очень востребованная цель — понимание самого себя. Почему я так живу? Что заставляет меня угождать одним людям и смеяться над другими? Почему я выбрала себе такую работу (мужа, друзей, место жительства и т. д.)? Почему меня все раздражает? Эти и подобные вопросы постоянно занимают множество людей, которые не могут найти на них внятных ответов. А ответов нет, поскольку нет четко поставленных вопросов.

Точнее, вопросов бывает множество, но это обычно вопросы типа: «Что мне нужно сделать?» А делать пока нечего, хватит, уже наделались. Теперь пора начать думать. Вы должны задать себе такие вопросы, чтобы понять, как вы создали себе эту ситуацию? Какими внутренними установками или ценностями руководствовались, за что боролись? Какие внешние программы отрабатывали? Какую выгоду извлекали?

Только после получения полноценных ответов на эти вопросы можно будет решать, что нужно делать, и не ранее. Ваша цель на этом этапе работы может иметь вид: «Я получаю нужную информацию и ясно понимаю, как и зачем я создал себе нынешнюю ситуацию». Когда вы это поймете, то лучший выход из ситуации появится как бы сам собой.

• Поиск своей цели в жизни или духовное развитие

Многих людей, особенно после сорока лет, начинают мучить вопросы: «Зачем я живу? Есть ли какой-то смысл в моем существовании? Каково мое предназначение? Выполняю ли я его?» и другие.

Никто не знает универсального ответа на эти вопросы. Есть ответы, устраивающие одних людей и отвергаемые другими. Вам нужно найти свой ответ, который полностью устроит вас (на нынешнем этапе вашего развития). Так и ставьте свою задачу перед Жизнью: «Я легко нахожу устраивающий меня ответ на вопрос о смысле моего существования и моем предназначении». А потом спокойно ищете его и рано или поздно находите.

• Помощь другим людям

Еще одна распространенная задача, которую ставит перед собой множество людей, — это помощь другому человеку. В первую очередь помогают детям — сначала вырасти, потом выучиться, потом выйти замуж (жениться), потом развестись и т. д. Вся жизнь и все мысли родителей часто посвящены только своим детям. Соответственно, и все устремления родителей направлены только на то, чтобы ребенок хорошо учился, примерно вел себя, не болел и т. д.

К сожалению, такие заказы обычно не работают. Трудно заставить ребенка хорошо учиться или заниматься музыкой, особенно если его уже «достали» этими занятиями и он их откровенно ненавидит. Приемы методики формирования тут уже не работают, помочь может только обычный ремень. И то на время.

Кроме детей, люди обычно стремятся помогать родителям, друзьям, знакомым. Иногда бездомным или испытывающим страдания незнакомым людям или животным.

Помогать другим людям можно и нужно. Можно ставить перед собой такие цели и достигать их. Но, если помните, нельзя погружаться в большие переживания, если жизнь другого человека складывается не так, как вы это придумали, и ваша помощь не пошла ему на пользу. Он имеет полное право распоряжаться своею жизнью так, как он захочет, особенно во взрослом возрасте. И ваша суета ничего не изменит, только добавит вам лишних переживаний.

Поэтому строить заказ по схеме «Мой ребенок хорошо учится» или «Моя дочь удачно выходит замуж» можно, но бесполезно. Лучше построить заказ иначе: «Я легко нахожу способы и средства, которые помогут моему ребенку достигать успеха в том деле, которое он выберет сам». Или как-то иначе, но в этом же ключе.

• Достижение славы, известности, власти

Подобного рода заказы несложно исполняются, если вы просите это для себя. И если вы знаете, зачем вам это нужно.

Если слава или признание украсят вашу жизнь, сделают ее более насыщенной и интересной, то проблем не будет. Если славу или признание вы рассматриваете только как способ заработать денег, то, может быть, лучше сразу заказать деньги?

Если же вы хотите стать известным, чтобы доказать что-то другим людям, когда-то не оценившим или обидевшим вас, то такой фокус срабатывает редко. Вы обижены, в вас бурлит гордыня или амбиции — это самое подходящее состояние, чтобы попасть под духовный «воспитательный» процесс со стороны Жизни, который отнюдь не будет связан с вашей известностью, а скорее наоборот. Вы очутитесь на дне жизни среди неудачников и других обиженных на судьбу людей. Если вы поймете этот «намек» Жизни и перестанете обижаться, то, пожалуй, у вас появится шанс чего-то добиться. Например, вернуться в прежнее положение, в среду нормальных людей. Если вы сумеете этому порадоваться, то путь наверх будет открыт.

В общем, определитесь, зачем вам это нужно. Это ваше истинное призвание стать артисткой или фотомоделью? Или вы выбрали этот путь под влиянием общественного мнения и средств массовой информации, которые сделали кумирами людей самых странных профессий (ходячая вешалка для одежды, объект для показа фирменной косметики или обуви, лицедеи и т. д.). Если последнее, то ваше желание может быть ошибочным, и Жизнь может указать вам на неправильный выбор через задержку с реализацией ваших устремлений.

А в целом вы можете записать в этом разделе любые ваши желания: «Я становлюсь депутатом местной Думы» (разомнитесь сначала на местной Думе, потом уж идите в Государственную), «Я — фотомодель модного журнала» или «Я — популярный поэт, выступающий перед огромной аудиторией слушателей». Главное, чтобы вы действительно этого хотели, а остальное приложится.

• Улучшение своего здоровья

Еще одна популярная тема — улучшение своего здоровья, которое мы сначала убиваем попойками, гулянками, перегрузками, бессонными ночами и страшными стрессами. А потом ставим перед собой цель восстановить здоровье и посвящаем этому интересному занятию многие годы.

Более подробно об этом будет рассказано в пятой части книги, здесь лишь скажем, что здоровье можно выбирать в качестве желанной цели, но это должен быть конечный результат.

А первым шагом на пути к здоровью рекомендуется осознать, как и чем вы создали себе заболевание, чему оно вас учит или какую выгоду вы из него извлекаете. Порой только понимание причин возникновения заболевания автоматически приводит к выздоровлению, даже никаких специальных усилий прилагать не требуется, или это будут совсем не медицинские процедуры, к которым вы привыкли. Здоровье не в аптеке и не в больнице, здоровье — в голове. Но нас никто не учил так думать, поэтому и больных так много.

• Получение знаний и развитие способностей

Наконец, последняя популярная группа устремлений людей — развитие каких-либо способностей, получение и усвоение определенных знаний или навыков.

Сюда относятся хорошая учеба, изучение языков, развитие способностей к творчеству (рисование, пение, вырезание лобзиком и т. д.). Цели формулируются просто: «Я прекрасно рисую», «Я легко и свободно говорю на древнехалдейском языке» или «Я прекрасно усваиваю все предметы, которые преподают в моем институте».

Иногда такая программа встречает сильное внутреннее сопротивление — например, если вы много лет учили английский, и все без толку. Тогда можно в качестве цели попросить Жизнь подсказать вам, почему у вас сложности с английским языком. Или попросить ее дать такого учителя или такую методику обучения, которые подойдут вам наилучшим образом. Достигнув этой цели, вы ставите перед собой уже окончательную цель — изучить английский в требующемся вам объеме.

Если ваша цель не попала ни в одну из этих групп, то создайте себе еще одну группу, одиннадцатую. Только не открывайте новую группу для каждой цели — это будет говорить всего лишь о ваших претензиях на исключительность. В этом случае попробуйте пару дней походить с аффирмацией: «Я такой же, как все!», и вы поймете, что ваше желание легко вписывается в одну из рассмотренных выше десяти групп.

• Что делать с группами желаний

А действительно, что делать, если у вас в каждой из групп записано по три—пять желаний? Ответ прост: примерьте на себя шутовской колпак. В «цирке жизни» вы играете роль клоуна, у которого на колпаке написано: «Хочу всего и быстро!!!» Хотеть не вредно, желания делают жизнь человека более насыщенной, но обычно менее продуктивной — если только вы не сверхэнергичный и абсолютно позитивно мыслящий человек.

Поэтому мы рекомендуем **ранжировать все желания в каждой из групп по степени важности для вас**. На первое место поставьте самую важную цель, на второе — чуть менее важную, на третье — еще менее важную и т. д.

Не спешите! Позвольте себе подумать на эту тему несколько дней. Не принимайте решение в суете, между делом — за очередной тарелкой супа и просмотром телесериала. У вас судьба решается, а вы пытаетесь сделать это на бегу, в спешке.

Если вы не доверяете своему разуму, интуиции, то пообщайтесь напрямую со подсознанием и получите от него какие-либо подсказки. О том, как это можно сделать, рассказывается в следующей главе.

Итогом всех этих размышлений должна стать обоснованная расстановка ваших целей по степени их значимости для вас в каждой из групп.

• Выберем главные желания

А теперь необходимо выписать из каждой группы по одному желанию, занявшему первое место (высший ранг) в каждой из групп.

В итоге у вас получится список, состоящий из нескольких желаний – от одного до одиннадцати у самых неуемных.

Это те цели, с которыми стоит начать работать в первую очередь. Их также **нужно расставить в списке по уровню значимости для вас**. Сверху записываете самую важную на сегодня цель, затем менее важную и т. д. Не обращайте внимания на порядок записей из 11 групп целей, которые мы рассматривали ранее. Это случайный порядок, у вас он будет совсем другой.

Не спешите, хорошенько подумайте, поговорите с собою, пообщайтесь с подсознанием или просто обсудите эту тему с хорошим человеком, который не станет над вами смеяться (таких, нужно сразу сказать, очень мало).

В общем, любыми способами **проранжируйте ваши цели**.

А дальше все просто. Если полученных целей больше пяти, то после пятой цели проведите в списке жирную черту. В ближайшие полгода вы будете работать **только с первыми пятью (максимум шестью) целями!** Все остальные вы ставите в запас, в резерв, сдаете на хранение.

Впрочем, это не исключает, что **они тоже могут исполниться**, и даже быстрее, чем отобранные вами пять первых целей. Почему так может произойти? Уже в ходе ваших размышлений над своими целями вы заявили Жизни, что вам этого хочется. Заказ «пошел». А дальше вы как бы отпускаете эту цель, т. е. не идеализируете результат. Именно поэтому он может возникнуть как бы сам собой. Это будет не случайность, а реализация вашего же желания, произошедшая без особых усилий. Так тоже бывает.

Дальше мы будем заниматься только теми целями, которые вошли в первую пятерку. Если у вас их меньше пяти, то это замечательно, вы сможете полностью сосредоточиться на их достижении.

• Как быть, если ничего не хочется

Существует немало людей, которые никак не могут понять, чего же они хотят. Соответственно, им будет довольно сложно определиться со своими желаниями и выбрать из них самые важные. Им, в порядке помощи, предлагаем выполнить следующее упражнение.

Упражнение «Я — миллиардер»

Приготовьте ручку и листок бумаги.

Примите удобную позу за столом, расслабьтесь и останови-те «бег» мыслей. Представьте, что вы получили в наследство 100 миллиардов долларов (после уплаты всех налогов). Попробуй-те определить, какие первые пять шагов вы сделаете, получив та-кие практически неограниченные ресурсы. Запишите эти шаги.

Проиграйте мысленно, что произойдет через год, если вы пред-примете именно эти пять шагов.

Если вам при прочтении этих строк покажется, что упраж-нение это очень легкое, то мы хотели бы отметить, что это вовсе не так. Желания большинства людей не идут дальше «Мерседе-са», квартиры или загородного дома и поездки на Багамские острова. Кроме того, это чисто потребительские цели, на кото-рые не нужны такие большие средства.

Есть ли у вас какие-то тайные желания, требующие практи-чески неограниченных ресурсов? Это чисто потребительские желания, или вам захотелось сделать что-то большое и светлое для людей? Или наоборот, все для людей и ничего для себя? Не забывайте, что любые крайности говорят о проблемах в вашей системе ценностей.

Предлагаемое упражнение помогает «вытащить» из нас скры-тые желания и потребности и более четко понять, на какую же вершину вам стоит карабкаться в первую очередь.

Если это упражнение не даст желаемых результатов, предла-гаем вам выполнить еще одно, более жесткое.

Упражнение «Последние дни»

Примите удобную позу, расслабьтесь, остановите «бег» мыслей. Представьте, что вы проходили клиническое обследо-вание и врачи совершенно точно установили, что вам осталось жить всего 6 месяцев. У вас не будет болей, вы будете все это время чувствовать себя хорошо, но затем жизнь все-таки поки-нет вас.

Итак, смерть неизбежна. Что нужно и можно сделать за оставшийся срок? Попробуйте определить, какие дела вы обяза-тельно должны успеть сделать за отведенное вам время. Запиши-те их.

Еще раз мысленно пройдитесь по своей жизни, вспомните наи-более запомнившиеся хорошие и плохие события из своего настоя-щего и прошлого. Что еще вы забыли сделать очень важное и нуж-

*ное? Запишите это. Попробуйте расставить эти дела по степе-
ни их важности.*

*После этого обязательно мысленно проиграйте следующую си-
туацию: неожиданно к вам приходит известие, что врачи ошиб-
лись. Они перепутали ваши анализы с анализами совсем другого
человека. Вы совершенно здоровы и будете жить еще не менее ста
лет. Вы заканчиваете выполнение упражнения с ощущением здоровья, успеха и с хорошим настроением.*

Это очень сильное упражнение, позволяющее вытащить из
вашего подсознания самые затаенные мысли и желания. Они
там обязательно есть, но вы не пускаете их из-за страхов или
каких-то внутренних ограничивающих программ. После выполнения этого упражнения вы обязательно должны проиграть «счастливый конец». А то в соответствии с первым принципом МФС вы можете притянуть к себе какое-нибудь негативное событие, которое вам совсем ни к чему, у вас и без этого
забот хватает.

В результате выполнения упражнения вы сможете выявить
одно-два наиболее значимых и важных для вас события, которые вы будете формировать в первую очередь.

На этом можно закончить отбор наиболее важных целей и
перейти к очередным итогам.

ИТОГИ

■ *Учитывая рассмотренный нами механизм энергетического
обмена, наиболее быстро могут достигаться лишь немногие
цели. Поэтому желательно из всего множества ваших желаний отобрать самые важные и значимые для вас.*

■ *Для этого рекомендуется записать все цели, которые вы ставите перед собой, в один список. Затем разнести их по нескольким большим группам и в каждой группе расставить по степени значимости для вас.*

■ *Далее нужно выбрать те желания, которые имеют наивыс-
ший ранг в каждой группе, и выписать только их.*

■ *Выделенные таким образом желания нужно снова проранжировать и отобрать четыре-пять (если меньше, еще лучше)
наиболее значимых для вас желаний.*

■ *Это именно те наиболее важные желания, с которыми вы
будете работать до их исполнения.*

Глава 8

Пообщаемся со своим подсознанием

Истинное наше наслаждение состоит
в свободном владении самими собой.
Ж. Бюффон

В ходе жизни каждому человеку приходится принимать множество решений и брать на себя ответственность за их последствия. Кто-то делает это легко, но большинство людей испытывает большие трудности с принятием решений и частенько перекладывает эту ношу на чужие плечи. Кстати, это явный признак наличия идеализации своего несовершенства.

Если такая ситуация имеет место, то в первую очередь нужно работать с идеализацией своего несовершенства (смотрите первую часть книги).

Практически всем людям хочется найти понимающего и разумного (с вашей точки зрения) собеседника, с которым можно было бы обсудить текущие вопросы (надеюсь, слово «проблемы» уже ушло из вашего лексикона). И порой его вроде бы негде взять. А на самом деле он всегда рядом с вами, только вы не умеете с ним общаться. Вас этому не научили. Больше того, вам навесили программу, что это очень плохо и общение с ним является психическим заболеванием. Помните высказывание: «Если человек разговаривает с Богом, это молитва. А если Бог разговаривает с человеком, это шизофрения».

• Подсознание — это наша часть

Мы имеем в виду не разговоры с Богом — это дело непонятное, кто и зачем там отвечает. Есть более простой и доступный собеседник, с которым всегда можно потолковать и получить от него дельный совет. Это наше собственное подсознание.

Этим словом принято пугать людей, списывая на подсознание все темное и непонятное в психике человека. В подсознании прячутся страхи, стрессы, причины болезней, подавленные желания и многое другое. Это действительно так, но это не значит, что от подсознания нужно прятаться или делать вид, что его не существует. Такая страусиная позиция «прятать голову в песок» приводит только к нарастанию внутренних проблем и заболеваний.

На самом деле с подсознанием можно вполне продуктивно взаимодействовать, и оно будет только радо этому.

Можно сказать, что подсознание является отражением сознания человека. Если человек хороший и добрый, то и подсознание у него светлое и позитивное. Если человек злобный, мстительный или мелочный, то и подсознание у него скупое и раздражительное.

Подсознание не является чем-то внешним, что может нас испортить. Подсознание — это **наша часть, которая заботится о нас и всячески помогает нам**. Оно всегда рядом с нами, где бы мы ни находились, поэтому обратиться с вопросом к нему можно в любое время и в любом месте. Этим оно значительно удобнее астрологов, психологов и просто друзей — они не всегда имеются в наличии. Другое дело, что у него далеко не все и не всегда получается удачно, с нашей точки зрения.

• Особенности подсознания

У подсознания есть несколько особенностей.

Первая и самая неудобная — **его ответы очень «слабы»**, их еле слышно, и нужно наработать навык общения с ним.

Вторая — **оно руководствуется собственной логикой**, которая может быть отлична от вашей. В общем виде деятельность подсознания можно оценить следующим образом: **оно всячески защищает нас от возможных стрессов в будущем**. Делает это оно весьма своеобразно, но его намерения всегда самые лучшие.

Например, ваши страхи по поводу своего здоровья (или безопасности вашего ребенка) тоже можно рассматривать как деятельность подсознания, которое суетится и старается заставить вас сделать так, чтобы с вашим здоровьем (или с ребенком) все было в порядке.

Третья — **оно исполняет ваши решения до тех пор, пока вы сознательно не отмените** их или не замените на другие. Если вы в детстве сильно хотели быть большой и солидной, как ваша любимая учительница, то подсознание воспримет это как ваше распоряжение и будет старательно исполнять его все последующие годы, невзирая на ваши многочисленные диеты и борьбу за то, чтобы похудеть.

Программа запущена, и подсознание отрабатывает ее без всяких рассуждений. В этом оно порой напоминает старательного служаку, бездумно исполняющего все распоряжения командира. А командир этот — вы, хотя и не подозреваете об этом.

Четвертая: **подсознание — это вы и никто больше**. Это не Бог, не ангел-хранитель, не Высшие силы и прочие обитатели астрала. Поэтому оно не владеет божественной информацией, не знает курса акций или выигрышных номеров в следующем тираже лотереи, не знает, успешно ли реализуется ваш новый проект по строительству булочной и т. д. Оно не знает будущего и не нужно его об этом спрашивать!

Оно — это вы, и оно знает ровно столько, сколько знаете вы сами. Спрашивать о будущем у подсознания, конечно, можно, но ответ по достоверности будет равен ответу вашего соседа или вашего кота (если он, конечно, вам ответит).

Зато вы можете спросить подсознание, стоит ли вам доверять новому партнеру (или любимому) — оно может обратить ваше внимание на те аспекты его поведения, которые вы не заметили или не захотели заметить. А подсознание, уберегая вас от будущих потрясений, укажет прямо на них.

В общем, подсознание можно рассматривать как неуклюжего и слегка ограниченного, но старательного и очень доброжелательного друга, который всегда с вами и всегда готов прийти вам на помощь.

Пятое — подсознание все же **обладает большими возможностями по сравнению с вами**. Похоже, что именно подсознание обеспечивает нам те самые возможности по общению с эгрегорами, передаче им наших заказов и получению помощи от них. Те редкие моменты интуитивных озарений, когда мы получаем ответ на давно интересующий нас вопрос, тоже результат усилий нашего подсознания. Будем считать, что этими возможностями обладает лишь некоторая область подсознания, отвечающая за контакты с Тонким миром (канал интуиции), а остальные области подсознания отвечают за другие сферы нашей жизни.

Хотя, скорее всего, при формировании событий имеет место уже описанный нами ранее чисто энергетический процесс, когда мы излучаем наши мысли и желания в виде тонких энергий, которые улавливаются эгрегорами и исполняются ими. А подсознание обеспечивает нам **только информационный канал** общения с Тонким миром.

В этом вопросе нет полной ясности, но это не имеет особого значения, поскольку не мешает общаться с подсознанием по принципу «черного ящика». Мы не знаем, что там внутри, но знаем, что и как нужно делать, чтобы получить желанный результат.

Существует несколько способов общения с подсознанием, дающих вполне приличные результаты, и их можно использовать в повседневной жизни. Рассмотрим два из них. «Метод автоматического письма» и «Метод разговора через тело».

• Метод автоматического письма

Конечно, это не классическое «автоматическое письмо», когда рука человека что-то пишет на бумаге, а он сам может в это время разговаривать о чем-то другом. Так бывает очень редко, и вряд ли вам это нужно.

Мы будем использовать более простую версию этого метода. Вы будете задавать себе вопросы и вполне сознательно записывать на бумагу любые появляющиеся мысли. Это не сложно.

В качестве примера рассмотрим, как нужно пользоваться этим методом для выявления ваших истинных желаний.

Обращаться в данном случае будем не ко всему подсознанию, а только к **той области, которая отвечает за нашу успешность во вполне земных делах** и заинтересована в процветании как души, так и тела. Назовем эту часть подсознания «Высшее Я». От него можно получить вполне практические ответы, касающиеся наших земных желаний и путей их достижения.

Упражнение «Мои истинные желания и цели»

Для получения требуемой вам информации нужно вот что.

■ *Приготовить листок бумаги и ручку.*

■ *Сесть в спокойной обстановке за стол (отключить телефон, выключить радио и телевизор, исключить обращение к вам других людей).*

■ *Взять ручку.*

■ *Положить руки на стол так, чтобы вы в любой момент без усилий и лишних движений могли бы начать писать.*

■ *Закрыть глаза, расслабиться, остановить «бег» мыслей.*

■ *Затем пригласить к диалогу свое «Высшее Я» примерно следующими словами: «Я приглашаю к осознанному диалогу мое «Высшее Я». Ты готово ответить мне? Я прошу тебя ответить мне на следующие вопросы».*

■ *После этого начать мысленно задавать вопросы: «Каковы мои истинные цели и желания? Что мне действительно нужно? Что принесет мне радость и удовлетворение?»*

■ *После этого нужно спокойно сидеть и ждать, какие мысли (отдельные слова, фразы, образы) придут вам в голову. Не нужно размышлять над своими вопросами или судорожно выдавливать ответы из подсознания. Необходимо просто сидеть и спокойно ждать, пока в голове не проявятся хоть какие-то мысли.*

■ *Как только появится любая мысль, тут же нужно открыть глаза и записать ее на листке, потом снова закрыть глаза и ждать следующей мысли. Ваше подсознание при нормальной настройке даст вам 5—15 различных ответов за 10—15 минут разговора с ним. Не пишите с закрытыми глазами — потом ничего не сможете прочитать!*

■ *Все появляющиеся мысли нужно тут же записать, полностью исключив их оценку, анализ и сравнение. Ни в коем случае нельзя во время этой процедуры включать «словомешалку» и внутреннего критика. Полное спокойствие, доверие, и результаты будут на бумаге. Ответы могут быть конкретными, а могут иметь и общий вид — записывайте абсолютно все, что придет вам в голову.*

Ваша задача на этом этапе взаимодействия со своим «Высшим Я» — **не оценивать, а только записывать** любые мысли или слова, пусть даже бессмысленные или ругательские. Что бы ни всплыло у вас в голове — не волнуйтесь, а просто запишите эти часто сумбурные мысли или отдельные слова на бумагу, еще раз мысленно задайте себе вопрос и ждите ответов на него.

Записав 5—15 ответов, можно вернуться в обычное состояние сознания (т. е. запустить логическое мышление, критику) и попытаться понять написанное.

Возможно, что полученная информация будет полностью совпадать с вашим представлением о себе, и вы получите то, что и так хорошо знали. Это будет отличный результат, который укажет на то, что вы уже активно используете подсказки своего подсознания и ему нечего вам больше дать.

Но бывает, что ответы, полученные методом автоматического письма, сильно отличаются от того, что вы привыкли о себе думать. Не спешите отбрасывать то, с чем вы вроде бы не согласны! Попробуйте походить с этим несколько дней, поразмышлять о полученных ответах. Возможно, через некоторое время вы поймете, что подсознание постаралось дать совсем новый взгляд на вашу жизнь, обратить ваше внимание на то, чему вы не придавали значения или даже тщательно скрывали от себя.

При выполнении этого упражнения важно не перепутать ваш собственный суетливый ум с голосом подсознания. Поэтому: никаких внутренних обсуждений или оценок, особенно на начальном этапе работы по методу автоматического письма! Строить беседу с внутренним собеседником, если она возникает, можно только по схеме интервью: **молчание — вопрос — ответ — молчание...**

• У меня не получается

Нередко можно услышать высказывания типа: «Я пробовал автоматическое письмо, и у меня ничего не получилось!» О чем это говорит? Всего лишь о типичных ошибках на начальном этапе использования этого метода.

Скорее всего, вы так и не отпустили внутреннего критика и оценивали приходящие в голову мысли. Вы не отпустили отдыхать внутреннего контролера и все время контролировали процесс, отсеивая «ненужные» или «неправильные» ответы. Вы ждали сразу божественных откровений, а получили только обычный словесный мусор. И вы решили, что ничего не получилось. Это неправильно. На первом этапе вы просто не можете получить ничего путного!

Представьте себе лесной родник, которым много лет никто не пользовался. Он течет себе потихоньку, но набрать сразу целую кружку чистой воды невозможно. Что будет, когда вы попытаетесь набрать в нем чистой воды? Ничего.

Сначала необходимо убрать накопившиеся за многие годы грязь и мусор, дать протечь грязной воде. Только после этого потечет чистая вода, которой вы сможете воспользоваться.

Так и здесь, мусор и грязь нужно обязательно убрать из своих мыслей, иначе до чистой информации дело не дойдет!

Именно поэтому мы рекомендуем записывать (выводить из себя) все, что появится в голове при первых попытках установить контакт с подсознанием. Не пытайтесь просто мысленно отсеять ненужные слова или мысли, этот фокус не проходит! Все обязательно нужно выводить на бумагу, потому этот метод называется «письмо», а не «мысленный разговор». Поначалу вам в голову будет прихожить всякая ерунда и вы станете думать, что ничего не получилось. Это не так.

Все прекрасно получилось, нужно только позволить себе записать на бумагу эту ерунду, и порой несколько раз.

На первом этапе у вас на листе могут быть записи типа «ничего не получается», «все не то», «чешется нога», «сколько времени прошло», «хочу пить», «все ерунда» и подобные. К ним нужно отнестись спокойно, это тот самый мусор и грязь, от которого нужно избавиться. Подобные записи на первом этапе являются гарантией будущих успехов.

На втором и последующих этапах обычно появляются более осмысленные слова и мысли типа: «ребенок», «письмо маме», «здоровье», «нужны деньги», «нужно позвонить Славе», «нужно купить новую квартиру» и т. д. Это и есть та самая информация, которую вы пробуете получить от подсознания.

274 Часть 2. Формируем желанное событие

Она пока нечеткая — ваш источник еще не очистился полностью от грязи, нужно дать ему время и возможность унести всю грязь прочь. Но без ваших усилий грязь никуда не денется, поэтому нужно пробовать этот метод несколько раз (несколько дней), несмотря на отсутствие поначалу видимых результатов. На последующих этапах информация будет более четкая и однозначная, но на это может понадобиться три—пять сеансов в разные дни.

На наших тренингах это упражнение делали сотни людей, и практически у всех оно получалось. А вы что, особо дефектный экземпляр, что ли?

Точнее, сложности были, но только у людей с очень сильной внутренней критикой и сомнениями, которые не позволяли себе просто записывать то, что приходило им в голову, а все время оценивали: «Оно? Не оно? Я сам придумал или это подсознание? Неужели подсознание могло выдать такую ерунду? Я сам это знаю!» У таких контролеров оно молчит, опасаясь, что его не примут всерьез.

• Что выдает подсознание

Что вы можете вывести из себя методом автоматического письма в ответ на вопрос о своих истинных желаниях? Конечно, это будет **все то, что вы и так хорошо знаете**. Ваше подсознание — это вы, у вас неосознанно постоянно идет обмен информацией, оно знает о ваших желаниях, и вы постоянно считываете его подсказки, т. е. что-то очень новое узнать про себя довольно трудно.

Другое дело, что подсознание может выдать вам то, о чем вы забыли или даже постарались забыть. Например, вы хотите встречаться с каким-то человеком, но он не обращает на вас внимания или даже чем-то обидел вас, и вы решили его забыть. Вы постарались вытеснить воспоминание о нем из своей памяти, но куда? Как раз в ваше подсознание, универсальную кладовую. А теперь оно вернет вам ваше желание, даже если вы о нем не вспомните сами.

Оно может напомнить о давно взятых обязательствах (написать письмо родителям, отдать чужую вещь, навестить хорошего человека), о которых вы в суете порой вспоминаете, но потом снова забываете.

Оно может напомнить вам о детских мечтах или страстных желаниях, которые вовремя не реализовались из-за отсутствия условий или ваших страхов, и многое другое.

Оно может помочь вам заглянуть в себя и напомнить о подавленных, затаенных, забытых или сознательно отвергнутых желаниях, которые вы теперь вполне можете реализовать.

Ведь вы уже научились создавать себе любую реальность. Или это не так, и вы по-прежнему претендуете на роль волшебника-недоучки, творящего себе только неприятности?

• Возможен диалог с подсознанием

Если вы уже прочистили свой родник и начали получать информацию от своего «Высшего Я» (только теперь, но не ранее!!!), вы можете расширить диапазон общения и начать задавать ему любые вопросы. Вы можете выйти на мысленный **диалог с внутренним собеседником**, который довольно подробно станет отвечать на ваши вопросы.

Обязательно **записывайте свои вопросы и ответы на бумагу** — они очень легко забываются. Это как сновидение, которое могло мучить всю ночь, а утром мы не можем вспомнить, о чем был сон.

Во время внутреннего диалога запрещается критиковать ответы подсознания или препираться с ним. Оно может обидеться и прекратить с вами общаться. Получили информацию, записали, поблагодарили за ответ, разошлись — т. е. вернулись в обычное состояние сознания. И стали вполне осознанно рассматривать полученные ответы и принимать решения, нужна вам эта информация или нет.

• Могут быть отложенные ответы

Обращаем ваше внимание на то, что **ответы могут прийти к вам не только в ходе выполнения упражнения, а значительно позже** — через несколько часов или даже дней. Возможно, ваше подсознание для получения ответа на вопросы иногда должно посоветоваться с эгрегорами, а они заняты своими проблемами и не сразу откликаются на его запросы.

Можно назвать это «**методом отложенного решения**». Я и сам часто пользуюсь этим методом. По мере возникновения очередной задачи пробую максимально конкретно ее сформулировать, сконцентрироваться на ней на некоторое время, а **затем оставляю ее в покое**.

Проходит некоторое время — до нескольких дней, и **решение задачи возникает в голове само собой**. Подсознание поняло мой вопрос, проконсультировалось с кем нужно, наметило лучший путь развития ситуации и сообщило его мне.

• Расширяем свои возможности

Описанной выше технологии получения информации вполне достаточно человеку, живущему обычной жизнью, тому, чья область интересов сильно не выходит из сферы отношений, здоровья, материального благополучия, заботы о ближнем и других вполне земных устремлений.

Другое дело, если вы стоите на пути духовного развития и вас интересует, как и что здесь устроено, либо, что чаще, вас привлекают кажущиеся безграничными возможности общения с Тонким миром. В таком случае вы можете попробовать использовать метод автоматического письма для получения нужной вам информации, т. е. попробовать с помощью этого же метода выйти на контакт с ангелом-хранителем или другими обитателями Тонкого мира. При этом можно обращаться к **той области подсознания, которая отвечает за контакты с Тонким миром,** или прямо к ангелу-хранителю. Обычно это получается, если канал у вас наработан предыдущими упражнениями.

Сразу отметим, что все попытки извлечь из такого общения какую-то практическую пользу заканчиваются ничем. Наличие канала общения с кем-то в Тонком мире не отменяет механизма энергетической оплаты за сформированные события. Если вы не являетесь постоянным игроком, то попытка получить информацию о выигрышных номерах в лотерею у эгрегора азартных игр не проходит — этот эгрегор не принимает вас «за своего» и не обращает внимания на ваши призывы. Какие-то цифирки вы получите, но это будет случайный набор, который вы сами можете придумать без общения с подсознанием.

• Есть ли польза от автоматического письма?

Раз все так сложно, то можно ли вообще получить пользу от автоматического письма? Опыт показывает, что можно, но довольно в ограниченном диапазоне. Это вызвано тем, что вы должны четко определять, с кем вы желаете пообщаться этим неординарным способом.

Без четкого обращения ваше общение будет напоминать ситуацию, когда вы открываете окно своей квартиры и задаете вопрос на улицу. И отвечает вам случайный прохожий. Каким будет качество его ответа, можно себе представить.

Именно поэтому в упражнении мы предложили обращаться к своему «Высшему Я». Ваше «Высшее Я» — это вы сами, только в более осознанном и ничего не забывающем состоянии (ваше тонкое духовное тело). С собой можно поговорить, но вы узнаете не больше, чем знали бы сами, если бы ваш ум был всегда спокоен и память безотказна.

К кому же еще можно обращаться методом автоматического письма? К тому, чье имя вы знаете. А вы не знаете ничьих имен, кроме ангела-хранителя. Но он обычно отвечает одно и то же: «Успокойся, детка, все будет хорошо, как ты захочешь. Живи, радуйся жизни, помогай людям, развивайся».

Еще можно обращаться к **эгрегору своей организации** — он обычно откликается, поскольку вы много времени и энергий отдаете ему. Особенно если вы владелец бизнеса, занимающего все ваше время и силы. В таком случае вы — адепт эгрегора своей организации и можете смело обращаться к нему с любыми вопросами. От него можно получить вполне дельные советы, но и он не знает будущего! Будущее формируется вами же, вашими мыслями и делами, оно неоднозначно.

Как обращаться к эгрегору своей организации (своего бизнеса)? Точно так же, как к своему «Высшему Я». На определенном этапе работы по методу автоматического письма вы выполняете следующее действие:

...затем пригласить к диалогу эгрегор своей организации примерно следующими словами: «Я приглашаю к осознанному диалогу эгрегор (далее называете имя своей компании). Ты готов выйти со мной на контакт и ответить мне?»

Если вы получаете ответ «Да, я готов», то задаете ему интересующие вас вопросы в произвольной форме.

Это довольно хороший собеседник, от которого можно получить вполне практические советы по текущей деятельности и комментарии по прошлым событиям. Будущего он не знает.

Сложнее в ситуации, когда вы являетесь сотрудником большой организации и от вас мало что зависит в ней. Если вы много лет работаете в ней и всегда думали о ее преуспевании, то эгрегор этой организации знает о вас и охотно откликнется на ваше обращение. Если же вы работаете недолго или были всегда недовольны своей работой или организацией в целом, то рассчитывать на полноценный отклик сложно.

Кроме того, можно попробовать обратиться к **эгрегору денег** — если они являются значимой частью вашей жизни. К эгрегору творчества — если вы занимаетесь творчеством. К эгрегору секса — если вы озабочены этим. И т. д. Попробуйте, это интересно. Но извлечь из этого практическую пользу обычно не удается.

• Метод разговора через тело

Следующий метод можно условно назвать «методом разговора через тело» со своим подсознанием. Здесь в качестве подсознания мы снова рассматриваем некоторую **неосознаваемую часть нашей психики**, которая обладает большим влиянием на нашу жизнь и возможностями прямого ответа на вопросы либо мысленно, либо через тело. Второй вариант используется чаще, поскольку позволяет однозначно определить, что вам ответило ваше подсознание, и вы не приняли за его ответ какую-то свою шальную мысль («словомешалку»). Подобные подозрения постоянно присутствуют при использовании метода «автоматического письма».

Метод «прямого разговора через тело» является неотъемлемой частью эриксоновского гипноза и метода нейролингвистического программирования (НЛП) [7]. Очень хорошо этот метод работает при выяснении причин заболеваний — немалую часть болезней, как выясняется, организует нам наше подсознание, руководствуясь самыми благими намерениями [8].

В этом варианте подсознание не имеет возможности обращаться к эгрегорам и отвечает только от себя. Соответственно, получить качественную информацию от него можно в основном по вопросам здоровья, поскольку большинство болезней создает именно оно. Еще можно обращаться по теме личной жизни, деловой активности и прочим вопросам, но здесь качество ответов будет много ниже, поскольку эти темы зависят от многих внешних факторов, а не только от подсознания.

Общение с подсознанием по этому методу происходит в два этапа.

На первом этапе необходимо договориться с подсознанием о том, каким образом оно будет отвечать вам. Это делается всего один раз.

На втором этапе вы будете задавать вопросы по определенной схеме и получать ответы. С этим собеседником вы можете общаться всю жизнь.

• Установим контакт с подсознанием

Техника установления контакта с подсознанием совсем не сложна и требует 5—15 минут свободного времени.

Упражнение
«Устанавливаем контакт с подсознанием»

■ *Сесть в спокойной обстановке за стол (отключить телефон, выключить радио и телевизор, исключить обращение к вам окружающих людей).*

■ *Положить руки на колени или стол так, чтобы вы могли свободно шевелить пальцами.*

■ *Расслабиться, закрыть глаза, остановить бег мыслей на несколько секунд.*

■ *Затем мысленно сказать себе «Я приглашаю к осознанному контакту часть моего подсознания, отвечающую за мое здоровье. Я прошу ответить мне через тело. Если ты готово пойти со мной на контакт, то покажи, как будет выглядеть ответ «ДА».*

■ *После этого спокойно сидите и наблюдайте за своим телом как бы со стороны. Нужно понять, как подсознание ответит на ваш запрос. Как только заметите, что в теле что-то произошло, можете задать себе следующий вопрос: «Правильно ли я понял, что сигнал «ДА» это _____ (указываете замеченный вами сигнал). Если это так, прошу еще раз показать сигнал «ДА».*

■ *После этого вы опять наблюдаете, повторится ли сигнал. Если он не повторится, то пробуете повторить предыдущие действия еще раз, до получения ответа.*

■ *Если сигнал «ДА» повторится, переходите к следующей части упражнения.*

■ *Мысленно скажите себе «Я благодарю за ответ ту часть моего подсознания, которая отвечает за здоровье. Я прошу показать через тело, как будет выглядеть ответ «НЕТ».*

■ *После этого снова спокойно сидите и наблюдаете за своим телом как бы со стороны. Как только обнаружите, что в теле что-то произошло, задайте себе следующий вопрос: «Правильно ли я понял, что сигнал «НЕТ» — это _____ (указываете замеченный вами сигнал). Если это так, прошу еще раз показать сигнал «НЕТ».*

■ *После этого опять наблюдаете, повторится ли сигнал. Если он не повторится, то повторяете свои предыдущие действия еще раз, до получения ответа.*

■ *Если сигнал «НЕТ» повторится, то говорите: «Я благодарю за ответ ту часть моего подсознания, которая отвечает за здоровье. Я прошу разрешения сейчас прервать наш контакт и вернуться к нему через некоторое время».*

■ *Иногда подсознание не показывает сигнал «НЕТ» — в этом случае в качестве сигнала «НЕТ» можно считать отсутствие любых сигналов.*

■ *После этого можно открыть глаза и перейти в нормальное состояние сознания.*

Как видите, ничего сложного в первом этапе нет, и канал легко устанавливается практически у всех людей, кто пробует эту технику и не совершает типичных ошибок.

• Какие бывают сигналы?

Каким образом подсознание может ответить на вашу просьбу пообщаться с ним через тело? Заранее предсказать это невозможно, поскольку у каждого человека открывается свой канал.

Это могут быть еле заметные движения рук, ног, головы, покачивание всего туловища, зевота, подергивание мышц тела, шевеление пальцев рук и т. д. — вы легко можете ощутить их, если не будете отвлекаться во время выполнения упражнения. И если вы не будете чересчур напряжены — выполняйте это упражнение играючи.

Это могут быть микродвижения каких-то мышц ладони, пальцев, уголков рта, губ, век, почесывание, щекотание и т. д.

Это может быть покачивание всего тела вперед-назад или в стороны.

Это может быть изменение частоты дыхания или сердцебиения.

Это могут быть какие-то вспышки или цветовые пятна на внутреннем экране в районе лба.

Иногда это бывают прямые мысленные ответы типа: «Да, я здесь и готово тебе отвечать», но с мысленными сигналами предлагаем быть осторожнее, особенно на начальном этапе работы. Попросите для начала ответить вам через тело.

Если выбранный телом сигнал вас не очень устраивает (например, оно избрало в качестве сигнала сжатие мышц промежности или падение), то вы можете попробовать договориться с ним, чтобы оно перешло на другой сигнал, более удобный для вас. Вы можете показать ему, какой сигнал вас бы устроил, и спросить его, устраивает ли его такой вариант. Обычно оно не возражает.

В качестве наиболее удобного и распространенного сигнала принято использовать следующие **микродвижения указательных пальцев рук**: микродвижения вверх указательного пальца правой руки — сигнал «ДА», микродвижения вверх указательного пальца левой руки — сигнал «НЕТ», микродвижения обоих пальцев сразу — «НЕ ЗНАЮ».

В целом на установление контакта с подсознанием через тело большинству людей требуется 5—10 минут. Иногда нужно больше времени, но договориться с телом удается практически всегда, если отпустить контроль и не идеализировать результат («Я добьюсь установления контакта с подсознанием любой ценой!»).

Сложности бывают у контролеров, у очень суетливых людей с огромным количеством сумбурных мыслей в голове — они просто не могут сосредоточиться и уловить сигналы тела. И у людей, злоупотребляющих болеутоляющими таблетками, — они, похоже, так запинали свою нервную систему, что она не хочет отвечать на обращения обидчика.

• К кому обращаемся

Затем наступает второй, основной этап работы — прямой разговор с интересующей вас областью подсознания.

Поскольку никакой точной информации об этих областях не существует, ничего не мешает вам выделить в ней несколько нужных вам областей (отделов, департаментов). Например, вы можете считать, что подсознание делится на следующие части.

1. Высшее Я.

2. Область страхов.

3. Область заказов и негативных программ.

4. Область, ответственную за тело и здоровье.

5. Область, ответственную за деловую успешность.

6. Область, ответственную за способности и обучение.

При желании вы можете выделить в своем подсознании и другие важные вам области. Обычно оно не возражает против этого и охотно отзывается на любые обращения.

• О чем можно узнать

Подсознание — это вы сами, поэтому не пытайтесь получить через подсознание информацию о других людях (где находятся, о чем думают, чем болеют и т. д.) — ответ вы получите, но достоверность будет очень низка. Многократные эксперименты на эту тему показали, что на один и тот же вопрос относительно другого человека (например, «Почему у Маши болит спина?») будет получено столько разных ответов, сколько человек участвуют в эксперименте и обращаются с запросом к своему подсознанию. Эти ответы практически никогда не совпадают.

Зато очень качественную информацию вы можете получить о **причинах появления большинства ваших собственных заболеваний**. Не как избавиться от них — на такие некорректные вопросы подсознание не отвечает, ведь оно само нередко является источником заболевания. Вы захотите уничтожать то, что сами же долго строили? Вряд ли. Вот и подсознание не захочет уничтожать ту болезнь, которую оно создало вам из самых лучших побуждений.

О чем же может сказать «область подсознания, ответственная за здоровье»? О том, какими именно благими намерениями оно руководствовалось, создавая вам заболевание. После установления контакта с этой областью вы можете спросить: «Есть ли позитивный смысл в заболевании такого-то органа вашего тела?» И вам могут ответить «ДА». Дальше остается только выяснить, какую именно выгоду вы получаете от этого заболевания.

В книге про здоровье [4] уже приводился пример ответа подсознания о том, почему у людей с возрастом развивается именно дальнозоркость, а не близорукость. Ответ был прост: «Я создаю тебе проблемы со зрением, чтобы защитить от стресса, который ты испытываешь, глядя на себя в зеркало. В молодости ты смотришь на себя с удовольствием, а ближе к старости подробности твоего лица тебя уже раздражают — вот я и скрываю от тебя то, что тебе не нравится (морщины, неровности кожи и т. д.)». Подсознание заботится о нашей нервной системе, а мы боремся с его заботой то таблетками, то лазером, то скальпелем. И все время мешаем ему выполнять его благородную цель — защищать нас от переживаний.

Более подробно о здоровье мы будем разговаривать в пятой части книги.

Обращение к другим областям своего подсознания позволяет получить нужную вам информацию о причинах тех или иных сложностей, возникающих в вашей жизни.

Например, с «Высшим Я» можно обсуждать вопросы вашей текущей жизни: куда вам лучше поехать отдыхать, как реагировать на предложение коллеги или начальника, как договариваться с ребенком, чтобы он лучше учился, и любые другие вопросы текущей жизни.

С «областью подсознания, ответственной за деловую успешность» можно обсудить ваши планы смены работы или развития бизнеса — оно может дать вполне дельные советы. Но не о том, успешно ли пойдет ваш новый проект и какие доходы оно даст в будущем — это зависит от бизнес-плана и ваших усилий.

А о том, на что вы не обратили внимания или что еще не сделали для достижения желаемого успеха.

Вот небольшой пример.

Наталья, молодой специалист, работает экономистом в банке. Ей сделали предложение стать руководителем отдела, и она колеблется, принимать ли ей это предложение, опасаясь не справиться с новой должностью.

Когда Наталья обратилась к своему подсознанию с вопросом, стоит ли ей принимать это предложение, оно ответило «НЕТ». Это было неожиданно, и Наталья попросила пояснить почему.

Подсознание ответило, что она еще не решила все вопросы дома, с ребенком, и новая должность принесет ей больше неприятностей, чем радости. После небольших размышлений Наталья поняла, что имел в виду ее внутренний собеседник.

У Натальи есть маленький ребенок (она в разводе), с которым сидит дома бабушка (мать Натальи). На все предложения Натальи отдать ребенка в сад или нанять няню ее мать отвечает категорическим отказом: «Как это отдать ребенка в чужие руки при живой бабушке! Этому не бывать!» И в то же время мать периодически устраивает Наталье скандалы по поводу того, что она губит ее личную жизнь своим ребенком. Поэтому после работы Наталья бежит домой, чтобы не слушать очередные упреки матери.

А новая должность предполагает, что после окончания рабочего дня нужно будет принимать участие в совещаниях руководящего состава банка — эти совещания проводятся вечером, после окончания работы сотрудников. Значит, приняв новую должность, Наталье придется возвращаться домой на 2–3 часа позже, что неминуемо приведет к нарастанию конфликта с матерью. И подсознание напомнило Наталье о том, что, пока она не решила вопрос с ребенком, ей вряд ли стоит менять что-то в своей жизни.

Все это можно было понять и предусмотреть и без подсознания. Но часто ли мы обдумываем все возможные последствия наших решений? Обычно мы концентрируемся на преимуществах, выгодах и стараемся не думать о вытекающих из решения сложностях. А эти сложности порой могут свести на нет все будущие выгоды. Именно поэтому порой стоит поговорить с собеседником, который может взглянуть на вашу ситуацию как бы со стороны, т. е. более объективно. Задайте ему вопрос: «Есть ли обстоятельства, которые я не учел и которые могут повлиять на результат моих усилий?»

Ответ может быть очень интересен и полезен для вас.

Еще можно пообщаться с «областью подсознания, отвечающей за страхи» или с «областью подсознания, отвечающей за неосознаваемые заказы и негативные программы» и выяснить, откуда у вас взялись страхи и какими программами вы руководствуетесь, например, в сфере денег. Обычно оно активно рассказывает о внутренних программах (негативных установках) типа «Деньги достаются тяжелым трудом» или «Стыдно думать о деньгах». Мы уже рассматривали источники возникновения подобных программ и будем рассматривать их в последующих разделах книги. Эти программы можно найти вполне осознанно, а можно дополнительно использовать помощь подсознания.

Подсознание можно **использовать и для корректировки текстов позитивных утверждений**, направленных на вытеснение негативных установок. Вы сначала составляете позитивное утверждение или формулируете цель с соответствии со всеми рекомендациями нашей (или любой другой) методики, а потом вызываете свое подсознание и спрашиваете у него, годится ли составленная вами формула или ее нужно подкорректировать.

Можно вызывать свое «Высшее Я» и согласовывать с ним свои желания и формулировки целей.

Ответы по типу «ДА» и «НЕТ» идут обычно на начальной стадии работы с подсознанием, а затем вы будете получать ответы в виде развернутых и полноценных мыслей. Если раньше подобные мысли приходили к вам только иногда, случайно и вы называли их проблесками интуиции, то теперь вы сможете напрямую общаться со своей интуицией, когда пожелаете. Ваше подсознание и есть та самая интуиция, которая пока что представляется вам редкой и желанной птицей, приносящей удачу. Она всегда рядом с вами, просто вы не умели с ней общаться. Теперь вам ничто не сможет помешать, кроме ваших страхов, сомнений и лени. Выбор за вами.

А мы пока подведем очередные

ИТОГИ

■ *У каждого человека есть доброжелательно настроенный помощник, всегда готовый прийти на помощь, — это подсознание.*
■ *Подсознание хранит все наши скрытые убеждения, стереотипы, программы, обиды, страхи и другие установки с единственной позитивной целью — сделать нашу жизнь более спокойной и успешной.*

■ *С подсознанием можно общаться и получать от него осознанные ответы несколькими методами.*

■ *Первый метод называется «Метод автоматического письма». Он заключается в том, что вы учитесь улавливать и записывать очень слабые мысли, которые появляются у вас после того, как вы зададите себе вопрос.*

■ *Второй метод называется «Прямой разговор через тело». Он заключается в том, что вы договариваетесь с подсознанием, каким способом оно будет через тело давать вам ответы на вопросы, а затем беседуете с ним.*

■ *При общении с подсознанием можно выделять в нем любое количество областей, ответственных за различные сферы вашей жизни, и обращаться к этим областям подсознания с вопросами.*

Глава 9
Четко формулируем свою цель

Часто бывает так, что есть над чем задуматься, а нечем.

Теперь, когда вы определились со своими желаниями и выбрали самые важные из них, нужно четко понять и сформулировать, чего же именно вы хотите в каждой из выбранных вами сфер жизни или работы. Поскольку, если вы сделаете ваш заказ некорректно, то его исполнение может быть самым неожиданным и далеким от ожидаемых вами результатов.

Итак, какие же требования предъявляются к формулировке цели? Их несколько.

• Заявляйте сразу конечный результат

В формулировке цели нужно сразу указывать конечный результат, т. е. то, что вы хотите получить в результате всех усилий. Хотите выйти замуж — так и пишите: «Я выхожу замуж». Хотите денег — так и формулируете: «Я получаю 1000 евро...» и т. д.

Не лукавьте, не заказывайте промежуточные цели типа «Я зарабатываю много денег для покупки квартиры». Вам нужна квартира — так и пишите: «Я въезжаю в собственную отдельную трехкомнатную квартиру...» Может быть, вам удастся получить ее с минимальными расходами или вовсе без денег.

Так зачем вам надрываться и зарабатывать много денег? Нужна квартира, так и заявляйте Жизни, безо всяких промежуточных действий.

• Коротко и понятно

Следующая рекомендация — ваша цель должна быть сформулирована четко и по возможности коротко, но с учетом всех значимых для вас параметров.

Лучше всего, если цель будет выражена **в виде короткой энергичной фразы, содержащей 6—10 слов**. Это очень похоже на работу с позитивными утверждениями или с медитацией прощения, но имеет несколько иное содержание.

Конечно, можно формулировать цель и более длинными фразами и даже смутными образами. Но тогда никто не гарантирует, что вы получите именно то чего хотите, так как сами не знаете, что же вам нужно.

Можно, конечно, составить полную формулу с учетом всех ваших пожеланий и требований, пунктов на 20—30. Например: «Я встречаю любящего меня мужчину возрастом от 29 до 35 лет, ростом от 170 до 180 сантиметров, с высшим образованием, православного, русского, имеющего оклад от 500 долларов и выше, имеющего отдельную двухкомнатную квартиру в центре города, не имеющего детей, любовниц и многочисленных родственников; не имеющего властной мамы, постоянно вмешивающейся в его жизнь, неревнивого и не контролера, не имеющего вредных привычек, щедрого, любящего секс и поездки на природу, достойного моей любви и желающего создать со мной семью».

Неплохая формула, но, скорее всего, никто из эгрегоров просто не возьмется за исполнение подобного заказа, поскольку подобного мужчины просто не существует в природе! И сколько бы вы ни повторяли эту формулу, заказ не будет исполнен — просто нет никакой возможности его реализовать! Либо он может исполниться, но через некоторое время — когда подходящий под указанные параметры мужчина разведется со своей нынешней женой либо поменяет свою квартиру с окраины в центр города. На это могут уйти годы — а готовы ли вы спокойно, без переживаний ожидать исполнения своего «заказа» так долго?

Если да, то — вперед, составляйте формулу любой сложности и спокойно ждите ее исполнения. Скорее всего, такое возможно только при заполнении вашего «накопителя переживаний» процентов на 30—40, когда вы сильно не тревожитесь, что бы ни происходило в вашей жизни. Если же в вашем сосуде накопилось переживаний побольше, то, скорее всего, нужно выбирать формулу попроще — чтобы не накапливать новых переживаний, осуждая себя, Жизнь и нашу методику за неэффективность.

• Избегайте двусмысленностей и широкого толкования

В русском да и в любом другом языке заложено много возможностей для путаницы и многозначного толкования. Немало анекдотов и каламбуров построено на многозначном толковании одних и тех же слов. Например:
— *Как найти площадь Ленина?*
— *Нужно длину Ленина умножить на ширину.*

При формулировке заказа нужно избегать любой возможности неоднозначного понимания желаемого результата. Иначе будет, как в известном анекдоте, когда негр в пустыне нашел волшебную лампу и попросил ее, чтобы она сделала его белым и чтобы у него было много воды и женщин. В итоге он превратился в биде.

Поэтому при формулировке цели очень важно избегать различных шуточек и двусмысленностей.

• Действие происходит сейчас

При формулировании целей используются фразы, в которых подчеркивается, что **действие происходит именно сейчас, подбирайте глаголы в настоящем времени**. Например, «я богатею» или «мои доходы постоянно увеличиваются», а не «я богатый человек». Последнее утверждение, поскольку сегодня оно еще не соответствует действительности, может вызывать у вас сильное внутренне сопротивление, в результате чего эффективность подобного «заказа» сильно снизится. А утверждение «я богатею» ни к чему особому вас не обязывает — мало ли сколько времени вы еще будете богатеть! Хотя хотелось бы побыстрей, не так ли? А это уже зависит только от вас — от количества и качества усилий, направленных на реализацию вашего желания.

Таким образом, ваши цели будут строиться в виде фраз типа: «Я получаю работу секретаря-референта...», «Я встречаю любящего меня человека в возрасте от...», «Я выхожу замуж...», «Я приобретаю автомобиль марки...» и т. д.

● *Будьте конкретны при постановке задачи*

При формулировании своей цели **старайтесь быть предельно конкретными, вводя в формулировку цели важные для вас граничные или уточняющие условия**. А иначе ваш заказ можно будет толковать как угодно, и тогда форма его исполнения будет сильно отличаться от того, что вы хотели бы получить на самом деле.

Как можно поставить задачу некорректно? Да очень просто! Например, вы молодая женщина, и вам надоело серое однообразие жизни. Вам хочется чего-то большого и светлого. И вы на эмоциональном выдохе восклицаете: «Боже, дай мне любви!» При такой постановке задачи, скорее всего, через полчаса к вам в дверь позвонит ваш сосед (в тапочках) и пригласит вас на чашку кофе — поскольку его жена уехала в отпуск. Вот вам и вся любовь!

А если вы откажетесь — пеняйте на себя! **Вы поставили задачу предельно широко**, не указав, какая именно любовь вам нужна — романтическая, плотская или какая иная. Взявшиеся за исполнение вашей просьбы эгрегоры просмотрели возможные варианты исполнения заказа и выбрали самый легкий для них вариант — с соседом. Они заказ исполнили, и не ждите от них чего-то еще по этому требованию — оно полностью удовлетворено.

Мы рассмотрели только один случай некорректной постановки задачи, а их может быть множество. Вы говорите: «Я брошу курить во что бы то ни стало!» — и через месяц у вас открывается язва, так что курить вы больше не сможете. Вы молитесь, чтобы у вашей фирмы всегда были заказы — вас начинают одолевать заказчики. Но, к вашему огорчению, после выполнения заказа выясняется, что у них нет денег для оплаты работы. А что обижаться — вы ведь просили работу, а не деньги! И т. д.

Вот реальный пример исполнения заказа, в котором не были учтены все требования.

Лариса, 29 лет, главный бухгалтер московского филиала коммерческого банка. На эту работу она устроилась пять месяцев назад.

До этого Лариса несколько лет работала в другом коммерческом банке, была хорошим специалистом. И когда банк закрылся, она была уверена, что без работы не останется. Но с учетом проблем на прошлой работе она «заказала» себе работу со следующими условиями: «Я получаю работу главного бухгалтера филиала банка, у меня хороший руководитель и хороший коллектив, моя работа находится недалеко от дома».

Через неделю ей позвонили знакомые и предложили работу главным бухгалтером вновь открывающегося филиала провинциального банка. Она приняла предложение и сейчас имеет желаемую должность, отличного руководителя и хороший коллектив, филиал расположен в пятнадцати минутах ходьбы от дома. Чего она не имеет — так это ожидаемой зарплаты. На прежней работе она привыкла к некоторому уровню потребления, и здесь ей обещали платить такую же зарплату. Так вот, ей платят всего 20% от обещанного, и так уже пять месяцев. Обещают выплатить все остальное («черным налом»), но время идет, а обещания не исполняются. Уходить ей жалко — она вложила много сил в постановку работы филиала. Да и терять неполученные деньги не хочется. Но выплатят ли их когда-нибудь — неизвестно.

Если вы вернетесь к перечню требований Ларисы к новой работе, то уровня зарплаты вы там не найдете. Он подразумевался — как может не получать денег главный бухгалтер филиала действующего банка? Казалось бы, не может. Но действительность опровергла эти ожидания. И никто не виноват — при заказе работы о зарплате ничего не говорилось!

Поэтому, заказывая нужное вам событие, **постарайтесь ввести в него все важные для вас граничные условия!** Если вы что-то заранее не учтете, то потом не обижайтесь. И если желанный «высокий, обеспеченный и любящий вас мужчина» окажется негром, то никто не виноват!

Или, если у вас болят зубы и вы мысленно просите: «Хочу, чтобы у меня никогда не болели зубы!», то мы не рекомендуем в течение ближайших двух недель летать на самолете. Вдруг с самолетом что-то случится, и тогда зубы у вас больше болеть не будут. По крайней мере, в этой жизни. Или просто у вас быстро выпадут все зубы и никогда больше болеть не будут — протезы не болеют.

Это, конечно, шутка. Но в ней намек. Если не понятно, какой, вернитесь к началу этой главы.

• Просите то, что вам нужно

При составлении формулы «заказа» рекомендуется сразу указывать то, что вам нужно, и **не указывать способы достижения желанной цели**, т. е. не ограничивать Жизни пути ее исполнения. Если ваша цель лежит в сфере материальных благ, то лучше заказывать себе желанную вещь, а не деньги на ее покупку.

Если вам нужна норковая шуба, то формула заказа может иметь вид: «Я получаю радующую меня норковую шубу». Тогда у Жизни развязываются руки на тему о том, как ей исполнить ваш заказ. Это могут быть и деньги, полученные или неожиданно заработанные вами, а может быть подарок, выигрыш, находка и т. д. Может быть, вы купите свою шубу, но за такую низкую цену, что даже представить себе не могли бы! В общем, исполнители вашего заказа сами решат, каким путем им легче выполнить задание, и не надо накладывать на их деятельность какие-то ограничения. Вы должны заявить о том, что хотите получить, а они посмотрят, как это можно исполнить за ту «плату», которую вы им предлагаете.

Хотите поехать за границу — формулируйте именно этот заказ, а не просите денег на путевку. Хотите купить автомобиль — сосредоточьтесь на том, какой марки и какого года выпуска должен быть ваш автомобиль. Хотите получить жилье — составляйте заказ на тему: «Я въезжаю в отдельную трехкомнатную квартиру на втором этаже кирпичного дома на тихой улице...» И не пугайтесь заранее, что у вас нет денег на приобретение подобной квартиры — может быть, кто-то захочет вам ее подарить, вы можете ее выиграть, купить за смешную цену, обменять на наручные часы и т. д.

Конечно, очень сложно отказаться от сложившегося стереотипа мышления и **немного поверить в чудо**. И даже не поверить, а просто **допустить возможность его появления в вашей жизни**. Вон, у других людей чего только в жизни не происходит! А вы, что — хуже? Нет, конечно, вы — лучше! Только отпустите привычные контроль и недоверие, немножко откройтесь миру светлой стороной своей души. И Жизнь даст вам то, что вы у нее попросите.

Деньги тоже могут быть целью, но только в том случае, если вы любите их сами по себе и стремитесь к их достижению, получаете радость от обладания ими, расстаетесь с ними в случае крайней необходимости либо чтобы доставить себе удовольствие. А если вы хотите денег под действием страха остаться без них или чтобы доказать соседям, что вы не неудачник, то результат будет огорчительным — ваша цель не истинна.

• Жизнь реализует истинные желания

Отсюда следует рекомендация – **старайтесь заказывать то, что вам действительно нужно, что является вашим истинным желанием**. Жизнь хорошо исполняет наши истинные желания и плохо – надуманные. Истинные – это те, которые живут в глубине души. Порой их нужно осознать, поскольку они могут выглядеть не очень красиво и могут потребовать от вас каких-то неприятных действий, поэтому вы заталкиваете их поглубже или отгоняете мысли о них. Но при этом другие желания, не истинные, не будут исполняться. Или будут, но очень медленно.

Например, немолодая женщина составляет себе заказ: «Я выхожу замуж за доброго, любящего меня мужчину, разделяющего мои духовные искания и принимающего меня такой, какая я есть». Заказ вроде бы неплохой — женщина увлекается йогой и целительством и ищет себе спутника жизни, разделяющего эти увлечения. Но в беседе выясняется, что на самом деле она ждет от мужчины финансовой поддержки, поскольку очень устала работать, да и работа мешает ее духовным исканиям. Она ищет финансового спонсора — это ее истинное желание, но ей даже неудобно говорить об этом, и она заталкивает эту мысль куда подальше. В итоге Жизнь сводит ее с такими же духовными искателями (мужчинами), но все они бедны и не могут ее содержать. Она не принимает их, но не находит в себе сил признаться, что ее истинное желание несколько иное.

Еще пример. Женщина формулирует свою цель: «Я приобретаю себе прекрасную двухкомнатную квартиру с видом на лес», т. е. она вроде как ищет себе такую квартиру. А на самом деле квартиру она давно нашла, договорилась ее купить (деньги есть), но не может оформить сделку, поскольку у нее просрочен паспорт, и чтобы его заменить, нужно ехать в другой город по месту прописки. А ей этого не хочется, поскольку она уехала из своего города с большими приключениями. В итоге она ставит своей целью совсем не то, что ей нужно в реальности («Я играючи обновляю свой паспорт»).

Неистинное желание может быть **навязано вам внешними обстоятельствами** (дети подросли и требуется увеличить жилую площадь, но вам не хочется этим заниматься) **или другими людьми** (ваши родители все время заставляют вас жениться, а вам этого совсем не хочется). Оно может быть вызвано желанием доказать кому-то, что вы не неудачник, что вас зря бросили или не взяли куда-то и т. д. Подобные желания реализуются очень плохо.

Поэтому подумайте, чего вы хотите на самом деле, и не заставляйте Жизнь делать то, что вам совсем не нужно.

Как узнать про истинность цели

Как можно узнать, является ли цель для вас истинной либо надуманной, навязанной другими людьми или внешними обстоятельствами? Какой ранг она имеет в вашей системе ценностей?

Для этого можно воспользоваться следующим приемом.

Ниже приведен ряд выражений, характеризующих ваше возможное отношение к цели. Выберите, **какое из них наиболее полно и правильно отражает ваше внутреннее отношение к поставленной цели**.

1. *Неплохо было бы ее получить.*
2. *Я бы не отказался от нее.*
3. *Нужно подумать, возможно, она стоит того, чтобы начать суетиться.*
4. *Куда деваться, придется заниматься этим.*
5. *Пожалуй, я займусь этим.*
6. *Я готов даже повторять аффирмации и заниматься визуализациями ради этой цели.*
7. *Это мое. Я сделаю все, чтобы достичь этого результата.*
8. *Я обещаю (клянусь), что сделаю все, чтобы достичь этой цели.*
9. *Я не могу жить без этого результата, я добьюсь его любой ценой.*
10. *Это — дело моей жизни, и я сделаю все, чтобы достичь этого результата. И докажу им, что...*

Как вы думаете, **какие из этих утверждений указывают на истинную цель**? Их совсем не много — только утверждения 7 и 8. Утверждения 1—6 указывают на то, что цель вам не очень-то нужна и вы не готовы приложить для ее достижения какие-либо серьезные усилия.

Повторения аффирмаций и визуализаций может быть достаточно для достижения целей, не требующих совершения реальных усилий. Например, этого может быть достаточно, чтобы познакомиться с кем-то (без особых требований к избраннику), получить непрестижную работу и т. д. И совершенно недостаточно для достижения более серьезных и длительных целей типа развития бизнеса, строительства зданий, избавления от серьезного заболевания, изучения иностранного языка, избавления от лишнего веса и т. д. Серьезные цели требуют серьезных усилий, и вы должны быть готовы их совершить. А если цель не истинна, то вы не станете ничего делать для ее достижения.

Утверждения 9 и 10 указывают на явное наличие идеализации цели, поэтому на пути к ее реализации вас ждут немалые препятствия, возможно, даже непреодолимые для вас.

Поэтому работайте только с истинными целями либо **сделайте так, чтобы неистинная цель повысила свой ранг в вашей системе ценностей** и стала истинной, т. е. реально желанной настолько, что вы готовы прилагать множество усилий для ее реализации.

- ● *Не ограничивайте способы исполнения заказа*

При формулировке цели старайтесь использовать максимально широкие понятия, которые не будут ограничивать возможные пути ее реализации. Например, заказывая себе квартиру, не нужно составлять формулу: «Я **покупаю** себе трехкомнатную квартиру...» Используя глагол «покупаю», вы тем самым отрезаете вашим покровителям возможность исполнить ваш заказ путем дарения, выигрыша, получения наследства, изменения состава семьи и т. д. Вы указали только один путь исполнения заказа, и он связан с деньгами. Собственно, вы оставили им только два варианта исполнения — либо дать вам возможность заработать много денег, либо найти вам очень дешевую квартиру. Возможно, кто-то и возьмется за исполнение подобного заказа, а возможно, что и нет — если вы не умеете зарабатывать большие деньги или тратите их быстрее, чем зарабатываете.

Точно так же обстоят дела и с другими заказами. Указывайте, что вам нужно, но старайтесь не ограничивать пути, по которым этот заказ может быть исполнен.

- ● *Ставьте цели только по отношению к себе*

Не включайте в свои цели других людей — они могут желать совсем иного, и ваш заказ не реализуется. Например, не работают заказы типа: «Мой ребенок хорошо учится и заканчивает школу с отличными оценками», «Мой муж начинает зарабатывать много денег» или «Моя мама перестает вмешиваться в мою жизнь». Не начнет учиться, не заработает, не перестанет вмешиваться, поскольку они совсем не стремятся к этому и не желают изменяться. Заказ типа «Я зарабатываю много денег, чтобы помочь моим родителям» тоже реализуется слабо, поскольку ваши родители не просили много денег для себя. Жизнь исполняет только то, что вы попросите для себя и будете использовать это с удовольствием сами.

Поэтому в формуле заказа упоминайте только о себе, в нем обязательно должны присутствовать слова «я», «мне», «меня». Иначе ваш заказ как-то реализуется, но вас там не будет.

Но нередко обстоятельства складываются так, что единственной вашей целью становится помощь другому человеку. Для кого нужно формулировать цель в таком случае? Получается, что все же для себя, но особым образом.

Например, мать очень хочет помочь своему ребенку, чтобы он начал хорошо учиться. Обращения к разуму, ремень и другие традиционные средства воспитания не работают. Что просить у Жизни в таком случае?

Прежде всего — душевного спокойствия для себя. Раз есть тревога и переживания, то явно имеется идеализация, в данном случае идеализация либо контроля, либо образа жизни. Значит, нужно сначала перестать переживать. Для этого годится позитивное утверждение (аффирмация) типа: «Я позволяю моему ребенку жить своей жизнью и поступить в вуз хоть через 25 лет».

А затем, когда вы успокоитесь, то вполне можете попросить у Жизни помощи в достижении той цели, которая больше не вызывает у вас переживаний, но все равно остается желательной: «Я легко получаю подсказку и помощь от Жизни, каким путем я могу помочь моему ребенку поступить в институт». Понятно, что эта цель исполнится, если к тому времени ребенок сам захочет поступить в институт, но будет испытывать трудности с этим.

Заказ и в этом случае все равно **направлен на себя**, но в результате его исполнения вы можете получить содействие Жизни в достижении желанного результата — помощь другому человеку. Если второй человек желает или хотя бы не возражает против такой помощи, то такой заказ реализуется.

Если же тот, кому вы хотите помочь, противится вашему вмешательству, а вы будете продолжать навязывать ему свою волю, то с таким заказом могут быть большие трудности, либо вы получите совсем не тот результат, что ожидаете. Например, в результате неимоверных усилий ваш ребенок возненавидит свою профессию, которую вы ему навязали, и вас как виновника своих несчастий.

Поэтому нужно быть аккуратнее в своих устремлениях помочь ближнему. Особенно когда он вас об этом не просит. Как говорит пословица, «благими намерениями вымощена дорога в ад». Стоит ли вам включаться в число этих «мостильщиков»?

• Используйте позитивные формулировки

При формулировке цели не используйте слова с отрицанием («не» и «нет»). Просите то, что вам нужно, а не избавляйтесь от того, что вам мешает. Например, не работает заказ типа: «Я хочу не болеть». Болеть не хотите, а чего хотите взамен? Непонятно, возможны варианты. Например, хотите помереть (шутка). Или быть здоровым. Если хотите быть здоровым, так и заявляйте Жизни, не давайте ей варианты для многозначного толкования вашего заказа.

Стройте формулу цели в форме позитивного утверждения, декларирующего тот результат, к которому вы хотели бы прийти.

• Нужно ли указывать сроки?

Часто задают вопрос: «Нужно ли в формуле указывать срок исполнения заказа?» Ответ здесь неоднозначный.

С одной стороны, указание срока исполнения — вещь хорошая, поскольку вы даете знать Жизни и себе, когда вы ждете желанный результат.

С другой стороны, указание срока у большинства людей порождает дополнительную порцию тревожности и сомнений: «Как же так, время идет, а еще так мало сделано! Вдруг не успею!» Это самое, многократно повторенное в порыве сомнений «не успею... не успею... не успею..» будет посылом Жизни о том, что вы желаете не успеть. И она обязательно выполнит ваше новое желание.

Поэтому, если вы склонны к сомнениям, контролю и тревожности, сроки не указывайте. Или указывайте, но такие большие, чтобы они не вызывали у вас страхов. Скорее всего, ваши цели реализуются значительно раньше указанных сроков.

Если же вы склонны доверять Жизни и не погружаетесь в страхи и сомнения, то смело можете вводить сроки в формулу своего заказа. Но не переоценивайте свою позитивность!

• Не путайте свою цель с позитивным утверждением

Способы работы с формулами цели и аффирмациями примерно одинаковые — многократное повторение, визуализация и т. д., поэтому у многих складывается впечатление, что это суть одно и то же. На самом деле это не всегда так.

Позитивное утверждение (аффирмация) обычно направлено на изменение каких-то внутренних убеждений человека, порождающих нежелательные последствия. Например, внутреннее (негативное) убеждение «Деньги достаются только тяжелым трудом» порождают выбор места работы, где нужно много и тяжело трудиться. И если вы составите противоположное позитивное утверждение (аффирмацию) «Деньги приходят ко мне легко и с удовольствием», то это не будет формулировка цели. Это именно позитивное утверждение, которое должно заставить вас поднять голову от земли и посмотреть вокруг — где вы можете взять легкие и приятные вам деньги.

Если у вас это получилось и вы по-настоящему захотели получить такое место, то теперь можете сформулировать свою цель: «Я получаю работу брокера с доходом 500 долларов в месяц и свободным режимом работы». Формула цели — это что-то конкретное и в основном связанное с **достижением каких-то определенных результатов вне вас, во внешнем мире**.

Иногда цель находится как бы внутри вас: «Я вешу 65 килограммов (вместо нынешних 80)» — это уже конкретная цель, но реализоваться она может только через вас, ваше тело.

Еще пример. Допустим, вы выявили у себя внутреннюю негативную программу: «Я бесталанна, мне никогда не выучить английский язык». Позитивное утверждение (аффирмация) в этом случае может иметь вид: «Я играючи изучаю английский язык». Это позитивное утверждение очень похоже на формулировку цели, которая может иметь такой же вид. Формулировку цели можно усилить, введя в нее значимые для вас подробности: «Я изучаю разговорный английский язык за три месяца и свободно распознаю беглую разговорную речь».

Формулировки позитивных утверждений (аффирмаций) и формулировки цели имеют свои особенности.

Формула цели содержит конкретный результат, который вы хотите получить.

Позитивное утверждение (аффирмация) содержит изменения, которые вы хотели бы произвести в своей системе взглядов на окружающий мир или на себя.

• Ставьте цели «в прицеп»

Иногда несколько целей из разных сфер жизни можно соединить в одну большую цель, т. е. выстроить свои цели «в прицеп» одна к другой. Важно только, чтобы они не противоречили друг другу и существовала принципиальная возможность их реализации.

Приведем пример. Молодая женщина хочет выйти замуж и получить работу на телевидении, поскольку нынешняя работа ее не устраивает. Это вроде бы две разные цели, но иногда можно их соединить: «Я выхожу замуж за любимого мною и любящего меня мужчину, который помогает мне получить работу на телевидении». Понятно, что это более сложный заказ, чем просто желание найти любимого или работу, и Жизни может потребоваться на его реализацию чуть больше времени, но в целом может быть получена большая экономия времени и сил, нежели при стремлении к этим целям по отдельности.

• Проверьте на идеализацию

Уже на этом этапе работы с целями можно проверить, не является ли для вас желанный результат идеализацией. Если помните, идеализацией мы называем избыточно значимую идею, при нарушении которой у нас возникают длительные переживания.

Так вот, не является ли ваша цель идеализацией? Можете ли вы прожить без нее? Радуетесь ли вы жизни, пока она не достигнута? Если ответ отрицательный, то дела ваши плохи: Жизни придется доказать вам, что это ошибка, и вы можете проиграть на пути к поставленной цели. Вы не получите желанный результат еще год, два, десять... И ничего, жизнь не остановится, Вселенная не свернется, реки не потекут вспять. Просто вы отнимете у себя эти годы жизни. И когда вы в мыслях допустите, что можно жить и без этого результата, то он немедленно появится.

Но зачем вам тратить годы в напрасной борьбе с Жизнью? Этого легко избежать, если заранее мысленно проиграть ситуацию, что ваша цель не реализуется и ничего страшного не произойдет. Вы настроены на победу, но допускаете возможность проигрыша на некоторых этапах.

Если хотите доказать Жизни, что вы не идеализируете желанную цель, рекомендуется сделать небольшой шаг – **забыть о своей цели на время, полностью переключившись на другие дела**, буквально на несколько дней. Тем самым вы как бы заявите Жизни, что не идеализируете результат.

За эти дни у вас обязательно появятся новые мысли и идеи, которые помогут вам идти к желанному результату быстрее и эффективнее. И вы используете их потом, когда снова вернетесь мыслями и делами к своей цели.

Не забывайте проделывать это упражнение и позже, на этапе достижения цели. Оно очень простое – вы просто полностью переключаетесь на другие мысли и дела на несколько дней. И тогда желанный результат станет ближе и понятней.

Часть 2. Формируем желанное событие

• Проверьте на наличие внутренних блокировок и скрытых выгод

Одним из условий реализации цели является ее истинность, т. е. вам действительно должно быть нужно то, что вы хотите себе создать. Поэтому сразу проверяйте все ваши цели по этому показателю. Это делается просто, подобное упражнение вы выполняли в самом начале этой книги при поиске скрытых выгод.

Логика подобной проверки достаточно проста. Если вы формулируете какую-то цель, значит, до настоящего момента она у вас не исполнилась. Почему? Может быть, она вам на самом деле не нужна и с ее появлением у вас появится дополнительный дискомфорт либо вы потеряете какие-то значимые для вас ценности?

Если это так, то ваша цель является ложной, и даже при самой красивой формуле вам трудно будет ее реализовать. Чтобы понять это, проделайте следующие шаги.

Упражнение
«Проверяем цель на истинность»

1. Еще раз перепишите свою цель в уточненной формулировке. Например, это может быть цель типа: «Я приобретаю себе престижный импортный автомобиль» (вместо старых «Жигулей») или «Я выхожу замуж по любви за обеспеченного и понимающего меня мужчину».

2. Поскольку сама по себе формулировка цели указывает на то, что у вас чего-то нет, то переформулируйте вашу цель так, чтобы она указывала на то, что вы сами когда-то выбрали не иметь этого.

Это может выглядеть примерно так: «Я выбираю не иметь престижную иномарку» и «Я выбираю не выходить замуж».

3. Теперь найдите не менее пяти различных скрытых выгод от вашего прежнего выбора. Например, в случае с иномаркой это могут быть следующие скрытые выгоды.

— На старом автомобиле меня меньше останавливает автоинспекция.

— Я могу спокойно бросить свой нынешний автомобиль в любом месте, а новую иномарку придется ставить на охраняемую стоянку, а их обычно нет, т. е. увеличится количество моих страхов.

— Имея отечественный автомобиль, я поддерживаю отечественную промышленность.

— На нынешнем автомобиле мне легче затеряться, я не люблю выделяться.

— Новый автомобиль вызовет зависть моих знакомых, я не люблю этого.

В случае с желанием выйти замуж внутренние блокирующие факторы могут иметь следующий вид.

— Я боюсь потерять свободу.

— Я боюсь разочароваться в нем и в семейной жизни в целом.

— Мой избранник может разочароваться во мне, если я окажусь недостойной его.

— Я могу оказаться плохой хозяйкой, поскольку не умею готовить (стирать, гладить, убирать, заниматься сексом и т. д.)

— Я потеряю возможность заниматься саморазвитием (спортом, увлечениями), встречаться с друзьями и т. д.

4. Теперь найдите способы доказать самому себе, что эти выгоды и блокирующие факторы совсем не значимы по сравнению с тем удовольствием, которое вы получите при достижении желанной цели.

Если у вас это получится и вы внутренне примете, что количество выгод от реализации целей значительно превышает количество будущих неудобств, то вы можете смело переходить к этапам реализации целей.

Если вы не смогли убедить себя в том, что выгоды от реализации цели значительно превышают дискомфорт, который вы будете испытывать в процессе ее достижения, то **эта цель для вас не истинная и вам вряд ли стоит продолжать работу над ней сегодня.**

Отложите ее на время, пока ваше подсознание не отработает все ваши страхи и не убедится в том, что вы уже достойны реализации цели и готовы к реальным шагам по ее достижению, т. е. **отнесите эту цель к дальним целям,** о которых мы поговорим чуть позже.

• Типичные ошибки при формулировке целей

Остановимся еще на нескольких типичных ошибках, совершаемых людьми на пути к желанным целям.

• **Неопределенность цели**

Одна из типичных ошибок состоит в том, что вы не знаете, чего хотите. Хочется всего и сразу, и ничего конкретного. А раз вы не знаете конкретно, чего хотите, но все же чего-то желаете, то Жизнь имеет полное право выполнить ваш заказ самым легким для себя способом и, скорее всего, не тем, который вы ждали, но не смогли четко сформулировать.

Если вы ограничите свои цели несколькими сферами жизни, остановившись на 5—6 желаниях, то ваши незримые помощники будут понимать, чего же вы хотите в действительности, и смогут помочь вам достичь их с минимальными усилиями.

Но это произойдет только в случае, если вы выберете действительно важные для вас, истинные цели, а не сформированные под давлением окружающего вас общества, средств массовой информации или желанием «быть как все» (например, замужем) и т. д.

• **Нереальность целей**

Вторая типичная ошибка — **постановка нереальных** целей. Например, вы можете захотеть стать президентом страны. Но если при этом у вас только девять классов образования и паническая боязнь выступлений перед большой аудиторией, то эта цель наверняка нереальна, и достичь ее в обозримый период времени не поможет никакая методика.

Выбирайте реальные цели, те, которые можете представить и получить после их реализации не стресс, а удовольствие. Если вы поставили перед собой цель, при исполнении которой вы будете испытывать хронический стресс, то Жизнь убережет вас от него — ваша цель не реализуется.

И незачем переживать по этому поводу — вас уберегают от больших и нерадостных потрясений.

• **Некорректность формулировки**

Еще одна типичная ошибка — **некорректный заказ**. Это может быть слишком общая формулировка типа «Хочу любви!». Сделав такой посыл Жизни, вы ждете, что она пошлет вам любовь в виде симпатичного и обеспеченного блондина с большим счетом в банке. Но, поскольку вы просили всего лишь любовь, а свободных блондинов под рукой не оказалось, Жизнь спокойно может подарить вам страстную любовь со стороны бомжа с соседней улицы или даже любовь со стороны соседской собачки – вы ведь не указали, какая именно любовь вам требуется.

Точно так же страстный призыв «Хочу денег» без указания, о каких именно деньгах идет речь, может привести к тому, что вы найдете на улице монету в один рубль, и тем самым ваш заказ будет выполнен! Хотя вы так считать не будете – какие же это деньги!

О том, как сделать Жизни корректный заказ, мы поговорим в следующей главе. А сейчас пришла пора подвести

ИТОГИ

- *Определившись с наиболее важными желаниями, очень важно сформулировать их так, чтобы вы в итоге получили именно то, что вам нужно.*
- *Существует ряд требований к формулировке цели, при нарушении которых вы получаете совсем не то, что хотите. Если вы не знаете, чего хотите, то вы получаете непонятно что.*
- *При формулировке цели необходимо:*
  - *сразу указывать то, к чему вы стремитесь;*
  - *формулировать цель по возможности коротко и четко,*
  - *избегать двусмысленностей и «само собой разумеющихся» понятий;*
  - *заказывать то, что вам действительно нужно;*
  - *не ограничивать способы достижения целей;*
  - *ставить цели только по отношению к себе;*
  - *избегать идеализации цели.*
- *После формулировки цели желательно проверить ее на истинность и отсутствие внутренних факторов, которые могут заблокировать ее достижение. Если внутренние блокирующие факторы очень сильны и вы не готовы отказаться от них, то нужно отложить вашу цель на некоторое время, перенести ее в разряд дальних целей.*
- *Типичные ошибки при формулировке целей:*
  - *неопределенность цели;*
  - *постановка нереальной цели;*
  - *некорректная формулировка цели.*
- *Выполнение всех изложенных требований не гарантирует достижения цели, но позволяет избежать явных ошибок, если вы правильно выполняете все остальные этапы движения к желанному результату.*

Глава 10
Особенности механизма реализации заказов

Мир невозможно удержать силой.
Его можно достичь лишь пониманием.

А. Эйнштейн

Продолжим разговор о правилах формулировки целей. Кроме рассмотренных ранее общих требований к формуле, существует множество других особенностей, которые очень важно учитывать на пути к желанному результату.

• Мы имеем дело с иностранцами

Первая особенность состоит в том, что реализация целей происходит лучшим для человека образом только в том случае, если его «накопитель переживаний» заполнен менее чем на 40% и нет явных идеализаций, которые нужно разрушать.

Малое заполнение «сосуда» может быть у молодых людей, но они обычно полны идеалов, поэтому Жизни приходится заниматься их активным духовным «воспитанием», желанные цели исполняются, но так, чтобы через некоторое время в максимальной степени разрушить избыточно значимые идеи.

Другое дело человек в возрасте после 25 лет. Это уже вполне взрослая личность, которая вроде бы должна отвечать за свои мысли и поступки. Понятно, что в реальности это мало у кого получается, но в целом замысел Жизни, похоже, был именно таким.

Если в этом и более позднем возрасте человек сумел не накопить большого количества претензий к миру либо сумел поработать с ними и очиститься от прежнего негатива, то Жизнь старается исполнить его заказы лучшим для него образом. Он любимчик Жизни, и ей незачем его расстраивать. Поэтому человеку с позитивным отношением к Жизни незачем очень четко формулировать свои желания — все и так устроится наилучшим для него образом.

Но так бывает редко. Большинство людей полны идеалов и претензий к Жизни, которая в чем-то не совпадает с их ожиданиями. Поэтому «накопитель переживаний» большинства людей в возрасте после 25 лет заполнен процентов на 60—70, и Жизнь не спешит исполнить их пожелания лучшим для них образом. Желания исполняются, но не всегда так, как мы это себе представляем.

В общем виде этот процесс можно представить так, будто мы поручаем исполнить наш заказ тому, кто не горит желанием сделать это лучшим для нас образом. Почему так происходит?

Как вы помните, мы предположили, что исполнителями наших замыслов являются эгрегоры. Поскольку эгрегоры созданы людскими мыслями, то они **функционируют примерно так, как бы функционировал человек при исполнении вашего задания** — конечно, если бы он обладал возможностями эгрегора.

А как обычно поступают люди, когда им поручают сделать какое-то дело и не имеется возможности реально проконтролировать исполнение? Большинство из них постараются **либо увернуться от работы, либо сделать ее с наименьшими для себя усилиями** (оптимизируют затраты). К сожалению, по нашим наблюдениям, именно так нередко поступают и эгрегоры, особенно если в вашем «накопителе переживаний» совсем не пусто. Если они и берутся за выполнение вашего задания, то **стараются выполнить его так, как им проще**, особенно если формулировка задания была достаточно общей.

Их поведение является отражением мыслей и желаний большинства людей: «Могу что-то не делать и получать за это плату — буду получать и ничего не делать». А возможностей для этого более чем достаточно. И заложены они в многозначности русского языка.

Давайте вспомним анекдот: «Как найти площадь Ленина?» Для человека, живущего в России, этот вопрос имеет однозначный смысл. Площадь Ленина для него — это открытое, архитектурно организованное пространство в черте населенного пункта, обрамленное какими-либо зданиями, сооружениями или зелеными насаждениями и носящее имя В.И. Ленина. Но это только для него.

Теперь представьте иностранца, никогда не жившего в России, не знающего ее истории и выучившего русский язык по учебникам. Для него слово «площадь» имеет совсем другой смысл. Оно будет означать часть плоскости, ограниченной контуром (ломаной линией) какой-либо фигуры, и размеры этой площади в самом общем виде будут равны произведению ширины на длину этой фигуры.

Так вот, эгрегоры никогда не жили в России и не знают нашего сленга, наших привычек и принятых среди нас «по умолчанию» значений тех или иных слов. Можно принять, что они учили русский язык по словарю, и при исполнении наших пожеланий они выбирают то толкование слова, которое для них более понятно и устраивает их лучшим образом.

Они для нас — иностранцы, и разговаривать с ними нужно, детально разжевывая ту мысль, которую вы хотите до них донести. А иначе они что-нибудь напутают, и вы получите не «как лучше», а «как всегда».

Поэтому при формулировке заказа постарайтесь быть предельно конкретными и указывайте все значимые параметры вашего заказа, иначе вы оставляете эгрегорам-исполнителям слишком большую свободу в трактовке формулы вашего заказа. В итоге он будет исполнен, но иногда так, что вы этого даже не заметите. И будете считать, что Жизнь не обращает на вас внимания, и вы не можете ничего сформировать.

Можете, но делаете это неправильно.

• Примеры некорректных формул

«Я встречаю желанного и достойного меня мужчину для совместной жизни». Формула эта совсем неплоха, но является **заказом встреч**, т. е. вы встретите мужчину вашей мечты, потом расстанетесь. Потом снова встретите и снова расстанетесь. И так до тех пор, пока не откорректируете формулу своего заказа, например, таким образом: «Я встречаю желанного и достойного меня мужчину для совместной жизни и создаю с ним любящую семью».

Вот формула сразу с тремя ошибками: «Я встречаю любящего меня финансово обеспеченного мужчину». Во-первых, это формула заказа встреч, а не создания семьи или долговременных отношений. Во-вторых, он вас будет любить, а вы его — нет, поскольку об этом ничего не говорится. В третьих, наличие финансов у вашего мужчины вовсе не означает, что он будет тратить деньги на вас или давать их вам. Он может быть богатым, но жмотом, поскольку вы в формуле не упомянули о том, что он должен что-то выделять вам. Таких заказов желательно не делать.

Более правильной будет формула: «Я начинаю совместную жизнь с любимым и любящим меня мужчиной, финансово обеспеченным и готовым обо мне заботиться». Хотя и в ней при желании можно найти недочеты.

Вот некорректная формула из сферы бизнеса: «Я нахожу отличную идею развития своего бизнеса». Формула всем хороша, но только вы заказываете процесс нахождения. В итоге вы можете ее найти и тут же потерять, поскольку не выделите ее в потоке своих сумбурных мыслей. Потом найдете еще одну идею, снова потеряете ее, и так все время.

Поэтому более правильной будет формула: «Я нахожу, ясно осознаю и реализую идею развития моего бизнеса».

Вот забавный заказ: «Я финансово свободен». В результате его исполнения вы можете оказаться свободным от финансов.

Нередко люди не знают, чего они хотят, и тогда их внутренний заказ принимает вид: «Я хочу не знаю чего». Это что-то вроде приказа эгрегору: «Пойди туда, не знаю куда, и принеси то, не знаю что». Он и приносит — то кражу, то аварию, то информацию об измене любимого человека и т. д. «Веселит» вас, как может.

Поэтому лучше не отдавать свою жизнь на откуп шутникам, а просто сказать: «Я легко нахожу интересную и захватывающую меня цель в жизни». Или: «Я играючи получаю подсказку Жизни о той цели, которая вдохновит меня и даст желанный результат».

Очень забавные и неожиданные развлечения могут получить скучающие люди, которые посылают заказ вроде: «Мне скучно, хочу острых ощущений». Понятно, что Жизнь не станет тащить их в дальние и сложные путешествия — об этом никто не просил. Она постарается обойтись «малой кровью», т. е. найти острые ощущения прямо на месте, без особых усилий. В результате это может быть полноценный скандал с кем-то из близких людей, либо, что еще проще, пищевое отравление с подозрением на дизентерию.

Масса острых ощущений гарантируется! А про то, что они должны быть хотя бы приятными, никто не говорил.

• Проверьте свою формулу

Поэтому мы рекомендуем проверять вашу формулу заказа на возможность ее неправильного толкования.

Вы можете сделать это сами, а можете попросить своего знакомого выступить в качестве нерадивого исполнителя ваших желаний — пусть он расскажет, как можно исказить или неправильно выполнить то, что вы сочинили, формально, не отходя от текста вашего заказа. А затем вам нужно будет скорректировать формулу так, чтобы она не содержала возможностей для неправильного (с вашей точки зрения) толкования.

Для этих целей нельзя использовать людей, не знакомых с нашей методикой, — они могут подумать, что вам требуется скорая помощь. Психиатрическая.

Наверное, теперь становится понятным, почему так мало людей получают то, что им хочется. Никто не учил нас четко формулировать и выражать свои мысли, и теперь мы все страдаем от этого. Мы невнятно бормочем свои желания и в результате получаем то, что нам потом некуда пристроить, либо пытаемся судорожно избавиться от нечаянного подарка. И так всю нашу нескучную жизнь. Но и это еще не все.

• Заказы разного типа

Как мы уже рассказывали, главный инструмент эгрегора — это мысли, которые он подбрасывает в головы потенциальным исполнителям вашего задания. Но иногда он выбирает в исполнители вовсе не того человека, который сможет решить вашу задачу так, как вам бы этого хотелось. Поэтому будет неплохо, если вы укажете ему, на кого из людей лучше всего воздействовать для решения вашей задачи. Если вы, конечно, знаете такого человека.

Здесь нужно сделать следующее замечание. В принципе возможны два варианта формулировки задания: **задание для абстрактного исполнителя и задание для конкретного человека.**

• Мы работаем с абстрактным исполнителем

Первый тип задания имеет вид: «Я хочу в Австралию! Хочу, и все! А кто и как будет исполнять мое желание, мне все равно». Такая формулировка дает эгрегору очень большую свободу действий, и он может исполнить его таким образом, что вам бы и в голову не пришло.

Поэтому при формулировке цели мы рекомендуем строить заказ так, чтобы не ограничивать способы исполнения вашего заказа. И чтобы вы получили именно то, что желаете. А кто будет исполнителем — не важно, т. е. методика формирования событий предлагает **работать с неопределенным исполнителем.**

А чтобы этот неизвестный нам исполнитель не напутал чего (иностранец все же!), мы рекомендуем **как можно более четко формулировать, что же вам нужно**, и многократно мысленно проигрывать тот результат, к которому вы стремитесь. Тогда **эгрегор считает образ вашей цели** и будет знать, что же вы хотите в действительности, и ему трудно будет увернуться от четкого выполнения задания.

Все рекомендации, которые мы давали ранее, относятся именно к такому варианту исполнения заказа. Собственно, **в этом и** состоит особенность использования методики формирования событий — она позволяет достигать целей с минимальными усилиями, поскольку человек просто заявляет, что ему нужно, и какой-то из эгрегоров берется это исполнить. Именно тот, который посчитал, что выделенных вами энергий желания достаточно для того, чтобы помочь вам как-то достичь того, что вы хотите.

• Осторожнее с влиянием на других людей

Второй тип задания, где нужно указывать конкретного исполнителя вашего желания, требует значительно больших энергетических усилий. Достоинством этого подхода является то, что вы можете четко сформулировать задание и проконтролировать его исполнение. Но это и более сложный и более затратный вариант постановки задания эгрегору, поскольку вы лишаете его возможности маневра. Он должен воздействовать только на того человека, на которого вы указали, а это иногда бывает чрезвычайно сложно и может потребовать от вас огромных усилий. Кроме того, на этом пути встречаются определенные сложности.

Чтобы идти по этому пути, вы должны четко выяснить, кто же из людей и каким образом может решить вашу проблему — это первое условие успешного выполнения вашего заказа. После этого вы формулируете свой заказ типа «Иван Иванович повышает мне оклад до пятисот долларов в следующем месяце» и начинаете максимально эмоционально посылать его всем сотрудничающим с вами эгрегорам. А они уже будут вселять эту мысль в голову Ивана Ивановича. И чтобы Иван Иванович не очень удивлялся, с какой это стати он должен поднять вам оклад, вы в соответствии с седьмым принципом МФС должны сходить к Ивану Ивановичу и попросить его о повышении оклада. Соединение просьбы на физическом плане с воздействием со стороны эгрегоров может дать прекрасные результаты. Но это только в том случае, если вы правильно вычислили потенциального исполнителя вашего заказа.

На деле так бывает не всегда. Например, вы заказали повышение оклада Ивану Ивановичу, а в действительности утверждением размера оклада заведует Семен Семенович, который ничего о вашем желании не знает и знать не хочет. В случае такой ошибки эгрегор ничего не сможет поделать — вы попросили его воздействовать на Ивана Ивановича, он воздействовал, а дальше ваши проблемы.

Поэтому второе условие успешного выполнения вашего заказа заключается в том, что потенциальный исполнитель должен

иметь реальные возможности исполнить ваше желание. Иван Иванович, которого вы просите о повышении оклада, кроме прав на повышение оклада **должен обладать реальными возможностями это сделать.** У него в распоряжении должны быть достаточные денежные средства. Если в его организации сегодня нет денег, то никакое воздействие не поможет в выполнении вашего заказа.

При неправильном расчете возможностей исполнителя вашего заказа может возникнуть ситуация, описанная в старом анекдоте, когда гипнотизер на спор заставлял человека выбросить из окна телевизор. Человек сначала выбросил радиоприемник, потом холодильник, а потом высунулся в окно и закричал: «Ну нет у меня телевизора, нет!» Если телевизора нет, то никакой гипнотизер (или эгрегор) не сможет заставить его выбросить.

Так и с деньгами. Если денег нет, то Иван Иванович при любом воздействии не повысит вам оклад. Разве что продаст свою машину или квартиру и станет давать вам свои личные деньги, но ведь вы не этого хотели!

Запомните: при формулировке заказа с указанием конкретного исполнителя нельзя ошибаться в выборе исполнителя!

Если не знаете точно, кто может выполнить ваше желание, то **лучше указать должность или организацию**, где работает исполнитель вашего заказа. Пусть эгрегор сам по вашей «наводке» выберет исполнителя и окажет на него нужное вам воздействие.

Не указывайте слишком высокое должностное (или иное) лицо в качестве исполнителя вашей просьбы. Как бы вы ни просили, президент страны или премьер-министр не будут хлопотать о повышении вашего оклада или о выдаче вам дополнительной жилплощади — это вопрос не их компетенции. Большинство наших запросов могут решить местные начальники или даже не начальники, а их сотрудники. Определите их, и половина задачи решена. Потом сделайте реальные шаги к достижению вашей цели и добавьте жарких энергий желания — и решение у вас в кармане (или в кошельке).

Подобные заказы неплохо исполняются, когда ваше желание не противоречит внутренним целям и желаниям того, кого вы назначили исполнителем вашего заказа, а является для него как бы нейтральным. Например, если Иван Иванович не является владельцем предприятия и желаемые вами пятьсот долларов он не должен выкладывать из своих доходов, то он легко может пойти на повышение вашей зарплаты. Не свои же деньги отдает такому хорошему человеку, как вы!

Если же он является собственником предприятия и ваш заказ уменьшает его личную прибыль, причем на заметную сумму, то ждите сложностей. Он наверняка любит деньги (потому он и владелец бизнеса) и расстается с ними очень тяжело. А ваш заказ вступает в явное противоречие с его устремлениями. Кто здесь победит, сказать трудно.

Точно так же вы не можете заставить государственного чиновника назначить вам пенсию или пособие выше, чем это положено по закону. Он всего лишь винтик большого государственного механизма и не может по своему усмотрению увеличивать или уменьшать ваши доходы, как бы вы на него ни воздействовали. Подобные заказы явно не реализуются.

Другой вариант. Вы — дама. Влюблены в Петра, а Петр тоже горячо любит, но не вас. Все попытки заставить эгрегоров переключить его внимание на вас, скорее всего, не дадут никакого результата. «Приворот» не сработает. Петр имеет право на свой выбор, и никто не может навязать ему в этом вопросе свою волю.

Другое дело, если Петр женат и с женой у него совсем неважные отношения, брак держится на детях, общем имуществе или еще каких-то сдерживающих факторах. Сердце Петра открыто, и вы можете попробовать прописаться туда, делая энергетические посылы, в которых написано: «Моя любовь к Петру разжигает ответную любовь в его сердце!» Попробуйте. Может, и разожжете что-то, особенно если там еще есть чему гореть. Не забывайте одновременно пожелать его жене горячей любви, но не к Петру — тогда она не будет цепляться за него и тем самым облегчит исполнение вашего заказа.

И **помните** общий принцип отношения к происходящему: **«В каждый момент времени я нахожусь в Раю и радуюсь тому, что смог сотворить себе сегодня. Но в будущем я приложу усилия и немного модернизирую свой Рай в желанную для меня сторону».**

А теперь пришла пора подвести очередные

ИТОГИ

- *Жизнь исполняет желания лучшим для человека образом только тогда, когда его «накопитель переживаний» заполнен менее чем на 40% и у него нет идеализаций.*
- *Если заполнение «накопителя переживаний» превышает 50%, то нужно очень четко формулировать свой заказ, поскольку слова русского языка имеют многозначное толкование. А потенциальные исполнители вашего заказа являются своего рода иностранцами, которые понимают ваши слова наиболее удобным для себя образом.*

■ *Составленную вами формулу цели желательно сразу прове-рить на возможность неправильного исполнения, используя за-ложенные в ней двусмысленности и некорректные обороты речи.*

■ *Более легкими и быстро реализуемыми являются заказы с не-конкретным исполнителем. При таком заказе вы просто за-являете Жизни, что вам требуется, не задумываясь над тем, как именно будет реализован ваш заказ.*

■ *Другой тип заказа — когда вы в формуле указываете челове-ка, который должен быть исполнителем вашего заказа. Такие цели требуют больших энергетических затрат и иногда явля-ются нереализуемыми — когда ваши цели противоречат явно выраженным интересам того человека, который должен по-мочь вам получить желанный результат.*

■ *При работе с конкретным исполнителем важно, чтобы он имел реальные, а не воображаемые вами возможности испол-нить ваш заказ.*

■ *При выполнении этих условий ваши заказы могут быть вы-полнены достаточно быстро — при совершении последующих шагов к их реализации.*

Глава 11

Уточняем дальние цели

> *Самый медлительный человек,*
> *не теряющий из виду своей цели,*
> *все же проворнее того,*
> *кто блуждает без цели.*
> Г. Лессинг

Продолжим работу с целями. Мы уже отработали оконча-тельную формулировку желанной цели, одной или нескольких. Теперь, в соответствии с седьмым принципом МФС «У Бога нет других рук, кроме твоих!» нужно начать совершать действия по их реализации.

Определяющим моментом здесь станет то, что вы думаете про эти цели. Считаете ли вы их простыми и легко достижимыми или уверены, что на их реализацию потребуется очень много вре-мени и усилий? Ведь все будет примерно так, как вы считаете.

Реализация некоторых целей требует больше времени по объективным обстоятельствам, и никакие усилия эгрегоров не смогут ускорить этот процесс.

Например, вы хотите построить себе дом из кирпича, ничто другое вас не устраивает. Значит, кому-то придется сложить ваш большой дом из маленьких кирпичиков. А на это требуется время. И какие бы формулы или иные приемы для достижения желанного события вы не использовали, несколько месяцев на строительство уйдет, это объективная реальность.

Или вы хотите стать победителем Олимпиады и чувствуете в себе силы для достижения желанной цели. Но вот беда — ближайшая Олимпиада будет проходить только через два года, и никакие ваши усилия не смогут ее приблизить.

Или вы хотите стать депутатом или главой администрации, но выборы проходят раз в четыре года, и вы поневоле должны дожидаться очередных перевыборов. Конечно, вы можете попробовать досрочно сместить нынешнего главу администрации, но это уже будет совсем другая цель, и не факт, что вы сможете ее достигнуть. Поскольку вам нужно будет воздействовать на конкретного человека, который совсем не собирается поддаваться этому влиянию.

Поэтому на этом этапе движения к желанным целям рекомендуется **разделить их на ближние и дальние** и тем самым как бы заявить Жизни, чего вы ожидаете вскорости, а что готовы подождать.

• Ближние цели

Ближние цели — это то, что, по вашему мнению, может произойти в течение ближайших дней или месяцев, примерно до полугода. Вы представляете себе, что именно может или должно произойти, и считаете, что нет никаких серьезных ограничений, которые помешали бы вам это получить.

К ближним обычно относятся цели, не требующие перемещения больших объемов (например, кирпичей), привлечения большого количества людей или изменения серьезных нормативных документов. Это те цели, которые могут реализоваться, если одному или нескольким людям придут в голову нужные вам мысли.

Например, к ближним обычно относятся цели типа: «Я встречаю любимого мужчину». Такая цель реализуется легко, если вы не находитесь на необитаемом острове или не требуете себе в любимые принца из королевской семьи — у Жизни может просто не оказаться «под рукой» неженатого принца подходящего возраста или его невозможно быстро затащить в вашу деревню Кукушкино Тьмутараканского района. А если вы хотите встретить мужчину из вашего круга, без особых требований к нему, то Жизнь может исполнить ваше пожелание очень быстро.

Так же быстро исполняются желания по поиску работы — если, конечно, подобная работа существует в том месте, где вы находитесь.

К ближним целям относится заказ получить нужную вам информацию, найти свою цель в жизни, понять причины имеющегося у вас заболевания (не вылечиться!). Заказы на получение какой-либо информации реализуются достаточно легко и быстро.

Поэтому разделите выбранные вами цели на ближние и дальние и запишите ближние цели на отдельном листе бумаги или прямо здесь.

Таблица 1

Мои ближние цели
0. *Я нахожу захватывающе интересную для меня работу недалеко от моего дома с оплатой более 15 000 рублей в месяц.*
1. _____ _____
2. _____ _____
3. _____ _____

В пункте 0 приведен пример возможной цели по поиску работы. Естественно, в вашей табличке записи будут совсем другие.

• Дальние цели

Дальние цели — это вполне серьезные планы или намерения, поскольку для их реализации в любом случае потребуется много времени, обычно это годы.

Только вы можете разделить свои цели на ближние и дальние, поскольку очень многое зависит от вашей самооценки, мастерства и энергетики. На то, что один человек сделает как бы мимоходом, другому потребуются месяцы или годы.

Но все же есть и объективная реальность, которая от нас не зависит. Существует множество внешних факторов, на которые невозможно воздействовать (например, ускорить смену времен года), и если они участвуют в процессе реализации вашего заказа, то нужно отводить для них соответствующее время.

К дальним обычно относят цели вроде строительства дома или производственных зданий, развитие бизнеса, воспитание ребенка, избавление от сложного заболевания, достижение власти или желанной должности и т. д.

Поэтому те ваши цели, которые в силу объективных обстоятельств потребуют значительных затрат времени, запишите в табличку дальних целей.

Мои дальние цели или намерения	Допустимые сроки реализации (годы)
0. *Я создаю себе пассивный доход в размере 2 тысяч долларов в месяц, который я буду получать постоянно.*	5 лет
1.	
2.	
3.	

В пункте 0 приведен пример возможной дальней цели по созданию пассивного дохода, который вы будете получать независимо от того, чем вы будете заниматься (дивиденды по акциям, доход от сдачи недвижимости в аренду и т. д.). Естественно, в вашей табличке записи будут совсем другие.

Возвращайтесь к этой табличке как можно чаще. Перепишите ее в свою рабочую тетрадь, введите в компьютер, запишите свои дальние цели в органайзер. Перечитывайте их как можно чаще. Корректируйте формулировку ваших целей по мере понимания того, к чему вы стремитесь на самом деле.

• *Обязательно ставьте дальние цели*

Нужно отметить, что большинство людей не ставит перед собой дальних целей. Или ставит, но только в области потребления материальных благ: «Я покупаю себе огромную квартиру», «Я приобретаю дом на берегу моря» и т. п., причем без планирования каких-либо усилий по реализации этого заказа. Просто ставится такая цель, и все.

Я заявил, чего желаю. А ты, Жизнь, изворачивайся, как хочешь, а подай мне эту квартиру или дом, хотя я для этого и пальцем о палец не ударю.

За вполне нормальной целью получить большую квартиру или дом у моря, казалось бы, должны последовать какие-то шаги, в результате которых вы все это получите. Что-то вроде открытия или наращивания бизнеса, получения должности в фирме, дающей соответствующий доход, и т. д. Но мало кто делает этот шаг, предпочитая продекларировать свою заявку на потребление, но не желая что-то делать для ее достижения.

Как понимаете, тем самым нарушается седьмой принцип МФС «У Бога нет других рук, кроме твоих». Жизнь в принципе и не против помочь получить желанное, но только помочь. Если ничего не делать, то эта цель останется не более чем мечтой, грезой. Шансов на ее практическую реализацию будет очень мало.

Почему люди не делают следующего шага и не планируют свои действия по достижению поставленной цели? Обычно **им мешает идеализация своего несовершенства**. Скрытые страхи, мысли типа: «Да я не знаю, что нужно делать для этого» — блокируют их вялые попытки хоть что-то сделать для достижения заявленных материальных благ. В итоге остается ждать только чуда, но с этим у людей с идеализацией своего несовершенства, как вы понимаете, обычно возникают сложности. Они ведь считают, что недостойны чуда, вот оно и не происходит. Поэтому, чтобы не иметь разочарований, люди предпочитают не строить дальних планов.

Так ли безобидно отсутствие дальних планов в сфере роста доходов или других сферах жизни? Нет. Ведь отсутствие планов изменения нынешней ситуации автоматически означает, что **вы заявляете Жизни: «Я не хочу ничего менять**. Меня устраивает нынешняя ситуация, здесь у меня все под контролем. Я боюсь изменений, я не готов к ним. Вдруг у меня не получится? **Пусть все останется как есть**».

А раз «пусть все остается, как есть», то откуда же возьмутся большая квартира, дом у моря, здоровье или другие достижения?

Поэтому **ставить перед собой дальние цели в сфере своих устремлений нужно обязательно**. Даже если вы не верите в них или не знаете, как вы их сможете достичь. Это понимание придет потом, а сначала просто заявите, что «я получаю прекрасную работу с доходом 10 000 долларов в месяц» или «я открываю и успешно веду свой бизнес, который приносит мне 10 000 долларов в месяц». Понятно, что это, скорее всего, фантастика для вас сегодня. Ну и что? Если вы поставили перед собой такую цель, то к вам начнет поступать информация, как это может реализоваться. А там уж не зевайте и не тешьте свое несовершенство, а аккуратненько используйте те возможности, которые будет подбрасывать вам Жизнь.

Если вы не заявите Жизни такую дальнюю цель, то это будет означать, что вы просите сохранить все, как есть. Но если вы начали читать эту книгу, то, видимо, нынешняя ситуация вас не очень-то устраивает. Так зачем же вы будете просить у Жизни ее сохранить? **Так что вперед, к дальним целям!**

• Выделим промежуточные этапы

Следующий этап посвящен работе **только с дальними целями**. Поскольку для их реализации потребуется много времени, то **нужно выделить промежуточные этапы** вашей деятельности по достижению дальней цели. **Путь к реализации каждой дальней цели обязательно нужно разбить на несколько этапов**.

Подумайте, какими могут быть эти этапы. Усилия, которые вы будете прилагать на каждом из этапов, должны быть примерно равны, хотя на начальном этапе это могут быть только интеллектуальные усилия по поиску оригинальной идеи для нового бизнеса. А затем это могут быть усилия по продвижению найденной идеи.

Лучше всего, если путь к желанной цели вы разобьете на примерно равные отрезки времени. Например, вы можете запланировать свои действия на каждые три месяца, по четыре этапа в год. Можно выделить не такие равномерные отрезки, но все равно ваш путь нужно разделить на участки.

Это поможет вам более четко осознать вашу дальнюю цель и облегчит шаги по ее реализации. Скорее всего, ваша цель реализуется быстрее, чем вы планируете, но **вы все равно должны наметить этапы ее реализации**.

Результаты ваших размышлений над путями достижения дальней цели нужно записать в специальную таблицу. Такую же работу нужно сделать для каждой вашей дальней цели отдельно.

Цель № 0: *Я создаю себе пассивный доход в размере 2000 дол-ларов в месяц...*

№ этапа	Даты этапов	Что делаете	Средства реализации и ожидаемые результаты
1.	1.02 — 30.04	Зафиксировать текущие доходы. Минимизировать расходы. Рассмотреть варианты вложения средств с целью создания пассивного дохода	Таблица учета доходов и расходов. Выявление оптимального проекта вложения средств с целью дальнейшего получения пассивного дохода
2.	1.05 — 30.06 .	Сосредоточиться на направлении, обещающем увеличение текущих доходов в два раза (с учетом личных интересов).	Перечень возможных путей повышения своих доходов, перечень имеющихся ресурсов
3.	1.07 — 30.10.	Начать реализацию	Произвести шаги по реализации проекта. Удвоение личного дохода
4.			
5.			

В этой таблице приведен пример самых первых шагов по достижению «Цели № 0», когда изначально непонятно, как к ней идти и что делать.

Для начала в этом плане предлагается просто искать путь, который в итоге может привести к гарантированному пассивному доходу (пункт 1). Возможно, это будет вариант с приобретением каких-то ценных бумаг, покупка квартиры или участка земли для сдачи в аренду и т. д. Что это будет, вы решите только в конце этого этапа работы, а не сразу. Отведите себе на этот поиск 2—3 месяца, не суетитесь. Исследуйте все возможные варианты, посоветуйтесь с людьми, поработайте со своими страхами и т. д. То, что вы выберете, будет называться **инвестиционный проект**.

Затем, после выбора такого направления, рекомендуется заняться поиском путей увеличения своих нынешних доходов в два раза — чтобы было что вкладывать в выбранный инвестиционный проект. Возможно, что это могут быть не свои, а заемные средства, но их равно придется возвращать, поэтому увеличение личных доходов все равно не повредит. Отведите на этот этап несколько месяцев.

На третьем этапе предлагается сделать шаги к увеличению текущего дохода и начать реализацию проекта. Исследуйте все варианты его реализации, посоветуетесь со специалистами, почитайте литературу на эту тему. И копите деньги для вложения. Возможно, на этот этап уйдет несколько месяцев или даже год-два.

Не спешите, вы создаете задел на всю последующую жизнь. Если у вас в голове не будет страхов и неверия в свои силы (проявления идеализации несовершенства), то Жизнь явно пройдет вам навстречу и подкинет такой вариант, о котором вы даже не мечтали. Но это только при позитивном настрое и вере в успех! (Т.е. с головой (и с мыслями в ней) у вас должно быть все в порядке.)

Затем вы реализуете свой проект и начнете получать доход. К этому времени ваши потребности явно вырастут и вам захочется иметь еще больше денег, и так до бесконечности. Как известно, уровень потребностей растет быстрее, чем уровень доходов, от этого мало кому удается увернуться. Значит, придется ставить новую цель, и вперед! Желания делают нашу жизнь более насыщенной, и если не провалиться в пустые переживания, то жизнь ваша будет полноценной и радостной.

Мы рассмотрели пример нескольких шагов по созданию пассивного дохода. У вас может быть любая другая цель: купить квартиру, построить дом, создать семью, занять желанную должность, воспитать ребенка, изучить иностранный язык и т. д. Это нормальные дальние цели, и нужно грамотно строить свой путь к их исполнению.

Причем деление на этапы можно делать не только для дальних целей, но и для ближних, особенно когда вы не очень представляете себе, как именно они могут реализоваться. Пример подобного планирования этапов для такой сравнительно ближней цели, как создание семьи, мы рассмотрим в четвертой части книги.

• Этапы для каждой дальней цели

Для каждой дальней цели нужно составить и записать в рабочую тетрадь или в свой компьютер отдельную таблицу с указанием этапов достижения желанных результатов. Постоянно возвращайтесь к таблицам для уточнения этапов и планирования текущих действий на каждую неделю.

Очень удобно использовать для работы с дальними и ближними целями **Систему самопрограммирования на успех «Эффект»**, информация о которой приведена в конце книги.

На этом этапе работы с дальними целями не спешите. Отведите на его выполнение несколько дней или даже недель. Это поможет вам более четко понять, куда и зачем вы идете. Возможно, что в ходе работы над этапами вы поймете, что заявили слишком маленькие или слишком большие сроки, и поэтому вы откорректируете их при необходимости.

● *Имеющиеся ресурсы*

При постановке дальних целей неминуемо возникнут сомнения типа: «А как я этого достигну? Какие у меня есть основания думать, что это возможно? Я даже не представляю себе, что нужно делать» и подобные.

Это совершенно нормальные сомнения, не нужно их пугаться или бороться с ними. Вместо борьбы рекомендуется направить свою энергию в мирное русло, которое в данном случае состоит в том, чтобы **выявить, какие у вас имеются ресурсы** для достижения желанного результата.

Для этого нужно всего лишь составить перечень ваших достижений на нынешний момент. Любой человек в возрасте старше 5 лет имеет достижения. Другое дело, что мы их обычно не помним, поскольку либо смотрим все время вперед, либо сосредоточены на прошлых ошибках и недостатках. А про свои достоинства и достижения забываем.

Поэтому нужно обязательно вспомнить, каким замечательным человеком вы являетесь, как много у вас достижений и талантов.

Для этого сделаем следующее упражнение. Его можно выполнять и с помощью метода «автоматического письма».

Упражнение «Мои достижения»

Возьмите лист бумаги и ручку. Разделите вертикальными линиями лист бумаги на три равные части. Вверху каждой части сделайте следующие надписи. 1. Мои положительные качества. 2. Чего я достиг? 3. Где я могу себя проявить?

Примите удобную позу за столом, расслабьте мышцы, остановите «словомешалку». Мысленно задайте себе вопрос: «Какими положительными качествами я обладаю?» — и начинайте записывать в первую колонку появляющиеся ответы. Тут может быть доброта, веселость, открытость, умение сопереживать другим людям, желание помочь им и т. д. Сюда же могут войти и физическая сила, красота, умение играть в шахматы, водить машину, плавать, ловить рыбу, красиво писать или рисовать, играть на каком-нибудь музыкальном инструменте, петь песни и т. д.

*Опыт показывает, что любой, даже самый скромный человек может «накопать» в себе **не менее полутора десятков** положительных качеств. Так что особо не стесняйтесь и, если не хватит одного листка, возьмите второй.*

Когда закончите заполнять первый столбец, переходите ко второму. Точно так же в состоянии расслабленности и остановки «бега» мыслей задайте себе следующий вопрос: «Чего же я достиг к настоящему времени?» Как только появятся первые ответы, начинайте их записывать, не отвлекаясь на воспоминания и обсуждения упущенных возможностей. Ваша «словомешалка» постоянно будет пытаться перехватить у вас инициативу и начать обсуждение каких-либо вопросов — не поддавайтесь на ее выпады.

*Во второй столбец **вы должны записать все мало-мальски значимые достижения вашей жизни**. Это может быть поступление в вуз или его окончание, женитьба или развод, покупка хорошей вещи или увлекательная поездка, встречи с интересными людьми или выполнение трудной работы, сочинение песни и т. д. и т. п.*

Как мы уже говорили, не существует человека, который не смог бы припомнить у себя десятка полтора-два достижений.

Когда достижения перестанут всплывать у вас в памяти, без перерыва переходите к заполнению третьего столбца. Задайте себе мысленно вопрос: «Где бы я мог проявить себя лучшим образом?» — и начинайте записывать появляющиеся ответы. Ответы опять же могут быть самыми разными. Предположим, вы видите себя выдающимся военачальником или видным политиком, проповедником или разведчиком, отцом десяти законных детей или преуспевающим дон-жуаном и т. д. Неплохо, если записи из второго и третьего столбцов будут пересекаться и дополнять друг друга. Это будет означать, что вы записываете в третьем столбце не просто свои фантазии на тему «Кем бы я хотел быть», а некоторые подтверждаемые вашими вполне конкретными успехами аспекты вашей реальной жизни и деятельности.

Подобным образом любой человек может найти пять—десять видов деятельности, в которых его наверняка ждет успех. Если, конечно, ими реально заниматься.

Общие затраты времени на выполнение упражнения — от 15 до 30 минут.

Когда закончите упражнения, нужно будет вернуться в обычное состояние сознания, вновь просмотреть и проанализировать записи. Мы уверены, что **для вас будет большим откровением** увидеть сразу все свои достоинства и достижения.

Людям свойственно забывать и преуменьшать свои достижения и концентрировать внимание на недостатках, что снижает их энергетику и уверенность в своих силах и, как следствие, эффективность в формировании нужных событий.

Особое внимание обратите на те ваши достижения, которые в потенциале могли бы стать основанием для реализации ваших целей.

Если ваши цели лежат в сфере бизнеса, то нужно задуматься над тем, **все ли ресурсы своего образования, опыта, занимаемой должности, знакомств и прочие возможности вы использовали для достижения желанного результата?** Посмотрите, известны ли вам люди, которые добились того же успеха в вашей сфере деятельности, к которому стремитесь вы? Что мешает вам повторить их опыт? Это объективные препятствия или чисто психологические барьеры?

Если ваша цель лежит в сфере отношений, то вспомните все ваши прежние встречи и удачные отношения — если у вас был такой опыт, то ничего не может помешать вам повторить их, и т. д.

Выполнение приведенного упражнения **повысит вашу самооценку и уверенность в себе**: увеличит энергетику и повысит вашу эффективность как формирователя желанных событий.

Успехов вам на этом пути! А мы пока подведем очередные

ИТОГИ

- *Четко сформулировав цели, разделите их на ближние и дальние.*
- *К ближним относятся цели, которые могут исполниться в течение ближайших дней или месяцев, примерно до полугода, при приложении достаточных усилий.*
- *Дальние цели— это вполне серьезные планы или намерения, поскольку для их реализации в любом случае потребуется много времени, обычно это годы.*
- *Для всех дальних целей необходимо выделить промежуточные этапы их достижения, зафиксировать, что вы будете делать на каждом из этапов и какие результаты ожидаете получить в конце этапа.*
- *Одновременно желательно еще раз пересмотреть, какими реальными ресурсами вы обладаете, какие достижения и успехи у вас имеются и как это может способствовать реализации ваших ближних и дальних целей.*

Глава 12
Заявим Жизни о своем выборе

Как много дел считались невозможными,
пока они не были осуществлены.

Плиний Старший

Продолжаем работу с ближними и дальними целями. Она, как вы наверное уже поняли, ведется на двух планах — материальном и энергетическом.

На материальном плане мы делаем все, что должен делать человек, чтобы добиться поставленной цели.

На энергетическом плане занимаемся формированием нужного нам события, используя силу наших мыслей и желаний, т. е. обеспечиваем себе помощь Жизни (или эгрегоров) на пути к выбранным целям

• Осуществляем энергетическую оплату целей

Если помните, мы приняли за основу энергетический механизм формирования событий. Человек, желающий идти к своим целям при поддержке Жизни, должен энергетически «оплатить» свои заказы. Оплатить своими мыслями и желаниями.

Исполнителями наших заказов являются, если помните, эгрегоры, для которых наши энергии желаний являются источником существования. Поэтому они принимают участие в создании нам «режима наибольшего благоприятствования» на пути к желанному результату только в случае, если посчитают, что вы приложили достаточно усилий и уже оплатили их помощь. Да и то, если помните, эгрегоры постараются обойтись минимальными действиями, прикидываясь иностранцами, не понимающими русского языка.

Чем больший заказ вы заявили, тем больше энергии потребуется для его исполнения. Ведь как могут эгрегоры исполнить наш заказ? Все свои действия они могут произвести только с помощью каких-то людей, которые должны сделать то, что нужно вам.

Значит, они должны вложить нужные вам мысли в головы этих людей, заставить их захотеть сделать так, чтобы было исполнено ваше желание. А это, как вы понимаете, совсем нелегко. Люди упрямы, руководствуются только своими идеями и желаниями, так что, чем больше людей должно участвовать в исполнении вашего заказа, тем выше должна быть оплата.

Например, если вы — девушка и вам нужно найти любимого мужчину, то этот заказ эгрегоры могут выполнить в два-три хода. На первом этапе им нужно будет найти нескольких свободных мужчин (или хотя бы одного), отвечающих вашим требованиям.

На втором этапе им нужно свести вас вместе и внушить ему мысль о том, что вы и есть избранница его сердца. Параллельно им нужно обратить ваше внимание на то, что именно этот мужчина отвечает всем вашим запросам. Если вы не сильно сопротивляетесь, то ваша встреча произойдет достаточно быстро. А дальше все уже зависит от вас. Силком вас под венец эгрегоры не поведут.

Понятно, что исполнение подобного заказа потребует воздействия на мысли всего двух-трех людей, т. е. не очень больших энергетических затрат. Значит, если не сомневаться, не переживать и не пытаться войти в положение всех женщин с неустроенной личной жизнью («Как можно надеяться на устройство своей судьбы, когда вон сколько женщин не могут найти мужа!»), то ваш заказ может исполниться в течение недели-двух. Это типичная ближняя цель. Если, конечно, у вас нет избыточных требований к любимому, но об этом мы уже рассказывали.

Теперь рассмотрим заказ по реализации большого бизнес-проекта типа строительства магазина, открытия нового производства или продажи большой партии товара. В реализации любого из них нужно задействовать десятки самых разных людей, **каждый из которых должен захотеть внести свой вклад в реализацию нужной вам цели**. И люди эти все непростые, уверенные в себе, с собственными идеями и интересами. Все это нужно согласовать, утрясти, внушить всем, что принятое ими решение является их собственным.

Эта работа **требует серьезной энергетической оплаты** — только тогда ваш проект будет двигаться вперед как по маслу. Если «оплата» будет недостаточной, то ваше дело будет стоять или двигаться черепашьими шагами. Поэтому мы и говорим, что за большие дела должна браться команда единомышленников, одному человеку его не вытянуть, даже энергетически.

Любая цель требует предварительной энергетической оплаты, и чем больше эта цель, тем больше времени и усилий потребуется для ее реализации, даже при использовании помощи Жизни.

Для ускорения этой самой энергетической оплаты рекомендуется использовать несколько приемов. Рассмотрим их подробнее.

• Многократное повторение

Самый простой и довольно эффективный способ — это **многократное повторение формулы вашего заказа**. Ее нужно постоянно повторять в течение дня по 10—100—1000 раз, как мантру или молитву.

Ее можно повторять либо про себя, либо тихим или даже громким голосом — лишь бы окружающие не подумали, что вам нужно пройти курс лечения у психиатра. Важно повторять это не монотонно и заунывно, а **максимально эмоционально**.

Свой заказ можно мысленно повторять дома в спокойной обстановке, во время поездок в общественном транспорте, перекуров, заседаний, утром во время зарядки и вечером перед сном. Можно использовать эту формулу цели во время выполнения упражнения по энергоподпитке «Я есть сила!» (о нем расскажем позже) и в любое другое время.

Чем дольше вы будете повторять свою формулу, тем быстрее эгрегоры узнают, чего же вы хотите в этой жизни. Соответственно, они смогут скоординировать свои усилия и помочь вам достичь желаемого.

• Прием зрительной визуализации

Мысленное повторение заказа рекомендуется дополнить **визуализацией желанного результата**. Визуализация — это представление желаемого события на мысленном экране в районе лба при закрытых глазах.

Выберите одну из заявленных целей. Представьте, что она уже достигнута, и вы находитесь в состоянии, когда все трудности остались позади, и желанный результат получен. Ощутите, что дает вам достижение вашей цели. Ощутите то удовольствие и радость, которую доставит вам исполнение вашего желания.

Если вам нужна шуба, то представляйте себе, как вы ее надеваете, как вы в ней ходите, какое удовольствие при этом получаете. Если вам нужна машина, то вы должны много раз представить, как вы ее покупаете, как и куда ездите, куда ставите на ночь, как обслуживаете и т. д. Если нужен любимый человек, то представляете встречу с ним, разговоры, совместное обсуждение дел и все, что он должен делать.

Поживите в своем счастливом будущем. Запомните светлые эмоции, которые оно вам доставит. Побудьте в этом состоянии 5—10 минут хотя бы раз в день, пока ваша цель не будет достигнута.

После визуализации первой цели можно перейти к следующей цели и снова ощутить удовольствие от ее реализации.

Если ощутить радость от обладания желанным результатом не удается, то задумайтесь, нужна ли вам эта цель? И не принесет ли она вам только лишние хлопоты после исполнения?

Как это может быть? Очень просто. Например, вы, вдохновившись идеями нашей методики, возжелали получить себе что-то необычное, например очень дорогой автомобиль. Вы напряглись, применили все наши рекомендации, приложили усилия, и вот желанный Мерседес (Лексус, BMW7) стоит у вас во дворе. А дальше вы начинаете мучиться: «Где его хранить ночью? Куда на нем ездить? Как его оставить на улице, когда идешь по делам, — угонят ведь! Где взять прорву денег на бензин?» и т. д.

В итоге ваша жизнь превращается в сплошной кошмар, и вы не рады полученному предмету роскоши — он не соответствует вашему уровню жизни. Скорее всего, Жизнь не позволит вам получить такой стресс, но при наличии большой воли и целеустремленности ситуацию можно продавить и получить все, что хочешь. А потом пожинать нерадостные плоды своей настойчивости.

Так вот, если вы не можете ощутить радости от обладания желанным результатом — это сигнал от Жизни о том, что **вы выбрали не ту цель**. А если радость возникает — старайтесь ощущать ее раньше, не дожидаясь исполнения своего заказа.

Возвращайтесь к этому приему в любое свободное время.

Очень важное условие любой визуализации — вы должны **испытывать положительные эмоции** от обладания тем, к чему стремитесь. Никаких сомнений, никаких страхов, никаких проблем! Тогда ваш эгрегор совершенно точно уяснит, чего же вы хотите, и постарается помочь вам получить желаемое. Причем, каким образом он сумеет это сделать, предсказать невозможно. Будьте открыты, доверяйте Жизни, и она найдет способ реализовать ваше желание наилучшим для вас образом.

При этом не забывайте руководствоваться седьмым принципом методики формирования событий: «У Бога нет других рук, кроме твоих» и делать реальные шаги к достижению своих целей, иначе вашему эгрегору придется прикладывать неимоверные усилия, чтобы как-то выполнить ваш заказ. И не факт, что у него что-то получится.

• Придумайте свой сюжет

Использование визуализации (представление желаемого объекта в своем воображении) — очень мощный и эффективный прием, лежащий в основе большинства западных методик достижения целей [9, 10].

Один из вариантов использования этого приема состоит в том, что вы **придумываете сюжет некоторого действия или события**, в результате которого ваша цель достигается. Например, если вам нужны деньги, то вы можете много раз представить, что вас приглашают на другое место работы, где вы зарабатываете огромные суммы. Или вы открываете свой бизнес и легко получаете нужные деньги. И вы испытываете очень большое удовольствие от обладания этими деньгами, пока еще воображаемыми.

Если вам нужны не деньги, а что-то иное, например получение престижного образования, квартиры или устройство семейной жизни, то представьте, что **вы неожиданно получили (заработали, достигли) именно то, что вам реально нужно**.

Мы еще будем рассматривать подобные упражнения, но вам рекомендуем прямо сейчас придумать сценарий для каждой из ваших целей, когда вы получаете то, что вам нужно, и **реально пользуетесь, живете с этим, получаете от этого радость или удовольствие**.

Скорость исполнения, как мы уже говорили, зависит от степени вашей эмоциональности (уровня энергетики), чистоты вашего мышления и позитивного настроя. И реальных действий, разумеется.

Мы искренне надеемся, что если вам нужны деньги, то вам их предложат прямо на следующий день после заказа. Хотя по поводу денег у нас будут еще специальные рекомендации в четвертой части книги.

• Сделайте рисунок или коллаж

Еще один прием, который позволит вам больше времени думать о желанной цели и ощущать удовольствие от ее реализации, состоит в том, что вы находите и **вывешиваете на видном месте рисунок**, символично (или конкретно) напоминающий вам о желанной цели.

Если вам нужен автомобиль, то найдите его фото в журнале, вырежьте и повесьте перед собой. Неплохо, если вы поместите на этот рисунок и свою фотографию — например, вы сидите на переднем сиденье, за рулем автомобиля. Рисунок поможет вам почаще вспоминать о желанной цели, ощущать себя собственником этого прекрасного авто и испытывать при этом массу положительных эмоций.

Если вам нужен любимый человек, то подберите иллюстрации с изображением счастливых влюбленных пар. Поместите свое фото внутрь этих рисунков. Рассматривайте их почаще и пытайтесь ощутить ту радость, которую вы испытаете, когда ваша цель реализуется.

Если целей у вас несколько, то сделайте коллаж из рисунков и фотографий, близких по содержанию вашим желаниям. Вырежьте их из красивых журналов и поместите на один лист бумаги. Вставьте туда же свою фотографию так, будто вы участник всех этих событий. Рассматривайте коллаж как можно чаще и испытывайте комплекс положительных чувств, которые вы получите, когда ваши цели реализуются.

• Ощутите себя обладателем результата

Во многих книгах по достижению успеха в бизнесе часто повторяется рекомендация типа: хочешь быть миллионером — ощути себя миллионером уже сегодня. Не жди, когда ты заработаешь миллион, а начинай ощущать себя миллионером прямо сейчас. Ходи как миллионер. Разговаривай как человек, имеющий большие материальные активы. Оценивай происходящие события, как их оценил бы миллионер. В общем, делай все как миллионер, кроме траты денег, поскольку их пока нет. Но это только пока.

Если вам удастся полноценно ощутить себя миллионером, то желанный миллион появится у вас достаточно быстро.

Эту же самую рекомендацию можно применить ко всем сферам жизни. Ведите себя так, будто желанный результат уже достигнут.

Если вам нужно устроить личную жизнь, то ощутите, что она у вас уже устроена. Не мечитесь в поисках любимого человека, а начинайте себя вести так, будто он у вас уже есть. Найдите, чем отличается поведение человека, устроившего личную жизнь, от вашего поведения. Измените ваше поведение таким образом, будто любимый человек у вас уже есть, просто он уехал на время в командировку. Вы спокойно ожидаете его и полны внутренней радости в предвкушении встречи с ним.

Если вы хотите иметь ребенка и с этим возникают сложности, то представьте, что вы уже беременны. Ходите как беременная, разговаривайте как беременная. Ходите на курсы молодых мам, покупайте распашонки, будьте счастливы от предстоящего рождения ребенка. Несколько месяцев подобного поведения, и желанная беременность придет (если, конечно, у вас есть для этой цели мужчина. Беспорочное зачатие не гарантируется).

Понятно, что все это нужно делать на самом позитивном настрое, без страхов и сомнений. Если у вас это получится, то результат гарантирован, поскольку через свое поведение вы твердо заявите Жизни, чего желаете, каковы ваши цели. И она обязательно их реализует.

• Будьте уверены и энергичны

Поскольку целью всех этих упражнений является энергетическая «оплата» ваших заказов, то выполнять приведенные выше рекомендации нужно уверенно, энергично и максимально эмоционально.

Чтобы быть энергичным, нужно поднимать собственную энергетику. Для этого годятся самые разные энергетические упражнения и техники, включая обычную утреннюю физзарядку, специальные энергетические гимнастики типа цигун или закаливания. Можно использовать упражнения по подзарядке энергией, например дыхательные практики или упражнение «Я преуспеваю!». Они поднимут вашу общую энергетику, и тем самым ваши желания станут энергетически «весомее».

Здесь как раз пригодится жизненная позиция «Жизнь есть игра», которая предполагает, что вы будете **стремиться к своей цели с максимальным азартом**. А азарт, как вы догадываетесь, есть высокоэнергетическое состояние, при котором человек излучает много положительных эмоций и быстрее добивается намеченной цели.

Если вы присмотритесь к руководителям новой формации, то заметите, что это люди очень энергичные, уверенные в себе и не боящиеся трудностей. Чем выше энергетика человека, тем больше желающих помочь ему. И если он не совершает ошибок, о которых мы говорили ранее, почти все его цели достижимы.

Значит, если вы энергичны и настойчивы, то нужное вам событие будет формироваться очень быстро. Вы — любимчик Жизни, вы знаете, чего хотите, и Жизнь с удовольствием исполнит ваши желания.

Если вы еще не обладаете этими качествами, то их нужно развивать. Как это можно делать, мы расскажем чуть позже.

А пока подведем очередные

ИТОГИ

■ *После выбора ближних и дальних целей необходимо сделать так, чтобы Жизнь узнала о ваших намерениях. Кроме того, необходимо энергетически «оплатить» заказ своими энергиями мыслей и желаний.*

- *Чем больше заказ, тем больше усилий и энергии может потребоваться для его реализации.*
- *Чтобы усилить скорость энергетической «оплаты» своего заказа, рекомендуется использовать приемы, помогающие больше и интенсивней думать о желанном результате.*
- *В качестве таких приемов рекомендуются многократное проговаривание формулы своей цели, зрительная визуализация желанного результата, составление рисунка или коллажа желанной цели.*
- *Кроме того, необходимо ощутить себя обладателем желанного результата, не дожидаясь его исполнения.*
- *Все приемы желательно выполнять максимально энергично и эмоционально, на позитивном настрое, иначе ваша цель может отложиться надолго.*

Глава 13

Планируем этапы достижения своих целей

*Жизнь — как вождение велосипеда.
Чтобы сохранить равновесие, ты должен двигаться.*

Альберт Эйнштейн

Мы рассмотрели приемы по мысленному формированию нужных нам событий. Значит ли это, что их достаточно для получения нужного результата? Иногда — да. Но в большинстве случаев необходимо совершать более действенные шаги по направлению к желанной цели. «У Бога нет других рук, кроме ваших», поэтому вы должны сами предпринимать что-то для достижения поставленной цели.

Если только мечтать о принце или миллионе долларов, не вставая с дивана, то Жизнь рано или поздно все равно исполнит ваше желание. Но, если не помогать ей, то способ исполнения может быть самый странный и неожиданный для вас. Например, вместо реального миллиона вы получите его в виде игрушки или картинки на обложке журнала.

• Планируем свои действия

Поэтому рекомендуется совершать какие-либо действия на пути к своей цели. Какие именно? В общем виде мы уже рассматривали такие шаги по отношению к дальним целям. Мы дробили путь достижения дальней цели на этапы — это было своего рода планированием ваших действий.

Теперь нужно пойти дальше — перейти к **планированию ваших действий на более короткий промежуток времени — на неделю**. Если вы это уже делаете — замечательно! Если пока нет, то нужно начинать! И не думайте, что визуализация — это прием формирования событий, а планирование — что-то другое. Это **одно и то же**!

Во время составления плана вы напряженно думаете над своими возможными действиями на пути к желанной цели. И тем самым осуществляете их очень эффективную энергетическую «оплату»! **Составление плана есть один из способов формирования событий**, как ни странно это звучит. Люди, планирующие свои дела, обычно очень эффективны — наряду со своими действиями они информируют Жизнь, к чему они стремятся, и она приходит им на помощь. Поэтому мы рекомендуем использовать этот прием ускорения достижения нужных вам событий — вместе со всеми остальными приемами.

• Для каких целей составлять планы

Здесь сразу возникает вопрос: для каких целей нужно составлять планы? Нас учили составлять планы выполнения производственных заданий. А здесь нет никаких заданий, есть лишь желание устроить личную жизнь или улучшить свои жилищные условия. Разве это можно запланировать?

Можно и нужно. Это полезно, поскольку позволяет вам еще лучше понять, к чему вы стремитесь. Это полезно, поскольку позволяет вам больше думать о желанном результате и тем самым осуществлять его энергетическую «проплату». Это полезно потому, что будет дисциплинировать вас и заставит меньше отвлекаться на другие дела.

К тому же при составлении личных планов никто вас не осудит и не накажет за то, что вы что-то забыли или не сделали. Не вздумайте сами осуждать себя за неисполнение каких-то пунктов плана! Это будет явно свидетельствовать о наличии у вас идеализации цели, идеализации своего несовершенства и т. д. — с вытекающими отсюда «воспитательными» процессами со стороны Жизни. Поэтому заранее позвольте себе порой не выполнить какой-то пункт плана (или весь план), хотя стремиться к его выполнению нужно. А иначе зачем планировать?

Планы составляются для любых сформулированных вами целей.

Для **ближних целей** составляются планы на неделю, причем конечным результатом всей работы является достижение желанной цели.

Для **дальних целей** также составляются планы на неделю, но здесь конечным результатом является **исполнение очередного этапа** на пути к заявленной вами цели.

Почему нужно составлять план на неделю? Потому, что у вас появится возможность каждые 7 дней начинать жизнь заново. И каждые 7 дней ощущать радость от достижения промежуточных (или конечных) результатов.

Фиксировать успехи, пусть даже самые маленькие, очень важно! Таким образом вы научитесь обращать внимание на свои достижения и будете повышать свою энергетику! Мы обычно забываем о достигнутых целях, не успевая порадоваться им и поблагодарить Жизнь за то, что она помогла нам их добиться. Давайте не будем забывать о своих успехах — это отличный способ повышения самооценки и более успешного достижения желанных целей.

• Составляем план на неделю

Мы будем планировать свою деятельность на неделю, с понедельника по понедельник. Для этого нужно будет записать в таблицу все действия, которые вы планируете совершить на следующей неделе на пути к выбранным целям.

Какие это могут быть действия? Неделя — очень маленький срок, поэтому нужно планировать только то, что вы действительно успеете сделать — если не забудете.

Планировать нужно только действия, направленные на достижение желанных целей. В таблицу не нужно записывать ваши повседневные действия — хождение на работу, встречи с друзьями, ремонт дома или автомобиля и прочие обычные дела. Вы **планируете только то, что поможет вам достичь желанного результата, только то, что имеет отношение к вашим целям.**

Если вы уже планируете свои действия на неделю, то пусть это будет отдельный недельный планчик. Или ведите привычный вам план, только выделяйте шаги по достижению целей в отдельные строчки, выделяйте их маркером или как-то по-другому.

Это могут быть какие-то вполне серьезные дела: встречи, звонки, написание документов, поездки и т. д. Но, кроме них, желательно планировать действия типа повторения формулы цели, визуализации или работы с коллажем. Все это нужно планировать и выполнять!!!

Причем в недельный план вносятся ваши действия, направленные на **реализацию всех ваших целей**, ближних и дальних. Не обязательно в течение каждой недели работать сразу над всеми вашими целями, их можно как-то чередовать. Но шаги по реализации всех целей должны периодически фиксироваться в вашем плане.

Таблица для планирования ваших действий на следующую неделю может иметь следующий вид:

Дата: с «_____» _____ 200_ г. по «_____» _____ 200_ г

№ п/п	Что будете делать в течение недели для достижения ваших целей	Цель №
1.		
2.		
3.		
4.		
5.		
6.		
7.		

В левом столбце записываете действия, направленные на реализацию целей. Во втором столбце, что именно будете делать. В третьем столбце отмечаете, на реализацию какой цели будет направлено ваше действие — чтобы не забыть какую-то из целей.

Что можно записывать в среднем столбце? Все, что угодно. Например, если одна из ваших целей — найти работу с определенной оплатой, то таблица может иметь следующий вид:

№ п/п	Что будете делать в течение недели для достижения целей	Цель №
1.	*Встретиться с Иваном Ивановичем по поводу новой работы*	1
2.	*Купить газеты и просмотреть нужные мне вакансии*	1
3.	*Разместить объявление в Интернете*	1
4.	*Позвонить Николаю — у него много знакомых*	1
5.	*Узнать, как правильно составлять резюме*	1
6.	*Повторять формулу цели 20 раз в день*	1
7.	*Визуализировать свое новое рабочее место*	1
8.	*...*	2

За одну неделю вы можете не выполнить все эти дела, поэтому записывайте только то, что сможете сделать реально, — ведь у вас есть и другие цели, для реализации которых вы тоже будете совершать какие-то действия. А в неделе всего семь дней. А ведь вам еще и жить надо, работать, есть, пить, гулять и т. д. Не все же формированием заниматься!

• Подводим итоги работы за неделю

Составив план действий на неделю, вы приступаете к его выполнению. По окончании недели нужно **подвести итоги** — что вам удалось сделать из запланированного. Это анализируется с помощью следующей специальной таблички:

№ п/п	Мои достижения на пути к цели на прошедшей неделе	Что я понял, с чем могу себя поздравить
1.		
2.		
3.		
4.		

В средний столбец записываете, удалось ли выполнить пункт плана, что именно было сделано. В правом столбце вы просто хвалите себя. Найдите, за что себя похвалить, даже если вы не выполнили некоторые пункты плана. Не стесняйтесь, записывайте даже мельчайшие свои достижения — это укрепляет уверенность в себе, в своих силах.

Если вернуться к рассмотренному выше плану по поиску нужной работы, то отчет за неделю может иметь примерно следующий вид:

№ п/п	Мои достижения на пути к цели на прошедшей неделе	Что я понял, с чем могу себя поздравить
1.	*Встретился с Иваном Ивановичем, пустышка и бахвал*	*Нужно больше полагаться на себя и верить в свои силы*
2.	*Просмотрел газеты*	*Оказывается, имеется огромное количество вакансий! Нужно заниматься ими*
3.	*Дал объявления в два места*	*Нужно быть более активным!*
4.	*Знакомому не дозвонился — он в командировке*	*Нужно позвонить всем моим знакомым, а не одному!*

5.	*Узнал как составляется резюме*	*Начал писать — оказывается, у меня много достижений!*
6.	*Формулу цели повторял, но редко*	*Хоть редко, но повторял!!*
7.	*Визуализацией не занимался, некогда*	*Я все равно испытывал приятные ощущения в ожидании работы*

Помните, что **итоговую таблицу достижений нужно обязательно записывать**! Нельзя просто взять свой план за прошедшую неделю и как-то отметить там выполненные и невыполненные пункты.

Точнее, это, конечно, сделать можно, но вот эффективность такой работы будет на порядки меньше. Следовательно, ваша лень будет отдалять исполнение желанного результата. А вам это нужно?

• *Выделите себе свободный день*

Если помните, при формулировке целей мы рекомендовали предусмотреть действия, которые помогут избежать идеализации цели. И одно из таких действий — забыть о своей цели на некоторое время. Хотя бы на сутки—двое.

Это сделать несложно. Нужно выделить один или два дня на неделе, когда вы вообще не будете заниматься формированием нужных вам событий. Вы как бы не вспоминаете о них. А если и вспоминаете, то тут же изгоняете любые мысли о них: «Кыш, кыш, не вовремя. Приходите завтра».

Для некоторых людей таких дней в неделе может быть хоть семь — они редко вспоминают о своих целях. Вот им-то планирование поможет вспоминать о своих целях почаще.

Для других забыть о целях будет непросто, поскольку они погружены в них с утра до вечера, они живут ими. С одной стороны, это очень хорошо — их цели будут достаточно быстро воплощаться в жизнь, если они не будут совершать типичных ошибок. С другой стороны, именно у них наиболее вероятно возникновение идеализаций — и цели, и других.

Им очень важно давать себе один-два разгрузочных дня в неделю, переключаться на отдых или совсем другие дела. К тому же в эти дни их мозг будет отдыхать от напряженной работы, и подсознанию наконец-то удастся сбросить туда свои подсказки — именно в моменты отдыха в голову обычно приходят самые лучшие идеи.

Свободные дни могут выступать как пункты еженедельного плана. Вы так и пишете в свой недельный план: «Воскресенье —

334   Часть 2. Формируем желанное событие

день полного отдыха от дел». На следующую неделю вы снова повторяете этот пункт, хотя день отдыха может быть любой, не обязательно воскресенье.

• Что делать дальше

Прошла неделя, вы составили план и отчитались за него — честно записали свои достижения. Что делать дальше?

Все то же. Составить план на следующую, наступающую неделю. Потом подвести ее итоги. Потом снова составить план, потом отчитаться, и так до достижения очередной цели.

Понятно, что гордый и независимый человек отвергнет все эти рекомендации. Он будет идти к целям своим, бесплановым путем. Путем ошибок, шараханий, получения не того, чего хочется. Но это будет его собственный, независимый путь. Без всяких планов.

Если же вы не идеализируете свою независимость и хотите формировать нужные события наиболее быстро и правильно, то постарайтесь выполнять рекомендации этой главы.

• Где брать таблицы

У вас может возникнуть вполне прикладной вопрос — если каждую неделю вам нужны будут по две таблицы, то где их взять?

Легче всего взять чистый лист бумаги и нарисовать на нем обе таблички. И работать с ними. Если есть копировальный аппарат, то листок с табличками можно размножить в большом количестве. Отработанные таблички вы можете хранить в архиве — позже они помогут вам понять, какой вы мощный формирователь событий. Если с хранением есть сложности, то просто уничтожайте их после заполнения (порвите и выбросьте).

Если есть компьютер, то можно ввести таблички в него и потом много раз использовать их по назначению.

Более эффективно компьютер можно использовать вместе со специальной программой, которая называется **«Система психологической самокоррекции и самопрограммирования на успех «Эффект».** Она поможет вам не только планировать текущие дела, но и выполнять множество других действий, ускоряющих достижение желанной цели. Более подробно об этой системе вы можете почитать в конце книги. Демо-версию системы «Эффект» можно посмотреть на сайте www.sviyash.ru.

Ну, а нам пора подвести очередные

ИТОГИ

- *На стадии выполнения реальных шагов на пути к целям рекомендуем составлять план действий на предстоящую неделю. Учтите, что составление плана есть один из очень действенных способов формирования нужных вам событий.*
- *Планировать нужно шаги по реализации как ближних, так и дальних целей. Только для дальних целей в качестве ближайшего рубежа выбирайте исполнение очередного этапа движения к цели.*
- *Все свои будущие шаги рекомендуется записывать в таблицу. После окончания недели рекомендуется в другой таблице подвести итоги работы за неделю и зафиксировать на бумаге свои достижения.*
- *Обязательно планируйте себе один день, когда вы полностью переключитесь на другие дела и не будете думать о своих целях.*
- *Всю работу по планированию лучше делать с помощью «Системы психологической самокоррекции и самопрограммирования на успех «Эффект».*

Глава 14

Работаем над собой

Тот, кто не воспитывает себя сам, подобен ослу, который идет туда, куда его гонят.
Скилеф

Планировать и совершать какие-то практические шаги на пути к цели — дело правильное и нужное. Но здесь очень важен тот, кто будет совершать эти действия. Понятно, что будете делать их вы, но вот кто вы?

Постоянно сомневающийся, робкий человек с низкой энергетикой? Или уверенный в себе, активный, стремящийся к большим целям? Понятно, что второй будет гораздо успешнее при достижении своих целей.

Если у вас все отлично с лидерскими качествами, вы не склонны к неконтролируемым импульсивным вспышкам, неуверенности или депрессиям, умеете управлять своими мыслями и интенсивно отдыхать, то вы можете смело пропустить эту главу.

Если же вы хотите что-то изменить в себе, выработать новые качества или избавиться от некоторых имеющихся, то рекомендуем прочитать и использовать материалы этой главы.

Глава 15
Расслабляем мышцы тела

Уверенно и успешно идут к своим целям люди энергичные и целеустремленные. Но высокая внутренняя энергетика — вещь проходящая, если о ней не заботиться и не давать своим «внутренним батарейкам» возможности для подзарядки, а все время использовать их на износ.

Когда человек энергетически заряжается? Когда он отдыхает от дел, расслабляется, спит. Значит, одной из важных способностей успешного человека является **умение полноценно отдыхать, расслабляться**. Разумеется, здесь не имеется в виду пьяный загул — на усвоение алкоголя требуется много энергии, так что пьянка — не отдых.

Уметь расслаблять мышцы тела и полноценно отдыхать — большое искусство, и нужно постепенно овладевать им. Поэтому первым шагом на пути к повышению энергичности может стать **овладение навыками расслабления мышц тела**.

Возможно, для некоторых из вас этот этап окажется лишним. Мы имеем в виду тех наших читателей, кто раньше занимался какой-то техникой управления своим телом: релаксацией, аутогенной тренировкой, хатха-йогой, цигуном и т. д.

А всем остальным мы рекомендуем начать с упражнений аутогенной тренировки. Эти упражнения довольно подробно описаны в многочисленной литературе [11]. Вы можете заниматься классическим аутотренингом (по И. Шульцу) либо использовать иные его разновидности. Для тех, у кого нет литературы по аутогенной тренировке, мы коротко приведем описание используемых в ней упражнений. Перед началом тренировок можно включить спокойную, не отвлекающую вас музыку без слов.

Упражнение «Аутогенная тренировка»

Примите удобную позу для расслабления мышц тела. На начальном этапе мы рекомендуем лечь на спину на ровную и не очень мягкую поверхность (жесткий диван, пол с постеленным на нем одеялом, без подушки). Одежда свободная. Руки расположены вдоль тела. Глаза закрыты.

Тем, кто опасается заснуть, рекомендуется принять позу «кучера». Сесть на стул, туловище немного наклонено вперед, спина слегка согнута, голова опущена на грудь, ноги расставлены под прямым углом друг к другу. Кисти рук свободно лежат на коленях, мышцы максимально расслаблены. Глаза закрыты.

Поза напоминает уставшего кучера или заснувшего сидя человека.

Теперь вы должны мысленно медленно повторять формулы самовнушения, сопровождая их представлением соответствующих ощущений.

Некоторые формулы нужно повторять по несколько раз — количество повторов указано справа от формулы в скобках.

Итак, вот набор формул самовнушения из классической аутогенной тренировки [11]:

Я СОВЕРШЕННО СПОКОЕН (1 раз);
ПРАВАЯ РУКА ТЯЖЕЛАЯ (6 раз);
Я СОВЕРШЕННО СПОКОЕН (1 раз);
ПРАВАЯ РУКА ТЕПЛАЯ (6 раз);
Я СОВЕРШЕННО СПОКОЕН (6 раз);
СЕРДЦЕ БЬЕТСЯ СПОКОЙНО И РОВНО (6 раз);
Я СОВЕРШЕННО СПОКОЕН (6 раз);
ДЫХАНИЕ СПОКОЙНОЕ И РОВНОЕ (6 раз);
МНЕ ЛЕГКО ДЫШИТСЯ (1 раз);
СОЛНЕЧНОЕ СПЛЕТЕНИЕ ИЗЛУЧАЕТ ТЕПЛО (6 раз);
Я СОВЕРШЕННО СПОКОЕН (1 раз);
ЛОБ ПРИЯТНО ПРОХЛАДЕН (6 раз);
Я СОВЕРШЕННО СПОКОЕН (6 раз);
ЛОБ ПРИЯТНО ПРОХЛАДЕН (6 раз).

Здесь мы привели полную формулу аутогенного внушения, которую рекомендуется использовать на конечной стадии выполнения упражнений.

Начинать выполнение упражнений по аутогенной тренировке нужно с коротких формул, включающих сначала две, затем четыре и т. д. строчек из приведенной выше полной формулы внушения.

Для выхода из состояния аутогенного погружения необходимо:
— напрячь руки (или согнуть и разогнуть их);
— сделать глубокий вдох;
— открыть глаза.
На каждое занятие нужно отводить по 15—20 минут в течение дня. В целом на занятия аутотренингом у вас должно уйти не менее двух недель.

В итоге многократного выполнения этого упражнения вы должны научиться:

• полностью расслаблять мышцы всего тела;

• сидеть или лежать совершенно неподвижно в течение 10—15 минут, не испытывая при этом дискомфорта.

Если вас не очень устраивают формулы аутогенной тренировки — они несколько жестковаты на слух и предполагают психическое силовое воздействие человека на свой организм, — мы можем предложить использовать другие, более «мягкие» упражнения. Но эти упражнения потребуют от вас наличия некоторого воображения, т. е. способности представлять себе определенные образы, хотя они могут быть достаточно расплывчатыми и условными.

Упражнение «Сосуд с жидкостью»

Примите удобную позу для расслабления — стоя, сидя или лежа.

Закройте глаза и представьте, что в вас через подошвы ног начинает поступать поток тяжелой теплой и вязкой «жидкости» золотистого или серебристого цвета. Ваше тело — пустой сосуд, в который с приятными для вас ощущениями тепла и тяжести «вливается» извне эта «жидкость». (У кого-то это упражнение может получаться лучше, если «жидкость» вливать через макушку. Рекомендуем попробовать тот и другой варианты и выбрать лучший.)

Эти представления должны сопровождаться появлениями реальных ощущений тепла и тяжести в тех местах вашего тела, куда уже «затекла» теплая «жидкость». Мышцы в этих местах становятся вялыми, расслабленными, буквально провисшими под собственной тяжестью.

Для усиления эффекта от упражнения вам **необходимо научиться управлять** так называемым **внутренним взором** или **внутренним лучом внимания.** Для этого рекомендуем предварительно выполнить подготовительное упражнение.

Подготовительное упражнение «Луч внимания»

Положите ладони на стол так, чтобы кончики пальцев касались поверхности стола. Закройте глаза и попробуйте почувствовать «изнутри» кончик указательного пальца правой руки.

Ощутите, как он касается поверхности стола, как вдавлена внутрь поверхностью стола кожа, как чувствует себя ноготь и т. д. Чтобы ощущения были более явственными, можно слегка нажать пальцем на стол и отпустить.

Поймав ощущение в пальце правой руки, через 20—30 секунд переключите свое внимание на кончик указательного пальца левой руки.

Поймайте в кончике пальца тот же набор ощущений. Переключите свое внимание опять на палец правой руки, затем на палец левой, и так 10—15 раз.

Затем, остановив свой «внутренний взор» на кончике указательного пальца правой руки, попробуйте ощутить кончик среднего пальца, затем безымянного, затем мизинца. Переключайте «внутренний луч внимания» поочередно по всем пальцам правой руки до тех пор, пока не научитесь точно концентрироваться на сознательно выбранном пальце.

Затем переключите «луч внимания» на пальцы левой руки и научитесь отличать набор ощущений одного пальца от ощущений другого пальца.

Затем переключите «луч внимания» на большой палец правой ноги — она при этом может оставаться в обуви. Слегка пошевелите этим пальцем, ощутите все его особенности, сжат ли он, удобно ли ему и т. п. Переключите «луч внимания» на большой палец левой ноги, затем опять правой, и так несколько раз.

Обратите внимание на ощущения, которые будут появляться в том пальце, в котором вы концентрируете свое внимание. В нем могут возникать самые разные ощущения: тепло, мурашки, покалывания, пульсация, пощипывания и т. п. — у каждого человека свое.

Попробуйте запомнить, зафиксировать ощущение, которое возникает у вас при переключении «внутреннего взора» с одного пальца на другой.

Очень важно поймать и зафиксировать это ощущение. Оно и является тем самым «внутренним взором», которым вы должны научиться управлять в результате выполнения этого упражнения.

Попробуйте остановить «внутренний взор» на коленке, кончике носа, локте или любой другой точке тела.

Если это получается, то попробуйте подержать «луч внимания», например, на ладони правой руки до тех пор, пока вы не начнете явственно ощущать в ладони пульсацию крови. Переключитесь на другую ладонь, на кончик носа, ощутите пульс и т. д.

Описание вспомогательного упражнения заняло довольно много места, но на его выполнение у большинства людей уходит всего 5—10 минут. Рекомендуем приступать к выполнению упражнения «Сосуд с жидкостью» и к другим только после того, как вы научитесь четко управлять своим «внутренним взором».

Продолжайте выполнять упражнение «Сосуд с жидкостью» до тех пор, пока вы не «зальетесь» жидкостью до макушки. Тело должно стать ватным, вялым, малоподвижным. Побудьте в этом состоянии 5—10 минут — это будет интенсивный отдых и очищение организма.

Затем сделайте резкий вдох и еще более резкий выдох, откройте глаза и почувствуйте себя бодрым и отдохнувшим.

Упражнение нужно делать каждый день по 10—15 минут в течение 10—15 дней, чтобы научиться выполнять его правильно и с требуемым эффектом.

Рекомендуем разучить еще одно упражнение с использованием мысленных образов.

Упражнение «Волна расслабления»

Можно выполнять сидя или лежа, как вам удобно. Представьте себе, что вдоль вашего тела сверху вниз проходит волна расслабления. Она очень напоминает морскую волну, накатывающуюся на вас, когда вы сидите на морском берегу. Только морская волна обтекает вас, а волна расслабления проходит сквозь вас.

Пропустите через себя несколько волн расслабления, и все мышцы вашего тела ослабнут, станут вялыми, мягкими.

Упражнение занимает всего 3—5 минут, что соответствует нашему интенсивному ритму жизни.

Поначалу, пока вы не добьетесь устойчивого ощущения волны расслабления, проходящей по телу сверху вниз, упражнение надо выполнять сидя или лежа. Потом эти ощущения можно будет вызывать в любом положении, даже во время перерыва на работе или когда едете в транспорте.

Если образ волны для вас слишком сложен, можно подобрать любой другой. Например, полет с горы на дельтаплане, морской отлив, заход солнца и т. д. Важно только, чтобы в этой приятной для вас картинке можно было какое-либо действие мысленно связать с волной расслабления, проходящей по вашему телу. Попробуйте связать расслабленное состояние с какой-либо известной только вам «меткой» или «якорем», чтобы в дальнейшем можно было вызывать это состояние буквально за несколько секунд.

Упражнение «Метка»

Такой меткой может стать любой несложный жест или движение. Например, можно согнуть большой палец руки, или сделать кольцо из двух пальцев, или потереть мочку уха и т. д. Важно только проделывать это движение каждый раз, когда вы достигнете полностью расслабленного состояния. Тогда у вашего организма выработается условный рефлекс: жест — расслабление.

Когда этот рефлекс закрепится — а это может произойти не ранее чем после 20—30 «обучающих» расслаблений по любому из рассмотренных выше приемов, — вам потребуется всего 20—30 секунд, чтобы с помощью метки без всяких мысленных усилий перейти в спокойное и расслабленное состояние.

Подобный ключ даже без дальнейших упражнений может оказаться незаменимым для вас в случае служебного или бытового конфликта, в критической или экстремальной ситуации, в разговоре с раздраженным и несдержанным человеком и т. д. Вместо того чтобы в подобной ситуации ввязываться в конфликт и тратить энергию, вы незаметно делаете свой жест, и организм моментально переходит в спокойное и уравновешенное состояние, которое позволит вам трезво оценить ситуацию и с выйти из нее без морального ущерба.

Итоги

■ *Для повышения личной успешности необходимо уметь полноценно отдыхать и тем самым давать возможность своему организму восстанавливать утраченные силы и копить новые.*

■ *Для расслабления мышц тела можно использовать любые известные вам методы, в том числе предложенные выше. Конечный результат — умение находиться без напряжения в полностью неподвижном состоянии в течение 10—15 минут. Если вы можете делать это дольше — очень хорошо, но не обязательно.*

Глава 16

Остановим наши мысли

И все же человек, беспокойный и тревожный, ведет полубезумное существование из-за того, что его разум, затвердевший в заблуждениях, находится в полном беспорядке.

Роси Филлип Капло. «Три столпа дзен»

Следующей очень важной способностью, позволяющей накапливать энергию и не тратить ее попусту, является умение останавливать неконтролируемый бег мыслей.

● Нет покоя в голове!

Дело это совсем не простое. Ведь в голове непрерывно возникают какие-то вопросы, решаются проблемы, вспоминаются забытые факты, планируется будущая деятельность, ведется диалог с воображаемым собеседником и т. д. и т. п. **Мысли не**

оставляют вас в покое ни на сеунду! Причем многие люди даже во сне не могут остановить работу своей «словомешалки» — они о чем-то переживают, вскрикивают, ворочаются. Реального отдыха нет даже во сне! И так всю жизнь, которая заметно укорачивается из-за отсутствия отдыха от мыслей.

«Словомешалка» не просто отвлекает наше внимание, она реально забирает наши жизненные силы, нашу энергию. Если мы много думаем о каком-то человеке, то мы бессознательно направляем свою энергию к нему. Если мы думаем о том, что все очень плохо и будет только хуже, то отдаем энергию «эгрегору несчастной жизни», а он уже постарается сделать так, чтобы вы смогли полностью насладиться депрессией и всеми сопутствующими ей неприятностями. Поэтому **умение управлять своими мыслями** — это очень важное качество для успешного человека.

Классики различных духовных учений много говорят о необходимости управлять состоянием своего ума. Например, Роси Филлип Капло в работе «Три столпа дзен» пишет: «*Большинству людей никогда не приходит в голову* **попытаться проконтролировать свое сознание**, *и, к сожалению, это основополагающее упражнение остается за рамками современного образования, не является составной частью того, что называется приобретением знаний*».

Одним из первых шагов на пути духовного развития в дзен является развитие умения концентрироваться и останавливать бег мыслей.

Полная остановка бега мыслей — конечная цель многих восточных духовных школ. Например, высшая фаза в йоге называется «самадхи» и переводится как «высшее духовное озарение, экстаз, транс, сверхсознание». Достичь самадхи можно только длительными медитациями, в результате которых **на несколько часов останавливается бег мыслей** и человек в состоянии полной пустоты выходит на прямой контакт с обитателями незримого мира. Но чтобы научиться останавливать бег мыслей на несколько часов подряд, нужно очень много тренироваться. Большинству людей ни к чему такие крайности, поэтому поищем другие способы обуздания нашего беспокойного ума.

• Методы остановки бега мыслей

Существует множество способов и техник по остановке бега мыслей. Условно их можно разделить на четыре большие группы.

1. **Методы вытеснения мыслей** (другими периодически повторяющимися мыслями).

2. **Методы концентрации внимания на каком-то объекте.**
3. **Методы использования мыслеобразов.**
4. **Методы переключения внимания.**
Рассмотрим каждую из этих групп более подробно.

• *Методы вытеснения*

Суть «**метода вытеснения**» состоит в том, чтобы **заменить беспорядочный бег случайных мыслей на многократное повторение одной и той же фразы или определенного звукосочетания**.

В восточных духовных школах подобные звукосочетания типа «о-о-у-м-м» или «оум-мане-падве-хуум» называются «мантры». Если очень долго, в течение нескольких часов повторять одну и ту же мантру, то можно устойчиво перейти в **измененное состояние сознания**, в котором у человека начинают проявляться необычные способности и устанавливается прочный контакт с обитателями незримого мира.

Примерно так же «работают» молитвы в христианстве — хорошо известно, что только **длительное и исступленное** (т. е. сосредоточенное и высокоэмоциональное) **повторение молитвы** приводит к желаемым результатам (очищению души, просветлению, получению помощи).

Вы можете попробовать этот метод для остановки бега ваших мыслей, многократно повторяя про себя мантру «о-о-у-м-м» или какую-то молитву, или сделать уже знакомую вам «**медитацию прощения**». Она тоже **прекрасно работает на подавление неконтролируемого бега мыслей**. Заполните ею свою голову, и вы убьете сразу двух зайцев: остановите «словомешалку» и очиститесь от накопленных переживаний.

Как только заметите, что ваша «словомешалка» опять запустилась, начинайте повторять любую из формул этой медитации. Например, эту: «С любовью и благодарностью я прощаю эту жизнь и принимаю ее такой, какая она есть. Я прошу прощения у жизни за мои мысли и поступки относительно нее».

Для того чтобы научиться по мере необходимости останавливать свою «словомешалку», потребуется приложить некоторые усилия. Опыт показывает, что первые результаты появляются у тех, кто занимался вытеснением ненужных мыслей ежедневно по 20—30 минут в любое свободное время в течение двух недель.

В итоге вы должны научиться входить в состояние **полного отсутствия мыслей на 5—10 минут** (потом они все равно появятся, и это нормально).

• Методы концентрации внимания

Следующий метод **«концентрации внимания»**, также широко используемый при обучении во многих восточных духовных школах, **требует сосредоточить внимание и непрерывно наблюдать какой-либо предмет или процесс**.

Это может быть точка на стене, картинка или рисунок (специальные рисунки для концентрации и медитации называются «мандалы»), а может быть и ваш внутренний процесс: дыхание, пульсация крови и т. д.

Например, в дзен-буддизме одним из первых упражнений является счет собственного дыхания. Попробуйте выполнить следующее упражнение.

Упражнение «Считаем свое дыхание»

Примите удобное положение, расслабьте мышцы тела. Начинайте мысленно, про себя, считать свое дыхание. Считать можно и на выдохе, и на вдохе, что чуть сложнее.

Самое главное в этом упражнении — считать не до бесконечности, а только до десяти, потом начинать счет снова. Если сбились, то в любой момент можно начать счет снова. Не переживайте, не волнуйтесь, а просто начинайте считать до десяти снова.

При кажущейся простоте этого упражнения мало кому без долгой тренировки удается хотя бы в течение 20 минут, не сбиваясь, считать от единицы до десяти, не выскакивая за пределы десятки. Попробуйте выполнить это несложное упражнение и оценить свою способность к концентрации внимания.

Упражнение «Считаем свое дыхание» **способствует развитию внимания и концентрации мышления**, а оно достижимо только при остановке вашей «словомешалки». Вот что говорил об этом один из пророков нашего времени Раджниш: «*Ум может быть мощным, если его сузить. Чем больше вы сужаете, тем мощнее он становится. Техника заключается в этом. Это подобно тому, как, сфокусировав с помощью линзы солнечные лучи, можно получить огонь. Солнечные лучи рассеяны, линза собирает их в один узкий луч, концентрирует их*» (Ошо. «Корни и крылья. Беседы о дзен»).

Главным условием правильного выполнения упражнения является **отсутствие каких-либо размышлений о предмете концентрации**. Необходимо просто смотреть или ощущать, не переводя полученные ощущения в слова. Смотреть, и все.

Например, можно сосредоточить «внутренний взор» на кончике своего носа и **попробовать ощутить, как воздух входит и выходит через ноздри**, как холоден он при вдохе и какой теплый на выдохе, как проходит внутрь и т. д. Но все это нужно только ощущать, а не сопровождать процесс дыхания мыслями типа: «Вот воздух проходит по левой ноздре. Наружное крыло носа вроде охладилось...»

При появлении мыслей их нужно либо **изгнать из головы каким-то путем**, либо просто **переждать, пока они пройдут сами**. Так нужно делать минут по 20 в день до достижения устойчивого результата — остановки бега мыслей хотя бы на 5—10 минут подряд.

Известный йогин Б. Сахаров в книге «Открытие третьего глаза» рассказывает, что если в течение примерно 30 дней ежедневно по 30 минут сосредоточиваться на кончике своего носа, то вы сможете почувствовать невыразимо приятный запах, который называется «амброзия». Этот запах принадлежит Тонкому миру, и почувствовать его можно только в результате описанных выше тренировок. Запах амброзии, по рассказам обонявших его лиц, **превосходит любые земные запахи в неимоверное количество раз**. Представляете, как приятно ощутить этот божественный запах, когда вы, сдавленный со всех сторон, едете по своим делам в общественном транспорте. Или стоите в пробке в потоке автомашин.

Но это только один из возможных конечных результатов выполнения упражнения. В процессе тренировки вы сможете научиться полностью отдаваться своим ощущениям и очищать голову от мыслей хотя бы на короткое время.

• Методы использования мыслеобразов

Остановить поток мыслей, избавиться от их неконтролируемого бега можно, используя различные мыслеобразы.

Например, можно представить себе, что вы берете полотенце и «стираете» им все мысли у себя в голове. Как только появилась новая мысль — сразу полотенце в руки и стираете ее. Или выметаете веником. Или придавливаете «блином» от штанги (мысленно, конечно же).

Отличные результаты дает образ, когда вы **«наполняете» свою голову вязкой «жидкостью», например маслом**. В масле ни одна мысль не может всплыть — она затухает, как только начинает проявляться. Или засыпаете ее песком, в котором мыслям тоже негде разгуляться. Такие упражнения обычно выполняются с закрытыми глазами. Но тут могут появиться следующие проблемы.

• Картинки — не помеха

Большинство людей, закрывая глаза, видят на внутреннем экране (в районе лба) какие-либо картинки: цветовые пятна, глаза, пейзажи, религиозные образы и пр. Появление любых образов или картинок перед мысленным взором во время выполнения упражнений по подавлению бега мыслей **не считается недостатком**. Пусть картинки будут — сколько угодно! Важно только, **чтобы они не сопровождались (в мыслях) словами, фразами** и т. д.

Нужно научиться просто **наблюдать** эти картинки, не сопровождая мысленными фразами типа: «Ага, вот берег какой-то речки. А вот волны пошли. Интересно, откуда?» и т. д. Все подобные **размышления нужно подавлять** или изгонять, а управление образами развивать. Каждую появившуюся **мысль** нужно немедленно изгнать с помощью образов-картинок. Поначалу наверняка возникнут проблемы с разделением слов и образов, но после небольшой тренировки вы научитесь рассматривать любые «картинки» без словесного сопровождения.

• Попробуйте не реагировать на телевизор

Для развития способности отделять поступающую извне информацию от собственных мыслей попробуйте, сидя перед работающим телевизором, несколько **минут смотреть в него и никак не реагировать на поступающую из него информацию**. Просто смотреть на экран и никак не реагировать на звук и изображение.

Это очень сложно, но после некоторой тренировки вы можете научиться отключаться от внешних раздражителей хотя бы на одну-две минуты. Но при этом вы не должны погружаться во внутренние размышления (т. е. запускать «словомешалку»), нужно сохранять в голове тишину.

Для развития способности по изгнанию мыслей можно использовать следующее упражнение.

Упражнение «Аквариум»

Представьте, что вы сидите на дне аквариума, вода окружает вас со всех сторон и ваше тело впитывает ее, подобно губке. Как только в голове появляется какая-то мысль, представьте, что эту мысль окутывает воздушный пузырек и вместе с ней уносится вверх. И так с каждой мыслью. Голова остается совершенно пустой — это и есть требуемый результат.

Выполнение этого упражнения минут по 20 в день в течение недели-двух научит вас освобождаться от «словомешалки» и даст новые, неизвестные ранее возможности.

Вот еще одно упражнение, связанное с использованием образов.

Исследованиями многих специалистов было установлено, что **существует совершенно четкая связь между движением мыслей в голове и движением зрачков в глазах**. Появилась в голове новая мысль — зрачки откликнулись каким-то движением. Пока мы размышляем, наши зрачки беспрерывно совершают микродвижения в такт нашим мыслям.

Поскольку связь эта достаточно прочная и двухсторонняя, можно попробовать использовать ее в обратную сторону: если остановить движение зрачков, то тут же остановится бег мыслей.

Упражнение «Камешки»

Представьте, что у вас на дне зрачков лежат небольшие, но довольно тяжелые камешки. Эти камешки не дают зрачкам совершить какие-то движения, вы не можете пошевелить зрачками — они неподвижны.

Если вам удастся представить и ощутить это довольно явственно, то вы наверняка остановите свою «словомешалку». Только не пытайтесь запустить ее вновь, размышляя примерно так: «Ну, вот наконец зрачки остановились. Мысли теперь тоже должны исчезнуть» и т. д. Подобных и иных мыслей быть не должно — просто вы наблюдаете «изнутри» за своими же неподвижными зрачками, и у вас не возникает ни одной мысли.

Вот еще один прием по укрощению избыточной самостоятельности ума. Он называется «Собака в конуре».

Упражнение «Собака в конуре»

Представьте свой ум в виде собаки, которая обычно должна сидеть в конуре и лишь по разрешению хозяина может выйти наружу и погавкать (т. е. начать планировать или рассуждать). А хозяин — это вы или ваша воля.

Нужно периодически посматривать, что творится у вас в голове. Собака должна сидеть в конуре, и в голове должна быть тишина. Если вы замечаете, что возбуждены или унылы, и в голове крутятся самые разные мысли, значит, дверца открылась, и пес выбрался на свободу.

Загоните его обратно! Цыкните на него, поругайтесь, и он снова займет свое место. Захлопните за ним дверцу конуры, заприте ее на три задвижки. Тем самым вы на некоторое время избавитесь от идеализаций, оценок, мысленных разборок с возбуждением или упадком сил и т. п.

Вам может пригодится еще одно упражнение, связанное с принудительным удалением из головы всех возможных источников возникновения новых мыслей.

Упражнение «Пустая комната»

Представьте, что ваша голова — это комната, заставленная различными вещами. Каждая вещь связана с каким-то событием или человеком в вашей жизни. Диван — работа, стул — подруга, стол — родители, табуретки — дети и т. д.

По очереди вынесите за пределы комнаты все находящиеся в ней предметы, оставив комнату совершенно пустой. Потом возьмите и выведите себя из комнаты (например, за ухо) и закройте дверь снаружи. Комната (ваша голова) должна остаться совершенно пустой от вещей и связанных с ними мыслей. Вы можете изредка заглядывать в окошко комнаты (если оно там есть) и выбрасывать из нее появляющиеся там вещи (мысли).

Это упражнение напоминает рекомендацию по **организации у себя в голове** некоего **«внутреннего наблюдателя»**. Этим наблюдателем являетесь именно вы и **как бы со стороны наблюдаете, что же происходит у вас в голове**.

Наблюдатель пассивен, ни во что не вмешивается, только наблюдает. Но эффект от этого прекрасный. Как только вы перестанете участвовать в работе «словомешалки», а будете **наблюдать за ней со стороны, она сразу же будет сбиваться и останавливаться**. Ей обязательно нужно все ваше внимание, она не терпит наблюдений со стороны.

Хотим сразу предупредить, что все это очень напоминает начальную стадию шизофрении. Если у вас в голове станут функционировать сразу двое («словомешалка» и «наблюдатель»), и вы как-то покажете это окружающим, то они могут подумать, что вам уже пора принимать успокоительные таблетки. Поэтому организацию «внутреннего наблюдателя» мы относим к «высшему пилотажу» работы со «словомешалкой» и категорически рекомендуем делать это только после того, как вы попробуете все остальные методы остановки бега мыслей.

• Подружимся со «словомешалкой»

Следующий прием предлагает не бороться, а подружиться со «словомешалкой». В основе этого способа остановки бега мыслей лежит прием трансформации образов негативных переживаний в образы позитивных эмоций, о котором мы уже рассказывали в первой части книги.

Предлагаем вам вместо борьбы с мыслями направить «словомешалке» вашу любовь и благодарность

Достойна ли она таких светлых чувств? Конечно да! Ведь она не просто так перемалывает одни и те же (или разные) мысли в голове. Она делает это с самыми положительными намерениями — изо всех сил **заботится о том, чтобы вы больше не попали в неприятную ситуацию**, т. е. в стресс. Она, как может, хлопочет о том, чтобы вы приняли верное решение, нашли требуемый выход и т. д. Ведь все ваши бесконечные мысли обычно посвящены прошлому, в котором вы совершили ошибку, и теперь пытаетесь найти новый и правильный выход из ситуации. Либо будущему, в котором вас могут ожидать неприятности, и вы заранее прорабатываете варианты, как от них защититься.

«Словомешалка» никогда не оценивает настоящее, она всегда либо в прошлом, либо в будущем.

Она, как это ни странно, всегда руководствуется самыми прекрасными намерениями! А вы ее — веником, «блином» от штанги или в конуру! В итоге, как считает ваша «словомешалка», вы можете остаться совсем беззащитным перед грядущими трудностями. Поэтому она будет сопротивляться вашему намерению как-то избавиться от нее.

Значит, нужно поступать по-другому. Нужно мысленно поблагодарить свою «словомешалку» за заботу. Нужно послать ей свою любовь и благодарность. Можно даже поцеловать ее, но для этого вы должны представить себе, как именно она выглядит. Если в возникшем образе есть что целовать, то не стесняйтесь! Попробуйте представить ее: это может быть сердитый гном, говорливый старичок, лягушка и т. д.

В общем, поблагодарите ее за заботу о вас. Подружитесь с ней. Обсудите с ней ее заботы. А потом дружески **предложите ей отдохнуть** — ведь она так долго и напряженно трудилась. Вы можете вместе с ней (мысленно, естественно) присесть на диван, попить чаю или чего покрепче. Потом заботливо уложите ее спать.

Конечно, она будет периодически «вскакивать» и пытаться оградить вас от очередной напасти. Успокойте ее. Скажите, что вы уже все предусмотрели и ей пора отдохнуть, отоспаться в течение нескольких суток. Можно даже угостить ее коньячком — чтобы лучше спалось. С печенью у нее все в порядке, так что наливайте ей (мысленно, конечно) без стеснения.

В общем, договоритесь с ней, чтобы она перестала о вас тревожиться. И тогда в вашей голове установится долгожданная тишина. Нет, вы, конечно, будете думать, но только о реальных делах, которые нужно делать сейчас или в ближайшее время. И все. Используйте этот прием, и он даст очень хорошие результаты.

Если вас не устраивает ни один из предложенных приемов, то придумайте свою модель и пользуйтесь ею! Важно, чтобы ваш беспокойный ум начинал работать только тогда, когда вам это нужно. И молчал все остальное время.

• Методы переключения внимания

Они наиболее просты и часто используются в повседневной жизни, а заключаются в том, чтобы **вместо неуправляемых размышлений загрузить ваш ум контролируемыми мыслями**.

Например, когда вы трясете погремушкой над кричащим младенцем, вы используете именно **прием переключения внимания**. Раньше младенец был сосредоточен на известной только ему проблеме и громко требовал ее разрешения. Но вот вы потрясли погремушкой, и его внимание переключилось на новый раздражитель. Он стал размышлять о нем, а старая проблема забылась.

Этот прием столь же эффективно работает и во взрослом возрасте, особенно когда вы используете его для **переключения внимания другого человека, погруженного в свою проблему**.

Как им пользоваться? Да очень просто. Если вам надоели долгие словесные излияния собеседника, то **задайте ему такой вопрос, чтобы он забыл, о чем только что говорил**, т. е. в вопросе должна быть затронута **важная для собеседника тема**.

Например, если ваша подруга долго и нудно рассказывает о том, каким негодяем оказался ее муж (или друг) и вам надоело это, то спросите ее неожиданно: «А ты уверена, что выключила утюг, уходя из дома?» Или: «А откуда у тебя дырка (или пятно) на новой дубленке?» Скорее всего, после этого она побежит рассматривать свою дубленку, а негодяй-муж окажется забыт. Вам наверняка удастся остановить ее «словомешалку» таким методом.

Примерно таким же образом можно пробовать останавливать и свою «словомешалку». Поймав себя на очередном погружении в неконтролируемые переживания, попробуйте **усилием воли переключить свое внимание на какие-либо реальные задачи**, стоящие перед вами. Например, на то, чем вы будете заниматьсяся завтра днем. Или куда поедете отдыхать летом. Или что вы будете готовить (или есть) за ужином и т. д.

Тема, на которую вы будете переключаться, должна быть реальной и требовать временных затрат для принятия окончательного решения.

Это несложный прием, но он требует наличия у вас реальных тем для размышлений. Причем таких, чтобы они не выступили катализатором для очередного запуска «словомешалки».

• Выберите себе «переключалку»

Последний способ можно усилить, если **заранее выбрать себе некую «переключалку»**, т. е. тему, на которую вы будете сознательно переключать свое внимание в случае необходимости. Лучше всего, если это будет какое-то **очень веселое и приятное событие вашей жизни**. Или просто шуточное высказывание, которое способно перевести вас в веселое состояние из любой ситуации.

При этом наряду с переключением внимания произойдет **обесценивание проблемы**, которую только что с успехом смаковала ваша «словомешалка». Тем самым вы отключитесь от эгрегора «несчастной жизни», которому только что отдавали свои жизненные силы.

Приведем **пример подобной «переключалки».**

Одна уз участниц нашего семинара — симпатичная молодая сероглазая девушка — рассказала такую историю. Некоторое время назад она работала референтом в крупной фирме. Для поддержания формы и хорошего самочувствия она занималась бодибилдингом, что придавало ей дополнительную уверенность в своих силах.

Однажды она принесла бумаги в какой-то отдел и стала открывать дверь, но та не поддавалась. Тогда она нажала посильней, и дверь открылась. Когда она вошла в комнату, то все находящиеся в ней люди с недоумением и любопытством посмотрели на нее. Когда она спросила, в чем дело, то ей ответили, что они закрыли свою дверь на замок — чтобы им не мешали работать над срочным документом. С тех пор она не может вспоминать этот случай без улыбки.

Так вот, из этого случая она сделала себе отличную «переключалку». Использование «переключалки» состоит в том, что в любой ситуации переживаний она спохватывается и говорит себе: «А я все равно открываю дверь!» — и ей становится смешно. А раз становится смешно, то проблема, дающая пищу «словомешалке», обесценивается и отступает на дальний план. Вы переключили свое внимание, и «словомешалка» больше не отравляет вам жизнь.

Подобный подход к остановке «словомешалки» легок и сложен одновременно. Сложен потому, что **нужно найти действительно веселую «переключалку»** и **вовремя вспомнить о ней**. А это совсем не просто.

А легок потому, что **не требует длительных медитаций, напряженной работы** со своим воображением и любых других усилий. Вспомнили, улыбнулись, и переживания ушли.

• «Словомешалка» спать не будет

Используя любой из приведенных выше приемов, вы можете добиться тишины в голове, но нужно отметить, что и «словомешалка» дремать не будет. Она станет всячески бороться с вами! Точнее, с вашим намерением загнать ее в конуру или как-то еще обесценить. И **самая большая проблема в борьбе с ней — это вовремя спохватиться** и понять, что она перехватила управление вами и опять жует свое «мочало», забирая ваше время и жизненные силы.

Для того чтобы научиться вовремя обращать внимание на то, что происходит у вас в голове, мы рекомендуем выполнять следующее упражнение.

Упражнение «Напоминалка-2»

Сделайте различные «напоминалки», которые помогут вам вспоминать о том, что нужно обратить внимание на свою «словомешалку» и каким-то способом заставить ее замолчать.

Это могут быть листки бумаги, на которых ярким фломастером нужно написать выражения типа: «Молчать!», «Хватит трепаться!», «Марш в конуру!», «Что в голове?», «А я все равно .....!» «Пора налить, я проснулась...» и подобные.

Напоминалки нужно развесить в комнате на самых видных местах, чтобы они сразу бросались вам в глаза. Их можно приклеить к ежедневнику, органайзеру, сумочке т. д., разместить на рабочем столе, в туалете, в кухне и т. д. Причем их обязательно нужно перевешивать каждые 3—4 дня, иначе они сольются с интерьером и вы перестанете обращать на них внимание.

Дома можно взять обычный лист машинописной бумаги формата А4 и сделать из него равностороннюю пирамиду. На двух сторонах пирамиды напишите ярким фломастером выражения типа: «Что в голове?» и «Хватит болтать!»

Если есть возможность, поместите эту пирамиду на полу в проходе между кухней и вашей комнатой или в любом другом мес-

*те квартиры, по которому вы проходите десятки раз в день. По-
местите так, чтобы вы не могли пройти мимо пирамидки, не за-
метив ее. И чтобы вы обязательно перешагнули через нее. При этом
вы будете вынуждены прочитать надпись на ней и обратить внимание на состояние вашей головы. Такой прием годится только в
случае, если вы живете один или проживающие с вами люди согласны перешагивать через вашу пирамиду.*

Каждый раз, когда вам на глаза попадется такое напоминание, вы должны определить, чем загружен ваш ум. Если это
вполне рациональные рассуждения, устраивающие вас, то вы
спокойно продолжаете ваши размышления. А вот если в голове идут очередные самостоятельные диспуты и монологи, то
вы должны дать команду: «Стоп!» и загрузить голову либо медитацией прощения, либо аффирмацией, либо иным способом заставить ваш беспокойный ум замолчать и подчиниться
вашей воле.

• Попробуйте все и найдите свое

Мы предлагаем вам попробовать все описанные выше приемы подавления бега мыслей и выбрать **тот, который вам наиболее подходит**.

Попробуйте **в течение двух недель ежедневно минут по 20** практиковать выбранный метод остановки бега мыслей. Ваша задача — научиться хотя бы на **минуту-две** остановить работу своей
«словомешалки».

Вероятность достижения успеха на этом пути будет больше,
если вы предварительно научились расслаблять свое тело. Это
совсем не вредно и взаимосвязано — если вы не можете расслабляться телом, то, скорее всего, вам будет сложно создать тишину в голове. С другой стороны, если вы сначала научитесь создавать тишину в голове, то расслабление может прийти к вам
автоматически. Выбирайте, что вам удобнее.

А мы пока подведем очередные

ИТОГИ

- *Следующим шагом на пути повышения своей энергичности
является развитие умения останавливать бег мыслей.*
- *Все способы остановки бега мыслей можно разделить на четыре группы:*
    *1) методы вытеснения мыслей (другими, периодически по-
    вторяющимися мыслями);*

2) методы концентрации внимания на каком-либо объекте;
3) методы использования мыслеобразов;
4) методы переключения внимания.

■ Любой из этих подходов позволяет научиться останавливать бег мыслей, если практиковать его в течение двух недель ежедневно минут по 20.

Глава 17
Повышаем свою энергетику

Следующим шагом на пути внутренних изменений, ведущих к повышению успешности, может быть увеличение вашей энергетики.

• Будьте энергичны!

Мы уже не раз говорили, что энергичные люди являются более успешными формирователями событий (если, конечно, они не переоценивают свои способности и не совершают других ошибок). Энергичный — значит уверенный в себе, полный сил и энергии. А как у вас обстоят дела с энергичностью? Если не очень, то неплохо бы сделать что-то для ее повышения. Ведь **скорость реализации задуманных событий зависит от уровня вашей внутренней энергетики,** т. е. от количества выделенных вами энергий желания, часть которых будет использована Жизнью для содействия в продвижении ваших заказов.

Поэтому, чтобы исполнение нужных вам дел не откладывалось на долгие годы, когда нужда в них уже может отпасть, на этом этапе овладения методикой формирования событий мы **предлагаем вам в течение 4—6 недель ежедневно заниматься упражнениями по развитию внутренней энергетики.** Мы предложим несколько самых разных подходов, а вы выбирайте то, что вас больше всего устраивает.

• Заряжаемся с помощью дыхания

Один из самых популярных способов повышения своей энергетики — это различные дыхательные практики. Упражнений и методик подобного рода известно множество. Наиболее эффективные из них — это восточная энергетическая гимнастика цигун, дыхательные упражнения из йоги («пранаяма») или дыхательные методики типа «ребефинг». Если у вас есть время и деньги, вы можете с очень большой для себя пользой походить на подобные занятия, благо предложений на сегодня имеется немало.

В йоге особое внимание уделяется «пране». «Прана» в переводе с санскрита означает «жизненное дыхание, жизненная энергия». Согласно древнеиндийским воззрениям, при дыхании человек вбирает в себя не только кислород, а еще и некую энергетическую субстанцию, которая и называется «прана». Эта энергия, вдыхаемая человеком вместе с воздухом, передается разным органам тела и перерабатывается ими, образуя в совокупности внутренний пранический ток.

Мы хотим предложить вам одно из известных йоговских дыхательных упражнений.

Упражнение «Дыхание по треугольнику»

Одним из наиболее эффективных приемов для повышения уровня энергии в йоге является дыхание «по треугольнику», что означает разделение цикла дыхания на три этапа: вдох—задержка—выдох, а затем многократное повторение этого цикла.

В различных источниках приводятся разные рекомендации по длительности этих этапов. Наш опыт показывает, что лучше всего использовать одинаковые длительности этапов и держать их кратными числу ударов сердца — 6 ударов вдох, 6 ударов задержка и 6 ударов выдох. Если эта длительность не вызывает затруднений, попробуйте увеличить длительность этапов до 8, 10 или даже 12 ударов сердца.

Если вы проводите упражнение в комнате с большими настольными или настенными механическими часами, то в качестве единицы отсчета можно взять тиканье часов. Один «тик-так» обычно соответствует примерно одной секунде. Один этап цикла должен длиться также 6 (8, 10, 12) «тик-таков».

Дыхание должно быть свободным, без сбоев и напряжения. Вдох производится по схеме: заполняется воздухом низ живота, затем средняя часть, затем грудь до отказа. Выдох — в обратной последовательности.

Во время выполнения упражнения с помощью «внутреннего взора» (или «луча внимания») нужно мысленно посылать потоки энергии из легких во все органы и части вашего тела — в том числе в больные органы для их излечения.

Упражнение выполняется стоя или лежа. Если выполнять его перед сном, то вам, возможно, будут сниться яркие цветные сны. Упражнение можно выполнять во время ходьбы — тогда длительность этапа регулируется числом шагов. Количество циклов дыхания «по треугольнику» — 5—10 за один раз, иначе может закружиться голова от переизбытка кислорода.

356   Часть 2. Формируем желанное событие

Выполнять упражнение желательно постоянно, но для повышения своей энергетики и получения эффекта **нужно делать его ежедневно в течение не менее чем месяца**.

Дыхательные упражнения дают общее, неизбирательное повышение энергетики. Вы будете чувствовать себя бодро, уверенно, хорошее настроение не покинет вас. Эффективность реализации ваших пожеланий при этом повысится в несколько раз.

• Зарядка «жесткими» энергиями

Если вам нужно повысить уверенность в себе, напористость, и по роду деятельности вам часто приходится буквально «навязывать» вашим собеседникам или партнерам необходимую вам точку зрения, то рекомендуем периодически делать следующее упражнение.

Желательно, чтобы на время выполнения упражнения вы были в комнате одни и у вас была возможность пусть не очень громко что-то бормотать или даже выкрикивать, и при этом никто не будет прибегать и предлагать вызвать врачей-психиатров.

Упражнение «Я есть сила!»

■ *Встаньте прямо, поднимите руки к груди, сожмите кулаки и с силой бросьте их вверх, вниз или от себя (можно по очереди «выбрасывать каждую руку).*

■ *При этом с наиболее возможной для вас эмоциональностью и выразительностью буквально выкрикните короткую энергичную фразу типа: «Я есть сила!», «Я есть энергия!», «Я преуспеваю!», «Я полон энергии!», «Я хозяин (своей жизни)!» или «Я счастлив (богат, весел, преуспеваю)!»*

Текст может быть и более практичным типа: «Я начальник отдела!», «Я сдаю отчет!» или «Я самая сексуальная!»

■ *Выполнить подобное действие нужно раз 5—6 подряд. Если будете делать его очень энергично, вы почувствуете буквально волны энергии, ударяющие вам изнутри в затылок.*

Упражнение очень энергично, но оно формирует у человека довольно «жесткую» энергию, необходимую военным, менеджерам, коммерсантам, политикам и просто людям, желающим продвинуться по службе или потребовать себе зарплату побольше. Его можно выполнять по несколько раз в день, в том числе непосредственно перед ответственными встречами или выступлениями.

• Зарядка «мягкими» энергиями

Если вас одолевают сомнения на почве личных взаимоотношений или вы хотите произвести впечатление своей веселостью и свежестью суждений, то рекомендуем использовать другую, более легкую энергию.

Упражнение «Космическая Энергия»

Встаньте прямо, потянитесь и расслабьтесь. Закройте глаза.

Представьте, что прямо из далеких глубин Космоса вам на голову опускается столб слегка светящейся прозрачной энергии. Подобные столбы вам приходилось видеть в грозовую погоду, когда отдельные лучи солнца пробиваются в редкие просветы между темными тучами. Поток энергии, поступающий в вас по этому столбу, может быть окрашен в приятный для вас золотистый или голубой цвет.

Золотистая энергия дает веселье, легкость, остроумие. Голубая или серебристая — решительность, внутреннее спокойствие, уверенность в успехе. Поступающая энергия заполняет вас целиком и изливается через ваше сердце на окружающих, и особенно на того, кто вам нужен.

Если удастся, попробуйте сделать так, чтобы **поток энергии был с вами постоянно** — когда вы работаете, едете в транспорте, отдыхаете и т. д. Вы должны стать как бы марионеткой — куклой, подвешенной на «нитке» энергетического потока.

Побудьте «марионеткой» несколько дней, и вы сами не узнаете себя, не говоря уже о ваших знакомых.

В настоящее время в литературе можно найти множество самых разных упражнений по энергоподпитке — от солнца, деревьев, энергии ветра или волн, Земли и т. д. Все они работают примерно одинаково. Вот одно из таких упражнений.

Упражнение «Хрустальный сосуд»

Встаньте лицом к восходящему или заходящему солнцу. Прищурьте глаза и постарайтесь сквозь них увидеть тонкий солнечный лучик, идущий от Солнца прямо к вам в глаза. Представьте себе, что ваше тело — это пустой хрустальный сосуд, который должен наполниться солнечной «жидкостью».

Закройте глаза, но мысленно держите изображение золотистого лучика, идущего от солнца прямо к вам.

Начинайте «наполняться» солнечной «жидкостью» через солнечный лучик. Она через лучик попадает в вашу голову, а затем стекает вниз, заполняя сосуд вашего тела. Золотистая жидкость постепенно заполняет ноги, туловище, руки, голову и начинает через макушку переливаться, обливая ваше тело снаружи солнечным сияющим потоком.

Если Солнце закрыто облаками или вы находитесь в помещении, можно представить себе лучик, приходящий сверху, и заряжаться от него.

По окончанию упражнения, которое должно длиться от 3 до 10 минут, сделать омовение лица раскрытыми ладонями.

Кроме описанных упражнений очень сильное повышение энергетики дают **очистка организма от шлаков и исполнение ритуалов религии, к которой вы принадлежите**.

Перед началом выполнения цикла упражнений по повышению внутренней энергетики **рекомендует измерить ее уровень** с помощью упражнения «Измеряем свою энергетику».

Проводить проверку уровня энергетики нужно не реже одного раза в неделю в одинаковых условиях, например при выполнении утренней зарядки. С помощью этого несложного упражнения вы сможете определить, насколько эффективно идет процесс повышения вашей энергетики. Если через 2—3 недели вы обнаружите, что результата нет, то вам нужно поискать другое, более эффективное для вас упражнение.

Например, обычная утренняя физзарядка — тоже зарядка энергией, не забывайте об этом. А если вы к ней добавите контрастный душ или купание в водоеме, то никто не сможет остановить вас на пути к желанным целям. Кроме вас самого, разумеется. Но ведь вы этого уже не делаете, не так ли?

А теперь пришла пора подвести

ИТОГИ ~~~~~~~~~~~~~~~~~~~

■ *Скорость исполнения заказанных вами событий зависит от уровня вашей внутренней энергетики в целом и от уровня энергетики в те моменты времени, когда вы «заказываете» нужные вам события.*

■ *Для поднятия общего уровня энергетики можно использовать различные упражнения из восточных гимнастик: йоги, цигуна и др.*

■ *Несколько меньшую энергетику дают специальные упражнения, основанные на использовании зрительных образов.*

Глава 18
Приобретаем нужные качества

Если ваша энергетика и самооценка все еще не очень высоки, то нужно предпринять усилия по их повышению. Чем выше вы себя цените, чем лучше к себе относитесь, тем с большей внимательностью Жизнь будет выполнять ваши пожелания. Не может же она игнорировать такого значимого человека, как вы!

• Думайте о себе лучше

Люди воспринимают нас так, как мы думаем о себе сами

Если вас постоянно мучают сомнения и колебания, то все ваши действия будут нести на себе отпечаток этой неуверенности. Люди будут осознанно (или бессознательно) воспринимать вашу неуверенность и принимать соответствующие решения. Например, мало кому придет в голову назначить вас на руководящий пост, связанный с непрерывным принятием решений, если принятие этих самых решений постоянно вызывает у вас головную боль и дрожь в коленках.

Все это означает, что **вам нужно сформировать и поддерживать имидж и ощущения такого человека, каким вы хотели бы стать**. Нужно думать о себе хорошо, и тогда Жизнь будет постоянно подтверждать эти мысли.

Жизнь как зеркало, отражающее наши мысли. Если мы думаем, что все плохо, — она подтверждает это реальными неприятностями. Если мы думаем, что все хорошо, — Жизнь старается, чтобы все было действительно хорошо. Поэтому думать о себе нужно только хорошо. А вы часто так поступаете?

Предлагаем вам выполнить упражнения, направленные на улучшение вашего мнения о себе.

Для начала неплохо будет узнать, чего же все-таки не хватает такому выдающемуся человеку, как вы. Каких **качеств личности** вам недостаточно, чтобы успешно достигать все поставленные вами цели, или какие качества вашей личности мешают вам достичь поставленной цели?

Упражнение «Качества моей личности»

■ *Возьмите лист бумаги и разделите его вертикальной линией пополам. В левой половине листа сделайте надпись: «Черты моего характера, от которых я хотел(а) бы избавиться», в правой половине листа напишите: «Черты характера, которые я хотел(а) бы приобрести».*

■ *Примите удобную позу за столом, расслабьте мышцы тела и остановите бег мыслей.*

■ *Мысленно задайте себе вопросы: «Какие черты характера мешают мне жить? От каких качеств я хотел(а) бы избавиться? Какие мои особенности мешают мне достигать поставленные цели?»*

■ *Задав себе эти или подобные вопросы, вы должны спокойно сидеть и размышлять на эту тему. Ответы записывайте в первый столбец. Они могут быть самыми разными. Вы можете ощутить, что вам мешает жить ваша горячность или вспыльчивость, несдержанность или грубость, излишняя уступчивость или мягкотелость и т. д. Может быть, вам мешает жить излишняя полнота или маленький рост, лысина или близорукость, язва желудка, оттопыренные уши и т. д. Ответы могут быть любыми, но они* **обязательно должны касаться вас и особенностей вашей личности,** *а не обстоятельств окружающей жизни.*

■ *Когда вы запишете все свои недостатки, сразу же переходите к выяснению, чего же вам не хватает. Мысленно задайте себе вопросы типа: «Каких качеств мне не хватает, чтобы успешно достигать поставленные цели? На кого мне нужно быть «похожим»? Какие качества мне нужно выработать?» Несколько минут размышлений на эту тему, и вы (вместе с подсознанием) получите несколько ответов. Как только ответы появятся, тут же записывайте их во второй столбец таблицы. Может быть, вам не хватает решительности или привлекательности, веселости или громкого голоса, напористости или самоуверенности, коммуникабельности или скромности и т. д. Любой человек может найти пять—десять качеств, которыми он хотел бы обладать. Тем более что вы наверняка представляете себе, какими качествами должен обладать человек, смело идущий к достижению выбранной цели.*

В идеале вы должны записывать сразу пару качеств: от чего хотите избавиться и что хотите иметь взамен. Например, «вспыльчивость — спокойствие», «нерешительность — решительность», «обидчивость — жизнерадостность», «вечная жертва — Хозяин ситуации» и т. д.

■ *Когда новые мысли перестанут появляться, а это должно быть не ранее чем через 10—15 минут после начала выполнения упражнения, можно вернуться в обычное состояние сознания и просмотреть полученные записи.*

После того как вы полностью оцените свои достоинства и недостатки, можете смело переходить к упражнениям по **выра-**

ботке необходимых вам качеств личности. Здесь возможны разные подходы.

Для достижения своей цели вам наверняка придется общаться со многими людьми, и будет очень хорошо, если во время этих контактов вы начнете **добиваться успеха**, воздействуя на тех с кем будете общаться, определенным образом.

Один из таких приемов предлагает воздействовать на собеседника с помощью **образа нужного вам животного**. Чтобы научиться это делать, предлагаем несколько раз выполнить следующее упражнение.

Упражнение «Образ животного»

Сначала четко определите, каких качеств личности вам не хватает для достижения выбранной цели. Допустим, вы уже выявили эти качества в предыдущем упражнении. Возможно, вам не хватает решительности, целеустремленности, уверенности в себе, обаяния или чего-нибудь подобного.

После того как вы определили у себя два-три таких главных недостающих качества, вам надо найти животное, которое, как вам кажется, этими качествами обладает. Это может быть лев (смелость, сила, царственность), кошка (грациозность, изящество), соловей (красноречивость, романтизм) и т. д.

Представьте себе это животное со всем набором требуемых качеств. Затем мысленно «наденьте» на себя образ этого животного и почувствуйте, как вместе с ним к вам переходят его качества. Вы становитесь бесстрашным, как лев, или мудрым, как змея. Не стесняйтесь, порычите, побейте хвостом по полу или помяукайте с удовольствием. Вы буквально ощутите, как новые качества переполняют вас и требуют выхода.

После этого представьте себе ситуацию, в которой могли бы проявиться ваши вновь приобретенные качества. Например, вы встречаетесь с партнерами и проводите переговоры по нужному вам вопросу. Но вместо обычной скромности вы ведете себя, как тигр, наступая на партнеров и силой и хитростью буквально заставляя их принять нужные вам условия.

Повторите это упражнение 5—10 раз, выбрав и мысленно проиграв различные ситуации, которые могут вам встретиться на пути к достижению цели.

Животные и ситуации могут быть самыми различными, важно сохранять принцип: **выбрать животное с требуемыми качествами, ощутить себя обладателем этих качеств, несколько раз мыс-**

ленно «прокрутить» сцены, в которых вы с помощью животного
достигаете нужных вам целей.

Это нужно для того, чтобы потом, в реальной жизненной ситуации вы могли почувствовать себя столь же уверенно, как и в
мысленных сценах. Для повышения эффективности ваших действий в реальном мире **можно использовать образ животного прямо во время выполнения тех или иных действий**. Например, непосредственно перед встречей с девушкой (юношей), походом к начальству или беседой с деловым партнером «наденьте» на себя
образ животного, почувствуйте себя в его шкуре и смело отправ-
ляйтесь выполнять намеченное, не снимая с себя образа. Под-
держивайте образ животного небольшой частью своего сознания.

• Используйте метку

Для того чтобы в ходе встречи выбранный образ не был от-
теснен более насущными мыслями и делами, попробуйте на каком-то видном месте сделать понятную только вам **метку**. Это
может быть вырезанная из журнала маленькая картинка животного, наклеенная на обложку вашей деловой тетради, на порт-
фель или прямо на руку. Как только ваш взор попадет на эту
метку, **вы моментально вспомните про образ животного** и про то,
что вы обладаете его качествами. Успех в любых делах вам будет
обеспечен.

Если вас не очень устраивает прием по «надеванию» на себя
образа животного, вы можете **примерить образ человека**, обладающего набором нужных вам качеств.

Упражнение «Идеал»

■ *Из результатов выполнения упражнения «Качества моей личности» выберите два-три самых важных, необходимых вам для
достижения поставленной цели.*

■ *Теперь попробуйте представить себе человека, в полной или
даже чрезмерной степени обладающего набором нужных вам качеств. Может быть, это будет образ вашего знакомого, известного киноактера, политика и т. д.*

■ *Если знакомых с подобным набором качеств нет, то придумайте такого идеального человека, который обладает нужными
вам качествами. Представьте себе его жизнь, манеру одеваться,
ходить, разговаривать, смеяться и т. д.*

■ *Вообразите, что этот человек занялся решением вашего вопроса. Несколько раз мысленно «проиграйте» развитие необходимого вам события с участием этого человека. У него все получается очень хорошо и успешно.*

■ *Мысленно наденьте на себя образ этого человека и станьте им. Почувствуйте себя в его «шкуре», походите по комнате, как он, посмейтесь, как он. Попробуйте хотя бы полчаса побыть этим идеальным человеком — смелым, напористым, обаятельным, каким вам нужно.*

Это упражнение очень близко к тому, что делают актеры, перевоплощаясь в заданную им роль. Ваше отличие от актера состоит в том, что вы должны не только перевоплотиться в этого Идеального человека, но и сами придумать сценарий развития события. Актер, режиссер, зритель — все это вы в одном лице.

Выполняйте это упражнение (мысленно, в одиночестве) до тех пор, пока вы не **научитесь полностью перевоплощаться в созданный вами образ Идеального для ваших целей человека**. Не исключено, что вам потребуется образ нахала, скандалиста или бюрократа — такое тоже может быть, цели ведь у людей могут быть самые разные, а путей достижения обычно бывает еще больше. Как вы понимаете, это типичная ситуация для человека, стремящегося к достижению цели и занявшего жизненную позицию «Жизнь есть игра».

После того как вы научились перевоплощаться в Идеального человека, вы можете смело приступать к достижению выбранной вами цели. Как только события потребуют от вас демонстрации недостающих у вас качеств, вы извлекаете и надеваете на себя образ Идеального человека.

Дальше уже должен будет действовать он, а **вы должны только исполнять его волю** и решения. Ответственность за все будет нести именно он, поэтому вы смело можете позволить ему поступать так, как он сочтет необходимым.

И так каждый раз, когда вы будете предпринимать какие-то шаги к достижению вашей цели. Конечно, при этом все равно нельзя нарушать Административный или Уголовный кодекс, иначе потом трудно будет доказать следственным органам, что все это сделали не вы, а ваш «Идеальный человек».

Если вас не устраивает или вызывает затруднения и этот прием, то вы можете использовать самый легкий из этого набора — прием по получению поддержки в виде потока энергии нужного вам цвета.

Упражнение «Поток цветной энергии»

Выберите качества личности, необходимые вам для легкого достижения поставленной цели. Попробуйте определить, какой цвет имеют эти качества.

У каждого человека могут возникнуть свои ассоциации качеств личности и цвета. Например, красный цвет может обозначать агрессивность, напор, энергию, подвижность, эмоциональность и т. д. Синий цвет может означать уверенность в себе, достоинство, доброжелательность. Черный — агрессивность, скандальность или, наоборот, благородство и породу.

Какое соответствие цвета и качества личности вы выберете, не имеет значения. Важно только, чтобы вы точно запомнили это соответствие.

Теперь вы должны представить развитие необходимого вам события. Одновременно представьте, что откуда-то сверху на вас опускается высокоэнергетический столб света, имеющий определенный цвет. Цвет светового столба совпадает с качеством, которое вам нужно проявить во время развития события.

Этот столб несет с собой нужное вам качество, и вы наполняетесь им. Вы ведете себя так, будто всегда обладали им. Соответственно, события в вашей мысленной картине развиваются нужным для вас образом. Когда событие заканчивается, цветной столб исчезает.

Мысленно проиграйте нужную вам ситуацию 5—10 раз, получая при этом все время необходимую вам подпитку нужными качествами в виде цветного светового столба.

У вас должен выработаться устойчивый условный рефлекс: представляете цветной столб — и требуемое качество личности появляется.

Когда подобный условный рефлекс будет выработан, вы можете смело **уже в реальной жизни осуществлять задуманное вами**. Не забудьте только **перед самим событием представить, как на вас нисходит энергетический столб нужного вам цвета**. Этот цвет придаст вам необходимые качества и поможет достичь чего вы захотите. Соедините этот столб с энергетическим потоком из упражнения «Космическая энергия», и ваша энергичность и самооценка повысятся в несколько раз.

Работа с визуализацией желанных качеств — далеко не единственный способ развития у себя этих качеств.

• *Живем под девизом*

В соответствии с этим приемом вам нужно просто **пожить с нужным качеством недельку—другую**, и тогда **это качество закрепится в вас** и станет естественным. В итоге вы получите то, к чему стремитесь. Как это делается?

Вы выбираете то качество, которое хотите развить. А потом решаете, что следующий день (лучше — целую неделю) вы живете под девизом: «**Я — смелая** (решительная, говорливая, прикольная и т. д.)». А затем **все действия вы совершаете под этим лозунгом**. Вы смело встаете утром с кровати, смело ходите в туалет, смело умываетесь и столь же смело чистите зубы. Потом смело завтракаете, смело едете на работу, смело входите в рабочее помещение, смело садитесь за рабочий стол, смело разговариваете с коллегами, смело пьете с ними чай и т. д.

Если станете мысленно комментировать свои действия в духе выбранного девиза, то вскоре действительно многое будете делать не так, как делали обычно, а смелее.

Если выполнять это задание целую неделю, то вы и сами перестанете узнавать себя. Заранее позвольте окружающим удивиться происходящим с вами переменам и не пытайтесь подстроиться под их стандартное мнение о вас. Пусть удивляются и судачат — ведь нужно же им о чем-то говорить. Важно только в течение всей недели не забывать, что **абсолютно все ваши действия вы совершаете только в соответствии с выбранным девизом**.

На следующую неделю вы можете выбрать другой девиз, например, «Я — прикольная». А затем вы в течение всей недели вы прикольно ходите, прикольно чистите зубы, прикольно едите (придумайте что-нибудь!), прикольно едете на автобусе и т. д. Вы увидите, что большинство этих стандартных действий действительно можно делать прикольно, и у вас это получится! При этом не нужно брать больших внутренних барьеров, совершать подвиги или насилие над собой. Все получится постепенно, естественным образом.

Если вам нужно отказаться от какого-то качества (вспыльчивости, резкости, жесткости, обидчивости и пр.), то вы не боретесь с ним, а **нарабатываете противоположное качество**, т. е. вместо вспыльчивости вы целую неделю живете под девизом «Я — медленный тормоз», вместо резкости вы неделю живете под девизом «Я — сама мягкость» и т. д. В результате наработки нового качества прежнее просто погаснет и перестанет оказывать влияние на вашу жизнь.

При выполнении этого упражнения можете активно использовать предыдущие приемы — надевать образ смелого животного, образ Идеального человека или находиться под столбом «смелого» света (интересно, какой цвет смелости вы выберете?).

А чтобы не забыть о том, что вы хотите наработать требуемое качество, **внесите эту цель в свой план еженедельных действий** по достижению поставленных целей. Заглядывая в этот план, вы будете снова и снова возвращаться к этому упражнению, и желанные качества постепенно укрепятся в вашей психике.

• Побудьте садовником в саду своей души

Чтобы понять, как работает этот прием, представьте свою душу в виде сада с растениями, каждое из которых соответствует одному качеству вашей личности. Какие-то растения-качества за годы жизни получили от вас огромные порции внимания и энергии, в результате они выросли большими и сильными. Какие это растения? Полезные ли они, или это сорняки типа лопуха-нерешительности и крапивы-раздражительности?

А в каком состоянии ландыши вашей чуткости, незабудки вашей доброты или пионы вашей уверенности в себе и есть ли им место в зарослях вашей души?

Если вы не уделяли этим качествам должного внимания, то начинайте заботиться о них. Направляйте им свою энергию внимания, удобряйте их своими мыслями и поступками. Покажите им, как они важны для вас. В результате они вырастут, расцветут и сделают вашу душу еще прекрасней, а вы станете более уверенным в себе и позитивным человеком.

Но не спешите, не суетитесь и не ждите быстрых результатов. Вырастите в себе то, что было подавлено в вас многие годы. На это требуются время и мастерство, поэтому не ждите моментальных результатов, чуда.

Чудо ваших изменений будет, но его нужно вырастить!

На этом мы заканчиваем обзор приемов, направленных на изменение своих качеств и повышение личной энергичности и успешности. Если вам не подошли эти приемы и вы знаете другие, то используйте их, лишь бы был эффект.

• Начинайте действовать

Вы можете добиться всего, чего пожелаете, **важно только начать работать над собой,** а не просто прочитать эту книжку, потом другую, еще более умную, потом третью и т. д.

Чтение книг — дело неплохое, но если вы не используете то, что в них написано, то зачем читать методические книги? Есть ведь детективы, романы, анекдоты, в конце концов. Их читать легче и интереснее.

Если вы все же читаете эту книгу, то начинайте действовать, применять в своей жизни то, что прочитали. **Начните прямо сейчас**, не откладывайте до ближайшего понедельника! И тогда ваша успешность на пути к желанным целям резко повысится, поскольку все инструменты у вас уже имеются.

А мы пока подведем

итоги

- *Любой человек может при желании наработать у себя такие способности и черты характера, которые позволят ему стать более успешным формирователем нужных ему событий.*
- *Для наработки требуемых способностей можно использовать приемы, основанные на визуализации образов с необходимыми вам качествами.*
- *Еще один способ наработки требуемых качеств — пожить с этим качеством несколько дней, выполняя с ним абсолютно все текущие действия. Постепенно вы начнете проявлять это качество в своем поведении, и оно закрепится в вас.*
- *Важное условие на пути внутренних изменений — совершать необходимые действия, а не просто читать о них в книге.*

Глава 19

Снова о грустном, или Почему не сбываются желания у тех, кто улыбается

> *Овцам бессмысленно принимать резолюции в пользу вегетарианства, если волки придерживаются другого мнения.*
> Вильям Р. Инге

Вы уже знаете все про то, каким образом можно формировать нужные вам события.

Сейчас вы уже должны быть на пути к желанным целям. Вы всех простили и больше ни на кого подолгу не обижаетесь (понемногу можно). Ваши цели выявлены, сформулированы и визуализированы. Составлены планы их достижения, ближние и дальние. Самооценка на высоте. Энергия переполняет вас. Вы идете вперед с улыбкой и уверенностью, что все будет замечательно.

Именно так оно и будет, если вы хорошо разобрались с собой и со своими целями, но, к сожалению, так получается не всегда. Отвлекают текущие дела, ощущение, что вы все давно знаете (а хотелось, чтобы не только знали), желание поскорее получить результат и вытекающее из этого перепрыгивание через этапы. Эти и многие другие факторы сильно ограничивают вашу успешность.

Поэтому мы еще раз вернемся к ситуации, когда вы вроде бы делаете все, что прочитали в этой книге, а желанная цель все не реализуется. Почему так может быть?

Опыт показывает, что в большинстве случаев **все упирается в ошибки с выбором цели**. Понятно, что это относится к тем людям, кто уже научился улыбаться и **не иметь больших претензий к своей реальности**. А иметь маленькое недовольство даже полезно — оно является стимулом для изменений.

Какие же бывают ошибки с выбором цели? Их немало, мы уже рассматривали многие из них и будем еще рассматривать в следующих частях книги. Сейчас хотим еще раз сказать о типичных ошибках с выбором цели, которые нередко совершают люди. Посмотрите, не они ли блокируют вашу успешность?

Напомним, что цель, которую смело может ставить перед собой позитивно настроенный человек, **не должна быть фантастической** («Я хочу полететь на Марс на следующей неделе») или **принципиально нереализуемой** («Хочу ездить на своем автомобиле только по встречной полосе движения»).

Но порой даже вполне реальные цели иной раз никак не хотят воплощаться. Почему? На это есть ряд объективных причин, суть которых сводится к одному: **вам в действительности не нужно то, что вы себе формируете**, т. е. внешне вы декларируете одно, а подсознательно желаете чего-то другого. Или вы неправильно оценили последствия своего выбора, и Жизнь напоминает вам об этом — она не хочет, чтобы после достижения цели такой хороший человек, как вы, погрузился в стресс, поэтому и не спешит помогать вам в достижении заявленных целей.

Такова общая идея возникновения блокировок у позитивно мыслящих людей, которая на практике распадается на множество вариантов. Рассмотрим их подробнее.

• Низкий ранг в системе ценностей

Самая распространенная причина блокировки желанного результата состоит в том, что **вам этот заказ на самом деле почти не нужен**. Если ранг заявленной цели низок по отношению к другим вашим устремлениям, то Жизнь не будет спешить его выполнять. Вам это не нужно и не важно, у вас эта ценность стоит на пятом или седьмом месте.

Внешне вы вроде бы суетитесь, но это все не искренне, под чьим-то влиянием, в порядке выполнения ранее взятых обязательств и других внешних обстоятельств. Но в душе вам это не нужно, поскольку существует множество других, более важных дел, которым вы отдаете свое время, внимание и энергию. И до тех пор, пока вы для самого себя не измените ранг желанной цели, пока вы не сделаете ее очень важной и значимой, она будет по прежнему маячить где-то вдалеке. А вы будете довольствоваться текущими и более важными событиями.

Так может быть с любой целью. Женщина вроде бы хочет выйти замуж, порой предпринимает для этого вялые усилия и даже ведет планирование промежуточных результатов, но на самом деле не понимает, зачем ей это надо.

Мужчина хочет заработать больше денег, но на самом деле он пробует это делать под напором жены, а самому ему эти деньги совершенно не важны, поскольку он все время отдает либо самому процессу работы, либо какому-то увлечению (Интернет, рыбалка, пиво и т. д.).

Мужчина хочет улучшить жилищные условия своей семьи, но не предпринимает для этого никаких реальных усилий, поскольку его самого квартира вполне устраивает, а расширение площади нужно жене и детям. А ему самому важна его работа, или компания друзей с пивом, или какое-то увлечение. Это реальные ценности, которым он отдает все силы и время, а с квартирой дела движутся плохо, поскольку эта цель для него не значима в реальности.

Что с этим делать — решайте сами. Либо **принимайте для себя заявленную цель как важную и желанную для вас** и ведите себя соответствующим образом. Либо снимите претензии к себе или Жизни, что ваше желание не исполняется. Признайте, что оно вам не важно, и перестаньте тратить на это свою энергию и время.

• Хотите совсем другого

Еще одна, очень близкая причина задержки с реализацией цели состоит в том, что **вы заявляете одно, а на самом деле хотите другого**. В глубине души вы в действительности не хотите того, к чему якобы стремитесь. А раз не хотите, то и не получаете.

Например, женщина настойчиво ищет мужчину, чтобы выйти за него замуж. Декларируемая ею цель — выйти замуж. А на самом деле само замужество ей не нужно, она сыта предыдущим браком. Но ей очень хочется найти отца своему ребенку, поскольку она слышала, что воспитывать ребенка без отца нехорошо. Понятно, что при таком настрое с замужеством у нее возникнут большие сложности.

Еще вариант — бывшая домохозяйка заявляет, что очень хочет пойти на работу, но у нее ничего не получается с этим. А не получается потому, что работать ей, по большому счету, совсем не хочется — отвыкла. На самом деле ей требуется общение, которое она не может получить, сидя дома. Или ей нужно основание для того, чтобы не заниматься изрядно надоевшим домашним хозяйством.

Подобных вариантов, когда истинная цель расходится с декларируемой, множество. А если ваша цель неистинна, то, как мы уже говорили, Жизнь совсем не спешит ее исполнять. Она хочет, чтобы вы хорошенько подумали и поняли, чего же вы желаете на самом деле. Но кто ж ее слушает, Жизнь? И без нее советчиков хватает.

• Неопределенность целей

Следующая возможная причина блокировки достижения результата близка к рассмотренным выше. Ее можно охарактеризовать как **неопределенность целей**. Такая ситуация возникает, когда у человека существует несколько вариантов развития событий, но он не решил для себя, какой именно вариант его устроит больше. Ни у одного из вариантов нет явных преимуществ, все они имеют достоинства и недостатки, и непонятно, на чем нужно остановиться. Но пока вы сами не сделаете выбор, Жизнь не будет с этим суетиться или будет заниматься вашими делами точно так же, как вы, — ни шатко ни валко.

В подобные ситуации люди попадают, когда их не устраивает текущая работа, но они никак не могут понять, что же им выбрать взамен нынешней работы, ни один из известных вариантов не привлекает.

Или девушка хочет выйти замуж, и вокруг вроде бы вьются несколько молодых людей, которые не против закрепить отношения через брак, но ее сердце не принадлежит ни одному мужчине целиком, все они имеют определенные достоинства и недостатки, и она любит их каждого понемножку. В результате желанная вроде бы цель — замужество — откладывается на длительный срок.

Еще вариант — человек не знает, чем ему заняться, куда пойти учиться или работать. Явно выраженных талантов нет, ни один из видов деятельности не привлекает больше, чем другой.

В итоге возникает торможение, чаще всего переходящее в недовольство собой.

Что с этим делать? Только одно — определиться. Пока вы не знаете, чего хотите, то и Жизнь не знает, что вам предложить.

И ничего не предлагает. Вы можете заявить Жизни, что желаете найти то, что захватит вас полностью и сделает вашу жизнь цельной (не забудьте про доходы!). Если четко поставить такую цель, то через некоторое время вы обязательно получите интересное и полезное дело. И ваша жизнь станет полноценной и насыщенной.

• Многообразие целей

Еще одна причина возможной блокировки с достижением желанного результата противоположна рассмотренной выше. Здесь уже Жизнь задерживает исполнение вашего желания, потому что не знает, что же именно из множества ваших устремлений она должна реализовать.

В общем виде подобную **причину блокировки можно охарактеризовать словами: хочу сразу всего и много.** Целей и желаний много, все они примерно одинаковы по рангу, т. е. малозначимы для вас. И Жизнь не спешит их исполнять — ждет, когда вы определитесь. Как и вы, впрочем, не прилагаете особых усилий к их реализации. У вас просто нет на это времени.

• Противоречивость целей

Еще одна причина блокировки реализации поставленной цели — наличие явного (или неявного) противоречия в ее содержании. Например, человек **очень хочет чего-то достичь, но и одновременно желает противоположного результата**, порой сам не догадываясь об этом. В итоге Жизнь не знает, чего же он хочет на самом деле, и заявленная цель не реализуется.

Как это может быть? Приведем пример. Женщина много лет борется с избыточным весом, но результаты этой борьбы очень огорчительные — вес то уменьшается, то увеличивается вновь, т. е. желаемая цель — похудание — не достигается.

Во время сеанса ее общения со своим подсознанием оно заявило буквально следующее: «Я стараюсь выполнить твой давний заказ. Вспомни, когда ты была маленькой и училась в третьем классе, у тебя была любимая учительница. Учительница была крупной женщиной, ее все уважали и любили, и ты страстно хотела быть похожей на нее. Ты была уверена, что вес придаст тебе солидности и тем самым даст основания для уважения со стороны окружающих людей. Ты заявила, что очень хочешь быть похожей на нее, когда вырастешь. Поэтому я стараюсь выполнить то твое пожелание, чтобы люди любили и уважали тебя, как твою первую учительницу».

Как видим, здесь вступили в противоречие давнее желание быть большой и солидной и более позднее желание быть стройной. Эти желания конкурируют между собой, поэтому вес то прибавляется, то убавляется, хотя сама женщина совершенно не осознавала этой скрытой борьбы.

Еще вариант — девушка хочет выйти замуж по любви, и есть кандидат на эту роль, но он не устраивает ее родителей, они присмотрели для нее другого жениха. Но девушка не может огорчить родителей и пойти против их воли, в итоге два ее желания приводят только к большому стрессу, поскольку невозможно выполнить их вместе, они исключают друг друга.

Подобные ситуации встречаются нередко, и порой стоит задать самому себе вопрос: «Нужен ли мне противоположный результат, был ли он хоть когда-то желанным для меня? Извлекаю ли я какую-то выгоду из него сейчас?» И если хорошенько подумаете, то не исключено, что получите ответ, которого совсем не ожидали. И поймете, почему Жизнь не спешит выполнить ваш заказ, невзирая на все ваши усилия.

• Некорректность постановки целей

Следующая причина, по которой желанная цель никак не реализуется, состоит в том, что вы **неправильно сформулировали свою цель**, и в итоге она никак не исполняется — по вашему мнению. А на самом деле может быть все, что угодно. Например, ваш некорректный заказ мог быть давно исполнен, но так, что вы этого даже не заметили.

К примеру, если вы заявляете Жизни: «Мои доходы увеличиваются с каждым днем!», то они могут действительно увеличиваться. Каждый новый день вы будете зарабатывать больше, чем в предыдущий (в среднем), но вы этого даже не заметите, поскольку рост доходов будет составлять ровно 1 копейку в день!

Формально заказ исполнен, ваши доходы растут, вы должны быть довольны собой и Жизнью. А вам будет казаться, что ваше желание не исполняется. Исполняется, но нечетко сформулированный заказ приводит к неожиданному для вас результату.

Ранее мы подробно рассматривали, как нужно правильно формулировать цели. Здесь же просто напоминаем, что некорректно сформулированный заказ может не исполняться. Или исполняться самым странным образом.

• *Противоречивость желаний*

Следующая причина блокировки достижения желанного результата может быть в том, что вы **хотите и не хотите получить этот результат одновременно**.

Как это может быть? Очень просто. Девушка стремится выйти замуж и прилагает для этого все мыслимые усилия. Но при этом в глубине души она знает, что не сможет быть достойной женой, потому что не умеет готовить или следить за домом. И это знание порождает скрытое желание оттянуть как можно дольше ситуацию, когда может выявиться ее неумелость, т. е. она будет бессознательно задерживать или избегать замужества. Кому же хочется почувствовать себя неумехой? В итоге декларируемая цель (замужество) не будет исполняться.

Вариантов, когда мы чего-то хотим, но опасаемся, что окажемся недостаточно хороши для желанного результата, существует множество. Поэтому результат и не приходит — Жизнь защищает нас от стресса, связанного с ощущением нашей беспомощности, некомпетентности и других неприятных переживаний. И пока мы не отработаем эти свои скрытые страхи, с достижением желанного результата могут быть большие сложности.

• *Конфликт целей*

Иногда люди требуют того, что в принципе невозможно или очень трудно исполнимо, т. е. в их формулировке заказа **заявлены показатели, в принципе взаимоисключающие друг друга**. А человек об этом не задумывается, в результате его желание не исполняется.

Как это может быть. Например, женщина стремится выйти замуж за сильного (самостоятельного, властного) мужчину и при этом хочет остаться полностью независимой. Может ли быть такое? Возможно, да, но такие фокусы очень редко проходят без длительных боевых действий и выяснения, кто в доме хозяин. А ведь она совсем не заказывала себе борьбу, она мечтала о счастливой семейной жизни, где она может всегда прислониться к «сильному мужскому плечу» и при этом остаться совсем независимой. Жизнь указывает ей на это противоречие, задерживая исполнение ее желания.

Еще вариант заказа из области семейной жизни: «Хочу выйти замуж по сильной любви один раз и на всю жизнь». Так бывает преимущественно в романтических или сентиментальных кинофильмах. В реальности так почти не бывает, поэтому подобные заказы исполняются с большим трудом. Сильная любовь обычно заканчивается через несколько лет, и требовать вечной любви — значит ставить перед Жизнью неоднозначные требования.

Или еще. Мужчина изо всех сил стремится стать богатым, но при этом он совершенно не желает менять свой образ жизни, место работы, друзей и все остальное. И Жизни приходится ломать голову, как ей извернуться и исполнить эти взаимоисключающие требования.

• Получение скрытых выгод

Иной раз наши внешние усилия вступают в противоречие с внутренними потребностями. Внешне мы хотим избавиться от чего-то (обычно от болезней), а внутренне не готовы отказаться от тех выгод, которые дает нам нынешняя ситуация.

Например, женщина больна гинекологическим заболеванием, которое позволяет ей отказывать в интимной близости нелюбимому мужу. Она пытается выздороветь, применяет все способы лечения заболевания, а результата все нет. Почему? Потому, что она не решила для себя, каким образом она будет отгонять мужа, если нечаянно выздоровеет, т. е. болезнь ей нужна, чтобы не попасть в стрессовую ситуацию с мужем. А раз нужна, то она и не проходит, невзирая на все усилия врачей и самой больной.

• Противоречивость интересов участников процесса

Еще вариант — это ситуация, когда несколько человек имеют противоположные устремления и тем самым как бы компенсируют усилия друг друга.

Так часто бывает в семьях, члены которых имеют противоположные мнения по одному вопросу. Мама мечтает о расширении жилой площади, папа — о покупке нового автомобиля, бабушка — о хорошем огороде, а сын заявляет, что он никогда и никуда не уедет из этой квартиры, поскольку у него здесь друзья и т. д.

В итоге Жизни трудно решить, помогать ли ей маме с улучшением жилищных условий, папе с машиной или ребенку с его желанием ничего не менять. Побеждает чаще всего ребенок — его желания обычно очень чисты и энергичны.

То же самое бывает на производстве, когда один из компаньонов хочет расширить дело, и для этого предлагает пустить всю прибыль на развитие. А другой компаньон думает только о том, как бы ему вынуть из дела побольше денег для личных целей и т. д. В итоге ничье желание не реализуется полностью.

• Завышенные цели

Иногда люди ставят перед собой огромные цели, которые могут оказаться им явно не «по плечу». Большие цели требуют объединенных усилий группы людей, а если вы замахнулись свернуть горы в одиночку (стать губернатором, построить большой завод), результат может быть не очень утешительным. В итоге такие цели не реализуются. Почему так происходит, мы уже рассказывали, здесь напоминаем еще раз.

• Заниженная самооценка

Сложности с достижением поставленной цели могут возникнуть, если вы имеете низкую самооценку и не верите, что достойны своей цели, считаете себя маленьким и серееньким, тем, кто обречен довольствоваться малым. И хотя вы можете попросить у Жизни миллион долларов сразу, но если этот миллион не из вашей реальности, то вы просто не поверите в то, что он может у вас возникнуть. Он и не возникнет.

Все то же относится к богатому жениху или к красивой невесте — если вы внутри себя считаете, что эти люди предназначены для кого-то другого, а не для вас, то у вас они и не появятся. Жизнь реализует наши истинные желания, а не придуманные или навеянные просмотром сериалов про «красивую» жизнь.

• Отсутствие реальных усилий

Еще одна типовая ошибка — это отсутствие реальных усилий на пути к желанной цели. Такие цели приобретают статус грезы, мечтаний, которым не суждено сбыться. Или они сбываются, но так же призрачно.

Например, если вы мечтаете о миллионе долларов, но при этом не желаете вставать с дивана и совершать хоть какие-то усилия по его получению, то Жизнь извернется и пришлет вам ваш желанный миллион, который, например, будет нарисован на обложке очередного журнала.

• Создание противодействующих факторов

Кроме ошибок с формулировкой, возможны даже **конкретные действия, направленные на то, чтобы ваша цель не реализовалась**. Поэтому рекомендуется проверить, не совершаете ли вы бессознательно шаги, приводящие к блокировке вашей цели. Как это может быть? Приведем пример.

Девушка заявляет, что ей никак не удается хорошо выучить английский язык, потому что все время попадаются бездарные или ленивые преподаватели (она берет индивидуальные платные уроки), с которыми ей приходится расставаться с конфликтно.

При выполнении упражнения на поиск скрытых выгод она осознала, что не знает, что будет делать после завершения процесса изучения языка. Она понимает, что ей придется менять работу, но нового рабочего места у нее нет. Она даже не знает, куда можно пойти с хорошим английским, т. е. после завершения изучения языка возникнет задача поиска нового места работы, которой она опасается. Поэтому она находит недостатки в преподавателях и расстается с ними, не завершив обучение. Подсознательно она сама блокирует то, к чему стремится осознанно и за что платит немалые деньги.

Как видим, здесь человек не только избегает заявленной цели, но даже бессознательно предпринимает усилия для того, чтобы эта цель ненароком не исполнилась.

А как у вас с этим? Не предпринимаете ли и вы какие-либо действия для того, чтобы ваша цель не исполнилась, пусть даже случайно?

Если вы нашли такие действия, это даже неплохо. **Посочувствуйте Жизни, которая находится в полном недоумении —** заявляете одно, а делаете противоположное. (Но она, скорее всего, уже привыкла к более чем странным людским поступкам.)

А затем примите осознанное решение, к чему же вы стремитесь. Вы можете выбрать прежнюю цель, но тогда нужно перестать ее блокировать, или можете отказаться от цели и осознанно выбрать то, что раньше выбирали бессознательно. Вы имеете право на любой выбор, лишь бы он не приводил вас к очередному недовольству своей реальностью.

• Жизнь указывает на ошибочность результата

В целом все изложенное можно свести к одному выводу: если вы позитивно настроены, но желанная цель не достигается, то тем самым **Жизнь указывает на ошибочность вашей цели**. Она как бы говорит вам: «Эй, друг, не спеши! Включи мозги и подумай, так ли нужен тебе результат, к которому ты столь усердно ломишься? Не попадешь ли ты в стрессовую ситуацию, если получишь его? Я забочусь о тебе и уберегаю тебя от ненужных тебе переживаний! Будь разумнее!»

Но люди обычно не задумываются над тем, почему возникает блокировка, а предпочитают проламывать ситуацию. И потом расхлебывают последствия своих усилий. А ведь стоило всего лишь обратить внимание на подсказки Жизни и сделать из этого правильные выводы.

Понятно, что далеко не всегда можно оценить последствия своего выбора, поэтому чаще приходится идти как бы на ощупь, набивая синяки и шишки. Но мы все же **рекомендуем обращать внимание на подсказки Жизни**, которые она дает нам через блокировку реализаций желанных целей. Ведь тем самым она заботится о нас, о нашем душевном благополучии! Хотя, с другой стороны, кто ее просит о такой заботе?

На этом мы завершаем рассмотрение причин, которые могут привести к блокировке желанного результата даже при условии правильного выполнения всех рекомендаций нашей методики.

Все это можно изменить, если послушать сигналы Жизни и задуматься над тем, почему реализация желанной цели задерживается. Потом внести корректировки либо в формулировку цели, либо в свои устремления — и вперед! У вас есть все для того, чтобы получить по настоящему желанный результат!

А пока подведем очередные

ИТОГИ

- *Даже если человек убрал со своего пути основные блокирующие факторы и перешел в разряд хронических оптимистов, с реализацией его желаний могут возникнуть трудности.*
- *Блокировка исполнения желаний оптимистов может возникнуть по множеству причин, суть которых сводится к одному: вам это не нужно и вы не желаете по этому поводу суетиться. Возможно даже, вы этого еще не осознаете, но от этого ничего не меняется.*
- *Через блокировку реализаций желанных целей Жизнь указывает вам, что вы избрали ошибочный путь и результат будет совсем не таким, как вы предполагаете сейчас. И об этом стоит задуматься, а не ломиться напролом, как лось во время весеннего гона.*

Глава 20
Техника безопасности при формировании событий

Незнание закона не освобождает от ответственности.
А вот знание — нередко освобождает.

Е. Лец

Рассмотрим вопросы, которые не имеют прямого практического применения, но могут помочь некоторым читателям успокоиться и, следовательно, стать более успешными. Речь пойдет о допустимости и условиях использования помощи Жизни на пути к желанным целям. И о том, что, возможно, происходит на Тонких планах во время наших действий.

С одной стороны, предлагаемая технология формирования нужных нам событий очень похожа на обычную психологическую теорию. Не переживай, сосредоточься на одной цели и иди к ней с улыбкой — эти и подобные рекомендации можно встретить во множестве книг по психологии. А психология, как известно, считает себя наукой вполне материалистической.

С другой стороны, в книге идет речь о таких малообъяснимых событиях, как духовные «воспитательные» процессы, и о практическом взаимодействии с эгрегорами — это уже похоже на мистику.

Так что же это? Мистика, религия или вполне земная психология? Мы предлагаем отнести технологию Разумной жизни к передовой, **нетрадиционной психологии**. Мы называем первую часть методики «причинная диагностика событий жизни». Если помните, она состоит в том, чтобы выяснить, каким образом вы сами создали ту жизненную ситуацию, которую имеете сегодня. А затем выработать пути к достижению того, чего вы действительно желаете. В целом все это можно назвать «позитивной психологией», поскольку она ориентирована на людей, которые захотят и смогут мыслить позитивно.

Но, поскольку методика в чем-то нематериалистична, возникают некоторые вопросы. Например, о допустимости использования помощи эгрегоров для достижения ваших личных целей. Мы уверены, что многих из наших читателей одолевают подобные сомнения. Не забывайте, что такие сомнения явно указывают на наличие идеализации контроля или идеализации своего несовершенства либо на наличие внутренней программы «за все нужно платить».

Тем не менее поговорить об этом стоит, поскольку мы даем вам в руки некий очень действенный механизм, сами точно не зная, почему и как он функционирует.

• МФС – типичный «черный ящик»

Получается что-то вроде ситуации, когда человека подводят к большому «черному ящику» и говорят: «Дерни вот за эту веревочку, и из ящика выпадет конфетка (денежки, машина, квартира и т. д.)». Человек дергает, и в ответ действительно что-то падает. Довольный человек быстро хватает это и столь же быстро удаляется, радуясь, что хоть в этот раз ему удалось надуть кого-то, а не наоборот, как бывает обычно.

Между тем наш жизненный опыт протестует против такого подхода, поскольку мы все уже твердо знаем, что бесплатный сыр бывает только в мышеловке. Наш опыт общения с разными непонятными «черными ящиками» показывает, что у них всех есть где-то небольшое и часто незаметное отверстие, в которое сначала нужно бросить жетон (деньги, карточку и т. п.), и только потом из него выпадет что-нибудь. В общем, сначала нужно заплатить, а потом уже требовать желаемое.

И опять же наш опыт показывает, что, даже сначала заплатив, мы далеко не всегда получаем требуемое. А в предлагаемой методике формирования событий вопрос оплаты как-то остался за кадром: выбрал, что тебе нужно, построил мысленную модель, приложил усилия, получил. Внешне все выглядит именно так.

• Как и чем платим за помощь

Но, как мы уже говорили, наш взор повсюду ищет отверстие, в которое сначала нужно бросить монеты. Ведь нам с самого раннего детства объяснили, что в этом мире **ничто из ничего не возникает**, или по-иному: если в этом месте что-то прибыло, то всегда найдется место, откуда это убыло. Или, выражаясь еще более конкретно, возникает вопрос: **какова будет плата за успешное использование методики формирования событий?**

На этот вопрос мы отвечаем честно: точно не знаем. Точнее, мы тоже подозреваем, что плата эта существует и что **мы уже платим за то, что пользуемся услугами наших незримых покровителей.** Чем платим – не сложно догадаться. Поскольку помощь нам оказывают эгрегоры, питающиеся нашей мысленной энергией, то им нужно одно – **чтобы мы о них думали**, благодарили, расширяли круг почитателей этого эгрегора и т. д. Именно это вы будете делать, если станете руководствоваться в жизни идеями, о которых прочитали в этой книге.

Другой наш покровитель, которого мы ранее назвали «смотритель», заботится о чистоте нашей души, т. е. о том, чтобы мы не судили себя и окружающий мир. Если с соблюдением этого требования у вас все в порядке, то ваш «смотритель» будет заинтересован в том, чтобы в качестве поощрения помочь вам достичь те цели, которые у вас остались после изучения изложенного в этой книге материала.

Так что получение помощи от Жизни — дело вполне допустимое и иногда даже взаимовыгодное. Многолетнее использование нами методики формирования событий показывает, что при соблюдении определенных правил «техники безопасности» она совершенно безопасна.

В частности, нас успокаивают следующие соображения.

• Стучите, и отворят вам

Во-первых, нас успокаивает то обстоятельство, что в принципе обращение к Жизни за помощью или содействием не возбраняется, например, в христианстве. В подтверждение приведем выдержку из Нового Завета на эту тему:

«Просите, и дано будет вам; ищите, и найдете; стучите, и отворят вам; ибо всякий просящий получает, и ищущий находит, и стучащему отворят» (Евангелие от Матфея).

Вся вторая часть книги является прикладным руководством по применению этой заповеди. Именно в смысле использования предлагаемой методики становится понятен смысл слов: «стучите, и отворят вам». «Стучаться» можно только к незримым покровителям, и если делать это грамотно, с соблюдением приведенных выше требований и рекомендаций, то вам обязательно «отворят».

• Все равно приходится просить

Во-вторых, даже без прочтения нашего пособия **вы все равно используете методику формирования событий**, только делаете это неэффективно, с плохими результатами. Вам все время что-то нужно, вы об этом думаете и доступными вам способами стремитесь к удовлетворению ваших потребностей. Вы непрерывно взаимодействуете с различными эгрегорами, заставляя их метаться в тщетной попытке исполнить ваши многочисленные и кратковременные запросы.

Такое взаимодействие с покровительствующими вам эгрегорами можно представить в виде ситуации, когда полуслепые склеротики приходят в большой магазин купить себе обновку по потребности. Они выбирают себе что-то, потом бредут в кассу и оплачивают покупку, но тут же теряют чек, забыв ее получить. Потом оплачивают следующую покупку, опять теряют чек и т. д. Любезные продавцы (эгрегоры) подбирают наши чеки и пытаются по ним понять, что же мы хотели купить. Они иногда все же вручают нам покупки, но не всегда угадывают правильно, и мы вместо желанной квартиры получаем хорошую работу или незваную любовь. Присмотритесь, нет ли вас в описанной ситуации?

Инвалиды — это мы, наша оплата — это наши мысли и эмоции, а наши несостоявшиеся покупки — это наши переменчивые желания, которые мы оплатили, но забыли получить.

А поскольку платить все равно приходится, так не лучше ли воспользоваться услугами наших покровителей и получить от их усилий максимальный эффект для себя? Именно на это и направлена методика формирования событий.

• Техника безопасности при общении с эгрегорами

«Методика» содержит несколько специальных правил Техники Безопасного общения с эгрегорами, которые помогут вам избежать ошибок и не попасть под «воспитательные» меры вашего «смотрителя».

• Первое правило ТБ

Первое правило безопасного обращения с эгрегорами:

Никогда не используйте связь с эгрегорами для достижения недобрых целей!

Это значит, что другим людям вы можете заказывать только хорошие события. Даже если ваш недруг занял у вас деньги и совершенно не желает их отдавать — простите его и мысленно пожелайте ему иметь столько денег, чтобы возврат вам долга показался ему сущим пустяком.

Если какой-то человек очень «достает» вас и вы просто мечтаете, чтобы он провалился в тартарары или еще куда подальше, то ни в коем случае не пробуйте заказывать события, в которых этот человек заболевает, попадает в катастрофу, погибает и т. д. Это будет означать, что у вас есть идеализация отношений между людьми и этот человек вам ее разрушает. Вы должны быть благодарны за это, а вы желаете зла. Это неправильно.

Поэтому лучше представьте себе ситуацию, что этого столь нелюбимого вами человека повышают по службе и он переходит на другое место работы. Или он получает наследство и уезжает в далекую Амазонию. Или что-нибудь иное, но **только хорошее**. Достоин ли этот человек подобного развития событий — решать не вам. Вы просто подаете ему энергетическую милостыню таким образом, а уж как в действительности будут развиваться события и что он получит — это будет решаться в результате договоренности эгрегоров.

Будете заказывать другим неприятности — сами получите их, поскольку низкие эгрегоры только и ждут от вас подобных просьб и с радостью возьмутся помочь вам в осуществлении подобных планов. И вполне возможно, что эти планы реализуются, если, конечно, ваша жертва не находится под покровительством более высоких и мощных эгрегоров.

Но в любом случае вас ждет неминуемая расплата за низкие замыслы и деяния! Низкие эгрегоры питаются энергиями страха, страданий, несчастий и, получив (или не получив) порцию от вашей жертвы, они обязательно вернутся к вам и постараются получить такую же порцию от вас. Вы можете заболеть, попасть в катастрофу, быть ограбленным или избитым, потерять работу, деньги и т. п. только в результате того, что некоторое время назад желали зла кому-то из своих близких или знакомых людей. Причем, чем больше энергии или практических действий вы сделали для достижения зла, тем мощнее будет обратный «прилет». Откуда ждать его — совершенно непредсказуемо, все зависит от развития событий на Тонких планах и позиции вашего «смотрителя». Но подобная расплата неминуема, и об этом вряд ли стоит забывать. Ваш смотритель постарается дать вам урок духовного «воспитания», чтобы разрушить вашу идею о том, что в этом мире что-то происходит неправильно.

• Второе правило ТБ

Во втором правиле техники безопасности даются рекомендации по поведению в конфликтных ситуациях. Мы уже рассматривали конфликт с энергетической точки зрения, здесь применим немного иной подход.

Если на вас идет нападение в любой форме, то вы можете выбрать любую из нескольких тактик поведения.

Самая стандартная реакция — войти в конфликт и дать обидчику достойный ответ. Но так бывает в основном только в боевиках стиля «action», когда «обиженный» супермен вступает в схватку с обидчиками и разносит их всех в мелкую щепу, невзирая на их количество, вооружение и т. д.

В жизни дела чаще всего обстоят наоборот. Когда человек нападает на кого-то, он наверняка ощущает свою силу и пользуется поддержкой низких эгрегоров. Если вы вступаете с ним в конфликт, то должны быть уверены, что ваши силы (в том числе на Тонких планах) ничуть не слабее сил нападающего. В противном случае ваш проигрыш неизбежен, а само участие в конфликте отнимет у вас массу сил и энергии.

Если вы не чувствуете уверенности в своей правоте и в победе, то лучше **постараться уйти от конфликта**. Как это сделать? Существует множество способов, подробно описанных в психологической литературе. Мы только коротко перечислим некоторые из них — постарайтесь «не услышать» нападающего или свести все в шутку, молча «проглотить» оскорбление или прикинуться ничего не понимающим дурачком. Можно использовать прием из борьбы «айкидо» и пропустить выпад агрессора мимо себя. Для этого нужно подыграть ему: «Ты говоришь, что я дура? Ты сильно ошибаешься. На самом деле я полная тупица и удивляюсь, как ты этого еще не заметил».

Применив любой из этих приемов, вы не «сядете на канал» к низкому эгрегору агрессивности и зла, который только и ждет, что вы возбудитесь и вступите в конфликт. Ему этого только и надо! Радостно «похихикивая и потирая ладони», он поочередно будет закачивать в вас и в вашего обидчика порции энергии злобы и агрессивности и снимать «сливки» вашей взбудораженной низкой энергетики.

Если же вы увернетесь от конфликта, то сознательно перекроете канал поступления в вас низких энергий и заставите с уважением относиться к вам не только низких, но и высоких эгрегоров. Они **смогут обратить на вас свое внимание и помочь вам в этой жизни**, особенно если вы будете руководствоваться принципами МФС.

Поэтому второе правило техники безопасного общения с эгрегорами может быть сформулировано следующим образом:

Не вступайте в ссоры и конфликты, иначе вы не попадете под покровительство Жизни!

Почему нельзя это делать, вы уже знаете. Для самых забывчивых повторим: испытывая негативные эмоции (а как иначе можно ссориться?), вы привлекаете внимание низких эгрегоров, и они будут прикладывать все усилия, чтобы вы и в будущем оставались их «кормильцем». Чтобы у вас было побольше причин для ссор и вы занимались этим увлекательным делом хоть всю жизнь, к сожалению, обычно не очень длинную и не очень здоровую.

• Изменение обстоятельств жизни

На этом, практически последнем этапе освоения методики формирования событий мы хотим рассмотреть еще один характерный вопрос: можно ли с помощью полученных знаний воздействовать на других людей? Или, выражаясь иначе, можно ли одному человеку «отключать» другого человека от одних эгрегоров и «подключать» к другим?

Потребность в подобных ситуациях возникает довольно часто. Муж постоянно пьет и не поддается никаким методам воздействия — как вырвать его из «лап» низкого эгрегора алкоголизма? Любимый человек не обращает на вас внимания — как внушить ему, что он смотрит совсем не туда? Ребенок не хочет учиться, а тянется только к деньгам и развлечениям — можно ли как-то внушить ему общечеловеческие ценности?

Подобных ситуаций, когда нас не устраивает окружающая жизнь и мы пытаемся внести в нее свои коррективы, существует множество. И видимо, ваши усилия не принесли до сих пор желанного успеха, иначе вам незачем было бы читать эту книгу.

Но здесь возникает уже другой вопрос — а почему вас не устраивает окружающая жизнь? Не означает ли это, что у вас в голове имеется избыточно значимая модель того, какой эта жизнь должна быть? Например, что муж не должен пить, вы осуждаете его за это, и в соответствии с общим принципом духовного воспитания «получаешь то, что осуждаешь» вы получаете выпивающего мужа. Или у вас появилась избыточно значимая фантазия, что любимый человек должен выражать свое отношение к вам каким-то особым образом: дарить цветы, беспокоиться о здоровье, восторгаться внешностью и т. п. А он ведет себя не так, вы нервничаете по этому поводу, не понимая, что Жизнь через него занимается вашим духовным «воспитанием», научая вас не судить.

Скорее всего, так было до прочтения первой части этой книги. Но если все так же осталось и после, то вам рано заниматься формированием событий. Перечитайте первую и последние части этой книги и работайте по ним до тех пор, пока не поймете, что все в жизни происходит не просто так, и вы сами создали себе проблемную ситуацию. И вы же можете выйти из нее, изменившись сами.

Собственно, эти слова вовсе не означают, что вы не должны иметь идеалов и не должны стремиться к их достижению, вовсе нет. Человек имеет полное право ставить перед собой и достигать любые цели — об этом мы уже не раз говорили. Вся сложность состоит в том, каким путем вы идете к своей цели: позитивно, азартно, с уверенностью в победе, но допуская временный проигрыш и прислушиваясь к сигналам Жизни? Или напролом, с массой нерадостных эмоций и не допуская даже мысли, что ваша цель может быть не достигнута? Мы как раз не рекомендуем ходить по второму пути, там очень больно «воспитывают».

Поэтому на пути к цели есть полный смысл принять идеи предлагаемой технологии Разумной жизни, выявить и снять свои идеализации, занять подходящую жизненную позицию (например — «Жизнь есть игра»). В результате у вас в душе должно наступить спокойствие.

При этом может быть так, что спокойствие наступит в душе только у вас, но не у ваших близких. Вы уже спокойны, но ваша цель никак не реализуется, т. е. муж продолжает выпивать, ребенок панкует, любимый смотрит в другую сторону и т. д. В ваших играх вам пока что выпал проигрыш, но вы хотели бы обернуть его в победу. Можно ли в таких условиях пользоваться инструментами методики формирования событий?

Надо отметить, что предлагаемая **методика очень эффективно работает при формировании событий, касающихся вас самих** (увеличение доходов, поиск любимого и т. д.). И значительно менее эффективна, когда нужно заставить какого-то другого человека принять нужное вам решение (или измениться нужным вам образом). Но, поскольку люди все равно будут пытаться применить предлагаемые подходы для влияния на других людей, то мы дадим некоторые рекомендации по достижению подобных целей.

• Воздействуйте на окружающую среду

Мы рекомендуем вам в своих действиях руководствоваться следующим правилом:

Воздействуйте не на самого человека, а на окружающую его среду!

Это значит, что если вы хотите отучить какого-то человека от пьянства, а он сам этого не хочет (или даже хочет, но не может), то вы можете попробовать строить мысленные модели, что этот человек бросил пить.

Тем самым вы вступите в «лобовую» борьбу с мощным эгрегором пьянства и попробуете перекрыть его канал к этому человеку. Если у вас сверхмощная энергетика, то, возможно, у вас все так и получится. Но людей с подобной энергетикой на Земле не так уж много. Для остальных эгрегор пьянства окажется явно «не по зубам» (тем более, что вы явно осуждаете пьющего, т. е. он дает вам урок по разрушению вашей идеализации отношений между людьми или идеализацию разумности поведения людей).

Как раз приведенное выше правило и рекомендует вам в таких случаях **идти обходным путем**. Попробуйте мысленно представить себе **новую ситуацию**, в которой этот пьяница просто не сможет пить. Это может быть смена места жительства, приезд здоровых и непьющих родственников, дальняя поездка (здесь аккуратнее, чтобы это не была зона для заключенных), появление острого интереса к какому-либо полезному делу и т. д. Если подобная модель выбрана, включайте в ход все свои возможности, энергию и позитивный настрой для ее реализации. Сформулируйте цель (но себе!) и идите к ней по всем правилам методики.

Если вы затрудняетесь придумать такой вариант сами, то поставьте перед собой цель типа «Я играючи нахожу способ, когда мой муж сам не захочет выпивать» и дальше работаете только над этой целью, оставив мужа в покое. Вы позитивны, уверены в успехе и **заняты только поисками идей по поводу того, что бы заказать Жизни такого, чтобы в итоге ваш муж перестал пить**. Очень возможно, что уже в ходе этих размышлений ситуация изменится к лучшему (поскольку вы перестали осуждать его и обращать внимание).

Ставить перед собой цель типа: «Я играючи нахожу способ излечения моего мужа от пьянства» практически бесполезно, поскольку подтекст этого заказа прост: «Я билась-билась с переделкой этого урода, ничего не получилось. Пусть теперь Жизнь подсказывает мне, что делать, я беру ее в союзники в моей борьбе с мужем». Жизнь не станет на пару с вами переделывать вашего мужа, как понимаете.

Точно так же, если ваш ребенок плохо учится, то плохо реализуется заказ типа «Я легко нахожу способ заставить моего ребенка хорошо учиться». И неплохо реализуется заказ другого рода «Я легко получаю ситуацию, при которой мой ребенок сам захочет хорошо учиться».

Здесь у Жизни появляется выбор — она может прислать к вашему ребенку друга, который хорошо учится и будет помогать вашему сыну. Или ваш сын увлечется каким-то видом спорта, а тренер потребует хорошей учебы и т. д. Не вы заставите, а он сам захочет. Вы лишь просите Жизнь создать условия для подобного события.

В общем, пару месяцев позитивных размышлений и поисков, и желанная идея будет у вас в голове. А потом вы ставите перед собой следующую цель — реализацию той идеи, которую придумали.

Когда будете заказывать нужную вам ситуацию, делайте это поаккуратнее, чтобы не получилось развития событий по известной присказке: лучшее средство от облысения — это гильотина, т. е. заказ типа «Я с удовольствием создаю ситуацию, в результате которой мой муж перестает пить навсегда» может привести к тому, что вы случайно сварите супчик с такими грибочками, после которых ему удалят большую часть кишечника, и он действительно не сможет пить — нечем будет. А заодно он сядет вам на шею (инвалид ведь!) и все оставшиеся годы будет попрекать теми грибочками. Но зато трезвый!

Точно так же и в остальном. Очень трудно внушить другому человеку, чтобы он полюбил вас, когда он на вас и не смотрит. Гораздо легче заказать ситуацию, в которой он **вынужден будет вплотную столкнуться с вами и оценить все ваши неисчерпаемые достоинства.** А там уже не полагайтесь на эгрегоров или магические ритуалы, а сами прикладывайте усилия по обольщению вашего любимого.

Отработать идеализацию своего несовершенства, повысить самооценку, подобрать модель поведения той Идеальной девушки, которая явно понравится вашему любимому, — и вперед!

И так во всем. Если вы овладели методикой формирования событий для себя, то для воздействия на других идите обходным путем: **создавайте нужную вам ситуацию, в которой этот человек вынужден будет поступать нужным вам образом.** Может быть, это несколько более долгий путь, чем хотелось бы, но лучше реальный результат через полгода, чем фантастический — никогда.

На этом наши рекомендации по вашему совершенствованию заканчиваются, и мы переходим к очередным итогам.

ИТОГИ ～～～～～～～～～～

- *Многолетний опыт использования методики формирования событий показывает, что она является реальным механизмом установления сотрудничества между Жизнью и человеком при достижении им своих целей. Инструментом Жизни являются эгрегоры, которые либо способствуют достижению наших целей, либо препятствуют им.*

■ *Помощь Жизни, как и любая другая помощь, должна быть оплачена. Вы оплачиваете помощь эгрегоров тогда, когда вы думаете о них, благодарите их и всячески демонстрируете свою благодарность за их поддержку.*

■ *Использовать помощь Жизни при достижении своих вполне прикладных целей допустимо на определенном уровне нашего духовного развития. Искать этот уровень не нужно, поскольку при переходе на следующий уровень у вас сама собой отпадет потребность в достижении любых целей.*

Глава 21
Некоторые типичные заблуждения

Как часто люди пользуются своим умом для совершения глупостей!
Ф. Ларошфуко

Рассмотрим типичные вопросы, возникающие после прочтения предлагаемой технологии достижения целей.

• Нельзя ли полегче?

Неужели для достижения цели нужно так много трудиться? Визуализировать, составлять планы, что-то делать. По методикам других авторов не нужно таких усилий. Нельзя ли получать то, что хочешь, более легко?

Конечно можно, если вы будете абсолютно уверены в том, что все ваши желания и замыслы должны сбываться. А как у вас с такой уверенностью? Наверное, не очень. Всем нам дома, в детском саду, школе, институте и т. д. старательно объясняли, что человек создан для труда, что добиться каких-либо результатов можно, только приложив большие усилия. Впрочем, даже большие усилия не гарантируют успеха, потому что нужна удача, связи, «хорошая карма» и прочие не зависящие от нас обстоятельства. И мы все старательно отрабатываем эти программы, куда деваться.

Отсюда следует, что трудиться надо. Чудо рядом, но для его получения нужны как минимум два условия — сильное желание и действия. Если мы вспомним сказки — источник наших надежд на чудо, то там главные герои обычно что-то делали, прежде чем получали вроде как незаслуженный результат, т. е. чудо.

Золушка много и тяжело трудилась и страстно желала изменить обстоятельства своей жизни. Старик много раз забрасывал невод, прежде чем извлек золотую рыбку и т. д.

Так что чудо возможно, но не просто так, а через усилия. Такова наша очень жесткая неосознаваемая установка, отказаться от которой почти невозможно. Нет, теоретически, конечно, можно, но усилия по ее «искоренению», скорее всего, будут превышать усилия по формированию нужного вам события.

Так что проще будет формировать то, что вам действительно нужно. И совершать усилия на пути к желанной цели тоже нужно, без этого наши цели превращаются в пустые мечты, грезы. И их такими делает не какой-то «злобный» эгрегор, а мы сами, как это ни грустно.

Предлагаемая технология формирования нужных нам событий ориентирована на обычных людей, которые не имеют времени и возможностей посвящать массу времени собственной трансформации. Им значительно ближе обычные человеческие ценности, для достижения которых они готовы приложить реальные усилия как во внешнем мире, так и по отношению к себе.

Если же вы готовы все усилия сосредоточить сначала на трансформации себя, а потом заняться достижением того, к чему стремится большинство людей, то вы можете использовать для этих целей все инструменты, предложенные в двух первых частях этой книги. Либо можете использовать любую другую технологию духовного развития — йогу или что-то еще. Но после глубокого погружения в йогу или другую духовную систему люди обычно не возвращаются к «мирским» ценностям, не забывайте об этом.

• Как понять, где что

Можно ли четко разделить неосознаваемые заказы, внутренние программы, «воспитательные» процессы и работать с каждым из этих недостатков по отдельности?

Разделение провести можно, но далеко не всегда. Мы предложили условное деление внутренних ошибок на четыре большие группы.

Например, неосознаваемое внутреннее убеждение типа «деньги достаются тяжелым трудом и никак иначе» относится только к разделу «негативные внутренние программы», и работать с ним нужно соответствующим образом.

А вот если взять страх, а конкретнее страх одиночества, то, с одной стороны, он является неосознаваемым заказом, первым барьером на пути к построению семьи. С другой стороны, наличие у вас страха указывает, что вы не доверяете Жизни и пытаетесь заглянуть в будущее. Значит, у вас имеется идеализация контроля окружающего мира, т. е. перед вами стоит еще и второй барьер — духовные «воспитательные» процессы по разрушению вашей идеализации.

И с третьей стороны, страх есть типичный заказ, но выполненный некорректно, т. е. его можно отнести еще к одному барьеру — некорректным заказам.

В итоге один маленький и заботливый страх одиночества превращается сразу в три серьезных барьера. И работать с ним нужно на каждом из этапов своего самосовершенствования.

Поэтому вы можете смело относить свою специфическую особенность к тому внутреннему барьеру, который покажется вам наиболее подходящим, и работать с ней там. А потом, если что-то еще осталось, вы будете работать с ней на следующем этапе, и так до окончательной победы, до состояния полной осознанности.

• Как выходить на контакт с конкретными эгрегорами?

«Поскольку исполнителями наших желаний выступают эгрегоры, то есть ли какой-то специальный ключ, способ или ритуал, чтобы обратиться к конкретному эгрегору и договориться с ним о помощи? Например, договориться с эгрегором азартных игр о крупном выигрыше в лотерею? Или договориться с эгрегором фондового рынка о том, чтобы он подсказал курс акций некоторых компаний на месяц вперед? Как договариваться с конкретными эгрегорами?»

Никаких тайных правил или ритуалов проведения переговоров с эгрегорами не существует, кроме одного: процесса долгого и целенаправленного размышления о том, к чему вы стремитесь, что хотите получить. Это и есть ритуал настройки на эгрегор. Если вы долго и сосредоточенно размышляете о чем-то (планируете свою деятельность, представляете себе желанную цель или ощущаете удовольствие от ее достижения), то вы своими мыслями и эмоциями привлекаете к себе соответствующих исполнителей, которые в нашей методике именуются эгрегорами.

Примерно так же на рыбалке вы должны сначала прикормить место, чтобы туда пришла крупная рыба, а потом сможете поймать ее. Если же вы суетитесь и пытаетесь поймать рыбы много и сразу, то вам будет попадаться одна мелочь.

Так же и при формировании событий. Если ваши мысли и желания сумбурны и кратковременны, то серьезные эгрегоры вряд ли бросятся помогать вам. Чтобы добиться серьезного результата, нужны немалые целенаправленные усилия — мысленные и вполне реальные, в соответствии с седьмым принципом методики формирования событий.

• Приемлема ли МФС для христиан

«Можно ли использовать христианам методику формирования событий?»

Можно, поскольку она ни в чем не противоречит ни христианству, ни исламу, ни любым другим системам верований. Она не религиозна, не использует обращения к каким-либо богам, никакие религиозные ритуалы и прочие атрибуты. Она больше похожа на научноразработанную технологию повышения личной успешности.

С другой стороны, вся первая часть методики — это расширенное толкование известной христианской заповеди «не суди, да не судим будешь». Она поясняет, что «осуждение» можно найти не только в суде, но и в повседневной жизни. И что наше любое раздражение, уныние или вина и есть то самое суждение, которое необходимо избегать христианам. А мы рассказываем, как можно выявить свои суждения и как можно от них избавиться, и заодно от духовных «воспитательных» процессов, которые применяет к нам Жизнь, чтобы научить нас не судить.

На этом мы заканчиваем рассказ о том, как правильно идти к своим целям на волне удачи и не совершать при этом множество ошибок. Если вы будете позитивны и научитесь хорошо понимать, чего именно хотите достичь и зачем, то Жизнь с удовольствием исполнит все ваши желания. Успехов вам!

Глава 22

Формируем события. Основные идеи

Думать своей головой — самая трудная работа на свете, и это, по-видимому, является причиной того, что так мало людей ей занимается.

Генри Форд

В этой главе мы еще раз коротко перескажем основные идеи второй части. Вся она посвящена только одной теме — рассмотрению того, как нужно правильно строить свои мысли и действия на пути к намеченным целям.

В самом общем виде можно сформулировать два условия достижения желанного результата. Они не сложны.

1. **Нужно устранить противоречия с окружающим миром и стать осознанной личностью — понимать, куда и зачем вы движетесь** (первая часть книги).

2. **Необходимо организовать правильное взаимодействие с Жизнью при достижении своих целей** (вторая часть книги).

Все рекомендации по повышению личной успешности на пути к желанным целям можно разделить на **стратегию и тактику их достижения**.

К **стратегии достижения цели** относятся те жизненные позиции, которые рекомендуется занимать человеку на пути к своим целям, и принципы Методики формирования событий, помогающие правильно строить свои мысли и действия на пути к целям.

Первым стратегическим шагом при наличии цели является выбор жизненной позиции «**Жизнь есть игра**». Во всех остальных ситуациях, когда вы не совершаете конкретных действий, связанных с достижением поставленной цели, рекомендуется занимать жизненные позиции «**Жизнь есть цирк**», «**Жизнь есть большой механизм**», «**Жизнь есть урок**» или «**Жизнь есть то, что я хочу**».

Вторым стратегическим шагом является использование семи основных принципов методики формирования событий и вытекающих из них правил.

«Вы сами формируете все события своей жизни!»
«Карабкайся на одну вершину!» или **«Беги в одну сторону!»**

«Плыви по течению!»
«Дружи со своим эгрегором!»
«Будь сильным!»
«Не суетись и не делай резких движений!»
«У Бога нет других рук, кроме твоих!»

К тактике достижения цели относятся практические рекомендации по формулировке желанной цели, анализ промежуточных результатов и выполнение определенных действий, приближающих вас к цели.

На первом этапе рекомендуется **составить список всех ваших целей и желаний,** разделив их на 11 сфер.

1. Поиск новой работы или путей увеличения своих доходов.

2. Получение конкретных материальных объектов.

3. Поиск спутника жизни.

4. Налаживание отношений с окружающими.

5. Понимание самого себя, самореализация, увлечения.

6. Поиск своей цели в жизни или духовное развитие.

7. Помощь другим людям.

8. Достижение славы, известности, власти.

9. Улучшение своего здоровья.

10. Получение знаний и развитие способностей.

11. Что-то еще.

Затем рекомендуется расставить все желания в каждой из групп по степени важности для вас. На первое место нужно поставить самую важную цель, на второе — чуть менее важную, на третье — еще менее важную и т. д.

Далее необходимо выбрать из каждой группы по одной-две самые важные для вас цели, снова проранжировать их и отобрать для дальнейшей работы только пять-шесть самых важных для вас целей.

Отбор самых важных для вас целей можно проводить вполне осознанно, руководствуясь логическими суждениями и реальными потребностями. Кроме того, можно использовать помощь своего подсознания, обращаясь к его соответствующей области методом автоматического письма или методом прямого разговора через тело.

На следующем этапе необходимо четко сформулировать каждую из выбранных вами для реализации целей.

При формулировке цели желательно соблюдать следующие рекомендации.

• **Сразу указывать то, к чему вы стремитесь.**

• **Формулировать цель по возможности коротко и четко.**

• **Избегать двусмысленностей и «само собой разумеющихся» понятий.**

• **Заказывать то, что вам в действительности нужно.**

• **Не ограничивать способы достижения целей.**

• **Ставить цели только по отношению к себе.**

• **Избегать идеализации цели.**

После формулирования своих целей желательно проверить их на отсутствие внутренних блокирующих факторов. Для этого рекомендуется найти не менее 7 дискомфортных ситуаций, которые могут возникнуть у вас после реализации цели. Если такие ситуации найдены и являются значимыми для вас, то нужно найти способы их устранения, иначе цель будет подсознательно блокироваться вами же.

Жизнь исполняет желания лучшим для человека образом только тогда, когда его «накопитель переживаний» заполнен менее чем на 40% и у него нет идеализаций, которые нужно разрушать.

Поскольку заполнение «накопителя» у большинства людей превышает 50%, то им нужно очень четко формулировать свою цель и проверять ее на возможность неправильного исполнения, используя заложенные в ней двусмысленности и некорректные обороты речи.

Более легкими и быстрее реализуемыми являются заказы с неконкретным исполнителем. При таком заказе вы просто заявляете Жизни, что вам требуется, не задумываясь над тем, как именно будет реализовываться ваш заказ.

Другой тип заказа — когда вы в формуле прямо указываете человека, который должен быть исполнителем вашего заказа. Такие цели требуют больших энергетических затрат и являются нереализуемыми в случае, когда ваши цели противоречат явно выраженным интересам того человека, который должен помочь вам получить желанный результат. При работе с конкретным исполнителем важно, чтобы он имел реальные, а не воображаемые возможности исполнить ваш заказ.

После того как вы четко сформулировали свои цели, нужно разделить их на ближние и дальние.

К ближним относятся цели, которые могут исполниться в течение ближайших дней или месяцев, примерно до полугода, при приложении достаточных усилий.

Дальние цели — это вполне серьезные планы или намерения, поскольку для их реализации в любом случае потребуется много времени, обычно это годы.

Для всех дальних целей необходимо **выделить промежуточные этапы** достижения, зафиксировать, что вы будете делать на каждом из этапов и какие результаты ожидаете получить в конце этапа.

Затем рекомендуем начать **составлять план своих действий на предстоящую неделю**, исходя их того, что составление плана есть один из очень действенных приемов формирования нужных вам событий.

Планировать нужно шаги по реализации как ближних, так и дальних целей. Только для дальних целей в качестве ближайшего рубежа выбираются исполнение очередного этапа движения к цели.

В конце недели **подведите итоги работы за неделю** и зафиксируйте на бумаге свои достижения.

Рекомендуется сразу запланировать один день, когда вы полностью переключитесь на другие дела и не будете думать о своих целях.

Одновременно желательно еще раз пересмотреть, **какими реальными ресурсами вы обладаете**, какие достижения и успехи у вас имеются и как это может способствовать реализации ваших ближних и дальних целей.

Наряду с планированием необходимо заниматься формированием нужных вам событий. Для этого нужно сделать так, чтобы Жизнь узнала о ваших намерениях.

Кроме того, необходимо энергетически «проплатить» ваш заказ своими энергиями мыслей и желаний. Чем больше ваш заказ, тем больше усилий и энергий может потребоваться для его реализации.

Чтобы усилить скорость энергетической «проплаты» своего заказа, рекомендуется использовать приемы, которые помогут вам больше и интенсивней думать о желанном результате.

В качестве таких приемов рекомендуются **многократное проговаривание формулы своей цели, зрительная визуализация желанного результата, составление рисунка или коллажа цели**.

Все приемы желательно выполнять максимально энергично и эмоционально, на позитивном настрое, иначе ваша цель может отложиться надолго.

Очень важным элементом системы по формированию нужных событий является «заказчик», т. е. вы. Высокой эффективностью обладают уверенные в себе и энергичные люди. Если вам не хватает таких качеств, то вы можете развить их у себя.

На пути повышения своей успешности рекомендуется нарабатывать следующие умения и способности.

* **Расслаблять мышцы тела.**
* **Останавливать бег мыслей в голове.**

• **Повысить энергетику.**
• **Наработать у себя необходимые черты характера, используя мыслеобразы или проживание с требуемыми качествами.**

Внимание! При формировании нужных вам событий рекомендуется соблюдать следующие правила безопасности.

• **Никогда не используйте связь с эгрегорами для достижения недобрых целей!**
• **Не вступайте в ссоры и конфликты, иначе вы не попадете под покровительство Жизни!**

Если ваша цель связана с другим человеком, то постарайтесь заказывать такие события, в результате которых будут происходить изменения не с самим человеком, а с окружающей его средой, в результате которых желанная для вас цель может быть достигнута.

При выполнении предложенных условий и рекомендаций формирование любого события является легким и естественным процессом.

Часть 3

Любовь, семья, дети — что может быть важнее?

Да разве любовь имеет что-либо общее с умом!

И. Гёте

В этом разделе мы рассмотрим приложение идей из первых двух частей книги к одной из самых важных сфер нашей жизни — к семейной или личной жизни.

Сразу отметим, что все рассмотренные идеи полностью применимы к этой сфере жизни. Создание семьи, любовь, длительные гармоничные отношения между супругами, благодарные дети и благополучные родители — цели, которые ставит перед собой большинство людей, и далеко не у всех получается их достичь.

Каким образом люди создают себе нежеланное одиночество или безрадостную семейную жизнь*, какие барьеры может нагородить себе человек на пути к желанной цели — счастливой семейной жизни — и как все это изменить, мы рассмотрим в этой части книги.

Глава 1
Как можно создать себе одиночество

Порой одиночество значительно лучше той семейной жизни, которую имеют многие люди. Но даже имея не самую лучшую семейную жизнь, большинство семейных пар не разводятся, предпочитая жить в семье, считая одиночество более худшим выбором.

Как же люди создают себе одиночество? Вы уже знаете, что сделать это можно множеством способов. Если помните, то все препятствия на пути к желанной цели мы разделили на четыре группы. И первый из барьеров на пути к счастливой семейной жизни — это **неосознаваемый заказ себе одиночества**.

Способов реализации такого неосознаваемого заказа, к сожалению, немало.

_____

* Подробнее этот вопрос раскрыт в книге «Советы брачующимся, забракованным и страстно желающим забраковаться». — М.; АСТ : Астрель, 2004

• Страхи, сомнения

Первый способ получения нежеланного события, если помните, состоит в **прямом заказе себе неприятностей через разного рода страхи и сомнения**. Жизнь всегда исполняет то, что мы просим у нее своими мыслями, какими бы странными они ни были.

Вспомните, как часто вас посещают мысли типа: «Неужели я никогда не выйду замуж (не женюсь)? Мужчин слишком мало, я не смогу найти суженого! Я обречена на одиночество!» и подобные?

Если такие мысли характерны для вас, то Жизни ничего не остается, как исполнить этот ваш высокоэмоциональный заказ. Но нужен ли он вам?

Если нет, то прямо сейчас начинайте работать со своими страхами. Для этого существует ряд приемов, о которых мы уже рассказывали в части 1 (см. «Самопрограммируемся на позитив» и «Подружимся со своими переживаниями»).

Все эти рекомендации относятся и к страхам по поводу ребенка, родителей или супруга (если он есть). Страхи относительно их здоровья или безопасности тоже своего рода «заказ» им неприятностей. Но он, к счастью, обычно не исполняется. Однако если испытывать страхи очень долго и смаковать их, то можно, наверное, «намолить» своим близким людям какие-то неприятности. Поэтому учитесь жить так, чтобы в вашу голову приходили только светлые и радостные мысли.

Еще одна разновидность страха — это **боязнь снова испытать стресс**, который вы получили в прошлой любви или в предыдущем браке. Сначала у вас все было замечательно, потом все стало очень плохо (вас бросили, вам изменили, вас разлюбили и т. д.), и вы испытали по этому поводу немалый стресс.

Теперь представьте, что в вашем подсознании поселилось искренне заботящееся о вашем душевном равновесии «живое существо» (ваш страх), которое пытается уберечь вас от повторения этого переживания.

Каждый раз, когда у вас на горизонте появляется очередной кандидат на любовь или семейную жизнь, это существо начинает выискивать в вашем кандидате недостатки и указывать вам на них. Оно из самых лучших побуждений будет подбрасывать вам разного рода мысли о том, что все это ненужно, ненадежно, неискренне, опять будут неприятности и лучше держаться от этого кандидата подальше.

Под действием таких мыслей вы рано или поздно расстаетесь с этим кандидатом, затем пытаетесь найти следующего, потом «отшиваете» его, и так до бесконечности. А все это результат заботы вашего страха о том, чтобы у вас больше не было таких же сильных переживаний, как раньше.

• Как избавиться от страха?

Можно ли самостоятельно сделать так, чтобы этот незваный «защитник» перестал вмешиваться в вашу личную жизнь? Конечно, если использовать для этих целей следующие приемы.

Первый прием, с использованием техники визуализации, подробно описан в первой части книги (см. «Подружимся со своими переживаниями»). Вы находите какой-то образ своего страха — «защитника» от будущих ошибок, потом посылаете ему свою любовь и благодарность за заботу о вашем спокойном будущем. Под воздействием вашей любви **страх трансформируется в образ уверенности**, который поселяется в вашем подсознании и не мешает вам совершать очередные глупости. Или ваш страх преобразуется во что-то веселое и необычное, что вызывает у вас улыбку при воспоминании об этом образе (поросенок на велосипеде, огурец в сиропе и т. п.).

Второй прием избавления от психотравмирующего воспоминания подробно описан также в части 1 (см. «А как же любовь?») и в книге «Советы брачующимся, уже забракованным и страстно желающим забраковаться» [5]. Суть его довольно проста.

Чтобы прошлый стресс не влиял на ваше нынешнее поведение, нужно лишить это переживание энергии, которую оно получило в момент стресса. Для этого вы должны **много раз со всеми мельчайшими подробностями пересказать событие**, во время которого вы испытали сильное переживание. Обычно это тот самый момент, когда вы впервые услышали, что вас не любят, вам изменили или что-то подобное. Пересказывать нужно максимально эмоционально и подробно, раз двадцать, а то и больше. В результате бывшее очень острое переживание обесценится и перестанет оказывать влияние на вашу нынешнюю жизнь.

Это похоже на эффект «случайного попутчика», на которого выливается полный ушат волнующей вас информации, и на душе у вас становится легче. Но с попутчиком этот «фокус» обычно проводится только один раз, а вам нужно повторить все то же раз двадцать, каждый раз посвятив пересказу минут 10—15.

Если двадцати «случайных попутчиков» найти не удается, а ваша кошка забастовала и перестала вас слушать после третьего пересказа, то рассказывайте эту страшную историю самим себе в зеркало. От себя не убежите.

Если проделаете методично и серьезно все эти процедуры, то вам полегчает раз в двести и желанный результат будет достигнут.

Третий прием: можно как следует «продышать» свое переживание. Эта методика называется «ребефинг» или «холотропное дыхание», но использовать самостоятельно такой способ не удастся. В этом деле нужен наставник.

• Неосознаваемые выгоды

Еще один способ создания себе одиночества состоит в том, что вы **извлекаете немало неосознаваемых выгод из своего одиночества и подсознательно не желаете менять ситуацию**. Хотя на сознательном уровне вы настроены на семейную жизнь и даже предпринимаете для этого какие-то усилия. Или не предпринимаете, а только декларируете свое желание иметь семью. Какие это могут быть выгоды? Их множество.

1. Вы не хотите терять свою свободу и независимость.
2. Вы понимаете, что в большинстве случае брак связан с потерей самостоятельности, нужно будет подчиняться чужим требованиям, а вам этого вовсе не хочется.
3. Вы не хотите испытывать стресс (или разочарование), если что-то вас не устроит в будущем избраннике.
4. Вы не хотите испытывать стресс в случае, если окажетесь недостаточно хорошей женой (или мужем).
5. Вступив в брак, вам придется отказаться от каких-то своих привычек или устоявшегося образа жизни, а вам этого не хочется.
6. После вступления в брак вам придется заниматься сексом не только тогда, когда вам этого захочется, но и по просьбе (или требованию) вашего партнера.
7. Вы не хотите испытывать сильный стресс, если брак будет не вечным и вам придется расставаться.
8. В случае удачного брака вы можете стать источником зависти окружающих людей.
9. Вы боитесь разочарований, которые может принести ваш любимый в будущем.

И это только часть неудобств, которые брак может принести в вашу жизнь. А если это действительно так, то получается, что брак вам совсем не нужен. Или нужен, но только с чисто прикладной целью, например, уйти от избыточной опеки родителей или найти отца своему ребенку от предыдущего брака.

Но раз вам замуж не нужно, то и Жизнь, скорее всего, не будет спешить с исполнением вашего желания, даже если вы будете круглосуточно бормотать аффирмации. Вместо того чтобы ввергать вас в очередной стресс, она подождет, пока вы окончательно определитесь, чего же хотите в реальности.

Поэтому, если у вас имеются сложности с устройством личной или семейной жизни, то методично и тщательно выполните упражнение «Скрытые выгоды» (см. главу «Перестаем заказывать себе неприятности».

А затем хорошенько подумайте о его результатах и сделайте вполне осознанный выбор: что вам дороже? Ваша свобода или замужество с возможным ее ограничением? Ваша привычка встречаться по вечерам с подругами или тихие (а то и шумные) семейные радости? Удовольствие от жизни с любимым человеком хотя бы в течение некоторого времени или полное душевное спокойствие и уверенность, что вас не бросят и вам никогда не изменят, поскольку некому будет так поступить?

Сделайте осознанный выбор и **успокойтесь**. Хорош любой выбор, если он даст вам душевное спокойствие. Жизни (Богу, Вселенной) абсолютно все равно, будут у вас муж и дети, или вы решите прожить всю жизнь без семьи.

Вы имеете право на любой выбор, лишь бы он вас устроил.

Вы можете выбрать душевное спокойствие при отсутствии того, кто может его грубо разрушить. Или наоборот, вы можете выбрать радость семейной жизни, но сразу будете допускать, что это счастье имеет полное право быть не вечным.

Вы можете выбрать независимость, но при этом должны будете найти себе занятие на последующие одинокие вечера и ночи. Либо вы можете выбрать замужество, заранее согласившись пожертвовать частью своей независимости и привычек, и т. д.

Главное, сделать осознанный выбор и успокоиться — Жизнь любит улыбающихся, она помогает им достигать их истинные цели.

Не превращайте свою жизнь в постоянные переживания по поводу того, правильный ли вы сделали выбор, — любой ваш выбор будет правильным! Вы не можете ошибиться, любое ваше решение — самое правильное из всех возможных, что бы ни говорили по этому поводу окружающие люди и какие бы сомнения вам ни подбрасывал ваш внутренний критик.

• Низкий ранг в системе ценностей

Следующая ситуация заказа себе неприятностей состоит в том, что **вы неосознанно отказываетесь от того, что вам не очень важно**, но к чему вы можете вполне искренне стремиться внешне, под влиянием обязательств перед родными или друзьями, давлением общественного мнения и других факторов.

Каким образом низкий ранг ценностей может создавать проблемы с семейной жизнью? В том случае, когда вы внутренне считаете, что есть более серьезные дела, которым стоит посвятить время и силы. Например, это может быть наука, педагогика, история, духовное развитие, политика, общественная деятельность, помощь ближним. У мужчин это может быть еще любимая работа или бизнес, который требует полного погружения. Это серьезные дела.

И есть другие, не важные для вас сферы жизни, вроде семьи, детей или здоровья, которыми вы вынуждены заниматься. Но вам это неинтересно и даже досадно, что они отрывают вас от любимого дела. Жизнь улавливает эту вашу досаду и расценивает ее как команду не досаждать вам больше разного рода глупостями вроде семьи или детей.

У мужчин так бывает значительно чаще, чем у женщин. Заводить семью вроде бы нужно, поскольку родители зудят об этом с утра до вечера, организм изредка требует секса, а друзья все время пытаются вас сосватать (видимо, завидуя вашей свободе).

У женщин суперважным делом могут стать дети (завелись случайно). Уход за ними отнимает все их время, некогда думать о себе и своей личной жизни, да и не важны все эти хлопоты. Вот уход за детьми — это дело серьезное!

Понятно, что у людей с подобной системой ценностей будут большие сложности с созданием семьи — она им просто не нужна. Обычно такие люди и не переживают по поводу отсутствия семьи — просто некогда, много других серьезных дел.

Вы будете одиноки до тех пор, пока **сознательно не переместите вопрос устройства личной жизни на более высокое место** в списке ваших ценностей. Изменения, конечно, наступят, но только тогда, когда эти вопросы перестанут быть досадной необходимостью и станут желанной целью.

Если же этого не случится, то Жизнь будет исполнять другие ваши желания, истинные. А это, вроде бы декларируемое, исполняться не будет — оно вам не нужно. Вы на самом деле направляете все свое время и силы на любимые или важные для вас дела, и Жизнь помогает выполнять эти истинные заказы.

• Некорректный заказ

Следующий способ создания себе одиночества заключается в том, что вы совершенно невнятно заявляете Жизни, к чему вы стремитесь. Понятно, что вы не заказываете себе одиночества напрямую. Но ваша цель может быть сформулирована так нечетко, что полученный результат никак вас не устроит, и вы останетесь одиноки. Четкая формулировка того, к чему вы стремитесь, является очень важным фактором. И мы еще будем не раз возвращаться к этому вопросу.

• Заниженная самооценка

Типичный способ создания себе одиночества состоит в том, что вы просите у Жизни любви и замужества (женитьбы), а в душе уверены в другом. В том, что **вы недостойны получить то, к чему вроде бы стремитесь**.

Например, девушка заявляет, что она хочет выйти замуж. А в душе у нее живут страхи и уверенность, что все равно ничего не получится. Она недостойна любви и благополучной семьи, потому что... А дальше идет такой перечень причин, что их невозможно даже перечислить.

Основанием для глубокой внутренней уверенности в том, что вы обречены на одиночество, может стать, все что угодно. Например, что вам слишком много лет. Вы живете не на той улице. У вас веснушки. Вы слишком много (или слишком мало) весите. У вас не те родители. У вас не такие зубы (уши, нос, грудь, ноги и прочие части тела). Вы недостаточно коммуникабельны (не умеете готовить, заниматься сексом, интеллигентно общаться, кататься на горных лыжах, быть интересной в компании) и т. д.

А раз вы так дефектны, то вам не место среди полноценных людей, которые имеют право на любовь и семью. Вы подсознательно заявляете это Жизни, и она исполняет этот ваш более чем странный заказ.

Заниженная самооценка является мощной преградой на пути к желанному результату. Жизнь как бы считает вашу внутреннюю уверенность в том, что вы «недостойны любви, это не для вас, это для каких-то других, более благополучных людей», и реализует ее. А ваши внешние призывы и слабые шевеления по поводу построения семьи не воспринимаются Жизнью всерьез. Она отрабатывает вашу главную внутреннюю программу: «Я недостоин того, к чему стремлюсь», и исправно реализует ее.

Что можно с этим сделать? Нужно осознать, что ситуация с любовью и семейной жизнью, которую вы имеете сейчас, очень точно соответствует вашей самооценке. Вы имеете такую жизнь, какой вы неосознанно считаете себя достойным! **Вы создали все это сами!**

Поэтому, чтобы изменить свою реальность к лучшему, нужно сначала повысить свою самооценку, ощутить, что вы достойны того результата, к которому стремитесь. Как это сделать?

К сожалению, не существует простых рецептов повышения самооценки. Ведь можно многие годы мечтать о принце, но при этом в глубине души считать, что вы недостойны его. И когда Жизнь предоставит вам возможность встречи с ним (так бывает почти у всех!), то вы найдете миллион поводов, чтобы не встречаться с ним. Вы даже можете заболеть, только бы избежать этого дискомфортного события.

Вспомните, не было ли у вас подобных ситуаций в прошлом? Когда красивый, богатый, умный и т. д. (в соответствии с вашими ожиданиями) мужчина был рядом и даже оказывал вам знаки внимания, но вы на это никак не отреагировали. В итоге он исчез.

Это и **было проявлением вашей низкой самооценки**! Вы посчитали себя недостойной, чтобы общаться с подобным человеком. Но ведь именно такого вы просите у Жизни? А как вы будете с ним жить, если у вас сразу наступает полный паралич всех жизненных процессов? В параличе? Но зачем ему такая парализованная любимая?

Чтобы быть достойной принца, **нужно ощущать себя принцессой уже сейчас**. Нужно выглядеть, как принцесса (не одеждой, а внутренне ощущать себя принцессой), — а делаете ли вы что-то для этого? Нужно быть образованной, как принцесса, — а как у вас с этим, или ваше образование завершилось в четвертом классе? Если это так, то вы можете рассчитывать только на принца (сына вождя) из какого-нибудь африканского малочисленного племени Мумба-Юмба-Бурумба и максимум на должность одной из его тридцати жен (в гареме). Если, конечно, у вас есть для этого соответствующие внешние данные.

Мы уже рассказывали, что одним из эффективных способов формирования нужного вам события является ощущение себя обладателем желанного результата. Так вот, **начинайте ощущать себя обладателем желанного любимого** (или любимой — для мужчин) прямо с настоящего момента! Но вы должны быть достойны его! Начинайте прямо сейчас **работать над тем, чтобы ваш избранник мог гордиться вами**. Вместе с развитием ваших реальных талантов будет расти самооценка, и при очередной встрече со своим идеалом вы будете интересной и желанной для него собеседницей. Или даже кем-то еще — как пожелаете.

• На чем концентрируете внимание

Следующий неосознаваемый способ создания себе одиночества прост — вы получаете то, на чем сконцентрировано ваше внимание. Если у вас есть проблема с построением семьи, то на чем вы концентрируетесь? Что обсуждаете в кругу друзей или подруг? Какие темы? Какие обороты речи характерны для вашей компании?

Если это компания неудачниц, стандартной темой бесед которой являются темы типа «мужики все козлы», «всех приличных давно разобрали» и «выбирать-то не из чего», то в вашей реальности все так и будет.

Выбирать будет не из чего, всех приличных разберут на дальних подходах, вам останутся одни козлы.

Жизнь внимательно прислушивается к нашим характерным мыслям и словам и создает нам именно такую реальность, которую она считает в нашей голове. Она старается, чтобы было как лучше, чтобы все наши замыслы исполнились. Она только не может предположить, что разумное существо будет зачем-то создавать себе то, чего ему совсем не нужно.

Такова действительность. И выход из нее совсем прост — переключиться на позитив. Перестать смаковать чужие неприятности и недостатки. Перестать выискивать врагов, дебилов или козлов (по вашей классификации) в окружающих людях. Перестать концентрироваться на плохих новостях и неприятностях.

Начать искать в людях достоинства и хорошие качества. И тогда они будут поворачиваться к вам лучшей своей стороной (душевной).

Вы ищете в людях достоинства — Жизнь будет сталкивать вас с людьми, у которых достоинств будет превеликое множество. Конечно, это будут не ангелы, у них будут различные качества (плохие и хорошие), но вы будете концентрироваться только на лучших.

Для этого выполните следующее задание. Найдите по 10 достоинств у всех знакомых вам мужчин, даже если это приведет к зубной боли или остановке пищеварения. И тогда вы перестанете притягивать в свою реальность «козлов» и вытекающее из этого одиночество.

Казалось бы, это просто. Но как сложно изменить способ мышления, с которым вы жили так много лет! Это невозможно сделать сразу, **делайте это постепенно**.

Например, поставьте перед собой задачу: «Я нахожу по одному качеству, достойному восхищения, во всех людях, с которыми я буду общаться в течение дня». И ищите, что достойно восхищения в том, на кого вы всегда смотрели с презрением или другими нерадостными чувствами. Может быть, он прекрасно фантазирует (раньше вы использовали термин «врет»)? Или классно ездит на автомобиле (велосипеде)? Или славно соблазняет представительниц противоположного пола (раньше вы использовали термин «бл...н»)? Или что-то еще делает замечательно, но вы никогда не обращали на это внимания, поскольку были заняты поиском недостатков? **Начните искать достоинства!**

На следующий день вы делаете то же самое, но **ищите уже другое достоинство**. На третий день ищите еще одно новое достоинство и т. д.

Для некоторых людей самые глубокие поиски дадут совсем вялые результаты, но так бывает очень редко. Так может быть, если вы находитесь в среде людей, игнорирующих все человеческие ценности.

Если же вы живете обычной жизнью, работаете на обычном предприятии, то вас окружают вполне приличные люди, хотя вы до сих пор думали о них по-другому. В каждом из них наверняка найдется не менее десятка достоинств, которыми можно восхищаться. Отыщите их, и ваша реальность изменится самым чудесным образом!

На этом мы заканчиваем рассмотрение способов, которыми вы можете неосознанно привлечь одиночество в свою жизнь. И переходим к итогам.

ИТОГИ

- *Семейная жизнь является одной из важнейших сфер жизни человека. И именно в этой сфере множество людей, желающих создать семью, неосознанно заказывают себе отсутствие этой самой жизни, т. е. одиночество.*

- *Первый и самый распространенный способ заказа одиночества — наличие у человека страха, что у него не сложится семейная жизнь. Чем больше страхов, тем выше вероятность, что вы получите то, чего боитесь.*

- *Следующий способ создания себе одиночества — скрытое нежелание отказываться от выгод, которые вы имеете сегодня, будучи одиноки.*

■ *Если желание построить семью занимает низкий ранг в вашей системе ценностей, то Жизнь не станет заниматься реализацией того, что вам в действительности не важно.*

■ *Еще один путь создания себе одиночества — низкая самооценка, из которой следует внутренняя уверенность в том, что вы не сумеете построить счастливую семейную жизнь.*

■ *Еще один очень эффективный способ заказа одиночества состоит в том, что вы постоянно концентрируетесь на несчастьях и недостатках окружающих людей и тем самым притягиваете подобные события в свою реальность.*

■ *Универсальным способом ухода от всех этих путей создания себе одиночества являются позитивное мышление и концентрация на лучших моментах вашей действительности.*

Глава 2
Меняем негативные установки на позитив

*Непонятно, зачем мужчины так упорно
добиваются руки и сердца женщины,
ведь впоследствии они это
практически не используют.*
Вадим Зверев

Очень серьезным барьером на пути к желанным целям являются различные внутренние установки, которые мы отрабатываем, не задумываясь, почему так поступаем. Эти внутренние программы настолько глубоко сидят в нас, что мы даже не представляем себе, что можно жить и действовать как-то иначе.

Вот пример, когда религиозные и национальные убеждения стали непреодолимой преградой на пути к семейному счастью. Отрывок из письма читательницы:

«...Мне 36 лет. По вероисповеданию — мусульманка. По жизни очень часто встречала женатых мужчин, но всегда подавляла в себе чувства к ним. Согласно исламу девушка не должна жить с женатым мужчиной. И вот, наконец, впервые в жизни я, кажется, сильно влюбилась! Но он иудей! А мусульманкам нельзя выходить замуж за иноверца. Можно только в случае, если он примет мою веру. Но он этого никогда не сделает. Да и мама против. Я очень страдаю! Сама

я тоже не могу отказаться от своей веры и бросить намаз (пяти-
кратное поклонение Аллаху). Это большой грех!

Думаю, отказаться от любви тоже грех!

Помогите найти выход! Не подумайте, что наша семья какая-
то темная мусульманская, ортодоксальная! Я из интеллигентной
семьи. Просто у нас почитают Коран и следуют его законам! Маму
я очень люблю, и если я уеду с любимым, знаю, она меня никогда не
простит! Помогите!»

Как видим, здесь два вполне взрослых человека приняли для
себя как единственно возможные религиозные и национальные
убеждения своей среды, и это стало между двумя любящими
людьми непреодолимой преградой на пути к созданию семьи.

Действительно ли нельзя заключать брак иудею и мусульман-
ке? Нельзя, пока они сами определяют себя (делают неосознаваемый выбор) как иудей и мусульманка.

Но представим ситуацию, что автор письма в силу каких-то
обстоятельств в младенчестве лишилась родителей и воспиты-
валась где-то в Европе в семье христиан. Она явно приняла бы
для себя систему убеждений, что она христианка, и никаких
препятствий к браку с иудеем у нее бы не было.

В чем отличие ее нынешней ситуации от вымышленной?
В том, что ей с детства внушили идею о том, что нельзя жить с иудеем, и она решает, что все обстоит именно так. На самом деле это
вовсе не так, это ее добровольный, но неосознаваемый выбор!

И такой выбор на основе внушенных кем-то и когда-то идей
мы делаем постоянно. Мы — роботы, действующие по программе, заложенной извне. Хотя думаем иначе.

Может ли автор письма достичь своей цели, не отказываясь
ни от каких своих убеждений? Сомнительно. Мы уже много раз
рассматривали причины, по которым наши цели не реализуются. Одна из них — желание достичь результатов, противоречащих друг другу. В данном случае — это желание жить с любимым человеком и желание быть для всех родственников хорошей, не нарушать их устоев жизни.

Это взаимоисключающие требования. Либо вы хороши для
родственников, но тогда живите по их установкам и не мечтай-
те о том, что могут позволить себе независимые люди. Либо будьте самостоятельной и живите своей жизнью, не подстраиваясь
под мнение окружающих. Вместе это обычно не получается, к
сожалению.

Мы уже рассматривали, откуда берутся в нас различные под-
сознательные установки. Родители делятся с нами своим жиз-

ненным опытом. Друзья и знакомые внушают, как нужно жить и чего бояться. Личный опыт неудачных романов тоже откладывает в подсознании ряд установок. А потом мы бессознательно руководствуемся ими.

• Три шага к осознанной свободе

Можно ли начать жить более осознанно (если, конечно, это вам зачем-то нужно)? Конечно! Для этого нужно совершить всего три шага.

На первом шаге необходимо **выявить внутренние программы**, установки и страхи, которыми вы руководствуетесь и **которые создают вам проблемы в личной или семейной жизни**.

А затем (второй шаг!) **нужно составить противоположное по смыслу позитивное утверждение** и **заместить им** (третий шаг!) **прежнюю негативную программу** в своем подсознании. Правила составления позитивных утверждений и рекомендации по дальнейшей работе с ними подробно рассматривались в третьей главе первой части (см. «Убираем неосознаваемые программы»).

Приведем примеры негативных установок из сферы личной и семейной жизни, и варианты противоположных позитивных утверждений.

Негативные программы	Позитивные утверждения
Любовь бывает только в сказках	Я открыта для любви и делаю сказку реальностью
Спать с любимым безнравственно (можно только целоваться)	Секс есть высшая форма любви, и я наслаждаюсь общением с любимым во всех формах отношений
Женщина обязательно должна быть замужем	Я выбираю такую форму отношений, которая радует нас обоих
Женщина без мужа дефектна	Женщина — высшее существо, поэтому я сама выбираю свой образ жизни
Детей рожать опасно	Я выбираю радость и безопасность материнства
Я ненавижу мужиков	Я люблю мужчин, и мужчины любят меня. Я открываюсь навстречу любви. Я впускаю в свою жизнь надежных, ответственных мужчин (перечислите важные для вас качества)

Негативные программы	Позитивные утверждения
Женщина должна рожать ребенка	Я свободное существо и сама выбираю как мне поступать
Я недостойна любви. У меня нет оснований рассчитывать на благополучное будущее	Я доверяю Жизни! Я знаю, что в будущем у меня все будет хорошо! У меня все прекрасно! Я замечательный человек, я божественное создание! Жизнь любит меня и заботится обо мне! У меня все великолепно!
Нормальных мужиков нет	Я играючи привлекаю в свою жизнь мужчину, достойного моей любви
Не знаю, чего я хочу (Замуж? А зачем мне это нужно?)	В любой момент я прекрасно осознаю свои желания и цели
Меня никто не возьмет замуж с ребенком	Все мужчины счастливы взять меня в жены с ребенком, и я выбираю лучшего из них
Я некрасивая	Во мне есть изюминка. Я люблю себя такую, какая есть. Я излучаю любовь!
Мужчина должен быть кормильцем и опорой семьи	Я пускаю в свою жизнь мужчину и нахожу в нем множество достоинств
Замужество = счастью	Счастье — естественное состояние моей души. Я счастлива независимо от внешних обстоятельств
Ты должна жить для других	Я — божественное создание, я достойна любви, признания и уважения самим фактом своего существования
Мать должна жить ради детей	Материнство — прекрасная часть моей жизни, но я всегда открыта для других дел и радостей
Я стыжусь себя	Я люблю и уважаю себя
Семейная жизнь — это самопожертвование	Семейная жизнь — это возможность получения любви, радости и уважения
Люди должны создавать семью	Люди имеют право жить той жизнью, которую они сами для себя выберут

Продолжение таблицы

Негативные программы	Позитивные утверждения
За все нужно платить: за детей — заботой о них, за деньги — усилиями по их зарабатыванию, за здоровье — усилиями по его поддержанию, за красоту — усилиями по ее сохранению	Все давно оплачено, мне осталось только наслаждаться жизнью. Я с удовольствием занимаюсь тем, что дает мне желанный результат
Я не могу никому отказывать	Я духовно расту, позволяя людям самим решать свои проблемы
Родители должны жить только ради детей	Жизнь многообразна, и дети являются только частью этого многообразия
Я не могу принять правильное решение, мне нужна помощь авторитетных людей	Все мои решения изначально правильны, я горжусь собой
Я должна быть независима от мужчин, поскольку они уходят и приходят	Я с удовольствием пускаю в свою жизнь сильного и заботливого мужчину, с которым буду чувствовать себя настоящей Женщиной
Деньги должен зарабатывать мужчина	Я сама решаю, какими будут мои финансовые источники
Муж должен быть один и на всю жизнь	Я живу в любви и радости до тех пор, пока это приносит мне удовольствие. Я свободна в своих поступках
Такого мужчины, как мой бывший, больше не будет. Невозможно опять найти того, с кем бы все так совпадало и было так хорошо	Я доверяю Жизни и с радостью встречаю лучшего для меня мужчину, отвечающего всем моим ожиданиям
Жить для себя нехорошо	Я божественное создание, я достойна любви и признания, я имею право жить как хочу
Ребенок должен уважать своих родителей	Я позволяю моему ребенку жить своей жизнью и самому принимать решения
Секс вне брака невозможен	Секс — прекрасная часть моей жизни, и он не зависит от формальностей
Я боюсь, что не выполню свой родительский долг и буду недостаточно хорошей матерью	Я замечательна самим фактом своего существования

Продолжение таблицы

Негативные программы	Позитивные утверждения
Я не знаю своего предназначения. У меня нет цели в жизни, я не знаю чего хочу	Я рождена для радости и саморазвития, и это лучшее мое предназначение
Нельзя изменять мужу	Я свободна в своих поступках и сама решаю, что мне делать
Заниматься сексом с мужем бездуховно (особенно при наличии маленького ребенка)	Секс — прекрасная часть моей жизни, и я всегда открыта для секса

В левом столбце таблицы приведены лишь некоторые негативные программы. В жизни существует огромное количество подобных негативных установок, создающих проблемы на пути к благополучной семейной жизни. Много таких установок рассмотрено в книге «Советы брачующимся, забракованным и страстно желающим забраковаться».

• *Живем работая над собой*

Процесс выявления своих скрытых негативных установок и замены их на позитивные — это не разовое действие, это **процесс самопознания и духовного совершенствования**, которым можно заниматься всю сознательную жизнь.

Это не значит, что эффекта от работы с позитивными утверждениями нужно ждать многие годы, вовсе нет. Если вы четко выявили свои самые явные ограничивающие установки и заменили их на позитивные, и у вас нет других барьеров на пути к желанной цели, то она может реализоваться очень быстро. Просто потом, уже в условиях замужества, может проявиться следующая негативная программа, и с ней тоже нужно работать, иначе семейная жизнь вместо ожидаемого счастья принесет одни неприятности. И так всю жизнь, к сожалению.

А если вы думаете, что уже отработали все свои негативные установки и живете полностью осознанно, то вам, видимо, не место среди обычных людей. Ваше место среди ангелов — у них точно не должно быть ошибочных установок. Хотя кто проверял...

На этом мы заканчиваем рассмотрение вопроса о том, как нам прекратить отрабатывать негативные установки и начать жить своим разумом, а не чужими советами. И переходим к очередным итогам.

ИТОГИ

■ *Вторым серьезным барьером на пути к счастливой семейной жизни могут быть неосознаваемые внутренние программы.*

■ *Чтобы убрать неосознаваемые препятствия со своего пути, нужно выявить свои негативные установки, сформулировать противоположные им по смыслу позитивные утверждения и руководствоваться устраивающими вас позитивными программами.*

■ *Процесс выявления своих неосознаваемых программ и замены их на позитивные установки бесконечен, поскольку бесконечно число внутренних программ, которыми руководствуется любой человек.*

Глава 3
Типовые «воспитательные» процессы в семье

Если собираетесь кого-нибудь полюбить, научитесь сначала прощать.

А.В. Вампилов

Рассмотрим третий барьер на пути к семейному счастью. Если помните, он заключается в том, что Жизнь порой дает нам уроки духовного «воспитания», т. е. учит нас не придавать избыточного значения очень важным для нас идеям (или идеалам). В нашей методике эти чрезмерно значимые идеи называются идеализациями. Жизнь разрушает наши идеализации, и этот процесс может стать мощным барьером на пути к желанной цели — семейному счастью.

• Одиночество

Например, одиночество (отсутствие семьи при страстном желании ее иметь) может быть результатом как неосознаваемого заказа противоположного события (первый барьер) или неосознаваемой внутренней блокирующей установки (второй барьер), так и результатом духовного «воспитательного» процесса. Как это может произойти?

Прежде всего, одиночество может быть **результатом разрушения идеализации семьи**, т. е. результатом того, что вы придаете этому аспекту своей жизни избыточное значение.

Если девушка (или юноша) страстно желает создать семью и **не представляет себе существования вне семьи** (т. е. косвенно осуждает одиночество), то Жизнь легко может доказать ей (или ему), как она заблуждается. Она не сможет выйти замуж год, два, пять, десять. И чем больше она будет переживать по этому поводу, тем меньше у нее будет шансов изменить ситуацию.

Она будет влюбляться исключительно в женатых мужчин, либо ее потенциальные женихи будут исчезать из поля зрения при первом намеке на свадьбу. Самим им мысль жениться на ней совершенно не будет приходить в голову.

Почему так происходит? Здесь реализуется общий принцип духовного «воспитания»: **ты все время получаешь то, что осуждаешь, и не получаешь то, без чего не представляешь свою жизнь.** Ты осуждаешь одиночество — значит, будешь иметь его до тех пор, пока не смиришься и не снимешь внутренние претензии к этому своему состоянию. Чем раньше это сделать, тем быстрее можно получить желанный результат.

Второй вариант создания себе одиночества — это **идеализация сразу многих аспектов семейной жизни** (муж – добытчик, муж – опора в жизни, муж – галантный и обходительный кавалер и пр.). В итоге может возникнуть ситуация, когда девушка в своих мыслях настолько идеализирует будущую семью, что Жизнь затрудняется найти ей такого мужа-«поганца», чтобы он сумел «воспитывать» ее по всем статьям.

Точнее, найти такого «поганца» совсем не сложно, вон их сколько. Сложно ввести девушку в состояние такого полного любовного оглупления, чтобы она вышла за него замуж. Он настолько отличается от ее идеала, что эмоциям не удается побороть ее разум и заставить совершить безумный поступок. Или она вообще рассудочна и не дает воли эмоциям. Тогда механизм любви не срабатывает, и Жизни не удается навязать девушке нужного ей (с ее точки зрения) партнера. А другого, приличного, ей не дают, поскольку он не сможет «воспитывать» ее в требуемых дозах. Так возникает одиночество.

Как видите, Жизни далеко не всегда удается использовать для «лечения» человека такое средство, как любовь. Если человек обладает развитым логическим мышлением, четко осознает свои требования к жизни и будущему партнеру по браку, то его «смотрителю» трудно загнать его в состояние любовного оглупления и «всучить» ему не устраивающую его половину. Но так бывает в основном в **достаточно зрелом возрасте**. Браки же совершаются в основном в молодости, когда в голове еще мало мудрости, а эмоции захлестывают разум.

«Любовь зла, полюбишь и козла» — говорит русская пословица, подтверждая давно подмеченную народом особенность, что любовь не подвержена разумным объяснениям. Если Жизни угодно, то полюбишь того, кто будет разрушать все твои идеалы по полной программе. И чем больше у человека этих самых очень важных идеалов, тем более гнусный партнер ему достанется. И если обратиться к литературе, то мы найдем немало описаний подобных браков.

• Возможны ли изменения?

Может ли ситуация с отсутствием любимого человека у нашей девушки измениться? К счастью, может, но лишь в том случае, **если система ее ценностей изменится**. Например, по истечении некоторого времени. Посмотрим, как это может выглядеть.

Допустим, что наша придирчивая красавица в 19 лет желала себе в мужья только высокого, красивого, богатого и благородного рыцаря, а на всех остальных мужчин, не соответствующих этим требованиям, смотрела свысока.

К 25 годам рыцаря не нашлось, но выходить замуж вроде бы нужно, поэтому теперь она согласна на не очень высокого, в меру красивого, но богатого и благородного рыцаря. Такой экземпляр опять не попадается, поэтому к 30 годам она уже стала посматривать на невысоких и не очень богатых, пусть даже не рыцарей. А в 35 она уже согласна на любого, пусть даже слегка «потертого» мужчину — лишь бы был! Вот тут-то вероятность появления желанного в юности рыцаря резко повышается — если он зачем-то еще нужен ей. И не раньше, когда она не допускала в свою жизнь мужчин, отличающихся от ее девичьего идеала.

• Другие идеализации

Но и это еще не все. Причиной одиночества, кроме идеализации семейной жизни, может быть любая другая идеализация. Мы уже говорили, что низкая самооценка является одной из возможных причин одиночества.

Но что такое низкая самооценка? Это преувеличение своих недостатков, т. е. **идеализация своего несовершенства**. Такая идеализация имеется у большинства людей, особенно если родители старались вырастить удобного (для них) и послушного ребенка. «Туда не ходи, этого не делай, это не для тебя, с этим не дружи» — такие и подобные указания очень любят раздавать родители-контролеры своим детям, заботясь о том, чтобы все было хорошо.

В итоге ребенок становится послушным, но у него нет опыта самостоятельного принятия решений, нет опыта борьбы за свои цели. А нарабатывать такой опыт во взрослом возрасте очень сложно и больно.

В итоге из послушного ребенка вырастает неуверенный в себе взрослый. Понятно, что такая, послушная в детстве, девушка полна страхов и сомнений, у нее низкая самооценка и большие проблемы с принятием решений, она не верит, что может сама чего-то добиться в жизни. Это все признаки наличия идеализации (преувеличения) своего несовершенства. Она как бы заявляет Жизни: «Я недостойна ничего хорошего. Все приличное не для меня. У меня ничего не получится. Счастливая семья не для меня, я недостойна ее». И Жизнь вынуждена реализовать эти ее неосознаваемые заказы, в основе которых лежат мысли о своем несовершенстве.

Казалось бы, в чем здесь заключается «воспитательный» процесс? В том, что человек с идеализацией несовершенства все время получает то, что он осуждает в душе. А что он осуждает? Себя, свою неумелость, свою беспомощность, свою боязнь ошибиться, свою неуверенность. Есть ли выход из этой ситуации?

Конечно, есть. Нужно отказаться от идеи, что у вас есть какие-то недостатки. Нужно начать улыбаться и найти явные достоинства в своем одиночестве (для начала). Для этого можно применить любой из приемов отказа от идеализаций, которые мы рассматривали ранее. Можно, например, придумать себе клоунский колпак типа «Дефективная половинка» или «Не могу без самца» и посмеяться над своими переживаниями.

Можно поработать с позитивными утверждениями, направленными на повышение своей самооценки: **«Я — божественное создание! Я люблю и горжусь собой независимо от внешних обстоятельств! Я — классная! Я радуюсь тому, что я существую! Каждый миг моего существования наполнен радостью и любовью к себе! Я излучаю любовь! Я дарю людям радость! Я самодостаточна! У меня все в избытке! Я — источник добра и радости! У меня все прекрасно!»**

Или можно использовать любой другой прием, лишь бы ваша самооценка повысилась и вы перестали осуждать себя. Тогда желанная любовь и брак придут к вам сами собой. Всем бессознательно хочется быть ближе к веселому и уверенному в себе человеку. И хочется держаться подальше от испуганного и вечно сомневающегося человека. Дать ему совет, посочувствовать — да, пожалуйста, и то не очень часто. Но вступать с ним в брак и обрекать себя на вечное сочувствие (т. е. отдачу своих жизненных сил) — желающих мало.

Могут ли какие-то другие идеализации стать причиной одиночества? Могут. **Идеализация контроля** будет заставлять вас «строить» любимого еще на стадии знакомства, а нужна ему еще одна армия на дому? Только если он тотально неуверен в себе и готов переложить любую ответственность на любимую. А вам такой нужен?

Идеализация независимости бессознательно заставит вас рвать отношения с любимым, как только ситуация будет приближаться к свадьбе, — ведь в браке вам явно придется потерять часть своей свободы, а для вас это невозможно.

Идеализация способностей будет заставлять вас очень остро реагировать на любые замечания любимого (чаще любимой). Вы будете без конца обижаться, что он неправильно вас понимает, и результат этих обид закономерен. Чувства уходят, а вместе с ними и необходимость вступления в брак.

Идеализация отношений будет порождать повышенные требования к любимому. Если у вас есть эта идеализация, то вы явно будете преувеличивать значимость опозданий любимого на свидания, задержек с выполнением обещаний, забывчивость с подарками или значимыми для вас датами. Понятно, что он в чем-то не будет соответствовать вашим ожиданиям. Отсюда обиды, претензии, конфликты и все остальные действия, направленные на разрушение ваших отношений.

И так до бесконечности. Если у вас есть идеализация, то она так или иначе может стать источником претензий к любимому и заблокировать возможность вступления в брак. Так что начинать нужно не с охоты на любимого (или любимую), а с работы над собой. И тогда любимые появятся возле вас в неограниченном количестве, вам останется только выбирать.

• Взаимное воспитание в семье

Если вы избежали духовного «воспитания» на стадии создания семьи, то, скорее всего, это воспитание вы получите уже в ходе семейной жизни.

Как вы знаете из личного опыта, семья является тем самым местом, где в полной мере проявляются все наши идеализации. В очень многих семьях имеется недостаточное взаимопонимание между супругами, что нередко приводит к обидам, ссорам, скандалам и разводам. В итоге очень много браков распадается. Почему так происходит?

Так происходит потому, что **Жизнь подбирает людей в семейные пары таким образом, чтобы каждый из супругов разрушал ценности, которым придает избыточное значение второй супруг.** Разрушение системы ценностей одного из супругов происходит путем отрицания его идеалов другим супругом. Именно в этом причина большинства конфликтов и взаимного непонимания многих людей, живущих семейной жизнью.

Конечно, далеко не у каждого человека есть идеализации, которые можно разрушить в семейной жизни. Поэтому часть семей живет вполне благополучно, без больших разборок и взаимного недовольства. Но это, по нашим наблюдениям, меньшая часть.

Другая, большая часть людей, идеализирует такие **семейные ценности**, как супружеская верность, домовитость и хозяйственность, порядок и чистота, благоустроенный быт, спокойная жизнь и другие подобные элементы благополучной супружеской жизни.

Несложно догадаться, что все эти качества ближе и понятнее лучшей, женской половине человечества. Именно женщины чаще придают избыточно большое значение этим ценностям.

А поскольку женщины это идеализируют, то мужчинам ничего не остается, как разрушать эти ценности. Мужчины просто вынуждены больше выпивать, ездить на рыбалку или охоту, заводить связи на стороне, там же тратить деньги, массу времени проводить на работе или с друзьями и т. п. Выполняя свою «воспитательную» задачу, они вынуждены совершать такие поступки, которые общественное мнение и мораль относят к негативным деяниям. Но, как мы уже указывали, мораль и задачи духовного «воспитания» часто расходятся.

Семейные ценности идеализируют не только женщины. Большинство мужчин тоже идеализируют их. Это проявляется в ревности, попытке контролировать поведение жены и детей, стремлении самому планировать семейный бюджет и будущее материальное благополучие. Эти ценности должны быть разрушены, и женщины по мере возможности принимают в этом участие. Они ищут связи на стороне, тратят деньги без счета, перестают следить за порядком в доме и т. д. В общем, **супруги духовно «воспитывают» друг друга по полной программе**. И, не понимая этого, обижаются друг на друга и часто разводятся.

Можно привести массу примеров, когда жене-чистюле достается муж, совершенно равнодушый к чистоте и искренне не понимающий ее переживаний из-за разбросанных по дому вещей или следов от его грязной обуви в комнатах (для усугубления ситуации он часто работает в местах, где просто невозможно быть чистым). Или мужу-аскету достается жена, патологически склонная к комфортной жизни (в которой ему обычно не находится места). Или жене из интеллигентной семьи, в которой повышать голос на собеседника считалось верхом неприличия, достается муж-матершинник, искренне не понимающий ее переживаний по поводу его ненормативной и эмоциональной речи. Или мужу, озабоченному сексом, достается жена, уверенная в том, что секс нужен людям только для воспроизведения рода, т. е. им нужно заниматься один раз в пять лет. Или жене, озабоченной своим духовным развитием, достается материальный муж, резко отрицательно относящийся к ее «сектантской» деятельности. И т. д.

Подобных примеров, когда муж и жена имеют прямо противоположные взгляды на один и тот же вопрос, можно привести множество. Жизнь соединила их вместе, а они не принимают «ошибочных» идей своего партнера по семейной жизни, конфликтуя и пытаясь доказать истинность только своей точки зрения. Не понимая, что ни одна из этих точек зрения не является более правильной, поскольку обе имеют равные права на существование.

• Зачем притягиваются противоположности

Собственно, именно этим легко объясняется давно замеченная людьми особенность, что «противоположности притягиваются». А зачем они притягиваются? Чтобы потом негодовать и выяснять отношения друг с другом, порой переходя к рукоприкладству или битью посуды? Вряд ли именно для этого.

Скорее всего, противоположности притягиваются, чтобы доказать друг другу, что **ни одна система ценностей не имеет преимуществ перед другой**, все они имеют равное право на существование. И что **нужно позволять другим людям (даже в семье) иметь свои, отличные от ваших, взгляды на жизнь.** Именно тогда отпадут все основания для скандалов и недовольства жизнью. К сожалению, мало кто это понимает.

Как же Жизни удается собирать в семейные пары людей, которые затем будут взаимно разрушать ценности друг друга? Люди вроде бы существа разумные, и они, казалось бы, еще до брака могли бы понять, что будущий супруг имеет совсем другие взгляды на жизнь. И в брак не вступать. Но так не происходит.

• Любовь

Чтобы свести в семейные пары людей с противоположными ценностями, Жизнь придумала такой способ лишения человека разума, как любовь. **Любовь можно рассматривать как способ оглупления человека на тот период, когда ему нужно вступить в брак со своим духовным «воспитателем».**

А чтобы человеку было не так обидно, любовь сделали очень приятным ощущением, в которое люди впадают с большим удовольствием, и не один раз. Поэтому **браки по любви — это обычно браки людей, одной из задач которых является разрушение системы избыточных ценностей друг друга**, т. е. людей, придающих избыточное значение различным ценностям. Например, жена может идеализировать чистоту и материальную обеспеченность, а муж — футбол и свою независимость.

Любовь длится полгода-год-два, затем любовные чары рассеиваются и муж начинает замечать, что его супруга ведет себя совсем не так, как нужно. Нужно с его точки зрения. Возникают недовольство, обида, агрессивность, начинаются разборки с целью сделать друг друга лучше. Все, механизм духовного «воспитания» запустился.

Жизнь настолько точно подбирает в пары людей, что, зная одного человека (например, жену), можно легко предсказать, какими качествами будет обладать ее муж.

Например, если муж очень расчетлив и логичен, то он наверняка выберет себе импульсивную и вспыльчивую жену.

Если жена очень любит деньги и считает, что мужчина должен быть добытчиком, то у ее мужа будут большие проблемы с деньгами, либо он вообще не будет придавать им хоть какое-то значение.

Если муж очень любит секс, то его жена будет совершенно равнодушна к этому виду интимного общения.

Если жена очень воспитанна и осуждает хамов, то она влюбится, скорее всего, именно в такого мужчину.

Если у жены есть твердые убеждения, как нужно воспитывать ребенка, то у мужа будут совсем другие убеждения.

Если для жены очень важны взаимоотношения с родственниками, то муж будет к ним равнодушен.

Жена очень любит одни виды развлечений, муж — совсем другие.

Если жена очень любит одни блюда, то муж будет любить другие и т. д.

Люди давно заметили эту особенность и говорят, что «противоположности притягиваются». Но вот никто не объясняет, зачем они притягиваются, кому это нужно? Ведь каждый начинает отстаивать свои идеалы как единственно верные, и в итоге этих благих намерений возникают бесконечные ссоры, претензии, непонимание, обиды. А на самом деле идет процесс их взаимного духовного развития, процесс разрушения их идеализаций.

Жена не осознает, что ее супруг является для нее «кармической таблеткой», излечивающей от избыточной идеализации каких-то земных ценностей. И наоборот. А чтобы это «лечение» длилось дольше, в семье рождается ребенок, а то и не один.

Ребенок обычно является связующим звеном, не позволяющим парам быстро разбежаться. Ребенок тоже включается в процессы духовного «воспитания» и разрушает ценности одного, а иногда и обоих родителей. Но о детях чуть позже.

• Прогнозирование будущего избранника

Нужно сказать, что рассмотренный подход к соединению людей в пары с помощью любви позволяет **легко прогнозировать параметры будущего сердечного избранника для юноши (или девушки), если вы знаете систему ценностей одного из них**.

Например, если для девушки очень значим уровень образованности и материальной обеспеченности ее будущего избранника (идеализации денег и образования), то с большой долей вероятности можно предсказать, что она влюбится в малообразованного и малообеспеченного юношу (или обеспеченного сегодня, но потеряющего доходы сразу после свадьбы).

Если для нее очень значим ее внешний вид (идеализация красоты), то скорее всего внешность ее избранника будет вызывать оторопь у людей, хорошо ее знающих.

Если у юноши есть идеал верности и романтичности, то у его избранницы наверняка уже будут дети и давние связи, с которыми ей трудно будет расстаться даже в браке, и т. д.

Рассмотрите системы ценностей известных вам влюбленных пар (включая свои влюбленности), и вы легко увидите закономерность — с помощью любви в вашей жизни появляются люди, имеющие совершенно иную систему ценностей, чем вы.

Можно ли избежать подобного «воспитательного» процесса? Можно, но сначала нужно обязательно выявить свою систему избыточных ценностей (например, с помощью Дневника самонаблюдений) и пересмотреть свое отношение к миру. Тогда необходимость в применении к вам духовных «воспитательных» процессов резко снижается.

• Осознанный выбор супругов

Теперь рассмотрим случай, когда человек сумел избежать любовного оглупления и **не вступил в брак по любви**. Или после окончания действия любовных чар развелся со своим духовным «воспитателем», не усвоив уроки, которые Жизнь пыталась дать с его помощью, т. е. он не отказался от своих идеалов и его «накопитель переживаний» остался заполненным в достаточной степени.

Такой человек обычно сознательно выбирает себе нового партнера для семейной жизни, поэтому «смотрителю» уже сложно навязать ему партнера с противоположной системой ценностей, даже через любовь. Человек сам выбирает себе попутчика с подходящими интересами, наружностью и с устраивающими чертами характера. Значит ли это, что процесс духовного «воспитания» на этом заканчивается? К сожалению, нет.

Если человек пронес по жизни свои ошибочные убеждения до зрелого возраста (будучи холостым или в предыдущем браке, все равно) и нашел себе спутника жизни, идеализирующего такие же ценности, то Жизнь начнет «воспитывать» их на пару. Правда, выбор возможных «воспитательных» средств при этом несколько уменьшается.

Возможные пути разрушения идеализаций сразу обоих супругов:

- через нового ребенка, который будет игнорировать ценности, значимые для родителей;
- через отбирание вещей, находящихся в общей собственности (дача, машина, деньги и пр.);
- через болезни, требующие усилий и внимания обоих супругов.

Например, разрушение совместной идеализации материального благополучия и благоустроенного быта может проводиться путем принудительного «отбирания» денег и других материальных ценностей. Поначалу это может быть потеря денег, мелкие аварии с автомобилем, небольшие кражи имущества и т. п. Если это не помогает, в ход идет более «тяжелая артиллерия». Вашу квартиру могут ограбить, автомобиль может попасть в большую аварию, дом сгореть, кредиторы неожиданно потребуют возврата долгов и т. д. Это наиболее простые и распространенные варианты духовного «воспитания». В действительности, «смотрители» обоих супругов на пару могут придумать что-нибудь и более заковыристое, чтобы разрушить их совместную идеализацию.

Еще раз повторим, что такова наша жизнь. Не мы ее придумали, мы только живем по ее правилам.

• Скандалы – это здорово!

Здесь уместно сказать несколько слов о скандалах — спутниках семейной жизни некоторых людей. Зять и теща, невестка и свекровь, муж и жена — знакомый список участников конфликтов, не так ли? Что же лежит в основе конфликтов, как нужно себя вести, когда вас провоцируют на скандал?

• Скандал – процесс передачи энергии

На энергетическом уровне любой скандал является **процессом передачи энергии от одного человека** (энергодонора) **другому** (энерговампиру).

В большинстве случаев скандал возникает, когда одному человеку не хватает жизненных сил, получаемых обычным путем — из пищи, воздуха, окружающей среды. В результате каких-то болезненных процессов его организму не хватает энергии, а болеть или умирать ему не хочется. Поэтому организм начинает искать другие способы получения энергии.

И находит — **ее можно брать от других людей,** и наиболее легко это делать в моменты их сильных эмоциональных (и энергетических) всплесков. И обычно не важно, что такая энергия несет негативную информацию — лишь бы была. Поэтому этот человек, чаще пожилого возраста, начинает провоцировать другого человека на скандал. В ход идут любые средства: нравоучения, оскорбления, критика, хамские высказывания и т. д. Годится все, лишь бы оппонент вспылил и высказал все, что о вас думает. Что он думает, значения не имеет. Важно только то, что он вскипел и выбросил импульс энергии, которая попала к вампиру и подпитала его.

После шумных взаимных оскорблений участники скандала чувствуют успокоение и умиротворение. Донор — потому что у него нет сил продолжать разборки. Вампир — потому что он получил свою порцию и может спокойно жить некоторое время. Вспомните, не так ли бывает в ваших конфликтах?

Так выглядит скандал **на энергетическом уровне**. Именно так его объясняют экстрасенсы и другие целители, работающие на этом уровне. **Но этот уровень — промежуточный**. Кроме уровня энергетики, у человека есть еще несколько уровней более тонких энергий. И истинная причина скандалов лежит именно там.

Что лежит в основе долговременного недостатка энергетики у человека (вампира)? Случаи кратковременных энергетических провалов из-за болезни, недосыпания или сильной усталости мы здесь не рассматриваем. Скорее всего **долговременный недостаток жизненных сил является следствием «воспитательного» процесса** за неправильное отношение к жизни.

Для пожилых людей, особенно не сумевших добиться в жизни больших успехов, характерны суждение других людей (молодых, богатых, здоровых и т. д.), обида на жизнь, стремление навязать свои идеалы окружающим и другие ошибочные устремления. Соответственно, их «смотритель» запускает «воспитательные» процессы, в результате которых прекращается естественное питание организма энергией и человек начинает испытывать потребность в других источниках жизненных сил.

• Скандал — отстаивание своих идеалов

Теперь о вас. **Если у вас нет идеализаций, то вас невозможно спровоцировать на скандал.** Вас просто ничего не может задеть, поскольку все для вас одинаково значимо (или незначимо). Если же ваш оппонент находит способ «достать» вас, то вы должны быть ему благодарны, потому что он **нащупал именно ту ценность, которой вы придаете избыточное значение!**

Он помогает вам выявить ваши же избыточно значимые ценности, чтобы вы могли с ними поработать. Это могут быть совершенно любые идеалы. Например, ваши взгляды на воспитание ребенка, политические убеждения, ваш внешний вид, умственные способности или любые другие ценности, внушенные воспитанием, образованием, общественным мнением и пр.

У каждого человека имеется свой набор идеалов, и именно их задевает вампир, стараясь вызвать ваше раздражение. Фактически, он является **вашим доктором**, поскольку **показывает то, что вам избыточно дорого**.

Поэтому любой скандал — это здорово! Фактически это бесплатная диагностика ваших идеализаций! И не только диагностика, но и лечение. Поскольку своим поведением, убеждениями или поступками он разрушает ваши идеализации! Он отрицает ваши убеждения и тем не менее живет, всем своим существованием доказывая их ошибочность. Учтите это и постарайтесь быть благодарным человеку, который сумел втянуть вас в скандал. Он ваш бесплатный диагност и лекарь!

• **Как вести себя в конфликте**

Зная все это, вы можете принять решение о том, **как вам участвовать в назревающем конфликте**. Вариантов может быть много.

Вы **можете увернуться от конфликта** — промолчать, уйти куда-нибудь, отделаться шутками. В этом случае вампир не получит своей порции жизненных сил и будет продолжать «доставать» вас или переключится на другого человека (например, на ребенка с его незащищенной психикой).

Вы **можете пожалеть вампира** и включиться в конфликт. Одна-две контролируемые вспышки гнева (если они допустимы в рамках вашей модели поведения в жизни) не нанесут вам большого вреда, но вполне удовлетворят энергетически ослабевшего человека. Но через день-два вас ждет такое же развлечение.

В такой ситуации есть один очень интересный способ участия в конфликте.

• **Чтоб у вас все было хорошо!**

Если вас провоцируют на конфликт, а вы не имеете сил или возможности отказаться от него, то участвуйте на здоровье!

Какое уж тут здоровье после скандала, скажете вы. И окажетесь не правы. Оказывается, можно с большим удовольствием поучаствовать в скандале и остаться совсем здоровым. Чтобы так произошло, нужно в моменты эмоциональных вспышек желать своему оппоненту не традиционные напасти («Чтоб ты сдох!»), а совсем другое. Например: «**Чтоб ты был здоров!**» Или: «**Чтоб у тебя все было хорошо! Чтоб тебя все любили! Чтоб у тебя деньги всегда были!**»

Вариантов подобных пожеланий может быть множество. Вы сами должны придумать три—пять подобных эмоциональных восклицаний, **заранее заучить** их и использовать в ходе конфликта. Выучить их нужно для того, чтобы не пришлось судорожно придумывать хорошее пожелание уже в ходе самого конфликта. Вряд ли у вас что-нибудь получится. А вот если заготовки есть, то их легко вытащить из памяти и использовать.

Участвуя подобным образом в конфликте, вы убиваете сразу трех зайцев.

Первый — с помощью вашего оппонента вы выясните свои идеализации.

Второй — вы поделитесь жизненной энергией с ослабленным человеком, т. е. совершите добрый поступок (что-то вроде подачи милостыни).

И третий — вы пожелаете другому человеку добра, мира или еще чего-то хорошего, т. е. совершите еще один хороший поступок.

В итоге, вместо того чтобы пополнить свой «накопитель переживаний» (что обычно делается в ходе скандала), вы уменьшите его содержимое. Чего еще можно желать!

Как видите, при небольшой коррекции обычная семейная разборка может превратиться в благой поступок.

• Подарите энергию сочувствия

Кроме живого и активного участия в скандале вы можете использовать и другие тактики. Например, вы **можете пожалеть провоцирующего вас человека, посочувствовать ему**.

Мысленно пошлите ему то, чего он от вас добивается: уважения, внимания, признания своей значимости, повышения самооценки и т. д. Тем самым вы предложите ему энергию, но уже другого качества. Вместо ожидаемой им энергии гнева вы подарите ему энергию любви и милосердия.

Возможно, он сумеет усвоить и ее, и тогда реакция может быть самой неожиданной, вплоть до слез раскаяния и извинений. Если эта энергия его не устроит, то он будет продолжать провоцировать вас на вспышку гнева.

Нужно отметить, что некоторые вампиры питаются как раз **энергией сочувствия и сострадания**. Для этого они долго и жалостливо рассказывают о своей несчастной жизни, вызывая ваше сострадание.

• Пожелайте человеку то, в чем он нуждается!

Еще один вариант разрешения конфликта — пожелайте человеку того, что он хочет! Часто в основе скандала лежит недостаток каких-либо внутренних качеств. Это может быть недостаток уважения к себе, недостаток уверенности в своих силах, недостаток тепла и внимания со стороны других людей, боязнь остаться в одиночестве, страх перед будущим и т. д. Может быть, ему что-то недодали в детстве, и сейчас он пытается получить это от вас. Правда, для получения нужного он использует не очень благородный способ — конфликт, но по-другому он просто не умеет.

Поэтому, когда вас задевают и провоцируют на вспышку гнева, попробуйте проанализировать, **чего же от вас хотят в действительности**. Оставьте в стороне модель донор—вампир, станьте просто человеком, который искренне пытается помочь другому человеку. И для начала попытайтесь понять, что от вас пробуют получить через конфликт и взаимные претензии.

Если вы вычислили эту потребность, то сделайте следующий шаг. **Мысленно пошлите человеку то, чего он от вас добивается!** Пошлите ему уверенность в своих силах, заботу и внимание детей или здоровье. Или что-то еще, чего ему не хватает.

Не ждите немедленной реакции, а продолжайте мысленно посылать человеку то, в чем он нуждается. Возможно, это займет у вас несколько часов или даже несколько дней. Но куда вам спешить? Душа бессмертна, впереди у вас целая вечность.

Фактически такое мысленное пожелание будет являться энергетическим посылом, содержащим именно ту информацию и эмоции, которые нужны человеку. Сделайте это в виде мысленных образов, в ходе которых ваш оппонент получает желаемое качество в преувеличенном (и даже гипертрофированном) виде.

Вашей матери не хватает вашего внимания — мысленно подарите ей сотню заботливых дочерей, которые не дадут ей ни минуты покоя! Ей не хватает востребованности? Мысленно подарите ей две сотни совершенно беспомощных дочерей (взрослых, естественно), которым постоянно требуются ее советы и помощь и т.д.*

И вы увидите, что с человеком произойдет чудесное превращение — он успокоится, ваши отношения наладятся, и прежние конфликты останутся в далеком прошлом. Ради этого стоит сделать немного мысленных усилий!

Но делайте эти мысленные посылы легко, весело, не ожидая немедленной отдачи. Вы просто делаете милосердный поступок — даете человеку то, в чем он нуждается! А будет вам за это благодарность или нет — не имеет никакого значения.

Иначе, если вы будете ожидать ответной реакции на свои действия, то возникнет идеализация цели и возможность улучшения ваших взаимоотношений будет заблокирована.

Если вы к мысленным посылам добавите какие-то слова на эту же тему (естественно, хорошие и добрые), **высказанные вслух**,

---

*Более подробно этот прием описан в книге «Советы брачующимся, уже забракованным и страстно желающим забраковаться», глава «Сделайте подарок любимому».

то скорость достижения желаемой вами цели резко увеличится. Конечно, нужно найти такие слова и фразы, чтобы они были приятны вашему оппоненту и чтобы он не принял их за издевательство.

Нужно признаться, что обычно очень сложно найти в себе силы и слова, чтобы вслух пожелать малоприятному вам человеку то, чего ему не хватает. Если с этим возникнут сложности, то можно ограничиться мысленным посылом.

Возможны и другие варианты, но все это решения на уровне энергетики. Чтобы **принципиально прекратить конфликты**, нужно восстановить нормальную энергетику больного человека (энерговампира). А это возможно только при изменении его отношения к жизни и выполнении им основного требования, которое предъявляет к нам Жизнь: принимать окружающий мир таким, каков он есть в реальности, не судить его. Как вы сможете это сделать — решайте сами. Но это обязательное условие.

• Самооценка идеализации семьи

А теперь мы предлагаем вам **рассмотреть свой семейный опыт**, исходя из изложенных выше сведений. Попробуйте припомнить, что особенно **раздражает вас в вашем партнере по браку**. Что именно она (он) делает лишнего или не так, как вам нужно. Это может относиться к ведению домашнего хозяйства или поведению в постели, трате денег или чертам характера и т. п. Поймите, что **именно эти качества вы идеализируете**, т. е. придаете им излишнее (по мнению Жизни) значение. И за это вас «воспитывают», поскольку именно эти идеализации помогают заполниться вашему «накопителю переживаний». Чем больше вы недовольны какими-то качествами в вашем партнере по семейной жизни, тем быстрее наполняется ваш «накопитель».

А теперь попробуйте припомнить, какие **ваши качества или привычки особенно раздражают вашу супругу** (супруга). Очевидно, что она идеализирует **противоположные качества личности или ценности**. Чем больше она недовольна вами и чем больше претензий предъявляет, тем быстрее заполняется ее «накопитель переживаний». С соответствующими «воспитательными» последствиями с вашей стороны.

Выяснив все про свое «воспитание», вы должны принять какое-то решение. Вы можете оставить все по-прежнему, и тогда ваш «накопитель переживаний» будет продолжать заполняться.

А можете изменить свой взгляд на жизнь, **отказаться от дорогих вашему сердцу идей о том, каким должен быть ваш супруг**, и от попыток переделать его в соответствии со своими идеалами. Тогда переживания покинут вас, и вы сможете принять вполне разумное и обоснованное решение о том, стоит ли продолжать совместную жизнь с этим человеком.

Может быть, вы найдете, что недостатки супруга превышают его достоинства, и вам лучше расстаться. Но расстаться мирно, спокойно, без конфликтов и накопления дополнительных переживаний. Лучше даже с благодарностью в душе к вашему бывшему избраннику за те уроки, которые он вам дал за время совместного проживания. Тогда Жизни не придется вновь сводить вас в следующем браке с человеком, который снова будет давать вам все те же уроки духовного «воспитания».

А возможно, вы решите, что достоинства от совместного проживания с супругом превышают недостатки его «неидеальности». Тогда вы останетесь жить вместе, но претензий и конфликтов уже не будет, поскольку у вас не будет идеализаций — избыточно значимых для вас идей о том, каким должен быть ваш супруг.

Рассмотрим ситуацию, когда идеализации обоих супругов привели к распаду семьи.

Лариса, доцент вуза, замужем 30 лет, имеет сына. Умная, образованная, самостоятельная женщина.

Лариса вышла замуж по любви в студенческие годы. Брак был счастливым много лет — супруги имели общие интересы в науке, оба были преподавателями технического вуза, вместе ездили в походы, работали на даче и т. п.

С началом перестройки муж ушел в бизнес и стал руководителем небольшой, но успешно функционирующей фирмы. Появились деньги, возможность жить более свободно, удовлетворять потребности, о которых раньше они могли только мечтать.

Они живут в однокомнатной квартире, но недавно муж купил двухкомнатную квартиру, куда они собираются переезжать. Но муж Ларисы не хочет переезжать с семьей в новую квартиру, а собирается остаться жить один в их однокомнатной квартире. Такая модель семейной жизни очень не устраивает Ларису.

Конфликты в семье возникли после рождения ребенка — Лариса стала более требовательной и нетерпимой к мужу, особенно в последние годы. Возникли скандалы, взаимные упреки, оскорбления.

Три года назад у Ларисы появилась сильная боль в пояснице, которая мешала ей двигаться, вызывая дополнительную раздражительность. Лекарства не помогали, поэтому она сама нашла

*специальные пищевые добавки, которые помогли очистить орга-
низм и изгнать болезнь. Но в последние два месяца болезнь обостри-
лась вновь, и пищевые добавки уже не помогают.*

*Год назад ее муж полюбил другую женщину, коллегу по работе.
Эта женщина старше него, имеет ребенка, замужем (но собирается развестись). Он периодически встречается с ней, практически живет на две семьи. Подобная ситуация совершенно не устраивает Ларису, но все ее претензии не находят понимания у мужа.*

Диагностика ситуации. Лариса наработала за свою жизнь несколько идеализаций, за которые Жизнь довольно активно «воспитывает» ее. Рассмотрим, по каким клапанам идет заполнение ее «накопителя переживаний».

Первый открытый клапан: **идеализация семейной жизни**.
У Ларисы имеется модель поведения мужа в семье — муж должен жить с женой в одной квартире, спать в одной кровати и не
смотреть на других женщин.

Пока существовали условия материальной ограниченности,
у ее мужа не было возможности проводить «воспитательные»
воздействия. Но после покупки отдельной квартиры ему захотелось попробовать пожить в условиях некоторой независимости (что является разрушением идеалов Ларисы). При этом он
не собирается разводиться и сохраняет все обязательства по отношению к семье.

Второй клапан: **отношения между людьми**. Лариса идеализирует верность супругов. Будучи всегда верной своему мужу, она
и в мыслях не допускала ситуации, что у ее мужа может появиться другая женщина. За многолетнюю совместную жизнь она
никогда не изменяла мужу, и он, похоже, тоже. Но после рождения ребенка и особенно во время болезни Ларисы муж начал
посматривать на других женщин.

Поскольку Лариса предъявляла ему большие претензии, он
был просто вынужден влюбиться в другую женщину — в немо-
лодую, очень властную женщину того типа, который ему никогда не нравился (тем самым он попал под «воспитательный»
процесс — его заставили полюбить женщину такого типа, который он осуждал или презирал). О своей влюбленности он рас-
сказал Ларисе, вгоняя ее в дополнительную ярость и разрушая
тем самым ее **идеализацию разумности** поведения людей (если
гуляешь с другой женщиной, то зачем рассказывать об этом своей жене!). Он стал жить у другой женщины, приезжая домой 2—
3 раза в неделю.

Еще один открытый клапан: **контроль окружающего мира**. Лариса, как очень энергичная и властная женщина, внутри семьи являлась лидером, неявно навязывая мужу свою модель взаимоотношений в семье. Это устраивало мужа долгие годы, пока он не имел возможность предъявить свои претензии на лидерство.

Но с ростом материального благополучия, создаваемого мужем (у Ларисы была только небольшая зарплата доцента вуза), у него появилась большая потребность в уважении и проявлении роли лидера в семье. Он стал претендовать на роль хозяина дома.

Такое поведение мужа противоречило модели Ларисы о взаимоотношениях в семье, и она претензиями (оскорблениями, унижениями мужа) пробовала доказать свое право на лидерство. Результатом, естественно, были конфликты и дальнейшее разрушение семьи.

Накопленные переживания привели к появлению заболевания, еще более усугубив и без того непростую семейную ситуацию.

Таковы основные источники заполнения «накопителя переживаний» Ларисы, и только смена ее системы взглядов на жизнь может изменить ситуацию к лучшему. Чтобы спасти семью, Ларисе остается один выход — **хотя бы на время изменить свою модель семейной жизни**. Например, позволить мужу жить отдельно, в другой квартире. Так живут миллионы обеспеченных людей во всем мире. Объективных оснований для беспокойства за целость семьи у нее нет — ее муж разводиться пока не собирается и будет выполнять все свои обязанности в случае снятия претензий к нему.

• Мы ничего не переделываем

Здесь мы рассмотрели только один пример, когда набор идеализаций супругов делает их совместную жизнь невозможной. Значительно большее количество подобных примеров приведено в книге «Уроки судьбы в вопросах и ответах» или в базе данных системы самодиагностики «Эффект».

В очередной раз мы хотим подчеркнуть мысль, что предметом этой книги **не является изменение ситуации** в семье (или где-то еще) в соответствии с вашими желаниями или идеями. Мы не беремся учить вас, как вернуть загулявшего мужа или жену. Наша задача — научить вас жить комфортно в тех условиях, которые вы сумели создать себе сегодня, помочь вам научиться принимать мир таким, какой он есть. Научить вас понимать, каким образом **вы сами создали существующую ситуацию в своей семье!** Вы не жертва, вы источник того, что имеете сегодня!

Поэтому мы почти нигде не приводим рекомендаций того, как можно изменить других людей или существующую ситуацию. Мы только показываем, какие ваши ошибочные убеждения могли привести к тому, что вы имеете сегодня.

Изменитесь вы — изменится мир вокруг вас!

• Начинайте работать над собой

Поэтому мы рекомендуем **начать работать над собой** (над другими вы уже потрудились, пора дать им пожить своей жизнью). Для этого нужно всего лишь подкорректировать взгляды на свои идеалы, **отказаться от идеализации того, что вам так дорого**. Причем дорого в основном на подсознательном уровне, поскольку сознательно вы можете довольно логично доказать правильность ваших взглядов на жизнь, но от этого ваша жизнь лучше не станет.

Вам нужно отказаться от своих идеализаций, перевести их из раздела избыточно значимых ценностей в разряд просто важных для вас идей.

Начать нужно с самого простого — с прощения. Простите вашей супруге (супругу) все, что она делает не так. Как бы тяжело вам ни было. Поймите, что она делает все это только в целях вашего духовного воспитания, для отрывания вас от слишком значимых земных ценностей, повышения вашей духовности. И делает это бессознательно, по «наводке» Жизни, которая поручила ей эту нелегкую задачу.

И очень вероятно, что как только вы простите ей все недостатки и примете ее такой, как она есть, она тут же изменится. Ей не нужно будет больше вас воспитывать, и она не станет совершать поступки, которые так вас раздражали. А если и будет продолжать делать что-то не так, так вы уже простили ее и вас больше не волнуют ее несовершенства.

Соответственно, если она ознакомится с предложенными объяснениями вашей задачи по ее духовному воспитанию и простит вас, простит со всеми вашими друзьями, пивом и рыбалкой, то и у вас пропадет сильная тяга к этим развлечениям. А несильная останется, так что выпивайте и ловите рыбку себе (и вашей супруге) на здоровье.

Понятно, что прощение – это еще не все. Это только **первый этап** исправления своей судьбы и повышения личной эффективности. Дальше нужно сделать так, чтобы вы больше не впадали в переживания по прежним (да и новым) поводам. Как это можно сделать? Мы рассмотрели **девять приемов отказа от идеализаций** во второй части книги. Воспользуйтесь ими, и Жизни не придется больше давать вам свои нерадостные уроки.

Успехов вам на этом нелегком пути внутренней трансформации!

А мы пока подведем

ИТОГИ

- *Именно в семье наиболее часто и успешно супруги занимаются взаимным духовным «воспитанием», разрушая системы избыточных ценностей друг друга.*

- *Жизнь наказывает одиночеством человека, придающего избыточное значение самому факту наличия семьи либо идеализирующего сразу многие аспекты семейной жизни. Кроме того, любая другая идеализация может порой блокировать возможность создания семьи.*

- *Если удалось избежать «воспитательных» процессов на стадии создания семьи, то можно получить их в полной мере в ходе семейной жизни, поскольку Жизнь соединяет в пары с помощью любви людей с разными идеализациями.*

- *Предложенный подход позволяет прогнозировать, в кого может влюбиться человек, если известна его система избыточных ценностей.*

- *Жизнь соединяет вместе людей с разными системами ценностей для того, чтобы они осознали, что ни один идеал не имеет преимуществ перед другим, и нужно позволять людям иметь отличные от ваших взгляды на жизнь.*

- *Любой скандал – это процесс активного отстаивания своей системы ценностей, имеющий большое диагностическое значение для осознания своих идеализаций.*

- *Желая изменить что-то в жизни, начинайте работать над собой. Попытки переделать ближних в соответствии со своими идеалами не дадут желанного результата, а лишь усугубят ситуацию и переведут ее в хроническую стадию.*

Глава 4
Типовые «воспитательные» процессы с детьми

Если чрезмерная увлеченность вашего ребенка
компьютерными играми вызывает у вас беспокойство,
постарайтесь приобщить его к более серьезным
и здоровым занятиям: картам, вину, девочкам.

Народная мудрость

Дети также являются инструментом духовного «воспитания», причем воспитания своих родителей (невзирая на возраст). Они «воспитывают» родителей своим характером, привычками, поведением, отношением к жизни, интересами, идеалами.

По нашим наблюдениям, особенные хлопоты доставляет родителям первый ребенок (когда в семье несколько детей). Возможно, Жизнь опасается, что ребенок может быть всего один, поэтому именно ему поручается провести все «воспитательные» мероприятия со своими родителями. Ребенок часто бессознательно приобретает ценности, противоположные тем, которым его родители придают избыточное значение. Или один из родителей — именно тот, который больше нуждается в «воспитании».

Итак, разрушение системы ценностей родителей через детей чаще всего проводится через первого ребенка. Часто (но не всегда!) он имеет:

• качества, противоположные тем, которые идеализируют родители;

• качества, которые презирают родители в других людях.

Именно эти качества будут больше всего раздражать родителей и оказывать на них «воспитательное» воздействие.

• Типовые приемы разрушения идеализаций родителей

Основываясь на этом, можно наметить типовые приемы разрушения идеализаций родителей через детей.

В частности, ребенок-наркоман может разрушать идеализацию родителями дисциплины, порядка, норм морали, общественного мнения.

Ребенок, плохо учащийся в школе, — идеализацию родителями знаний, интеллекта, образа жизни.

Ребенок, активно участвующий в какой-нибудь эпатажной молодежной группе типа панков, рокеров, реперов и т. д., — идеализацию родителями общественного мнения, правил поведения в обществе, норм морали.

Ребенок, рано увлекшийся сексом, — пуританские взгляды родителей на половую жизнь, осуждение и ограничение сексуальных отношений.

Ребенок, обладающий избыточной жестокостью и целеустремленностью, — избыточную мягкость и деликатность родителей.

Ребенок, игнорирующий необходимость учиться или трудиться, — чрезмерную увлеченность родителей своими делами, бизнесом, карьерой.

Безвольный и безынициативный ребенок — избыточную властность и энергичность родителей, и наоборот.

Приведем пример подобного «воспитания» из реальной жизни.

Ольга, 43 года, замужем, имеет сына в возрасте 4 лет. Ольга — очень мягкая, добрая и деликатная женщина. Она никогда не вступает в ссоры, никогда не отстаивает собственное мнение, не спорит, не кричит, не ругается и т. д. Поэтому она — любимый клиент уличных торговцев. Если она что-то покупает, то они, едва увидев ее беззащитные глаза, сразу увеличивают стоимость товара в полтора, а то и в два раза. И хотя Ольга работает бухгалтером и прекрасно может сосчитать стоимость покупки, она никогда не вступает в пререкания по поводу обсчета.

Пять лет назад Ольга вышла замуж за такого же мягкого и бесконфликтного человека. Например, бывает так, что ее мужу по три месяца не выдают зарплату (он работает во вполне процветающей фирме), а он не может сходить к начальству и узнать почему.

Четыре года назад у них родился вполне здоровый младенец. Когда он подрос, стали проявляться некоторые особенности его характера. Это очень энергичный, настойчивый и жесткий ребенок. Он всегда добивается того, что захочет. Если он захочет, чтобы ему купили какую-то игрушку или сладость, то всегда добивается своего. В случае отказа он падает на землю и закатывает истерики. Мягкие родители не выдерживают истерик ребенка и уступают, хотя и испытывают большой дискомфорт при этом.

Когда им объяснили, что нехорошо позволять ребенку командовать взрослыми людьми и что ребенок без вреда для себя может плакать хоть два часа, они в случае истерики стали уходить в другую комнату, оставляя ребенка одного надрываться в крике.

Тогда ребенок изменил тактику достижения своих целей. Если истерика не помогает, он приходит в комнату родителей и молча бьется головой о дверной косяк. Сильно, до крови на лбу или голове. Мягкое родительское сердце, естественно, не выдерживает, и все пожелания ребенка исполняются. Таким образом, четырехлетний малыш практически управляет двумя сорокалетними людьми, что не прибавляет им радости в жизни. Когда у них появился ребенок, они и не представляли, что в их мягкой и деликатной семье могут быть такие жестокие взаимоотношения.

Диагностика ситуации. В данном случае наличествует идеализация отношений между людьми, придание избыточного значения мягким и деликатным взаимоотношениям. Поскольку взрослые родители вполне осознанно выбрали друг друга в соответствии с общими ценностями, то их ребенок должен разрушать эти ценности. Что он с успехом и делает! Он наглядно показывает им, что мир может быть не только чутким и деликатным, но и грубым и жестоким. И пока они не изменят свою систему ценностей и не начнут разговаривать с ребенком на его языке, наступив на горло собственной песне, ситуация будет только ухудшаться.

Чтобы их жизнь стала комфортной, они, невзирая на свои убеждения, должны взять ремень (или палку) и несколько раз хорошенько отлупить свое чадо. Этот язык он хорошо поймет и начнет уважать своих родителей. А пока что они для него — размазня, на которую не стоит обращать внимания. Или обращать можно, но только для вполне прикладных целей, например получения денег и других благ.

Ни в коем случае не принимайте рассмотренный пример как пропаганду телесных наказаний. Мы привели достаточно редкий случай, когда требуется такое радикальное «лечение», потому что другие способы просто не помогут.

• Ребенок — это самостоятельная Личность

А во всех остальных случаях мы предлагаем рассматривать ребенка любого возраста как вполне сознательную Личность, имеющую право на собственное мнение. И пусть эта личность пока что имеет маловато знаний и жизненного опыта, все равно это Личность!

И если ребенок делает что-то неправильно, то нужно не приказывать, а переубеждать его. Переубеждать, разговаривая с ним как с вполне самостоятельной личностью, только приводя понятные ему доводы и примеры.

Конечно, это не очень просто, требует времени и определенных усилий. Гораздо легче просто приказать: «Не переходи улицу на красный свет светофора» или «Не знакомься на улице с неизвестными взрослыми людьми». Но ребенок имеет право на собственное мнение! И он будет доказывать это право (хотя бы себе), нарушая неоправданные, на его взгляд, запреты. Ведь вы не объяснили понятным ему языком, почему так нужно поступать.

Тотальным контролем и наказаниями вы можете заставить ребенка строго выполнять непонятные ему распоряжения, но долговременный эффект от этого может быть огорчительным. Вы полностью подавите его инициативу и самостоятельность. И когда вы отправите его во взрослую жизнь, он не сумеет добиться в ней признания, потому что не привык иметь собственное мнение и добиваться своих целей.

Все ваши надежды на преуспевание в жизни такого тихого и дисциплинированного ребенка будут разрушены, он будет не более чем послушным исполнителем чужих распоряжений. И чем раньше вы позволите ему иметь свое мнение и считать себя самостоятельной личностью, тем крепче он будет стоять на ногах в реальной жизни, когда вы уже не сможете контролировать его и обеспечивать ему безопасное и комфортное существование.

• Чему учит вас ребенок

Если поведение ребенка вызывает ваши переживания, нужно постараться понять, какие ваши идеализации он разрушает. Сделать это непросто, но вполне возможно. Например, если ребенок тащит из дома деньги или вещи, то, скорее всего, у вас есть идеализация материальных благ или образа жизни. Если он часами играет на компьютере и тем самым запускает учебу, то, скорее всего, он разрушает вашу идеализацию разумности поведения людей. Если он врет или ворует, то не исключено, что он это делает потому, что вы избыточно честны и осуждаете нечестных людей (идеализация отношений) и т. д.

И, возможно, воспитание ребенка нужно будет **начать с пересмотра своей системы ценностей**. Приведем пример, как иногда это можно сделать.

В молодой обеспеченной семье родители начали замечать, что у них стали исчезать в больших количествах конфеты, предназначенные для гостей и праздников. Ребенок 10 лет, естественно, отрицал свою причастность к этому событию.

Как-то отец вернулся с работы раньше обычного. И увидел во дворе своего сына, который раздавал другим детям их конфеты. Какой бы была обычная реакция родителей на такое поведение ребенка? Брань, обвинения во лжи, наказание, рассказ о том, как тяжело зарабатываются деньги, и т. д.

Но этот отец поступил по-иному. Он задумался: если ребенок выносит из дома и раздает детям их собственность, то, видимо, он считает своих родителей избыточно жадными, озабоченными только накоплением материальных благ, стяжателями. Если его сейчас отругать, ситуация вряд ли исправится, и в будущем нужно ожидать, что он начнет выносить из дома более дорогие вещи либо будет просто игнорировать материальные ценности, т. е. эту проблему нужно решать не путем насилия над ребенком, а путем изменения его мнения о системе ценностей своих родителей.

Поэтому он спокойно посадил сына в автомобиль и они поехали в большой магазин. Там он предложил ему выбрать столько конфет, сколько он захочет. Ребенок выбрал несколько килограммовых пакетов конфет, отец оплатил их, и они вернулись к дому. Там отец выложил все пакеты на капот автомобиля и предложил сыну раздать все конфеты детям. Ребенок задумался, а потом отказался раздавать «свои» конфеты другим детям. Они собрали пакеты и отнесли их домой. С тех пор с конфетами и с другим вещами в доме все в порядке.

Конечно, редко можно найти родителей, которые вместо «переделки» ребенка начнут думать о том, что им самим нужно изменить в себе, чтобы ситуация разрешилась без последствий. Ведь для этого им придется наступить на горло собственным ценностям и поступить вопреки своим идеалам. А кому этого хочется — признать, что ты что-то делал неправильно? Гораздо удобнее доказать другому ошибочность его взглядов. Тем более что это всего лишь ребенок, и не важно, ваш он или чужой.

• Бездетность

Теперь рассмотрим ситуацию, когда у семейной пары не рождается ребенок. Чем это может быть вызвано? Естественно, мы рассматриваем только случаи, когда оба супруга здоровы и врачи не могут объяснить, почему у них нет детей.

Самая распространенная причина — это ситуация, когда **супруги очень хотят иметь ребенка и не представляют себе дальнейшую жизнь без него**. Как вы понимаете, у них обоих (или хотя бы у одного из них) присутствует модель идеальной семьи, в которой **обязательно должен быть ребенок**.

Они живут бездетно и потому постоянно недовольны жизнью. Они не принимают такую жизнь! Что это за жизнь без детей? Это не жизнь! Вот если с ребенком, тогда все в порядке. Наличие подобной идеализации семейной жизни как раз и может стать причиной бездетности. Детей не будет, пока они не изменят свою систему ценностей. Либо пока они не разойдутся, и в новом браке у них не будет этой идеализации.

Еще одна из возможных причин — ситуация, когда **родители идеализируют своего будущего ребенка**, наделяя его массой достоинств. Или они на пару обладают таким **набором идеализаций**, которые некому будет разрушать, кроме ребенка (идеализации семьи, отношений, образа жизни, образования и пр.). В таком случае для «воспитания» родителей ребенок должен обладать полным набором качеств, разрушающих их систему ценностей.

Но количество этих качеств у родителей может быть так велико, что, придя в наш мир и исполняя свою «воспитательную» задачу, ребенок неминуемо усугубит свое положение, т. е. гарантированно увеличит уровень заполнения своего «накопителя переживаний». Чтобы этого не произошло, его не пускают в наш мир. Если родители все же «продавливают» ситуацию и, например, берут ребенка из детдома, то уже ему приходится обеспечивать им полный комплекс «воспитательных» процедур.

Поэтому, если ребенок желанен, то родители должны вычислить свои идеализации, пересмотреть свою систему взглядов, простить и принять наш мир и тем самым снизить будущую «воспитательную» нагрузку на своего ребенка. Тогда он придет.

Это, естественно, всего лишь самые распространенные из возможных причин бездетности. Жизнь сложна, и в ней могут реализоваться самые разные варианты.

На этом мы заканчиваем рассмотрение основных блокирующих факторов на пути к счастливой семейной жизни. А заодно подведем очередные

ИТОГИ

■ *Дети являются активными участниками процессов разрушения идеализаций своих родителей.*

■ *Для этого они часто имеют:*

— *качества, противоположные тем, которые идеализируют родители;*

— *качества, которые презирают родители в других людях.*

■ *Если родители испытывают большие переживания по поводу своего ребенка, то им рекомендуется для начала поработать со своей системой ценностей. Может быть, тогда не придется применять к ребёнку никаких мер насилия.*

■ *Ребенок — это самостоятельная Личность, сколько бы лет ему ни было. И желательно не подавлять его интересы или желания, а найти способ доказать ему их ошибочность.*

■ *Бездетность часто является следствием избыточного желания родителей иметь ребенка и вытекающего из него осуждения своей бездетности.*

Глава 5
Контролируем свое животное начало

Всякий видит, чем ты кажешься, немногие чувствуют, кто ты на самом деле.

Н. Макиавелли

Мы рассмотрели три основных барьера на пути к счастливой семейной жизни. Еще раз напомним их. Это неосознаваемый заказ себе противоположного события, отработка программ из подсознания и духовные «воспитательные» процессы со стороны Жизни.

Но кроме них существуют и некоторые другие факторы, оказывающие очень большое влияние на устройство личной и семейной жизни. Они не имеют отношения к приведенным выше барьерам, но не менее успешно могут создавать проблемы в жизни человека. Речь идет о бессознательном проявлении животного начала в людях.

Все мы когда-то произошли от обезьяны. С тех пор люди достаточно далеко продвинулись по пути эволюции, причем одни ушли от животных дальше, другие — не так далеко, третьи почти не отличаются от них. Хотя внешне все люди достаточно похожи: передвигаются на двух ногах, волосяное покрытие слабое, речь более или менее внятная, иногда даже содержательная, руки-ноги и другие части тела у всех на одних и тех же местах.

На этом общее заканчивается, дальше начинаются различия. На некоторых из них мы и остановимся. Мы не будем рассматривать физиологические, расовые и иные отличия, касающиеся физического тела. Нас интересуют только психические отличия.

• Проявленность инстинктивного начала

И первое из таких различий — степень проявленности врожденных инстинктов в поведении человека. Они, к сожалению, порой оказывают очень сильное влияние на наше поведение и поступки.

Ученые даже ввели специальный термин — «примативность» (не путать с примитивностью!), указывающий на степень проявленности врожденных инстинктов в поведении человека. Высокопримативными называют людей с сильно проявленным инстинктивным началом в поведении, т. е. тех, кто в высокой степени руководствуется инстинктами при принятии решений. Низкопримативными называются люди, у которых сильно рациональное, логическое (хотя логика может быть самой странной) начало в поведении, инстинктам они не дают воли.

Высокопримативные люди населяют преимущественно места с опасными или тяжелыми природными условиями, т. е. горы, пустыни, джунгли и т. д. Это страны Африки, Ближнего Востока, Центральной Азии и Южной Америки. Инстинкты помогают жителям этих стран выживать, там они им необходимы.

Низкопримативные люди живут преимущественно в странах с высокой степенью обеспеченности и безопасности. Это страны Европы и Северной Америки.

О каких инстинктах здесь идет речь? О немногих. Это инстинкт продолжения рода, заставляющий людей размножаться. Это стадный инстинкт, заставляющий помогать людям одной национальности, веры или родственникам. Это инстинкт выживания, заставляющий людей карабкаться все выше и выше по лестнице успеха.

• Инстинкт продолжения рода

Мы рассмотрим только формы проявления инстинкта продолжения рода, поскольку именно он создает множество проблем в личной и семейной жизни. Именно он заставляет женщин и мужчин искать друг друга, влюбляться и производить потомство, что в целом неплохо, Но этот инстинкт по-разному проявляется у мужчин и женщин, приводя к взаимному непониманию и множеству претензий*. Давайте рассмотрим проявления этого инстинкта у мужчин и женщин чуть подробнее.

---

* Более подробно о проявлении инстинктов в семейной и личной жизни можно прочитать в главе «Все мы немного самцы и самки» книги «Советы брачующимся, забракованным и страстно желающим забраковаться» [5] и в работе А. Протопопова «Трактат о любви с точки зрения жуткого зануды».

• Как проявляется инстинкт у женщин

Инстинкт продолжения рода у женщин требует, чтобы отец ребенка был сильным и преуспевающим (т.е. высокоранговым самцом), поскольку только такой отец сможет обеспечить потомству безопасное и сытое будущее. Именно поэтому женщины инстинктивно тянутся к сильным и преуспевающим (высокоранговым) мужчинам, отсюда следует их бессознательное желание опереться на «сильное плечо».

Причем инстинкт как проявление нашего животного начала не развивается и не трансформируется вместе с человеком, а исходит из своих прежних представлений. А каким был высокоранговый мужчина несколько тысяч лет назад? Несложно перечислить те признаки, которые позволяли мужчине преуспевать при первобытном строе. Он должен был быть физически сильным, жестким, уверенным в себе, смелым, не считающимся с чужим мнением (наглым), стремящимся к лидерству.

Как ни смешно, но именно по таким критериям женский инстинкт отбирает любимых мужчин и сейчас! Правда, в наше время сюда прибавляется еще и амбициозность, громадье планов и презрение к бытовым (низменным) потребностям. Именно поэтому женские сердца (особенно в молодости) легко завоевывают мужчины, умеющие ярко преподнести себя (демонстративные, самоуверенные, манящие огромными возможностями, иногда ведущие себя вызывающе, т. е. всячески демонстрирующие, что они стоят выше толпы). Тысячи девушек влюбляются в разного рода поп-певцов и других публичных деятелей, которые предъявляют себя обществу именно таким образом, и они же игнорируют то внимание, которое оказывают им умные и воспитанные очкарики.

Умом девушка может выбирать умного (внимательного, делового, обеспеченного и т. д.) юношу, но душа ее будет тянуться к пусть безденежному, но говорливому и бравому на вид (самоуверенному, «понтующемуся») молодому человеку. Умом она может выбрать (и даже выйти замуж) за воспитанного банкира, но душа ее будет принадлежать его бравому охраннику или водителю.

Выбрав себе мужчину «по душе», устраивающего ее инстинкт продолжения рода, женщина рожает от него ребенка (или несколько) и погружается в их воспитание, искренне полагая, что и для мужа это является самым главным и важным занятием. Другие мужчины (самцы) ей не нужны, она выбрала самого лучшего и теперь полностью погружена в семейные дела. И она считает, что и любимый мужчина должен полностью разделять ее семейные радости.

Правда, и тут бывает немало сложностей. Через некоторое время ситуация может сложиться так, что выбранный ею мужчина в силу каких-то обстоятельств (уволили с работы, обанкротился, оказался неудачником) не сможет соответствовать требуемому уровню успешности. И инстинкт перестанет признавать его за высокорангового самца. Любовь тут же пройдет (под это будет подведено множество объяснений), у жены появятся претензии к мужу, она начнет концентрироваться на его недостатках, и благополучной семейной жизни наступит конец. Казалось бы, жена должна поддержать мужа в трудный момент, но инстинкт заставляет ее отвернуться от него и искать другого высокорангового самца.

Именно инстинкт продолжения рода является той основой, на которой чаще всего возникает идеализация семейной жизни. Инстинкт буквально подгоняет высокопримативных женщин создавать семью и заводить детей, без исполнения этих функций жизнь кажется им бессмысленной. Этот же инстинкт диктует им образ мужа (сильный, добытчик, защитник), даже если они очень обеспеченны и сами могут защитить кого угодно.

И чем сильней проявлен в женщине инстинкт продолжения рода, тем большее влияние на ее выбор и поведение будут оказывать эти факторы, порождая самые странные поступки и переживания.

• Как проявляется инстинкт у мужчин

Инстинкт продолжения рода оказывает влияние и на поведение мужчин. Но совсем не так, как на женщин. Если женщине инстинкт велит выбрать самого преуспевающего (с его точки зрения) мужчину и потом держаться за него и заводить от него потомство, то мужчинам он диктует совсем другое поведение.

Здоровый, сильный самец должен распространить свои гены как можно шире, чтобы гарантированно сохранить свой род. Для этого он должен оплодотворить как можно большее количество самок.

Инстинкт толкает мужчину выбрать устраивающую его женщину и произвести от нее потомство. Но на этом инстинкт не успокаивается. Вдруг у жены окажутся какие-то проблемы со здоровьем и она не сможет иметь детей? Или вдруг его потомство не выживет? Что, тогда род должен остановиться? А если мужчина высокоранговый и способен дать очень качественное потомство? Понятно, что инстинкт должен исключить возможность прерывания рода. И он делает это совсем просто. Он заставляет мужчину не останавливаться на одной женщине. У животных — чем выше рейтинг самца, тем большее количество самок он оплодотворяет. Примерно то же происходит у мужчин, особенно если они чего-то добились в жизни и имеют возможность следовать инстинктивному влечению.

Состоятельный, преуспевающий мужчина имеет возможность оставлять свое потомство не только в своей законной семье. Инстинкт гонит мужчин от одной женщине к другой. И чем более проявлен этот инстинкт в мужчине, тем большее количество женщин он будет любить, испытывая к ним необъяснимую тягу. При этом он может совершенно искренне любить свою жену, но под влиянием инстинкта продолжения рода будет тянуться к другим женщинам. А если с женой проблемы, то и подавно.

Так что мужчин можно осуждать за неверность. Можно обвинять их в стремлении сходить «налево» и пытаться заставить любить только свою жену, но нужно понимать, что делают это они не со зла, а поддавшись своему животному началу — которое, кстати, и привлекает к ним женщин.

Это известный факт: женщина скорее предпочтет быть любовницей достойного мужчины, чем женой недостойного.

• Все хотят сильного мужчину

Как мы уже говорили, большинство женщин бессознательно стремятся найти себе того мужчину, которого их инстинкт признает за «сильного». Внешние признаки этого «идеала» мы тоже приводили: сильный (в том числе физически), уверенный в себе (до наглости), безрассудно смелый, самостоятельный, не боящийся трудностей, готовый бросить вызов, всегда активный, лидер, т. е. он должен быть настоящим самцом. Но в нашем стерильном и цивилизованном мире не так много места для людей с такими качествами!

Они, конечно, иногда встречаются, но это скорее отклонение, чем норма. Цивилизация заботливо убивает в человеке необходимость быть смелым и физически сильным — в стабильном обществе эти качества просто негде проявлять, разве что в спорте. Лидер, активный, независимый — эти качества общество приветствует, когда они проявлены в меру. Если человек чересчур независим, то ему очень сложно преуспеть в нашем обществе, где далеко не все зависит от его деловых качеств, и где нужно иной раз работать в команде или в структуре. И т. д.

Мужчин, обладающих приведенным выше набором качеств, можно встретить в тайге, в горах, в пустыне, в органах внутренних дел или в частной охране, в неформальных группировках и в тюрьмах. И довольно редко в качестве менеджера в банке или в торговом предприятии — там требуются несколько другие качества. Недаром среди олигархов последней волны практически нет одиозных личностей. Нынешние миллионеры заработали свои деньги не силой и смелостью, а умом. Их нигде не видно, они не любят появляться на людях, они неброско одеваются, т. е. они не самцы. И признать их за «сильных самцов» можно только умом, а не душой.

Поэтому мы предлагаем вам задуматься и разобраться в том, чего требуют ваша душа (или ваши инстинкты) и ваш разум, и разделить эти требования. Разум требует, чтобы ваш избранник был успешен в социуме, т. е. умел зарабатывать деньги, занимал хорошую должность и обеспечил вам и вашим детям хорошее будущее. А инстинкт требует, чтобы он был сильный, мужественный, решительный, энергичный и т. д. Но все эти качества «в одном флаконе» не очень требуются для преуспевания в социуме.

Нужно понимать это противоречие и то, что чем дальше наше общество будет идти по пути цивилизованности, тем меньше «сильных» (в смысле самцовости) мужчин в нем будет встречаться. И тем меньше в нем будет встречаться тех, кого женщина бессознательно признает за «сильное плечо». Это наша реальность, и нужно быть к ней готовыми.

• Что делать?

Что же делать, как бороться с влиянием инстинктов, если они постоянно создают проблемы в вашей жизни, вы осознали их влияние и хотели бы избавиться от них? Понятно, что эти рекомендации будут относиться только к тем, **кто хочет измениться сам**. И они будут совершенно бесполезны, если вы станете применять их для переделки своих высокопримативных близких.

Здесь можно дать несколько рекомендаций, вытекающих из общих способов отказа от идеализаций. Ведь инстинкты, оказывая большое и неосознаваемое влияние на людей, лежат в основе идеализации семьи и некоторых других идеализаций.

Значит, для борьбы с инстинктами (после осознания их влияния на вашу жизнь) можно использовать те же средства, что мы применяем для отказа от идеализаций. Таких средств несколько.

• Применим волю

Первый и обязательный инструмент для подавления влияния инстинктов — это воля и желание человека. Волю нужно применять после того, как вы осознали, что ваши переживания не имеют перед собой никаких разумных оснований, т. е. они инстинктивны.

В этом случае вы просто даете себе команду: «Я не буду впредь обращать внимание на мою беспричинную тягу к этому человеку и буду руководствоваться только моим разумом». Звучит это, конечно, малоубедительно, но подобный осознанный выбор рано или поздно даст свой результат — инстинкт угомонится. И перестанет влиять на ваш выбор и поступки.

• Позитивные утверждения

Следующий прием основывается на том, что инстинкты обычно порождают какие-нибудь навязчивые мысли. Поэтому нужно выявить эти характерные мысли, четко сформулировать их и затем работать с ними по общим правилам работы с негативными установками.

После выявления характерных негативных мыслей надо составить противоположное им по смыслу позитивное утверждение и повторять его много-много раз до тех пор, пока ваш инстинкт не поймет, что он зря суетится, и не уймется.

Например, вас все время беспокоит мысль: «Мне нужен ребенок, почему у меня его нет? Это ужасно, что я остаюсь одна! Мне обязательно нужен ребенок, без него мне не жить!» Вы записываете эти характерные мысли, а затем составляете позитивное утверждение, противоположное этим мыслям по смыслу и декларирующее тот результат, которого вы хотели бы достичь: «Я радуюсь каждому моменту моей жизни! Моя жизнь полна смысла как с ребенком, так и без него! Я доверяю Жизни и знаю, что в будущем у меня все будет отлично!»

А затем повторяйте составленное позитивное утверждение до тех пор, пока сами не поверите в него и не станете им руководствоваться.

• Обсмейте свои инстинкты

Еще один вариант — обесценить свои бессознательные устремления через юмор, обсмеять свои инстинктивные позывы. Здесь хорошо подойдет жизненная позиция «Жизнь есть цирк», в котором вы — клоун, исполняющий свою роль на арене цирка.

Вам нужно представить, что каждый раз, когда вы попадаете под влияние инстинкта, вы становитесь клоуном, исполняющим свою роль в цирке жизни. Ваша роль написана у вас на колпаке с бубенцами. Она должна быть сформулирована таким образом, чтобы вам стали смешны ваши переживания или устремления.

Например, ваша роль может называться «Не могу без самца», «Ищу самца-производителя», «Дайте, на что опереться» — при бесконечных поисках «сильного мужского плеча».

«Всем ложиться», «Террорист-осеменитель», «Бешеный член» — для мужчин, которые хотят, но не могут совладать со своим инстинктом продолжения рода, постоянно заставляющим их искать секс на стороне.

Приведенные рекомендации по подавлению влияния инстинктов успешно могут использовать люди низкоприматив-ные, т. е. те, кого инстинкты и так донимают не очень сильно.

И их непросто использовать людям высокопримативным, у которых инстинкты играют решающую роль при принятии решений и создают им множество проблем.

Но это еще не все о животном начале в человеке.

• Тяга к сильным эмоциональным состояниям

У людей есть еще одна особенность, не имеющая отношения к инстинктам и различного рода ментальным заморочкам, которые мы рассматривали в первой части книги. Речь идет о бессознательной тяге людей к высокоэмоциональным (т. е. высокоэнергетическим) состояниям, к числу которых относится и любовь.

Как всем хорошо известно, любовь — очень приятное бурление энергий (жизненных сил) в нашем организме. А пылкая любовь — это просто фонтан энергий, которые наполняют нас и изливаются на окружающих. Влюбленный человек буквально «летает на крыльях» — переполняющая его энергия делает его движения легкими, танцующими, воздушными. Он весел, бодр и счастлив независимо от обстоятельств окружающей жизни, поскольку его рациональный ум в это время не способен оценивать реальность. Эндорфины (гормоны удовольствия) в огромном количестве вбрасываются в «горячую» кровь, человек находится в возбужденном, очень приятном, эйфорическом состоянии, весь мир кажется ему прекрасным, и любые цели для него достижимы. Выражаясь другим языком, у него возбужден центр удовольствий, и он желает оставаться в этом состоянии бесконечно большое время.

Позже, когда по каким-то причинам любовь проходит (гормональный фон падает) и человек выходит из своего высокоэнергетического эйфорического состояния, весь мир кажется ему пресным, скучным и пустым, порой ему даже не хочется жить, так сильно различаются его ощущения во время влюбленности и во время обычной жизни. И он, помня о тех прекрасных ощущениях, которые он испытал в состоянии влюбленности, стремится испытать их вновь и вновь. Для этого он ищет новую любовь — именно так поступали обычно те самые поэты и писатели, которые прославляли пламенную страсть.

Либо, если в голове сидят страхи о том, что новой любви не найти, он **зависает на воспоминаниях** о прежних прекрасных и сильных ощущениях и пробует (требует, просит) получить их вновь и вновь от своего любимого. Отсюда возникает «зависимость» от любимого, который уже не может вам дать то, что вы требуете. В ее основе лежит воспоминание о тех прекрасных минутах самых сильных в вашей жизни ощущений (энергетических всплесках), которые вы когда-то испытали. Если этих острых ощущений не было, то и зависимости быть не может — вспоминать нечего.

• Люди зависят от прошлых переживаний

Зависимость от испытанных когда-то очень сильных ощущений относится не только к любви. Получить острые ощущения можно многими способами, и если вы их когда-то пережили, то воспоминания о них записываются на уровне клеточной памяти и вы постоянно будете стремиться вновь вернуться к этим ощущениям.

Например, если человек был на войне и там его жизни угрожала реальная опасность, но он выжил и испытал при этом сильнейшие эмоции (а попробуйте оставаться бесстрастным при этом!), то память об этих переживаниях может жить в теле долгие годы и все время заставлять вспоминать о них. У медиков эта память о прошлых энергетических всплесках, испытанных человеком на войне, получила название «афганский синдром», «чеченский синдром» и т. д.

Если человек когда-то достиг больших успехов или славы и испытал при этом огромный подъем душевных сил, то он легко может зависнуть на воспоминаниях о них, не находя в текущей жизни ничего такого, что давало бы аналогичные ощущения. Просто участвуют в боевых действиях или достигают вершин успеха немногие, а сильнейшие любовные переживания доступны практически всем, поэтому и зависают на воспоминаниях о прошлых эмоциональных (энергетических) всплесках наиболее часто в любви.

Все эти рассуждения говорят о том, что **любовь можно рассматривать как высокоэнергетическое состояние**, дающее человеку сильнейшие ощущения. Особенно они сильны, когда любовь романтическая (на уровне сердечных центров) соединяется с любовью телесной (на уровне сексуальных центров). Обмен энергиями между влюбленными в таком случае достигает максимального значения, и им очень трудно найти в обычной жизни хоть что-то, что давало бы подобные сильные ощущения. Именно поэтому люди стремятся испытать страстную любовь вновь и вновь, невзирая на боль, иногда приходящую после ее завершения.

Все эти процессы протекают помимо воли и сознания людей и оказывают огромное влияние на их поведение. Их нужно как минимум осознавать. Как максимум нужно научиться управлять ими и перестать быть зависимым от потребностей в острых ощущениях. Можно ли это сделать, существуют ли какие-то «таблетки от любви»?

• Таблетка от любви

Осознавая свою зависимость от сильных ощущений, люди стремятся избавиться от любви. Понятно, что не от тех пламенных и нестерпимо приятных ощущений, которые они испытывают в моменты любви. Избавиться от навязчивых воспоминаний об этих прекрасных моментах. Причем умом вы можете понимать, что любовь прошла, ваш любимый исчез с горизонта и ничто не может его вернуть назад, но сердцу, как говорится, не прикажешь. В воспоминаниях вы вновь и вновь возвращаетесь к пикам ушедшей любви и хотите испытать их вновь и вновь и с тем же человеком, поскольку именно он доставил вам моменты блаженства. Вы **находитесь в зависимости** от своих воспоминаний о приятных ощущениях. Это своего рода наркомания, хотя внешне это трактуется как любовь.

Можно ли быстро избавиться от этой мучительной зависимости? Наверное, можно, если приложить определенные усилия и **стереть информацию о ваших прошлых любовных переживаниях**. Понятно, что таблеток, которые смогут стереть в вашем теле память о прошлых моментах удовольствий, не существует (во всяком случае, пока). Но вот психотерапевтических методов очистки нашего тела от разного рода переживаний существует множество. Это работает, конечно, если любви уже нет, а сами воспоминания о прошлом сильно отравляют вашу нынешнюю жизнь.

Рассмотрим некоторые приемы, позволяющие самостоятельно избавиться от этой зависимости.

• Работаем с идеализацией контроля

Вы можете цепляться за прошлое потому, что **боитесь будущего и не доверяете ему.** Вы не верите, что сможете еще раз встретить такую же «чистую и светлую любовь», и поэтому всячески затягиваете расставание с прошлым. Выражаясь языком методики Разумной жизни, у вас есть **идеализация контроля** в форме страхов перед будущим и недоверия Жизни. Эта идеализация часто блокирует наше движение вперед, к желанному будущему, и вы зависаете в том состоянии, которое вас совершенно не устраивает. Например, вы живете с нелюбимым мужем (женой) и давно мечтаете о разводе, но не делаете этого шага, опасаясь, что никого больше не встретите и останетесь одиноки.

Это все слова из одной песни: «Я боюсь будущего. Я готов(а) сделать решительный шаг, если буду абсолютно уверен(а), что впереди все будет хорошо. Я откроюсь новой любви, если вы гарантируете мне, что она будет».

Понятно, что гарантий не дает никто, и «контролер» зависает в состоянии душевного дискомфорта, которое в нашем случае принимает форму зависимости от прошлой любви.

Значит, **чтобы избавиться от зависимости, нужно поработать со своими страхами, научиться доверять Жизни** и смело смотреть в будущее, в котором есть все, что вы пожелаете получить.

А сегодня вы создаете себе будущее, о котором сами же много раз заявляли Жизни своими страхами: «Все самое прекрасное осталось позади. Любви больше не будет. Я никому не нужна. Будущее ужасно» и т. д. Как только вы измените свои мысли на противоположные, позитивные, ваше будущее изменится в этот же миг, и вас будет ждать то, что вы позволите себе получить.

Для избавления от этой идеализации годится любой из приемов, рассмотренных нами в первой части книги.

• Очистимся от эмоциональной памяти

Следующая рекомендация сводится к тому, что в теле нужно как-то стереть (или просто уменьшить) тот информационный импульс, в котором записано, как классно было у вас в прошлом.

Если такого воспоминания не будет, то и зависать вам будет не на чем.

Как это можно сделать самому? Например, используя технику, похожую на одитинг (из дианетики), т. е. **способ многократного пересказывания вслух самых значимых ваших воспоминаний** о прошедшей любви. Для этого нужно либо найти терпеливого собеседника, либо просто сесть перед зеркалом и вслух рассказать все о вашем замечательном прошлом, с мельчайшими подробностями, включая описание окружающей обстановки, времени суток, цветов, запахов, фактуры материалов и т. д. И так раз 30—40. На тридцатый раз вы почувствуете, что вам не о чем уже рассказывать, ваше воспоминание стало пустым и неинтересным.

Подобный эффект испытываем все мы, например, после летнего отдыха. Первым трем знакомым мы рассказываем о самых интересных моментах отдыха с энтузиазмом. Следующим трем — скомкано и без азарта, а от последующих любопытных просто стараемся увернуться — нам стало неинтересно все, что там было. Точно так же можно поступить с прошлой любовью, но только рассказывать нужно со всеми подробностями, эмоционально и раз 30—40. Потом это все забудется как кошмарный сон.

• Клин клином

Еще один способ освободиться от воспоминаний об ушедшей любви — записать в своем теле еще более сильное переживание (позитивное, разумеется), которое вытеснит эмоциональную память об ушедшей любви. Иногда ситуация с сильным переживанием складывается непроизвольно (или как следствие неосознаваемого и некорректного заказа). Например, когда у женщины сильно заболевает ребенок, то она мигом забывает о своих страданиях по поводу несчастной любви, хотя раньше находилась из-за этого в глубокой депрессии.

Понятно, что мы не можем рекомендовать избавляться от своих переживаний через страдания близких людей. Нужно найти более гуманные способы. Например, найти в себе силы и прыгнуть с самолета. С парашютом, разумеется. Или сходить в серьезный альпинистский поход. Или залезть в прорубь искупаться и т. д.

В общем, нужно напрячься и сделать что-то такое, что вызовет у вас сильнейший эмоциональный всплеск. Если это переживание будет достаточно мощным, то оно поможет вытеснить ваше предыдущее воспоминание. Клин, как говорится, клином вышибают.

Так что от воспоминаний о прошедшей любви излечиться можно. И пустить в свою жизнь новую любовь тоже можно, все зависит только от вас.

На этом мы заканчиваем рассмотрение тех проявлений нашего животного начала, которые могут создать проблемы на пути к счастливой семейной жизни, и переходим к очередным итогам.

ИТОГИ

- *Наряду с рассмотренными ранее основными внутренними барьерами существует несколько особенностей в поведении людей, создающих сложности при устройстве личной и семейной жизни.*

- *Одной из таких особенностей является проявление врожденных инстинктов в поведении человека. Инстинкт продолжения рода по-разному проявляется у мужчин и женщин, что вызывает их претензии друг к другу и является источником некоторых идеализаций.*

- *Другой особенностью является бессознательное стремление людей вновь и вновь испытывать те эйфорические состояния, которые они получают в любви. Если любовь проходит, то человек может зависнуть на воспоминаниях о своих прежних высокоэмоциональных состояниях.*

- *Эти особенности неосознаваемого поведения людей нужно знать и уметь управлять ими так, чтобы они не управляли вами.*

Глава 6

Закажем себе любимого

Если жена тебе изменила,
то радуйся, что она изменила тебе,
а не отечеству.
Мудрость

Мы рассмотрели три основных и два специфических (вызванных нашим происхождением) препятствия на пути к счастливой семейной жизни. И рассмотрели способы, с помощью которых можно убрать эти барьеры из своей жизни.

Но, если помните, есть еще один, четвертый барьер — некорректный заказ. В этой главе мы рассмотрим, как можно обойти четвертый барьер и правильно заявить Жизни о своих намерениях в сфере семейной жизни. Тогда, если предыдущие барьеры уже перестали существовать в вашем подсознании, желанный результат возникнет как бы сам собой.

А для начала рассмотрим, какие типичные ошибки совершают люди, заявляя Жизни о своих целях.

• Типичные ошибки при формулировке цели

Ошибок при устройстве личной жизни совершается больше, чем можно предполагать.

Если помните, мы использовали модель, согласно которой исполнителями наших заказов являются эгрегоры — обитатели незримого мира. Они улавливают энергии наших мыслей и желаний и помогают нам достигать заявленные цели. Но стремятся сделать это с минимальными усилиями для себя, порой лишь формально выполняя заявленные условия. Благо возможности для этого заложены в многозначности нашего языка.

В результате люди получают результат, но он не полностью устраивает их, и они приступают к «корректировке» любимых в желанную сторону. Понятное дело, что ничего хорошего из этой корректировки не получается. А ведь можно было обойтись без нее, стоило лишь в самом начале более четко сформулировать тот результат, который вы желаете получить. Но кто же захочет напрягаться сразу... Авось обойдется.

Рассмотрим примеры подобных некорректных заказов, которые привели к совсем нежеланным результатам.

Формулировка заказа	Полученный результат
Я выхожу замуж за любящего меня мужчину	Вы выходите замуж без любви с вашей стороны, любить будет только он, и такие отношения вас не устроят
Я встречаю желанного и достойного меня мужчину для совместной жизни	Вы будете встречать достойного вам мужчину, потом быстро его потеряете, потом опять встретите и т. д. Это заказ встреч
Я начинаю совместную жизнь с достойным меня мужчиной	Это заказ начала отношений, а не их продолжения. Поэтому вероятны быстрые расставания
Я выхожу замуж за любимого мной обеспеченного мужчину	Вы будете его любить, а он вас — нет. Кроме того, он вполне может оказаться жмотом, хотя и обеспеченным
Я живу под одной крышей с любимым человеком	Не исключено, что у вас на двоих окажется только одна крыша (навес или квартира его родителей) и больше ничего. К тому же здесь заказываются неформальные отношения
Я наслаждаюсь жизнью с любимым и любящим меня мужчиной	Вы встретите родственную душу и будете получать наслаждение от встреч с ним. Но не исключено, что он будет женат (не на вас, естественно)
Я замужем за мужчиной, который помогает мне реализоваться	Мужчина может быть замечательным и всячески будет поддерживать вас в ваших исканиях. И все. Сам он может быть нереализованным и будет сидеть у вас на шее
Я начинаю совместную жизнь с любимым и любящим меня финансово обеспеченным мужчиной, готовым меня содержать и поддерживать мои духовные искания	Скорее всего, он будет в разы старше вас — годится вам такое?
Я вступаю в брак с...	Один раз вступаете, потом еще раз вступаете и т. д. Вечно вы куда-то вступите...

Понятно, что это только малая часть тех формулировок цели, которые привели к неудачным результатам. Если добавить сюда ошибки, вызванные неосознаваемыми заказами, внутренними программами и идеализациями, то становится понятным, почему семейная жизнь большинства людей оказывается неудачной.

Многие люди отказываются даже формулировать то, к чему они стремятся. Точнее, они все равно формулируют свои желания, но более чем в расплывчатой форме, например: «Я не знаю, чего хочу, пусть Бог рассудит...», «Я полагаюсь на судьбу...», «Любовь — это чудо. Чудо нельзя сотворить самим, это воля провидения...» и т. д. Все эти формулировке говорят о том, что люди отказываются сознательно творить свою реальность и позволяют Жизни распорядиться их судьбой так, как она захочет.

А мы уже говорили, что Жизнь реализует заказы лучшим образом только для людей, которые не имеют идеализаций и заполнение их «накопителя переживаний» не превышает 40%. Но таких людей совсем не много. Большинство с самого раннего возраста полны идеалов, и Жизнь вынуждена давать им уроки духовного «воспитания» в процессе семейной жизни.

Особенно если пустить все на самотек и заявить, что «вы примете все, что пошлет вам Бог». Так и принимайте без ропота то, что вам предлагает Жизнь. Но ведь никто не принимает! Все бросаются в бой за переделку того, что получили в результате своего же некорректного заказа.

● *Формулируем желанную цель*

Поэтому, чтобы иметь поменьше боевых действий в будущей семейной жизни (совсем без этого не бывает), лучше сразу попытаться понять, что же вас устроит в будущем, т. е. каким должен быть ваш партнер по семейной жизни, чтобы ваша совместная жизнь была долгой и радостной.

Что для этого нужно? К сожалению, не так уж мало. **Сначала — понять себя**: какие страхи, неосознаваемые выгоды, внешние программы или идеализации поселились в вашем подсознании. Откорректировать или избавиться от этих внутренних барьеров.

Затем нужно **понять, чего вы хотите получить в будущей семейной жизни**, кроме любовных экстатических состояний, какую именно семейную жизнь вы желаете иметь, и сформулировать это словами. Рекомендации по составлению формулы вашей цели мы уже приводили во второй части книги.

Одна их них, если помните, говорит о том, что **нужно не лукавить перед собой, а заявлять Жизни то, чего вы хотите в действительности**.

Если вас интересует только высокоэнергетическое состояние любовной эйфории (а в молодости это типичная основная цель), то стоит ли сразу тащить любимого (или любимую) в загс? Или вы опасаетесь, что вас могут лишить этого кайфа, и вы больше не получите его ни от кого? Так поработайте со своим страхом, научитесь доверять Жизни, а не пытайтесь зафиксировать ситуацию с помощью брака. Любовь в неволе гаснет значительно быстрее, чем на свободе. Получайте одну любовь, потом другую, потом третью — до тех пор, пока ваши цели не изменятся, и вы захотите получить нечто большее, чем любовная эйфория. Это важный элемент благополучной семейной жизни, но далеко не единственный.

Если в общении с партнером вам важен только секс, то опять же, стоит ли сразу тащить понравившегося вам сексуального партнера в загс? Конечно, очень удобно иметь его «под рукой» каждую ночь, это большой плюс семейной жизни. Но если вас не соединяет ничего, кроме секса, то вряд ли он сможет компенсировать вам все остальные прелести семейной жизни.

Поэтому сначала попытайтесь понять, чего вы хотите получить в действительности от семейной жизни. И можно ли все это получить без заключения брака (например, в «гражданском» браке без оформления отношений)? Если да, то много раз подумайте, стоит ли вам спешить с формализацией ваших отношений. Понятно, что это в случае, если есть с кем их формализовать.

Если же возле вас нет никого, кого вы могли бы быстренько затащить в загс и закрепить тем самым свои права на него, то хорошенько подумайте, о чем намекает вам Жизнь через факт отсутствия подобного субъекта. Над чем вам нужно поработать, чтобы ситуация изменилась. «Включите мозги».

А затем четко сформулируйте то, к чему вы стремитесь и чего хотите получить в семейной жизни. Ставьте целью не сам факт отлова любимого, а **ту жизнь, которую вы хотите получить вместе с ним!** Заказывайте сразу конечный результат, а не промежуточный.

Приведем примеры некоторых более или менее удачных формул для женщин, поскольку традиционно они больше озабочены вопросом создания семьи.

• *Я создаю счастливую семью с любимым и любящим меня мужчиной, и мы живем обеспеченной жизнью во взаимной любви и уважении.*

- *Я создаю счастливую семью с любимым и любящим меня мужчиной, который дает мне возможность развивать мои интересы.*
- *Я начинаю совместную жизнь с любимым и любящим меня, финансово обеспеченным и щедрым ко мне мужчиной, готовым меня содержать и любить наших троих детей.*

В этих формулах тоже можно найти варианты для некорректной реализации и получения не совсем того результата, который вас полностью устроит. Составьте свою формулу, которая полностью устроит вас и покажется вам наиболее правильной. Не забудьте ввести туда все значимые для вас требования, иначе ваш любимый не обязан будет им соответствовать.

Понятно, что здесь возникает противоречие. Если ввести в формулу слишком много требований к будущему суженому (высокий, с отдельной квартирой, с доходом от 500 долларов в месяц, не имеющий любовниц, бывших жен и детей, непьющий, неревнивый, самостоятельный, увлекающийся спортом, некурящий, не имеющий властной мамы, не имеющий многочисленных родственников и т. д.), то может оказаться, что такого мужчины не существует в природе, это плод ваших фантазий. Либо, если единичные экземпляры существуют, то сейчас они все заняты и освободятся не скоро. Поэтому ваш заказ не будет выполнен в обозримое время, невзирая на весь ваш позитив и искреннее желание встретить своего избранника.

Поэтому не переусердствуйте с вашими требованиями, иначе у Жизни могут возникнуть сложности с исполнением вашего заказа.

• Если он уже приватизирован

Выше приведены примеры формул для заказа себе любимого, которого вы сейчас не знаете, и ваше сердце открыто для любого человека. Это, если помните, называется «заказ с неопределенным исполнителем», т. е. исполнителем вашего заказа выступит какой-то мужчина (для мужчин — преимущественно женщина), но кто именно, вы сейчас не знаете. Это может быть либо совсем незнакомый вам человек, либо ваш знакомый, к которому вы сейчас не испытываете чувств и не рассматриваете его как кандидата на семейную жизнь.

Но часто встречаются другие варианты, когда вы влюблены, но с замужеством (или женитьбой) имеются большие сложности, поскольку ваш любимый уже состоит в браке и никак не может развестись. Как формулировать свой заказ в случае, когда «исполнитель» вашего заказа известен, вам нужно лишь сделать так, чтобы он совершил нужные вам действия? В таком случае тоже имеется множество особенностей формулировок заказа, поскольку очень легко получить то, чего вы совсем не ожидаете.

Например, вы любите Василия Петровича, он любит вас, но никак не может уйти из семьи, так как его держат там разные обстоятельства (маленькие дети, болезнь жены или ее полная беспомощность и т. д.).

Вы, в соответствии с рекомендациями нашей методики, четко формулируете желанную для вас цель: *«Я выхожу замуж за Василия Петровича, и мы живем счастливой семейной жизнью»*, или *«Я создаю счастливую семью с Василием Петровичем в течение года и мы живем обеспеченной жизнью во взаимной любви и уважении»*, и затем заявляете ее Жизни.

И уже эгрегоры начинают чесать у себя в затылке (если он у них есть, конечно) — как бы исполнить ваш заказ побыстрее и полегче для себя? И могут найти такие способы исполнения вашего заказа, которые потом отравят вам все удовольствие от получения любимого. Как это может быть? Приведем варианты.

Например, жена не отпускает вашего любимого из-за того, что у нее нет другого источника существования, т. е. из-за денег, которые он приносит в дом. Значит, чтобы она его легко отпустила, у него должны пропасть деньги. И даже больше, он должен стать для нее обузой, от которой она постарается побыстрее избавиться, передав его вам.

Как это может произойти? Очень просто. Ваш любимый теряет работу (разоряется, если он предприниматель) и остается с долгами, поэтому жена спокойно расстается с ним. Но устроит ли вас нищий муж с долгами? Это будет столь желанный вами Василий Петрович, только в несколько ином финансовом (и вытекающем из него моральном) состоянии. Но ведь вы ничего о его финансах в своем заказе не указывали, так что Жизнь имеет право исполнить его любым удобным ей образом. А насчет «счастливой семейной жизни» — кто вам мешает жить именно так, к деньгам это отношения не имеет.

И это еще легкий случай, поскольку бывают варианты покруче. Например, жена вашего любимого, не выдержав измены мужа и не видя впереди ничего хорошего, умирает. Возможно, что она долго болела перед этим, пытаясь тем самым удержать мужа. Понятно, что умирает она сама, отказавшись от совершенно не устраивающей ее жизни. Но вы, считая себя Пупом Земли, тут же решаете, что именно вы явились причиной ее смерти, и погружаетесь в сильную депрессию из-за чувства вины.

Вроде и любимый свободен, и все его имущество при нем, а желанного счастья нет. И все из-за того, что вы решаете, будто можете отнять у кого-то жизнь, если будете бормотать какие-слова, будь то формула заказа, аффирмация или даже формула проклятия, вычитанная в какой-то книжке. Не обольщайтесь, не можете. Никто не может отнять жизнь у другого человека, если душа того не выбрала умереть сама, по каким-то сугубо личным причинам. Конечно, если из ружья в него стрельнуть или, к примеру, порошка какого подсыпать, то возможны варианты, а если всего лишь слова говорить, то шансов практически никаких. Но с пониманием этого обычно возникают сложности.

Поэтому, чтобы у вас не было поводов для депрессии, нужно правильно формулировать заказ с конкретным исполнителем.

• Желайте всем добра

На этот счет мы уже давали рекомендации во второй части книги.

Одно из приведенных там правил гласит: **«Воздействуйте не на самого человека, а на окружающую его среду!»** В данном случае оно означает, что вам лучше строить формулу заказа не по отношению к вашему любимому, а по отношению к его окружению, т. е. по отношению к его жене, например.

Кроме того, первое правило ТБ рекомендует нам: **«Никогда не используйте связь с эгрегорами для достижения недобрых целей!»**, т. е. категорически запрещается строить формулу заказа таким образом, чтобы в ней присутствовало негативное пожелание жене вашего любимого.

Чего же остается ей пожелать? Да всего самого хорошего! Здоровья, денег, любви. Но любви не к законному мужу (т. е. вашему любимому), а к какому-то другому человеку. Тому, который даст ей все, что ей нужно, и чего не дает ей ее нынешний муж: любовь, внимание, заботу, обеспеченность, безопасное будущее.

Мысленно дарите ей это, и если у нее нет сильных блокирующих факторов, в ее жизни могут произойти хорошие изменения. Во всяком случае, под действием ваших позитивных посылов она может успокоиться и отпустить вашего любимого. И у вас появится реальная возможность узнать, действительно ли он желает на вас жениться или это были просто слова и вы вполне устраиваете его в роли любовницы — бывает и так. Но у вас все будет значительно лучше, не так ли?

• Если не знаешь, чего хочешь

Но и вариант с женатым любимым может быть не самым худшим, поскольку любимый имеется, хотя и «пристроенный» к другой женщине. Несколько хуже дело обстоит, когда вы не знаете, чего вам хочется и каким должен быть ваш избранник. Есть общее требование — чтоб был и желательно противоположного пола, а все остальное туманно. И теперь вы понимаете, что строить свой заказ подобным образом — значит искать себе больших приключений в будущем. А хотелось бы без приключений. Что же делать?

На этот счет имеется следующая рекомендация.

• «Примерьте» всех окружающих

Если вы не знаете, какой мужчина (для мужчин — женщина) вас устроит, то рекомендуем не спешить и несколько ближайших месяцев отвести на то, чтобы ясно понять, каким набором качеств должен обладать ваш избранник. Причем качеств вполне реальных, а не навеянных чтением любовных романов и просмотром кинофильмов: благородный, щедрый, богатый (и при этом сильно храпящий по ночам и думающий только о своем бизнесе).

Делается это методом «от противного». Вы выясняете, что именно вас не устраивает в конкретном мужчине, и автоматически предполагаете, что у вашего избранника должно быть что-то противоположное.

Поэтому в течение нескольких месяцев вам нужно всего лишь ходить и «примериваться» к каждому встреченному мужчине, как бы оценивая, мог бы он стать вашим избранником или нет. Если нет, то почему?

Этот слишком высок? Значит, ваш избранник должен иметь средний рост. Этот слишком молчалив и скрытен? Значит, ваш избранник должен быть более открыт и разговорчив. Этот совсем не интересуется театром, вам такой не годится, ваш должен разделять ваши увлечения. Этот равнодушен к детям, а вы хотите их иметь, значит, ваш избранник тоже должен хорошо относиться к детям, и т. д.

Присматриваясь так к множеству мужчин и находя в них не устраивающие вас черты, вы со временем получите набор качеств, который вас полностью устроит. Скорее всего, это и будет портрет вашего будущего избранника. **Выделите среди этого набора качеств наиболее важные для вас качества** (5—6) и введите их в формулу своего заказа.

Не суетитесь с этим! Выявить действительно важные для вас показатели совсем не просто, для этого нужны разные ситуации, а не просто беглый обзор типа «пусть будет таким и таким». Будет, не сомневайтесь. Но вдобавок будет любить поколачивать жену по субботам, а по воскресеньям станет собирать у вас дома по 25 своих родственников, которых вам придется кормить и мыть за ними посуду. А почему нет? Ведь вы даже не задумывались относительно способов проведения свободного времени и развлечений вашего будущего избранника.

Поэтому **не спешите**. Вы строите свою жизнь на многие годы вперед, так что отнеситесь к этому вопросу серьезно. Хотя бы один раз.

• Заявите Жизни, чего вы хотите

А что делать с формулой заказа после того, как вы ее сформулировали?

На этот счет мы уже давали рекомендации во второй части книги. В общем виде их можно свести к простой идее: **заявите Жизни о своем выборе и делайте реальные шаги к его осуществлению**. Как это сделать? Не очень сложно.

Нужно сделать так, чтобы формула цели стала вашей истинной сутью, частью вашей жизни. Для этого **нужно повторять ее про себя много-много раз**, посматривая при этом по сторонам — не появился ли вблизи от вас кто-то, отвечающий вашим требованиям.

Дополните это визуализацией — представлением различных вариантов вашей будущей встречи: что вы при этом будете испытывать, что говорить, как вести себя. Много раз мысленно отработайте все возможные варианты вашей встречи, и тогда при реальном пересечении вы не будете впадать в оцепенение и судорожно придумывать, что бы вам сказать, — модель разговора у вас будет уже готова.

При этом у вас не должно быть страхов, сомнений и других колебаний, даже если окружающие будут всячески провоцировать вас на переживания.

Создайте в себе режим ожидания встречи с любимым. Будьте открыты, старайтесь не упускать никакую возможность знакомства с новым человеком — может быть, именно он и есть тот, кто вам нужен. Создайте у себя дома режим ожидания. Некоторые женщины даже покупают зубную щетку и тапочки специально для будущего избранника. Но на этом пути нужно быть осторожным, поскольку большое количество мужских вещей в вашем доме может вызвать у вашего будущего любимого подозрения в том, что он у вас не один.

В общем, создайте режим ожидания, и рано или поздно ваш заказ исполнится.

В этом состоянии вас не должны беспокоить мысли о том, что мужчин слишком мало, а женщин много, что всех приличных мужиков уже разобрали и т. д. Вас не должны волновать проблемы «всех» женщин — вам нужен всего-навсего один мужчина, удовлетворяющий вашим требованиям. Ну а один-то для вас всегда найдется, будьте уверены! Вы заявили о своей потребности Жизни, и она с удовольствием выполнит ваш заказ.

• Запланируйте желанный результат

Планирование есть один из приемов формирования нужного нам события. Поэтому запланируйте встречу с желанным вам человеком и совершайте шаги к реализации вашего плана.

Чтобы у вас не возникли дополнительные страхи по поводу того, что «время идет, а его все нет», отнесите сроки реализации этого плана подальше, года на два-три вперед. Скорее всего, все исполнится значительно быстрее, но дальние сроки снимут у вас лишнее напряжение по поводу реализации плана.

А поскольку срок реализации составляет 2—3 года, то это будет **план достижения дальней цели**, который нужно разбить на промежуточные этапы. Что можно планировать на промежуточные этапы? Да все, что вы можете сделать для достижения поставленной цели.

В план можно включить пункты об использовании всех возможных способов знакомства, начиная с размещения анкет в очных службах знакомств и в Интернете и заканчивая информированием всех ваших знакомых о том, что вы ищете встречи с таким-то мужчиной. Запланируйте, куда вы будете ходить или ездить с целью знакомства и т. д.

Сюда могут войти пункты о том, как вы будете информировать Жизнь о вашей потребности, т. е. как будете визуализировать свою цель, сколько раз в день будете повторять формулу цели, что будете делать для создания режима ожидания и повышения своей самооценки.

Кроме того, в план должны войти пункты о том, **что вы будете делать, чтобы быть достойной своего избранника**. Ведь, если вы готовы два года работать над достижением своей цели, то вы явно заказали себе далеко не рядовой экземпляр. Но и вы должны соответствовать своему заказу! Ведь если вы требуете себе «стройного, красивого, богатого», а сами при этом с утра до вечера едите пышки и валяетесь на диване, то что должна сделать Жизнь, чтобы заставить этого красавца полюбить ваши 50 килограммов лишнего веса?

Да, она может на время лишить его разума через влюбленность, чего только в жизни не бывает. Но все это максимум на год-два, а потом он очнется от любовной эйфории и с ужасом увидит, какова его любимая. И сбежит к другой, более достойной (или к той, у которой по плану должен появиться подобный любимый).

Так вот, чтобы ваш принц не сбежал от вас, вы должны быть достойны его. Поэтому занесите в свой план конкретные шаги, которые помогут вам почувствовать, что вы составите достойную пару вашему избраннику. Это могут быть занятия физзарядкой, бег, фитнес, диета, чтение умных книг или получение какого-то дополнительного образования, косметические процедуры, подбор и изменение стиля своей одежды и прически, расширение своего словарного запаса (понятно, что не за счет нецензурной лексики) и т. д.

Посмотрите, чего вам не хватает, чтобы быть достойной вашего избранника, и потихоньку добавляйте себе эти качества, исходя из имеющихся финансовых, временных и прочих возможностей.

Составив планы своих шагов на промежуточных этапах, начинайте планировать свои действия на ближайшую неделю и исполняйте этот план по мере возможности.

Для этих целей очень подходит компьютерная система «Эффект», информация о которой есть на последних страницах книги.

Как видите, в целом планчик получается не слабый, и вам будет чем заняться ближайшие год-два, вместо того чтобы в очередной раз рассуждать о несправедливости жизни с непристроенными замуж подругами, заталкивая в рот пятый кусок торта и запивая его двадцатой чашкой кофе.

И когда Жизнь столкнет вас с вашим избранником, вы будете готовы к этой встрече и будете достойны его.

• Не упустите свой шанс

Но и здесь важно не просто ждать, когда Жизнь пришлет вам любимого на дом в бандероли, которую вы вскроете, когда хорошенько выспитесь, попьете кофе и посмотрите сериал. Прислать-то пришлет, но залеживаться у вас он не будет, особенно если это будет качественный продукт.

Поэтому очень важно не испортить все дело, когда Жизнь подберет вам подходящую кандидатуру. А испортить, как вы понимаете, очень легко. Достаточно взять да и пройти мимо того, кто с замиранием сердца смотрит в вашу сторону. Или промолчать, отойти в сторону, спрятаться, отложить знакомство на «следующий раз». **Нужно совершать реальные шаги** к знакомству, как только представится такая возможность.

Припомните рассказы ваших подруг о том, как они познакомились со своими будущими мужьями (мужчины — с женами). Один случайно ошибся номером телефона, другой прятался в подъезде от дождя, третий просто заблудился в незнакомом месте, четвертый ловил машину до дома. Внешне это была вроде бы случайность, но как иначе было эгрегору столкнуть заказчика с исполнителем заказа? Здесь важно было воспользоваться представившейся возможностью и не упустить свой шанс.

Поэтому ваше представление о том, что люди знакомятся только в гостях, в баре, на выставках и по службе знакомств, весьма ограничено. Ожидайте неожиданного! Будьте готовы к тому, что он может появиться перед вами в любое время в любом месте. Будьте открыты, позвольте Жизни сделать вам подарок наиболее удобным для нее способом!

Вам, может быть, трудно себе представить, как это будет осуществляться на практике, но вас меньше всего должно заботить то, где и когда вы встретитесь. Достаточно будет действовать по принципу: «Каждый день у меня начинается новая жизнь. И я живу ею на 100%. Я использую любой шанс для достижения желанной цели. Я достойна желанного результата!»

Но все эти слова не означают, что вы должны бросаться на первый более или менее подходящий вариант. Не обязаны. Если ваш новый знакомый вас в чем-то не устраивает (даже если вы живете вместе уже пару лет), то вы имеете полное право посчитать, что вы все еще находитесь в процессе выявления качеств своего избранника, т. е. вы все еще «примериваетесь». И данный кандидат вам не подошел, зато вы выявили новое качество, которое должно быть у вашего избранника. Это тоже хороший результат, и если вы не будете суетиться, то через некоторое время Жизнь предоставит вам нового кандидата, уже по уточненной формуле.

Однако здесь нелишне дать одно предостережение: помните, что навязчивая идея о замужестве (женитьбе) не должна считываться с вашего лица, как политический лозунг. Иначе своим озабоченным взором вы распугаете всех потенциальных кандидатов, которых Жизнь будет сталкивать с вами. Живите легко, играючи находите прекрасное в каждый момент вашего существования, и тогда ваша цель реализуется легко и надолго.

На этом мы заканчиваем рассмотрение вопросов, связанных с устройством личной и семейной жизни. А заодно подводим итоги этой главы.

ИТОГИ

■ *Причиной построения семьи с не устраивающим вас человеком может быть, кроме всего прочего, некорректная формулировка вашего желания.*

■ *Полный отказ от формулировки того, к чему вы стремитесь, может дать хороший результат только в случае, если вы позитивно мыслящий человек, имеющий в «накопителе переживаний» не более 40%. Во всех остальных случаях ваш избранник будет существенно отличаться от ваших ожиданий, которые вы не удосужились выявить и четко сформулировать для себя и Жизни.*

■ *Если вы не можете определить свои пожелания, то попробуйте в течение длительного времени «примерять» всех встречающихся вам мужчин на предмет того, может ли кто-то из них стать вашим избранником. В результате вы четко поймете, кто именно может вас устроить.*

■ *После формулировки ваших потребностей нужно заявить Жизни о том, к чему вы стремитесь. Для этого годятся многократное повторение формулы заказа, визуализация желанного результата, создание режима ожидания появления вашего избранника.*

■ *Можно составить план достижения поставленной цели, внеся туда пункты о способах знакомства, приемах информирования Жизни о желанном событии и том, как вы будете работать над собой, чтобы оказаться достойной вашего избранника.*

■ *Совершая все эти действия, нужно использовать все возможности, которые будет периодически предоставлять вам Жизнь, как бы случайно сталкивая вас с людьми, отвечающими вашим требованиям.*

Часть 4
Работа, деньги и прочие блага

Сотворение человека стоило Господу лишь одного дня работы. Оптимальное соотношение цены и качества...

А. Кнышев

Этот раздел посвящен применению идей из первых двух частей книги к очень важной сфере жизни большинства людей — сфере материального благополучия, денег, работы, бизнеса.

Более подробно тема бизнеса и работы рассмотрены в книге «Что вам мешает быть богатым», здесь мы остановимся только на некоторых вопросах.

Работе мы отдаем от трети до половины своей жизни. И если в этой сфере у вас что-то неблагополучно, то считайте, что треть или половину жизни вы теряете напрасно. А ведь жизнь не так уж длинна, так стоит ли ее тратить попусту? Ничего не мешает наполнить эту треть жизни смыслом и сделать ее источником удовольствия. Ничего, кроме вас самих.

Человек сам сначала выбирает не устраивающую его работу и доходы, а потом в течение всего работоспособного периода (а это лет сорок из отведенных шестидесяти) тихо или громко проклинает свою жизнь, считая себя жертвой гнусных обстоятельств. И не берет на себя ответственность за то, что он сам породил эти обстоятельства (место работы, профессию, зарплату, должность и пр.). Точнее, сами обстоятельства породил не он, но он когда-то сделал выбор заниматься тем, что не приносит ему ни радости, ни денег.

Мы предлагаем вам изменить такое положение с деньгами и/или работой, если оно вас в чем-то не устраивает. И первым шагом на этом пути станет ваше заявление о том, что **я сам являюсь источником того, что со мной происходит в сфере денег и работы**.

Я сам выбрал это место работы (согласился с мнением родителей, друзей, не стал искать чего-то другого). Я сам выбрал уровень моих доходов (согласился работать за те деньги, которые я получаю сегодня). Я сам выбрал ту профессию, которую имею сегодня (сначала согласился с мнением окружающих, а потом не стал ничего менять, когда увидел, что мой выбор ошибочен).

Я сам выбрал эту жизнь, и ничего не мешает мне сделать ее такой, как я пожелаю. Все зависит только от меня.

Если вы готовы принять на себя подобные обязательства, то материалы этой части книги могут оказаться полезными вам. Если же вам привычней чувствовать себя жертвой обстоятельств и обвинять в своих бедах родителей, начальство, правительство, карму или другие внешние факторы, если страх изменений пересиливает ваше желание добиться успеха, то не стоит ничего делать. Продолжайте чувствовать себя беспомощным птенцом с широко раскрытым клювом, куда какие-то более успешные дяди или тети (начальство, правительство, Бог) должны бросать все большие и большие куски (зарплаты, премии, льготы, пенсии), которые вы будете проглатывать и требовать все новых и новых подачек. Тогда вам ни к чему этот раздел книги.

Если же вы хотите добиться успеха и готовы приложить для этого усилия, в том числе готовы к внутренним изменениям и неприятным открытиям относительно себя самого, то мы можем перейти к тому, чтобы выяснить, как вы докатились до своей нынешней жизни, как вы создали ее себе и зачем вам это было нужно.

Глава 1
Прекращаем творить себе бедность

Первым барьером на пути к материальной обеспеченности является неосознаваемый заказ себе разного рода неприятностей. Очень популярным среди широких масс населения средством такого заказа являются страхи.

• Страхи, сомнения

Страхи, как вы уже знаете, имеют большой позитивный смысл. Во многих случаях они защищают нас от грядущих возможных неприятностей, заставляют нас совершать какие-то практические действия для нашей же пользы.

Но так бывает, к сожалению, не всегда. Не менее часто страх парализует человека, заставляет его беспричинно нервничать или испытывать множество других нерадостных переживаний. В итоге человек выдает в окружающую среду множество мыслей и эмоций, в которых записано, какие неприятности он ожидает для себя в будущем. Жизнь (в лице низких эгрегоров) улавливает эти «пожелания» и старается сделать так, чтобы они реализовались.

Все эти рассуждения в полной мере относятся и к сфере материальной обеспеченности.

С одной стороны, страх заставляет нас заботиться о будущем, приобретать профессию, создавать накопления и т. д., но он же является источником множества неприятностей, которые мы неосознанно создаем себе своими мыслями. Вспомните, как часто вас посещали мысли типа: «Все равно ничего не получится! Все бесполезно! Мне лучше за это не браться! Это не для меня! Я с этим не справлюсь! Меня туда не возьмут! Меня все равно обманут! Меня уволят! Я не знаю, где взять денег. Я не смогу найти работу (купить жилье, развить бизнес)» и подобные. А они обычно не бывают одинокими, роятся большой стаей, и представляют собой мощный посыл Жизни о том, что у вас что-то не получится и что вас обязательно обманут. В итоге все так и происходит.

Мы уже не раз указывали, что Жизнь всегда стремится исполнить наши пожелания, какими бы странными они ни были. Поэтому вы легко можете заказать себе безработицу, бедность, увольнение, невыплату зарплаты или невозврат долгов, обман со стороны партнеров и многие другие неприятности. Это совсем не сложно. Нужно лишь достаточно долго и смачно размышлять об этом, т. е. бояться этого.

Если же не держать эти страхи в голове, то для достижения этих результатов нужно будет приложить значительно больше усилий. Если, конечно, вам зачем-то это нужно.

О том, как можно подружиться со своими страхами, мы уже рассказывали раньше. Сделайте так, чтобы они покинули вас, и тогда вы перестанете заказывать себе неприятности.

• Неосознаваемая выгода

Следующий барьер на пути к материальному благополучию может состоять в том, что вы вслух декларируете, что вам нужны деньги (работа, должность, бизнес). А на самом деле вы желаете совсем другого, поэтому заявленная цель не достигается.

Как это может происходить? Очень просто. Например, человек жалуется, что он никак не может увеличить свои доходы. Причем пути увеличения доходов ему более или менее ясны (другая должность, другое место работы, увеличение размера своего бизнеса), но никак не получается их реализовать. Почему?

Один из возможных ответов очевиден — после реализации заказа у вас возникнет множество дискомфортных ситуаций, которых вы не имеете сегодня. Например, что может произойти, если вы вдруг напряжетесь и увеличите свои доходы? Оказывается, может произойти следующее.

1. *Вам станут завидовать ваши друзья или подруги.*
2. *Вам придется тратить больше времени на работу.*
3. *У вас останется меньше времени для ребенка (мужа, родственников).*
4. *Вам придется начать общаться с другими людьми.*
5. *У вас останется меньше свободного времени для любимых дел.*
6. *Вы станете привлекательны для криминала или контролирующих органов.*

Если повышение доходов связано с новой должностью (а это обычное дело), то у вас возникнут дополнительные неприятности.

7. *У вас повысится ответственность за результаты, а вы этого не любите.*
8. *Вам придется принимать множество самостоятельных решений, а ведь за них нужно отвечать.*
9. *Возможно, вам придется испытать большое разочарование из-за того, что вы не справились с новыми обязанностями, или из-за того, что полученное увеличение доходов вовсе не компенсирует возникшие хлопоты.*

Например, владелец небольшого бизнеса (продажа косметики) жалуется, что уже несколько лет не может увеличить доходы фирмы. На вопрос о том, какие выгоды он извлекает из текущей ситуации, после недолгих размышлений он дал следующий ответ.

1. *Не трачу много времени на работу.*
2. *Не занимаюсь скучной и уже неинтересной мне работой.*
3. *Избегаю возможных неудач.*
4. *Не привлекаю внимания силовых структур.*
5. *Меня никто не оценивает, поскольку надоело соревноваться, кому-то что-то доказывать.*
6. *Имею уединение, устал от потока людей.*
7. *У меня спокойный и привычный ритм работы.*
8. *Мне не завидуют коллеги.*
9. *Имею время на личную и семейную жизнь.*
10. *Избегаю проблем, которые явно возникнут при расширении бизнеса.*
11. *У меня нет лишней ответственности.*
12. *Имею время для саморазвития.*

При таком наборе скрытых выгод какой нормальный человек будет что-то менять? Такие бывают, но редко. Большинство людей бессознательно выбирают «синицу в руках», нежели изменения текущей ситуации с кучей вытекающих из этого неприятностей и негарантированными плюсами от реализации цели.

Поэтому если у вас имеются проблемы с работой или деньгами, рекомендуем как следует подумать о том, какие выгоды вы извлекаете из текущей ситуации. И какие неприятности у вас могут возникнуть, если ваша цель реализуется. Возможно, тогда вы поймете причины ваших неудач.

А дальше нужно будет сделать выбор между вашим решением увеличить свои доходы и потерей тех скрытых выгод, которые вы имеете сегодня.

Если вы все же выберете работу или доходы (бывает и так), то вам для начала **нужно будет отработать ваши скрытые выгоды,** т. е. организовать свои мысли и дела таким образом, чтобы при реализации ваших целей не возник тот дискомфорт, которого вы подсознательно опасаетесь.

• Низкий ранг в системе ценностей

Следующий способ создания себе сложностей с работой или деньгами заключается в том, что вы стремитесь получить то, что на самом деле не цените. Точнее, умом вы понимаете, что вам это нужно, даже предпринимаете усилия для получения результата, но в душе вам на него наплевать. Вы увлечены чем-то другим, на что вам не жалко тратить свое время, что является для вас реальной ценностью. В итоге вы и получаете то, что неосознанно считаете достойным внимания и усилий. И не получаете то, что для вас не важно.

Если в вашей системе ценностей деньги занимают низкий ранг, то, скорее всего, у вас их будет немного. И не потому, что Жизни жалко для вас денег. Вы просто сами их не возьмете, вы выберете что-то другое. Как это может произойти? Очень просто.

Например, вы ищете работу и рассматриваете несколько вариантов. Что вы выберете в итоге? То место, где больше платят? Или то, где работа интересней? Или где есть возможность ездить в командировки? Или где работают ваши друзья? Или что-то еще?

В итоге вы что-то выберете, и не факт, что там можно будет много зарабатывать. Но вы найдете для себя множество объяснений, почему вы сделали именно такой выбор, а не другой. Здесь ближе к дому или лучше коллектив, есть возможность заниматься любимым делом или еще что-то, т. е. вы выбрали либо комфорт (возможность больше времени проводить с семьей), либо отношения между людьми, либо самореализацию, либо еще что-то. Вы предпочли это деньгам, поскольку деньги имеют меньший ранг в вашей системе ценностей. Вы сделали выбор, а потом начали стонать, что вам мало платят, у вас не хватает денег и т. д.

А чего стонать-то? Вы сами сделали такой выбор, поскольку деньги для вас не важны.

Вот пример из практики консультирования.

Владелец бизнеса из Вологды (женщина, имеет два магазина, один — магазин мебели, другой — магазин модной одежды, муж — владелец небольшой мебельной фирмы) обратилась с вопросом, почему их бизнес не развивается уже в течение нескольких лет. Их доход равен сумме затрат, и не удается создать никаких накоплений. Бизнес организован правильно, она посетила много семинаров по продажам, управлению коллективом и т. д. Но развития бизнеса нет, доходы никак не растут.

В ходе беседы прояснилось, в каких условиях живут супруги, какая у них машина и т. д. Оказалось, что живут они в трехкомнатной квартире, доставшейся от советских времен. Дачи или загородного дома нет — они не нужны, поскольку некогда туда ездить, работа занимает все время. Машина у мужа «Москвич 2141», у нее машины нет. Одежду она берет в своем магазине модной одежды — ту, которую не стали приобретать покупатели.

Получается, что они много лет занимаются бизнесом, т. е. вроде бы зарабатывают деньги. А на самом деле деньги им нужны только на поддержание бизнеса и больше ни на что, поскольку они довольствуются совсем другими ценностями. Какими — несложно понять. Перечислим примерную систему ценностей этой предпринимательницы по порядку.

1. ***Работа*** *(как способ занять время, почувствовать себя востребованным, уважаемым человеком, с которым считаются окружающие).*

2. ***Самоутверждение*** *(я занимаюсь своим бизнесом, я состоявшийся человек).*

3. ***Творчество, развитие*** *(я все время ищу, как мне развить свой бизнес, я развиваюсь, я ищу и нахожу новое).*

4. ***Отношения*** *(для меня важны хорошие отношения в коллективе, я всегда сначала выплачиваю зарплату персоналу, а*

остатки беру себе. Порой мне ничего не остается, но это не важно).

5. **Семья** *(я всегда забочусь о муже, помогаю ему, чем могу, содержу дом, воспитываю двоих детей).*

6. **Деньги** *(я зарабатываю их своим трудом).*

Дальше в системе ценностей идут внешность, одежда, автомашина и другие предметы быта.

Как видим, в системе ценностей этой предпринимательницы деньги и предметы обеспеченного быта занимают далеко не первые места. Для нее более важны другие ценности, и она их имеет в достаточном количестве.

Когда она поняла, что ей нужно реально поднять уровень своих потребностей и, например, приобрести для начала приличную автомашину, то они сделали это очень легко, и бизнес при этом остался на прежнем уровне.

Но здесь возникла проблема, о которой будет рассказано чуть ниже.

Настоящие предприниматели ценят деньги сами по себе и занимаются тем, что приносит им максимальный доход. Более выгодно сегодня торговать акциями — они ими торгуют. Завтра акции не в цене, но хорошо идет бизнес с продуктами питания — он продают продукты. Послезавтра более выгоден автосервис — они открывают его и т. д. Для них важен сам результат труда — деньги, а не та профессия, которой их учили в институте или то, что они умеют делать руками.

Но таких людей мало. Большинство цепляется за свою профессию, за свои умения или интересы и не желает заниматься ничем другим, даже если в другом месте можно зарабатывать значительно больше. В их системе ценностей на первых местах стоит либо безопасность (они боятся изменений, риска), либо любимая работа, либо самореализация, либо еще что-то, только не деньги. Поэтому с деньгами у них обычно имеются сложности.

Все эти рассуждения вовсе не значат, что мы рекомендуем бросать любимое дело и бежать зарабатывать деньги любым путем, вовсе нет. От работы нужно получать удовольствие, просто лучше, если это будет **удовольствие с деньгами**, т. е. можно и нужно заниматься любимым делом, но неплохо, если наряду с удовольствием от работы вы будете получать приличные деньги. А это зависит только от вас.

Если вы выбрали работу учителя в государственной школе за маленькую зарплату, хотя могли бы поискать работу учителя в частной школе за несколько большие деньги, но не сделали этого, значит, деньги для вас не важны (хотя причиной такого выбора могут быть и другие факторы, например идеализация своего несовершенства). **Приоритетом для вас является само содержание работы**, деньги имеют значительно меньший ранг в вашей системе ценностей.

Если это так, то не нужно потом ругать страну, правительство, начальство за маленькую зарплату. Вы хотели заниматься любимым делом — они обеспечили вас этим занятием. А про деньги вы поначалу не очень-то вспоминали. А теперь что, склероз прошел? Если прошел, то пора ставить перед собой новую цель — получить любимую работу, но уже с деньгами.

• Что делать

Что делать, если вы обнаружили, что процесс зарабатывания денег совсем не вдохновляет вас, а быть обеспеченным по-прежнему хочется? Выход один — нужно **менять свое отношение к деньгам**.

Нужно сделать деньги реальной ценностью, повысить их ранг в вашей системе значимых понятий.

Нужно их полюбить. Нужно о них больше думать.

Нужно сделать так, чтобы мысль «А сколько я за это получу?» стала для вас естественной, и при очередном выборе места работы или при занятиях своим бизнесом она вас не покидала.

И тогда вы научитесь выбирать тот вариант, который даст вам большие доходы. Сначала немного больше, потом еще чуть больше и т. д.

Если же вы не хотите ничего менять в своей системе ценностей, то это тоже отличный выбор. Только тогда вы должны понимать, что не можете претендовать на такой же уровень материальной обеспеченности, какой имеют люди, для которых деньги являются очень значимой ценностью. Они получают удовольствие от жизни через деньги, а вы получаете его же, но другими способами: через хорошие отношения с близкими людьми, через самореализацию, через занятие любимым делом, через процесс труда или процесс созидания нового. А люди с деньгами часто не имеют этих удовольствий, они им недоступны.

• Заниженная самооценка

Следующий распространенный способ создания себе неприятностей с деньгами или работой состоит в том, что мы заявляем одно, а в душе уверены, что **недостойны получить то, к чему вроде бы стремимся**.

Например, человек заявляет, что хочет иметь много денег, а в душе уверен, что он их недостоин. Естественно, что Жизнь не будет погружать его в стресс путем выдачи большой порции денег. Он с ними просто не справится. Можно, конечно, очень напрячься и продавить ситуацию, т. е. получить желанные большие суммы. Но если они неадекватны вашей самооценке, то вы очень быстро их потеряете (возникнут срочные расходы, вас обкрадут или обманут и т. д.). Так бывало уже много раз.

Рассмотрим продолжение примера с предпринимательницей из Вологды.

Получив рекомендацию поднять уровень своего потребления, они быстро приобрели себе другую автомашину. Это был огромный «Мерседес-600» (кузов 140), машина не новая, но в очень хорошем состоянии.

При очередной встрече предпринимательница рассказала, как они используют новую машину: «Муж с утра выгоняет машину из гаража, протирает тряпочкой и ставит обратно в гараж. Потом садится на троллейбус и едет на работу».

Как видим, деньги для повышения уровня обеспеченности их бизнес в реальности давал, просто они их оттуда не брали. Но с машиной выявилась их очередная проблема — **очень низкая самооценка**. Купить машину они смогли, а позволить себе на ней ездить — нет. *«Машина большая, серьезная. А мы маленькие, серенькие, нам неудобно в ней, это не для нас. Нам привычней на троллейбусе».*

Когда человек по ошибке входит в зону дискомфорта, сделав слишком дорогую для него покупку, то Жизнь быстро избавляет его от дискомфорта — лишив дискомфортной вещи через кражу или аварию. Это обычая ситуация, поэтому семье предпринимательницы желательно было побыстрее продать «Мерседес» и купить себе что-то попроще, на чем они будут ездить с удовольствием и гордостью. Например, «Opel Vectra» или «VW Passat».

Как определить свою самооценку? **Ваша самооценка равна тем доходам, которые вы имеете сегодня.** Скорее всего, Жизнь позволяет вам получать ровно столько, чтобы вы жили в зоне предсказуемости и некоторого внутреннего комфорта. Хотя на внешнем уровне денег может не хватать даже на первоочередные нужды, это все равно будет указывать на вашу самооценку. Если вам не хватает денег, это значит, что вы очень дешево продаете свой труд. А почему вы продаете его так дешево (или даже работаете бесплатно)? Потому, что считаете, что никто вам больше не заплатит — вы этого недостойны!!!

И пока вы не повысите стоимость своего труда в своем сознании, никто вам не будет платить больше. Каждый человек получает столько, во сколько он оценивает себя сам, — это и есть самооценка. И если вы соглашаетесь работать за 1000 рублей в месяц, значит, вы считаете, что ваш труд дороже не стоит. Ясное дело, никто вам больше не заплатит. Да вы и просить больше не будете.

Особенно сильное влияние этот фактор оказывает на уровень материальной обеспеченности людей с низким заполнением «накопителя переживаний», т. е. тех, кто обладает позитивным мышлением и не имеет претензий к миру и людям. Казалось бы, Жизнь должна быть рада исполнить любой их заказ. Она и исполняет, но что происходит при низкой самооценке? Человек устраивается на работу с мизерной зарплатой. И потом героически переносит лишения, не впадая при этом в претензии к Жизни. Казалось бы, зачем? Можно ведь было попросить у Жизни (т. е. поискать) точно такую же работу, но с оплатой в два—три—десять раз выше и получить ее. Но не просят, потому что считают, что недостойны такой оплаты. Самооценка низкая.

Наша самооценка легко обнаруживается в наших мыслях и вытекающих из них поступках.

Вспомните свои мысли, когда вы проходите мимо витрины дорогого магазина или смотрите на рекламу в дорогом журнале. «Это не для меня, я не могу себе это позволить» — не такой ли посыл вы делаете Жизни в этот момент? Скорее всего именно такой, и ей ничего не остается, кроме как исполнить это ваше пожелание.

Конечно, последнее утверждение может вызвать ваше негодование. «Но ведь у меня действительно нет денег на дорогие покупки, так зачем же заглядываться на то, что купить не можешь? Только нервы себе портить? Вот когда появятся деньги, тогда и буду их рассматривать» — такие возражения обычно приводятся множеством людей. И в этом состоит их ошибка. Если мы много раз заявляем Жизни: «Я не могу себе это позволить», то она вынуждена выполнять этот наш заказ, обусловленный низкой самооценкой.

Поэтому более правильным будет следующий ход мыслей: «Мне очень нравится эта вещь, и я, наверное, куплю ее, когда у меня появятся деньги. Я уверен, что буду иметь эту вещь». В этой или подобных фразах нет твердого заявления о вашей бедности, а наоборот, есть пожелание улучшить свое материальное положение. И если у вас нет других ограничивающих убеждений, желаемое событие произойдет довольно быстро.

Все то же происходит, когда мы много раз повторяем про себя «Я никогда не заработаю нужную сумму денег», «Я никогда не найду себе достойную работу», «Я никогда не смогу купить такую машину (квартиру, дом, шубку)», «Только идиоты могут платить такие большие деньги за эту вещь (а я-то не идиот, я таких денег платить не могу)» и т. д. Эти наши мысли и есть прямое указание Жизни, как ей помочь нам устроить нашу действительность.

Жизнь, конечно, удивляется нашим пожеланиям (какое разумное существо станет заказывать себе бедность и прочие неприятности?), но вынуждена их выполнять. Человек — Творец своей реальности, и Жизнь всегда исполняет его пожелания, какую бы глупость он ни заказал себе. Именно себе, поскольку наши пожелания другим людям реализуются значительно хуже (к счастью, видимо, при таких «разумных» заказчиках).

• Что делать

Что с этим делать? Повышать свою самооценку, т. е. примериваться к более дорогим вещам, которые вы пока что не можете себе позволить.

Для этого можно листать красивые журналы для богатых и примериваться к рекламируемым там вещам. Примерять на себя дорогую одежду в магазинах. Присматривать себе хорошую машину или жилье (но поэтапно, без резких рывков). И постепенно вы своими мыслями будете перемещаться в слой людей, несколько более обеспеченных, чем те, в кругу которых вы находитесь сейчас.

Не пытайтесь тянуть за собой своих знакомых — им привычно в том состоянии, в котором они находятся сейчас, они не готовы к изменениям.

Можно попробовать напрячься и купить себе какую-то вещь не из «вашего» ценового диапазона, а значительно более дорогую. Но такую, чтобы она вам нравилась и вы могли получать удовольствие от ее использования, т. е. не нужно покупать себе очень дорогую шубу (сервиз, машину) и прятать их шкаф (в гараж), поскольку «вещь дорогая, нечего ею попусту пользоваться». Нужно купить как раз то, чем вы будете пользоваться постоянно и получать от этого удовольствие. Сумочку, сапоги, кейс, кран на кухню или что-то подобное.

А затем эта вещь будет буквально «притягивать» к себе другие дорогие вещи — вам просто захочется их приобрести, и вы увидите, что в этом нет ничего страшного или глупого. Вы по-настоящему захотите более дорогих вещей — это и будет свидетельствовать о повышении вашей самооценки. А вслед за этим будут повышаться ваши доходы, поскольку вы перестанете продавать свой труд дешево.

• Что выбираете в жизни

Еще один, очень близкий к рассмотренному способ привлечения в свою жизнь разного рода неприятностей состоит в том, что **из всего многообразия мира вы концентрируете свое внимание на бедности и проблемах.** Тем самым из всего разнообразия событий вы выбираете только то, что вокруг много безработицы, обмана, воровства, бедности и прочих неприятностей. И Жизнь вынуждена подтверждать это ваше мнение, создавая вам именно такую реальность.

Как понять, какую реальность вы себе создаете? Очень просто. Припомните, что является **основной темой ваших бесед с родными и знакомыми**? Что все плохо, что денег никому не платят, что вокруг одна безработица и как только люди живут на нищенскую зарплату? Или что-то более позитивное?

Если вы уверены, что все вокруг плохо, денег нет и не будет, то в вашей собственной Вселенной все будет происходить именно так. Хотя совсем рядом (в соседней квартире, в соседнем доме, на соседней улице) люди могут жить совсем в другой Вселенной, где много денег, работы и прочих благ. Но вас не интересует, как и почему у них все благополучно. Вы сосредоточены на своих неприятностях, поэтому будете получать их вновь и вновь.

Припомните, какие телепередачи вы смотрите (и какое радио слушаете)? Те передачи, в которых без конца смакуются разного рода несчастья, аварии, беды, неприятности? Вы с упоением ждете очередной передачи с рассказом об ограблениях, банкротствах, авариях, пожарах, катастрофах? И с удовольствием смотрите «помоечные» телепередачи, в которых смакуются самые гнусные проявления человеческой сущности? Если это так, то вам хорошо и весело жить на помойке, и Жизнь будет стараться, чтобы вы имели именно такие условия существования.

Посмотрите, **есть ли среди ваших знакомых богатые люди**. Если нет, то почему? Вам не о чем с ними говорить? Вам неинтересно то, что интересно им? Они все время говорят о деньгах и способах их траты? И их не интересует ваше мнение о стране и правительстве? Так, может быть, что-то не в порядке с головой у вас, а не у них? Поскольку деньги есть у них, а не у вас. И пора изменить что-то в себе, не дожидаясь, пока придет кто-то и даст вам денег и другие блага. Можно ведь и не дождаться.

• Что с этим делать

Что нужно сделать, чтобы переместиться в безопасную и обеспеченную Вселенную? Все то, что мы уже не раз говорили. Перестать концентрироваться на негативных событиях. Перестать смотреть «помоечные» и криминальные телепередачи. Перестать обсуждать со знакомыми различные беды и неприятности. Убрать из своего лексикона слова «проблема», «беда», «несчастье», «денег нет», «не везет», «плохо», «неудача» и подобные.

Найти новых знакомых, которые устремлены вперед и ищут пути повышения своей успешности. Попробовать вести себя так же. Начать улыбаться, пусть сначала через силу. Завести Дневник своих достижений.

И тогда вы постепенно переместитесь туда, где вам и надлежит быть в реальности. Туда, где в вашей жизни происходят чудесные превращения и ваши цели реализуются на волне удачи.

А теперь подведем

ИТОГИ

- *Работа является источником нашего существования и занимает большую часть нашей жизни. Поэтому желательно, чтобы в этой сфере все было благополучно.*
- *Люди неосознанно заказывают себе бедность или другие неприятности с деньгами или работой, испытывая страх потерять или не найти работу, страх быть обманутым, страх не суметь реализовать свои планы и подобные.*
- *Если возникают большие сложности с реализацией своих планов в сфере работы или бизнеса, то нужно попытаться понять, не блокируете ли вы сами достижение цели, поскольку извлекаете из текущей ситуации множество скрытых выгод.*
- *Другой причиной проблем с деньгами может быть ситуация, когда деньги имеют низкий ранг в вашей системе ценностей и вам неинтересно их зарабатывать. В этом случае нужно либо повысить их значимость в вашей жизни, либо снять свои претензии к высокому уровню материальной обеспеченности..*
- *Следующим внутренним фактором, оказывающим большое влияние на уровень материальной обеспеченности, является уровень самооценки. Человек с низкой самооценкой не будет пре-*

тендовать на высокую зарплату, довольствуясь малым, хотя имеет все возможности получать больше за свой труд.

■ *Еще один способ создания себе бедности — это концентрация внимания на различного рода неприятностях и проблемах. Тем самым вы неосознанно формируете себе реальность, в которой присутствуют эти события.*

■ *Чтобы перестать заказывать себе бедность и проблемы в материальной сфере, нужно привести в порядок свои мысли и повысить свою самооценку.*

Глава 2
Создаем установки на богатство

Если бы люди наполняли свои действия осмысленностью,
то счастье гонялось бы за ними.

Виктор Франкл

Теперь, когда вы перестали заказывать себе бедность и безработицу, пора сделать следующий шаг и перестать отрабатывать те программы и страхи, которые вложили в вас родители, друзья, общество или вы сами.

Если помните, вторым способом создания барьеров на пути к заявленным целям является отработка программ из подсознания.

Наше подсознание — это своеобразный «склад» разного рода убеждений, установок, стереотипов, страхов и прочих программ из разных сфер нашей жизни, в том числе из сферы материальной обеспеченности. При очередной необходимости принять решение подсознание услужливо подбрасывает нам какой-нибудь ответ, который мы принимаем, не задумываясь. А потом пожинаем плоды своих неосознаваемых решений.

Какие же наши внутренние убеждения могут мешать зарабатывать деньги? Да огромное множество! Всего пятнадцать лет назад мы жили в стране развитого социализма. И все дружно презирали деньги, потому что на них все равно нельзя было купить ничего путного. Точнее, можно, но только по блату или по очереди. Деньги тогда не имели ценности, поскольку ценности были совсем другие. Какие — несложно вспомнить. Патриотизм, интернационализм, бескорыстный труд во имя светлого будущего, любые жертвы во имя идеалов народа или партии. Сам погибай, а народное добро спасай! И т. д.

Сегодня ситуация поменялась коренным образом. Деньги стали вполне реальной ценностью, но сломать старые стереотипы мышления смогли далеко не все люди. Кто сумел, тот, скорее всего, не имеет особых материальных проблем (зато может иметь другие).

А всем остальным **нужно «заглянуть» в свою голову и буквально «вытащить» из себя, какими идеями по отношению к деньгам вы руководствуетесь**. Что для вас важно? Что — главное?

И плясать как раз отсюда. Потому что именно здесь может лежать корень многих ваших финансовых и материальных проблем.

• Что делать с негативными программами

Как же стать хозяином своей жизни и перестать руководствоваться теми неосознаваемыми программами, которые создают нам проблемы? Этот путь мы уже рассматривали.

Сначала нужно **выявить внутренние программы, установки и страхи, которыми вы руководствуетесь в жизни**. Для этого рекомендуется составить список всех своих внутренних программ, стереотипов поведения, установок или страхов.

А затем разделить их на те, которые помогают вам жить и идти к своим целям, и те, которые мешают на этом пути. Последние мы в дальнейшем будем называть «Негативные программы».

Затем для каждой негативной программы надо составить, по определенным правилам, противоположное по смыслу позитивное утверждение.

Правила составления позитивного утверждения просты, и мы уже рассматривали их в первой части книги. Вкратце напомним их.

1. *Позитивное утверждение должно быть по* **смыслу полностью противоположно той негативной программе**, *от которой вы хотите избавиться.*

2. *Позитивное утверждение* **должно быть по возможности кратким**.

3. *Позитивное утверждение* **не должно содержать отрицаний**.

4. *Позитивное утверждение* **всегда составляется по отношению к себе**, *т. е. всегда используются предлоги: «я», «мне», «меня» и подобные.*

5. *Позитивное утверждение должно быть «вашим», т. е.* **оно должно быть вам приятным**, *и его повторение должно вызывать у вас в душе хорошие чувства.*

Кроме того, позитивные утверждения могут быть двух видов. Утверждения первого вида направлены на изменение вас. Утверждения второго вида направлены на изменение вашего отношения к дискомфортным обстоятельствам, не меняя вас. Какого вида позитивное утверждение использовать в том или ином случае, вы решаете сами.

Приведем примеры таких негативных программ и противоположных им позитивных утверждений.

Негативные программы	Позитивные утверждения
Деньги в жизни не главное	Деньги — это важная часть моей жизни, я радуюсь им и пускаю их в свою жизнь
Деньги достаются только тяжелым трудом	Деньги приходят ко мне легко, я трачу их с удовольствием, они делают мою жизнь комфортной (или: дают мне свободу и реализацию всех моих замыслов)
Все зло от денег	Я открыт для денег. Вселенная (Бог) проявляет любовь ко мне через деньги
Деньги приходят только через работу	Деньги приходят ко мне разными путями. Я открываю для себя новые каналы получения денег
Не высовывайся! Будь как все	Я божественное создание и горжусь своей исключительностью. Я достоин многого!
Стыдно быть слабым	Я принимаю и люблю себя таким, какой я есть. Я достигаю свои цели легко и спокойно
Довольствуйся тем, что есть. Зачем деньги зря тратить, и так обойдемся	Я достоин многого. Деньги приходят ко мне легко, я трачу их с удовольствием, они делают мою жизнь комфортной (или: дают мне свободу и реализацию всех моих замыслов)
Я не могу зарабатывать большие деньги в этих условиях (такие большие, как зарабатывал когда-то)	Большие деньги приходят ко мне легко и без особых усилий. Я играючи зарабатываю большие деньги там, где я нахожусь
Жить нужно по средствам	Я сам определяю, как мне жить. Я обеспеченный и независимый человек. Я достоин жить в роскоши

Негативные программы	Позитивные утверждения
Я не могу постоять за себя	Я оптимален в своих действиях
Я плохо отстаиваю свои интересы	Я легко добиваюсь успеха!
Я не могу зарабатывать столько денег, сколько мне нужно	Я счастлив тем, что я родился. Я — победитель. Я легко добиваюсь успеха! Я играючи зарабатываю любые нужные мне деньги
Я должна все контролировать, поскольку знаю все лучше всех	Я позволяю людям развиваться и нарабатывать личный опыт так, как они могут. Я позволяю им жить своей жизнью
Мне стыдно ничего не делать	Я свободный человек и сам выбираю, как мне поступать
Это (подарки, выигрыши) не для меня, деньги нужно зарабатывать	Я позволяю деньгам приходить ко мне любыми путями, я открыт для подарков Жизни
Стыдно брать с людей большие деньги	Я позволяю людям проявлять их лучшие душевные качества, высоко оплачивая мой труд
Зарабатывать деньги можно только честным путем	Я легко нахожу способы зарабатывания нужного количества денег тем путем, который я посчитаю допустимым для себя. Передо мной множество путей!
От меня не зависит уровень моих доходов, это зависит от внешних обстоятельств	Я — хозяин своей жизни, и только от меня зависит, где и как я получаю свои деньги
Надо много и тяжело работать	Я сам решаю, как мне жить и сколько времени работать
Я боюсь изменений. Лучше известное плохое, чем неизвестное хорошее	Я доверяю Жизни. Я открыт для изменений. Я знаю, что Жизнь заботится обо мне, мое будущее прекрасно
Деньги — источник зависти	Я позволяю людям жить своей жизнью. Я создаю себе обеспеченную жизнь, и это может быть примером для подражания для окружающих. Я горжусь своими достижениями!

Негативные программы	Позитивные утверждения
Мне достаточно минимума. Жить нужно по средствам. Обойдемся малым, нам много не нужно	Я достоин больших денег. Я достоин жить в роскоши. Деньги и материальные блага украшают мою жизнь, я искренне радуюсь им
Я одна и поэтому не могу достичь успеха	Я изначально обладаю всеми достоинствами, которые необходимы для достижения успеха! Я люблю себя и горжусь собой! У меня всего в избытке!
Я не могу разумно потратить деньги	Все мои траты изначально правильны. Я счастлива, что могу легко тратить деньги и получать от этого удовольствие. Чем больше я трачу, тем больше я получаю!
Большие деньги портят отношения	Я позволяю себе строить такие отношения с людьми, которые посчитаю нужным. Я позволяю людям думать обо мне все, что они пожелают. Я выбираю быть богатым!
Деньги надо копить, а не тратить	Деньги нужно тратить. Чем больше я трачу, тем больше я получаю! Деньги дают мне радость, и я получаю эту радость все больше и больше!
Я недостоин больших денег	Я — божественное создание! Уже фактом своего рождения я достоин всего самого лучшего! Я достоин богатства! Я достоин жить в роскоши!
Хорошую вещь нужно заслужить	Я заслуживаю всего самого лучшего уже тем, что родился в этом прекрасном мире! Я достоин всего самого лучшего!
Я не могу занять большую должность	Я — источник талантов, у меня всего в избытке. Я достоин занять любую должность, которую посчитаю достойной для себя. Я достоин всего самого лучшего!
Богатым быть неприлично	Я сам выбираю, как мне жить. Я позволяю другим людям жить той жизнью, которую они выберут для себя. Я достоин жить в роскоши!

Негативные программы	Позитивные утверждения
Денег всегда не хватает	Я сам создаю достаток в своей жизни! Я открываюсь потоку денег! Я люблю деньги! Я ценю деньги, и они приходят ко мне в изобилии!
Деньги должны быть трудовыми	Я открываю для себя большие и легкие деньги. Я открыт для денег, которые я посчитаю для себя достойными. Я открыт для подарков Жизни!
Меня устроят только большие деньги! Я когда-то получил большие деньги и сегодня не согласен на меньшее.	Я радуюсь тем деньгам, которые получаю сегодня. Я благодарю Жизнь за те подарки, которые она делала для меня. Я знаю, что достигну любого успеха тогда, когда это будет мне действительно нужно. Я никому ничего не доказываю! Я получаю столько, сколько мне действительно нужно!
Сейчас на работу по специальности устроиться проблематично	Желанная работа сама найдет мня. Я играючи нахожу работу по специальности, которая доставляет мне удовольствие и обеспечивает меня материально! Я достоин хорошей, высокооплачиваемой работы, у меня достаточно сил, знаний и опыта, чтобы ее получить
Большие деньги нельзя заработать, их можно только украсть, а это опасно	Мой труд оплачивается настолько высоко, насколько я это себе позволю. Я ценю себя высоко. Я получаю огромные доходы!
Все уже поделено	Передо мной открыты безграничные возможности, я вижу и использую их все лучше и лучше
Я музыкант (художник, учитель, библиотекарь и пр.), поэтому я не могу зарабатывать достаточного количества денег. У меня безденежная профессия	У меня прекрасная профессия, которая позволяет мне получать такие доходы, которые я пожелаю. Я легко нахожу способ получать большие деньги за свою работу
Неудобно зарабатывать больше, чем друзья	Я позволяю каждому человеку иметь ту жизнь, которую он создает своими мыслями и делами. Я подаю друзьям пример успешной жизни!

Продолжение таблицы

Негативные программы	Позитивные утверждения
Жизнь – вечное преодоление	Я легко и свободно получаю все по максимуму
Стыдно учиться, когда тебе много лет. С молодости ума не набрался! Стыдно ходить и просить помощи, ты ведь взрослый человек! Учатся только молодые или глупые	Я открыт для новых знаний, я открыт для изменений! Я постоянно развиваюсь и исполняю тем самым свое предназначение
Легкие деньги счастья не приносят	Я радуюсь любым деньгам, я открыт для легких денег

Если предложенные варианты позитивных утверждений вас чем-то не устраивают, составьте свою собственную формулу. Позитивное утверждение обязательно должно быть «вашим», т. е. понятным и приятным вам.

Другие негативные программы и позитивные утверждения вы можете найти в книге «Что вам мешает быть богатым».

Напоминаем, что позитивное утверждение не является формулой заказа желания, формулой цели. Цель должна содержать какой-то конечный результат, который либо есть, либо нет, и это легко определить. Например, формула цели может иметь вид: «Я убираю свои внутренние барьеры». Позитивное утверждение в данном случае выступает инструментом достижения этой цели.

• Что делать с позитивным утверждением

Составив (или подобрав) себе подходящее позитивное утверждение, нужно сделать так, чтобы оно вытеснило прежнюю негативную программу в подсознании и заняло там ее место. Тогда при необходимости принять очередное решение вы неосознанно будете пользоваться уже этой новой программой.

В итоге вы получите то, что стремились получить, составляя позитивное утверждение.

Как это делается? Мы уже рассказывали об этом, повторим вкратце эти рекомендации.

• Переписываем много раз

Перепишите от руки не менее 3000 раз все ваши позитивные утверждения. Переписывать желательно не более ста раз в сутки, так что эта работа займет почти месяц. Вы должны быть максимально сосредоточены на содержании той фразы, которую будете переписывать, нельзя во время этого процесса отвлекаться и думать о чем-то другом.

• Мысленное повторение

Второй способ — заучить позитивные утверждения (или переписать их на маленький листок и носить с собой) и мысленно повторять их — как мантру или молитву. Общее время повторений — от 3 до 10 часов суммарно.

• Делаем запись

Кроме того, вы можете **записать на аудиокассету свои позитивные утверждений** — максимально бодрым, энергичным и уверенным голосом. А потом можно слушать эту запись в любое удобное время: когда едете в автомобиле, когда занимаетесь бытовыми делами дома и т. д.

В результате подобных действий прежняя негативная установка должна замениться новой, позитивной, очередной барьер на пути к желанным целям перестанет существовать.

• Повторение позитивных утверждений

Кроме того, можно использовать еще один дополнительный, очень простой способ работы с позитивными утверждениями. Вы выписываете отовсюду или составляете сами понравившиеся вам позитивные утверждения, заучиваете их и потом много раз повторяете эти утверждения. Или записываете их на аудиокассету и потом слушаете в любое свободное время.

При составлении своего перечня позитивных утверждений в него обязательно нужно включить все те утверждения, которые вы составили для вытеснения из подсознания своих собственных негативных программ. И добавить к ним любые понравившиеся вам позитивные утверждения по теме.

Приводим примерный перечень позитивных утверждений по теме деньги, работа, бизнес.

«Я сам, своими мыслями и эмоциями создаю свое будущее. Мое будущее светло и радостно, мои достижения являются индикатором моего правильного отношения к Жизни. Я доверяю Жизни! Я знаю, что в будущем у меня все будет прекрасно! У меня все замечательно! Я замечательный человек, я божественное создание! Жизнь любит меня и заботится обо мне! Моя жизнь есть игра, и я все время выигрываю! Я живу легко и с удовольствием совершенствую себя!

Я радуюсь тем деньгам, которые я получаю сегодня. Я благодарю Жизнь за то, что я имею сегодня. Я легко нахожу способы увеличения своих нынешних доходов в два раза каждые три месяца. Деньги заслуживают того, чтобы о них думать. Я люблю деньги, они мои друзья, я много и хорошо о них думаю. Деньги дают мне опору в жизни. Деньги — это счастье, здоровье, успех! Деньги дают мне здоровье. Дорога к счастью усыпана деньгами! Я достоин больших денег! Я достоин жить в роскоши! Деньги и материальные блага украшают мою жизнь, я искренне радуюсь им. Деньги помогают мне духовно развиваться и достигать мои духовные цели.

Я знаю, сколько стоит мой труд. Ко мне обращаются состоятельные люди. Я отличный профессионал, и люди готовы достойно оплатить мои услуги. Я ценю деньги и позволяю себе получать их в необходимом количестве. Я знаю цену своему труду и позволяю себе назначить достойную цену. Я горжусь тем, что я богат. Я преуспеваю! Все мои замыслы реализуются! Я успешен! Мои замыслы реализуются с неизбежностью смены времен года! Я преуспеваю!»

• Недостаточно это прочитать

Еще раз напоминаем вам, что работа с внутренними барьерами является делом серьезным, требующим времени и усилий. И если вся ваша работа свелась к прочтению этой (и нескольких аналогичных) книг, то толку от этого будет мало. Нам приходилось встречать множество людей, которые перечитали все книги Свияша, Вагина, Правдиной, Луизы Хей и других авторов, но уровень их материального достатка не изменился. В погоне за очередным рецептом чудотворного обогащения они не находили времени и возможности поработать над собой.

Чудо ваших изменений произойдет, если приложить усилия, чтобы оно реализовалось. Нужно работать над собой, прикладывать реальные усилия, тратить на это время. И не только повторять про себя позитивные утверждения, но и тут же совершать какие-либо действия во внешнем мире, направленные на закрепление вашей новой внутренней установки.

Вы говорите про себя, что достойны богатства, — так пойдите и купите себе какую-то вещицу, подтверждающую это утверждение. Вы твердите себе, что ваш труд оплачивается высоко — так реально поднимите расценки на ваши услуги. Или найдите место, где ваш труд будет оплачиваться выше, чем сейчас, и т. д.

А иначе не стоит тратить время на чтение этой книги, лучше сразу читать сказки про золотую рыбку или волшебную палочку.

На этом мы заканчиваем рассмотрение способов снятия очередного внутреннего барьера на пути к успеху и переходим к итогам.

ИТОГИ

- *Вторым внутренним барьером на пути к материальному процветанию являются те неосознаваемые установки, которые мы получили от родителей, окружающих людей или выработали сами. Эти установки могут приводить к тому, что мы принимаем решения в соответствии с ними, а потом испытываем недовольство последствиями сделанного выбора.*

- *Все внутренние негативные установки необходимо постепенно выявить и заменить их на противоположные по смыслу позитивные утверждения.*

- *Составленные позитивные утверждения нужно многократно повторять про себя, переписывать или слушать их запись до тех пор, пока вы не почувствуете, что они стали вашей частью и вы бессознательно руководствуетесь ими.*

- *Можно составить большой перечень позитивных утверждений из нужной вам сферы жизни и затем много раз повторять или слушать их запись.*

- *Конечным результатом этих усилий должны стать реальные достижения во внешнем мире, указывающие на то, что вы приняли для себя новую позитивную установку.*

Глава 3
Типовые «воспитательные» процессы с деньгами

Люби ближнего, но не давайся ему в обман.

Козьма Прутков

На пути к материальному благополучию вам может мешать еще один барьер. Если помните, он называется «духовные «воспитательные» процессы» со стороны Жизни, которая учит нас не иметь избыточных суждений, т. е. идеализаций.

Еще раз напомним, что **идеализация — это очень значимая для вас идея, при нарушении которой у вас возникают длительные негативные переживания**. Длительные — это постоянные или периодические переживания по одному и тому же вопросу в течение нескольких месяцев или лет.

Идеализации бывают самые разные, но здесь мы будем рассматривать только те из них, которые **могут помешать вам получать деньги или иные материальные блага**. Их не так много, но наличие некоторых является серьезным барьером на пути к материальному благополучию.

Итак, приступим. Первой и самой распространенной является **идеализация денег и материальных благ**.

• Идеализация денег и материальных благ

Как она может проявляться? В виде постоянных **переживаний по поводу того, что у вас мало денег и на них жить невозможно**. Вы что-то зарабатываете, но денег вечно не хватает. А потребности все растут и растут — в полном соответствии с одним из шуточных законов Паркинсона: «Потребности человека растут опережающими темпами по сравнению с ростом его доходов».

Такая ситуация тем более обидна, поскольку вокруг вас есть люди, у которых эти потребности уже удовлетворены, т. е. они уже купили себе холодильник или машину, о которой вы только мечтаете. Или сделали ремонт, который вам снится. Или что-то еще.

В итоге вы погружаетесь в длительные **переживания по поводу хронического недостатка денег**, вместо того чтобы сосредоточиться и найти способ повышения своих доходов. И, естественно, возможность увеличить количество денег все уменьшается — в полном соответствии с принципами разрушения наших идеализаций.

Если этих переживаний накопилось достаточно, то, возможно, **Жизнь уже начала вам доказывать, что у вас все было прекрасно** и не было никаких оснований для переживаний. Как она это делает? **У вас отбирается большая сумма денег** — через потерю работы или развал бизнеса, кражу, ограбление, мошенничество, невозврат долгов, пожар, аварию автомобиля и т. д.

И теперь, когда денег или имущества у вас стало значительно меньше, вы понимаете, что **раньше все было очень даже неплохо**, и вы бы только рады были вернуться теперь к прежнему состоянию. Сейчас оно представляется вам заманчивым, а ведь всего полгода-год назад вы считали, что это положение ужасно.

Таким простым ходом Жизнь доказала, что все у вас было отлично и оснований для переживаний не было. Нужно было радоваться тому, что вы имели, и предпринимать реальные шаги к увеличению своих доходов.

Эту подсказку нужно понять как можно раньше, чтобы Жизни не пришлось применить к вам еще более тяжелые (для вас) «воспитательные» процессы.

• Идеализация цели

Следующая идеализация, которая легко может привести к проблеме с деньгами, — **идеализация цели** или **ваших планов**.

Эта идеализация возникает, когда вы не позволяете своим планам не реализоваться. Вы поставили перед собой какую-то цель (например, раскрутить свой бизнес или зарабатывать три тысячи долларов в месяц) и всеми силами стремитесь ее достичь. А если что-то не получается, впадаете в различного рода переживания — осуждаете либо своих партнеров или сотрудников, либо самого себя. В любом случае **вы не позволяете жизни сложиться иным образом, нежели вы запланировали**. Скорее всего, при таком отношении Жизнь попробует сделать достижение вашей цели вещью совершенно нереальной. А поскольку цели большинства людей так или иначе связаны с деньгами, то и получение денег становится несбыточной мечтой.

Есть ли выход из этой ситуации? Конечно есть! Мы уже рассказывали, что **человек может ставить и достигать любые нужные ему цели** (разве что за исключением прямого воздействия на близких людей), но при этом он **должен находиться в позиции игрока**, готового как к выигрышу, так и к временному проигрышу. И проигрыш (или временное недостижение цели) не должен приводить к различного рода негативным переживаниям, а должен только лишь стимулировать человека к поиску новых вариантов достижения цели. Тогда она обязательно реализуется, а с ней появятся так нужные вам деньги или другие материальные блага.

Кроме того, нужно задуматься, о чем сигнализирует, на что пытается обратить ваше внимание Жизнь через эти препятствия. Скорее всего, через них она дает вам понять, что вы не учли каких-то факторов и впереди вас ждет совсем не такое будущее, как вы себе представляете. Может быть, она готовит вам совсем другой, лучший вариант событий, а вы упорно не желаете ни о чем больше думать, кроме как о своей цели.

Идеализация цели очень похожа на фанатизм, а это не очень хорошее качество личности, свидетельствующее об отсутствии гибкости мышления и нежелании слушать подсказки Жизни. Подумайте об этом.

• Идеализация своего несовершенства

Еще одна идеализация, которая явно может мешать вам получать достойные вас доходы, — это **идеализация своего несовершенства**.

Наиболее распространенной формой этой идеализации является ситуация, когда человек в своем воображении придумывает некий идеал, которому он должен соответствовать (быть умным, деловым, энергичным и т. д., т. е. более совершенным). А поскольку действительность не всегда соответствует этому идеалу, то человек погружается в переживания по поводу своего несовершенства и не делает ничего из того, что нужно было бы сделать для достижения личного успеха.

Приведем пример, как эта идеализация может влиять на доходы. Например, кому-то нужна высокооплачиваемая работа. Человек просматривает объявления и находит, что требуются специалисты его квалификации, да и зарплата вроде бы подходящая. Но его тут же начинают одолевать сомнения типа: «Наверное, им нужен молодой специалист, а я уже не гожусь по возрасту». Или: «Наверное, им нужен опытный специалист, а у меня какой опыт». Или: «Наверное, им нужен энергичный и представительный молодой человек, а уж как я выгляжу». И т. д.

Человек, не зная реальных потребностей работодателя, **сам придумывает какой-то идеал**, который якобы может претендовать на это место. А поскольку он не соответствует этому придуманному им идеалу, то заранее записывает себя в проигравшие. И даже не идет узнавать, есть ли у него шансы на эту вакансию, либо идет, но заранее настраивается на отказ. Соответственно, ни о каких больших доходах тут говорить не приходится.

Такая ситуация проявляется многократно в жизни огромного количества людей. Например, человек боится выступать перед большой аудиторией, поскольку он «знает», как должен выглядеть оратор (высокий, элегантный, раскованный, обладающий красноречием Цицерона). Естественно, сам он не соответствует этому идеалу, поэтому боится выходить на трибуну. Хотя аудитории совершенно все равно, каким будет оратор. Они примут его таким, каким он будет в реальности, поскольку никаких идеалов относительно него не имеют.

Точно так же люди боятся выступать с новыми и смелыми предложениями: «А вдруг меня не поймут, и я буду выглядеть нелепым или смешным! Как я, такой несовершенный, и вдруг предстану перед людьми. Это смешно! Да никогда! Я лучше промолчу и посижу в уголке». Подобные рассуждения блокируют смелые шаги множества людей и тем самым перекрывают им дорогу к успеху.

А те, кто не боятся выглядеть смешными, рано или поздно говорят и делают то, что приводит их к желанным целям.

Идеализация своего несовершенства **блокирует возможность попросить достойную оплату за свои услуги**. Вы что-то делаете для другого человека, а когда возникает вопрос о том, сколько стоят ваши услуги, у вас наступает паралич горла и вы выдавливаете из себя что-то типа: «Давайте, сколько считаете нужным». Дают, естественно, меньше, чем вы рассчитывали, и вы начинаете ругать себя за это. Но в следующий раз ситуация повторяется, поскольку для вас недопустимо выглядеть в чужих глазах жадным или работающим только ради денег.

Подобная ситуация может возникнуть и при приеме на работу. Вам предлагают меньшую зарплату, чем вы ожидали, а у вас нет сил открыть рот и попросить больше. Разве вы можете позволить себе выглядеть несовершенным в чужих глазах? Не можете. Лучше уж получать меньше денег, а потом горевать об упущенных возможностях.

Так что отказ от идеи своего несовершенства, позволение себе делать ошибки и выглядеть в чем-то несовершенным в глазах окружающих людей могут стать реальной силой на пути повышения ваших доходов.

• Идеализация своих способностей

Идеализация своих способностей — это типично мужская идеализация. Проявляется обычно в преувеличенном мнении о своих способностях и в стремлении достичь громадного успеха как можно быстрее и тем самым доказать всем, что вы очень крутой и успешный человек. В принципе в таком внутреннем настрое нет ничего плохого, он присущ любому человеку, занимающемуся бизнесом или стремящемуся вырасти на работе.

Такой настрой становится идеализацией в случае, когда вы быстро раздражаетесь из-за временных неуспехов или считаете, что вас окружают только тупицы и бездарности, из-за которых все ваши усилия терпят крах. Люди с такой идеализацией обычно амбициозны, чрезмерно превозносят свой профессионализм и способности и презрительно смотрят на остальных, по их мнению, малоразвитых людей.

Поскольку Жизни приходится давать им свои неприятные уроки, они часто меняют место работы или вид бизнеса в попытках достичь быстрого успеха, но везде их ждут неудачи, в то время как у других людей на этих же местах все получается. Типичным признаком наличия идеализации своих способностей является повышенная обидчивость.

Эта идеализация часто присуща действительно талантливым людям, которые могут придумать или открыть что-то совсем новое: лекарство, методику излечения или обучения, устройство, прибор и т. д. Если у изобретателя нет идеализаций, то в его жизни все складывается хорошо, его идеи успешно реализуются.

Человек с идеализацией способностей обычно обидчив, обвиняет окружающих людей в непонимании, специальном противодействии, ограниченности, воровстве его идей и т. д. Иногда он прячет свои идеи — чтобы не украли, пишет письма протеста президенту, в ООН, но никто ему не помогает, даже Бог. А все очень просто: он сам своими стенаниями и страхами заказывает себе события, с которыми пытается бороться. И они, естественно, рано или поздно реализуются.

Иногда идеализация способностей, особенно подтвержденная реальными успехами, перерастает в гордыню и презрение к остальным людям. У спортсменов и артистов это называется «звездной болезнью», и ее последствия бывают очень огорчительными. Жизни обычно приходится опускать такого человека на самое дно, в среду тех самых людей, которых он раньше так презирал.

Поэтому гордиться своими способностями и использовать их для достижения желанных целей можно — для того они и даются человеку.

А вот презрительное отношение к людям и избыточные амбиции — прямой путь к попаданию под духовные «воспитательные» процессы.

• Идеализация общественного мнения

Еще одна идеализация, которая может блокировать вам возможность зарабатывать деньги, — это страх перед общественным мнением («А что скажут обо мне люди?»), т. е. вы и хотели бы получать доходы, но опасаетесь, что вас посчитают жадным, скупым, эгоистичным или еще каким-то нехорошим. А для вас общественное мнение очень значимо, поэтому вы не позволяете себе сделать ничего такого, что оно могло бы осудить.

Как это может быть? Вариантов проявления этой идеализации может быть множество. Например, у вас есть свободное недвижимое имущество, которое могло бы приносить вам доход (пустующая квартира, дача и прочее). Но вам неудобно сдавать его другим людям за деньги — что о вас скажут знакомые (родственники, друзья и т. д.)? Поэтому вы либо совсем не используете это имущество, и оно приносит вам одни хлопоты и убытки, либо позволяете пользоваться им бесплатно вашим родным или знакомым.

Другой вариант — вам предлагают подработать в сетевой компании, но вы отказываетесь, поскольку ваши знакомые плохо относятся к сетевому бизнесу и будут осуждать вас. Или не будут осуждать, а наоборот, станут завидовать. Вы этого точно не знаете, вы только думаете, что кто-то может о вас плохо подумать, и эта мысль парализует вашу активность. И хотя денег вам очень хочется, страх перед общественным мнением оказывается сильнее.

В рассмотренной ситуации мнение знакомых является более значимым фактором, чем возможность получить дополнительные деньги. В принципе в таком выборе нет ничего плохого. Важно только, чтобы этот выбор не приводил впоследствии к переживаниям типа: «Ну почему у меня так мало денег?»

Вы сами не хотите получать их там, где они имеются. А все потому, что все время пытаетесь быть хорошим не для себя, а для окружающих. А они вас об этом просили?

• Идеализация отношений

Еще одна очень популярная в нашей стране идеализация — **идеализация отношений** между людьми. Если вы помните, она возникает, когда какие-либо взаимоотношения между людьми складываются так, как вы считаете недопустимым. Один громко кричит и ругается по любому поводу, другой периодически врет, третий думает только о себе, четвертый вообще готов продать всех ради денег или личной выгоды — и все эти неправильные люди вызывают у вас приступы негодования.

Но закономерности «грустных» духовных «воспитательных» процессов таковы, что эти люди просто обязаны вести себя так, как вы считаете недопустимым. А раз они будут врать и думать только о себе, а вы будете переживать по этому поводу, то ни энергии, ни времени на работу или занятия бизнесом у вас просто не останется.

Еще одна форма проявления этой идеализации — когда вы не можете повысить голос на кого-либо или **потребовать что-то для себя** (обычно для других — сколько угодно). Здесь идеализация отношений пересекается с идеализацией собственного несовершенства: я не позволяю людям плохо думать о себе. Такие взаимоотношения наверняка будут блокировать вам возможность потребовать себе большую оплату, поскольку для этого надо идти на некоторое обострение отношений с руководством.

Следующий вариант проявления этой идеализации — когда вы считаете, что **обязаны помогать близким вам** вам людям: родственникам, сослуживцам, бывшим возлюбленным или женам, школьным товарищам и т. д. Вы имеете возможность трудоустроить их у себя на предприятии и делаете это, невзирая на их несоответствие требованиям должностных инструкций и вопреки здравому смыслу. Они не справляются со своими обязанностями, но вы не можете их уволить или даже объявить взыскание — у вас общее прошлое, родственные связи или что-то еще. Такие фокусы проходят в очень больших коммерческих (банк, корпорация) или в государственных организациях, поскольку ресурсы там не ограничены и небольшое количество нерадивых работников не может нанести существенный вред.

А вот если у вас небольшая коммерческая организация, а вы набираете туда сотрудников, руководствуясь стремлением помочь всем своим знакомым, то итог такого бизнеса предсказать несложно. Вы ставите отношения между людьми выше интересов дела, и «дело» вряд ли сможет долго терпеть такое отношение.

Еще вариант — вы зарабатываете деньги, но вынуждены раздавать большую их часть своим родственникам. Не помогать родственникам вы не можете, но и зарабатывать деньги для вас становится делом неинтересным — все равно не потратишь на свои цели. В итоге нарастает внутреннее раздражение и недовольство жизнью. Вам кажется, что вы попали в замкнутый круг и обречены всю жизнь отдавать деньги неизвестно куда, хотя помощь родственникам — это ваш добровольный выбор, сделанный под влиянием идеализации отношений.

На самом деле вы неосознанно вкладываете свои деньги в очень хорошую покупку — вы приобретаете хорошее отношение к вам близких вам людей. Если же они вам не близки и вы действуете только под влиянием окружающих людей или внутренних программ (ты обязан помогать родственникам!), то нужна ли вам такая покупка?

Возможны и многие другие варианты проявления этой идеализации, когда отношения между людьми становятся непреодолимой помехой к достижению нужных вам целей.

• Идеализация контроля окружающего мира

Еще одна идеализация, которая может ограничить доходы, — идеализация контроля. Она обычно проявляется в двух формах.

Первая форма — стремление держать все происходящие события под своим контролем, недоверие другим людям, стремление дать всем подробные указания, что и как им делать.

В принципе это неплохое качество, особенно для руководителя — он должен держать свое дело под контролем, иначе оно развалится или перейдет к кому-то другому. Но вот если страсть к контролю принимает чрезмерную форму, т. е. перерастает в идеализацию, то это ограничивает рост доходов, поскольку ограничивает рост бизнеса.

Если руководитель стремится влезть во все мелочи и дать указания всем своим сотрудникам, то бизнес будет расти только до тех пор, пока он сможет находить на это время. Но человек может работать не более 20 часов в сутки, и возможности роста бизнеса ограничены его рабочим временем. Контролер не умеет делегировать часть полномочий сотрудникам, и это приводит к ограничению доходов. Да и жизнь «контролера» нельзя назвать радостной, поскольку у него никогда не бывает выходных и отпусков — ведь никому ничего нельзя доверить, все приходится делать самому.

Вторая форма проявления идеализации контроля — страх перед неизвестным будущим, стремление точно знать, что и как будет происходить через месяц, год, десятилетие. Если страх сильный, то это прямой заказ себе неприятностей, которые рано или поздно происходят. Он же порождает желание собирать деньги на «черный» день. А если вы только копите, то не получаете радости от траты денег и от денег вообще. Они вас не радуют, и вы не стремитесь иметь их побольше.

• Любая идеализация может блокировать богатство

Мы рассмотрели всего семь идеализаций, которые могут блокировать вам рост доходов. На самом деле их значительно больше. Более того, **любая идеализация так или иначе может стать причиной ваших финансовых проблем**. Например, избыточная **религиозность** может заставить вас с осуждением смотреть на богатых и вынудит сторониться материальных благ. **Идеализация доверия** будет приводить к тому, что люди будут брать у вас деньги в долг и не возвращать, а вы будете испытывать дискомфорт даже при одной мысли, что эти деньги нужно потребовать назад. Осуждая богатых людей, вы тем самым будете блокировать себе возможность попасть в их ряды. И т. д.

Подводя итоги, можно констатировать, что любая идеализация может привести к появлению «воспитательного» процесса, в результате которого деньги будут исчезать из вашей жизни. Только некоторые идеализации будут влиять на уровень вашей материальной обеспеченности явно, а другие — косвенно. Но результат будет один и тот же.

• Что делать

Отсюда следует совершенно очевидный вывод: для повышения своих доходов нужно как минимум знать свои идеализации. Затем нужно проанализировать, как идеализации влияют на ваши финансовые успехи. И если результаты анализа будут огорчительными, то пора начинать пересмотр своей системы ценностей. Для этого можно использовать любые способы отказа от идеализаций, которые мы рассматривали в первой части книги. Тогда Жизни не нужно будет давать вам свои уроки и ваш путь к финансовому благополучию будет открыт.

А мы тем временем перейдем к итогам.

ИТОГИ

- *Причиной проблем с деньгами может быть духовный «воспитательный» процесс со стороны Жизни, который призван разрушать очень значимые для вас идеи об устройстве окружающего мира.*

- *В первую очередь на уровень материального благополучия влияют идеализации денег и материальных благ, идеализация контроля, отношений между людьми, общественного мнения, своих способностей и собственного несовершенства.*

■ *Любая другая идеализация также может стать причиной неудач в ваших делах.*

■ *Для достижения успеха нужно проанализировать собственную систему ценностей и выявить, какие идеализации могут блокировать вам путь к успеху. Затем нужно оказаться от придания избыточного значения этим идеям.*

Глава 4
Типовые «воспитательные» процессы на работе

Если усердно работать по 8 часов в день, можно выйти в начальники и работать по 12 часов в день.
Роберт Фрост

Большинство людей проводит на работе около половины своей жизни, а некоторые и еще больше. Последние даже получили прозвище «трудоголики», по аналогии с любителями выпить.

Работа дает людям очень многое. Материальную обеспеченность, возможность реализовать свои планы и замыслы, удовлетворить тягу к власти и управлению, возможность самореализоваться и многое другое. Соответственно, именно здесь у человека имеется масса возможностей начать слишком близко принимать к сердцу расхождения реальности со своими ожиданиями. Начинаются переживания, борьба за свои идеалы и вытекающие из этого духовные «воспитательные» процессы со стороны Жизни.

Мы специально разделили «воспитательные» процессы с деньгами и «воспитательные» процессы на работе, хотя они очень сильно пересекаются, поскольку именно на работе мы обычно зарабатываем деньги. Но работа, кроме денег, дает человеку много других возможностей: занятие любимым делом, самореализацию, власть, общение и многое другое. Все это может стать идеализацией и создать барьер на пути к желанным целям.

Поэтому рассмотрим, какие идеализации наиболее часто встречаются на работе.

• Идеализация работы

Понятно, что первой является идеализация самой работы. Она проявляется в виде скрытого и очень значимого убеждения о том, что люди созданы для труда и жить без работы невозможно.

Порой эта неплохая в целом идея приводит к длительным негативным переживаниям, когда человек в силу обстоятельств не имеет возможности трудиться. Либо он сам трудоголик и постоянно осуждает людей, не тратящих все свое время на работу.

Скорее всего, скрытое осуждение разного рода «бездельников» и «халявщиков» рано или поздно приводит к тому, что этот человек сам лишается возможности трудиться, например из-за болезни, и таким образом он начинает сам совершать то, за что ранее осуждал других людей. Так может проявиться воспитательный процесс со стороны Жизни. Если человек это поймет и позволит себе некоторое время отдохнуть и пожить без труда, то ситуация изменится и он получит то, к чему стремится. Если же временная нетрудоспособность породит нарастание его переживаний, то «воспитательные» процессы усилятся, и трудоголизм принесет большие проблемы.

• Идеализация материальных ценностей

Следующая идеализация, часто встречающаяся на работе, это **идеализация денег и материальных благ**. Именно здесь легко можно начать преувеличивать значение материальных благ в виде большой квартиры, хорошего коттеджа или роскошного автомобиля. Кто-то эти блага имеет, а вы нет и даже не видите перспектив изменить ситуацию.

Можно к такой ситуации относиться спокойно, а можно погрузиться в длительные переживания по поводу того, что без достаточного количества денег вы не можете жить так, как должны. В итоге человек погружается в самоосуждение и недовольство собой. Или начинает обижаться на Жизнь за то, что она дает ему недостаточно денег и других благ. Или наполняется претензиями к окружающим людям, которые получают денег больше, чем он.

Это не значит, что вы не должны стремиться заработать большие деньги и получать любые другие блага. Получайте, сколько сможете. Важно другое — **ваше отношение к этим материальным благам**. Если вы их идеализируете, т. е. считаете, что жизнь без них не имеет смысла (преувеличиваете их значимость), то у вас могут возникнуть большие проблемы с увеличением своих доходов. Тем самым Жизнь даст вам урок об ошибочности вашего отношения к большим материальным ценностям — вы ведь живете без них, хотя и считаете, что это не жизнь.

Формы проявления этой идеализации могут быть самыми разными. Кто-то ненавидит богачей за их богатство и считает, что его жизнь не удалась, поскольку у него нет такого же количества денег. Другой страстно мечтает купить дом или престижный автомобиль и сильно обижается, когда в результате очередной неудачи эта мечта отодвигается. Третий целью жизни считает получение большого дохода и становится агрессивным, когда деньги уплывают в сторону. И т. д.

Как вы уже догадались, можно стремиться и к доходу, и к автомобилю или хорошему дому, но нельзя **длительно** обижаться или раздражаться на Жизнь, если что-то не получается. Хотя ненадолго вы вполне можете вспылить, ругнуться, стукнуть кулаком (по столу, конечно) и т. д.

Важно не создавать внутри себя **длительной негативной эмоции**. Если она возникнет, то ваш внутренний «смотритель» приложит все усилия для того, чтобы **перевести вас в гораздо худшее состояние, с позиций которого вы поймете, что вовсе не стоило обижаться на нынешнее состояние**. Опускать нас на дно жизни всегда есть куда — вплоть до полной нищеты, паралича или смерти.

• Идеализация власти

Еще одна возможность для возникновения идеализации — **власть, почет, поклонение**, что часто присуще руководителям собственных фирм, которым неожиданно удалось добиться большого успеха. Эти прежде малообеспеченные люди, неожиданно став президентами банков или торговых компаний, получили в свое распоряжение практически неограниченные ресурсы: деньги, людей, недвижимость и пр. Это создало у них **эйфорию вседозволенности и всевластия, гордыню**. Через затемненные стекла роскошных автомобилей они начинают презрительно смотреть на своих бывших и менее удачливых соратников.

А гордыня «воспитывается» довольно жесткими мерами. Чаще всего человек в силу каких-то обстоятельств (обман, банкротство) попадает в среду тех людей, которых он прежде презирал. Если его материальное положение невозможно поколебать, то в ход идут болезни, судебные преследования и другие меры, вплоть до поручения киллеру произвести перемещение души богача из этого мира в Тонкий мир. И уже не на верхние этажи, как вы понимаете.

• Идеализация доверия

Еще одно типичное ошибочное убеждение — это **чрезмерная вера в людей, идеализация** (т. е. преувеличение) **их честности, порядочности, обязательности**. В бизнесе эта идеализация проявляется в **избыточном доверии к своему деловому партнеру**, когда вы на слово верите его обещаниям и не требуете доказательств его надежности или документального оформления ваших взаимоотношений.

Люди часто дают друг другу деньги взаймы, и это нормально, но если вы идеализируете того, кому вы даете взаймы, то он будет разрушать вашу идеализацию, не возвращая вам долг. Подобных случаев множество.

Почти каждому человеку известны не понаслышке случаи, когда хорошо знакомые люди не выполняли своих обещаний. Если вы избыточно доверяли им и не предпринимали мер по защите своих интересов, то оставалось только горевать и обижаться на жизнь. Хотя делать этого, как вы уже понимаете, ни в коем случае нельзя. Нужно понять, что это была **процедура принудительного избавления вас от избыточной идеализации других людей**, избыточного доверия к ним.

Как говорится, доверяй, но проверяй.

• Идеализация цели

Еще одно ошибочное убеждение — это попытка поставить весь мир под свой контроль, стремление добиться своих целей любой ценой, нетерпение при задержках с получением результатов. Если такие переживания постоянны, то это указывает на идеализацию цели.

Приведем в качестве примера такого отношения к своим целям выдержку из письма молодого читателя.

«Меня зовут Алексей, мне 20 лет. Я уже примерно полгода знаком со школой «Разумный путь» и стараюсь жить согласно ее принципам. Но у меня есть одна проблема. Она у меня была всю жизнь, но сейчас так жить уже просто невыносимо.

Дело в том, что стоит мне чего-нибудь захотеть, например найти работу, так это значит, что я ее обязательно НЕ найду. Стоит мне запланировать какую-то встречу, так обязательно что-нибудь случится такое, что встреча не состоится. Недавно я начал ходить в тренажерный зал, думал, что буду ходить долго, но он закрылся на ремонт. И т. д.

При этом нужно сказать, что я очень сильно желаю осуществления своих целей, т. е. они для меня жизненно важны в конкретной ситуации. Если же я что-то планирую и отношусь к результату более или менее спокойно (ну не получится, и ладно), то у меня вроде все получается. Но ведь невозможно искусственно управлять своими желаниями. Если для меня что-то необходимо, это не может быть мне безразлично».

Как видим, автор письма описывает все признаки идеализации (т. е. преувеличения значения) достижения цели. Если он к цели относится спокойно, то все получается. Если нет, то идет блокировка. Но как с этим смириться?

В принципе любой человек так или иначе планирует свое будущее. Но не все раздражаются или обижаются на жизнь, если их планы не реализуются. И как раз на работе «смотрителю» человека очень легко проверить его на идеализацию способности управлять жизнью — путем разрушения его планов. И чем больше человек старается, чтобы все происходило только по его планам и указаниям, тем хуже это будет получаться. Если человек не сумеет принять свое поражение как проигрыш в игре, а будет и дальше агрессивно пытаться реализовать свои намерения любой ценой, тем большее противодействие ему будет оказывать Жизнь.

Это вовсе не означает, что мы призываем вас прекращать реализацию своих планов при первом же сбое. Вовсе нет.

Планы нужно строить, нужно прилагать все силы, знания и энергию для их реализации. Любое дело требует усилий для его воплощения. Но **нельзя обижаться, когда что-то происходит не по вашим планам**.

Нельзя **обижаться** на людей, которые делают что-то не в соответствии с вашими требованиями или договоренностями или если у них что-то не получается. Причем **нельзя обижаться и осуждать в душе**. А внешне вы можете быть строгим (но справедливым), требовательным, даже жестким. Но это только в рамках той игры (под названием «Мое дело»), которую вы ведете в этой жизни.

Можно ругаться, кричать, писать жалобы и протесты, судиться и т. д., но нужно делать все это легко, в душе прощая всех, понимая и сочувствуя им в случае их проигрыша. Как в кинофильмах, когда сотрудники на работе могут страстно бороться друг с другом за свои идеи, а после работы вместе идут пить пиво.

При этом будьте готовы, что вас с помощью мелких сбоев обязательно будут **проверять** на способность принимать Жизнь во всем ее многообразии, в том числе в ситуациях, которые вы не ожидали и не планировали получить.

Если вы не выдержите проверки и станете раздражаться и предъявлять избыточные претензии окружающим или к себе, то ситуация ухудшится еще больше. И так по нарастающей, пока негативные обстоятельства полностью не разрушат ваш план и вместе с ним вашу идеализацию о том, что без реализации плана вся жизнь остановится. Не остановится, и вы на практике убедитесь в этом.

Так складывается ситуация с любым планированием — будь то план по закупке небольшой партии товара для продажи, план строительства здания или государственная программа, участником которой вы являетесь.

• Идеализация отношений между людьми

Еще один вид ошибочных убеждений, которые легко могут отравить вам жизнь на работе, это идеализация взаимоотношений между сотрудниками в коллективе. Многие люди (в том числе руководители) почему-то ожидают, что в их коллективе должны быть теплые и доверительные отношения, и даже мысленно не допускают иных. Соответственно, для разрушения этих ошибочных убеждений жизнь должна сложиться таким образом, чтобы эта идеализация была разрушена. Приведем пример.

Светлана, 54 года, в недалеком прошлом руководитель отдела в крупном коммерческом банке. Светлана пришла в банк в момент его создания и «выросла» вместе с ним, пройдя путь от рядового сотрудника до начальника отдела с более чем сотней подчиненных.

Светлана очень любила свою работу и отдавала ей все свое время. Она была типичным трудоголиком. Пять лет без отпуска, работа по 12–14 часов каждый день.

Единственным «пунктиком» Светланы были хорошие взаимоотношения в своем коллективе. Она всячески старалась поддерживать их, организовывая совместные празднования дней рождений, помогая сотрудникам решить их жилищные и иные проблемы, заботясь о каждом. Итогом таких усилий стало то, что внутри ее отдела образовалась группа сотрудников, которые устроили Светлане настоящую травлю. Они конфликтовали с ней, жаловались на нее руководству банка, распространяли про нее разные слухи и совершали другие не менее «приятные» поступки.

Светлана совершенно не понимала мотивов их поведения и очень переживала по этому поводу. Она ожидала признательности за свои усилия, а получила неблагодарность и подлость. В результате этих переживаний у Светланы развалилась иммунная система, и она попала на несколько месяцев в больницу.

Сейчас банк закрылся, и все недруги Светланы (вместе с ней) оказались на улице. Светлана как высококлассный специалист не очень беспокоится за свое будущее. Но она опасается, что ситуация с взаимоотношениями в коллективе может повториться. А ей очень этого очень не хочется.

Диагностика ситуации. В данном случае мы имеем дело с типичной идеализацией взаимоотношений между людьми, проявленной на работе. Светлана очень хорошо относилась к своим сотрудникам и рассчитывала, что и они отнесутся к ней так же, будут признательны ей за проявленную заботу. Откуда у нее появились такие идеи — неизвестно. Возможно, из опыта прошлой работы в науке.

Но эта идея доверительных и теплых взаимоотношений оказалась очень значимой для нее. Соответственно, сотрудники ее отдела были просто вынуждены разрушить эту ее идею. Светлана не поняла урока и провалилась в переживания по поводу людской неблагодарности. Ее «накопитель переживаний» наполнился до 90%. Итог переживаний закономерен — ее здоровье подорвано, и все участники событий оказались без работы.

Мы не в коем случае не утверждаем, что взаимоотношения в коллективе не могут быть теплыми и доверительными. Сколько угодно, и любой человек может привести пример таких отношений. Но они становятся невозможными для того кто **не допускает, что взаимоотношения могут быть иными**. Для разрушения его идеализации он, скорее всего, очутится в таком коллективе, где от его идей не останется и следа.

Мы рассмотрели несколько типовых идеализаций, которые могут сделать вашу трудовую жизнь ужасной. Но это произойдет только в том случае, если вы имеете некоторые идеи о своей работе и не допускаете, что что-то может складываться по-иному.

Если что-то происходит не в соответствии с вашими убеждениями, вы начинаете испытывать длительные негативные переживания, ваш «накопитель переживаний» заполняется, и Жизнь начинает применять к вам свои «воспитательные» меры.

• Самодиагностика уровня заполнения «накопителя переживаний»

Вы можете оценить, в какой стадии духовного «воспитательного» процесса находитесь по степени реализации ваших замыслов.

Если у вас не получается ничего из задуманного, все планы разрушены или заблокированы, если у вас полоса невезения — вас «воспитывают» по полной программе. Ваш «накопитель» заполнен на 85–90%, и впереди вас ждут нарастающие трудности, неприятности.

Приведем пример предпринимателя с таким уровнем заполнения «сосуда».

Татьяна, 47 лет, предпринимательница из Сибири.

Татьяна — очень уверенная в себе, энергичная, деловая женщина. Была замужем, есть дочь, но муж сильно мешал в бизнесе, и Татьяна ушла от него. Дочь замужем, живет самостоятельной жизнью.

Татьяна с молодости отличалась лидерскими качествами, самостоятельностью, способностью добиваться любой цели.

После окончания вуза работала на должностях, связанных с контролем и управлением людьми: главный бухгалтер, инспектор госторгинспекции и т. п. С началом перестройки Татьяна ушла в предпринимательство, где ее лидерские качества проявились в полной мере.

Последние три года занимается оптовой торговлей продуктами питания. И все это время Татьяну преследуют неудачи — поставщики не выполняют взятых обязательств или выполняют их с огромными опозданиями. В итоге Татьяну начали разыскивать предприниматели из нескольких регионов, чтобы потребовать невыплаченные долги. От разборок с кредиторами удерживает только покровительство («крыша») одной из сильных неформальных группировок.

В сотрудники и партнеры к Татьяне почему-то прибиваются только отставные военные, которые чувствуют себя достаточно комфортно под ее властной рукой. Но дела у нее не идут, поэтому ей периодически приходится оставлять офисы с невыплаченной арендной платой, бросать товары на складах за невыплату аренды и т. д. Самые ходовые товары у нее часто не продаются неделями, задерживаются в пути, теряются. Денег нет даже на оплату жилья, поэтому Татьяну приютили ее знакомые.

Чувствуя тотальное невезение в делах (семьи нет, жилья нет, доходов нет, осталось только здоровье), Татьяна стала обращать-

ся к различным экстрасенсам и специалистам по карме. Они нашли у нее большие проблемы (в одной из прошлых жизней была большим военачальником, презирала людей) и пытались чистить ее эфирное тело и очищать от обид с помощью аффирмаций и покаяния. Самочувствие и внешнее спокойствие вроде бы улучшились, но перелома в делах нет.

Диагностика ситуации. Совершенно очевидно, что у Татьяны полностью открыты несколько клапанов-идеализаций, и в ее «сосуде» накопилось переживаний до уровня 90%. Поэтому она находится под активным «воспитательным» процессом со стороны Жизни. Рассмотрим, по каким клапанам-идеализациям идет заполнение ее «сосуда».

Судя по развитию событий, у нее открыты клапаны, связанные с явным преувеличением своей способности достичь любой цели (**идеализация способностей**) и стремлением держать все под контролем (**идеализация контроля**). Татьяна уверена, что она может добиться почти всего, хотя факты говорят об обратном. По ее же словам, она идет по жизни как танк, сметая все препятствия на пути. Но жизнь – это не лесная опушка, она не терпит тех, кто идет по ней напролом. Преувеличение возможностей Татьяны преуспеть в бизнесе постоянно разрушается в течение нескольких лет, но воспринимается ею как досадная случайность.

При этом бизнес для Татьяны не является целью жизни или хотя бы любимым делом. Деньги она не любит и вполне способна обходиться без них. Она старается заработать только для того, чтобы раздать долги и чем-то занять себя. Других интересных занятий, где она могла бы полностью применить свою энергию, она не видит.

Следующий открытый клапан – **идеализация разумности**, проявляющаяся в осуждении человеческой глупости. Наиболее яркое проявление этого качества Татьяны можно наблюдать в разборках с кредиторами, которые требуют от нее денег. После 10–15 минут неприятного разговора терпение у Татьяны заканчивается, и она начинает кричать на своих кредиторов, вводя их в трепет своим гневом. Людская глупость («ну где я возьму им деньги?») раздражает ее. Соответственно, в порядке «воспитания» ей должны встречаться по жизни люди недалекие и не стесняющиеся грозных требований вернуть им долги.

Следующие открытые клапаны – **идеализация доверия** и **идеализация отношений между людьми**. Татьяну несколько раз «кидали» партнеры, т. е. забирали товар и скрывались, не возвращая денег. А поскольку товар был чужой, взятый на реализацию, то долг зависал на Татьяне.

Деловые партнеры несколько раз предлагали ей тоже сделать «кидок», но она всегда сторонилась этого, внутренне презирая мошенников и кидал. В порядке разрушения идеализации честности ей должны были попадаться нечестные деловые партнеры, что имело место в действительности. Своими поступками они доказывали, что мир может быть более разнообразным, чем вы допускаете в своих мыслях.

Это основные идеализации Татьяны, а при более тщательном рассмотрении ситуации можно найти еще несколько.

• Не идеализируйте свои способности

Татьяна не единственный предприниматель, попавший под процессы духовного «воспитания» из-за идеализации (т. е. преувеличения) своих способностей добиваться цели и делать все так, как она считает нужным.

Человек имеет право ставить и достигать любые цели в этой жизни. Нужно только не идеализировать свои способности и помнить, кто нам их дал. И кто владеет всем этим «заповедником».

Что же делать, если человек находится под процессами духовного «воспитания» и все его планы рушатся?

Выход есть. Нужно вычислить ваши идеализации и попросить прощения у Жизни за то, что вы придаете своим планам (или своим способностям по их реализации) слишком большое значение.

Именно вы переоцениваете их значимость, поскольку в действительности планы не реализуются, и ничего страшного (для мира в целом) не происходит. Значит, вам нужно отнестись к ним как к проигрышу в игре и постараться выиграть в следующем раунде. Выиграть у себя, а не у Жизни. Жизнь не может проиграть, ее устраивает любой вариант развития событий.

Чтобы не нахвататься идеализаций на работе, неплохо периодически менять место работы (именно место, а не специальность, хотя и это не вредно). Зная заранее, что вы будете заниматься этим делом всего три–пять лет, вы не будете придавать излишнего значения своим проигрышам и победам. А раз не будете обижаться на Жизнь, то побед у вас явно будет больше.

Но далеко не все имеют возможность легко менять место работы. Например, это шахтеры, железнодорожники, сельские жители и т. д. Людям, живущим и работающим в таких условиях, можно посочувствовать. Им в первую очередь нужно научиться не обижаться на свою ситуацию, иначе Жизнь будет «воспитывать» их сильнее и сильнее. К сожалению, наших духовных «воспитателей» совершенно не интересуют наши земные проблемы. Они озабочены только совершенством наших душ, а как живут наши тела, волнует их меньше всего.

Такова ситуация с типичными ошибочными убеждениями, мешающими достигать своих целей в работе и бизнесе.

А сейчас мы рассмотрим еще один вопрос: можно ли в своих интересах использовать знание заполнения «накопителя переживаний» своих деловых партнеров?

• Прогнозирование развития бизнеса

Можно ли как-то использовать полученные выше сведения для прогнозирования развития событий в будущем? Конечно можно. Теперь вы хорошо понимаете, что в случае избыточного заполнения «накопителя переживаний» человек перестает влиять на события своей жизни. Скорее наоборот, никакие его планы не реализуются. Он постоянно будет занят преодолением тех проблем, которые будет подбрасывать ему Жизнь в порядке духовного «воспитания».

По нашим наблюдениям, свободно достигают любых целей в бизнесе люди, имеющие заполнение «накопителя переживаний» порядка 45—55%.

При заполнении свыше 60% у человека начинаются небольшие проблемы — Жизнь проверяет его на отношение к трудностям и небольшому нарушению планов.

А при заполнении «сосуда» от 80% и выше человеку становится сложно достигать поставленные цели: все его планы рушатся, партнеры подводят, нужные сотрудники уходят, товары не продаются и т. д.

Так что будущую успешность нового сотрудника или делового партера легко спрогнозировать, оценив хотя бы приблизительно заполнение его «накопителя переживаний». А это легко сделать по его поведению (если, конечно, человек открыто проявляет свои эмоции).

Если человек раздражителен, часто обвиняет окружающих в недобросовестности или нечестности, выпячивая свои достоинства, либо часто впадает в депрессию или гнев, обижается на власти, жизнь и т. д., то его «накопитель переживаний» изрядно заполнен. И удача давно отвернулась от него.

Так что поручать ему ответственные дела и ждать хорошего результата — дело рискованное.

• Можно ли помогать неудачнику?

Помогать неудачнику, пока он не изменит своего отношения к жизни, стоит только после больших размышлений. Больше того. Даже если вы понадеетесь на свою удачу и деловитость и попробуете «вытащить» такого человека из его проблем, то, скорее всего, проблемы появятся и у вас. Возникнут потому, что **вы идеализируете свою способность достичь успеха**. Жизнь «воспитывает» вашего неудачливого партнера, а вы придете и отмените ее «воспитание»?

Если вы чрезмерно уверены в своих силах, то, возможно, у вас что-то и выйдет, особенно в начале вашего партнерства. Другое дело, чем это обернется вам (и ему) в будущем. Скорее всего, «воспитательный» процесс будет продолжен. Но уже по отношению сразу к двум клиентам.

Так что помогать неудачнику можно, но только после того, как он осознает свои ошибочные убеждения. А иначе проблемы возникнут у обоих партнеров.

• Как оценить «накопитель переживаний» своего делового партнера

Заполнение «накопителя переживаний» нового партнера можно оценить самостоятельно — по его поведению и успешности в других ситуациях.

Критерии оценки все те же: насколько успешны его дела в прошлом, как он относится к себе и людям, насколько подводят его другие партнеры, как он реагирует на возникающие идеи, какова его уверенность в успехе, насколько он эмоционален и т. д.

Все это можно вполне сознательно оценить в ходе деловых переговоров и сделать практические выводы. Хотя могут быть и проблемы — если ваш партнер владеет современными психологическими методиками, то он может «предъявить» вам вполне уверенного в себе и преуспевающего бизнесмена. Именно так и мы рекомендуем поступать вам при достижении своих целей. Так что если он хорошо «играет» в преуспевание и уверенность в себе, то можно так и не узнать, что стоит за этим в действительности. Точнее, вы узнаете, когда у вас возникнут проблемы в связи с этим человеком.

Но подобная игра — это редкий случай. Большинство современных предпринимателей, особенно младшего и среднего уровня, вполне откровенны и могут рассказать о своих прошлых проблемах, обвинить обстоятельства или других людей в своих неудачах, обещать «золотые горы» в ближайшем будущем. Все это явные признаки наличия идеализаций и «воспитательного» процесса.

Вот здесь-то вам пригодятся примерные оценки заполнения «накопителя переживаний» вашего собеседника. Для тренировки рекомендуем начать делать такие оценки для хорошо известных вам людей, зная обстоятельства их жизни. Со временем у вас может выработаться вполне четкая система оценок и для новых, не известных вам людей. И вы сможете вполне успешно прогнозировать результаты ваших совместных проектов.

На этом мы заканчиваем рассмотрение духовных «воспитательных» процессов, которые чаще всего встречаются на работе и в бизнесе. Как избавляться от них, вы уже знаете.

Сначала вы выявляете свои идеализации, а затем предпринимаете шаги по избавлению от переживаний по одним и тем же поводам.

Инструменты для такого изменения отношения к не устраивающим вас обстоятельствам мы давали в первой части книги, используйте их. И тогда Жизнь, вместо того чтобы блокировать ваши цели, будет рада помочь вам в их достижении.

Теперь, пожалуй, пора подвести

ИТОГИ

- *На работе люди проводят немалую часть своей жизни. Естественно, здесь у них имеется прекрасная возможность начать бороться за свои идеалы или просто испытывать эмоциональный дискомфорт. Все это приводит к появлению духовных «воспитательных» процессов, блокирующих все усилия по достижению желаннного результата.*

- *На работе и в бизнесе наиболее часто встречаются идеализация работы, идеализация денег и материальных благ, идеализация власти, идеализация цели, идеализация доверия, идеализация отношений между людьми.*

- *Знание механизмов блокировки усилий человека с избыточным заполнением «накопителя переживаний» позволит вам прогнозировать успешность вашего будущего сотрудника или партнера. Для этого нужно постараться выработать навык диагностики уровня заполнения «накопителя переживаний» (т. е. уровня успешности) тех людей, с которыми вам приходится встречаться и сотрудничать. А затем принимать решения с учетом этого фактора.*

Глава 5
Типовые «воспитательные» процессы среди водителей автомобилей

Люди должны знать: в театре жизни только Богу и ангелам позволено быть зрителями.

Ф. Бэкон

Есть еще одна сфера, где Жизнь частенько дает нам свои уроки. Это автомобили и дороги. В явном виде это не имеет отношения к работе или бизнесу, но если у вас будут часты неприятности на дорогах, то это явно будет влиять на вашу деловую успешность и финансовое состояние.

Автомобильная авария. Мало кому из владельцев автомобилей или профессиональных водителей удалось избежать этого неприятного события. Подавляющее большинство автомобилей рано или поздно попадает в аварии разной степени сложности. Причины аварий самые разные: не успел среагировать на помеху, не вырулил, отказала какая-то деталь или другой водитель нарушил правила движения.

Причин аварий множество, и все они на первый взгляд имеют совершенно разную природу. И всегда авария – событие случайное, никак не ожидаемое и не прогнозируемое. Именно так воспринимают аварии большинство водителей — за исключением случаев вождения в пьяном виде, конечно.

К сожалению, такой подход не позволяет предсказывать дальнейшее развитие событий и исключить в будущем аварии, особенно с более тяжелым исходом. Мы предлагаем вам другой подход, исходя из позиции, что ничего в этом мире просто так не происходит. И **авария есть способ разрушения идеализаций водителя**. Мы можем выделить несколько типовых идеализаций, встречающихся у водителей.

• Идеализация своих способностей

Большинство водителей — мужчины, а у них наиболее часто встречается **идеализация своих способностей**, которая на дорогах проявляется в форме чрезмерно быстрой и рискованной езды.

Водителям с идеализацией способностей присуще чувство **внутреннего превосходства над другими водителями** и **чувство презрения к их слабым способностям**, т. е. вы можете преувеличивать свои способности и презирать остальных людей, сидящих за рулем автомобилей и мешающих вам ездить. Внешне это может выражаться в рискованной езде, резких перестроениях и в тех не очень любезных комментариях, которые вы отпускаете (мысленно или вслух) по отношению к водителям, мешающим вам ездить.

Но в действительности никаких оснований к таким мыслям и чувствам у вас нет. Ведь всегда найдется водитель, который ездит быстрее и рискованнее вас, как бы вы ни старались.

И оснований к презрению по отношению к более аккуратным водителям у вас не должно быть. Вы ведь не знаете, кто едет в других автомобилях. Может быть, это священник, или академик, или чемпион мира по боксу. Последний имеет не меньше оснований смотреть с презрением на вас, поскольку в случае конфликта он наверняка имеет возможность применить очень весомые аргументы.

Ваши эмоции накапливаются, и когда заполнение «накопителя переживаний» превышает какую-то норму, Жизнь приступает к вашему духовному «воспитанию». Воспитательная мера стандартная — вам на примере доказывается, что **ездите вы не так уж хорошо**. Для этого в какой-то момент времени ваш собственный «смотритель» затормаживает вашу реакцию, и вы попадаете в аварию.

Жизнь гуманна, и свои **«воспитательные» меры она применяет по нарастающей**, в зависимости от количества накопленных вами негативных мыслей и эмоций. Поэтому лихих водителей поначалу ждут небольшие неприятности. Если они не делают выводов, то принимаются более жесткие меры. Когда «накопитель переживаний» переполняется, у человека забирается жизнь.

«Как же быть? – спросите вы. – Что же, нельзя быстро ездить?»

Да сколько угодно! **Нельзя презирать других людей только за то, что они ездят медленнее и аккуратнее вас.** Смените свои мысленные установки. Посочувствуйте им, что они такие несовершенные. Мысленно извинитесь перед ними — вы не можете ждать, как они. Вам нужно быстрее.

Казалось бы, пустячок. Но он может дать вам огромную экономию денег и времени, которые иначе вы будете вынуждены потратить на ремонт и лечение.

• Идеализация автомобиля

Еще одно типичное ошибочное убеждение, связанное с автомобилем, — это его **идеализация**.

Для некоторых людей престижный автомобиль становится целью жизни, свидетельством преуспевания и довольства жизнью. Отсюда развиваются два варианта ошибочных убеждений.

Если у вас есть автомобиль, и очень хороший, он может стать основанием для развития **чувства превосходства и презрения к другим людям**, имеющим худший автомобиль или совсем «безлошадным», т. е. опять же вы преувеличиваете свои способности и презираете других людей, что свидетельствует о наличии у вас явной гордыни, причем всего лишь на основании наличия у вас блестящей железки, пусть даже очень хорошей. Не путать с гордостью — это хорошее качество, оно не содержит элементов презрения к другим людям.

Чтобы избавить вас от этого ошибочного убеждения, ваш «смотритель» может принять меры, которые уменьшат ваше чувство самодовольства и презрения к другим людям.

Самый простой путь — прибавить вам хлопот по ремонту автомобиля, что легко устраивается с помощью небольшой аварии. Причем не имеет значения, кто будет за рулем — вы сами или ваш наемный водитель. Подсознания людей решают общую задачу по их духовному «воспитанию» и легко договариваются между собой.

Если вы быстро устраняете последствия аварии и не меняете своих убеждений, у вас могут вообще отобрать предмет вашей идеализации. Ваш «смотритель» легко это сделает, вступив в сговор со «смотрителем» угонщиков и координируя их усилия по лишению вас оснований для идеализации. Таким образом, на скрытом уровне **вы сами можете выступить инициатором угона вашего же автомобиля**.

И наоборот. Если вы не идеализируете свой автомобиль, каким бы роскошным он ни был, с ним ничего не случится. «Воспитывать» вас не за что, и угонщики займутся духовным «воспитанием» других автомобилистов.

Еще один вариант идеализации возникает, когда у вас нет автомобиля или есть, но он не устраивает вас, а приобрести более дорогой не позволяют ваши доходы. Вы с восхищением смотрите на роскошные автомобили и испытываете либо скрытую ненависть к их владельцам, либо обиду на свою неудачную жизнь. Тем самым вы **идеализируете богатство и материальное благополучие**, и осуждаете свое нынешнее состояние.

Чтобы изменить ваши ошибочные убеждения, Жизнь примет меры по дальнейшему ухудшению вашего материального положения. Например, ваши финансовые дела еще более ухуд-

514 Часть 4. Работа, деньги и прочие блага

шатся. В результате вы окажетесь в значительно худшей ситуации, из которой ваше предыдущее положение будет казаться очень даже привлекательным. А вы его не ценили и обижались на Жизнь.

Каков вывод? Стремиться купить самый престижный автомобиль можно. **Нельзя обижаться на жизнь, если у вас что-то не получается** и ваше финансовое положение хуже, чем у других. Вы сами каким-то образом создали себе бедность, и нужно задуматься именно над этим. Если же вы будете продолжать обижаться на свое материальное положение, то воспитательные процессы будут продолжаться. И так до полной бедности, болезни и даже смерти, потому что, с точки зрения Жизни, ваша чистая душа имеет гораздо большее значение, чем обуревающие вас страсти и желания.

• Идеализация дисциплины

Мы рассмотрели две самые распространенные среди водителей автомобилей идеализации. Конечно, бывают и другие, но реже. Например, встречаются люди, **идеализирующие дисциплину, порядок, правила движения** (идеализация отношений между людьми). Они сами стараются тщательно соблюдать эти правила, и это в целом хорошо. Но порой они придают выполнению правил избыточное значение и довольно агрессивно осуждают тех, кто эти правила нарушает.

Причем осуждение может быть либо явным — в виде критических автомобильных гудков, сознательного движения по левой полосе с ограниченной скоростью, вынуждающей других водителей обгонять справа или с выездом на встречную полосу, и других подобных действий, либо скрытым, когда агрессивность постоянно кипит в душе, но не проявляется в каких-то поступках.

В любом случае ваш «смотритель» выявляет эту идеализацию и принимает свои «воспитательные» меры, разрушая ваши убеждения о необходимости быть дисциплинированными абсолютно всем. Вам будет попадаться много недисциплинированных водителей, которые своими действиями будут вынуждать вас самих нарушать правила. Не исключено, что в итоге вы попадете в аварию, причем виновной стороной, скорее всего, окажетесь именно вы. Так вас будут «воспитывать» до тех пор, пока вы не откажетесь от идеализации порядка на дорогах.

Это не значит, что наше подсознание не любит дисциплины. Ему совершенно «до фонаря» придуманные людьми правила поведения человека на дорогах или в обществе. Оно заботится о чистоте вашей души, чтобы она не озлоблялась и не осуждала никого. В том числе о чистоте души нарушителей порядка.

Мы рассмотрели ошибочные убеждения, характерные для автолюбителей. Точно так же можно отдельно рассмотреть типичные ошибочные убеждения бизнесменов, политиков, научных работников, людей искусства и т. д. и т. п. Каждый человек принадлежит к какой-то профессиональной среде и иногда разделяет характерные для нее ошибочные убеждения.

Но вы уже научились рассматривать все события вашей жизни с единой точки зрения: **если это произошло, значит, Жизнь дает вам очередной урок**. Остается только понять, какой именно, и сделать правильные выводы.

Такова жизнь, и мы не в силах изменить ее. Мы можем только понимать ее законы и пробовать жить в соответствии с ними.

На этом мы заканчиваем рассмотрение третьего внутреннего барьера на пути к поставленным целям в сфере денег, работы и езды на автомобиле.

А что с этим делать, мы рассказывали ранее. Нужно выявить свои идеализации и принять меры, чтобы ваша ценность перешла из разряда чрезмерной важной в разряд просто важной для вас идеи.

Вы теперь не впадаете в длительные переживания при нарушении ваших ожиданий, и Жизни незачем давать вам свои уроки духовного «воспитания». Барьера на пути к желанным целям у вас больше нет, и Жизнь готова помочь вам, если вы сами знаете, чего хотите. Но это уже материал следующей главы.

А сейчас подведем

ИТОГИ ~~~~~~~~~~~~~~~~~~~~~

- ■ *Автомобильную аварию можно рассматривать как один из способов разрушения идеализаций водителей.*
- ■ *Наиболее распространенными среди водителей автомобилей являются идеализация способностей, идеализация материальных благ и идеализация отношений между людьми, проявляющаяся в форме осуждения недисциплинированных водителей.*
- ■ *Любые воспитательные процессы со стороны Жизни можно остановить, если понять ее уроки и изменить свое отношение к ценностям, которым вы придаете избыточное значение, т. е. идеализируете.*

Глава 6
Создадим себе обеспеченность

Оптимист верит, что мы живем в лучшем из миров.
Пессимист боится, что так оно и есть.

Мэрфи

В этой главе мы рассмотрим четвертый фактор, который может блокировать вашу успешность в сфере денег и работы. Как вы помните, он называется «некорректная формулировка заказа». И суть его довольно проста — если вы не указываете четко, чего, сколько и в какие сроки вы желаете иметь, то никто не обязан помогать вам в реализации вашего заказ. Точнее, помощь вы получите, но совсем не такую, как предполагаете. И вряд ли вы сможете ею воспользоваться.

Как это может быть? Очень просто.

Допустим, вы женщина, вам надоело ходить ежедневно на службу, поэтому вы ставите перед собой цель: «Я получаю работу со свободным графиком и доходом 20 тысяч рублей в месяц». А затем по всем правилам методики вы начинаете формировать себе желанное событие.

Но если помните, Жизнь вовсе не обязана исполнять наши заказы лучшим для нас образом. Чаще она выбирает тот вариант, который буквально лежит на поверхности и не требует никаких усилий с ее стороны, т. е. она, скорее всего, предложит вам то, что вы явно отвергнете, например заняться интим-услугами (если, конечно, ваши внешние данные хоть в какой-то мере дают возможность заняться этой деятельностью. Хотя могут предложить потрудиться и «бригадиром»).

Скорее всего, такая деятельность вас не устроит, вы желаете чего-то более социально одобряемого. Но ведь в формуле цели об этом ни слова! А раз вы молчите, кто обязан угадывать ваши тайные желания? Таких немного. Хотя могут предложить и другие варианты. Например, заняться продажей наркотиков. Режим работы свободный, доходы большие, вроде бы все формально соответствует вашему пожеланию. А насчет возможной уголовной ответственности — так ведь вы об этом ничего не говорили!

Именно поэтому желания множества людей реализуются, но они даже не подозревают об этом, поскольку полученный результат вовсе не совпадает с их смутными или неточно выраженными ожиданиями.

Анекдот в тему

Поймал мужик золотую рыбку, она обещает ему исполнить три его желания, если он ее отпустит.

— Хочу быть крутым! — раз, и он стоит в роскошном прикиде, на шее золотая цепь, из карманов торчат пачки долларов.

— Хочу роскошный автомобиль! — раз, и он сидит в «Мерседесе-600», все вокруг сверкает. Освоился мужик, и захотелось ему еще экзотики.

— Хочу чего-нибудь остренького! — раз, и дверцы «Мерседеса» наглухо заблокировались, а из-под сиденья послышалось тиканье часового механизма...

• **Примеры некорректных формулировок**

Рассмотрим некоторые внутренние заказы, которые могут привести к самым непредсказуемым (или, наоборот, уже к предсказуемым, но нежеланным) результатам.

Некорректная формула заказа цели	Возможные результаты
Я нахожу способы увеличения своих доходов	Каждую неделю нахожу по новой идее, но тут же ее бросаю и ищу следующую. Заказ идей, а не реализации цели
Я постоянно увеличиваю свои доходы	Размер увеличения не указан, возможно увеличение на 10 копеек в месяц. Или в год
Я увеличиваю свою чистую прибыль	Будете получать «чистые», т. е. новые, только что отпечатанные деньги. Увеличение минимальное
Я имею 50 тысяч в год	Путь получения денег не указан, возможна страховка за несчастный случай
Я хочу иметь много денег	Заказ процесса хотения. Жизнь разнообразит, но денег не дает
Я легко и с удовольствием зарабатываю 50 тысяч	Могут предложить «приятный» заработок в сфере секс-услуг (берут на содержание)
Я встречаю множество людей (заказ сетевика, который мечтает построить большую сеть)	Возможно, что появится ошибка в газете и к вам будут звонить множество людей по совсем другим вопросам, в итоге люди будут, а деньги — нет

Некорректная формула заказа цели	Возможные результаты
Я въезжаю в прекрасную трехкомнатную квартиру	Это может быть квартира тещи
Я получаю прекрасную трехкомнатную квартиру	Получаете. Месяца на два, пока хозяева в отъезде
Я привлекаю более 40 тысяч рублей в месяц	Скорее всего, это будет кредит, деньги нужно будет возвращать
Я приобретаю отличную импортную машину	Швейную?
Я финансово свободен	Вы свободны от финансов, они — от вас

Это только некоторые примеры таких формулировок целей, при которых результат бывает совсем неоднозначным. И таких ситуаций может быть множество. Что можно с этим поделать?

• Четко формулируем цель

Выход здесь только один — так формулировать вашу цель, чтобы у эгрегоров не было возможности увернуться от того варианта исполнения вашего внутреннего заказа, который вы ставите перед собой. Для этого при формулировке цели нужно пользоваться рекомендациями по составлению формулы заказа, которые приведены в первой части книги. Напомним их вкратце.

• *Нужно заявлять сразу конечный результат, минуя промежуточные стадии.*

• *Ваша цель должна быть выражена в максимально короткой энергичной фразе.*

• *Для формулировки цели нужно использовать глаголы в настоящем времени (т. е. действие происходит сейчас).*

• *Обязательно нужно вводить важные для вас граничные условия.*

• *Желательно не указывать способы достижения цели.*

• *Ставить цели нужно только по отношению к себе.*

• *Использовать только позитивные формулировки.*

Это основные требования к формулировке цели, хотя возможно множество вариантов.

После составления формулы цели попробуйте сами поискать в ней скрытый смысл и изъяны, т. е. возможность такого сугубо формального исполнения вашего заказа, которое не будет иметь отношения к тому, что вы желаете получить. И если вы найдете такую возможность, то нужно снова подкорректировать формулу, чтобы вы обязательно получили то, к чему стремитесь.

• Примеры удачных формул

Приведем несколько относительно удачных формулировок целей, которые не имеют явных изъянов. Хотя, наверное, если хорошенько подумать, то можно найти возможность их некорректного исполнения.

— *Я легко (играючи) зарабатываю 50 тысяч рублей (долларов), занимаясь любимым (интересным, увлекательным) делом.*
— *Я легко нахожу интересную и захватывающую меня цель в жизни.*
— *В течение трех месяцев я нахожу новую работу, которую я делаю с интересом и удовольствием и которая дает мне доход в 50 тысяч рублей в месяц.*
— *Я имею достаточное количество денег для комфортной жизни.*
— *Я развиваю свой бизнес, и он дает мне доход 5 тысяч долларов в месяц, начиная с января следующего года.*

• Примерьте к себе

Нередко люди сами не знают, чего хотят. Например, человек хочет улучшить свои жилищные условия, но не знает, что ему выбрать, на что направить свои усилия.

Понятно, что в данном случае нужно поставить перед собой цель типа: «*Я легко осознаю, какое жилье полностью устроит меня в ближайшие годы*».

А затем начать заниматься реализацией этого заказа. Для этого рекомендуется использовать прием, который называется «Примерить к себе». Вам нужно в течение нескольких месяцев **ходить и постоянно примериваться** к встречающимся у вас на пути домам. Куда бы вы ни шли, как только ваш взгляд падает на очередной дом, начинайте размышлять на тему: хотели бы вы жить в этом доме или нет?

Если нет, то почему? Если да, то где именно? Подходит ли вам расположение этого дома, его внешний вид, степень износа, материал стен, высота потолков, вид из окон, этажность? На каком этаже вы хотели бы жить, какой вид из окна вы бы выбрали? Как только взгляд упадет на следующий дом, опять оцените его применительно к своим потребностям.

Это упражнение хорошо тем, что **в итоге вы наконец-то пойме-те сами, чего хотите**. Когда вы живете в коммуналке, вам кажется, что вы готовы убежать оттуда хоть на край света, лишь бы у вас была отдельная квартира. Но если вы получите квартиру в не-удобном для вас районе или неудобной планировки, то кислое выражение лица очень скоро вновь вернется к вам. Может быть, Жизнь потому и не помогала вам до сих пор, что она не знает, ка-кое же именно жилье даст вам настоящую радость. Не зная ваших истинных потребностей, **она просто ждет, когда вы определитесь**.

А если вы будете ходить и оценивать применительно к сво-им потребностям множество домов, то, в конце концов, **сами поймете, какую квартиру вы искренне хотите**: в каком районе, на каком этаже, какой планировки, с каким видом из окон и т. д. Осознав это, вы формулируете себе уже следующую цель: *«Я получаю собственную двухкомнатную квартиру с большой кухней на втором этаже кирпичного дома в южном районе города»*, и начинаете заниматься практической реализацией своей цели. Жизнь будет рада помочь вам, поскольку вы четко заявите ей, что вы желаете получить.

Нужно сказать, что этот прием можно использовать не толь-ко для получения жилья. Он имеет гораздо **более широкую сфе-ру применения**.

• Смена работы

Например, вы хотите **сменить место работы**, но не знаете, какая именно работа вас может устроить. Не спешите делать какие-то шаги к смене места работы, сначала определитесь со своими целями.

Для этого вы формулируете свою цель: *«Я легко осознаю, какая работа доставит мне удовольствие и будет давать доход 2000 дол-ларов в месяц»*.

А затем в течение двух-трех месяцев ходите и примериваете к себе роль водителя автобуса, милиционера, продавца моро-женого, дворника, разносчика газет, менеджера торговой фир-мы, директора фирмы и т. д. В общем, **примеривайтесь ко всем, кто попадется вам на пути**.

Хотели бы вы заниматься тем же самым? Если нет, то поче-му? Найдите в каждой работе плюсы и то, что вас в ней не ус-траивает. Плюсы запоминайте — они и составят в результате об-раз устраивающей вас деятельности. В итоге вы сами наконец-то поймете, что же вас может устроить, и четко сформулируете свою цель с указанием примерного вида деятельности, доходов, уровня общения с людьми, поездками, ответственностью и т. д. А там и до исполнения заказа недалеко.

• Развитие бизнеса

Если вас интересует **собственный бизнес**, но вы не знаете, куда можно приложить свои силы, то этот прием может навести вас на плодотворную идею. Для этого вы сначала формулируете свою цель, связанную с нахождением идеи вашего бизнеса: «Я играючи нахожу и принимаю захватывающую меня идею нового бизнеса с доходом свыше 10 тысяч евро через год после начала работы и без больших стартовых вложений».

А затем вам рекомендуется просто **ходить и смотреть, где и на чем вы можете заработать заявленные деньги**. Пусть **ваша голова будет занята этим**, и любую поступающую информацию вы должны рассматривать только с этой точки зрения.

Вы идете по улице и примериваетесь, какой вид бизнеса из того, что встречается, устроил бы вас, и если нет, то почему. Позвонил знакомый — вы начинаете думать, нельзя ли с ним как-то заработать. Послушали новости по телевизору — начинаете думать, как можно заработать на любом из сообщений. Читаете книгу — размышляете, как зарабатывали герои произведения и нельзя ли вам использовать эти способы, и т. д.

Несколько месяцев таких размышлений — и вы обязательно получите то, о чем раньше не догадывались и что полностью устроит все ваши внутренние и внешние потребности.

Но, заказывая себе бизнес, не забывайте о тех целях, которые люди иногда ставят перед собой: бизнес как способ бега от скуки, бизнес как способ получения адреналина и т. д. Лучше заранее поймите сами, **что должно дать вам новое дело**. А иначе вы можете это обнаружить, когда начнете им заниматься. И если окажется, что деньги в этом деле — не главное, то не впадайте по этому поводу в переживания — это был ваш выбор.

• Сколько просить

Если вы ищете новую работу или хотите создать (или развить) свой бизнес, то может возникнуть вопрос: какой доход указать в своем Заявлении Жизни?

Теоретически у Жизни вроде бы имеется множество денег, так почему бы не попросить сразу побольше? Но все не так просто. Если вы будете заявлять сумму, во много раз превышающую ваш нынешний доход, то, скорее всего, Жизнь не возьмется помогать вам в достижении этой цели. И ваше желание останется просто мечтой, грезой из разряда «неплохо бы...».

Поэтому здесь есть одна общая рекомендация: **то, что вы хотите получить на ближайшем этапе, не должно превышать ваш нынешний доход более чем в 3—5 раз**, иначе вы внутренне не поверите, что достойны такого результата. У вас внутри возникнет страх, что вы недостойны таких результатов, вы не знаете, откуда могут взяться такие большие деньги, и т. д. В итоге этот страх заблокирует вам возможность найти соответствующую работу.

А вот увеличение дохода в полтора-два раза не будет казаться вам чем-то недостижимым, и вы легко реализуете эту цель, если поставите ее перед собой.

А потом **снова увеличите свой доход в два раза**, потом еще в два раза и т. д. «Step by step», т. е. «шаг за шагом», как учит нас множество людей, достигших желанных результатов постепенно.

Эта рекомендация возникает не из-за того, что Жизни чего-то жалко для вас. Она бы и рада дать вам сразу в десять раз больше, но вы не возьмете сами — не поверите, что этого достойны, что это — для вас.

Только единицы людей имеют такую высокую самооценку, что требуют сразу многого, и если правильно действуют, то и быстро получают. Таков путь людей, сделавших стремительную карьеру в бизнесе или в искусстве. Но это путь единиц, и у них тоже были свои ступеньки, только побольше. А большинству наших читателей мы рекомендуем не ставить перед собой сразу грандиозные цели — вы сами не пустите их к себе и в итоге разуверитесь в своих возможностях. Разгоняйтесь потихоньку, и все будет замечательно.

• Что делать дальше

Итак, вы убрали все внутренние барьеры из своего подсознания, четко выявили и сформулировали свою цель, что делать дальше? Ответ заложен в седьмом принципе методики формирования событий: «У Бога нет других рук, кроме твоих!»

Дальше нужно начинать действовать как в области формирования событий, так и на материальном плане.

В области формирования событий используются многократное повторение формулы своей цели, ее визуализация, работа с коллажем, ощущение себя обладателем желанного результата.

На материальном плане вы совершаете вполне реальные шаги к достижению цели, т. е. относите цель к ближней или дальней, намечаете промежуточные шаги на пути к цели.

Затем составляете план действий на ближайшую неделю, и вперед, к осуществлению своей мечты! Пишите, ходите, звоните, встречайтесь с нужными людьми — у каждого свой путь достижения поставленной цели. Важно только что-то делать, а не лежать на диване, мечтая о выигрыше миллиона долларов в лотерею. И не сводить все свои усилия к обсуждению в курилке вопроса о том, как все плохо и когда же что-то изменится.

Нужно действовать, и тогда Жизнь будет подбрасывать вам новые идеи и новые возможности.

На пути к достижению поставленной цели очень удобно использовать систему самопрограммирования на успех «Эффект», информация о которой приведена в конце книги и на сайте www.sviyash.ru.

А теперь пора подвести последние в этой части книги

ИТОГИ

- *Четвертым внутренним барьером на пути к желанным целям является неумение четко сформулировать свою цель. В итоге люди получают совсем не тот результат, который им нужен и который они не смогли четко выразить словами.*

- *Выявив свою цель и проверив ее на отсутствие внутренних блокировок, нужно четко сформулировать, к чему вы стремитесь и какие условия являются для вас обязательными.*

- *Если вы не знаете, чего хотите, то попробуйте в течение нескольких месяцев использовать прием «Примерьте на себя», в результате чего вы ясно осознаете, что вас устроит в ближайшее время.*

- *При заказе денег не рекомендуется сразу просить сумму, во много раз превышающую ваши нынешние доходы, — вы не готовы к этим деньгам, и Жизнь не будет помогать вам в достижении этой цели. Лучше заказывать суммы, в два-три раза превышающие ваш нынешний доход, — такое увеличение не вызовет внутреннего дискомфорта и легко реализуется.*

- *Сформулировав свою цель, нужно переходить к практическим действиям по ее реализации. При этом рекомендуется использовать систему «Эффект».*

Часть 5

Здоровье — реальность, которую мы создаем сами

> — Доктор, я буду жить?
> — А смысл?

Этот раздел книги посвящен применению всех идей из первых двух частей книги к теме здоровья.

Здоровье есть (или уже нет?) у каждого человека. И в этой очень важной для нас сфере жизни существуют два глобальных ошибочных убеждения, которые разделяются множеством людей и приводят к массовому возникновению заболеваний.

• Расходуем бесплатный ресурс

Первое массовое убеждение даже сложно сформулировать, хотя суть его проста.

Здоровье — это бесплатный ресурс, который дается нам от рождения. А раз он бесплатный, то можно его тратить как попало. Мы привыкли ценить то, за что приходится платить дорого, и не ценим то, что стоит дешево. А здоровье не стоит ничего, пока вы не заболели и не начали платить за лечение. Поэтому в молодости мы тратим его, не задумываясь о последствиях. Недосыпание, перепои, отвратительное питание, отсутствие отдыха и прочие издевательства над организмом есть следствие внутреннего убеждения, что «важно все, кроме здоровья, им всегда можно пожертвовать ради более нужных дел». Не этой ли идеей вы порой руководствуетесь, когда доедаете прокисшие щи или остатки со стола от позавчерашнего дня рождения — жалко ведь выбрасывать продукты, они денег стоили! А здоровье вроде бы ничего не стоит...

Поэтому первую массовую внутреннюю установку можно сформулировать так: **«здоровье — это то, о чем нужно вспоминать и заботиться в последнюю очередь»**. О нем и вспоминают, когда оно кончается и за него приходится платить деньгами и временем, т. е. когда у него появляется ценность, выраженная во вполне реальных рублях или долларах.

• Здоровье — в аптеке

Следующее массовое ошибочное убеждение имеет примерно такой вид: **«Здоровье не зависит от меня. Здоровье — это в больнице, в аптеке, у доктора, у целителя. Я лишь объект, который доктор должен вылечить».**

Нужно сказать, что это убеждение активно поддерживается врачами, которые рассматривают людей как объекты для лечебных воздействий. А что у этого «объекта» в голове, как он создал себе болезнь и какую подсознательно скрытую выгоду из нее извлекает — кого же это интересует? Врачей учили такому подходу в институтах, и менять свое отношение к больным они не собираются. (С другой стороны, справедливости ради нужно отметить, что у большинства «объектов» в голове даже при самых тщательных поисках трудно найти хоть что-то, что помогло бы избавлению от болезни.)

В итоге реализации этого убеждения развился огромный бизнес на продаже оздоровительных, медицинских услуг и лекарств с оборотом во многие миллиарды долларов, и никому из участников этого бизнеса не хочется, чтобы люди были здоровыми.

Указанные выше скрытые убеждения нужно сначала осознать. А потом решить — устраивают ли они вас и готовы ли вы изменить отношение к своему здоровью. Если нет — эту часть книги вам читать не рекомендуется. Продолжайте ходить к врачам (или целителям) и ждите от них чудотворного избавления от болезни. Порой так действительно происходит.

Если же вы готовы взять ответственность за состояние своего здоровья на себя, то в этой части книги вы найдете рекомендации по изменению своего отношения к здоровью — с вытекающими из этого изменениями в лучшую сторону.

Более подробно все эти вопросы рассматриваются в книге «Хочешь быть здоровым? Будь им».

Для начала напомним, какие внутренние препятствия обычно встречаются на пути к любой желанной цели, в том числе к хорошему здоровью.

• Неосознаваемый заказ себе заболевания.
• Отработка внутренних негативных программ.
• Духовные «воспитательные процессы» по разрушению наших идеализаций.
• Некорректная формулировка желанного результата.

А далее мы рассмотрим, как каждый из этих внутренних факторов влияет на наше здоровье. Но сначала давайте поговори о том, что такое здоровье и откуда вообще у нас берутся заболевания.

Глава 1
Истоки нашего нездоровья

Если вы проснулись и у вас ничего не болит —
проверьте, на каком вы свете...
Старая поговорка

Почти все люди имеют те или иные заболевания, т. е. отклонения от такого состояния физического тела, которое называется здоровым. Один болеет с детства, другой получил заболевание в более зрелом возрасте. Каковы бы ни были причины заболеваний, все мы стремимся (или хотя бы мечтаем) от них избавиться. И здесь мы сталкиваемся с очень интересной ситуацией.

Одно и то же заболевание берутся излечить многие специалисты совершенно разными способами. Если у вас болит голова (нога, спина, печень), то одни назначат вам попить лекарств или трав, другие предложат изгнать из вас порчу, третьи попробуют излечить энергетическими потоками, четвертые посоветуют покаяться в грехах, пятые настойчиво предложат полечиться с помощью чудодейственного прибора, шестые будут уговаривать попить пищевых добавок и т. д. И, что удивительно, все это помогает! Конечно, не всегда и не всем, но большому количеству людей помогает!

Если бы какой-то прибор или другая примочка действительно помогала абсолютно всем людям, то, наверное, она бы уже излечила всех больных и врачей досрочно отправили бы на почетную пенсию. Но такого пока не наблюдается. Мы прекрасно видим, что наряду с ростом уровня и качества медицинского обслуживания растут количество заболеваний и количество больных.

Поэтому с одним и тем же заболеванием люди ходят от одного врача к другому в попытке найти тот способ или то средство, которое **поможет именно им**. И если такие поиски продолжаются **достаточно долгое время и без особых переживаний**, то результат будет положительным! Рано или поздно вы обязательно найдете то, что поможет именно вам. Но поиск может затянуться на годы, а хотелось бы получить результат побыстрее.

Почему же возникает такая ситуация? Как нам представляется, потому, что **заболевание физического тела является лишь проявлением каких-то нарушений в одном из тел человека**. А этих тел несколько.

Во второй части книги мы уже использовали восточную модель «устройства» человека, которая предполагает, что **наряду с физическим человек обладает еще несколькими тонкими телами** (эфирным, эмоциональным, ментальным и духовным).

Если вы материалист и эта модель вызывает у вас большие сомнения, то вы смело можете рассуждать **о физическом теле и различных компонентах человеческой психики**. Психика — вещь далеко не изученная, поэтому можно выделить у нее **несколько составляющих**: **энергетическую** (уверенность в себе, активность, энергичность), **эмоциональную** (склонность испытывать эмоции по любому поводу), **ментальную** (наш ум, наши убеждения, идеалы и прочее) и **подсознание**, в глубине которого таятся страхи, внутренние убеждения и программы. Эта модель тоже очень хорошо сочетается со всеми последующими рассуждениями.

Таким образом, мы исходим из того, что тел у человека много. И только одно из них — физическое — является материальным, и **только в нем в форме болезни могут проявиться последствия нарушений в одном из тонких тел**.

Соответственно, если врач или целитель сумеет убрать это нарушение в тонком теле, то болезнь уйдет и из физического тела. Если же врач будет работать только с физическим телом, а источник заболевания лежит в тонком теле (в одном из компонентов психики), то результат его усилий будет в лучшем случае кратковременным.

• Что такое здоровье

Отсюда же следует вывод о том, какого человека можно назвать здоровым. **Здоровым является такой человек, у которого здоровы физическое и все тонкие тела.** Поскольку, если нездорово хотя бы одно из тонких тел (имеются нарушения, искажения или негативная информация), это неминуемо скажется на состоянии физического тела. Исходя из этого определения здоровья, мы и будем далее строить наши рассуждения.

• Первоисточник заболеваний

Теперь стоит задуматься над тем — а почему возникают нарушения в наших телах, все равно, в любом из тонких или физическом? Мы уже знаем, что в нашем мире просто так ничего не происходит. И если возникает искажение, то оно означает, что **мы что-то делаем не так**. И наш организм через заболевание тела указывает нам на это.

Возможно, что **мы неправильно относимся к своему организму**, и он напоминает нам об этом через заболевание. Большинство людей рождаются здоровыми (за исключением случаев врожденных заболеваний), но затем заболевают, поскольку потребительски (и наплевательски) относятся к этому дару, который бесплатно дает нам Жизнь (своему здоровью). Либо **люди переполняются различными идеями, которые погружают их в мир переживаний**, в результате чего опять же появляются заболевания.

Наше сознание, наше отношение к жизни и к своему здоровью определяют состояние нашего здоровья. Наши мысли, эмоции и вытекающие из них поступки определяют состояние нашего здоровья. Поэтому смело можно утверждать, что первоисточником нашего здоровья (или нездоровья) является наше сознание. Наш дух определяет наше бытие.

Здоровье в голове, а не в аптеке!

Собственно, и врожденные заболевания попадают под это же толкование. Врожденное заболевание, согласно восточным учениям, является проявлением большой «зрелой кармы», т. е. тех поступков, которые совершила душа человека в прошлых жизнях. А поступки она совершала опять же под действием каких-то существующих в сознании человека в тот момент времени ошибочных идей.

В общем, как ни крутись, наши мысли и вытекающие из них эмоции и поступки определяют состояние нашего здоровья. Поэтому поиск способов возврата здоровья нашего физического тела будем строить на основе этих идей.

• Как будем лечиться

Из всего сказанного следует простой вывод: **способ лечения должен быть адекватен той причине, которая привела к заболеванию физического тела**, т. е. лечение будет эффективным, если оно изначально будет проводиться по отношению к тому телу, нарушения в котором привели к изменениям в физическом теле человека. В противном случае эффекта от лечения не будет или он будет кратковременным.

Это не значит, что причины всех заболеваний лежат в самих тонких телах и при любом насморке сразу нужно начинать просить прощения у Жизни за свои грехи (хотя некоторым это явно не помешало бы).

Для начала неплохо бы **понять, где, в каком тонком или в самом физическом теле лежит источник нарушения вашего здоровья**. Но это, к сожалению, очень непросто.

Что же делать, **как определить, где именно лежит корень возникшего заболевания?** Чтобы узнать это наверное, нужно рассмотреть, какие причины могут привести к заболеванию того или иного тела человека. Мы будем исходить из использованной нами ранее модели, согласно которой человек состоит из физического и четырех тонких тел.

Рассмотрим более подробно, какие причины могут привести к возникновению проблем в различных телах человека и как это может проявляться.

• Ищем истоки в физическом теле

Причина заболевания нашего физического тела может лежать **в самом физическом теле**, если с ним неправильно обходиться. Наше тело — это своеобразная «лошадь», которая возит и ублажает нашу душу. Но с этой лошадкой мы часто обходимся более чем небрежно: неправильно кормим ее, не выводим на прогулки, нагружаем сверх меры, — и в результате она не выдерживает и заболевает, т. е. множество заболеваний возникает «от глупости», из-за неправильного обращения со своим физическим телом.

Наше сознание не ценит тело, которое через болезнь начинает протестовать против такого потребительского отношения к себе.

Наиболее типичные ошибки при обращении с физическим телом.

— **Неправильное или однообразное питание**, когда мы не снабжаем организм микроэлементами, необходимыми для восстановления клеток тела. Все клетки нашего тела постоянно обновляются, и если их не обеспечивать «строительным материалом», то и строить наши органы он будет из того, что мы едим. Питание должно быть разнообразным и богато микроэлементами, иначе построенное будет дефектным.

— **Самоотравление организма** путем потребления избыточного количества пищи. Наши потребности в еде довольно ограничены, но есть инстинктивные привычки и страхи, которые заставляют нас наедаться впрок. Пока мы не обуздаем эти инстинкты силой воли, избыточный вес и вытекающие из него болезни неизбежны.

— **Образ жизни**, при котором вы не даете нагрузки и разминки своим мышцам и суставам. Если у вас сидячая работа и вы никогда не делаете гимнастики, то мышцы станут дряблыми, в суставах будут откладываться соли и никакие таблетки и процедуры не дадут долговременного результата.

— Идеализация способностей, которая проявляется в **переоценке своих возможностей**, когда вы беретесь поднимать или передвигать слишком большие тяжести, работаете до полного изнеможения и т. д. Ресурсы организма велики, но не бесконечны, и если его долго или очень сильно перегружать, то он надорвется.

Это только основные способы издевательства над своим телом, существует и множество других, более изощренных.

• Нарушения энергетического тела

Другой причиной нездоровья нашего физического тела могут стать какие-то **нарушения в нашем эфирном, или энергетическом, теле**.

Они могут быть вызваны чрезмерным истощением эфирного тела из-за неправильной организации вашего рабочего времени, в результате чего вы постоянно испытываете перегрузки, недосыпаете и не ходите в отпуск. В результате расход ваших жизненных сил превышает их поступление, ресурсы истощаются, и организм заболевает.

Вы можете терять жизненные силы из-за их добровольной отдачи другим людям через избыточное сочувствие и сопереживание. Вы можете истощиться из-за несанкционированного отъема ваших жизненных сил другими людьми — так бывает, если рядом с вами постоянно находятся истощенные или больные люди. Ваши жизненные силы может забирать неконтролируемая вами «словомешалка», которая постоянно суетится в попытке обеспечить вашу безопасность или успешность. В итоге ваша энергия уходит к тем людям, о которых вы постоянно думаете.

Как видите, способов негативного воздействия человека на свое эфирное тело множество, и все они приводят к одному результату — заболеванию физического тела.

• Перегрузки негативными эмоциями

Но и эфирное тело может быть лишь промежуточным звеном, через которое передается **негативное воздействие от более тонкого тела**, или **тела наших эмоций**. А эмоции у большинства людей, к сожалению, преобладают далеко не радостные.

Хорошо известно, что каждое наше негативное переживание откладывается в виде грязного сгустка (мыслеформы) в нашем теле эмоций (в клеточной памяти тела). В море большой айсберг вполне может исказить или даже застопорить течение воды в проливе. Точно так же большая мыслеформа может вызвать отклонения или остановки в течении потоков энергии в эфирном теле, что неминуемо приведет к заболеваниям физического тела. И сколько бы мы ни лечили физическое или эфирное тело в такой ситуации, улучшение может быть только кратковременным.

Негативная мыслеформа возникает в результате сильных эмоциональных переживаний, вызванных нарушением ваших ожиданий. Причин появления переживаний может быть множество, но все они дают один результат — в теле записывается очередная негативная мыслеформа, добавляясь к предыдущим. И чем больше вы переживаете, тем больше вероятность, что организм начнет возражать через болезнь против его превращения в «эмоциональную помойку». Поначалу это могут быть легкие недомогания, головные боли, скачки давления.

Если человек не понимает этих намеков своего организма, то в ход идут более серьезные заболевания, вплоть до онкологических. И лечить их только на уровне физического тела, без изменения отношения больного к своим идеалам, очень сложно, а порой и невозможно.

• Ошибочные идеи

Следующий уровень возникновения заболеваний — ментальный, т. е. уровень наших знаний и идей. Идей, естественно, ошибочных. Вариантов опять же множество.

Возможно, что у вас имеется набор каких-то вполне **осознаваемых ожиданий и приоритетов**, а реальный мир не соответствует этим ожиданиям. Это уже проблемы нашего **ментального тонкого тела**. Оно может накопить некоторый набор идеализаций (избыточно значимых идей), получить негативные программы от других людей или наработать их самостоятельно, но результат будет один — вы погрузитесь в мир переживаний и создадите в своем эмоциональном теле кучу негативных мыслеформ.

Негативные мыслеформы внесут дисбаланс в ваше эфирное тело, и в итоге все это проявится как заболевание физического тела, т. е. источником заболевания будет являться какая-то ошибочная идея. И пока вы не уберете ее из своего подсознания, избавиться от болезни будет очень сложно.

Кроме того, если у человека есть несколько идеализаций и их сложно разрушить во внешнем мире, то **в качестве духовного «воспитательного» процесса Жизнь может применить заболевание**. Например, для унижения гордыни человек может получить такое заболевание, о котором будет стыдно рассказать не только знакомым, но и врачам. Для разрушения идеализации способностей могут возникнуть проблемы с памятью, зрением, слухом и т. д. Разрушение идеализации независимости проходит через болезнь, требующую строгого выполнения каких-то процедур.

Можно так же нечаянно «заказать» себе болезнь, вовсе даже не подозревая об этом. И заказ будет идти от вашего подсознания (т. е. от ментала), а исполнителем выступит физическое тело. Этим приемом часто пользуются дети, которым не хватает родительского внимания. Они хотят привлечь к себе родителей, и самый простой способ сделать это — заболеть. Нужно сказать, что и взрослые вовсе не пренебрегают этим приемом, но никогда не признаются в этом даже себе.

• Проблемы из прошлых жизней

Есть еще один источник заболеваний, который не относится ни к одной из рассмотренных выше причин. Речь идет о врожденных заболеваниях, которые ребенок имеет с момента появления на свет.

Источником заболеваний в данном случае может являться так называемая зрелая карма, т. е. те проблемы, которые бессмертная душа принесла с собой из прошлых воплощений. Принесла она ее в одном из тонких тел, составляющих нашу бессмертную душу. Назовем это тонкое тело «духовным».

Восточные учения говорят, что карма — это механизм воздаяния человеку за грехи, которые он совершил в одном из прошлых воплощений. В результате этих его грехов «накопитель переживаний» переполняется, и к моменту следующего воплощения у него возникают большие сложности.

И наоборот, если человек при жизни вел себя очень прилично, не испытывал избыточных претензий к окружающим или к себе, то после смерти его душа успокоилась на высоком этаже Тонкого мира. И при следующей инкарнации у нее были очень хорошие возможности по выбору условий рождения, в том числе в здоровом теле.

Другое дело, если человек жил не очень приличной жизнью и умер с переполненным «накопителем переживаний». Его душа попала на низкий этаж Тонкого мира, и при рождении у нее был очень ограниченный выбор условий рождения. Например, либо в больном теле, либо никак. Переселиться на пару этажей повыше хочется, поэтому душа выбирает (сама!!!) рождение в больном теле. И чтобы ее замысел реализовался, **она должна прожить всю жизнь в больном теле без больших (а лучше и без малых) претензий к судьбе и Жизни.**

Понятно, что далеко не всем такой фокус удается, но так бывает. Большое негативное влияние оказывают здесь окружающие люди своим показным сочувствием типа: «Ах ты, бедный, за что же ты так мучаешься!» Тем самым ребенку внушается идея (негативная программа), что он несчастный и страдает незаслуженно. Его «накопитель переживаний» при этом постоянно пополняется.

Похоже, что такая модель объясняет многие моменты появления на свет детей с врожденными заболеваниями. За исключением одного — что нужно сделать, чтобы избавиться от врожденного заболевания. Как минимум, наверное, нужно иметь позитивный взгляд на жизнь и четко заявленную цель, на реализацию которой могут уйти многие годы тяжелых усилий. Но если такую цель поставить, то ее, видимо, можно достичь.

Еще одна разновидность проблем из прошлых жизней — это разного рода фобии, которые не имеют никаких объяснимых причин в событиях текущей жизни. Существует множество людей, которые боятся высоты, но никогда ее не пугались. Есть множество людей, которые никогда не тонули, но панически боятся воды или люди, которые всегда окружены родными или друзьями, но их гложет страх одиночества, и т. д.

Если совершенно невозможно найти причину фобии в событиях текущей жизни, то можно считать, что ваша душа принесла эту информацию из прошлой жизни. А раз это всего лишь информация, то ее легко изменить с помощью несложных приемов перекодирования.

• Универсальный алгоритм излечения

Как видите, физическое тело одно, а причин возникновения проблем с его здоровьем имеется множество. Отсюда возникает понимание того, почему никак не удается найти универсальный способ или средство, которое излечивало бы всех от любых заболеваний (панацею от всех болезней). Раз причин заболеваний очень много, то и средств борьбы с ними должно быть множество.

Как же быть, как выбрать из этого множества то, что поможет именно вам и как можно быстрее, без лишних и длительных усилий? Ведь всегда хочется достичь своей цели как можно быстрее, минуя лишние или промежуточные усилия.

Как **найти алгоритм быстрого излечения именно вашего заболевания**, где бы ни лежали его корни? Как ни забавно, но с этим алгоритмом все просто. Этот алгоритм известен всем. В том числе и вам, но вы не хотите себе в этом признаваться.

534	Часть 5. Здоровье — реальность, которую мы создаем сами

Чтобы понять это, вернемся к нашему определению здоровья. **Здоровым мы называем человека, у которого здоровы все его тела: физическое, энергетическое, эмоциональное, ментальное и духовное.** Корень вашего заболевания лежит в одном из этих тел, и вы не знаете в каком. Скорее всего, сразу в нескольких, поскольку редко можно найти человека, имеющего только одно отклонение от здорового состояния. А ведь здоровыми должны быть все ваши тела!

Значит, **нужно оздоравливать их все!** Тотально, параллельно или вместе, все равно. Именно в этом и состоит алгоритм излечения вашего заболевания. Не какое-то конкретное лекарство от печени, радикулита или повышенного давления, а **тотальное оздоровление всех составляющих вашего организма**. Поскольку заболевание какого-то органа чаще всего является следствием нарушения нормального функционирования всего вашего организма. Просто прорвалось там, где тоньше.

• Опять голова

Собственно, мы опять вышли на мысль, что **во всем виновата наша голова**, т. е. **существующие там идеи и установки относительно нашего тела, его возможностей и нашего отношения к нему.**

Это не значит, что мы призываем отказаться от медицины и заниматься только своими мыслями. Для многих людей это просто невозможно по ряду самых разных причин. Поэтому искать причины заболеваний в сфере ментала нужно, но не следует преувеличивать наши способности по их поиску.

Отсюда следует совсем простой вывод: **работать нужно сразу со всеми нашими телами**, и тогда такая тотальная чистка даст неминуемый эффект. Естественно, положительный.

Собственно, в этом и состоит универсальный алгоритм излечения. Мы начинаем заниматься нашим физическим телом, одновременно подпитываем энергетическое тело и перекрываем пути избыточного оттока жизненных сил, избавляемся от отрицательных эмоций с помощью любых доступных нам техник и параллельно просматриваем, какие ошибочные убеждения приводят к возникновению переживаний и проблемам со здоровьем.

При таком тотальном подходе упущение в одном плане (физическом, эмоциональном и прочих) все равно перекроется улучшением состояния на других планах. И организм все равно выздоровеет и помолодеет.

При этом можно и нужно пользоваться всеми теми достижениями, которые разработали древняя и современная медицина, наука и системы оздоровления.

На этом мы заканчиваем рассмотрение общих идей возникновения заболеваний и универсального способа избавления от них и переходим к итогам.

ИТОГИ

- *Подавляющее большинство людей принимает как естественные два ошибочных убеждения. Первое: «Здоровье — это то, о чем нужно вспоминать и заботиться в последнюю очередь». Второе: «Здоровье не зависит от меня. Здоровье — это в больнице, в аптеке, у доктора, у целителя. Я лишь объект, который доктор должен вылечить». Таким образом они порождают наплевательское и потребительское отношение к своему телу.*

- *Человек от рождения является очень сложной структурой, состоящей из физического и четырех тонких тел. Искажение в одном из тел приводит к заболеванию физического тела.*

- *Здоровым является тот человек, у которого здоровы физическое и все тонкие тела.*

- *Первоисточником здоровья является наше сознание, которое порождает либо бережное, либо потребительское отношение к своему телу.*

- *Универсальный алгоритм излечения любого заболевания состоит не в создании очередного прибора или способа лечения, а в оздоровлении сразу всех тел. В процессе оздоровления можно использовать все достижения древней и современной медицинской науки, но работать нужно сразу со всеми телами! Излечение одного органа даст лишь кратковременную передышку перед заболеванием другого.*

Глава 2
Перестаем заказывать себе болезни

Здоровье гораздо более зависит от наших привычек и питания, чем от врачебного искусства.

Д. Леббок

В этой главе мы рассмотрим типовые способы, с помощью которых люди неосознанно создают себе заболевания. Таких способов обычно много.

• Страхи по поводу здоровья

Первым и самым распространенным способом заказа себе заболеваний являются бесконечные страхи по поводу того, не больны ли вы чем-то ужасным. Оснований для появления таких страхов более чем достаточно. Например, это может быть описание симптомов болезней в различной медицинской и оздоровительной литературе. А если симптом описан достаточно убедительно, то кто же не найдет его у себя?

Это опыт заболеваний ваших родственников и знакомых — разве у вас нет таких же симптомов, как у них? А если нет, то, может быть, вы их плохо искали?

Это опыт ваших собственных прошлых заболеваний, порождающих страх заболеть еще раз.

Это телевизионные передачи с рассказом о разных случаях отравлений или заболеваний, произошедших с другими людьми. А вы чем хуже?

Это реклама, в ходе которой человек в белом халате рассказывает нам, сколько миллиардов ужасных микробов живут в нас и только ждут момента, чтобы коварно напасть на того, кто не купил их чудотворное лекарство. И т. д.

В общем, страх заболеть — нормальное явление для огромного большинства людей. Страх выполняет позитивную роль, пытаясь заставить человека принять какие-то меры, чтобы избежать заболевания. Например, купить и выпить то самое чудотворное лекарство. Или хотя бы сделать утреннюю зарядку.

Но чаще страху не удается заставить человека сделать хоть что-то для улучшения своего здоровья. Все сводится к бесконечным переживаниям на тему «вдруг я чем-то болен». А если долго смаковать тему «вдруг я болен», то подсознание воспримет это как затяжную стрессовую ситуацию и постарается успокоить вас. Оно даст вам то, что заставляет вас нервничать. С самыми добрыми намерениями оно создаст вам желанное заболевание, чтобы вы больше не нервничали. Так младенцу дают игрушку, чтобы он перестал плакать.

По прикидкам подсознания, получив долгожданное событие (т. е. болезнь), человек должен будет успокоиться (ведь логика подсознания достаточно примитивна и не меняется со временем). Но мало кто успокаивается, получив заболевание, которого опасался длительное время. Скорее наоборот, убедившись в том, что страх оказался не напрасным, человек погружается в следующую стадию переживаний, т. е. в борьбу с заболеванием, которое породил своими же страхами. В общем, покой нам только снится...

Приведем пример подобной ситуации. Молодая девушка встречается с любимым юношей, но очень боится забеременеть, поскольку их отношения еще не оформлены, да и в целом рождение ребенка пока что не входит в ее планы. В итоге каждая интимная встреча с любимым является для нее сильным стрессом, несмотря на все меры предосторожности. Подсознание, реагируя на ее стресс, организует ей проблемы с теми органами, которые отвечают за деторождение. Казалось бы, живи и радуйся, ребеночка не будет ни при какой ситуации, ты ведь к этому стремилась! Но разве девушка может радоваться тому, что у нее блокирована детородная функция? Конечно нет. Она тут же погружается в стресс по поводу своего заболевания и начинает бороться уже с ним. Все усилия подсознания помочь ей пошли насмарку...

Примерно таков может быть механизм создания себе заболеваний собственными страхами.

Что же делать, чтобы этот механизм самозаказа заболеваний не срабатывал? Перестать переживать и испытывать страхи. Поблагодарить свой страх за заботу о вас, послать ему вашу любовь и благодарность. А затем трансформировать его в образ уверенности и спокойствия. И тогда механизм самозаказа перестанет действовать.

Если заболевание уже есть и вы боитесь, как бы оно не усилилось, то последовательность действий будет та же самая. Нужно визуализировать (представить себе) образ своего страха. Поблагодарить его за внимание к вашему здоровью, послать ему огромный поток своей любви и признательности за заботу о вас.

А потом **трасформировать его в образ уверенности** в том, что вы очень скоро выздоровеете. Дальше нужно будет постоянно подпитывать этот образ уверенности своей любовью и благодарностью, чтобы он полностью вытеснил образ страха из вашего подсознания. Тогда процесс излечения пойдет в десятки раз быстрее.

• Неосознаваемые выгоды

Следующий мощный пласт причин возникновения заболеваний состоит в том, что заболевание вам очень нужно, поскольку позволяет решать какие-то вопросы, которые без заболевания никак решить не удается.

Рассмотрим некоторые из таких скрытых выгод.

• Болезнь как способ добиться внимания

Чаще всего неосознанно заказывают себе заболевание дети. Ребенку нужно много душевного тепла и заботы родителей. А они могут быть постоянно заняты выяснением отношений друг с другом или какими-то своими делами (бизнес, учеба, увлечения). Как ребенку получить внимание родителей? У него есть только один выход – заболеть, и он им активно пользуется. Как только ребенок заболевает, родители бросают все свои дела и занимаются только им — цель достигнута.

Взрослым тоже иногда хочется отдохнуть от суеты и непрерывных хлопот, хочется почувствовать на себе заботу и внимание близких людей. В повседневной текучке все заняты своими проблемами: работой, домашними хлопотами, зарабатыванием денег, строительством дачи или чем-то еще. В итоге люди хоть и живут вместе, но у них нет общения, не хватает взаимного внимания, заботы, интереса к проблемам друг друга. Они начинают искать, как это можно получить, и некоторые находят — через болезнь.

Как только человек заболевает, на него начинают обращать внимание родственники и дети, вечно занятый муж (жена) интересуется тем, что у заболевшего на душе, что ему нужно и т. д. Как без болезни все это получить? Почти невозможно.

• Болезнь как способ достижения цели

Дети частенько используют болезни для достижения своих целей. Ребенок страстно желает получить понравившуюся игрушку, а родители не хотят ее покупать. Как быть ребенку, как воздействовать на родителей, чтобы они исполнили его желание? Выход один – заболеть. Ребенок заболевает, и папа с мамой покупают ему все, что он пожелает, — лишь бы выздоровел.

Этим же приемом активно пользуются и взрослые. Вам не хочется идти на неприятную встречу, но вы не видите возможности избежать этого — организм приходит вам на помощь. У вас поднимается температура (иногда на 2—3 часа), и вы со спокойной совестью остаетесь на месте — куда же вы пойдете с температурой?

Но это простой случай, а иногда человеком заболевания заказываются на многие годы, и никакая медицина не в силах его излечить — поскольку они нужны ему. Приведем пример подобного заболевания.

Элеонора, директор небольшой, успешно работающей фирмы, замужем, имеет ребенка. В течение последних 18 лет у нее то затухает, то разгорается гинекологическое заболевание. Многочисленные попытки избавиться от него не дают эффекта.

В ходе беседы выяснилось, что Эля в душе презирает своего мужа за отсутствие честолюбия, стремление не высовываться, не быть на виду (он работает кладовщиком). Сама же она — очень яркая и активная женщина, бывший комсомольский активист. Замуж вышла после тридцати лет, не по любви, а из-за того, что годы подошли. Поначалу она пробовала сделать из своего мужа «человека», продвинуть его по службе, помочь занять престижную должность, но он от этого упорно отказывался. В итоге она стала презирать его, но... Годы, прожитые вместе, ребенок, общее имущество — она смирилась со своим бесцветным мужем, найдя себе отдушину в работе.

Но как жена она должна была выполнять свои супружеские обязанности (муж был очень сексуален), а ей очень не хотелось этого делать. Как ей отказать мужу так, чтобы не разрушить семью? Ее организм пришел на помощь в этой стрессовой ситуации — появилось гинекологическое заболевание, которое дало ей основания прекратить половую жизнь с мужем. Болезнь длится уже много лет, она необходима Элеоноре, поскольку спасает ее от домогательств мужа. И пока она не осознает этого и не примет какое-то решение, любое лечение не даст устойчивых результатов, поскольку болезнь ей нужна, она извлекает из нее явную выгоду.

Подобных примеров можно привести множество.

• Болезнь как способ существования

Еще один популярный и распространенный среди некоторой части населения способ заказа себе заболевания с целью занять свободное время и почувствовать себя «при деле».

Например, пенсионеры часто болеют, поскольку **болезнь дает им занятие**: ходить по врачам, соблюдать режимы приема лекарств или процедур, варить сложные отвары из трав. Есть обширные темы для общения с другими больными: какие появились новые лекарства, как протекает заболевание у знакомых, как ведут себя врачи по отношению к больным и т. д. и т. п. В итоге их жизнь наполнена смыслом, человек чувствует себя при деле. А чем бы он занимался, если бы был здоровым?

Другая категория «борцов» за свое здоровье, как ни странно — домохозяйки при обеспеченных мужьях. Если муж зарабатывает немного, то жена активно участвует в процессе создания материального достатка семьи путем рационального расходования денег, приобретения продуктов и других товаров по минимальным ценам. Она чувствует себя востребованной, она «при деле».

А теперь представьте себе женщину, у которой муж зарабатывает много или очень много. Идти работать ей нет никакого смысла, экономить — тем более. Пока дети маленькие, она востребована. Но когда дети подрастают, тотальная материнская опека становится им обузой, и они начинают проявлять самостоятельность, лишая мать сферы приложения ее забот. Что остается делать такой женщине, особенно если она энергична и полна сил?

Если у нее с головой не все в порядке, то она начинает выяснять отношения с мужем. Возникают претензии типа: «Ты меня не уважаешь, ты со мной не считаешься, ты со мной не делишься, я для тебя как чужая» и подобные. Заканчиваются такие разборки обычно разводом. В результате у нее появляется множество целей в жизни: найти работу, отловить себе мужа не хуже прежнего, воспитать детей. Ее жизнь наполнилась смыслом.

Если же женщина поумнее, то она решает для себя: «Муж — это табу. Что бы он ни делал, я в это не вмешиваюсь». В итоге семья сохраняется, но женщина оказывается не у дел. Дом особой заботы не требует — для этого есть нанятый персонал. Дети живут своей жизнью, муж все время на работе — чем заняться энергичной женщине? Тем более что ее детство прошло при социализме и подсознание твердо усвоило, что «человек рожден для труда, бездельничать стыдно» (да и навыка такого нет — не из графьев ведь).

Такие ситуации в последние годы — не редкость. Оставшиеся «не у дел» женщины направляют свою немалую энергию либо на борьбу с детьми или прислугой (худший выбор), либо на развитие своих способностей или общественную деятельность (хороший выбор). Если же за годы сидения дома с детьми у нее развилась идеализация своего несовершенства (куда я пойду, я ведь ничего не умею...), то дорога во внешний мир для нее закрыта, и нужно искать сферу приложения своих сил дома. А выбор здесь совсем не велик — дети, прислуга и... она сама.

Подсознание, видя такие муки, с самыми благими намерениями приходит женщине на помощь. Оно дает ей способ занять свое время и силы через борьбу с заболеванием. Поначалу это могут быть сильнейшие мигрени (чего уж мелочиться с обычной головной болью!), перепады давления, доводящие порой до потери сознания, кожные заболевания и прочие развлечения. Медицинские обследования обычно указывают на совершенно здоровый организм, т. е. заболевание имеет явно психическое (психосоматическое) происхождение. Зато какие открываются роскошные возможности для приложения своих сил! Обследования, лекарства, клиники, встречи с самыми видными специалистами (благо средства позволяют). Но никто помочь не может, поскольку пациентке выздоровление совсем не нужно, скорее наоборот. Конечно, тяжело, больно, но ведь всегда за результат приходится чем-то платить.

Иногда в подобную ситуацию попадают и одинокие, но хорошо обеспеченные женщины, у которых нет необходимости работать. Но заниматься им хоть чем-то нужно, а просто бездельничать с детства не обучены. Вот и находят они себе занятие — лечение. Дело это интересное, хотя порой очень болезненное.

Еще одно традиционное занятие домохозяек — **борьба с лишними килограммами**. Лишний вес, это, конечно, не болезнь, но времени и сил занимает иной раз побольше, чем иное заболевание. Главное в этом занимательном деле — сам **процесс борьбы с лишним весом**, а не результат. Именно поэтому он часто растягивается на годы и оставляет возможность заниматься этим увлекательным делом еще много-много лет. Пока не надоест.

И так будет продолжаться до тех пор, пока человек сознательно не выберет себе какое-то другое занятие и необходимость борьбы за здоровье не отпадет сама собой.

• Болезнь дает чувство собственной значимости

Еще вариант — ситуация, когда прежде известный и преуспевающий человек остается без дела. Спортсмен, артист, общественный деятель или политик, достигнув зенита славы, остается не у дел, часто в довольно молодом возрасте.

Чем заняться человеку, привыкшему к вниманию и поклонению толпы, общению со знаменитостями? Пойти на рядовую работу? Душа этого не приемлет. И человек заболевает, но не простой, рядовой болезнью, а особенной, которую никто излечить не может (иногда это принимает форму психического заболевания, например он начинает слышать «голоса»). Сначала он лечится в своей поликлинике, потом в городской клинике, потом его направляют в специализированный институт, где его болезнью занимаются светила медицины.

Все, он опять в центре внимания, с ним носятся, ему сочувствуют, с ним общаются знаменитости. Пусть ему больно, но он опять **создал себе ту жизнь, к которой стремился**. Его чувство собственной значимости получает полное удовлетворение.

• Болезнь как способ отдыха

Еще одна очень распространенная причина, по которой мы порой заболеваем, — нам хочется отдыха.

Может быть, у вас очень напряженный ритм работы, не оставляющий времени на отдых. Может быть, вы сами вольны распоряжаться своим временем, но ваши внутренние установки не позволяют вам отдыхать, когда другие работают. Вы работаете, работаете, работаете и не видите возможности, как остановить этот непрерывный бег «по кругу». Вы хотите сделать перерыв, но не знаете, как это можно сделать. Тут приходит на помощь организм, ресурсы которого действительно истощены, и **ваш внутренний заказ реализуется**.

Вы получаете очередное ОРЗ или что-то посерьезнее и со спокойной совестью отдыхаете неделю-две. Если бы у вас не было внутреннего «заказа» на отдых, то организм тянул бы свою ношу без всяких ОРЗ (например, во время войны люди не болеют теми болезнями, которые «достают» их в мирное время). В итоге, если у вас большие ресурсы, вы работали бы в своем ужасном (для организма) режиме долгие годы — так трудятся в реальности многие люди, увлеченные своим делом. Им некогда отвлекаться, и их организм не позволяет себе болеть, реализуя внутренний заказ хозяина: некогда тратить время на пустяки, нужно делом заниматься.

Иногда на помощь родителям приходят их дети — ребенок заболевает и обеспечивает матери пару недель на больничном по уходу за ребенком. Признаком такой ситуации является то, что ребенок обычно выздоравливает через два-три дня, и остальное время мать может полностью тратить на себя.

• Болезнь как способ избежать неприятного дела

Иногда болезнь приходит вам на выручку, когда очень не хочется что-то делать. Вас посылают в неприятную командировку, заставляют заниматься скучным и неприятным делом, обстоятельства вынуждают встречаться с неприятным человеком. Как избежать этого, если никто не собирается выслушивать ваши протесты? Только заболеть, и нужное вам решение придет само собой. Вам не хочется выступать перед кем-то? Ваше горло заболевает, и выступать приходится кому-то другому. Так что далеко не всегда болезнь приносит неприятности.

• Болезнь как способ оттягивания важного решения

Иногда человеку нужно принимать важное решение: сменить место работы или жительства, жениться или развестись, попросить или потребовать что-то, а он не решается сделать это. Идеализация своего несовершенства (в форме боязни сделать ошибку) мешает ему принять окончательное решение. Если сроки поджимают, а окончательного решения все нет, на помощь приходит организм — он заболевает, и у человека появляются полные основания еще отложить срок принятия решения.

Иногда вместо болезни на помощь приходит лишний вес. Например, женщина вроде бы хочет выйти замуж, но внутри себя она уверена, что все бесполезно. А раз бесполезно, то зачем ходить на свидания, только лишние огорчения получать. Но и просто так отказываться от свиданий неудобно, нужно какое-то основание для этого.

Видя такие муки, подсознание опять приходит на помощь и организует ей избыточный вес. Теперь можно вздохнуть и спокойно не ходить на свидания, а сосредоточиться на борьбе с лишним весом. Вот когда вес уменьшится, тогда можно будет подумать о личной жизни. Значит, практически никогда. Если, конечно, не задумываться над всеми этими процессами.

• Болезнь как способ манипуляции окружающими

Угроза заболеть или даже умереть — очень распространенный способ влияния на окружающих. «Если вы не сделаете то, о чем я говорю, то я этого не переживу!» — кому не приходилось слышать подобных слов от родителей или других родственников? Обычно такой способ навязывания своей воли окружающим используют слабые люди, не имеющие возможности по-иному настоять на своем мнении.

Способ действительно довольно действенный, особенно если ваши близкие любят вас и не хотят быть источником ваших страданий. Для усиления эффекта стоит иной раз серьезно поболеть, и у окружающих не остается сомнений, что вы не шутите, и они поневоле выполняют все ваши прихоти.

Еще один распространенный случай самозаказа заболеваний — женщина опасается, что ее муж (или любимый) хочет расстаться с ней, поскольку накал чувств вроде бы прошел, но никакой замены партнеру пока не предвидится. Что делать, как удержать его возле себя? Один из вариантов решения этой задачи — заболеть. Порядочный человек не сможет бросить больную женщину, особенно если болезнь делает ее беспомощной.

Казалось бы, зачем выбирать такой болезненный путь, лучше было бы просто избавиться от своих страхов. Но для этого нужно осознавать скрытые мотивы своих поступков, а кто ж этому обучен? Проще неосознанно манипулировать любимым человеком, эксплуатируя его порядочность и ответственность. Понятно, что если такие качества у любимого отсутствуют, то этот фокус срабатывает наоборот, т. е. любимый покидает вас еще быстрее.

• Найдите другой способ

Как видите, болезнь дает множество скрытых выгод, и если не осознавать их, то можно лечиться хоть всю жизнь без всякого результата. А результата не будет, поскольку ваше подсознание станет возвращать вам болезнь вновь и вновь, поскольку она вам очень нужна для получения неосознаваемых выгод.

Каков же выход из этой ситуации?

Для начала нужно осознать, какие выгоды вы получаете в результате болезни.

А затем **найти другой способ получения этих же выгод**, но уже без болезни. И начать получать их, не обращая внимания на заболевание, — тем самым вы дадите знать подсознанию, что его помощь вам больше не требуется. Вы больше не требуете у мужа внимание через болезни, а получаете его своей сексуальностью. Вы не ищете способа избежать неприятной вам встречи, а просто звоните этому человеку и говорите, что не хотите с ним встречаться. Вы не ищете точки приложения своих сил внутри себя, поскольку вы нашли множество дел во внешнем мире. И т. д.

Только при таком подходе медицинские или целительские усилия дадут эффект полного выздоровления, и болезнь не будет возвращаться к вам через месяц-полгода-год после лечения.

• Низкий ранг в системе ценностей

Еще один очень распространенный способ создания себе заболеваний — это игнорирование интересов организма, поскольку вы не считаете здоровье реальной ценностью.

В основе такого отношения к здоровью лежит очень популярное среди многих людей убеждение, которое мы рассматривали в начале этой части книги.

Это массовое ошибочное убеждение имеет вид: «Здоровье — это то, о чем нужно вспоминать и заботиться в последнюю очередь». Как известно, в последнюю очередь человек заботится о том, что для него не значимо и чем он всегда готов пожертвовать ради других, более серьезных ценностей.

Мы рекомендуем вам не ждать, пока у вашего организма закончатся ресурсы и он принудительно заставит вас заботиться о себе через болезни.

Включите свое здоровье в число самых важных для вас ценностей и начинайте прямо сейчас **уделять ему время и силы**, тогда организм в благодарность ответит вам хорошим самочувствием.

• Заниженная самооценка

Следующий способ создания себе заболевания вытекает из другого массового ошибочного убеждения: «Здоровье не зависит от меня. Здоровье — это в больнице, в аптеке, у доктора, у целителя. Я лишь объект, который доктор должен вылечить».

О чем говорит это внутреннее убеждение? О том, что человек не полагается на себя, считая себя недостаточно подготовленным, чтобы самому влиять на свое здоровье. Такое отношение к себе указывает на заниженную самооценку (или преувеличение своего несовершенства). Считая себя неполноценным и неспособным что-то сделать с собой, человек отдает свое здоровье на откуп случая и врачей. Понятно, что никаких усилий для поддержания здоровья он при этом не предпринимает в расчете на то, что ему поможет доктор.

Иногда доктор действительно помогает — если у вас достаточно средств, чтобы получить высококвалифицированную медицинскую помощь. Но обычно у людей с заниженной самооценкой имеются сложности и с деньгами, поэтому им нелегко получить хорошую врачебную помощь, остается лишь полагаться на Бога и случай. При этом человек может знать (читал или слышал) о том, что люди способны самостоятельно излечиться практически от любого заболевания, включая перелом позвоночника с полной парализацией нижней части тела (вспомним пример самоизлечения В. Дикуля). Но эта информация ничего не значит для человека с низкой самооценкой, он не верит, что сможет сделать что-то для себя. А раз не верит, то действительно не сможет.

Чтобы перестать так пассивно относиться к себе и своему здоровью, нужно повышать свою самооценку в целом. Как это можно делать, мы рассматривали в предыдущих частях книги.

• Неконтролируемые обороты речи

Еще один неплохой способ заказа себе заболевания состоит в частом использовании в своей речи выражений типа: «Какой геморрой!», «Это сплошная головная боль!», «Глаза мои не видели бы!», «Ноги моей там больше не будет!», «Не могу это переваривать!» и подобных. Используя такие выражения для оценки различных ситуаций, вы как бы даете своему подсознанию команду, что у вас должно произойти. А оно радо услужить — быстренько организует вам геморройчик или головную боль. Вы начинаете бороться с заболеванием, не понимая, что породили его своими эмоциональными комментариями.

Что с этим делать?

Следить за своей речью. Выбросить из своего лексикона слова, которые могут привести к появлению заболевания. Перейти на позитивное мышление.

Или ничего не менять, зато периодически иметь заболевания, с которыми придется героически бороться.

• Что выбираете в жизни

Для того, чтобы понять следующий довольно простой способ создания себе заболеваний, вам нужно ответить на вопрос: «В какой Вселенной вы живете?»

В той, где плохая экология, высокая смертность, маленький срок жизни, множество неизлечимых болезней? Или в той, где все наоборот: люди здоровы, живут долго и практически не болеют, поскольку занимаются спортом и ведут здоровый образ жизни?

Обе эти Вселенные сосуществуют рядом, на одной улице, в одном доме, порой в одной квартире. В какой находитесь вы, легко определить по темам ваших бесед со знакомыми, по телепередачам, которые вы смотрите, по вашему образу жизни.

Устраивает ли вас ваша Вселенная? Если нет, то что мешает вам переселиться в другую Вселенную? Лень, неуверенность в себе, страхи? Вы уже знаете, что с ними нужно делать. Теперь выбор за вами.

Если вы хотите быть здоровым человеком, то переселяйтесь во Вселенную здоровых людей. Перестаньте концентрироваться на несчастьях и болезнях, и Жизнь не будет создавать их в вашей реальности.

На этом мы заканчиваем рассмотрение механизмов заказа себе заболевания. Конечно, мы охватили не все стороны этого многогранного процесса, но если вы справитесь с тем, о чем написано выше, то с очень большой вероятностью ваше здоровье резко улучшится.

А теперь пора подвести

ИТОГИ

- *Люди неосознанно создают себе заболевания самыми разными способами, а потом пытаются избавиться от них, не понимая, что сами породили свои болезни.*

- *Один из популярных способов заказа себе заболевания — различные страхи, являющиеся высокоэмоциональной командой, которую организм принимает к исполнению.*

- *Еще один популярный способ создания себе заболевания заключается в том, что болезнь помогает вам получить какую-то выгоду, которую вы не догадались или не смогли получить другим путем.*

- *Заниженная самооценка и низкий ранг здоровья в системе ценностей порождают пассивное отношение к своему организму, т. е. отсутствие заботы о нем. Рано или поздно ресурсы оставленного без внимания и заботы организма заканчиваются, и он заболевает.*

- *Если часто использовать в своей речи слова, указывающие на заболевание, и концентрировать свое внимание на болезнях, то подсознание может воспринять это как команду к исполнению и создать вам заболевание.*

- *Большинство людей варварски обращаются с тем совершенным инструментом (своим телом), которое подарила им Жизнь.*

Глава 3
Избавляемся от негативных программ относительно здоровья

Курить вредно, пить противно,
а умирать здоровым жалко

В этой главе мы рассмотрим второй внутренний барьер на пути к здоровью — наши внутренние негативные программы и ошибочные убеждения, которые так или иначе приводят к потере здоровья или блокируют выздоровление.

Внутренние программы хранятся в нашем подсознании, и мы бессознательно руководствуемся ими в своей жизни, совершая те или иные поступки. Хорошие программы порождают хорошие поступки, в том числе по отношению к своему здоровью. Плохие, соответственно, наоборот.

Кроме того, подсознание отрабатывает некоторые программы непосредственно в организме, минуя стадию поступков. Например, если цыганка нагадала вам, что вы в 40 лет заболеете неизлечимой болезнью, и вы поверили этому гаданию, то ваше подсознание будет очень жестко отрабатывать эту программу. «Хозяин велел болеть, значит, будем болеть, а за последствия он сам отвечает» — примерно такой логикой руководствуется подсознание, выполняя неосознанное «распоряжение» человека.

Соответственно, **все наши негативные установки относительно здоровья с неизбежностью реализуются организмом**. И как бы мы ни боролись с заболеванием, какие бы лекарства или приборы ни применяли, организм все равно должен будет реализовать данную ему нами же программу.

Так вот мы весело живем, в непрерывной борьбе с собой. Зато не скучно.

• Что первично

У вас может возникнуть вопрос: что первично, воля человека или неосознаваемая программа, полученная неизвестно откуда? Создается впечатление, что человек не хозяин своей жизни, а всего лишь робот, исполняющий неизвестно когда и кем запущенные программы, что его жизнь кем-то предопределена.

На самом деле это не так. Воля и сознание человека первичны, и принятые им решения отрабатываются организмом без рассуждений. Человек сам формирует события своей реальности.

Другое дело, что мы не умеем пользоваться этим мощным инструментом управления своею жизнью и здоровьем. Точнее, мы им пользуемся, но неграмотно, создавая себе множество неприятностей. Сначала мы со своей свободой воли неосознанно выбираем убеждение типа: «Я живу в таком мире, где все болеют», которое нам столь же неосознанно подбрасывают окружающие. А потом это добровольно выбранное убеждение с неизбежностью реализуется нашим организмом. И так будет происходить до тех пор, пока мы сами добровольно не выберем себе совсем другое убеждение. Желательно позитивное типа: «Я прекрасно себя ощущаю в любом месте, где бы я ни находился».

Другими словами человек волен выбрать себе любую внутреннюю установку, которая затем будет очень жестко отрабатываться организмом. На этом принципе, например, построено массовое и персональное целительство. Целитель внушает больным, что они обязаны выздороветь, поскольку попали к нему на прием. Если больной человек доверчив, т. е. открыт для внешнего программирования (подвержен внушению), то он сам запускает в себе программу выздоровления. Внешне это выглядит так, будто ему помог целитель.

Если же у человека высок уровень внутренней критики (этим обычно отличаются люди с высшим техническим образованием), то внешнее внушение не воспринимается им как истинное. Он не поверил целителю и тем самым не запустил в себе программу выздоровления. В итоге целитель ему не помог.

Это один из примеров внешнего программирования, на самом деле мы постоянно получаем различные программы, которыми затем бессознательно руководствуемся.

Рассмотрим вкратце источники негативных программ в сфере здоровья.

• Родители, родственники, знакомые

Прежде всего это, конечно, самые близкие вам люди. Их все время беспокоит ваше здоровье. И они постоянно ищут у вас на лице признаки приближающейся болезни. Кто ищет, тот всегда найдет, поэтому они периодически возвещают о найденных у вас явных признаках какого-то страшного заболевания. Как минимум они могут потребовать срочно пройти какое-нибудь обследование (медицинское, у ясновидящей, по прибору и т. д.). Если вы им хоть чуть-чуть поверили — все, негативная программа (ментальная порча) поселилась у вас в голове. Дальше она пустит корни и рано или поздно даст признаки предсказанного заболевания. Только самые отъявленные циники могут избежать такого исхода.

Источником негативных программ в сфере здоровья могут быть знакомые, а то и незнакомые вам люди, обратившиеся к вам с вопросом типа: «Что это у вас за мешки под глазами? Никак у вас с почками проблемы? Нужно скорей к врачу, а то поздно будет». Ведь обычно люди мало задумываются о том, что своими словами и ложной заботой могут принести больше вреда, чем предполагаемой пользы.

• Общественное мнение

Еще один мощный фактор – это существующие у окружающих вас людей убеждения относительно здоровья. К сожалению, не очень хороших стереотипов здесь хватает, и они тоже могут стать нашей неосознаваемой программой. Вспомните: «Шестьдесят лет, а он – как огурчик! Ведь надо же!» Скрытый смысл этих вроде бы приятных слов очевиден: в свои шестьдесят ему бы пора на погост готовиться, а он все хорохорится, неугомонный какой! И те, кто эти слова говорит, сами уверены (внутренняя установка!), что они-то в шестьдесят лет ноги еле волочить будут, если доживут до этого возраста. А поскольку программа есть, она полноценно реализуется через разного рода заболевания.

Подобных негативных установок у нас в обществе имеется в изобилии, они стали нормой нашей жизни, и мы даже не замечаем их. Вспомните: «Вы так хорошо сохранились, просто удивительно» (видимо, если бы вы выглядели как сморщенный стручок, то это было бы нормально), «В нашем городе ужасный воздух (вода, земля, власти), здесь долго не живут», «На нашем предприятии ужасные условия, здесь обязательно заболеешь!» и другие расхожие мнения. Они все время на слуху, люди повторяют их много раз, особенно при обсуждении своих или чужих заболеваний. В результате эти мнения становятся неосознаваемыми программами, которые организм принимает к исполнению.

Конечно, встречаются отдельные вредные личности, которые вопреки всему долго живут и не болеют, невзирая на все ужасные условия, но они вас не интересуют. Вы ищете подтверждения своим мыслям, и Жизнь исполняет ваше желание.

• Врачи, фармацевты

Очень важную роль в формировании страхов и негативных установок играют различного рода медицинские работники. Не вдаваясь в серьезные исследования действительных причин, они собирают статистику заболеваний или смертности, накладывают ее на какой-то один нужный им показатель (качество воздуха или воды, зубную пасту, жвачку или стиральный порошок определенной марки и т. д.), производят простейшие вычисления и потом громко возвещают: «В вашей местности слишком плохой воздух, вы неминуемо заболеете!» или «Вы пользуетесь не той зубной пастой, кариес неизбежен!», «Пейте наше лекарство заранее, пока вы еще не заболели!» (видимо, без лекарства это неизбежно). Понятно, что при таком программировании с использованием всей мощи авторитета государственной власти или средств массовой информации устоять может только слаборазвитый. Нормально развитый информацию усвоит и приготовится болеть.

Система раннего оповещения о надвигающейся эпидемии гриппа внушает страх населению, которое начинает опасаться заболеть, и, естественно, эти опасения оправдываются. На этом выигрывают только фармацевтические фирмы, продающие огромные порции противогриппозных препаратов. А проигрывает все население, теряющее деньги и здоровье и собирающее страхи в свой «накопитель переживаний».

• Реклама, СМИ

Очень эффективно запугивает население современная реклама. Известные артисты либо люди в белых халатах со ссылками на мифические ассоциации врачей подробно рассказывают, что вы обязательно заболеете, если не будете пить их порошок или не придете к ним на прием. При этом называются такие симптомы заболеваний, которые не найдет у себя только мертвый. Только человек с очень здоровой психикой при таком психологическом давлении не почувствует себя больным и не захочет полечиться. Но таких почти нет.

Многочисленные астрологи пугают нас обострением наших заболеваний. Метеоцентр предупреждает, что в такие-то числа ждите усиления ваших болячек. И т. д. Непонятно даже, как мы еще держимся.

• Наблюдение за другими

Еще один распространенный способ получения негативной программы — **наблюдение за процессом протекания болезни у знакомых вам людей**. Вы им сочувствуете, помогаете и неосознанно примеряете к себе симптомы их заболеваний (непонятные боли, изменение температуры или ухудшение самочувствия). Естественно, какие-то симптомы совпадают, и вы начинаете тревожиться: а вдруг и у вас это же заболевание? И чем больше вы ищете этому подтверждений, тем больше их находите. Подсознание всегда готово дать человеку то, что он ищет, — лишь бы не тревожился. А создать заболевание значительно легче, чем устроить личную жизнь или улучшить материальное положение.

Иногда источником внутренней программы типа «У меня может быть такое же заболевание!» может выступить не болезнь близкого человека, а слишком натуралистический показ течения какой-нибудь болезни в художественном фильме или в книге. Это может быть какой-то документальный или публицистический фильм на тему плохой экологии или слабой медицины, подтвержденный показом травмирующих психику кадров протекания заболевания, или что-то подобное. Мы сравниваем себя с героем фильма и понимаем, что мало чем отличаемся от него. Отсюда вытекает логический вывод, что **и мы должны болеть теми же болезнями**, что и он. После этого остается только начать искать у себя симптомы заболеваний. И все, механизм самозаказа заболевания запущен.

• Личный опыт

Еще один путь получения негативных программ — это личный опыт. У вас когда-то было сложное заболевание, но вы сумели избавиться от него с большим трудом. Больше вы не хотели бы попадать в подобную ситуацию, поэтому **постоянно отслеживаете, нет ли признаков того, что она может повториться**. А если искать признаки заболевания очень усердно, то всегда можно что-то найти.

В общем, путей для внушения нам твердой уверенности в полной безнадежности состояния нашего здоровья очень много. Очень сложно отследить, когда происходит очередное ментальное нападение на нашу психику, поскольку оно может прийти от близкого или совсем незнакомого человека, со страниц прессы или с экрана телевизора, из случайно услышанного разговора посторонних людей и любым другим способом. Тем не менее нам нужно жить и оставаться здоровыми в подобных условиях.

Это непросто, но возможно.

• Выявляем свои негативные программы

Первым шагом на этом пути является осознание внутренних установок, которыми вы руководствуетесь в жизни и которые могут оказывать прямое или косвенное влияние на вашу жизнь. Что с ними потом делать, вы уже знаете.

Нужно составить по определенным правилам противоположное по смыслу позитивное утверждение и заместить им негативную программу в своем подсознании. Как это нужно делать, мы подробно рассматривали в первой части книги.

Ниже мы рассмотрим некоторые характерные негативные программы, оказывающие влияние на здоровье человека.

Поскольку здоровье физического тела, как мы выяснили, является результатом здорового состояния всех тел человека, включая тонкие, то мы рассмотрим негативные программы по отношению к разным телам человека.

Сначала рассмотрим внутренние установки, порождающие **заболевания физического тела человека**.

Негативные программы	Позитивные утверждения
Мне некогда думать о здоровье, я очень занят	Я строю свою работу таким образом, что у меня остается много времени для занятий спортом (оздоровительных упражнений), правильного питания и отдыха
У меня сидячая работа, у меня нет возможности двигаться	Я легко нахожу возможность и время ежедневно и полноценно разминать свои мышцы
Главное — это работа (деньги, бизнес, семья, строительство дачи, ремонт автомобиля), а все остальное приложится	Здоровье является моей реальной ценностью, позволяющей мне добиваться успеха. Я ежедневно нахожу время и возможности для оздоровления и занятий спортом
У меня очень плотный график работы, мне некогда нормально пообедать	Я организую мое рабочее время таким образом, что получаю возможность питаться правильно и регулярно
Моя семья (мои дети) не оставляет мне возможности заниматься спортом	Я сам управляю своею жизнью и внешними обстоятельствами. Я легко нахожу время для занятий спортом
Мне некогда делать зарядку	Я организую свое рабочее время таким образом, что у меня имеется возможность заниматься спортом

Негативные программы	Позитивные утверждения
Я должен есть три раза в день, даже если мне этого не хочется	Я ем только тогда и столько, сколько подсказывает мне мой организм. Я дружу со своим телом и забочусь о нем
Нельзя выбрасывать продукты, даже если они испортились или стали несвежими, они денег стоят	Я питаюсь только свежими продуктами. Я свободно избавляюсь от тех продуктов, которые могут оказаться вредными для моего организма. Я дорожу собой!
Я могу выпить и съесть сколь угодно много!	Я люблю себя и избегаю отравлений избыточным питанием
Я не могу жить без сигарет и кофе!	Я получаю возбуждение (расслабление), управляя своим организмом только силой воли, и избегаю способов химического воздействия на свое тело с помощью никотина, кофеина и других отравляющих веществ. Я люблю себя!
Мне некогда думать об условиях работы, дело нужно делать	Я дорожу своим организмом и забочусь о нем всегда!

Теперь рассмотрим внутренние установки, которые порождают **заболевания энергетического тела человека**.

Негативные программы	Позитивные утверждения
Я обязана (я не могу не) сочувствовать всем людям, испытывающим страдания	Я позволяю людям проходить свои уроки Жизни. Я помогаю им по мере возможности и в удобное для меня время
Я ничего не могу поделать со своей головой, она живет самостоятельной жизнью. Я все время тревожусь	Я доверяю Жизни и себе, у меня все было и будет замечательно. Я спокойна и уверена в своем прекрасном будущем
Мне некогда отдыхать	Я люблю свой организм и легко нахожу возможность дать ему отдохнуть
Моя семья (муж, ребенок) не дают мне возможности выспаться	Я строю свои отношения с близкими людьми таким образом, что у меня всегда есть время для отдыха
В мире так много страданий, и я постоянно переживаю из-за этого	Я живу своей жизнью и позволяю другим людям получать свои уроки духовного развития

Теперь перейдем к внутренним установкам, порождающим **перенасыщение эмоционального тела** человека негативными мыслеформами.

Конечно, здесь можно было бы привести полный перечень характерных мыслей, указывающих на наличие идеализаций. Но, кроме них, есть и более общие негативные установки, имеющие отношение к телу эмоций.

Негативные программы	Позитивные утверждения
Я всегда должен давать сдачи. Я должен ответить на любое оскорбление или унижение. Я не терплю, когда меня обижают	Я позволяю людям думать и говорить все, что приходит им в их не обремененные интеллектом головы. Я выбираю такую реакцию на их слова, которая защитит меня и оставит меня внутренне спокойным
У меня очень нервная работа, я ничего не могу с этим поделать	Я выбираю спокойно относиться к тому, что меня окружает. Я люблю себя и сохраняю спокойствие в любых условиях
Я не могу управлять своими эмоциями	Я играючи управляю своим телом и своим способом реагирования на события. Я получаю кайф от моей эмоциональности!
Без сильных эмоций моя жизнь будет пресна и скучна	Я выбираю тот способ жизни, который доставляет мне наибольшее удовольствие. Я сам решаю, каким образом мне реагировать на внешние обстоятельства. Я получаю удовольствие от своего способа реагирования

А теперь разберем внутренние негативные установки, относящиеся к **сфере ментала**. Это будут более общие внутренние установки, которые порождают заболевания или блокируют процесс излечения.

Негативные программы	Позитивные утверждения
Здоровье не зависит от меня. Здоровье — это в больнице, в аптеке, у доктора, у целителя. Я лишь объект, который доктор должен вылечить	Я сам решаю, какое здоровье у меня должно быть. Я выбираю отличное здоровье! Я выбираю здоровый образ жизни!
О здоровье нужно думать, когда заболеешь. Здоровье — это то, о чем нужно вспоминать и заботиться в последнюю очередь	Я выбираю здоровье в качестве одной из моих важных ценностей. Я всегда нахожу время для отдыха и спорта

Негативные программы	Позитивные утверждения
От меня ничего не зависит	Я сам определяю все события своей жизни. Я выбираю быть здоровым (и стройным)!
В моем возрасте все болеют	Я сам решаю, какое здоровье я буду иметь в любом возрасте. Я люблю свое тело и забочусь о нем, и оно отвечает мне здоровьем. Я абсолютно здоров!
В нашей местности долго не живут	Я живу, здравствую и здоровею в любом месте, где бы ни находился
Хороший врач стоит дорого, у меня не хватит денег для лечения	Я знаю, что Жизнь всегда готова прийти мне на помощь и дать мне того врача, который окажет самую лучшую помощь
При моем образе жизни невозможно оставаться здоровым	Я перестраиваю свою жизнь таким образом, что у меня всегда есть время заняться своим здоровьем
Если здоровья нет, это Бог за грехи наказывает	Бог есть любовь, он любит меня и заботится обо мне. Я сам создал себе болезни, и я сам создаю себе отличное здоровье
Здоровье либо есть, либо его нет, от тебя ничего не зависит. Мои болезни — это воздаяние за мои грехи (у меня плохая карма)	Я сам создаю свою реальность. Я играючи создаю себе здоровое тело и здоровую жизнь!
Чтобы быть здоровым, мне не хватает времени (денег, воли, условий и т. д.)	Я осознаю свои бесконечные возможности и смело делаю шаги на пути к отличному здоровью. Я легко получаю все, что мне нужно, чтобы быть здоровым человеком. У меня всего в избытке!
С каждым днем я старею	Я воплощение молодости и здоровья! Между 36 и 37 годами я проживу 30 прекрасных лет

Есть еще одно тонкое тело, так называемое духовное, но выделить какие-то специальные негативные программы, относящиеся именно к нему, не представляется возможным.

Поэтому рекомендуем вам в течение нескольких месяцев понаблюдать за собой и «выкопать» все те страхи и негативные установки, которые засели в вашем подсознании и управляют вашей жизнью и здоровьем.

А потом трансформировать их в позитивные программы и приложить усилия, чтобы они заняли нужное место в вашем подсознании. Понятно, что процесс это не быстрый, но у вас есть масса времени — ведь теперь вы сами решаете, сколько лет вы проживете и с каким здоровьем, не так ли?

А мы пока подведем очередные

ИТОГИ

- *Вторым внутренним барьером на пути к здоровью являются наши внутренние негативные программы и ошибочные убеждения, которые так или иначе приводят к потере здоровья или блокируют выздоровление.*

- *Источниками негативных программ в области здоровья выступают родители, родственники, знакомые и незнакомые вам люди, врачи, СМИ, общественное мнение, личный опыт и многое другое.*

- *Чтобы перестать бессознательно отрабатывать негативные установки в сфере здоровья, нужно выявить и четко сформулировать их. Затем составить противоположные по смыслу позитивные утверждения и приложить усилия, чтобы вы стали бессознательно руководствоваться именно ими.*

- *Научившись управлять внутренними программами, вы уберете очередной барьер на пути к полному здоровью.*

Глава 4
Воспитательные процессы в сфере здоровья

*Самые здоровые и красивые люди — это те,
которых ничто не раздражает.*
Г. Лихтенберг

В этой главе мы рассмотрим, как может проявляться третий неосознаваемый барьер на пути к поставленным целям в сфере здоровья. Если помните, этот барьер называется «духовный воспитательный процесс», и заключается он в том, что Жизнь лишает вас того, чему вы придаете избыточное значение (т. е. идеализируете), и все время сталкивает с тем, что вы явно или скрыто осуждаете.

Казалось бы, какое отношение к здоровью могут иметь эти процессы? Оказывается, самое прямое.

Мы уже рассматривали шесть способов, с помощью которых Жизнь может разрушать наши идеализации. Большинство этих способов состоят в создании каких-то внешних условий, в которых разрушаются сверхзначимые для человека ожидания.

Но иногда Жизни сложно создать подходящую ситуацию во внешнем мире, поэтому в качестве средства разрушения идеализаций она использует заболевание. С помощью заболевания Жизнь создает ситуацию, при которой разрушаются те идеи, которые приводят человека к длительным негативным переживаниям. Приведем пример, как это может происходить.

• Идеализация красоты

Одна из самых распространенных женских идеализаций — это **идеализация красоты и своей внешности**. Эта идеализация проявляется у тех женщин, для которых недопустимо выглядеть некрасивой, и каждый намек на такую возможность вызывает у них страшные переживания.

Например, если она каждый прыщик или пятнышко на коже воспринимает как жизненную катастрофу, очень вероятно появление кожных заболеваний, которые только усугубят страдания. И никакие лечебные процедуры не помогут избавиться от заболевания — здесь будет срабатывать третий способ духовного «воспитания». **Вы все время будете получать то, что презираете или осуждаете в самой себе.**

Начинать лечение здесь нужно не с лекарств или процедур, а с изменения отношения к своему телу. И до тех пор, пока вы не смиритесь со своей новой и «дефектной» внешностью и не снимете претензии к себе и Жизни, лечебные и восстановительные процессы будут блокироваться.

Этот же фактор блокирует возможность похудеть для множества женщин. Вы осуждаете свое тело с избыточным весом? Значит, вы будете получать его вновь и вновь — до тех пор, пока не снимете внутренние претензии к своему телу и станете относиться к себе спокойно, без осуждения. Тогда любой используемый вами способ похудания даст желанный результат.

Порой надо лишь простить себя и Жизнь и почиститься от накопленного эмоционального негатива, и заболевание (или лишний вес) может пройти само собой. Вы усвоили урок Жизни, и ей незачем продолжать давать его вам.

• Идеализация способностей

Следующая идеализация способностей характерна уже для большинства мужчин. Если вы помните, идеализация способностей проявляется в том, что человек считает, что он способен достичь огромного успеха в выбранном им виде деятельности, будь то бизнес, искусство или просто работа, и не нуждается ни в чьей помощи. Любой совет или критику он воспринимает как оскорбление, возмущается или яростно отстаивает свои убеждения. Либо обижается и замыкается в себе.

Обычно эта идеализация разрушается во внешнем мире — обстоятельства жизни человека складываются так, что у него все время срываются задуманные грандиозные планы, либо люди не видят или не признают его успехов, не ценят его усилий, не продвигают на те должности, которых он считает себя достойным (мужчины в этой ситуации обычно начинают пить).

Но иногда Жизни приходится прибегать к блокировке способностей. Например, если человек работает в одиночку и собирается сделать что-то грандиозное: написать новую компьютерную программу, изобрести новый вид энергии или новую теорию, — то по мере работы у него могут возникать проблемы с памятью, вниманием, зрением и т. д. Он начинает забывать элементарные вещи или не может подолгу сосредоточиться на важном для него вопросе. Заболевание вроде бы не болезненное (не радикулит), но неприятное и блокирует возможность достижения поставленной цели. (Очень близкие процессы Жизнь может использовать для разрушения **идеализации цели**, когда цель не может быть достигнута из-за неожиданно возникших проблем со здоровьем.)

В сфере здоровья идеализация способностей может проявляться в том, что вы считаете, что у вас отменное здоровье, поэтому вы всегда можете выпить любое количество алкоголя, выкурить несколько пачек сигарет и съесть любое количество пищи. Вы можете переоценивать свои силы и работать на износ, испытывать огромные перегрузки и не делать ничего, чтобы организм имел возможность восстановиться. Естественно, что рано или поздно здоровье закончится, и у вас начнутся сильные переживания по этому поводу.

• Идеализация своей исключительности

Идеализация способностей нередко перерастает в гордыню, чувство собственной исключительности (хотя гордыня может возникнуть и сама по себе, без всяких оснований). А гордыня разрушается путем унижения человека.

Например, в юности попытка изнасилования женщины очень часто имеет именно такие скрытые корни. У мужчин гордыня разрушается тем, что им без видимой причины дают по физиономии или происходят еще какие-то унижения.

Иногда Жизнь используют для этой цели заболевания. Но заболевания всегда выбираются такие, которые относятся к категории позорных, о которых стыдно рассказывать не только знакомым, но и врачам. Такие заболевания встречаются редко и обычно имеют сложные медицинские названия. Но они почти всегда указывают на наличие «воспитательных» процессов по разрушению гордыни у заболевшего человека.

• Идеализация независимости

Еще одна распространенная идеализация, особенно часто проявляющаяся у молодых людей, — это **идеализация независимости**. Проявляется она в истеричной борьбе за свою полную независимость от любой формы контроля со стороны родителей, школьных учителей, друзей и т. д. Иногда эта борьба дает неожиданный результат — разругавшись с родителями и избавившись от контроля с их стороны, человек попадает под тотальный контроль со стороны своей болезни. Приведем пример подобного развития событий.

Елена, девушка 20 лет, неожиданно заболевает сахарным диабетом. В их семье никто и никогда не болел диабетом, так что по наследству получить это заболевание она не могла.

Оказывается, Елена учится сразу в двух вузах, при этом сильно конфликтует с родителями, которые, как ей кажется, пытаются вмешиваться в ее жизнь. Она разругалась со своими друзьями, которые, по ее словам, предали ее. В общем, Елена конфликтует со всеми, кто пытается иметь свое мнение (друзья) или пробует как-то вмешиваться в ее жизнь (родители).

И вот на фоне такой проявления такой тотальной независимости и самостоятельности у нее неожиданно возникает инсулинозависимый диабет. И теперь, став независимой от людей, она стала зависимой от процедур — инсулин нужно вводить по расписанию три раза в сутки. Для нее это — не жизнь. Она считает, что ее жизнь с началом заболевания закончилась. Но понятно, что это не более, чем ее идея. В мире живет несколько десятков миллионов людей, больных сахарным диабетом, и она просто вошла в их число.

Как видим, в этом случае, не имея возможности разрушить идею о тотальной независимости во внешнем мире человека, Жизнь использовала заболевание. Нечасто, но так бывает.

• Идеализация общественного мнения

На ваше здоровье может повлиять и страх перед общественным мнением: боязнь стать предметом пересудов окружающих. Например, вы хотели бы для поддержания здоровья бегать по утрам (или вечерам), но считаете, что в вашем возрасте это уже неудобно. Пусть бегают молодые, а вы тихонечко посидите на скамеечке. Хотя молодые как раз бегают мало — им это не нужно, у них здоровья и так хватает, еще не успели растерять. Побегать нужно было бы вам, но боязнь того, что люди что-то о вас скажут, мешает вам заняться нужным и важным для вас делом. В итоге вы приносите свое здоровье в жертву общественному мнению.

• Как определить наличие «воспитания»

Из приведенных примеров становится очевидным общий принцип, по которому можно самостоятельно определить, что возникшее заболевание имеет «воспитательную» природу, а не какую-либо иную (неосознаваемый заказ, отработка негативных программ).

Этот принцип прост. Если вы сильно переживали по какому-то поводу, а **после появления заболевания эти переживания резко усилились**, поскольку возможность достижения желанного результата резко уменьшилась, то, скорее всего, заболевание призвано разрушить вашу идеализацию. И тем самым доказать вам, что и без достижения поставленной цели вы прекрасно (или не очень) проживете. Хотя раньше вы могли считать, что это невозможно.

Поэтому при поиске скрытых причин возникшего заболевания нужно припомнить, какие ваши идеи были блокированы в связи с заболеванием. Если такой факт действительно имел место, то нужно начинать работать со своим отношением к этим идеям, разумеется наряду с лечением заболевания всеми доступными вам средствами.

• Однозначной связи нет

При рассмотрении вопроса использования заболеваний для разрушения идеализаций сразу возникает вопрос о том, существует ли однозначная связь между идеализацией и видом заболевания. Например, может ли быть так, что гордыня всегда разрушается через дизентерию, идеализация способностей — через глухоту, а идеализация независимости — через диабет и т. д.

К сожалению, такой связи не существует. И объясняется это тем, что не существует людей, имеющих лишь одну идеализацию. Их всегда несколько, и сочетания идеализаций у всех людей разные.

Кроме того, у каждого человека имеется свой собственный набор негативных программ, которые тоже влияют на появление заболевания. Поэтому Жизни приходится подбирать каждому человеку такое заболевание, которое должно лучшим образом повлиять на духовный рост человека. К сожалению, этот фокус у Жизни обычно не получается, поскольку люди не привыкли анализировать свои внутренние программы и идеализации, тем более в комплексе, и соотносить их с заболеванием. Чем напрягаться и думать, лучше сразу приступить к лечению, что люди и делают в большинстве случаев.

Поэтому, прежде чем начинать лечиться, задумайтесь о том, не имеет ли ваше заболевание «воспитательные» корни. И если имеет, то нужно побыстрее пересмотреть свои взгляды на очень значимые для вас идеи, вызывающие длительные переживания. А иначе усилия медиков будут блокироваться вашим собственным подсознанием.

А теперь настало время подвести итоги этой главы.

ИТОГИ

- *Иногда Жизнь использует заболевание для разрушения избыточно значимых для человека идей. В этом случае болезнь является средством вашего духовного «воспитания».*
- *Общим признаком того, что болезнь появилась как средство вашего духовного «воспитания», является усиление переживаний в связи с тем, что у вас уменьшилась возможность достичь поставленные ранее и очень важные для вас цели.*
- *Не выявлено однозначной связи между идеализацией и конкретным заболеванием. Похоже, что Жизнь использует те заболевания, которые наилучшим образом сумеют разрушить наши идеализации.*

Глава 5
Формируем желанное здоровье

*Хорошие привычки продлевают жизнь,
а плохие делают ее приятной.*

Четвертый способ создания себе проблем со здоровьем заключается в некорректной формулировке того, чего вы желаете.

Если помните, Жизнь (эгрегоры, подсознание) совсем не обязана выполнять наши желания самым лучшим для нас образом. Она обычно выбирает самый легкий для себя путь.

Поэтому некорректно сформулированное пожелание о том, чтобы зубы у вас перестали болеть, может привести к тому, что они просто выпадут. Если заявить, что вы хотите уменьшить вес, не указывая путей реализации этой задачи, то самым простым способом достижения этой цели будет болезнь, которая полностью лишит вас аппетита, и вы неминуемо похудеете. (Интересно, какой способ исполнения вашего заказа изберет Жизнь, если вы заявите что-то типа: «Я хочу быть вечно молодой»? Не исключено, что она выберет вашу мумификацию (шутка).

Поэтому очень важно четко и правильно сформулировать то, к чему вы стремитесь.

• Цель одна

Большим плюсом работы с целями в сфере здоровья является то, что почти все люди стремятся к одной и той же цели. В сфере материальных благ, бизнеса или личной жизни целей может быть множество, а здесь всего одна — крепкое здоровье. Но тем не менее при ее составлении обязательно нужно соблюдать все требования к формуле желанного результата. Напомним их.

- **Нужно заявлять сразу конечный результат, минуя промежуточные стадии.**
- **Ваша цель должна быть выражена в максимально короткой энергичной фразе.**
- **При формулировке цели необходимо употреблять только глаголы в настоящем времени, т. е. действие в сформулированном вами предложении происходит сейчас.**
- **Обязательно нужно вводить важные для вас граничные условия.**
- **Ставить цели можно только по отношению к себе.**
- **Использовать нужно позитивные формулировки.**
- **Необходимо избегать специальной (медицинской) терминологии, диагнозов.**

Из этих рекомендаций следует, что ошибочными будут, например, следующие формулировки.

— *Я хочу избавиться от мигрени (язвы, радикулита)* — ничего не говорится о том, что вы хотите получить взамен мигрени, не указан конечный результат.

—*Я хочу, чтобы мой ребенок выздоровел,* — заказ касается другого человека, а болезнь может быть ему нужна, чтобы не встречаться в школе с ненавистной учительницей.

— *Я не хочу болеть* — отрицательная формулировка, не указан конечный результат.

— *Мой геморрой проходит* — куда? Глубже?

— *Мое зрение улучшается* — не введены граничные условия, поэтому оно может улучшаться на 0,001% в течение ближайших 100 лет.

— *Я бросаю курить* — некорректная формулировка, использующая сленг. Бросить (кинуть, швырнуть, переместить) можно лишь материальный объект, а не процесс (курения). Курить можно прекратить.

— *У меня 100%-ное зрение* — можно понять так, что вы просите себе на каждый глаз по 50%, в сумме будет 100. И все.

— *У меня нормальная потенция* — конечно, она нормальная уже сейчас. Ненормальная у маньяков.

Это лишь несколько примеров некорректных формулировок, которые могут либо совсем не дать результата, либо привести к неожиданным последствиям.

В самом общем виде формула заказа себе здоровья может иметь вид: «Я абсолютно здоров. Все органы моего тела функционируют отлично».

Если вы хотите улучшить работу какого-то конкретного органа, то формула может иметь вид: «Моя печень абсолютно здорова» или «Моя спина абсолютно здорова».

Не нужно использовать в формуле заказа свои диагнозы. Это врачи делят наши заболевания на множество разных видов, а организм знает одно — орган либо здоров, либо болен. Поэтому не нужно напрягать его диагнозами, он не имеет специального медицинского образования.

Составив формулу, вам нужно приложить усилия для ее достижения. И здесь вы можете использовать все оздоровительные или медицинские способы и средства, которые вам доступны. Включая, естественно, работу по устранению внутренних барьеров на пути к здоровью, которые мы рассматривали в этой части книги.

Если вы не знаете, какие способы или средства вам нужно использовать для выздоровления, то на первом этапе можно попросить Жизнь дать вам такую подсказку. Ваша цель в таком случае может иметь вид: «Я легко нахожу способ, который поможет мне улучшить зрение (излечить спину, сделать здоровыми почки и т. д.)». Однако получив подсказку от Жизни в виде рекламы, статьи в газете или телевизионной передачи, будьте добры ею воспользоваться.

Конечно, вам ничего не будет, если вы не станете ничего делать, даже получив подсказку от Жизни. Это всего лишь будет означать, что здоровье не является для вас реальной ценностью и вы не готовы тратить время и силы на его восстановление. Что же, ждите последствий такого выбора.

Если же вы воспользуетесь подсказкой Жизни, то, скорее всего, вас ждет желанный результат. Если, конечно, он вам зачем-то нужен. Потому что здесь перед многими людьми встанут те самые внутренние барьеры, о которых мы не раз уже рассказывали. Ведь если после появления вроде бы желанного сейчас здоровья наступит зона дискомфорта, то вы сами откажетесь от него. Ваша цель не реализуется, поскольку она потребует от вас слишком больших изменений, к которым вы не готовы.

• Проверьте вашу цель на истинность

Допустим, вы совершенно правильно сформулировали свой заказ стать совсем здоровым человеком. И сгоряча даже заявили такую цель, не подумав о последствиях. Может быть, еще не поздно, и стоит дать отбой? Ведь после выполнения вашего заказа могут возникнуть ситуации, к которым вы совсем не готовы и не подумали о них. Рассмотрим примеры таких последствий.

• Изменится режим жизни

Если вы заявили, что хотите стать совершенно здоровым человеком, и ваше подсознание приняло эту команду к исполнению, то оно начнет заниматься ее реализацией всеми доступными ему способами. Естественно, что первым делом оно попробует отучить вас от вредных привычек вроде избыточной еды, выпивки и курения. Например, еда может начать извергаться из вас обратно, если организм решит, что вы слишком много съели (что-то вроде булимии). От алкоголя у вас начнет сильно болеть голова. От курения вас будет тошнить или заболит желудок. Вы решите, что заболели, а это будет всего лишь реализация вашего заказа вести здоровый образ жизни. Организм будет пытаться таким образом отучить вас от переедания, выпивки и курения.

Если ему это удастся (т. е. вы не подавите его усилия болеутоляющими и другими парализующими нервную систему лекарствами), то он может продолжить выполнять ваш внутренний заказ. Он будет будить вас рано утром — чтобы у вас было время сделать утреннюю зарядку. Возможно, ему удастся породить у вас смутное желание сходить в спортзал или совершить прогулку за городом в выходные — не сопротивляйтесь этим благим намерениям. Заставить вас что-то делать помимо вашей воли подсознание не может, но порождать правильные мысли и желания — сколько угодно. И тогда потихоньку, через насилие над своими привычками и через изменение обычного ритма жизни, вы сможете стать здоровым человеком.

Понятно, что все эти изменения вырвут вас из привычной среды общения, поскольку вас больше не интересуют застолья, спортивные телепередачи и проведение половины рабочего времени в курилке. Скорее всего, вы вынуждены будете найти новую среду общения, друзей или приятелей, вы можете стать изгоем среди родственников — поскольку исчезнет то, что раньше вас объединяло. Готовы вы к таким изменениям?

Но это еще не все, поскольку могут возникнуть и другие неприятности, которые будут скрытно блокировать происходящие с вами изменения.

• Вам дадут дополнительную нагрузку

Если сегодня вы чем-то больны, то к вам относятся бережно и не загружают вас на полную катушку. А что будет, если завтра вы станете абсолютно здоровым человеком? Ваш начальник на работе может загрузить вас дополнительно, дать новые задания, начать посылать в командировки. В общем, он с огромным энтузиазмом начнет отравлять вам устоявшуюся жизнь. А зачем вам это нужно? Вы привыкли к своему ритму жизни, ваша мигрень (радикулит, давление, желудок) являются достаточным основанием для того, чтобы отказываться от неприятных вам работ. И на деле вам вовсе не хочется сильно менять свою жизнь только для того, чтобы ваша болячка прошла окончательно.

Дома ваши близкие тоже могут обрадоваться вашему здоровью и станут активно нагружать вас походами на рынок за картошкой, уборкой квартиры, сельхозработами на даче и т. д. И у вас не будет оснований, чтобы отказаться от их просьб или требований. Так зачем вам нужно это здоровье, если вместе с ним вы получите целую кучу дополнительных хлопот?

• Исчезнет инструмент для манипуляций

Возможно, ваша болезнь давала вам инструмент для того, чтобы вы влияли на окружающих людей и заставляли их делать то, что вы считаете нужным. Возможно, что вы даже не осознаете, что поступаете так, просто это получилось само собой.

А теперь представьте, что завтра вы полностью выздоровели. Ваши родственники, которыми вы раньше управляли через угрозу усиления вашего заболевания, с облегчением вздохнут и галопом умчатся заниматься своими делами, совершенно не считаясь с вами. Понравится вам это? Вряд ли. Лучше уж болеть и иметь инструмент для контроля и проведения в жизнь своих идей.

• Теряется смысл существования

Если болезнь делала вашу жизнь осмысленной, то вам явно ни к чему спешить с выздоровлением — пока вы не нашли себе другого занятия вместо лечения. Если вы неожиданно выздоровеете, одновременно потеряв интерес к еде, выпивке и курению, то что же вам останется? Целыми днями скакать по беговой дорожке? Но вы ведь не лошадь! Зачем вам эти примитивные развлечения? Вот излечение от серьезного заболевания — дело важное и сложное, требующее полного напряжения сил. И вы не готовы расстаться с ним просто так.

Так что, возможно, становиться здоровым вам вовсе не нужно. Лучше оставить все как есть. Вы уже привыкли к нынешнему состоянию, знаете, как вести себя при обострениях. Вы сжились со своей болезнью, она стала частью вашей жизни. И вам не хочется ничего менять, поскольку неизвестно, что ждет вас в будущем с этим непонятным здоровьем.

• Действуйте, не ждите

Если же ваше решение стать здоровым твердое, то — вперед! К работе над негативными эмоциями и скрытыми программами, к замене скрытых выгод на такие, при которых вам не нужно будет болеть. И конечно, **к практическим шагам по изменению образа жизни**, а это самое тяжелое.

Прямо сегодня начинайте менять свой режим питания, отказывайтесь от вредных привычек и прекращайте травить свой организм алкоголем и никотином (не говоря о наркотиках). Прямо сегодня сделайте физзарядку, если вы ее никогда не делали. И завтра тоже, и послезавтра, и все последующие дни.

Пересмотрите свой распорядок дня на всю неделю и выделите себе время на оздоровительные упражнения, отдых и внутреннюю работу.

Во второй части книги мы рекомендовали вам на один-два дня в неделю полностью отключаться от ваших дел (работы, бизнеса). Но это не значит, что мы рекомендуем в эти дни залиться пивом по уши или навалиться на кофе и торты. Используйте этот свободный день для улучшения здоровья. Сходите в спортзал (на стадион, в фитнес-клуб), прогуляйтесь пешком за городом. Сделайте такой подарок себе и своему телу, и оно отблагодарит вас отличным самочувствием.

И — прочь все сомнения, лень и вредные привычки! Взамен вы получите прекрасное самочувствие, которое сделает вашу жизнь намного богаче и радостнее.

Понятно, что если вас беспокоит какое-то заболевание, то вы продолжаете выполнять все процедуры, предписанные врачами, — до тех пор, пока в этом будет необходимость.

На этом мы заканчиваем рассмотрение путей формирования себе здоровья. Напоминаем, что более подробно все эти вопросы, включая способы и средства для восстановления каждого из тел человека, рассмотрены в книге «Хочешь быть здоровым? Будь им!».

А теперь очередные

ИТОГИ

■ *Четвертым внутренним барьером на пути к здоровью может стать некорректная формулировка результата, к которому вы стремитесь.*

■ *При составлении формулы достижения здоровья или избавления от заболевания желательно руководствоваться специальными рекомендациями, которые уменьшают вероятность получения неправильного результата.*

■ *Переход из больного состояния в здоровое потребует больших изменений в вашей жизни, к которым вы можете оказаться не готовыми. В таком случае заболевание не уйдет.*

■ *Твердо решив выздороветь и составив формулу выздоровления, нужно начинать вести здоровый образ жизни. Результат дадут только практические усилия, которые станут подтверждением того, что эта цель вам действительно нужна.*

Глава 6
Посоветуйтесь с подсознанием

Меня постоянно преследуют умные мысли,
но я, видимо, быстрее...

В этой части книги мы особенно часто указываем на подсознание как на возможный источник заболеваний. И это действительно так. Оно изо всех сил хлопочет и старается помочь своему хозяину, т. е. вам, жить спокойно и радостно. Возможности влиять на события вашей жизни откуда-то со стороны у подсознания ограничены, это не эгрегор. У него есть только один объект, на который оно легко может воздействовать, помогая ему, — это ваше тело.

Именно на тело воздействует подсознание, пытаясь помочь вам решить какие-то внутренние задачи или просто подыгрывая вам. Например, у человека болит шея. Он запрашивает свое подсознание, зачем ему нужна эта болезнь, и оно отвечает, что «ты все время ругаешь себя (бьешь по шее) за некачественно выполненную работу. А я создаю тебе ощущения этих ударов».

Еще один похожий пример. У женщины часто стали появляться высыпания на губах (герпес). Она спрашивает свое подсознание, зачем ей это нужно, и получает ответ, что это «ты сама слишком часто хлопаешь себя по губам, т. е. осуждаешь себя за сказанное. А я лишь показываю тебе последствия твоего поведения. Как только ты прекратишь себя хлопать по губам, воспаления уйдут».

Еще вариант — у женщины часто стала появляться мигрень. На вопрос о том, зачем нужна ей эта болезнь, подсознание ответило, что «я показываю тебе, как тебе тяжело, когда ты вынуждена встречаться с неприятными для тебя людьми. Ты жертва ужасных обстоятельств, а жертва должна страдать, вот я и помогаю тебе ощутить, как все плохо».

Как видите, порой **подсознание активно участвует в жизни человека, проявляя через тело его мысли и реакции на различные события**.

• Противоречие интересов

И здесь возникает явное противоречие интересов человека и его подсознания. Если подсознание создаст вам абсолютное здоровье, как вы желаете, то у него не останется никакого способа, чтобы помогать вам, поскольку свои намерения оно реализует чаще всего путем внесения каких-либо изменений (с нашей точки зрения — заболеваний) в тело. Поэтому оно не спешит выполнять наши команды типа: «Я абсолютно здоров».

Точнее, подсознание обязательно выполнит это распоряжение, если **вы докажете** (ему и себе), **что ваше намерение серьезно** и вы готовы приложить для достижения здоровья сил и времени не меньше, чем вы тратите на работу, увлечения, личную или семейную жизнь. А это значит, что составить формулу цели «Я абсолютно здоров» и повторять ее по сто раз в день, ничего больше не делая, недостаточно.

Вспомните, сколько времени и сил вы тратите на работу? А каков результат? Скорее всего, он не соответствует затратам ваших сил и времени.

А со здоровьем вы желаете получить результат, затрачивая минимум усилий. Разве вы сами поверите, что это возможно? Весь ваш жизненный опыт будет протестовать против этого. В глубине души вы явно уверены, что «чудес не бывает» (негативная программа), вот их и не будет. Разве что вы подвержены внушению и программу выздоровления запустит в вас кто-то посторонний, кому вы безусловно доверяете. Так что потрудиться над созданием здоровья, видимо, придется.

И на этом пути неплохо воспользоваться подсказками подсознания.

• Спросите совета у подсознания

Как можно поговорить с подсознанием? Эту технику мы уже приводили во второй части книги (см. главу 4 «Пообщаемся со своим подсознанием»). Там довольно подробно описывается «Метод разговора с подсознанием через тело».

На первом этапе вам нужно договориться с подсознанием о том, какими сигналами тела оно будет отвечать на ваши вопросы.

На втором этапе вы будете задавать подсознанию вопросы о причинах своих заболеваний и получать от него ответы.

Эта технология общения с подсознанием довольно подробно описана в книге В. Синельникова «Возлюби свою болезнь», который предлагает считать, что заболевание может возникнуть у человека по следующим четырем причинам.

1. **Оно дает вам явную выгоду** (*реализуется положительное намерение* — по В. Синельникову).

2. **Оно появилось в результате ваших неправильных мыслей** (т. е. в результате ошибочного убеждения или негативной программы).

3. Оно появилось в результате очень сильного переживания (которое создало негативную мыслеформу в теле эмоций).

4. Оно появилось в результате какого-то вашего поступка (неправильный образ жизни, отравление, перегрузки и т. д.).

Про каждую из этих причин можно спрашивать у той части (области, отдела) подсознания, которая отвечает за больной орган вашего тела. Вопросы строятся просто: «Я обращаюсь к той части подсознания, которая отвечает за мою спину (голову, печень). Я прошу выйти со мной на осознанный контакт и дать мне информацию о причинах моего заболевания. Если ты готово выйти со мной на контакт, то дай сигнал «ДА».

Если вам удалось установить контакт с нужной частью подсознания, то дальше вы спрашиваете: «Правильно ли я считаю, что причиной заболевания спины является какая-то скрытая выгода, которую я получаю от этой болезни? (Вариант по В. Синельникову – ...*причиной заболевания спины является какое-то положительное намерение?*)

Если подсознание отвечает «ДА», то дальше вы пытаетесь узнать у него, какую именно выгоду вы получаете от заболевания, — если еще не догадались сами. Или можете узнать, какой дискомфорт (неприятности, изменения) вас ожидают после выздоровления. Это можно делать, последовательно ставя вопросы в такой форме, что можно будет отвечать только «ДА» или «НЕТ». Но обычно на этом этапе ответ приходит в виде догадки, озарения или образа, который несложно расшифровать. В итоге вы понимаете, зачем нужно вам это заболевание.

Что делать с этим дальше, вы уже знаете. Нужно сделать так, чтобы вы либо отказались от этой выгоды, либо стали получать ее другим путем, без болезни. Об этом тоже можно посоветоваться с подсознанием и даже попросить его помочь вам найти пути получения этой же самой выгоды без болезни.

Но не рассчитывайте, что подсознание выдаст вам такой чудотворный вариант, который вы не смогли придумать сами. Если бы оно это могло, то сделало бы раньше. А раз нет, то оно может предложить вам совсем простые ходы, которые могут не отвечать вашим интересам или условиям. Но поговорить с ним на эту тему не вредно.

Если подсознание на вопрос о наличии скрытых выгод отвечает «НЕТ», то нужно будет спросить у него про следующие три причины. Форма вопроса может быть примерно той же: «Правильно ли я считаю, что причиной заболевания спины являются мои неправильные мысли или установки?»

Затем: «Правильно ли я считаю, что причиной заболевания спины является очень сильное переживание в прошлом?» И, наконец: «Правильно ли я считаю, что причиной заболевания спины является какой-то поступок или событие в моем прошлом?»

На один из этих вопросов вы, скорее всего, получите ответ «ДА», и тогда можете выпытывать у подсознания подробности когда, где, с кем, сколько раз и т. д. Понятно, что свои вопросы вы должны строить таким образом, чтобы на них можно было отвечать только «ДА» или «НЕТ».

Получив ответ, начинайте думать, что можно сделать с этой информацией. Вариантов здесь несколько.

Если **причина лежит в ваших неправильных установках** или давно данных и забытых вами распоряжениях (вспомните пример с детским желанием — «хочу быть похожей на первую учительницу»), то нужно будет составить новое позитивное утверждение, вытесняющее прежнее, и поместить его на это же место в подсознании. Как это делать, мы уже рассказывали.

Если **причиной заболевания является сильное переживание** в прошлом (вас обманули, предали, бросили), то нужно очистить свое эмоциональное тело от этой мыслеформы. Для этого используется либо многократное повторение формулы прощения, либо любые другие психотерапевтические приемы. Цель всех этих действий одна — стереть в своем эмоциональном теле (клеточной памяти тела) эту мыслеформу, и тогда процесс избавления от болезни пойдет значительно быстрее.

Если **причиной заболевания является какое-то событие** в прошлом, то можно спросить у подсознания, что нужно сделать, чтобы память об этом событии исчезла и перестала провоцировать заболевание вновь и вновь. Похоже, что чаще всего вам нужно будет просить прощения у своего тела за то насилие, которое вы над ним когда-то произвели. По глупости, по ошибке, по самонадеянности — значения не имеет.

Приведем пример подобного заболевания. Мужчина 40 лет многие годы страдает гайморитом, несколько раз делал операции в носоглотке. В ходе разговора с подсознанием он выясняет, что причиной гайморита является какое-то событие в прошлом. Он совершенно не понимает, о чем идет речь, и просит подсознание напомнить об этом случае. И вдруг вспоминает, что более 20 лет назад, когда он был студентом первого курса, он не успел подготовиться к экзамену, и ему срочно нужен был больничный лист. По совету друзей он растер в порошок засохший силикатный клей и нюхнул его. Произошел сильный ожог слизистой оболочки носоглотки, нос тут же заложило, побежали слезы – больничный он получил. Но организм, не ожидавший такого обращения от хозяина, «обиделся» на него. С тех пор воспалительный процесс в носоглотке возобновляется вновь и вновь. Чтобы он прекратился, пришлось просить у организма прощения за тот поступок и стирать информацию об этом случае в памяти тела (перекодировать ее). После этого заболевание прошло само собой.

Поэтому не нужно думать, что ваше тело – это просто кусок мяса с костями, куда нужно подсыпать каких-то порошков, и оно от этого станет здоровым. Оно – живое, мыслящее, все помнящее и заботящееся о вас. Не забывайте об этом.

• О чем не рекомендуется спрашивать подсознание

Мы уже приводили несколько рекомендаций по общению с подсознанием. Это доброжелательный и заботящийся о вас помощник и собеседник, который не любит сильнодействующих медицинских препаратов (они парализуют все его усилия) и отравляющих веществ типа никотина и алкоголя. Оно готово ответить на все ваши вопросы, если вы будете правильно задавать их.

Но не нужно переоценивать его способности и возможности. В частности, оно не отвечает на вопросы о том, как можно избавиться от заболевания. Подсознание может сказать только о его причинах.

Оно ничего не знает о карме и духовных «воспитательных» процессах, бесполезно спрашивать его об этом. Поэтому оно может не знать о причинах возникновения некоторых заболеваний – тех, которые оно не организовывало.

В общем, оно вполне доброжелательно и старается помочь нам жить без переживаний. Помощь эта порой бывает такая, что лучше бы ее не было, но что делать, такова реальность.

• Есть ли негативные последствия

Возникают ли какие-то негативные последствия того, что вы начали общаться с подсознанием? В явном виде нет, но есть некоторые особенности вашего взаимодействия. Они проявляются в том, что ваш организм, поняв, что вы начали прислушиваться к его советам, **начинает более активно показывать свою реакцию на ваш образ жизни**. Как это проявляется? Через реакции тела, в основном болевые.

Если вы накануне переели, то ваш кишечник с утра выразит свое отношение к такому поведению. Если вы перепили, то ваши почки выскажут свое отношение к этому событию. Если вы слишком много курите, то все ваши внутренние органы тоже покажут, как они к этому относятся.

Понятно, что отношение у них будет не самое лучше, и они изберут единственно доступный им способ доведения до вас своего мнения — через боль.

Раньше они не злоупотребляли своим мнением и помалкивали, зная, что если будут выступать, то вы сразу шарахнете по ним болеутоляющим парализатором вроде «Но-шпы» или чем посильнее. А теперь вы слушаете свое тело и разговариваете с ним — оно радо будет высказаться как может.

Конечно, вы снова можете заглушить эти выступления с помощью лекарств, но зачем тогда нужно было выходить на разговор с телом? Если уж вы начали прислушиваться к советам подсознания, то лучше перед застольем спросите у него, какой салат и в каком количестве оно сможет усвоить без вреда для здоровья. А потом ешьте и пейте в соответствии с его рекомендациями. Тогда у вас получится полноценный контакт со своим телом, и ваше здоровье только выиграет от этого.

Таковы рекомендации по использованию помощи вашего незримого и доброжелательного помощника. Хотя есть еще одна. Если вы стали общаться с подсознанием, то постарайтесь не рассказывать об этом окружающим и не показывать им, как вы это делаете. Пусть это будет вашим интимным делом. Подавляющее большинство людей обладает простым и сугубо материалистическим мышлением, они не поймут и могут даже испугаться вас. Это может отразиться на ваших взаимоотношениях, карьере, бизнесе, а вам это надо?

Так что здоровейте и повышайте личную успешность, пользуясь подсказками Жизни и подсознания. Никто не может вам помешать на этом пути, кроме вас самого. Но ведь вы уже — человек Разумный! Или делаете первые шаги на пути к такому состоянию.

А теперь пришла пора подвести последние в этой книге

ИТОГИ

- *Подсознание является активным участником всех процессов, происходящих в теле человека. Оно так же активно участвует и в нашей жизни, проявляя через тело мысли и реакции человека на различные события.*

- *С подсознанием можно выходить на осознанный контакт и получать от него нужную информацию о причинах появления заболевания.*

■ *При выяснении причин возникновения заболевания можно использовать модель В. Синельникова, согласно которой заболевание может возникнуть либо с целью получения вами каких-то выгод, либо как результат имевших место в вашем прошлом событий, сильных эмоциональных переживаний или полученных вами негативных программ.*

■ *Выяснив причину появления заболевания, нужно подобрать способ, с помощью которого вы устраните выявленные причины заболеваний.*

■ *Не нужно преувеличивать возможности подсознания. Оно может ответить только по поводу тех заболеваний, в создании которых оно участвовало само. Оно создает не все заболевания.*

■ *Если вы желаете постоянно получать помощь своего подсознания, то нужно менять привычное отношение к телу и перестать травить его алкоголем, никотином и сильнодействующими лекарствами.*

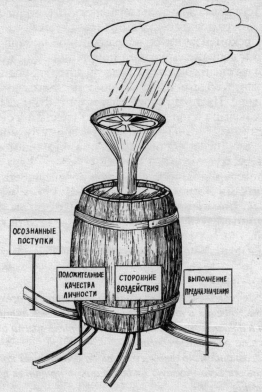

Заключение

На этом заканчивается наша встреча на страницах книги.

Но не заканчивается ваш путь в Разумный мир. Прочитать до конца книгу о путях повышения своей успешности — это хорошо. Но книг сейчас выходит очень много, и каждая хороша по-своему, каждая манит новыми возможностями. Поэтому хочется читать и читать. Только применять прочитанное некогда.

Это типичная ошибка людей, которые ищут пути улучшения своей жизни. Рекомендуем вам не повторять ее в очередной раз, а попробовать применить на практике то, что вы прочитали здесь. Для этого нужно время — отведите на усвоение идей Разумной жизни несколько месяцев. А потом, если понадобится, начинайте искать то, чего вам не хватило.

Возможно, вам потом больше ничего не понадобится. Но так бывает редко. Человек — существо ищущее, поэтому вы явно пойдете дальше, в этом состоит процесс развития. Но не скачите галопом с одной методики на другую, сначала усвойте то, что прочитали. Иначе никакого толку от прочитанного не будет.

• Эта книга — не окончательная Истина

Возможно, что то, что вы прочитали здесь, легло вам на душу. Возможно, вам сейчас кажется, что вы все поняли в своей жизни, увидели ее в новом свете. Вам открылась Истина.

Это хорошо, так бывает. Это пройдет. Абсолютной истины не существует, есть лишь идеи, которые могут быть близки вам (резонируют) на определенном этапе вашего развития. Этот этап может длиться месяцы или годы, потом вам все равно захочется чего-то еще. Это нормально.

Люди разные. Можно представить наш мир как слоеный пирог. И то, что близко и понятно одним людям, совершенно не подходит другим.

Технология Разумной жизни близка и может дать отличные результаты только определенной категории людей. Тем, кто способен логично мыслить. Кто готов взять ответственность за свои неудачи на себя, а не валить их на окружающих или судьбу. Кто имеет силу воли, чтобы начать что-то делать, а не просто понимать, почему все так плохо. Кто допускает, что мир кроме материальной составляющей еще имеет то, что мы пока не познали.

Таких людей совсем не много. И если эта методика близка вам, это не значит, что ее примут ваши близкие, знакомые, партнеры по бизнесу или коллеги по работе. Это нормально, не пытайтесь силой втянуть их в разумный Рай.

Видимо, им более близко и понятно что-то другое, чего не приемлете вы. Позвольте им жить своей жизнью, не заполняйте свой «накопитель переживаний» по поводу их ошибок. Они просто еще не доросли до того, что понятно вам (хотя, может быть, это вы не доросли до того, что понятно им?). Они имеют право на любой выбор, это путь их духовного развития. Не лишайте их этого опыта.

Лучшей рекомендацией ваших «правильных» взглядов на жизнь будет ваша личная успешность. Если станете успешны, то окружающие рано или поздно спросят, почему у вас все так хорошо и что нужно сделать им, чтобы и у них все было так же. И тогда вы расскажете им о Разумном пути.

Наша книга — это всего лишь один из взглядов на процессы, происходящие в жизни, но не на все. Технология Разумной жизни охватывает лишь довольно узкую, но очень важную сферу нашей жизни — взаимоотношения человека с его ближайшим окружением и с самим собой. Но, поскольку вся наша жизнь протекает среди близких нам людей, плохие взаимоотношения с ними или претензии к себе могут отравить ваше существование на многие годы. И жизнь окажется прожитой напрасно. Если так было, то теперь у вас есть инструменты исправить эту ситуацию к лучшему.

Изменение отношения к Жизни дает самые разные позитивные результаты, вплоть до досрочного выхода из тюрьмы. Хотя, казалось бы, как связаны система наказаний и ваши внутренние заморочки? Оказывается связаны, и очень сильно. Тюрьма — одно из средств, которыми Жизнь разрушает гордыню, идеализацию независимости и некоторые другие идеализации. Было немало случаев, когда человек пересматривал свою систему ценностей, и двери тюрьмы неожиданно открывались перед ним. Не в один день, конечно, но значительно раньше, чем планировалось.

Это частный пример, а в целом методика Разумной жизни может защитить вас от множества неприятностей, сделает вашу жизнь более успешной и радостной.

Но она не объясняет абсолютно все события, происходящие в нашей жизни. Она не объясняет смерть младенцев, гибель людей в террористических актах и катастрофах, войны, эпидемии, политическое противостояние, стихийные бедствия и множество других событий, происходящих в нашей жизни. И не нужно искать в ней ответы на эти вопросы, их там просто нет.

В самом начале книги мы указывали, что методика Разумной жизни — это не философия, не религия, не контактная информация с Высшими силами. Это технология осознанной и успешной жизни, опирающаяся на некоторые закономерности, механизм действия которых мы пока не познали, но скоро познаем.

Надеемся, что книга заинтересовала вас и что содержащаяся в ней информация оказалась не только интересной, но и реально полезной. Надеемся, что она открыла вам что-то новое и теперь с помощью полученных знаний ваша жизнь будет складываться лучше.

Вы по-иному взглянете на мир, сумеете избавиться от проблем и связанных с ними переживаний. Вы научитесь жить в Разумном мире, а не в мире иррациональном, полном непонятных и непредсказуемых событий. В общем, вы сумели найти в книге что-то свое. Если так, то главная задача этой книги выполнена.

• Извините за избыточную жесткость

В некоторых местах книга написана избыточно жестким языком и могла вызвать ваше неприятие или внутренний протест. Если вы дочитали ее до «Заключения», то можете поздравить себя с этим!

Подобный стиль изложения был вызван желанием вызвать у вас небольшую эмоциональную и умственную встряску. Многим людям этого не хватает, они привыкли утешать себя мыслями типа «Сейчас не получилось — это случайность, потом получится». Благо подобного рода увещевания во множестве предлагаются другими авторами. У тебя не получилось с семейной жизнью? Успокойся, детка, это была не твоя половинка. В следующий раз ты ее обязательно найдешь. У вас начальник осел и самодур? Успокойся, детка, Бог его накажет за его грехи, ты безвинно страдаешь, тебе это зачтется. Ты болеешь? Успокойся, детка, тебе ничего делать не надо, только глотни этот порошок или приложи к телу этот амулет, и все пройдет.

Подобные рекомендации даются во множестве, они поддерживают подсознательное и очень популярное ощущение жертвы. Если писать книгу в таком духе, обещая очередные чудеса исцеления, прозрения, обогащения и прочие радости, то она будет востребована большим количеством людей, которые ищут средства для изменения своей ситуации вне себя.

В данной книге сознательно предложен другой подход. Зачем? Чтобы дать другой взгляд на ситуацию. Если до сих пор чудотворные рецепты вам не помогли, то, может быть, стоит поискать что-то другое?

Хотя и здесь можно найти то, что можно отнести к «чудотворению» с точки зрения материалиста. Ведь мы тоже предлагаем помощь какой-то непонятной Жизни и еще менее понятных эгрегоров, чем это не чудо? Но основной акцент сделан все же именно на вашей работе над собой и на практических шагах к желанной цели во внешнем мире, пусть и с использованием помощи пока непонятных нам сил. Только так можно достичь того, к чему вы стремитесь. И тогда ваша жизнь в очень многом будет зависеть от вас, а не наоборот.

• Что еще можно почитать

Если книга вам понравилась, то рекомендуем прочитать и практически использовать методические и тематические приложения к ней в виде отдельных книг.

Тематические приложения — это книги «Что вам мешает быть богатым», «Советы брачующимся, забракованным и страстно желающим забраковаться» и «Хочешь быть здоровым? Будь им!» (возможно, название последней книги изменится в новой редакции).

К методическим приложениям относятся книги «Улыбнись, пока не поздно» и «Уроки судьбы в вопросах и ответах».

Книга «Улыбнись, пока не поздно» является практическим пособием по выявлению своих идеализаций и негативных программ. В ней подробно описаны 16 самых «популярных» идеализаций и множество негативных программ, даны инструменты для их выявления и отказа от них, рассмотрено много примеров внутренней трансформации.

В книге «Уроки судьбы в вопросах и ответах» приведено множество примеров диагностики различных ситуаций, с которыми люди обращались за помощью. Прочтение описания ситуаций, имевших место в жизни других людей, может дать очень много для понимания причин возникновения ваших собственных проблем и определения путей выхода из них.

Есть еще книга **«Как быть, когда все не так, как хочется»**. Она является самым первым и упрощенным вариантом того, что вы прочитали в этой книге. Рекомендуется для первоначального прочтения лицам, кто ничего не знает о технологии Разумной жизни.

• Чем еще можно воспользоваться?

Кроме книг разработано множество материалов, которые помогут вам смело идти по Разумному пути.

Есть **сайт в Интернете**, где вы можете узнать все новости о нашей методике. Адрес сайта **www.sviyash.ru.**

Есть **бесплатная рассылка новостей, новых материалов и ответов на вопросы подписчиков по Интернету**. Подпишитесь на нее на сайте (кнопка «Рассылка»), и вы будете в курсе всего, что происходит на Разумном пути.

Есть **Центр позитивной психологии «Разумный путь» в Москве** с отделениями в разных городах России и за рубежом, включая **Американскую Академию успеха «Разумный путь» (http:// www.sviyashusa.com**).

В Центре и его отделениях вы можете пройти **интенсивные** (двухдневные) **и более продолжительные** (полтора месяца) **тренинги**, которые помогут вам более полно усвоить и применить в своей жизни идеи Разумной жизни. Любой наш тренинг — это мощный позитивный импульс к разумной и осознанной жизни.

У нас разработаны **четыре двухдневных базовых тренинга**, которые позволят вам выявить и устранить все внутренние барьеры и резко повысить свою успешность, наладить отношения с деньгами. Более подробную информацию о наших тренингах вы найдете на сайте **www.sviyash.ru** и на последующих страницах этой книги.

Каждый год летом и зимой мы проводим **Фестивали Разумного пути**. Это многочисленные тренинги, которые идут с самого утра до позднего вечера. Это активный отдых к кругу единомышленников. Это заряд бодрости и здоровья на целый год! Информацию об очередном фестивале смотрите на сайте, там же вы найдете фотоотчеты о них (кнопка «Фотогалерея»).

Если у вас нет возможности принять участие в тренингах, вы можете приобрести специально подобранный комплект материалов **системы «Индивидуальный тренер»**, который включает в себя книги, аудиозаписи и специальные методические разработки для самостоятельной работы. Подробности на сайте **www.sviyash.ru**, кнопка «Индивидуальный тренер».

Есть **Академия успеха «Разумный путь»**, в которой вы можете очень подробно в течение двух лет изучить и усвоить идеи Разумной жизни и другие психологические инструменты повышения личной успешности.

Есть **Академия здоровья «Разумный путь»**, в которой профессиональные врачи и психологи помогут вам избавиться от различных заболеваний, запуская внутренние механизмы самоизлечения и используя лучшие достижения народной и профессиональной медицины. Подробности на сайте **www.health-academy.ru**

Есть **Центр современных бизнес-технологий**, который поможет вам достичь успеха в предпринимательстве или сделать карьеру. Здесь вы можете пройти **открытый тренинг** по развитию предпринимательского мышления, или коучингу. Для группы специалистов одного предприятия мы проводим **корпоративные тренинги**, в ходе которых разрешаются внутренние конфликты, повышается мотивация песонала на конечный результат, формируется коллектив и резко повышается эффективность продаж.

Есть оригинальные и профессионально сделанные **аудионастрои**: техники прощения себя, других людей, своего тела, настрои на расслабление, настрой на счастливый и радостный день, настрой на спокойный сон, релаксация.

Есть **аудиозаписи лекций А. Свияша** по основным разделам методики и **аудиозаписи почти всех книг** (медиадиски в формате MP3) — для тех, кто не любит или не имеет времени читать книги.

Есть **видеозаписи семинаров** по некоторым разделам методики. Все это можно приобрести по почте. Условия приобретения приведены на сайте **www.sviyash.ru**, кнопка «Магазин».

И, наконец, есть **компьютерная система самодиагностики и самопрограммирования на успех «Эффект»**, которая включает в себя почти все приведенные выше материалы и множество других. Эта уникальная программа содержит огромный (свыше

2 гигабайтов) блок информации, включая все книги, лекции, аудионастрои и множество других материалов. Она позволяет самостоятельно выявить свои идеализации и негативные программы и избавиться от них. В ней есть специальный раздел для работы с вашими ближними и дальними целями, включая долговременное и еженедельное планирование своих шагов на пути к целям. Есть специальный блок повышения самооценки, блок отдыха и улучшения настроения, блок развития способностей и многое другое.

Система может быть использована как для индивидуальной работы (вариант «Эффект-индивидуал»), так и для коллективной, сразу многими людьми в организации (вариант «Эффект-коллектив»). Руководители предприятий могут использовать второй вариант системы для повышения успешности своих сотрудников.

Более подробную информацию и демоверсию системы «Эффект» можно посмотреть на сайте www.sviyash.ru, кнопка «Система «Эффект».

Как видите, мы сделали все, чтобы ваше движение к Разумной жизни было максимально комфортабельным. Теперь дело за вами!

До новых встреч на Разумном пути!

Александр Свияш
Москва, 30 августа 2004 года

Перечень позитивных утверждений для замены негативных мыслей, характерных при наличии идеализаций

В этом приложении приводятся характерные мысли, указывающие на наличие какой-либо идеализации, и противоположное им позитивное утверждение для самопрограммирования. Более подробно об этом приеме читайте в четвертой главе первой части (см. «Самопрограммируемся на позитив»).

Идеализация денег и материальных благ

Характерные мысли	Позитивные утверждения
У меня всегда не хватает денег!	Я прекрасно распоряжаюсь своими деньгами, мне всегда хватает их, и с каждым днем денег становится все больше и больше!
Я обречен жить в нищете, ничто не может мне помочь!	Я сам хозяин своей жизни и легко получаю столько денег, сколько мне нужно!
Это ужасно — жить с такими доходами, как у меня	Я хозяин своей жизни! Я сам создаю свою реальность! Я сумел создать себе бедность, теперь я играючи создаю себе богатство!
Мои доходы (зарплата) — это смешно. Это не деньги	Я легко создаю себе тот уровень материального благополучия, который я пожелаю. Я достоин богатства, я иду к нему уверенно и неумолимо
Разве это деньги? Вот когда заработаю, тогда жизнь начнется...	Я наслаждаюсь каждой минутой своей реальности, я постоянно нахожу в ней новые возможности и легко использую их на пути к богатству
Эти люди непонятно о чем думают! Как можно так жить!	Я не берусь судить о том, как должны жить люди! Я позволяю им жить той жизнью, которую они выбрали сами!

Идеализация доверия

Характерные мысли	Позитивные утверждения
Почему же он не возвращает мне долг? Ведь я так доверяла ему, это ведь мой сват (брат, одноклассник,	Я позволяю людям быть такими, какие они есть. Я знаю, что в жизни бывает всякое, поэтому отныне

Продолжение таблицы «Идеализация доверия»

сосед)! Разве люди могут так поступать! И это ведь не в первый раз!	я принимаю меры к защите своих интересов (не даю в долг, беру расписку и т. д.). Я позволяю людям думать обо мне все, что они пожелают. Я благодарю их за урок моего духовного «воспитания». Я люблю деньги и дорожу ими
Как моя подруга могла так поступить (забрать любимого, переспать с ним, рассказать какие-то интимные подробности)! Ведь я доверяла только ей!	Я позволяю моим знакомым вести себя так, как они пожелают. Впредь я понимаю, что люди могут не соответствовать моим ожиданиям, поэтому я принимаю меры к защите моих интересов
Как он мог мне изменить? Я отдала ему все, я была так предана ему, а он поступил так подло!	Я позволяю близкому человеку жить так, как он считает нужным. Я понимаю, что он дает мне урок духовного «воспитания», и благодарна ему за это

Идеализация духовности (или религиозности)

Характерные мысли	Позитивные утверждения
К Богу ведет только один путь! (*Предполагается, что это именно тот путь, которым идете вы*)	Богу все равно, каким образом человек ему поклоняется. Я иду к Богу с открытым сердцем!
Люди погрязли в материальных потребностях! Куда катится наш мир?	Я позволяю людям жить той жизнью, которую они выбрали для себя. Каждый человек имеет право на свой выбор. Я выбираю жить духовно, прощать и помогать людям
Все эзотерики и мистики – слуги Дьявола! Рано или поздно Бог их накажет!	К Богу ведет множество путей, и каждый человек идет тем путем, который считает для себя самым лучшим. Я позволяю людям жить своей жизнью
Главная цель человека – духовный рост. Материальный мир – это порождение грубой и низкой энергии, я презираю земные интересы	Весь мир есть творение Божье. Бог проявляет свою милость к человеку в том числе через материальные блага. Я выбираю жить духовно и обеспеченно
Я великий грешник! Я совершил столько ошибок! Гореть мне в аду!	Я божественное создание, Бог руководит моими поступками. Все, что я сделал, необходимо для моего духовного развития
Как можно так жить – безбожником! Скорей бы их Бог наказал!	Каждый человек имеет право жить той жизнью, которую он выбрал для себя. Я прощаю людей и позволяю им жить так, как они захотят

Продолжение таблицы «Идеализация духовности (или религиозности)»

Настоящий человек должен постоянно заниматься своим духовным развитием! Низко всегда думать только о земном!	Человек имеет право на любой выбор, и я позволяю людям жить так, как они хотят. Я сам выбираю жить духовно и обеспеченно
Ну почему все близкие мне люди совсем не думают о душе, а только озабочены своим бытом?	Мои близкие не зря появились в моей жизни — я благодарю их за уроки, которые они дают мне. Я не берусь судить их образ жизни!

Идеализация жизни, судьбы

Характерные мысли	Позитивные утверждения
Жизнь не удалась, все бесполезно, я обречен на муки	Я сам создаю свою реальность. Мне удалось создать себе бедность, теперь я настойчиво создаю себе обеспеченность
Судьба несправедлива ко мне, моя жизнь — это сплошные страдания	Я благодарю Жизнь за те уроки, которые она дает мне. Эти уроки помогли мне понять, что я должен менять свои мысли и свой образ жизни
Мир жесток и несправедлив, если позволяет болеть (умереть) близкому мне человеку, он не заслуживает этого!	Я не сужу Жизнь и происходящие в мире события. Каждый человек получает в жизни то, что он создал себе своими мыслями и поступками. Я прошу прощения у Жизни за мои негативные мысли и эмоции по отношению к ней. Жизнь справедлива и прекрасна!
Как я могу жить дальше, когда случилось такое!	Я не беру на себя ответственность за все происходящие в мире события. Каждый человек живет своей жизнью. Я доверяю Жизни и прошу у нее прощения за свои негативные мысли и эмоции
Жизнь несправедлива к хорошим людям	Каждый человек создает свою жизнь своими мыслями и поступками. Я позволяю людям жить той жизнью, которую они создали себе сами. Я прошу прощения у Жизни за свои негативные мысли и эмоции
Я в горе, и ничто не может помочь мне! За что мне такие мучения, жизнь так несправедлива ко мне!	Я не сужу Жизнь! Жизнь справедлива, каждый получает то, что создал своими мыслями и поступками

Идеализация контроля окружающего мира

Характерные мысли	Позитивные утверждения
Я не могу быть спокойной, если я не знаю, где мой ребенок (муж, мама, брат и т. д.), что он делает, все ли с ним в порядке	Я доверяю жизни и Творцу, и жизнь заботится обо мне! Я позволяю Жизни заботиться о моих близких
Почему они не сделали так, как я велела? Никому ничего нельзя доверить, все приходится делать самой!	Я позволяю людям думать и поступать так, как они умеют! Я учусь так объяснять людям задачи, чтобы они выполняли их нужным мне образом. Я учусь использовать сильные стороны моих коллег или сотрудников
Я не могу позволить себе отдохнуть, потому что все дела сразу рухнут! Без моего участия это дело непременно провалится!	Я доверяю людям и использую их там, где они могут проявить себя лучшим образом. Я не требую от них слишком многого, и они с избытком оправдывают мои ожидания!
Только я знаю, как должны поступать окружающие меня люди, и я любой ценой добьюсь, чтобы они вели себя правильно!	Я позволю окружающим меня людям жить и радоваться жизни самостоятельно. Я позволяю им совершать ошибки, лишь бы им было хорошо. Я доверяю людям и позволяю им нарабатывать личный опыт. Я помогаю людям найти место, где они смогут проявить себя лучшим образом
Я очень боюсь будущего и постоянно переживаю по этому поводу!	Я доверяю жизни и будущему! Мое будущее светло и безопасно! Я позволяю Жизни заботиться обо мне!
Не смейте ничего делать без моих распоряжений!	Я управляю событиями мягко, незаметно наводя людей на нужные мысли и позволяя им самим находить правильное решение!
Никому ничего нельзя доверить, все приходится делать самой!	Я доверяю людям, не требуя от них слишком многого, и они оправдывают мои ожидания!
Как вы не понимаете очевидных вещей! Не понимаете сами, так спросите у меня!	Каждый имеет право на свое мнение, пусть даже ошибочное! Я вмешиваюсь в события, только когда меня об этом просят!
Я не могу ни на секунду расслабиться! У меня в голове постоянно что-то происходит!	Я позволяю жизни быть такой, какая она есть! Я отпускаю ситуацию и с интересом наблюдаю за тем, что происходит вокруг и внутри меня. Жизнь прекрасна и надежна, весь мир защищает меня!

Идеализация красоты и внешнего вида

Характерные мысли	Позитивные утверждения
Моя фигура (кожа, ноги, грудь) — источник моих бесконечных переживаний!	Я бесконечно благодарен Жизни за то, что я имею возможность жить, есть и пить, дышать, видеть, двигаться, работать, заниматься творчеством, т. е. иметь то, чего не имеют миллионы людей
Я выгляжу ужасно! И зачем только я родилась на свет!	Я всегда выгляжу замечательно, ничего не может испортить мой вид!
Я всегда тревожусь, достаточно хорошо ли я одета?	Я всегда довольна своим видом, я восторгаюсь собой! Я позволяю окружающим людям думать обо мне все что угодно. Я люблю себя!
У меня ужасная фигура! Любой ценой мне нужно сбросить 10 килограммов!	Я люблю свое тело, которое исполняет мои скрытые заказы и дает мне уроки духовного развития. Я прошу прощения у своего тела за осуждение. Я люблю себя в любом виде!
Я просто ужасно себя чувствую, если рядом есть кто-то привлекательнее меня	Я радуюсь многообразию мира. Я рада, что у меня всегда есть идеал, к которому я могу стремиться, это наполняет мою жизнь смыслом и желаниями
Что за люди! Одеваются как попало и совсем не думают о том, какое ужасное впечатление они производят на окружающих!	Я позволяю людям жить и одеваться так, как они считают нужным. Я радуюсь своей жизни и стараюсь быть примером для окружающих не только по внешности, но и по поведению
Достаточно ли хорошо я (или мой спутник) выгляжу?	Я позволяю себе быть такой, какая я есть в любой момент времени! Я люблю себя всегда!
Наши сотрудники ужасно выглядят и еще более ужасно одеваются!	Я не берусь судить моих коллег, они руководствуются своими возможностями и воспитанием!
Посмотрите на себя! Из какой деревни вы приехали! Как можно так распустить себя!	Мир многообразен, и я радуюсь всем его проявлениям, какими бы неожиданными они ни были!

Идеализация национальности (рода, цвета кожи)

Характерные мысли	Позитивные утверждения
Я ненавижу евреев (русских, чеченцев, азербайджанцев и пр.) за то, что они захватили все теплые места (не дают работы, занимаются только торговлей, не работают и т. д.)!	Я принимаю мир во всем его многообразии. Каждый человек имеет право стремиться к благополучию там, где он находит лучшие условия. Я тоже стремлюсь к благополучию и легко получаю желанную работу и достойные меня доходы
Как ужасно, что я родился узбеком (русским, евреем...)! Какие счастливчики те, кто родился русским (американцем, канадцем)! Я не знаю, за что мне это наказание...	Я благодарен Жизни за то, что я появился в этом прекрасном мире! Мои достижения зависят только от меня и моих усилий, поэтому я создаю себе прекрасное будущее! Мое будущее в моих руках!
Я презираю «черных»! Катились бы они себе в свой Азербайджан!	Все люди есть божественные создания. Я уважаю творение Бога, проявленное в любом виде!
Я презираю русских! Это низкоразвитые людишки, нужные только для того, чтобы обеспечить мою жизнь	Человек любой нации имеет право жить счастливой и радостной жизнью. Я уважаю людей любой национальности
Казахстан для казахов, нечего здесь делать людям других национальностей!	Я понимаю, что национализм есть проявление моего стадного инстинкта. Но я человек, а не животное, поэтому я не позволяю инстинктам преобладать над моим разумом! Все люди есть божественные создания, и я рад общению с людьми любых национальностей. Я оцениваю людей по делам, а не по цвету кожи или национальности
Все москвичи сволочи и снобы, и как только появляется возможность, я делаю им пакости!	Каждый человек имеет индивидуальные особенности, вызванные его условиями проживания и воспитания. Я принимаю всяких людей, какими бы странными они ни были с моей точки зрения
Ну почему я родился евреем (русским, армянином, татарином и т. п.)? Почему мне так не повезло!	Мне все равно, кем я родился! Важно только то, кем я стал!
Если бы я родился русским, то моя жизнь бы удалась. А так я обречен на мучения!	Моя успешность зависит только от моих усилий, а не от условий рождения!
Только люди моей национальности имеют право на существование! Все остальные нации неполноценны!	У каждой нации есть достоинства, и все имеют право на комфортную жизнь!

Продолжение таблицы «Идеализация национальности (рода, цвета кожи)»

Нужно уничтожать всех инородцев, они не могут жить на нашей земле!	Наша планета — место, где могут жить в мире люди самых разных национальностей! Все люди — божественные создания, хотя могут и не осознавать этого

Идеализация независимости

Характерные мысли	Позитивные утверждения
Меня раздражает необходимость работать только по инструкции, согласовывать свои действия с кем-то. Я сам знаю, что мне делать!	Я с удовольствием получаю помощь других людей и позволяю им высказывать свое мнение по поводу моей работы. Я благодарен им за заботу обо мне!
Ничего не может заставить меня делать что-то против моей воли!	Я прекрасно понимаю, что Жизнь порой дает мне уроки духовного развития через разрушение моей независимости. Я благодарен Жизни за эти уроки и с удовольствием принимаю их!
Я не терплю, когда со мной говорят авторитарно, тоном приказаний и наставлений	Я позволяю людям самовыражаться так, как они считают нужным. Я с интересом наблюдаю многообразие людей. Я всегда абсолютно спокоен!
Я не терплю ситуаций, когда оказываюсь зависим от обстоятельств	Я учусь считаться с объективными реалиями. Я эффективен в любых условиях
В отношениях с людьми для меня главное, чтобы никто не посягал на мою свободу	Я получаю удовольствие от любых форм общения с людьми. Я с удовольствием учусь передавать ответственность другим людям
Я никогда не беру деньги в долг, чтобы не чувствовать свою зависимость от кредитора!	Брать в долг выгодно! Я учусь распоряжаться кредитными деньгами, они открывают передо мной огромные возможности и стимулируют меня увеличивать мои доходы

Идеализация норм морали (нравственности)

Характерные мысли	Позитивные утверждения
Разве можно допускать такое! Куда мы катимся! В наше время такого не было!	Изменилось время, изменились и люди. Я не берусь судить их и позволяю им жить той жизнью, которую они сами для себя выбрали
Посмотрите на них! Ни стыда, ни совести! Что творится в мире! Куда мы катимся!	Мир прекрасен, что бы ни происходило в нем! Я радуюсь миру и не берусь судить о нем!

Продолжение таблицы «Идеализация норм морали (нравственности)»

Ну зачем я это сделала, это грех, нехорошо, меня за это накажут!	Все, что доставляет мне радость, угодно Творцу! Я радуюсь жизни во всех ее проявлениях!
Я не могу этого сделать, так нельзя, не положено (хотя и без этого не представляю себе жизни)!	Хорошо все, что делает мою жизнь радостной и приятной! Я позволю себе радоваться жизни во всех ее проявлениях!

Идеализация образа жизни

Характерные мысли	Позитивные утверждения
Я никогда не смогу жить так, как должны жить люди! Вот другие люди живут, а я прозябаю...	Я создаю себе такую жизнь, которую пожелаю. Я — хозяин свой судьбы! Я доволен тем, что сумел создать себе в настоящее время, и я же сумею создать себе любое нужное мне будущее
Это не жизнь — жить так, как живу я!	Каждый человек живет той жизнью, которую он создал своими мыслями и поступками, и я полностью доволен всем, что происходит со мной!
Разве можно жить в таком доме, как у меня! Это ужасно!	Я счастлив, что у меня есть крыша над головой, в отличие от миллионов других людей. Я сосредоточиваю свои усилия на увеличении своих доходов! У меня все получается!
Я никогда не смогу жить так, как должны жить люди!	Я полностью удовлетворен своей жизнью и получаю от нее только положительные эмоции! Моя жизнь улучшается день ото дня, и я буду жить так, как захочу!
Пусть не я, но мои дети любой ценой будут жить, как положено!	Я помогаю моим детям всем, чем могу, но я позволяю им самим строить свою жизнь! Я тоже человек и достоин лучшей жизни!

Идеализация общественного мнения

Характерные мысли	Позитивные утверждения
Я не могу так поступить — что люди скажут!	Я легко и свободно делаю то, что считаю нужным. Я позволяю людям думать обо мне все, что они захотят! Я позволяю им заблуждаться!
Я не могу ни в чем отказать моим друзьям (или родственникам), даже если их просьбы делают мою жизнь невыносимой	Я легко совершаю те поступки, которые считаю необходимыми. Мнение близких людей для меня важно, но оно не влияет на мою жизнь

Продолжение таблицы «Идеализация общественного мнения»

Я люблю этого человека, но никогда не смогу быть с ним, потому что этого не одобрят мои родители и друзья!	Я сама распоряжаюсь своей жизнью! Я позволяю моим знакомым получать удовольствие от обсуждения моих поступков
Я не могу одеть то, что мне очень нравится, поскольку люди осудят меня!	Я живу своей жизнью. Я руководствуюсь только своими интересами и позволяю другим людям думать и говорить обо мне все, что они захотят
Посмотрите на этих уродов! Они ведут себя, как хотят! Разве так можно распускаться и думать только о себе! Это ужасно!	Я позволяю людям жить так, как они решили сами. Я с интересом наблюдаю за разнообразием мира и людей. Моя жизнь насыщена новыми наблюдениями!

Идеализация отношений между людьми

Характерные мысли	Позитивное утверждение
Как он мог забыть, что у меня вчера был день рождения (годовщина свадьбы, встречи, рождения ребенка, помолвки и т. д.)!	Я позволяю моему любимому иметь интересы и ценности, отличные от моих. Если нужно, я напоминаю ему о важных для меня событиях, но и при этом не надеюсь и не жду от него, что он будет соответствовать моим ожиданиям
Она предала меня! Она все рассказала соседу (другу, любимому, маме и т. д.)!	Я позволяю моей подруге совершать любые поступки. Впредь я принимаю меры, чтобы особенности ее поведения не приносили мне огорчения
Он бесчувственный чурбан! Он мог бы догадаться, что я ждала от него внимания и помощи!	Я позволяю моему любимому быть таким, каков он есть! Я сама выбрала его и концентрируюсь на его достоинствах!
Я никогда не смогу уволить с работы моего родственника (одноклассника, сослуживца и т. п.), даже если он не справляется со своей работой!	В своей работе я руководствуюсь только доводами разума и требованиями дела. Мои личные отношения я оставляю на свободное от работы время
Я не могу отказать родственникам в помощи, даже если у меня самой большие проблемы	Я ценю моих родных и помогаю им настолько, чтобы это не противоречило моим интересам. Помогая им, я вкладываю свои деньги (покупаю) в хорошее отношение ко мне дорогих мне людей. Это самая лучшая покупка!

Продолжение таблицы «Идеализация отношений между людьми»

Я так стремлюсь установить теплые отношения в коллективе, почему же они только и знают, что хамят и врут мне?	Я выбираю такие отношения в коллективе, которые позволяют установить наилучший режим работы
Я не могу уволить этого человека, ведь у него больная жена и трое детей! Как быть, ведь он совсем ничего не делает?	Я менеджер, отвечающий за эффективность работы предприятия, поэтому я спокойно избавляюсь от того, кто не выполняет свои обязанности
Разве могут люди так вести себя, позволять себе такое! (Это скоты какие-то!)	Я позволяю людям вести себя так, как они считают нужным. Я не берусь судить их поступки!
Почему он (она) не считается со мною, я тоже человек!	С любовью и благодарностью я принимаю этого человека, какими бы идеями он ни руководствовался! Я спокойно принимаю меры к защите себя и своих интересов
Все предатели, никому нельзя верить!	Я позволяю людям поступать так, как они считают нужным! Я благодарю их за те уроки, которые они дают мне!
Если даешь какие-то обещания, то обязан исполнять их точно и вовремя!	Я не берусь судить о том, как должны поступать люди вокруг меня. Я радуюсь любому человеку, каким бы странным он ни был! Я строю свои отношения с ним, учитывая его особенности
Как я могу пойти на конфликт, лучше я буду молчать и страдать!	Я пришел в этот мир радоваться жизни, и если люди не понимают этого, я без переживаний буду отстаивать свои интересы
Я столько хорошего делаю людям (а вижу одну подлость), могу я рассчитывать хоть на минимальную благодарность!	Я помогаю людям и получаю от этого удовольствие, и этого для меня достаточно. Я позволю людям поступать так, как им захочется, и не берусь судить их поведение
Настоящие люди должны помогать ближним, делиться с ними. А это разве люди!	Я не берусь судить поведение других людей, я добровольно помогаю ближним, и это украшает мою жизнь!
Я всегда принимаю все удары судьбы на себя, чтобы другим меньше досталось	Каждый человек своими мыслями и поступками заслужил ту жизнь, которую он имеет. Я не вмешиваюсь в чужую жизнь и позволяю людям получать заслуженные ими уроки

Идеализация работы

Характерные мысли	Позитивные утверждения
Не работать – стыдно! Я презираю бездельников, бесцельно прожигающих годы своей жизни!	Каждый человек радуется жизни в той форме существования, которая устраивает его больше всего. Я учусь получать удовольствие от отдыха!
Я не представляю себе, как люди могут жить без работы! Это не жизнь, я так не смог бы просуществовать и одного дня!	Я позволяю людям жить той жизнью, которая доставляет им удовольствие! Я учусь у них жить в расслаблении!
Моя жизнь пуста и бессмысленна, когда у меня нет любимого дела, которому я мог бы отдаться без остатка!	Я всегда нахожу, чем заполнить мою жизнь. Моя жизнь насыщена радостными событиями!
Настоящим человеком может считаться только тот, кто постоянно трудится	Каждый человек имеет полное право заниматься тем, что он считает важным и нужным для себя. Я уважаю его выбор!
Моя работа меня раздражает, и я ничего не могу с этим поделать!	Я сам выбрал эту работу и благодарен ей за то, что она дает мне средства для жизни. Если я захочу, я легко сделаю другой выбор!
Я презираю эгоистов, живущих только личными интересами! Человек должен производить что-то полезное и для других людей	Человек рожден для радости, и люди имеют право получать ее в разных формах. Я учусь жить разнообразно! Я благодарю людей, которые указывают мне на разнообразие жизни
Нет смысла стараться делать что-то лучше в этой организации, все равно никто не поймет и не оценит!	Я стараюсь работать лучше, и это доставляет мне удовольствие. Я не жду от людей благодарности или оценки моего труда, мне хватает удовольствия от самого процесса работы!
Разве это люди, если они ничего не делают, не создают что-то полезное для общества! Их и людьми-то назвать сложно!	Я не берусь судить о тех мотивах, которыми руководствуются люди в своей жизни. Мир многообразен, и я радуюсь всем его проявлениям

Идеализация разумности

Характерные мысли	Позитивные утверждения
Ну почему они все делают по-своему? Ведь я столько раз предлагал сесть и обсудить все вопросы!	Я не преувеличиваю интеллектуальные возможности людей, все мы немного странные. Я очень радуюсь, когда люди все-таки совершают разумные поступки!
Ну почему вы так поступили? Неужели нельзя было позвонить и спросить совета у знающего человека?	Я позволяю людям думать и поступать так, как они хотят. Я не берусь судить их поступки! Впредь я строю свои отношения с ними, учитывая особенности их мышления
Ну почему он не понимает очевидных истин? Ведь все так просто, но я не могу до него докричаться, он меня не слышит!	Мир прекрасен своим разнообразием. Я позволяю людям думать и поступать так, как они считают нужным! Я строю свои отношения с ними с учетом их особенностей!
Мои сотрудники постоянно совершают одни и те же ошибки! И это постоянно! Даже обезьяна уже все поняла бы, только не они!	Я организую работу моих сотрудников с учетом особенностей их образа мыслей. Я понимаю, что они не могут быть так же эффективны, как я, иначе они занимали бы мое место
Разве можно столько времени посвящать ерунде (компьютерным играм, Интернету, рыбалке, сексу и т. д.)! Ты ведь потеряешь работу (учебу, здоровье и т. д.)! Опомнись!	Я допускаю, что люди могут руководствоваться самыми странными идеями, это нормально. Я строю свои отношения с ними так, чтобы оставаться спокойным
Я не могу понять, почему они так делают! Разве нормальные люди так поступают!	Мир многообразен, и люди в нем поступают по-разному. Я очень радуюсь, когда они совершают разумные поступки!
Я до сих пор не могу понять, с какой стати я так поступил! Это было какое-то затмение, я никогда бы так не сделал!	Я благодарю жизнь за тот урок, который она дала мне этим событием. Я сделал из этого правильный вывод!

Идеализация своих способностей

Характерные мысли	Позитивные утверждения
Кто ты такой, чтобы учить меня? Я сам научу тебя всему, чему хочешь!	Я позволяю людям проявлять свои лучшие душевные качества, оказывая мне помощь
Никто лучше меня не сделает этого!	Я замечательный специалист, и меня окружают талантливые коллеги, способные к большим делам
И как такая бездарность может руководить? Я бы его в дворники не взял!	Я оцениваю человека по его реальным достижениям. Я нахожу у моего руководителя то, чего мне не хватает, и развиваю у себя эти качества
Мне не нужно малых результатов. Или все, или ничего!	Я иду к своей цели спокойно и уверенно, шаг за шагом приближаясь к ней
Боже, как трудно жить, когда вокруг одни ослы и идиоты!	Все люди — божественные создания, и я — одно из них. Я ищу и нахожу в людях их достоинства
Я профессионал в своем деле и не терплю никаких советчиков!	Я благодарен окружающим людям за их попытки помочь мне
Маленькие деньги — не для меня! Мне нужно много — и сразу!	Я радуюсь любым деньгам, которые я получаю. Я люблю деньги в любом количестве!
Я не терплю подсказок и поучений	Я благодарен людям за любую помощь мне, даже если я не пользуюсь ею
Они думают, что все им так обойдется! Как бы не так, они меня еще попомнят! Я им покажу!	Я позволяю людям быть такими, какие они есть. Я люблю себя и спокойно иду к своим целям. Я уверен в своем успехе
Я должен быстро получить много денег! Ничего не остановит меня!	Я позволяю себе достигать успеха постепенно, шаг за шагом! Я достигну успеха тогда, когда Жизнь позволит мне этого!
Только я могу решить этот вопрос, вам даже и пробовать не стоит!	Я помогаю людям легко и благодарю Жизнь за эту возможность!
Бездарности заняли все ключевые места, толковому человеку негде приложить свои силы!	Я получаю удовольствие от реализации моих способностей и не жду от людей благодарности
Я профессионал в своем деле и сам знаю, что нужно делать! А ты кто такой, что без конца лезешь со своими советами и указаниями?	Я позволяю людям давать мне любые советы, ведь они руководствуются добрыми намерениями!

Идеализация своего несовершенства

Характерные мысли	Позитивные утверждения
Я все время боюсь, что сделаю что-то не так!	Я — божественное создание, и все, что делаю, всегда правильно!
Я не имею права тратить время или силы на себя, я недостоин этого!	Я достоин любви и уважения уже самим фактом своего существования! Я люблю и ценю себя все больше и больше!
Это ужасно, если из-за меня кто-то страдает!	Каждый человек живет той жизнью, которую он создает себе сам. Я отвечаю только за себя!
Я не могу позволить себе не вернуть долг! Я сделаю это любой ценой!	Я позволяю себе быть несовершенным и легко принимаю реальность, в которой я не могу отдать долг в ближайшее время. Я живу для себя! Я иду по жизни легко и с удовольствием!
Я виновата в том, что не смогла вовремя помочь этому человеку! Я никогда не прощу себе этого!	Я позволяю жизни происходить и окружающим меня людям получать свои уроки. Я делаю, что могу, остальное люди творят себе сами. Я отвечаю только за свою жизнь и делаю это с удовольствием!
Мне не стоит даже пытаться, все равно ничего не получится!	Любые мои усилия дают прекрасный эффект! У меня все получается играючи! Я на волне удачи!
Я лучше потерплю или сделаю все сама, чем буду обременять людей своими просьбами	Я имею полное право думать и заботиться о себе, поэтому я с удовольствием позволяю окружающим людям принять участие в решении моих вопросов
Я боюсь показать результаты моего труда, вдруг меня будут ругать (не одобрят, покритикуют)!	Я знаю, что у меня все получается прекрасно! Я самодостаточен в своей любви к себе! Я с удовольствием делюсь с окружающими результатами своего труда! Я позволяю им иметь любое мнение о результатах моего труда
Я обязательно должен принять правильное решение, я не имею право ошибаться!	Я имею право на ошибку, поэтому все мои решения хороши! Я живу в радости и даже ошибки делаю с удовольствием!
Я бездарность, у меня никогда ничего не получается, я могу развалить любое дело, мне ничего нельзя доверить!	Я не переоцениваю свои недостатки, я такой же, как все! С любовью и благодарностью я принимаю себя таким, каким меня создал Бог! Я люблю себя!

Продолжение таблицы «Идеализация своего несовершенства»

Я не могу позволить себе (мне неловко) доставить неудобство любому человеку, даже если буду страдать из-за этого сам!	Я совершаю нужные мне действия решительно и без переживаний. Я благодарю Жизнь за те уроки, которые она мне создает различными ситуациями!

Идеализация семьи

Характерные мысли	Позитивные утверждения
Жизнь без семьи — это не жизнь. Настоящая жизнь начнется только тогда, когда я выйду замуж (женюсь)!	Я радуюсь жизни в любом ее проявлении! Я допускаю, что могу никогда не выйти замуж, и это не волнует меня. Жизнь прекрасна всегда, и я получаю от нее полное удовлетворение!
Семья без ребенка неполноценна. Настоящая жизнь начнется только с появлением ребенка	Жизнь прекрасна во всех ее проявлениях, я радуюсь и получаю удовольствие от нее уже сегодня! Я доверяю будущему и не тревожусь ни о чем!
За что, за какие грехи мне достался такой муж (жена)?	Я доверяю Жизни и благодарна ей за уроки, которые я принимаю с любовью и благодарностью. Я сама выбрала своего мужа и благодарна ему за те уроки духовного развития, которые он дает мне
В нормальной семье муж должен зарабатывать больше жены (муж должен содержать семью, быть кормильцем)	Я люблю своего мужа независимо от уровня его доходов. Я поддерживаю своего мужа всегда во всех его делах (и горжусь им). Я нахожу в нем все новые и новые достоинства
Супруги обязаны хранить верность друг другу. Никто не должен изменять	Я позволяю моему мужу жить той жизнью, которую он выберет себе сам. Я рада, что я имею преимущества в получении его внимания перед другими женщинами, и я воспользуюсь ими!
Дети обязаны _____ (подставьте сами)	Мои дети — самостоятельные личности. Я забочусь о них и воспитываю их, но они имеют полное право на самостоятельное решения и поступки
Жена должна _____ (подставьте сами)	Моя жена — мой партнер по семейной жизни и любимый человек. Я даю ей полную свободу и уважаю ее выбор

Продолжение таблицы «Идеализация семьи»

Муж обязан_____ (подставьте сами)	Я люблю моего мужа и позволяю ему иметь собственное мнение по любому вопросу. Я даю ему полную свободу и уважаю его выбор
Я знаю, как должна складываться жизнь моего ребенка, и сделаю все, чтобы она была счастливой!	Я делаю все для моего ребенка, но позволяю ему жить своей жизнью и предоставляю ему право на собственные суждения, пусть даже ошибочные! Я доверяю Жизни, которая ведет моего ребенка!
Я знаю, как должна поступать моя жена (мой муж) в этой ситуации!	Я позволяю моим близким жить своей жизнью и не вмешиваюсь в нее! Я принимаю их полностью!

Идеализация секса

Характерные мысли	Позитивные утверждения
Жизнь без секса — это не жизнь. Настоящая жизнь начнется только тогда, когда я буду иметь возможность заниматься сексом!	Я наслаждаюсь сексом тогда, когда он есть. В остальное время я наслаждаюсь другими проявлениями жизни. Я с удовольствием живу каждую минуту!
Ну почему он так груб (тороплив, застенчив, пассивен, бесчувственен...)! Разве так можно вести себя!	Я нахожу в моем любимом множество достоинств, я концентрируюсь на них! Я терпеливо помогаю моему любимому идти по пути изменений к моему идеалу!
Почему она так равнодушна к сексу? Разве это женщина?	Я позволяю людям иметь в жизни разные ценности. Я уважаю любой выбор
Эти приматы живут только тем, что у них между ног. Разве это люди? Животные!	Секс — одна из прекрасных составляющих нашей жизни, и я получаю от него огромное удовольствие
Я не смогу вести себя достойно в постели, это ужасно, я этого не переживу!	Я люблю себя таким, какой я есть! Я делаю все, что могу, и доволен этим. Я люблю себя независимо от мнения окружающих. Я получаю удовольствие от своих возможностей!
Я отдала ему ВСЕ, а он не ценит этого, бездушная тварь!	Я позволяю моему любимому вести себя так, как он пожелает. Я даю ему полную свободу! Я доверяю Жизни и знаю, что я получу столько любви, сколько пожелаю!
Секс — это только как в порнофильмах!! А у нас что? Я не переживу такого унижения!	Я наслаждаюсь каждым моментом моей жизни! Я терпеливо повышаю наше сексуальное мастерство

Разве так ведут себя в постели? Ты ничего не умеешь!	Я нахожу в моем любимом массу достоинств! Я научу его всему, что нужно мне!
Ну почему он всегда неправильно себя ведет, все делает как попало, совсем не уделяет мне внимания?	Я сама проявляю больше хорошей инициативы и тем самым получаю его внимание!
Я, наверное, плохой любовник, у меня ничего не получится!	Я самый замечательный любовник! Я восторгаюсь своими возможностями!
Видимо, он рассматривает меня только как средство для удовлетворения своих потребностей и не считается со мной как с человеком!	Я позволяю ему пребывать в его заблуждениях. Я использую его хорошие стороны для получения удовольствия от жизни!
Ты не интересуешься сексом? Таким людям не место в нашем мире!	Наш мир многообразен, и я позволяю людям руководствоваться любыми идеями. Я не берусь судить их!

Идеализация собственной исключительности (гордыня)

Характерные мысли	Позитивные утверждения
Этим людям нужно очень много стараться, чтобы я обратила на них внимание!	Я радуюсь всем людям, не оценивая их и не ожидая от них благодарности
Вы специально все делаете назло мне, я уверена в этом!	Все происходит по воле Творца, и я благодарна ему за уроки, которые он дает мне!
Я никогда не буду унижаться и просить прощения, какие бы последствия это ни имело! Я никогда не извиняюсь!	Я благодарна людям за все, что они делают или не делают для меня! Я с радостью прошу у них прощения за мои поступки и даже мои мысли!
Для меня унизительно просить помощи!	Я благодарен людям за помощь!
Вокруг одно чмо! Я не буду опускаться до общения с ними!	Все люди — божественные создания, и я — одно из них!
Да как они смеют требовать у меня документы! Я ведь в прошлом защитник Родины (герой труда, народный депутат и т. п.)!	Я позволяю людям выполнять свои обязанности и благодарен им за заботу о моей безопасности
В первую очередь нужно решать мои проблемы, все остальные не стоят внимания!	Я такая же, как все! Я с удовольствием получаю помощь и внимание тогда, когда они приходят ко мне

Идеализация увлечений (хобби, устремлений, политики)

Характерные мысли	Позитивные утверждения
Как можно жить, как растение, не интересуясь судьбой страны!	Я уважаю любой выбор, который делают люди. Я позволяю им жить той жизнью, которую они создали себе
У нас ужасная политическая система! Когда же это кончится!	Я наслаждаюсь жизнью в каждый момент времени и в том месте, где я нахожусь! Я свободен в своем выборе и могу жить там, где пожелаю! Мои возможности по устройству моей жизни безграничны!
Моя любимая команда обязательно должна выиграть, я не переживу ее проигрыш	Спорт — это игра, в которой кто-то должен выиграть. Я радуюсь выигрышу любой команды
Жизнь не имеет смысла, если я не могу разводить рыбок (ездить на рыбалку, охоту, играть в шахматы и т. д.)!	Жизнь замечательна во всех ее проявлениях, и я всегда найду, чему можно порадоваться!
Я самый выдающийся знаток футбола (рыболов, охотник, шахматист и т. п.) и сделаю все, чтобы доказать вам это!	В мире всегда найдется человек, более способный в этом деле, чем я. Я буду стараться достичь успеха, но меня устроит любой результат. Я наслаждаюсь жизнью в любой момент моего существования!
Кто вы такие и что вы понимаете в футболе? Мало каши ели, вам еще сто лет учиться надо!	Мне нравится ваша ошибочная идея о том, что вы что-то понимаете в футболе! Какие вы замечательные!
Я никогда не научусь играть в шашки так, чтобы все начали уважать меня!	Люди уважают меня независимо от моих успехов в шашках!

Идеализация уровня развития (образования, интеллекта)

Характерные мысли	Позитивные утверждения
Мой ребенок должен хорошо учиться и получить высшее образование во что бы то ни стало!	Я сделаю все возможное для моего ребенка, но у него свое предназначение, и я позволяю ему сделать свой выбор!
Если я не защищу диссертацию, мне стыдно будет смотреть людям в глаза!	Я уверен, что мои друзья любят меня независимо от моих деловых или иных достижений
Малоразвитые и необразованные люди не стоят того, чтобы я обращал на них свое внимание!	Люди имеют разное предназначение, и я не берусь судить их, какими бы качествами или развитием они ни обладали!

Продолжение таблицы «Идеализация уровня развития»

О чем можно говорить с человеком, который не знает значение слова «интерфукация»!	Каждый человек необычен по-своему, нужно найти его оригинальность! Я ищу и нахожу в людях достоинства!

Идеализация физического здоровья

Характерные мысли	Позитивные утверждения
У меня опять появилось это пятнышко на коже (боль в боку, почесывание в носу), нужно скорей идти к врачу!	Я доверяю Жизни и себе, моя жизнь в безопасности! Я сам формирую себе прекрасное здоровье!
Ужасно, я опять забыл выпить свои препараты и тем самым нанес непоправимый вред своему здоровью!	Я благодарю мое подсознание за то, что оно организует прием лекарств самым лучшим для меня образом!
Ну почему у меня такое слабое здоровье (плохое телосложение), это ужасно	Я радуюсь тому здоровью, которое дал мне Бог! Я постоянно укрепляю свое здоровье!
И зачем только таких слабаков рождают на свет, им бы лучше не рождаться, уродам!	Я позволяю людям быть такими, какие они есть, и не берусь судить о них! Я радуюсь своему здоровью!

Идеализация цели

Характерные мысли	Позитивные утверждения
Жизнь есть непрерывная борьба за достижение своих целей. И я все равно добьюсь своего, как бы мне ни мешали окружающие меня люди!	Жизнь есть радость и саморазвитие! Я иду к своим целям играючи! Моя работа доставляет мне только радость!
Я всегда четко планирую свое будущее и любой ценой добиваюсь исполнения своих планов	Я планирую свою деятельность и радуюсь тому, что мои планы имеют обыкновение сбываться. Я получаю радость от своих успехов!
Моя жизнь теряет всякий смысл, когда у меня нет цели, к которой можно было бы стремиться	Я живу в радости каждый миг! Моя жизнь полна событиями, и я наслаждаюсь ими!
Я готов пожертвовать многим ради достижения поставленных целей!	Я иду к своим целям играючи! Я внимательно прислушиваюсь к тем сигналам, которые дает мне Жизнь через препятствия на пути к моим целям. Я благодарен Жизни за заботу обо мне!

Продолжение таблицы «Идеализация цели»

Меня раздражают препятствия на пути к моим целям. Но я все равно добьюсь своего, чего бы мне это ни стоило!	Любая сложность на пути к целям дает мне возможность развиваться! Я благодарен Жизни за внимание ко мне!
Я достигну поставленной цели любой ценой!	Я стремлюсь достичь своей цели, но не допускаю, что могу проиграть в этой борьбе с обстоятельствами. Но даже мой проигрыш не вызовет моих переживаний, а всего лишь даст пищу для размышлений к повышению моего мастерства
Если я не реализую этот план, то жизнь теряет весь смысл!	Жизнь прекрасна независимо от того, реализуются мои планы или нет
Что за это люди, если они меняют свои планы каждый день или вообще живут бесцельно!	Мир многообразен, и я не берусь судить людей за их поступки. Я наслаждаюсь своей целеустремленностью!

Литература

1. Свияш А. **Как быть, когда все не так, как хочется.** — М.: Центрполиграф, 2004. — 285 с.

2. Свияш А. **Что вам мешает быть богатым.** — М.: Центрполиграф, 2004. — 235 с.

3. Свияш А. **Хочешь быть здоровым? Будь им!** — СПб.: Питер, 2002. — 220 с.

4. Свияш А., Свияш Ю. **Улыбнись, пока не поздно.** — М.: АСТ: Астрель, 2003. — 350 с.

5. Свияш А., Свияш Ю. **Советы брачующимся, уже забракованным и страстно желающим забраковаться.** — М.: АСТ: Астрель, 2004. — 340 с.

6. Свияш А. **Уроки судьбы в вопросах и ответах.** — М.: Центрполиграф, 2004. — 235 с.

7. Адлер Г. **Технология НЛП.** — СПб.: Питер, 2000.

8. Синельников В. **Возлюби свою болезнь.** — М.: Центрполиграф, 2003. — 245 с.

9. Шакти Гавэйн. **Созидающая визуализация.** — М.: Либрис, 1997. — 176 с.

10. Сильва Х., Миэле Ф. **Управление разумом по методу Сильва.** — Мн.: Попурри, 1996. — 254 с.

11. Линдеман Х. **Аутогенная тренировка.** — М.: Физкультура и спорт, 1985. — 133 с.

Для заметок

Для заметок